宁室好辩

陈福康
文史考论集

陈福康 著

上海交通大学出版社
SHANGHAI JIAO TONG UNIVERSITY PRESS

本书由陕西师范大学人文社会科学高等研究院资助出版

内容提要

　　本书著者多年从事近代文史研究,尤以研究郑振铎、鲁迅而享誉学界。著者重视史料和考证,绝不虚谈,专重证据,特讲逻辑,亦喜文采,而且善于和勇于与成见、偏见、谬见论争。在撰写和出版多种专著外,著者还经常发表一些单篇论文,很多都具有重大影响,又尚未收集。今著者精选其有关郑振铎研究和鲁迅研究的未收集之论文,取书名《予岂好辩》,用《孟子》"予岂好辩哉? 予不得已也"之意,当能引起学界关注和欢迎。

图书在版编目(CIP)数据

予岂好辩:陈福康文史考论集 / 陈福康著. —上海:上海交通大学出版社,2019
ISBN 978－7－313－23502－2

Ⅰ.①予… Ⅱ.①陈… Ⅲ.①文史—中国—文集
Ⅳ.①C52

中国版本图书馆 CIP 数据核字(2020)第 124010 号

予岂好辩——陈福康文史考论集
YUQI HAOBIAN——CHENFUKANG WENSHI KAOLUNJI

著　　者:	陈福康				
出版发行:	上海交通大学出版社		地　　址:	上海市番禺路 951 号	
邮政编码:	200030		电　　话:	021－64071208	
印　　制:	当纳利(上海)信息技术有限公司		经　　销:	全国新华书店	
开　　本:	710 mm×1000 mm　1/16		印　　张:	35.25	
字　　数:	613 千字				
版　　次:	2019 年 12 月第 1 版		印　　次:	2019 年 12 月第 1 次印刷	
书　　号:	ISBN 978－7－313－23502－2				
定　　价:	188.00 元				

上林学术文丛

文丛总主编
甘　晖　李继凯

编委会主任
葛承雍　党圣元

编委会委员（按音序排列）

陈福康　陈　鹏　陈学超　党圣元　甘　晖　葛承雍
何志龙　李继凯　李　震　刘学智　马瑞映　濮文起
沙武田　苏仲乐　王　晖　王建新　王启龙　王泉根
王　欣　尤西林　袁祖社　张新科　赵学清　赵学勇
周伟洲

文艺编主编
李继凯　张新科

语言编主编
胡安顺　赵学清

历史编主编
何志龙　葛承雍

民族编主编
王　欣　王建新

自　序

　　予生平平，然未敢自弃，读书研究，所撰专著而外亦多有文章，散载于各类报刊与专题集册。发表后复自珍敝帚，居常庋于一角，以欲效前贤而自纂别集焉。然予非名流，出书谈何容易，又禀性狷狭不喜求托，兼之以叔夜之怠，遂疏于董理焉。曩者亦尝先后集为民国文坛考论与鲁迅研究两种问世，乃皆应友朋之邀，而编集之劬劳，付梓之艰曲，实有他人难知者，是以意兴益阑珊矣。顾乃积文愈久愈夥，埋沉书山之中，即自欲查检亦无由之，又思及已出二集犹多有遗篇，则不免时时怅然耳。

　　迩来戏撰一联，短信发与当世书家李兄继凯，请彼一挥椽笔，拟悬诸座右。联曰："老犹思闻道焉能死，病更嗜观书岂谓穷。"盖予埋首故纸，勃窣理窟，洵亦平生至乐也。而故用不吉字，乃示彻底唯物，至福人方如是耳。抑更有说焉：所谓病也，非言疾患而言痴，予乃爱书癖（网名 SP）也；所谓穷也，非专指阿堵物少，亦言书海之无尽也。岂料继凯兄赐墨未至而短信先来，告知彼方主事"上林学术文丛"，诚邀予任编委，并令编撷自选集以入此书丛。喜出意外，斯何幸耶！遂大暑中倒腾蒐寻未哀拙文。如前梓拙集《鲁研存沨》，即漏收 1980 年代初发表之长文《鲁迅与古文字学》，后因见录于《学术月刊》创刊六十周年纪念丛书，始恍然忆及，而今正可予以补遗也。然则今所鸠集者，时跨卅载之久，故文末皆拟标写撰作与初刊之年焉。

　　昔予负笈所读之专业，乃所谓"现代文学"。然予素知文史哲不可分，古近今亦不可分，考证义理辞章更绝不可分，并坚执"非博览群书不得称问学，非擅业考据不得称学问"之信念。职是之故，竟横遭谈玄论空饰智欺愚者流之嫉诼与阴损，岂察见渊鱼者不祥钦？然予迄今百折不回。予性本愚拙，只信事实与逻辑，于文史考辨有嗜痂之好，与人诤论亦往往而有，为此更曾大吃苦头，岂智料隐匿者有狹钦？然予亦九死未悔，且以不乏同好击赏者为慰。若夫子舆氏不亦云乎："予岂好辩哉？予不得已也！"是正为予所道者也！王仲任尝引斯言而慨叹："今吾不得已也！虚妄显于真，实诚乱于伪，世人不悟，是非不定，紫朱杂厕，瓦玉集糅，以情言之，岂吾心所能忍哉！"王潜夫亦曰："论难横发，令道不通，后进疑惑，不知所从。……予岂好辩？将以明真。"故予亦久已欲用"予岂好辩"为集名。而当年既有所谓弦箭文字，乃今除却极个别处稍事修润外，概仍其旧，尤绝不饰改论点，以存其真焉。然当初撰文乃分别发表，而今撮于一处，则难免偶见重复，敬请读者谅诸。

予生平读书治学，于"二郑"（近人郑西谛、古人郑所南）尤为致力。不仅各著专书，且相关论文及讲稿亦多。初拟以研究二郑之文为首尾，间杂各类文史论篇，不分古近，都为一册。然始所未料可编之拙文竟如是之夥颐，除去书评札记散文之类，学术性专论即字逾百万。不得已，只能择取近代文史考论者编为一集。又岂料即便论近之文，篇幅亦沉沉者，于是任选关于西谛、鲁迅研究之文，仍用书名《予岂好辩》，余者以俟他日再编焉。而有关古代文史者，则拟另成一集，别取名曰《予不得已》也。

兹二集并各收讲演记录稿数篇。夫记稿乃口语转文，字数滋多，本不当选；其所以收者，非唯彼时记录修订之苦辛，更窃以念及欷歔往事。盖予近卅年前申报教授之评，论文专著远超侪辈，且按国家专出政策不占名额，不意竟有宵小狙以"闻此人上课不行"而阻之。天地良心，但凡嘴会说话，又腹蕴诗书，更非高老夫子者，孰不会授课？予乃忿而自费出洋访学，职称遂遭搁置，一班车脱班班脱，损失无以言矣！故今特存卅年间予在国图与上庠讲课录稿若干，以为雪耻也。若夫谀谤之夫己氏，于学原无可附，早已不理于人口，而今果安在哉？

一时璞玉宜无信，千载名山自有书。近又偶读明代诗人逸作若干，因剥一首，以作序尾。凡吞剥之诗，以换字愈少而换己意愈达者愈妙，非高手难以为也。末句藤非杖，以仗非予所需也；乃鞭也，以示予黄棘自策，并顺手楚挞彼夫己氏之意云尔。

问年七十老何曾，感兴还因事事增。

作鬼虽然他有道，逢人不说我将憎。

早知仙好贫难梦，不是俗牵去未能。

自信书山堪寄傲，仍今莫放手中藤。

屠维大渊献之岁夷则月

序于海上云间康衢福宅

目　　录

卷　　上

卷　　下

予 岂 好 辩

卷 上

我与郑振铎研究

大家下午好！感谢大家冒着严寒来听我讲这个题目。我今天讲的题目是"我与郑振铎研究"。这个题目是国家图书馆的同志给我出的。

我要讲的第一个大问题，是我怎么研究起郑振铎来的。

郑先生，他是在1958年飞机失事的，为国捐躯；而我是1958年刚开始上小学。那么，我是怎么知道郑振铎先生名字的呢？"文革"时，我是"老三届"的初中生，当时很多书看不到，就喜欢看《鲁迅全集》，我是从鲁迅的书里开始知道郑先生这个名字的。自从知道郑先生这个人之后，不知怎么地我就觉得非常有亲近感。我第一个感觉，就是郑先生这个人最大的一个特点，他最爱书。就是我看下来，世界上比郑先生更爱书的人恐怕很少，他就是最爱书的一种人。我也是比较爱书的，所以我就觉得郑先生是一个非常亲切的人。

昨天是郑先生的一一〇周年的生日，我们在纪念郑先生的诞辰一一〇周年和牺牲五十周年。大家都知道，党中央在开一个更大、更重要的会，就是纪念改革开放三十周年。像我是改革开放三十周年的亲身经历的一个人，就是我们在改革开放的那个时候，国家恢复高考，我是第一届的，1977年考上大学。我考上大学以后，国家又恢复研究生的报考，我是本科读了一年多，就报考复旦大学的中文系的研究生，考上研究生。我读的专业，当时叫"现代文学史"专业，必须要写论文，要选一个题目，就这样很自然地，我就提出来研究郑振铎先生，得到了老师的同意。

关于这一研究，首先我想讲什么呢？我研究郑振铎先生，首先对我来讲是很有收获的。在读他的书、进行研究当中，有很大的收益，这是一件很幸福的事情。但另一方面，我研究郑先生到现在也有二十多年了，实际上却也是很不顺利的。譬如讲，我当时考大学的时候，复旦大学是全国重点大学，在上海属于最好的大学，但是没想到复旦大学中文系当时连现代文学方面的硕士学位授予权都没有的。所以我那个郑振铎研究的论文写完以后，我就参加过两次毕业论文答辩。就是说复旦大学硕士论文算是通过了，但没有硕士学位,然后再到华东师大,再去重新参加答辩,重新参加他们的考试,这样才搞了一个学位。当时华东师大由三个教授组成一个答辩委员会,对我的论文进行答辩。这三个教授带头的是许杰先生,许杰先生他是文学研究会的老会员,郑先生是文学研究会的主要发起人,他是郑先生的好朋友,所以他对我的文章给予了很高的评价。另外一个徐中玉先生,当时我也不知道他跟郑先生认识不认识,后来我在研究当中又知道他跟郑先生也是认识的,因为郑先生1948年的日记里面,就有他去拜访郑先生的记载。第三个先生就是钱谷融先生,也是一个名师了。所以说,我当时写硕士论文的时候,就写郑振铎研究,题目是"五四"时期的郑先生的文学思想。

　　毕业以后到一个单位工作几年,因为受人排挤,又因为还想再读书,就重新再报考博士研究生。考上的是北京师范大学博士研究生。有些事情,我到现在想起来,还是觉得不能理解,而且觉得挺伤心的。当时我在北师大继续读的是现代文学史的博士研究生,我本来就想了好几个题目,但想出来一个就被否定一个,想出一个就被否定一个。我的老师是李何林先生,他是著名的鲁迅研究专家,他因为年纪大,他有助手。反对我的都是那个助手。因此我觉得他也不是正式的导师,导师是李何林先生。我本来要想写中国杂文史,因为我收集了很多史料,而且我写出来的话,会有比较独到的见解。但由于我的观点跟他的不合拍,就是通不过。后来我就说,那么我原先的硕士论文写的是郑振铎先生,而当时我只是写郑振铎先生的一个方面,我再想写一个比较全面的研究郑先生的题目。但是那个助手就讲了几句话,我到现在都记得非常清楚。他就说:"像郑振铎这样的人,连三流作家都轮不上!"我非常吃惊!他那个"流"是怎么分的?我知道他根本就没怎么看过郑先生的书。而且他还有一句很奇怪的话,他说:"郑振铎研究是个贫矿,没有发掘的必要,没有发掘的意义,是贫矿。"昨天,我们上午在文化部开纪念郑振铎会的时候,有一个领导就讲郑振铎研究是一个富矿,有发掘不完的内容,很多地方还没有研究到的。那个领导讲的话,我认为完全正确。如果我当时也发言的话,我就会说我在二十多年前写博士论文的时候,就有人跟我这么说的,说是贫矿。而且当时还不是我的一个老师这么说,当时《文学评论》杂志负责发稿的人也这样讲,他说我写郑振铎根本不可能建构起一个博士论文的框架。好在我们导师李何林先生支持我,他一听,就说这个题目好,他们就没话说了。因为李先生他是三四十年代文学运动的一个亲身经历者,在他以前写的学术论文当中也涉及郑先生,对郑的评价也是蛮高的,他知道。我今天为什么讲起这些事情来呢?主要是要说明一点,就是虽然我后来郑振铎研究出了一些成果,出了一点书,实际上我自己知道,就像我们思想解放也不是一帆风顺的,我要搞这个题目是受了很多委屈的。

有件事我现在想起来都是很悲愤的,就是我写了一篇关于郑振铎的文章投出去,《中国现代文学研究丛刊》的编辑已经答应给我发表了,被我那个老师知道,他就把我的文章枪毙了。连这种事情都有,老师枪毙学生的论文,不让发表。如果是写得不好,那还可说。后来我这个文章在其他一个杂志马上就发表了,人家评价是很好的。后来,我的博士论文答辩的时候,通过很顺利。但当时起先我很紧张。2008 年 10 月份,我们在上海已经开过一个郑振铎的研究会,在这个会上北京鲁迅博物馆的陈漱渝先生告诉我——我才知道——他说他参加我的论文的答辩,通知他的是王富仁(王是我的师兄,他先毕业,也做李先生的助手),陈漱渝讲,哎,怎么叫我去参加陈福康答辩?我对郑振铎没有研究啊。王富仁说,担心通不过,因为你跟陈福康关系好,就让你投票来了。这个话是过了二十多年我才知道,我觉得很荒唐的。我下了这么多工夫,自己认为写得也不错的,为什么要担心通不过呢?就是怕那个自以为是的人的阻挠。但实际上我当时通过得很顺利的。因为什么呢,我的北师大的博士论文答辩委员会主任是钟敬文先生。钟敬文先生他也是郑振铎先生的朋友,他认为我写得很好,所以一点问题都没有。

我的硕士论文、博士论文,都是以郑振铎先生为题目,当年那时候研究郑振铎的人很少,到现在也不多是吧。我特别想讲一下国家图书馆对我这个研究是起了很大的帮助的。

我当年在上海复旦大学读研究生的时候,每年都到北京来。国图当时叫北京图书馆。因为我要查郑先生的手稿,有些是未刊手稿,还有郑先生的日记、工作笔记,包括郑先生的一些藏书,都是在北图的善本书库。当时的北图的善本室的主任叫李致忠,后来还有薛殿玺先生,我当时都跟他们搞得挺熟的,因为我一天到晚麻烦他们。每一次都要叫他们签字。特别是一些手稿,因为这个属于比较高的保管级别的吧,每一次拿出来都要一张一张点,看完之后再一张一张点收回去。过了二十多年,现在回想起来,当时也很辛苦。当时北图条件也没有现在这么好,中午吃饭就是外面买个馒头,好像开水也没有供应的。就这么每年都来一两个月。我的关于郑振铎先生的第一本书是《郑振铎年谱》,是 1988 年出版的。出版社当时叫书目文献出版社,现在叫国家图书馆出版社。所以,我在研究郑振铎的过程当中,国家图书馆的一些老师,包括以前的一个老领导叫鲍正鹄,我当时也找过他。另外,国图出版社的像刘宣老师、贺敬美老师等,这些先生我也二十多年没见面了。我趁这个机会,在这里对他们表示深切的感谢!

我写的郑振铎的书,主要出过三本。就是 1988 年出版的《郑振铎年谱》，1991年商务印书馆出的《郑振铎论》，1994年北京十月文艺出版社出版的《郑振铎传》。这三本书加在一起大概一百五十多万字吧，都是五十万字左右一本。这算是我的一点成果，但出书也不是很顺利的。在这之前，我参加社科院的一个项目，国家的项目，就是"中国现代文学史资料丛书"。这个丛书是全国的重点项目，分配到全国各地的人，其中一本《郑振铎研究资料》就是交给我来搞的。当时的国家项目经费，现在说出来你们可能也不相信，那多少钱？就一百块钱。我第一次得到的国家经费就是一百块钱，一下子就花掉了，后来又补了二百块钱，加在一起也就两三百块钱。主要都是靠手抄整理，辛辛苦苦搞出来四十多万字交到出版社，因为出版形势不好，亏本，不肯出。《郑振铎研究资料》是通过评审结项的，到现在也没有出版。我后来的《郑振铎年谱》《郑振铎论》《郑振铎传》都是靠这个资料打的基础。《郑振铎年谱》在二十年以后，就是今年，山西古籍出版社重版，从原来的一本就变成两本了。因为重新修订，那以前的有些错误我自己发现了，有些是当时没有查到的资料，都补充进去了。《郑振铎论》本来去年也是可以再版，拖到现在，交给商务印书馆，我重新修订，还没有出版。

关于《郑振铎传》就更奇怪了，我在1994年由北京十月文艺出版社出版这本书，但这书并不是他们约我写的。北京十月文艺出版社在改革开放一开始就列出一个计划，要出一套大型的作家传记丛书。他们开了好多会，但在他们决定的名单里面是没有郑振铎的。也就是说，郑振铎先生，他们都没想到他。后来是我主动找出版社的人，我说郑先生很值得写。他也没有跟我说好一定给我出，他就讲你写出来我们看看。我写来给他看，他就给我出版了。这本原计划外的书出版以后，当时蛮风光的，一个就是全国首届传记文学评奖，我就被评上了。《郑振铎传》不是我自己交出去申报评奖的，我根本就不知道有评奖这个事情，后来看了报纸才知道的。所以说，这是一本原来出版社根本就想都没想要写的书，出版社还得了个大奖。这在出版社的这套丛书里面，大概也没有几本得过奖，好像也没有。这本书现在我重新修订了，增加了很多内容，但是因为也是非常遗憾的原因，到现在还没有出版。

我要讲的第二个大问题，是我为什么认为郑振铎那么值得研究。

我觉得这是一个比较重要的题目。研究郑振铎先生完全是我自觉的一个选择，我的老师他们也没提出来过。刚才讲过，最早因为我是研究鲁迅，郑振铎先生的名字就是从鲁迅的文章里边，特别是他的书信里面看到的。研究鲁迅不是光研究鲁迅一个人，鲁迅周边的人物都要研究。然后通过鲁迅先生，走近郑振铎先生以后，我就觉得郑先生是各方面都非常值得研究的。

学术方面，郑先生有很多都是我们现在说的"第一""最"这样的人。譬如说我们中国新文学运动，"五四"运动以后，第一个中国新文学团体，而且也是最大的，新文学史上活动时间最长、参加人也最多，成绩最大的一个社团——文学研究会，郑振铎就是这个文学研究会的一个核心人物，是他最早发起成立的，是以他为中心筹备的。这在现代文学研究中大概已是公认的，不算是一个什么新的见解了。但是在我研究郑振铎的时候，不是这样的，三十年前不是这样的，如果要讲到文学研究会，第一个就是讲茅盾，然后叶圣陶、许地山、冰心等人，郑振铎连名字都没有的；即使有的话，也是排在最后这么带一下。"文革"以前的文学史，现代文学史都这么写的。这是非常荒唐的一个事情。为什么呢？文学研究会是 1920 年冬天，在北京筹备的，当时茅盾在上海，叶圣陶是在苏州乡下的一个镇上，做小学教师。他们当然是文学研究会的发起人。但是他们怎么来筹备这个文学研究会呢？他们人都不在北京。以前很多事情都不是实事求是来写的，很多事情都是根据一个人后来的地位，那么就把前面的事情也算在他头上。我们现在根据文学研究会成立时的各种史料来看，非常清楚，文学研究会是郑先生最早提出来，而且连这个社团的名字也是郑先生提出来的。为什么会取这个名字呢？当然也是带有郑先生的特色的，因为郑先生他就喜欢"研究"。那么我们现在有充足的理由证明，就整个文学研究会的发起筹备而言，出的力最大的是郑先生。到后来文学研究会的黄金时期，即二十年代前期，1922 年，1923 年，在上海以商务印书馆编译所为中心时，茅盾先生他对文学研究会当然也是贡献很大的。他的贡献主要是在二十年代前期，筹备的时期他没有什么贡献，我这样说是实事求是。

为什么文学研究会会在我们中国新文学史上留下非常重大的功劳呢？一个很重要的就是因为郑先生在北京铁路管理学校毕业以后，1921 年 3 月份到上海工作，到上海工作之后，在铁路上干了没几天，他就到商务印书馆去了。他跟茅盾先生本来就通信，他喜欢搞文学，搞学术，茅盾也是他好朋友，他就动员郑振铎先生，你还是到我这里来，我们这里是个大出版社。当时沈雁冰先生他是中共中央的联络员。大家知道，茅盾是中共的第一代党员，就是上海共产党发起时他就是党员。他当时担任的工作，正式的工作是商务印书馆的《小说月报》主编，编辑，但同时秘密担任陈独秀的联络员这样的工作，非常忙的，所以他就动员郑先生来商务，帮他的忙。叶圣陶先生也是以后到商务印书馆工作的，再加上以前已经在商务印书馆工作的胡愈之先生，文学研究会从二十年代开始，就是以他们四个人为最重要的领导核心。郑振铎、茅盾、叶圣陶、胡愈之都是在商务印书馆工作，而且这几个人就是毕生最要好的朋友,思想上从来没有离散过。包括抗战的时候,郑先生坚守在上海,主要目的是抢救和保护国家的文献古籍,茅盾、叶圣陶他们都到内地去了,仍旧在一起,即使在这种情况下,郑振铎与他们也是心心相通的。所以说文学研究会,即使后来茅盾对文学研究会起了非常重大的作用,但是你不能否认郑振铎先生也是起了非常重大的作用的,而且他的作用也是茅盾不能替代的。而且茅盾也很忙,该会具体的联络工作都是郑振铎搞的,所以郑振铎一直是文学研究会的第一领导人。这以前的书上从来没这么说过。

中国新文学运动一开始的时候有一个实质性的事件,就是那个《小说月报》的改革。《小说月报》在茅盾任主编之前商务印书馆已经出了九年、十年的一个东西,当时是一个鸳鸯蝴蝶派、礼拜六派的一个刊物。从 1921 年起,茅盾做《小说月报》主编,该刊全面改革,成为文学研究会的一个代用的机关刊。为什么要加"代用"两个字呢,因为《小说月报》是商务印书馆的一个刊物,最后的审稿权是在商务老板手里。所以文学研究会郑先生也好,茅盾先生也好,他们都这么讲。现在有很多文章讲《小说月报》是文学研究会的"机关刊"。但是,文学研究会的当事人都没这么说,他们都是说"代用机关刊"。他们认为他们的机关刊是《文学旬刊》,后来改名为《文学》周刊、《文学周报》,这个才是文学研究会机关刊。这个也是郑先生所主编的。这个是他们说了算的,《小说月报》不是他们说了算的。

《小说月报》的改革,以前文学史上把这个事情也是很看重的,都把这作为新文学史上的实质性的事情,也是标志性的事情。已经存在了十来年的一个封建的旧文学刊物,转变为一个全新的新文学的刊物。以前的研究文章都把这个功劳归于茅盾先生一个人。但是,茅盾先生自己在解放前也好,解放后也好,他写文章都写得很清楚的,这不是我一个人的功劳。首先,在《小说月报》全面改革之前,先是商务印书馆元老张元济、高梦旦先生,他们在这之前去北京。他们两个老先生是很可爱的,虽然年纪大,但是他们属于新潮流,他们有改革精神,在这之前就把《小说月报》里面的一个栏目,叫"小说新潮",交给茅盾,让他在那里试着改革一下,那就是半改革,《小说月报》中有五分之一、六分之一的内容就先改革了。那么在这一年高梦旦、张元济先生先后到北京访贤,他们到当时的新文学、新文化运动的中心北京,找胡适、梁启超这些人。但胡适也好,还有蒋百里、梁启超也好,都说现在北京有几个青年人很有水平的,很有干劲的,可以去找他们组稿。郑振铎听到这个消息,也主动去找。张元济的日记记载,郑先生前一天去找他没找到,第二天他又去,他说,我们有几个人喜欢文学,希望商务印书馆给我们创造条件,给我们也出一个文学刊物。那么张元济跟高梦旦商量了,就说我们已经有一个《小说月报》了,再搞一个刊物,出版社要考虑精力、经费,他就答应说把《小说月报》改革,你们一起来把它改革。新的刊物,我们不想出了。然后郑振铎召集耿济之、许地山这些人来一起开会商量,当时瞿秋白已经走了,他到苏俄去了,他们几个人以前办过一个刊物,叫《新社会》。郑先生就提出我们先成立一个社团。成立一个社团有什么好处呢,就是说以后我们跟出版社、跟报社打交道,可以以一个团体的名义,这样就容易办事。所以文学研究会就这么筹备起来了。文学研究会就是因为郑先生去找张元济,要叫张元济给他办刊物,张元济他们表示不想出新的刊物,可以把旧的刊物改造,于是郑振铎就筹备起来,成立一个团体。

在这之前,郑先生跟茅盾先生,他们没见过面,但他们互相都是知道对方的名字的。因为郑先生在“五四”运动时也是一个风云人物,他在北京的报纸、上海的报纸上也写了很多文章。当然茅盾先生也是。当时王统照先生——中国现代新文学作家里面有很多人一开始写的也是旧体小说、文言文小说——王先生也是这样,叶圣陶先生也是这样,郑振铎先生早期的时候也写过文言小说,但是他没有发表,只是写了自己看看,就扔掉了,没有投出来。叶圣陶在成为新文学作家之前,在上海鸳鸯蝴蝶派刊物上面发表过很多小说。王统照先生在北京,他投了一篇稿子给沈雁冰先生,在他的半改革的“小说新潮”栏目里面发表了。所以他们都知道上海有一个沈雁冰。张元济跟高梦旦到北京来访贤的时候,有很多人都给张元济介绍,就说你到我们这里来寻求人才,这个当然好,但是你自己馆里面也有人才,你也要注意发掘。就说你们馆那个沈雁冰就是很有水平的,中外文学根底很深。郑先生也向张元济先生讲这个话,这话茅盾他是不知道的。张元济跟高梦旦北京访贤回去以后,这个时候大概已经是11月了。回去之后他们就把茅盾叫过去说,从明年开始《小说月报》就是全归你一个人负责了。他本来只是《小说月报》里面一个栏目的负责人,从明年开始《小说月报》全面改革由你负责。茅盾后来的回忆录里面也写了,他当时很吃惊。

那么大家想一想,商务印书馆的张元济先生也好,高梦旦先生也好,他们都是“资本家”是不是?他们都是出版家,他们当然是要考虑什么经济利润的。他们不是搞政治,搞社会改革,虽然他们都是改革派人士,也是有雄心壮志的,这是肯定的;但他们肯定也是要考虑经济问题,要不能亏本经营的,那么他们为什么敢下这么大的决心?他们下这么大的决心,一个很重要的原因,就是郑先生在这里面也起了作用。他在北京就向他们推荐沈雁冰了。当然还有其他人,包括茅盾回忆录里面讲到的蒋百里、郭绍虞等,他们都向张元济提到他。那么使张元济对这个青年人就有那种“刮目相看”的感觉。这个事情非常突然,沈雁冰领受了这样一个任命后,他很慌,巧妇难为无米之炊。他的前任主编手里面留下的稿子,他一看都不能用的,都是那种鸳鸯蝴蝶派的稿子,那么他就急得不得了。他当时在商务印书馆,什么人都叫不动,只有自己赶快来翻译一两篇外国小说。另外一个他的弟弟沈泽民,他就叫弟弟也翻译,叫弟弟也写。所以沈泽民他后来也成为文学研究会的成员。沈泽民是一个无产阶级革命家,是最早的共产党员,跟茅盾一样,后来是在洪泽湖地区打游击的,壮烈牺牲了。他早年也在茅盾带领下从事过文学工作的。

当时茅盾一想,怎么办,明年1月份就要出版了。他就马上想到谁呢?他也没有想到郑振铎,因为他当时跟郑振铎还没有联系的,他想到的是王统照,因为王统照在他那里已经发过文章了,他就赶快写封信过去,就是讲《小说月报》从明年开始我主编了,我现在缺稿子,你那里有没有?还有你的朋友里面有没有?赶快给我寄过来!那么这个时候正好是郑振铎在北京筹备文学研究会,王统照那个信就拿给郑振铎了。

茅盾收到的回信不是王统照写的,是郑振铎写的回信。茅盾跟郑振铎的长达几十年的深厚友谊就是从这个时候开始的,第一封信就是郑振铎写给他的。那么郑振铎就告诉他,一个,我们现在这里正在筹备文学研究会,请你也作为我们的发起人。茅盾当然同意了。第二个,关于稿子问题你不用紧张,我们马上就给你组织稿子来。接下去,马上就是郑振铎去找周作人,周作人也是文学研究会发起人。周作人、许地山、冰心,所有的文章,包括郑先生自己的小说,就一篇一篇地寄了过去。文学研究会是从1920年10月,张元济来了以后他们开始筹备的,正式成立是1921年1月4日,就在中山公园来今雨轩那个地方开成立会。《小说月报》版权页上写的是每个月的10日出版,文学研究会成立是1月4日。在《小说月报》1921年的第一期改革号上面,就登着文学研究会发起宣言、文学研究会简章、成立的经过等。所以说全是郑振铎在北京筹备,他在主持工作。正是由于郑先生这样一个了不起的人,我们中国新文学史全新的一页打开了。中国新文学社团就是从文学研究会开始的,这之前没有,都是旧社团。

《小说月报》这一期,可以认定是郑先生自己写的和他组织的稿子占百分之六七十,就是说茅盾的实际做的工作最多就是百分之四十,百分之三十几。所以说以前所有的文学史上面,都是把《小说月报》的改革的功劳归于茅盾一个人头上,这个合理不合理?这是非常简单的一个问题。那么我把它目录排出来,首先那个里头的周作人的文章、许地山的文章、冰心、瞿菊农的文章等,全是郑振铎组织的,全是北京的。郑振铎周围的人,除了王统照通过信以外,茅盾一个也不认识的,是不是? 那个文学研究会的章程、发起经过,茅盾在上海能写出来啊? 当然都是郑振铎。而且文学研究会,一个章程,一个"缘起"(宣言),一个是周作人起草的,一个是郑振铎起草的。周作人起草的那个宣言,是得到过鲁迅先生审读的。

我就想说明一个问题,就是郑振铎有很多的事情,是他第一个做的,他是最主要的负责人,这个以前都被抹杀了。

那么另外一个呢,我们如果从政治方面来讲,郑先生他一生也一直是一个进步的人士,一直是保持着一个前倾姿势的。几乎中国近代史上的那些重大事件,他都是参加的,而且有好多次他都是处于运动的中心区、漩涡区里面。

首先是"五四"运动。"五四"运动时,郑先生就是北京的大学生,当然他的学校比较小,五四运动的中心力量是北京大学,是李大钊、陈独秀他们的北京大学的学生。郑先生也是北京的一个大学生,他跟瞿秋白他们是一个团体。接下来就是"五卅"运动了,当时郑先生在上海。五卅的当天,郑先生就经过南京路,他亲眼看到马路上烈士的鲜血,亲眼看到南京路墙上的那些枪眼。他回到家里就召集了茅盾、胡愈之、叶圣陶,就办了《公理日报》。陈云同志的自传里面写得很清楚的,他说他早期最早参加革命活动的一个内容是什么呢,就是去义卖《公理日报》。那么《公理日报》是谁主编的? 是郑振铎主编的。陈云同志后来是我们老一辈无产阶级革命家,是党和国家的领导人。但是他早期参加革命第一步是做这个事情,他自己说的。现在研究历史、研究政治、研究党史,都有一个问题,就是有很多不实事求是。你不能根据一个人后来的地位高,就把前面的事都说是他领导的,也不能因为一个人后来变成坏人,前面做的好事也全部否认。在上海有商务印书馆书店的故址,墙壁上面写有说明,我认为有些写得不对的,有很多地方都是错了。陈云同志是因为积极参加"五卅"运动,党组织发现他,一个学徒工,把他发展入党的,他是通过"五卅"运动才入党的。

"五四"运动,郑振铎在北京,不是一般的学生领袖,是个小领袖,是铁路管理学校这个学校的领袖,但他不是整个北京学生运动的领袖,还有很多人在他前面。但是他做出了一个非常重大的贡献,他在北京办了《新社会》旬刊,后来刊物被北洋军阀政府枪毙了。接下去他办《人道》月刊,又被枪毙了。《新社会》发刊词,就是郑振铎写的。该刊第一把手就是郑振铎,然后是瞿秋白。但是现在有很多的报纸、杂志介绍,一定要把瞿秋白的名字放在郑振铎的前面。当然这个也是可以的,因为郑先生也对瞿秋白很尊重,他写文章说瞿秋白是我们这些人的老大哥。但是郑先生写这个文章的时候是解放后,悼念瞿秋白逝世的时候,他说他是我们这个团体里面的老大哥,实际上郑先生跟瞿秋白的年龄差不多,瞿秋白比他还小了几个月。他当然是谦虚了。当然瞿秋白是了不起,郑先生说他少年老成,他说瞿秋白是思考性的人,瞿秋白经常说出一些话来带有哲理性的,郑振铎非常佩服。但是实际上《新社会》这个刊物主要的领导人,如果一定要说第一把手的话,不是瞿秋白,那就是郑振铎。这个从发刊词就看得出。而且瞿秋白的文章里面也写得很清楚的。瞿秋白有一本《饿乡纪程》,里面就讲到,《新社会》被禁止后,后来出第二个刊物,名字叫《人道》,瞿秋白有点反感这个名称,他不赞成,但是他也说不清道理,因为当时瞿秋白的水平比郑振铎理论水平高一点是可能的,但是他也还没去过苏俄,马克思主义他还没完全学到,差不多的水平。但是瞿秋白的文章里就讲,由于郑振铎坚持要用"人道"这个名称,"我的话就不足为重"。"不足为重"是什么意思呢?"不足为重"也就是说郑振铎当时在他们这个团体里面他的地位比瞿秋白高,他说了算,这不是很简单一个道理吗?所以说现在郑振铎的很多的事情,这个说下去就很多的故事可以讲,都是被埋没了。

接下去是"四一二",中国近代史上几个转折点的大事情,他都参与,无役不与,几乎是这样。"四一二"蒋介石在上海叛变革命,缴了上海工人纠察队的枪,然后开始大肆抓捕共产党人,屠杀工农群众,宝山路上机关枪扫射。郑振铎先生当时住在离上海工人纠察队的总部很近的地方,就是离那个商务印书馆很近的地方。4月13日,上海总工会号召全体工人上街游行,郑先生也是参加了,然后亲眼目睹反动派军队在宝山路上用机枪扫射。回到家里以后,胡愈之就打电话过来了,胡愈之、周予同他们都参加了这个游行,都是商务印书馆的编译所的编辑,都是文学研究会的核心会员,然后就起草了一个致国民党当局的抗议信。这个抗议信就写给三个人,就是国民党里面的元老,大知识分子,一个蔡元培,一个李石曾,还有一个什么人,我现在记不清了,吴稚晖吧,好像。解放后原信发现了,说是在李石曾的家里面,抄出来了。①这封信就是在中国历史转折时期,几个中国的进步的知识分子站出来,体现了大无畏革命精神。但是这个事情,还有很多的问题没搞清楚。这封信说是在报纸上发表过的,但是哪个报纸,有三四种说法,说明现在研究工作根本没跟上。那么这封信上面有七个人签名,第一个人就是郑振铎。这封信是胡愈之起草的,胡愈之回忆里面也有提到。那么为什么郑先生第一个签名?以前就说是按照笔画顺序排的,但是我们现在笔画顺序都是从少到多是吧,它那个却是从多到少,郑振铎那个郑字繁写是比较多的,那排在第一了。以前,包括郑先生的儿子郑尔康老师文章都这么写,按照笔画排序从多到少,我还以为以前的规矩是从多到少,不是从少到多。然而今年10月份在上海开会的时候,北大教授商金林先生,他就讲了一个故事,他是从叶圣陶先生那里听来的,叶圣陶先生很明确地讲,这个就是郑振铎想出来的,他就是勇于承担责任,因为这是一个危险的事情,不是现在我们讲是光荣的事情,当时这个是要冒着生命危险的。所以他不想让胡愈之或者其他的朋友签在前头,所以他说按照笔画排,从多到少。是他提出来的。我后来还特地问商金林,我说你这个话是听叶圣陶讲的?他说是叶圣陶讲的。我说叶老他也没有在这个上面签名,这七个人里面没有叶老的。他说肯定,叶圣陶非常肯定地跟他说,因为他们关系很好,他们都在一起,都在商务印书馆,叶老没有签名的原因,是因为那天他没有去参加游行,可能。因为这几个人是参加游行的,他们回来写的。像“四一二”的事情,还值得深入研究。

夏衍同志回忆里面好像有三四篇文章提到此事,他悼念夏丏尊,悼念胡愈之的文章里都讲到周总理好几次跟他提到此事。当时“四一二”大屠杀之前,第三次工人起义,周总理是领导人之一。“四一二”大屠杀以后,共产党从此就转入地下。国共合作轰轰烈烈的大革命从此就彻底失败。周总理被通缉,他在被通缉的白色恐怖下,看到了报纸,他就记住了郑先生等人的名字,所以他跟夏衍讲过好几次。这个事情是对共产党、对革命家的一个巨大的声援跟鼓舞。

再接下去,1931年“九一八”事变的时候,郑先生就在北京了。后来抗日战争全面爆发1937年,他在上海。历史上的最容易看出一个人的本质,是在最大考验的关头。这些重大关头,他都是参加的。

郑先生解放后担任我国文化工作的领导人,他不是一天进步的,他是一步一步走过来的。跟有些人不一样,有些人一转身就变成一个革命者了,起先都是一直不革命的。应该说,他是经受过历史的考验的,有好几次他遗嘱都写好了。文学研究会的一个老会员叫王伯祥,他那个回忆里面就讲到了。抗日战争的时候,1941年12月8日,太平洋战争爆发,上海同一天就沦陷了,沦陷的时候,郑先生就有一个很厚的信封,密封了,交给王伯祥先生,说我如果出事了,你就把它打开来,照里面写的办。后来郑先生没出事情,抗战胜利后王伯祥先生就还给了郑先生,他也没打开来看过,里面写一些什么东西也不知道,现在这个东西如果能够发现的话就好了。

所以说郑先生的文学活动也好,政治活动也好,都说明他是一个了不起的人物。所以我说,要我说明为什么要研究他,老实说我讲两天都讲不完。

简单地讲,郑先生的社会关系,在我所研究的近代作家人物里面,面比他广的人,我认为还没有。包括鲁迅,鲁迅的联系面还没有他广。因为郑先生他在文学界以外,学术界、出版界、教育界等都非常有人脉。政治人物里面,国民党人物里面很多人,他也是有关系的。连旧书店、书摊那种地方,全认识他的,在北京琉璃厂一带,名气响得不得了。像这样的一个人物,在近代史上也是少见的。

而且他是一个实干家,是一个组织者。譬如说中国新文学期刊,多得不得了,但是有几个是中心的刊物,就是说谁在上面发表一篇作品,就可以一举成名的这样的刊物,差不多都是郑先生主编的。改革后的《小说月报》一开始主编署名是沈雁冰,但实际上我认为郑振铎至少是不署名的副主编。第一期的百分之七十都是他编的,茅盾编的比他还少了。茅盾 1921年、1922年,编了两年;1923年开始就郑振铎接编了,一直到《小说月报》被炸掉,上面都是写的郑振铎的名字。②

《小说月报》以外,还有《文学旬刊》也是全国的核心文学报刊,文学研究会会刊,也是郑振铎主编的。还有三十年代《小说月报》炸掉以后的《文学》月刊,就是茅盾跟郑振铎在鲁迅的支持下,得到邹韬奋的帮助,生活书店出的,是郑振铎提出来的。《小说月报》停刊以后全国缺少一个可以长期公开出版的中心文学刊物,"左联"的刊物出了两期就出不了,出了两期就被枪毙,其他的刊物不掌握在进步人士手里,就编了《文学》月刊。编《文学》月刊郑振铎先生在北平,就近指导的是茅盾,但是这个《文学》月刊封面上面印着主编郑振铎、傅东华。郑振铎同时在北平又编了一个《文学季刊》。《文学季刊》是个大型刊物,大到什么程度呢? 它最厚的有一本就这么厚,像砖一样的,主编郑振铎、章靳以。

全国从 1919年到 1949年这三十年,文坛上中心刊物,只有在全面抗战的八年左右(因为郑先生一直在上海,当时的全国中心转到重庆、昆明,到内地去了),全国文艺界抗敌协会办的中心刊物不是郑先生管的。抗战胜利后,全国最大的文学刊物是什么呢?《文艺复兴》。《文艺复兴》又是郑振铎主编的,郑振铎、李健吾主编。就是说,整个三十年,最主要的,一脉相承的,全国最中心的,执全国文坛之牛耳的核心刊物,都是郑先生主编的。我们仅仅举出这一条来,他是一个什么样的人物,在中国文学史上应该居一个什么地位,就很清楚了。但是你们去看看现代文学史是怎么写的? 是不是很科学的? 是不是实事求是的?

所以他是一个实干家。而且他引导奖励培养了很多的作家。那么我不能一个一个说,我就说一些最有名的人物。譬如说郁达夫,郁达夫他是年纪比郑振铎还要大一点的一个作家,他也是新文学的第一代元老,创造社的元老,但是他走上文坛,他的第一篇小说、第一篇散文、第一首诗、第一篇文学评论,这四个第一,全是郑先生给他发表的。具体故事很长,我不多说了。我再举一个巴金,以前有一个已经成为"定论"的说法,到处都这么讲,电视台,文学史,包括人家电视台里面知识竞赛,都说巴金的小说最早是谁发表的?叶圣陶。我已经写过文章了,巴金的第一篇小说是郑振铎发表的,跟叶圣陶没有关系。巴金的第一篇散文也是郑振铎发表的,巴金的第一首新诗也是郑振铎发表的。包括老舍先生,他最早的小说,好几部,都是郑振铎发表的。王任叔先生也是,黄庐隐、许地山,他们最早的作品都是郑振铎发表的。

尤其使我感到非常佩服的,郑先生他是非常具有人格魅力的一个人。具体的故事很多,来不及多讲。就说宋云彬,他也是商务印书馆的一个老编辑,早年也是文学研究会的会员,他有一句诗叫"长乐平生风谊重",这个长乐就是指郑振铎,因为他是福建长乐人。宋云彬这句诗就是讲郑振铎这个人的人格,歌颂郑振铎的人格魅力。

其他的不用说,文学研究会成立的时候,郑先生他当时除了请茅盾、叶圣陶,他们都在外地嘛,作为发起人,他另外还想到很多人,想到郭沫若跟田汉,他当然没有想到郁达夫,没有想到郁达夫的原因很简单,因为郁达夫当时一篇文章都没发表过,他不认识他是吧。但是郭沫若已经开始发表作品了,田汉也发表作品了。他就写信给田汉,请郭沫若跟田汉一起参加文学研究会的发起。但是奇怪在什么地方呢?田汉这封信收到之后,他自己不回信,他也不转给郭沫若,所以说这是一个遗憾的事情。郑振铎在文学研究会发起的时候,周作人是发起人,同时郑振铎也要想请鲁迅也作为发起人,而且他自告奋勇要去找鲁迅。后来鲁迅为什么没有参加呢?因为鲁迅当时在教育部做一个小官,据说当时北洋政府规定文官不要参加社会团体,所以鲁迅没有参加文学研究会作为发起人,但是鲁迅很支持文学研究会。鲁迅的文学倾向跟文学研究会没有很大差别的。而且鲁迅早期的书很多都收入文学研究会丛书里面。中国近代文学史上最大的一套文学丛书就是《文学研究会丛书》,数量最大、延续时间最长,那么这个《文学研究会丛书》的主编就是郑振铎,从头到底都是他主编的。

从一些史料里面的片言只语的线索里面,我还发现好像郑先生在组织文学研究会的时候还动员过胡适,北大的一些人,他们也都没参加。我举这个例子,就说明郑先生这个人的胸襟是很开阔的。大家想想,如果这个文学研究会开始成立,完全能够达到郑先生当时他的愿望的话,就是鲁迅、郭沫若、田汉、胡适……他们都成为文学研究会会员的话,你说那个文学研究会将会是怎样一个力量强的组织了?那整个文学史将全部呈现另外一副面貌了!当然,历史是没法假设的,也不能回过头重新来过。

郑先生在整个近代史上一直是一个团结的因素。这个我觉得很重要。在文学史上,有些人他不是团结的因素,一天到晚闹矛盾,一天到晚出事情。所以说我是觉得郑振铎——夏衍他在有篇文章里讲到——是具有难能可贵的高尚品质的一个人。夏衍的体会为什么这么深呢?夏衍、周扬他们提倡"国防文学",跟鲁迅先生的"民族革命战争的大众文学"产生非常尖锐的矛盾,公开化,使整个革命文学界处于分裂的状态。在这种情况下,郑振铎他不写文章,没有公开地支持过鲁迅的或周扬、夏衍的文章。他到处做工作,把他们团结起来,最后达到了——就是说在鲁迅逝世之前,鲁迅一生当中最后签署的一个文件是什么文件呢?就是《文艺界同人为团结御侮与言论自由宣言》。在这个上面签名的人都是选出来的。里边包括有些不是很有名的,赵家璧也签,冰心也签。为什么呢?他们考虑到,就请这些人出来体现文学界的大团结。这个上面没有周扬、夏衍的名字的。夏衍回忆录《懒寻旧梦录》,大家去看一下;茅盾回忆录叫《我走过的路》,这两部回忆录可以互相对看——都提到这个事情。这个宣言是郑振铎参与起草的,写完之后,郑振铎就说胡风不要签名了,周扬也不要签名了,夏衍也不要签名了。夏衍马上就说,我体会到他的一片苦心,我就同意不签名。夏衍就认为这个文件是第二次国内革命战争时期一个非常重要的文件,它的意义是非常伟大的。那么,我们的文学史上面没有提到这样的一个高度,现在写文学史的人他自己就不懂。夏衍是一个过来人,他当时就是革命文学界的一个领导。他有句非常重要的话,他就认为郑先生是一心为团结,是难能可贵的。

另外,郑先生为人忠厚。譬如说新文学运动开始的时候,遭到了守旧派的反对,其中有一个代表人物是林琴南,他认为新文学都是狗屁,新文学界都对他恨之入骨的。但是林琴南刚死掉,第一篇全面的公平的评价林琴南的文章,就是郑先生写的。这是所有的研究者都公认的。到现在为止,关于林琴南的研究文章,最重要的也就是两篇,一篇就是郑振铎的这一篇,还有一篇钱锺书的,钱锺书的是解放后写的,从学术上面写的。郑振铎那篇文章,第一次公正的评价。又譬如说梁启超一死,他也是最早,也是最公正地写了一篇文章,很长的,全面评价梁启超对中国新文学运动的贡献,连梁启超他们的亲属都认为他这篇文章写得好。

又譬如说周作人,抗战时期变成一个汉奸,这个汉奸当然是最不好的东西了,想想看,异族、异国的侵略者在杀你同胞的时候,他去帮他们为虎作伥。郑先生对这一点当然是非常清楚的,他当然也是反对的。但是抗战胜利以后,郑先生写过一篇文章,叫《惜周作人》。他里面就讲到周作人当汉奸的时候,他们也一直在议论,用一个什么办法把他拉出来,那么现在他已经做了民族罪人了,但是郑先生觉得还是蛮可惜的,就是说以后还是要给他出路,最好在监狱里面让他搞翻译什么的,郑先生当时都讲了这些话。到了解放后,就是照郑先生这个想法去做的。解放初周作人有一份安定的生活,搞搞翻译,对我们国家也是有贡献的。这个做法就是郑先生在当时最早提出来的。郑先生《惜周作人》文章发表之后,当时在报纸上也有人批判郑先生的,说郑先生毫无疑问是我们进步的爱国的老前辈,但是他怎么好像感情有一点右啊(原话我忘了),怎么"惜周作人"?这种人有什么可惜的?但是你从另外一个角度来讲,我就觉得这个也是郑先生为人忠厚的一种表示。

又譬如说,郑振铎对吴佩孚的评价。大家都知道,吴佩孚是中国历史上一个大军阀,1927年"二七"大罢工,他屠杀工人,双手沾满共产党人和工农群众鲜血的一个人物,这也是毫无疑问的,不能否定这一点。但是吴佩孚晚年,他在北平,日伪想要请他出来任伪职,他是拒绝的。郑振铎在抗战胜利以后,就写了一篇文章,叫《吴佩孚的生与死》,就高度肯定吴佩孚的民族气节,难能可贵。这篇文章,包括前面《惜周作人》,都是抗战胜利以后,郑先生在上海刊物上公开发表的。但是在解放初收集成书的时候,全被删掉。体现我们当时的思想的僵化。三十年改革开放,是一点一点地纠正过来的。《惜周作人》这个文章就是先收到书里去了,那吴佩孚的那篇文章一直到后来郑尔康先生编《郑振铎全集》的时候,才收进去了。我前一段时间看到国内召开过吴佩孚的研讨会,我就很遗憾,这种会怎么不叫我去参加,因为我对吴佩孚还有一点研究,还查到了一些资料。他们开会的人很多的文章里面没有提到郑振铎这篇文章,他们提到了邹韬奋的一篇文章。邹韬奋也是充分肯定吴佩孚晚年的爱国气节。这个我觉得他们都是很有眼力的,邹韬奋、郑振铎这样的人。郑振铎这篇文章,这么好的一个资料研究者没有利用,很可惜的。

现在有些人对郑振铎的看法,令人气愤!就说郑先生在上海静安区有一个故居,他住的时间最长了,被拆掉,毫不客气的。后来我又找到一个,也是故居,虽然住的时间比较短,但是这个楼房鲁迅日记里面都记载了。鲁迅去过,叶圣陶去过,胡愈之去过,茅盾去过,到这个楼房里面去商量怎么悼念瞿秋白,你说这不是很重要的一个地方嘛,又被拆掉!一个区里面两个地方都拆掉了!但是他们居然要恢复"张爱玲故居"!那么张爱玲是个什么人啊,他们说张爱玲这个"故居"有"文化价值",那么什么文化呢?那是伪文化。伪文化是两个伪,第一个,他们说这个房子充满文化气息,到了这房子里面就有一种二三十年代浓郁的文化气息,你说伪不伪?张爱玲是四几年住进去的,那怎么"二三十年代"?跟她有什么关系?这是伪造历史。另外一个伪文化就是敌伪文化,张爱玲的小说绝大部分都是发表在敌伪刊物上的,很不光彩的一个人。按照郑振铎先生抗战胜利以后写的《锄奸论》里面的看法,该文前面他说的是汉奸,直接歌颂日本侵略者,直接歌颂"大东亚圣战"的这种人,当然是汉奸。后面他又提到那些"在敌伪刊物写作无宣传性质之文字者",认为是第三、四等罪犯。张爱玲这方面很明显的汉奸的东西是没有,但是她那个倾向是倾向于日本侵略者的,感情是在他们那边的。

最近我还看到一篇文章,发表在广州文联的那个叫《粤海风》杂志上的,作者写到了张爱玲的一篇散文,她说她在阳台上听到了一阵军号声,悠远的,然后就引起了她的一个遐想,很美好的,很诗意的,很抒情的,很"小资"的一篇文章。你如果是光从这个文字看,好像也没什么嘛,是一篇普通的文章。批评它的那个作者就讲,这篇文章发表在什么时候? 1942 年。1942 年张爱玲在什么地方? 就是现在他们要开发的那个"故居"。那么她 1942 年听到的军号是什么军号? 那就不需要考证了! 新四军在苏北那儿,这个军号不可能听到的。国民党军队早就撤掉,到后方去了。她听到的军号当然是日本军号,或者伪军军号。你说,作为一个中国人,当时是亡国奴,敌占区,听到日军的军号是一个什么感觉? 她居然有这种感情,跟中国人民感情绝对对立的这么一个人,像这样的人为什么要捧得这么高呢? 甚至捧到什么程度,比鲁迅还高! 夏志清提出来,中国文学史上就两个高峰,一个《红楼梦》,一个就是张爱玲,荒唐不荒唐? 现在大陆是跟着他吹捧,包括一些老作家。我认为不能理解,特别是我觉得反差太强烈。就说同样一个区,把两个郑先生的故居全部拆掉,现在把那张爱玲的"故居"恢复挂牌了!

我这个人是无权无势,但是话还是要说。那么至少就是说,要有人说话,证明中国人没有全死,在这个时候,在张爱玲一片叫好的时候,也有人站出来反对的。也不是我一个,有好几个。把她的小说说得再好,我也可以不说话,但是你现在是把张爱玲"故居"恢复。张爱玲"故居"是什么? 它作为文物? 故居是作为什么东西? 作为一个文化遗址,是作为一个向青少年,向后人的一个实物来保存下来。南京的一个叫陈辽先生,我是见过面,和他不熟的,人家网上面骂他,说他是新四军,我才知道他也是个老革命,他参加过新四军。他就讲,世界上没有一个国家这样对一个落水文人的。

张爱玲我不说她汉奸文人,但两顶帽子逃不掉的,一个是落水作家,一个是不洁作家。不洁,就是不干净,不干不净的。"不洁作家"这四个字不是我想出来的,这四个字抗战胜利以后,全国文协的决议里面有。全国文协有个决议叫《惩办汉奸文人决议》,这个里面提到一个"不洁文人"。我觉得"不洁文人"这四个字是像对张爱玲量身订制的,你再给我找第二个不洁文人出来! 因为像周作人、胡兰成,这个不是不洁文人,是汉奸,汉奸文人。

　　按照郑先生的观点，抗战胜利以后他写文章，他就说这叫"第三等犯罪"。他讲，一些人即使是出于某些目的，譬如为了卖稿子赚钱吧，没有明确的政治立场，没有明确地宣传"大东亚圣战"，在敌伪刊物上写文章的人，这也是"第三等犯罪"。也就是首先要肯定，这个也是犯罪行为。我们现在讲张爱玲，我从来没说过她是汉奸，其他的人，批判她的人有没有说她是汉奸文人，我也没看到。

　　郑先生跟张爱玲完全是不同的人，但是我们现在文坛上重视的却是后面的这种人。特别是最近拍了一个电影，叫《色·戒》。《色·戒》是对中国人民莫大的污辱，这是我的看法。体现出我们现在的某些人水平之差，立场之模糊。《色·戒》是对郑苹如先烈的污辱。我为什么谈《色·戒》讲到郑振铎先生呢，因为抗战胜利后第一个写郑苹如的人是郑先生。他的那篇文章题目叫《一个女间谍》，这篇文章在解放后，《蛰居散记》出版的时候，也是被删掉了。因为郑苹如是国民党方面的人吧，当时都是这种僵化思想。郑先生高度肯定像郑苹如这样的爱国之士。我们现在的作品呢，倒过来了，丑化她，歌颂的是像张爱玲这样的女人。

　　所以我一直认为，就是研究郑振铎，也不是关在门里面纯学术的一个东西，政治跟文学不能分开的。研究任何历史问题，我觉得最起码两条：第一条，一切要有根据，要有史料根据，要实事求是，建立在史料基础上；第二条，研究任何东西都是有立场的，我们不需要隐瞒自己政治立场。我最最基本的一个底线，就是说一个必须是爱国，最最起码的，这个底线要坚守。汉奸你都可以吹捧啊？

　　因为时间比较紧张，我是准备了很多的东西都来不及讲了。本来还想说一点学术的东西，三十年来郑振铎研究有一些什么进展，这个进展非常巨大的，就是说三十年前郑先生几乎没有人研究，那现在至少我们开这么大的会了。1978年第一次纪念郑振铎，这是从郑尔康先生那儿听来的，是谁提出来的呢？周扬同志。那么为什么周扬同志他会提出来呢？因为他是过来人，郑先生跟周扬关系是非常好的，因为周扬是革命作家，解放前都是照应他的。譬如说他们生活很困难，郑先生就是给他们发文章，稿费多发一点，或者预支，先就给你了。很多人得到过郑振铎这种帮助，包括丁玲。胡也频被国民党杀害，郑振铎就给她二百块钱。丁玲就讲，我一辈子借人家钱没还，就是这一次，就是郑先生。这个也是一个很生动的例子吧。

　　1927年"四一二"，写了抗议信之后，白色恐怖很危险，郑先生就避难到法国去了，茅盾、胡愈之都避难了，都出国了。那么他什么时候回来的？以前也不很清楚，现在非常清楚了，几月几号都知道，都是新的研究的进展。

不要以为只是一个日期，是个小问题，好像不了解也无所谓，现在这是一个很大的问题。比如说巴金一天到晚讲，我那个小说是叶圣陶给我发表的，叶圣陶也讲这个巴金小说是我发表的。因为郑振铎是什么时候回来，这个时候是叶在编。按照叶圣陶说法，郑振铎回国差了一年时间。包括郑振铎的日记整理、书信整理，现在可是比三十年前是增加了很多。一切重新评价都必须建立在史料的基础上，所以这几年这方面的成就也比较大。

新发现的材料也有，譬如，《周恩来书信集》里边有一封信，周总理写给邓颖超的信，1958 年写的。周总理讲，郑先生他们失事后，正好是抗美援朝的志愿军有一大批回国。那么周总理百忙，晚上很晚了，想到郑振铎，他那个信里面讲，就说思潮起伏，不能成寐，然后他就写了一首诗，写了一首诗他就交给陈老总，请陈老总给他修改。陈老总也没有给他修改，马上批示，就给《人民日报》，要发表。结果周总理自己，已经要快排版了，再把它要回来不发，因为他认为没写好。今年也是周总理的一一〇周年的诞辰，就在周总理逝世日前后，网上突然发表了这首诗："粉身碎骨英雄气，百炼千锤斗士风。走石飞沙留侠迹，上天入地建奇功。"这首诗不是写郑振铎一个人，这个代表团团长郑振铎，副团长蔡树藩。蔡树藩是传奇式的独臂将军，是周总理的老朋友。他是安源煤矿的童工，参加安源工人起义的，然后就参加工农红军。解放后他是国家体委副主任，对郑先生是非常尊重的。周总理这首诗，是纪念烈士，同时也要歌颂志愿军。"粉身碎骨"当然就指他们，他们飞机上掉下来粉身碎骨啊，但是也是纪念像黄继光这样的抗美援朝的那些先烈。所以不能说这首诗全是歌颂郑振铎的；但是这首诗里面也是歌颂郑振铎的，因为它的题目和诗序都说郑振铎。而且郑振铎确实当得起这个"英雄"，我认为也是"斗士"，文坛斗士。而且他也建了"奇功"，他也"留侠迹"。这个"侠"字用得很好，郑振铎是一个很豪爽，很有侠气的一个人。当然蔡树藩也是，毛毛写的《我的父亲邓小平》里面写到他的，他跟邓小平都是一起打仗打出来的，很了不起的一个人，八宝山公墓里面他跟郑先生是一个墓穴。

时间是已经超过了，讲么没有讲完，而且我原来还写了这个提纲，也没有多少讲到，来不及了啊……

（2008）

注释

① 陈按，此说有误，解放后不可能抄李石曾的家。实际是吴稚晖的女儿出卖家藏旧书时，书店发现了这封信。
② 当中有一年左右的时间是叶圣陶代理主编。

应该深入开展"郑学"研究

一

  二十年前,在北京召开的全国首届郑振铎学术研讨会上,我提交过一篇书面发言,题目为《建立一门"郑学"》。当时我提出,对郑振铎(西谛)先生的研究,应该像鲁迅研究(鲁迅学)一样,成立一门专门的"郑学"。我的发言当年得到一些与会前辈学者的赞赏。经过了这么多年,应该说我们对郑先生的研究取得了比以前更好的成绩,学术界对郑先生的认识有所提高,出版社也出了不少有关郑先生的书。但我仍然觉得还很不够,还须重提这一问题,其中不少话可能是"老调重弹",那也实属无奈。就像鲁迅书写过的一句古诗:"古调虽自爱,今人多不弹。"

  我知道,我国古代早就有过一门"郑学"了,那是公元二世纪东汉郑玄(康成)所创立的经学研究学派,也用以指后人对郑玄的专门研究。郑玄是汉代古文献研究的集大成者,用清代学者段玉裁的话来说,"千古之大业,未有盛于郑康成者。"然而,我国近代杰出的新文学运动前驱者之一,著名的文学家、文学史家、艺术史家、文献学家、藏书家和社会活动家的郑振铎,其一生的建树、业绩,以及其涉猎的领域等,都远远盛于郑康成。对郭沫若称之为人百其身莫可赎的"一代才华"[①]的郑先生,我们实在应该命名一门新的"郑学"。而且,对这一"郑学"的研究,我们实在还是非常不够的。只要想想,清代学者对于郑玄,光为其撰写的年谱就有十来种之多;而我们对于郑振铎呢?

  半个世纪前,郑先生为国壮烈殉职后不久,老一代革命文化战士胡愈之就充满感情地说,"振铎! 你在'五四'以后这一整个时代的文学工作中的成就和作用,历史会有定评……从我们相识的三十多年以来,你总是手不释卷,笔不停挥地日夜工作着……你的雄心是要用一切力量来为祖国创造更多的精神财富,任何艰难困苦都不能松懈你的干劲。在文学工作中,你是一个多面手,不论在诗歌、戏曲、散文、美术、考古、历史方面,不论在创作和翻译方面,不论是介绍世界名著或整理民族文化遗产方面,你都作出了平常一个人所很少能做到的那么多的贡献。"②

对郑振铎的"历史的定评",可以说早已作出了。而且,不只是关于郑振铎在文学工作中的成就和作用方面。其实,胡愈之说的"美术、考古、历史"等,就已经不在文学工作的范围内了。

历史的定评体现在毛泽东主席签署的"革命烈士证书"上,体现在周恩来总理"临纪念郑振铎、蔡树藩等遇难烈士大会前夕,思潮起伏,不能成寐"③而写的诗里,体现在八宝山革命公墓郑振铎等遇难烈士墓碑的文字里……

历史的定评也体现在很多著名人士、学者的评说中。例如,有位著名作家指出:"中国要是有所谓'百科全书'派的话,那么,西谛先生就是最卓越的一个。"④有位著名学者说:"从他逝世以后,心目中似还未见与他伦比的(同类型的)第二位伟大学人——其伟大在于他的文化视野与文学热忱的超常广阔,他的研究范围与气魄,皆非一般小儒可望项背。"⑤当时苏联的一位著名学者认为:"在他身上是表现了他所属的那个伟大民族的民族性的许多特点。""他走过了灿烂的、充满各种各样事件的生活道路。他是一个在中国文学和艺术上有许多贡献的勤勤恳恳的学术工作者,他是最先起来反对封建主义和帝国主义堡垒的那些人中间的一个。"⑥捷克的一位著名学者更早在郑先生生前就写道:"我从他身上学到的东西比从任何人那儿学到的都多。"⑦

老一代革命文学运动领导人夏衍说:"郑振铎同志是热烈的爱国者,也是坚决地为民主与和平而奋斗的战士,他是优秀的作家、文学史研究家、严肃的文物工作者,也是我国首屈一指的藏书家。"⑧老一代革命家、著名学者李一氓更有一句掷地有声、一言九鼎的话:"郑先生,我认为他是中国文化界最值得尊敬的人。"⑨

在我的这篇拙文中,不可能把郑先生一生的巨大贡献都写到,我只能举出一些李一氓等前辈提到的郑先生的"最""第一""首屈一指""无与伦比"的功绩,来说明建立一门"郑学"和深入开展"郑学"研究的必要性。

二

如今,似乎更有必要如实地强调,郑振铎是五四以后最先起来反对封建主义和帝国主义堡垒的革命者之一。他的一生,首先就是革命者、爱国者的一生。

自五四运动以后,郑振铎一直置身于进步的时代潮流中,而且始终是新文化大军前列中的一名战士。虽然,在阶级搏斗你死我活的年代,或在民族危亡迫在眉睫的时候,他不曾冲上真枪实弹的战场,他始终未脱"文化人"的本色,也从不认为自己是个政治家;但是,他确实是在思想文化战线上战斗过来的人。中国革命史上的几次重大的政治斗争,他几乎无役不与,而且好几次都处于中心漩涡区,有时候甚至参加了短兵相接的政治斗争与工人运动。在"四一二"政变时,在抗战时期的沦陷区,在1940年代后期国统区的民主斗争中,他都经受了严峻的考验,有时甚至还立下了遗嘱。除了大革命失败后被迫出国和上海完全沦陷后被迫隐居等短暂时期以外,他一直没有疏离于火热的政治活动;而短暂的疏离也未使他斗志稍减。恩格斯曾经指出,欧洲文艺复兴时代的英雄们"的特征是他们几乎全部处在时代运动中,在实际斗争中生活着和活动着,站在这一方面或那一方面进行斗争,一些人用舌和笔,一些人用剑,一些人则两者并用"。⑩郑振铎的主要武器,是"笔"(有时也用"舌"),而不是"剑"。他以自己的方式,独特的才能,特殊的身份,为中国的革命与进步尽了力。他的有些工作和贡献,如左联解散时的工作,抗战时期的文化界上层人士统战工作,抢救民族文献工作,等等,更是其他人所很难替代的。

郑振铎走过的道路,与中国近代很多进步知识分子十分相似。陈毅在《纪念邹韬奋先生》一文中指出:"以一个中国最优秀的知识分子的代表而坚决走上为工农兵大众服务的道路,这是韬奋先生永垂不朽,可为范式的地方。我们熟知韬奋先生的历史。他是以一个民主主义者走入战场,伟大的革命实践推动他向前迈步,直至与共产主义相结合,最后以他的为国家为民族为人民服务的品质和事业说,置诸共产主义者前列,可说毫无愧色。因此邹先生的道路是彻底的革命民主主义者与共产主义最终结合的道路。彻底革命的民主主义者与共产主义的一致性在邹先生一生历史实践中,又一次证明了。"我认为,郑振铎除了"五四"时起点比邹韬奋要高以外,几乎完全走着相同的路线。正如陈毅接着又指出的:"那么,我们想一想这是一件偶然巧合吗?我想不是的,我想这里极其庄严郑重地指出了中国革命的总规律,这一条定理有不可拒抗的伟大力量。"我认为,在郑振铎身上,我们也能看到中国革命和中国新文化运动的伟大力量。

三

郑振铎是我国二十世纪最杰出、最全面的文学工作者,是新文学运动的先驱者和领导者之一。

在文学理论方面,郑振铎的工作具有拓创性和启蒙性。这特别体现在 1920 年代前期。他是和沈雁冰(茅盾)双峰并峙的"文学研究会"一派的现实主义文学理论家,是最早开始系统研究和介绍俄国现实主义文学思想的新文学工作者。他大力提倡"为人生的文学",提出了"血和泪的文学"口号。他最早从"世界文学"的角度提倡文学的统一研究和比较研究,也最早提出了"整理旧文学"的任务。⑪他第一个向我国新文学工作者开列了当时最为详尽的国外文学理论著作重要书目,又第一个向他们开列了相当系统的中国文学研究的重要书目。他当时几乎在文学理论的各个领域提出了自己的新的见解。他的这种创新精神至今令人神旺。他的一系列论述对于民国时期文学思潮的形成和发展,无疑起过重要的指导性作用。可惜的是,他在 1920 年代发表的文论本来准备编集出书,但毁于"一·二八"日军炮火,使得后来的一些研究者未能读到。

1930 年代以后,由于他在文学界的联系面非常广,他的文学思想对于很多要求进步的作家来说,仍然具有强大的影响力,客观上成为左翼革命文学联系一般作家的理论上的桥梁。这里显示了他的文学思想的又一个重要特点,即稳定性和踏实性。他从不拒绝新的进步的观点和科学的方法,不曾固步不前;但也没有戏剧性的"突变",不曾大起大落。他更不像某些人那样,在文学思想上变幻摇摆,随风颠倒,或抓过一面旗帜就想高人一等,引用或生造几个术语就自以为一新面目。几十年来(尤其是当下),当我们看过了种种守旧的或时髦的文学理论,尤其是那些玄妙的、光怪陆离的高超论点,看着"这种高超的胡说要想出人头地并成为深刻思想"⑫,然而终于瞬息即逝,或徒留笑柄,这时,回头再读读郑振铎那些朴实无华、踏踏实实的理论批评文字,就更能体会其生命力和正确性了。

他的文学思想扎根于中国新文学运动的土壤,并得到实践的活水的浇灌。从"五四"时起,他就提出新文学应该有改造旧文学和改造旧人生的两重任务,这不能像近年有的西方学者那样简单地理解成是所谓中国传统的一元论和唯智论的思维模式的产物,或是所谓想借思想文化以解决社会问题;而是从新文学运动的实践中提出来,并符合中国社会的实际的。他一方面指出改造旧文学对于改造旧社会的作用;一方面又指出只有改造旧社会才能从根本上改造旧文学。这是我们至今仍然应该坚持的观点。他的文学思想有两个坚实的支柱,一个是他的进步的政治思想,一个是他的博大的知识体系。这为一般作家所难以企及。特别是 1920 年代,从"五四"到"五卅",他都处于政治热潮的中心,实际参加了进步的社会活动,与最先进的政治集团及其领袖人物保持着较密切的联系。这就是他当时的文学思想得以居高趋前的重要原因之一。而他的庞大的知识库存,他在中国文学和外国文学两方面都具有的深厚的造诣,更打下了他的文学思想的基础和深度。

郑振铎指出:"新文化运动的最大功绩,就是把我国人在文化上拘墟自大的态度破除了。"[13]以鲁迅为代表的新文学中坚人物(包括郑振铎)的文学思想,体现了现代大生产的那种巨大的规模、宏伟的气魄、惊人的吞吐量。郑振铎的文学思想具有卢卡契说的"雄浑精神与广阔视野"[14]。他是在具有世界意义的中国新民主主义革命运动的推动下,在与世界文化的广泛的比较和研究中,阐述新的文学观念的。他不仅较为自觉地站在进步的政治立场的高度,同时也是站在世界文学和中国文学的全部发展史的高度,来思考文学理论的。因此,他的文学思想又体现了一个重要特点,即其开放性和立体性。从纵的方面说,不仅注意当前的文学现状,而且也注意文学史和文学遗产,也注意面向未来。(他对儿童文学理论的关注就证明了这一点,而儿童文学无疑就是为了未来的文学。)从横的方面看,他注意中外文学的比较,也注意通俗文学、民间文学、翻译文学理论的研究,等等。

在创作实绩方面,郑振铎的工作也是不可忽视的。尽管他确实不是一心从事创作的"专业"作家,他一生中最主要的贡献也不在这上面;但事实足够证明,他在创作方面也是卓然成家的。当然,我无意于将他挤进某些人所谓的"一流"作家中去;因为那种分等论流的标准本身是否科学、合理,就可疑得很。在我看来,在这方面人云亦云、随声附和的情况是严重存在的。郑振铎的大部分优秀创作都自有其意义在,他自己也从未着意于同一般作家争一日之长,那些右翼文人所谓的"意斯披里纯"一类玩意更是无须用来比较的。我们至少可以断论:郑振铎的创作,绝非如某些人所贬诬的那样一无可述。那些对他的创作显出不屑一顾的鄙夷态度的人,不过只表明其自己的无鉴赏力或有偏见而已。综观郑振铎的创作活动,我觉得有这样几个特点(有的特点正是包含着优点与弱点两个方面):

第一,他的创作品类很全,很丰富,他作了多方面实践,起步也较早。他对诗歌、小说、儿童文学、散文等文学体类,都写了不少作品;而且,在每一种体裁中,他又都不拘于单一形式,而是多有探索,有创新,丰富多彩。例如,在诗歌创作中,他在散文诗和小诗等方面就很有成绩。他的散文创作,在抒情、叙事、议论等各种类型中,都有相当精彩的篇章;他的小说创作,涉及家庭小说、历史小说、政治小说等门类,成绩亦不可抹杀。尤其在中短篇历史小说创作方面,无疑是第一流作者。而且,这些文学体裁的创作与发表,都是在 1920 年代初(或更早)就已开始了,比茅盾、老舍、巴金等人都要早。但因种种原故,他没有较长期地连续将最大的精力集中投放于创作之中。他的不少作品是分散发表或化名发表的,很多作品也没有及时收集出书。他虽然有好几次开始创作长篇小说,但始终未能写出里程碑式的长篇作品。这些,都使他失去获得大创作家的声誉。而我认为他本来也是有这种可能的,虽然他自己并不以此为可惜。

第二,他的创作鲜明地反映了他的全人格,在文坛上树立了不可替代的个人风格,也发挥了很好的社会功能。他以全身心热爱祖国,热爱人民,在作品中处处洋溢着追求光明、争取解放的真挚的激情,甚至是无邪的童心。他的大多数作品,都是"有所为",都是为反映人生和改造人生而作的,充满着公私感愤,道义激扬。汉奸文人攻击他的作品"显不出一点真实的热情"[15],这完全是颠倒黑白,不值一驳。他创作于"五四"时期的诗歌,奋发向上,善于思索;"五卅"时期的诗文,悲愤激昂,勇于抗争;1930年代的一些小说,虽然披着神话与历史的外衣,但写的却是"铁的人物和血的战斗"(鲁迅语);1940年代的杂文、小说,更是他手中匕首般的有力武器。他的作品实践了他一贯主张的"为人生"的文学思想。但由于工作和斗争的紧张与急迫,有时他未及仔细修饰文字和塑造形象,描写有时不免直露和粗糙,使得作品的审美价值有时不及认识价值。但即使如此,也仍如鲁迅说过的,属于"虽然粗制,却并非滥造",他的大多数作品仍然"实在够使描写多愁善病的才子和千娇百媚的佳人的所谓'美文',在这面前淡到毫无踪影。"[16]更不用说他还有一些思想性与艺术性达到高度完美地结合的作品了。

第三,他的作品也显露了他的学识才情。我不同意那种认为郑振铎本质上不是一个作家的胡说;但他确实不是一位平凡的一般的作家。他不仅首先是一名新文化运动的战将,而且也是"五四"以后一位令无论新旧学者都不得不佩服的大学者。他是最典型的学者型作家。因此,尽管他的作品大多在文字上是平易的,在风格上是朴素的,但并不浅薄,实由厚积。在创作的储材、剪裁、炼意、结构、议论、抒情等方面,都显示了作者的学力。近年来,有识者提出当代作家队伍非学者化的严重问题,指出有些只凭生活经验和机智才气的作家,虽然也许会写出一时轰动耳目的作品,但往往缺乏后劲,难以为继,原因即在缺乏学识素养,读书太少。这是非常中肯的批评。有人认为,郑振铎的作品"也许可以算是作家学者化、或者学者作家化的具体的例子"[17]。在这方面,最突出的是他的历史小说,大多绝非等闲之作。但鉴赏者也须有较高的学识,才能读懂并产生共鸣。只有深入了解其创作背景(当时的现实,现在亦已成为历史)、取材本事以及如何缀合、改写、点化等,并具备古典文学修养和历史知识,甚至还要加上考证本领,才能真正领会其妙。因此,可以说这是一种高层次的综合性的审美对象。但也正因如此,又难免得不到浅薄者的好评。我相信,随着我国一般读者文化水平的提高,对郑振铎有关创作的评价也一定会相应提高。

郑振铎又是一个优秀的翻译工作者,在这方面涉及面也较广。他在 1919 年翻译了列宁的文章,1920 年翻译了《国际歌》歌词。他还从 1920 年代起在翻译理论方面作过一系列比较系统、完整的阐述。有一些重要的译论,例如转译问题、文学译名统一问题、欧化问题等,还是他第一个提出来的,具有启蒙和开拓的意义。在许多基本问题上,鲁迅的见解与他完全一致。郑振铎的这些译论,不仅在当时起了很好的作用,而且经过历史的检验,至今仍是基本正确,仍葆有强大的生命力。在文学翻译方面,他尤其是我国近代最早介绍俄国文学的人。他还介绍了印度文学、希腊罗马文学等,都具有开风气和补空白的意义。

在文学队伍建设方面,郑振铎的工作更是十分出色。他在文坛上的组织活动,以及他对文学新人的培养工作等,在以往的民国时期文学史论著中,极少被提及,许多事迹几近湮没。但是,这些史实却是极其重要的。郑振铎不仅是鲁迅的一名战友,而且也是新文坛的"祭酒"人物之一。他的组织力与团结力,在新文学家中是数一数二的。对此,茅盾、叶圣陶等人都多次表示过叹服。他气魄大,心胸大,联系面大,吸引力大。如同臧克家说的:"得识郑先生以来,对他有一个'大'的感觉。他身材高大,一'大'也。他为中国文化、文艺工作,抱有雄心大志,二'大'也。他胸中城廓〔郭〕,四门洞开,三'大'也。即使在小事上,也表现出他的落落大方。"[18]他勤勤恳恳,任劳任怨,热心为公,不谋私利。在新文坛上整整四十年,他始终发挥着组织的才能和团结的作用。1920 年代初他带头发起文学研究会,为该会的中坚与灵魂。他参加发起左联的前身组织,虽然后来未参加左联,但可以说是"没有参加左联的左联成员"[19]。左联后期,就有中共党内同志认识到他在进步文坛上的地位,可相当于政治舞台上的蔡元培与宋庆龄;敌对阵营中,也有人看出他是鲁迅为首的左翼文坛的"台柱"。在鲁迅逝世前夕和抗战爆发前夕,他为促成全国文学界第一次大联合、大团结作出重大贡献,"表现了难能可贵的高尚品质"[20]。在当时的文学青年中流传着"现在对新进作家爱护的有南迅北铎"[21]的口碑。抗战初期,他参加发起的"文救",实是后来全国文协的前身。抗战胜利后,他又发挥了"领导力量"[22],为全国文坛重心的顺利转移立下大功。他的这些工作与作用,是其他作家很难替代的。新中国建立后,他也一直是全国文联和作协的领导成员之一。

他一生发现、引导、奖掖、培植了很多作家。其中包括不少同辈作家,甚至像郁达夫、许地山、王任叔、老舍、巴金等一大串闪闪发光的名字之升上文学天空，都是与他的直接提拔和帮助有关的。他更发表了很多生活在底层的不相识的青年作家的作品，包括农村、山区、工厂、码头的工农作家、流亡学生的处女作。有一些青年正是在他的直接、间接的影响和帮助下，走上了革命的道路。他在各个学校的教学工作中，也发现和培养了不少文学工作者。他无愧为文学青年的导师。

在文学阵地建设方面，郑振铎的工作尤为杰出。在以往的民国时期文学史论著中，这一点也极少被提及，但是这些工作对新文学运动有巨大的实质性的意义。1930 年代，他就被称为"是个最好的杂志编辑者"[23]，当然，他所编的不止于杂志。从参加主编"共学社丛书"中的两套俄国文学丛书开始，他一生几乎不间断地编辑了大量书籍。特别是 1920 年代初开始的几乎是他一人主编的"文学研究会丛书"系列，总数达一二百种，延续达二十余年，为新文学运动最重大的实绩之一。1930 年代他主编的"世界文库"，也是新文学史上伟大的创举。另外，抗战时期"孤岛"上海他参与主持编辑的《鲁迅全集》，以及解放前夕主持编译的"美国文学丛书"等，都是值得在历史上大书一笔或留下记载的。他更主编了很多极有影响的文学杂志和副刊。如他参加改革《小说月报》的工作，功绩不在沈雁冰之下。从主编全国"四大副刊"之一的《学灯》开始，"他长期编辑或挂帅主编了《文学旬刊》《小说月报》《文学》(月刊)《文学季刊》《文艺复兴》等一脉相连的执全国文坛之耳的核心文学刊物。他主编的文学书刊，1920 年代，做了大量的启蒙工作和批判旧文学的工作；1930 年代，为打破国民党的"文化围剿"立下汗马功劳；1940 年代，又为祖国的文艺复兴和民主建国大声疾呼。他主编的书刊，既重视创作，更重视研究，也收入翻译作品和整理的古代作品，为人民提供了大量的丰富的精神粮食。

在中外文学史研究、中外文学交流等方面，郑振铎也做了很多工作，有的我们在下面再说。

郑振铎所做的这样一些工作，对于推动新文学运动所起的作用，是难以估量的。特别是，如果没有他在文坛幕后所做的一些工作，中国近代文学的正面舞台上要演出那样壮观的场面，简直就是不可想象的事。写到这里，我忽然联想到梁启超对公元四世纪佛教人物道安的评价："安为中国佛教界第一建设者。虽未尝自有所译述，但苻秦时代之译业，实由彼主持；苻坚之迎鸠摩罗什，由安建议；四《阿含》《阿毗昙》之创译，由安组织；翻译文体，由安厘定。故安实译界之大恩人也。"[24]这体现了梁氏卓越的史家眼力。我认为，用相似的眼光来看，即使仅凭郑振铎在文坛上的有关主持、建议和组织等功绩,也完全可以称他为中国新文学运动的伟大的"建设者"和"大恩人"了;更何况他自有其理论、创作、翻译、研究等各方面的杰出贡献呢!

四

郑振铎是我国二十世纪第一流的大学者,是最"多才多艺和学识渊博""完整和坚强"的巨匠之一。

恩格斯这样评论十六世纪欧洲的文艺复兴运动:"这是一次人类从来没有经历过的最伟大的、进步的变革,是一个需要巨人而且产生了巨人——在思维能力、热情和性格方面,在多才多艺和学识渊博方面的巨人的时代。"[25]恩格斯还指出这些巨人有使他们成为完人的那种性格上的完整和坚强。

一位波兰学者在郑振铎牺牲以后,曾对他作过这样的评价:"我认为他是中国当代学术界中人文科学方面的代表人物之一。"因为,"中国人文科学未来的发展——特别在有关古代中国的部分——主要依靠两种因素的适当结合,即是中国传统的渊博知识和研究科学问题的现代方法",而郑振铎的学术活动"已经充分体现了"这一点;"同时,他又能把个人的学术工作和比较实际的活动协调起来。许多年来,他成功地为他的祖国服务"。因此,"他的早逝是对他祖国的巨大损失,也是对中国国内外汉学研究界——不问在哪里——的巨大损失。"[26]举例来说,郑振铎在对祖国(以及国外)的文学遗产的整理与研究上,无疑就是成绩最大最好的工作者之一。

1920年代初,郑振铎整理撰写的许多关于中国古典文学的书目、提要等,不仅量多、面广、气魄大,而且大多具有开拓、启蒙的意义,并带有新方法论的启示。从1920年代后期起,他辛勤发掘、整理和出版了大量的古典文学优秀作品,是功德无量的工作。尤其在战争环境下,他奋不顾身地保护及编印了大量的文学遗产和民族文献,更值得全民族子孙后代向他致敬。他在1920年代和1930年代撰写出版的四种中国文学史著作,每一种都是当时遥遥领先的第一流专著,至今仍然不失其高度的学术价值,而且有的还长久未能被同类著作所替代或超越。他在1920年代还撰写出版了我国第一本《俄国文学史略》和世上第一部真正的世界文学通史《文学大纲》。正如蔡元培说的,"郑振铎先生研究中国文学史,扩而之世界"[27],这是进一步对全人类的文学遗产所作的整理与研究工作。他的这些工作,对于整个新文学运动的推动力和冲击波是十分强烈的。他的博学,他的勤奋,他以一人之力所作出的这样杰出的建树,同时代有几个人可以相比?

郑振铎对文学遗产的发掘、整理、研究工作,是以全新的文学观念和现代科学方法作为指导的,其目的也是全新的,即为了建设新文学和新文学观服务。他还认为:"因了新材料的不断发现,对于已有的材料的观念,也便联带的发生了不同的观点,也会得到与前不同的新考察与价值。"㉘这就是说,他认为通过大量的文学遗产的科学发掘和整理工作,本身也会引起文学观念的变革与更新。他又认为:"'辑佚'的工作,往往是'文艺复兴'的先驱。""这工作不仅仅是像古人所谓'生白骨,泽枯胔'而已,而是有更重要的意义。"㉙他自己做的大量的整理工作,就是这样的典范。

正因为郑振铎是"五四"的儿子,接受了进步的革命的思潮的影响,吸收了现代文明,对中国乃至世界文化的历史与现状有相当深刻的了解,因此他能比较自觉地站在文学——这一被他称为人类社会的最高精神联锁——的巅峰,从整个世界的精神生产的大范围来考虑问题。他的视野与透视力远远超过了中国历代封建文人和半封建半殖民地产生的"才子"们,摆脱了因农业自然经济和封建锁国政策带来的那种狭窄性和保守性。他勤奋学习先进学术思想,努力整理中外文学遗产,以夸父与日逐走和普罗米修斯盗取神火的大圣大勇精神,在昏暗的旧中国的文坛上点燃了耀眼的爝火!正因为如此,他虽然无比热爱祖国的(以至世界的)文学遗产,但在这笔无比丰厚的遗产面前毫无畏葸感,也不沉溺其中。他的整理和研究工作,就带有那种现代大生产的巨大的规模、广阔的背景和无限的吞吐力。

五

以上只是简要论述了郑振铎在文学事业方面的功绩,限于篇幅,不能再谈他在文献学、艺术史、考古学、民俗学等方面的建树。这些功绩已极其雄辩地说明了:只有在和世界文化与进步思潮的广泛联系中汲取新的科学的文学观念和研究方法,只有脚踏实地不畏艰苦地耕耘而不是轻松自如地将一些新名词与杜撰的生硬术语炫耀于嘴边,才可能有效地研究中外文化遗产,才可能使这些文化遗产真正为建设人类的新文化服务,才可能使自己的研究成果经得起时间与读者的考验。从这一点上说,郑振铎在这方面的工作,必将对于我们以及子孙后代显示永久的启示意义!

最后还想指出的是,我们认为不能忘记郑先生,但是,有些人却偏偏忘记了郑先生,令人惊诧莫名。这也从反面说明我们应该建立一门"郑学"和深入开展"郑学"研究的必要性。

略举数例：曾有多个单位联合召开关于"文学研究会"的大型学术会议，会议总结中却连郑振铎的名字也不提；有称为民国时期文学"研究史纲"的书，举出的作家多至半百（包括一些成就不大或不全面的作家），竟也没有郑振铎；有上海市某区政府，专门为抗战时期不洁文人的"故居"挂牌，并在报端声称拟进一步"开发"，却把该区两处郑振铎的故居无情地拆除。一个曾经为国家保护了无数古迹和纪念地的人，为什么在他长期居住过的上海，连一处故居都不能保存呢？㉚再如，有后来名声大噪的作家，他的最早的作品，包括成名作，明明都是郑振铎给发表的，但是偏偏要把功劳算在别人的头上。假话成了"佳话"，甚至成了公认的"史实"了！

以前的"现代文学"教科书、工具书中，上述的大到文学研究会的创立、《小说月报》的改革，小到某作家的被发现，等等，都抹杀了郑振铎在其中的关键性贡献。现在，事实已经完全辩白清楚，但是，一些教科书、工具书仍然拒绝修改，采取"默杀"的态度。

当代某些人的这些做法，已经令郑先生的一些友人、学生、研究者，甚至国外学者提出异议。有一位以前从事鲁迅研究，后在国家文物局党史办工作的老同志给我写信，激愤地说："郑先生为国家和文化事业做了那么多贡献，这样对待他太不公正了！"

我深为当今文坛及某些部门的某些莫名其妙的成见、势力之强而感到可悲可气。无奈人微言轻，惟有希望通过写书写文章来表述管见，以引起一切有实事求是之心的人的思考。同时，至少也可让后人知道，在发生这些奇怪的现象的时候，毕竟还是有人提出过异议的！

（2008）

注释

① 郭沫若《悼郑振铎同志》，1958年12月《考古学报》第4期。

② 胡愈之《哭振铎》，1958年11月1日《光明日报》。

③ 周恩来1958年11月17日致邓颖超信，见《周恩来书信选集》。

④ 端木蕻良《追思》，1978年11月12日《北京日报》。

⑤ 周汝昌《茅公风范》，2001年2月14日《文汇报》。

⑥ 艾德林《忆郑振铎同志》，1958年11月《文学研究》第3期。

⑦ 普实克《中国：我的姐妹》，1940年布拉格原版，2005年北京外语教学与研究出版社出版中文译本。

⑧ 夏衍《郑振铎同志的一生》，1958年11月16日《光明日报》。

⑨ 李一氓《怀念郑西谛》，1986年8月3日《解放日报》。

⑩ 恩格斯《自然辩证法·导言》。

⑪ 我在一些文章中曾经指出郑振铎提出的"整理旧文学"不从属于胡适的"整理国故"口

号。近日读到杨义等人在《文学评论》上发表的长篇专论,也指出郑振铎的"整理旧文学"有其独到的理路,并不是单纯用"胡适整理国故思想的深化和细化"所概括得了的。

⑫ 恩格斯《反杜林论》。

⑬ 郑振铎《介绍新文化辞书》。

⑭ 卢卡契《托尔斯泰和现实主义的发展》。

⑮ 杨光政《大编辑郑振铎》。

⑯ 鲁迅《关于翻译的通信》。

⑰ 唐弢《〈郑振铎选集〉序》。

⑱ 臧克家《忆念郑振铎先生》,1981 年 12 月 9 日《解放日报》。

⑲ 有人称叶圣陶为"没有参加左联的左联成员"。我认为郑振铎更是如此。

⑳ 夏衍《懒寻旧梦录》。

㉑ 1936 年 7 月 18 日曹坪(端木蕻良)致鲁迅信。

㉒ 中华全国文艺界抗敌协会致郑振铎等人的《慰问上海文艺界书》。

㉓ 郁达夫《中国新文学大系·散文二集·导言》。

㉔ 梁启超《翻译文学与佛典》。

㉕ 恩格斯《自然辩证法·导言》。

㉖ 亚奈士·赫迈莱夫斯基《悼念郑振铎教授》,1958 年 11 月《文学研究》第 3 期。

㉗ 蔡元培《〈世界文库〉序》。

㉘ 郑振铎《三十年来中国文学新资料发现记》。

㉙ 郑振铎《鲁迅的辑佚工作》。

㉚ 上海另一个区还有一处上海唯一保存下来的郑振铎在抗战后期秘密"蛰居"的地方。可惜门口挂的一块小小的纪念牌上,短短百余字,而且已经作过文字挖补修改,但仍有史实、文法错误多处,不堪一读。参见 2008 年 11 月《博览群书》上发表的拙文《令人摇头的"郑振铎寓所"介绍》。

保存者·开拓者·建设者
——论郑振铎在文学史上的贡献

1934 年 1 月某个黑夜,奋笔工作的鲁迅在所编《引玉集》的后记的最后,写到了郑振铎(西谛),并充满激情地说:"目前的中国,真是荆天棘地,所见的只是狐虎的跋扈和雉兔的偷生,在文艺上,仅存的是冷淡和破坏。而且,丑角也在荒凉中趁势登场⋯⋯但历史的巨轮,是决不因帮闲们的不满而停运的;我已经确切的相信:将来的光明,必将证明我们不但是文艺上的遗产的保存者,而且也是开拓者和建设者。"①

鲁迅自豪地说的"我们",当然首先就是自己和郑振铎。而今天,我们用"保存者""开拓者""建设者"来概括郑振铎在中国文学史和学术史上的身份,仍然感到非常确切。而且,无论在荆天棘地的旧时代,还是在光明的新中国,郑振铎作为保存者的及时、果断、睿智、奋不顾身,作为开拓者的异乎寻常的敏锐、超前、全方位、勇往直前,作为建设者的无与伦比的辛勤奉献、硕果累累,都是十分罕见的。他又无私地甘于做无名英雄,甘于做泥土,加上后来研究者的忽视,甚至还有集体性人云亦云和选择性盲视偏视的现象,导致郑振铎有很多非常重大的贡献却近乎被人遗忘,在有关文学史书及教科书、工具书上缺少应有的实事求是的记述。因此,在纪念郑振铎诞辰 120 周年和牺牲 60 周年之际,我想起了鲁迅说的"证明"一词,来对郑振铎的杰出贡献再作一番论证。

周予同在 1957 年曾经这样描述郑振铎:"概括地说,他的学术范围包括着文学、史学和考古学⋯⋯但他的精力异常充沛,好像溢满出来似的,学术部门实在圈不住他。"②这里提到了文学和考古学。郑振铎在新中国成立之初就参与创建中国科学院的文学研究所和考古研究所,并为两所的首任所长。而众多的学术部门确实也不能"圈住"郑振铎,正如胡愈之所说,郑振铎"用一切力量来为祖国创造更多的精神财富","是一个多面手,不论在诗歌、戏曲、散文、美术、考古、历史方面,不论在创作和翻译方面,不论是介绍世界文学名著或整理民族文化遗产方面","都作出了平常一个人所很少能作到的那么多的贡献"③。有位作家认为："中国要是有所谓'百科全书'派的话,那么,西谛先生就是最卓越的一个。"④有位学者说："从他逝世以后,心目中似还未见与他伦比的(同类型的)第二位伟大学人——其伟大在于他的文化视野与文学热忱的超常广阔,他的研究范围与气魄,皆非一般小儒可望项背。"⑤事实上,郑振铎在民俗学、艺术学、文献学、编辑学、博物馆学、社会学等方面,也均有精深造诣和重大建树。但限于篇幅,本文主要就郑振铎在文学史上的杰出贡献,例举几个较重要的问题来做点"证明"。

郑振铎是中国文学史上最早、最大的新文学社团"文学研究会"的最主要的发起人、领导人和代表人物

其实这是该会众多发起人早就说过了的,只不过很多"现代文学"研究者视如未见。例如,叶圣陶多次说："郑振铎是最初的发起人,各方面联络接治,他费力最多……以后一直由他经管会务。"⑥郭绍虞说："文学研究会之成立以振铎为骨干"⑦,"文学研究会的成立,振铎是中心人物之一"。⑧孙伏园说："那时郑振铎先生奔走文学研究会最热心。"⑨征诸史实,该会的成立须从郑振铎与瞿秋白等人一起组成《新社会》编辑小组讲起。该小组实际就是一个宗旨鲜明、颇具实力的新文化社团⑩,于 1919 年 10 月前已成立,成员初为郑振铎、瞿秋白、瞿世英、耿济之,略后许地山加入。从《新社会》的编辑出版实况看,该小组的核心人物无疑是郑振铎。郑是《新社会》发刊词起草者,发表文章最多,很多都登在打头位置。后来改《人道》也主要是郑决定的,瞿秋白承认自己的意见"不足为重"⑪。这五人除瞿秋白,都是后来文学研究会的发起人⑫。该小组无疑就是文学研究会的胎胚或雏形。日本学者松井博光 1979 年在东方书店出版的《薄明的文学》,也认为从组成文学研究会的过程来分析,归根结底,其中心人物肯定是郑振铎。

该会的发动缘起,在 1921 年第二期《小说月报》上所发表的《文学研究会会务报告》的第一部分《本会发起之经过》中有详细记录⑬。考察郑振铎同另外 11 个发起人的相互关系,可更清楚地看到他在其中的核心地位,以及该会与其他社团的关系。首先,郑、耿、瞿(世英)、许四人是原《新社会》小组的成员,这不用多说。周作人是《新青年》社的成员、北京大学教授、文学革命提倡者;还不可忘记的是,周作人背后站着其兄鲁迅。用后来"创造社"的话来说,周氏兄弟是该会的"偶像"⑭。从周作人日记可知,郑从 1920

年 5 月开始与周时常通信并见面,在酝酿发起该会期间来往更为频繁。朱希祖是周在北大的同事,也是鲁迅周作人留日时的同学,朱参与发起当是周向郑推荐的。周当时又参加了北大新潮社,并任该社的编辑主任,而郭绍虞、孙伏园、叶圣陶都是该社的社员。郭当时在北大旁听,与郑相识。孙则在编辑《晨报副刊》,郑从 1920 年 7 月初开始向该刊投稿。叶当时不在北京,因和郭是同乡,由郭向郑推荐而为发起人。王统照当时正在北京中国大学读书,为曙光社的主要成员。《新社会》小组的成员大多在《曙光》上发表过文章,而郑、耿、瞿(世英)都参加了曙光社。蒋百里是共学社的主要成员,与商务印书馆当局也有交情,郑曾帮蒋编书。另外,蒋还认识沈雁冰(茅盾)。沈当时已在商务的《小说月报》做编辑,沈晚年回忆录中提到,当商务负责人要他主编《小说月报》时,他写信向未曾谋面的王统照约稿,却意外接到了郑的回信,说他与王是好友,并告以正在筹备文学研究会的情况,同时邀请沈作为发起人。所以如今"现代文学史"谈到该会的成立必首提沈、叶而不提郑,是不对的。除上述发起人外,我们不应忘记,郑当时还写信邀请鲁迅参加;另外,他还曾写信给田汉,请他和郭沫若作为发起人[15]。1958 年 5 月,郑振铎在接待山东师范学院教师、研究生来访时,回答了关于文学研究会的提问。今存他写的答问提纲,在谈"这个会的前身"时,提到了新社会小组、人道社及新青年社、新潮社、共学社、曙光社。由上所述,该会确实与这几个社团有较大的关系。而手稿中还写到"北大的一部分人没有加入(胡适、康白情等)",这是否意味着郑当时还邀请过胡、康诸人作为发起人(此事从未有人说过)?

总之,新社会小组(人道社)是文学研究会最初的发起单位,并且全员加入。内中的郑振铎更是核心人物,其后也一直是领导人。该会重要会员老舍之子舒乙在纪念该会成立 70 周年时统计的两组重要数据非常能说明问题。一为 1921 年初至 1925 年底该会主要成员在该会所办刊物上发表作品数量的排名表,二为 1921 年初至 1931 年底该会主要成员在该会所办刊物上发表作品数量的排名表。这两个表中郑振铎都居于首位,而且都遥遥领先于第二位[16]。

郑振铎是《小说月报》全面改革的主要推动者和幕后英雄,其后长期担任该刊主编,发表过大量优秀作品

《小说月报》的改革被公认为新文学前期最重大的实质性事件。历来的

讲法都把功劳归于茅盾。但茅盾当时就说过："《小说月报》今年改革,虽然表面上是我做了编辑,而实在这个杂志已不是一人编辑的私物,而成了文学研究会的代用月刊。"⑰该会的发起和成立都在北京,仅从推理就可知道,北京的会员对这个上海出的刊物肯定起了重要作用。郑振铎后来回忆说,该刊"革新之议,发动于耿济之先生和我"⑱,与商务的负责人张元济、高梦旦在北京会谈后,"此事乃定局。由沈雁冰先生负主编《小说月报》的责任,而我则为他在北平方面集稿"⑲。据那时已在商务工作的胡愈之的回忆,当时高梦旦请郑振铎推荐一位新文学作者来编辑《小说月报》,郑回答:"你们所里面就有这样的人——沈雁冰。"⑳茅盾晚年回忆录中讲,张、高回沪后于 1920 年 11 月下旬找他谈话,让他担当该刊的主编,并同意进行改革,这时离明年 1 月号稿件的发排只剩下两个星期了,但该刊前任主编所积的旧稿全不堪用,创作稿则一篇也没有。商务的负责人是相当精明的,自然知道这一情况,何以敢如此大胆地改换主编并同意改革? 很显然,这必是因为他们已与郑振铎谈妥,对稿源有了把握。查周作人日记,周在 12 月 5 日即托人给郑带去为《小说月报》撰写和翻译的两篇稿子。可知郑至迟从 11 月下旬起,便开始为该刊的改革号组稿了。(许地山之哥许敦谷应郑之邀为该刊作画,则为 11 月 28 日。)当茅盾万分焦急于"无米之炊"时,郑从北京及时寄来了很多稿子。

　　郑振铎为改革号(1921 年第 1 期)究竟出了多大的力? 只要看看目录便能知晓。第一篇《改革宣言》虽无署名,但我认为郑必是参与了意见(详见下述)。第二篇为周作人文章,茅盾在回忆录中说是郑寄来的。"创作"栏共七篇小说,茅盾回忆说五篇是郑寄来的,另两篇(慕之与潘垂统所作)是他"刚收到的投稿";实际上他记错了,慕之即郑振铎㉑,潘垂统也是郑组的稿㉒。也就是说"创作"栏稿件全部为郑寄来。"译丛"栏共八篇,除了冬芬(即茅盾)与沈泽民(茅盾之弟)的两篇外,其余六篇也均是郑寄来的,其中包括了郑自己的译作。"书报介绍"为郑所作。"文艺丛谈"的五则中有三则是郑写的。最后"附录"栏《文学研究会宣言》《文学研究会简章》当然也是郑寄来的。换言之,改革号的重要文章,大多是郑组稿或自撰。从题目上看,占到十分之七以上;从字数上算,约有六成。甚至这一期的封面和扉页插图,也是郑请许敦谷画的。因此,《小说月报》的全面革新并非像如今的"现代文学史"和某些辞典上写的那样。郑振铎实则是更重要的幕后英雄。

　　该刊的《改革宣言》研究者皆认为是茅盾写的,现已收在《茅盾全集》中。但我却认为可能是郑振铎所写,至少郑必参与了起草,理由如下:郑振铎是新文学运动史上第一个提出"整理旧文学"口号的人(详见下述)。《小说月报》在全面改革的前一年,已由茅盾进行了局部革新,但茅盾前一年的文章(如 10 月号《本社启事》、12 月号《特别启事》等)中,都只提到要"介绍西洋文学",并未提及整理中国文学。而《改革宣言》中却明确地提出"同人认西洋文学变迁之过程有急须介绍与国人之必要,而中国文学变迁之过程则有急待整理之必要",并说"中国旧有文学不仅在过去时代有相当之地位而已,即对于将来亦有几分之贡献,此则同人所敢确信者,故甚愿发表治旧文学者研究所得之见,俾得与国人相讨论"。这个变化非常大,应是郑参与刊物的改革所致。在《改革宣言》后紧接着刊载的即郑的《文艺丛谈》,里面第一句话就是:"现在中国的文学家有两重的重大的责任:一是整理中国的文学;二是介绍世界的文学。"更令人注意的是,这个任务甚至被置于介绍外国文学之前。而茅盾在同年 2 月发表的《新文学研究者的责任与努力》中却仍在说:"我觉得这文题内所有的意义总不出(一)新文学运动的目的何在,(二)怎样介绍西洋的文学,(三)怎样创作这三者",还是将"整理中国文学"遗忘于新文学研究者"所有的"的责任与努力之外。翌年 6 月,《小说月报》"通信"栏发表的读者来信,批评茅盾主编该刊"于中国底文学,绝不想整理之而发扬之",认为这"是一件不无遗憾的事"。茅盾的答复,接受批评并坦率承认自己确有"偏见","不大爱"这一工作。同年 8 月,该刊又载读者来信,责问《改革宣言》中既有"中国文学变迁之过程有急待整理之必要","何以年来没有这种文字发表?"茅盾在回复中也承认"未能尽什么力"。这一状况在郑继任主编后才有了明显改变。基于此,我有理由认为《改革宣言》中的有关整理中国旧有文学的内容,基本上应是郑振铎的而不是茅盾的想法。

在该刊改革后的第 2 期上,茅盾发表了他写的《讨论创作致郑振铎先生信中的一段》,提到今后采用稿件不能由自己决定,而要请郑振铎在京会商鲁迅、周作人等,"决定后寄申,弟看后如有意见,亦即专函与兄,供诸同志兄审量,决定后再寄与弟"。这充分展现了郑对该刊的重要作用。此后该刊的重要稿件仍有很多是由郑组织、审定的。最有意思的是,第 5 期发表许地山小说《换巢鸾凤》时,文末有署名"慕之"的附注,称赞了该作品并高度赞扬鲁迅的小说"'真'气扑鼻"。今人不察,以为此必是主编茅盾所加,大加称赞说是茅盾早期对鲁迅小说的精彩评价。精彩确实精彩,但实际是郑写的。茅盾晚年回忆说:"郑振铎之进商务编译所减轻了我的负担。他那时虽然不是《小说月报》的编辑,却在拉稿方面出了最大的力。我因为担任中共联络员,跑路的时间多,就没有时间写信拉稿了。"㉓因此,在郑正式担任该刊主编的前两年,如果称他为不挂名的副主编也是毫不夸张的。

郑振铎于 1923 年继任该刊主编,到 1927 年 5 月,由于他参加了一些革命活动并公开领衔发表了对反革命政变的抗议信,在大革命失败后被迫出国避难,该刊才由他请叶圣陶代编。叶晚年在《我和商务印书馆》《重印〈小说月报〉序》等文章中,说此后郑是 1929 年 2 月回国的,而恢复主编该刊大概在 5 月间。此说大误㉔。今看王伯祥日记,郑在 1928 年 6 月 8 日即已回到上海,而 9 月 3 日王的日记更明确写到振铎今日复任《小说月报》编辑,圣陶仍回国文部。可知有关文章居然把叶代理主编的时间延长了九个月(很多"现代文学史"、巴金的相关文章等,说叶代理主编整整两年!)。而且,即使在叶一度代编时,该刊所印的主编名字也始终都是郑振铎。也就是说,改革后的《小说月报》从 1921 年 1 月到 1931 年 12 月,即从第 12 卷到第 22 卷,两卷署沈雁冰主编,九卷署郑振铎主编。所以,茅盾 1981 年为《小说月报》影印本写序时说:"我觉得最令人遗憾的,是在《小说月报》这文艺园地上辛勤劳动九年的园丁郑振铎却在一九五八年因飞机失事而去世。……他若健在,这篇《序》该归他写。"㉕

郑振铎是新文学三十年史上长期主编
全国最著名、最核心、引领全国文坛的
大型文学刊物和丛书的第一人

新文学史上最重要、影响最大的文学刊物,我认为当数二三十年代的《小说月报》《文学旬刊》、三十年代出的《文学》《文学季刊》、四十年代出的《文艺复兴》。而它们的主编都是郑振铎。《小说月报》上面已说过了,下面再说其他几种。

郑于 1921 年 3 月到沪工作后,即被《时事新报》社聘请参与编辑该报著名副刊《学灯》㉖。不久,他争取在该报创办《文学旬刊》。4 月 23 日,该报以头张头版位置刊出郑起草的《文学旬刊宣言》和《文学旬刊体例》。旬刊于 5 月 10 日正式创刊,两年后改为周刊,至 1929 年 12 月出至第 380 期终刊。一个文学旬刊/周刊能坚持出版这么久,在新文学史上很罕见。该刊开始两三年共百余期一直由郑主编。该刊出版两周年时发表的《给读者》,改为周刊时的《本刊改革宣言》,出至百期时的《本刊的回顾与我们今后的希望》等重要文章,都是郑写的。百余期后虽由叶圣陶、赵景深等负责,但郑仍然是编委会主要成员。正如赵景深说的:"在它的整个刊

行期间,郑振铎作出了最大的贡献。"㉗该刊是二十年代最重要的文学刊物。首先,它与文学研究会"代用月刊"《小说月报》不同,公开标明是该会的机关刊。其次,它的出版周期短,反应快,批评性、战斗性更强,而且还重视理论,如郑振铎提倡"血和泪的文学",茅盾《论无产阶级艺术》等文,就都是发表于该刊的。

　　三十年代郑振铎在文学报刊领域最大的贡献,是他提议创办并参与主编了《文学》月刊。创办该刊的必要性和及时性有两点,一是"左联"成立后曾出版不少刊物,但都未久即被当局禁止,"文艺杂志是文艺战线的重要阵地,左联自己办的文艺杂志已无法出版,出路何在呢? 采取什么政策,什么方式才能不仅继续战斗,而且扩大战线的范围与影响?"㉘这是当年一个大问题。二是 1932 年"一·二八"战事中商务印书馆编译所被日军炸毁,《小说月报》停刊,全国文坛缺少大型核心刊物。在此情况下,1933 年春郑振铎专程从北平到上海向茅盾提出创办"一个'自己'的而又能长期办下去的文艺刊物,像当年的《小说月报》"的重大建议,立即获得茅盾和鲁迅的赞成。他们商定了"观点是左倾的,但作者队伍可以广泛,容纳各方面的人。对外还要有一层保护色"㉙的办刊方针和编委会的名单。而具体物色编辑人员与联系出版社等重要工作均由郑负责。由于他的卓越的组织活动,使"左翼作家们和五四以来的一些老作家、名作家,也就能在同一个刊物上并肩战斗,这不仅使读者的范围扩大了,革命的影响也扩大了"㉚。该刊一直坚持到全面抗战爆发后才停刊。最后两期郑还以"编者"名义在卷首发表了三篇短论。在该刊出版一周年与二周年时,还先后单独出版了郑主编的纪念专刊《我与文学》和《文学百题》。茅盾晚年回忆录中说:"它算得上是三十年代上海大型文艺刊物中寿命最长,影响也最大的一个刊物。""实际上是左翼作家、进步作家驰骋的阵地。"㉛

　　1933 年 10 月,郑振铎又在北平筹备创办了《文学季刊》。该刊原是北平某书店约文学青年章靳以编的,章觉得自己的资历和能力不能胜任,便去找郑商量,郑就一口答应参与主编。据章后来的回忆,郑当时指出:"《文学》在上海的处境一天天地困难,有许多文章都被'检查老爷'抽掉,我们正好开辟一个新的阵地,这个阵地敌人还没有注意到,可以发挥作用。"㉜这其实就是办刊方针。该刊于翌年元旦正式创刊,声势也十分不凡,有 360 多页(后来还有 450 多页的),为当时国内最厚重的文学刊物。《发刊词》为郑起草。该刊深受读者欢迎,经常再版。创刊号就发表了鲁迅、瞿秋白化名之作。很多左翼作家都发表了作品,郑自己更是发过不少,如《论元人所写商人士子妓女间的三角恋爱剧》一文,曾多次受到鲁迅的称赞,称其"真是洞见隐密"[33],并且还向国外友人推荐。该刊至1935年12月终刊。

抗战时期郑振铎也参与主编过不少刊物,包括主编大型的《文学集林》等,但由于烽火连天,国土破碎,难以发挥全国性影响。而抗战胜利后,值得大书一笔的是郑振铎与李健吾主编的大型文学月刊《文艺复兴》。该刊创刊于1946年1月,刊名是郑取的,《发刊词》也是他写的,"有气魄,也有识见,朋友们都说好"[34]。该刊的封面设计就显示了战斗性[35]。内容更是十分精彩,名家荟萃,佳作叠现,如钱锺书《围城》、巴金《寒夜》等都是在该刊连载的。该刊还提拔了许多无名作者如汪曾祺等。李健吾指出:"《文艺复兴》这份杂志,是日本投降后,上海方面出的唯一大型文艺刊物,也是中国当时唯一的大型刊物。"[36]该刊发行人说:"《文艺复兴》是填补了抗战胜利后三年真空的文艺园地,也是西谛心血的结晶,在中国文学史上应该占有相当一页的。"[37]

郑振铎在主编《小说月报》、《文学》月刊、《文艺复兴》时,还曾分别为三刊主编出版过《中国文学研究》号外。他邀请了各时期全国一流学者专家写稿,实际就是对二十年代到四十年代中国古代文学研究的最高水平的集中检阅。这也是文学史上独一无二的。

郑振铎还主编过很多重要的文学丛书。早在1920年他就发表过《我对于编译丛书底几个意见》,随后即主编了"俄罗斯文学丛书"和"俄国戏曲集"。这是中国最早的俄国文学丛书,对介绍俄国文学、推动我国新文学运动的发展具有重要意义,鲁迅直到1932年底写《祝中俄文字之交》时仍郑重地提到,给予高度的评价。然而这还只是牛刀小试。

郑振铎对新文学史最大的贡献之一,是主编"文学研究会丛书"。该大型丛书的《缘起》《编例》《目录》等,都是他主持制定的。从1921年10月开始由商务印书馆出版,十多年间陆续共出百十来种。除了1927年5月后郑出国避难约一年间,该丛书由他委托胡愈之等人负责外(但这期间出版的书不超过十种),一直是他一人主编。而属于该丛书系统的他所主编的丛书,在二十年代还有"文学研究会通俗戏曲丛书"[38],在三十年代还有"文学研究会世界文学名著丛书"和"文学研究会创作丛书"[39]。因此,郑振铎主编的文学研究会丛书系列,总数在一百五十种以上,延续出版二十多年,收入了鲁迅等100多位作家的各种体裁的创作、译作,以及文学理论、文学史等,还引进了50来位外国作家的作品。而且并不局限于文学研究会作家的著译品。就其数量规模、延续时间、内容质量、启蒙价值、历史影响等诸方面来说,在整个新文学史上是无与伦比的。郑振铎的这一巨大功绩,实在值得大书特书。就连老是贬低郑的台湾的研究者也说,该丛书"内容包括了文艺的理论、批评、创作、翻译;作家也包括了老的、新的、会内的、会外的。在新文艺的'量'和'质'的表现上,都相当可观。而那时的新进作家,由于得到了'文学研究会'的提挈和培护而因以成名的,也实在不少。这是它最开明、最卓越,也是最值得称道的一点"⑩。

除了"文学研究会丛书"以外,二十年代郑振铎还主编了"童话""小说月报丛刊""文学周报社丛书""鉴赏丛书"等丛书,都与他当时主编的刊物或副刊有关。三十年代他除了继续主编"文学研究会丛书"等以外,还在鲁迅、茅盾大力支持下,以极大的精力主编了极有影响的"世界文库"。该文库是他在我国首创的与期刊相结合的丛书,所收都是中外文学名著,由生活书店从 1935 年 5 月起每月出版。虽然全面抗战爆发后被迫下马,但正如茅盾晚年回忆录中说的:"以后再也没有人,也没有书店,有这样的气魄来继续这一工作。"㊶虽因种种条件所限,该文库远远未能完成主编原订的计划,但还是收入了大量优秀作品;而它在文学史上留下永久魅力与佳话的,更在于郑振铎当时的一番宏伟规划与气魄。千百年后的读者在看到郑振铎当年草定的该文库的《缘起》《编例》《拟目》,也必然会为他的恢宏的目光、高度的事业心和旺盛的干劲所深深激动!

全面抗战开始后,郑振铎与王任叔、孔另境主编出版了"大时代文艺丛书"。而同时,他还积极参加主持了一项可称为抗战时期最了不起的编辑出版工程,那就是编辑出版《鲁迅全集》。鲁迅博大精深、门类繁复的全集,称得上是一部"丛书"(《中国近代现代丛书目录》中即收入了《鲁迅全集》)。许广平说:"编辑责任,归鲁迅先生纪念委员会;复社则主持出版,代理发行","而实际责任,不得不集于少数人身上。"㊷郑振铎是鲁迅先生纪念委员会的重要负责人和复社的发起人,他就是负全集编辑工作责任的"少数人"之一。早在 1937 年 10 月 19 日他主持的鲁迅逝世周年纪念大会上,就做出了由他负责催促商务印书馆从速出版《鲁迅全集》的决议。同月 23 日,他又主持召开新成立的文艺界救亡协会临时执委会,决定由他致函商务印书馆,请从速印行《鲁迅全集》。但后来因战事等因终未实现,郑振铎等人就决定自己筹款印行。《鲁迅全集发刊缘起》也出自郑的手笔。后来,1941 年出版《鲁迅三十年集》(全集的另一种形式),他也是主要负责人。

抗战胜利后短短几年里,郑振铎又主编或参与主编了一些文学丛书,如"文艺复兴丛书""大地文学丛书"等,而他在全国解放前夕最后主编的一套大型丛书是"美国文学丛书"。出版者赵家璧指出:"这样一套比较完整而有系统的介绍一个国家的文学代表作的成套丛书,洋洋大观,可说是我国外国文学翻译史上的一大盛举。"④

郑振铎是最早呼吁撰写完备的中国
文学史的第一人,也是世上第一部
真正的世界文学通史的作者

中国新文学运动绝不是无根之木、无源之水。它也不应该是完全否认传统文学,简单地割断自身与历史的联系的。新文学运动在对待文学遗产方面做得好不好,有些什么经验与教训可记取,可以深入研究;但我不能同意有论者所谓的"整体观":中国新文学对传统文学的"基本态度",经历了从二三十年代的"片面的总体批判",到四十年代"片面的部分肯定",一直到今天才到"重新评价"阶段。因为这种大胆立论,无异于认为新文学运动对于传统文学的态度从来就不曾不片面过。果真如此,那么新文学运动能取得历史性胜利就不可思议了。至少,郑振铎的"基本态度"就绝不是这样。我注意到在提出上述观点的论文中从未提及郑振铎。然而问题恰恰就在这里。因为正是在这方面,郑振铎是最有代表性的数一数二的新文学人物,是绝对不能无视的。

早在1920年秋他起草《文学研究会简章》时就提出:"本会以研究介绍世界文学,整理中国旧文学,创造新文学为宗旨。"将"整理中国旧文学"与"研究介绍世界文学""创造新文学"并列,一起作为新文学工作者的任务,这在新文学史上是首次;而且在整个新文学社团史上,将这三者同时作为宗旨的,亦独一无二。他当时就提出了须对旧文学"重新评价"。他一生有关中国古代文学的论文总字数超过三百万言。他更撰著了150万字的中国文学史专著。他还整理出版了大量的古典文学作品。新中国成立后,他是最早提议国家成立古籍整理出版规划小组的人。

1922年他发表了《我的一个要求》,在新文学史上首次提出必须要有一本比较完备的中国文学史。他批评了此前国内出版的寥寥几本粗陋不堪、体例混乱的文学史,也批评了英国翟理斯的《中国文学史》,指出当时还没有一本像样的中国文学史。不仅如此,他还身体力行从事文学史的撰著工作。他在二十世纪二三十年代总计撰写出版了四种文学史:一是四大册的《文学大纲》,为世界文学通史性质,其中约有四分之一的篇幅是中国文学史;二是《中国文学史(中世卷第三篇上)》,为断代专题史性质;三是《插图本中国

文学史》四册,为通史性质;四是《中国俗文学史》二册,为分类史性质。在新文学工作者中,以一人之力做出如此成绩的,没有第二个人。关于他写的《插图本中国文学史》《中国俗文学史》的学术价值,已经有很多论文写过了,这里只谈谈《文学大纲》在世界文学史上的意义。

早在1827年,德国大文豪歌德提出了"世界文学"的思想。但是,一部记叙整个世界文学发展的史书,却是过了近百年也未问世。1921年初郑振铎在《小说月报》改革号上的《文艺丛谈》中,首次提出了一本世界文学史"几时才得出现"的问题。1922年8月他在《文学的统一观》中又提出了"深深的希望第一本的人类的文学史的出现"[44]。1923年10月他为《俄国文学史略》所写的自序中仍在说:"我们没有一部叙述世界文学,自最初叙到现代的书。"[45]可见,他认为直至二十年代初,我国以及世界上还没有一部真正可以称得世界文学史的书。我认为他的看法是符合事实的。

环顾当时世界,名为"世界文学史"的书虽已出现,但犹如凤毛麟角,而且以绝非苛求的标准来衡量,它们都显然还称不上"真正的"三字。1925年初,郑振铎发表《各国"文学史"介绍》,说自己"致力于搜集这一类的书籍已有五六年"[46],但他所知国外出版的世界性的文学史书,却只有三四种而已[47],国人写的则一本也无。例如,1922年美国波斯顿出版的李查孙与欧文合撰的《世界文学》,自称是第一本世界文学史,但全书共526页,其中说到中国文学的地方,与日本文学加在一起仅2页!1923年,英国伦敦开始出版德林瓦特的《文学大纲》也基本相似。而郑振铎此时尚未看到的1925年美国出版的玛西的《世界文学史》,后来广泛销行,还被译成日文与中文,被称为"实在是一部完美的文学史";但原书共559页,叙及东方文学的却只有16页(不到全书百分之三),且仅限于古代;其中谈中国文学的地方,竟不足2页!除了上述西方人写的这类少而又少、名不副实的书以外,东方只有薄薄的一本1907年东京博文馆出版的桥本忠夫《世界文学史》。该书正文共278页(若译成中文最多七八万字),写到中国文学的仅3页半,且近半是空话,可知其疏漏。此外,日本东方出版社的《世界文学大纲》有十几册,自1926年开始出版,不仅迟于郑振铎《文学大纲》,而且名不副实,每册只写一个作家。这就是当时《世界文学史》撰写的实况!

一个十分简单的道理是:一部世界文学史,如果仅仅论述西方文学而过于缺略了东方文学,特别是有意排斥或无知忽视了占世界人口四分之一、有着四千年文明的中国的文学,那就再也不能称为"真正的"世界文学史了。而正如郑振铎指出的:当时"大约欧洲人作的文学通史都不免有此弊"(《各国"文学史"介绍》)。值得提到的是,玛西对于这一点倒是有所认识的。他在所撰《世界文学史》的《神秘的东方》一章中诚恳地写道:"在本书中,我们必须犯着荒谬的不匀称这个罪过,而只将短短的一章述到那较之我们的文学更古,恐怕又更高明的四五国民的文学。这种不匀称,在或一程度,可以用全然的无知来辩解。"在这一章的最后,他又说:"对于至少在过去的三十世纪之间,一向是高尚的文明底制度的中国这样的文学,只有三分钟的一瞥,这实在是对于时代精神的荒谬的违反。"⑱

郑振铎的《文学大纲》共约八十万字,其中中国文学部分约二十万字(以上数字均已将插图所占篇幅除外)。1923 年下半年起撰写,边写边发表,自 1924 年 1 月起开始在《小说月报》上连载。至 1927 年 1 月止,共连载三年余(其中还有些补充章节发表于《一般》等刊)。1926 年 7 月,他重写了《叙言》,交商务印书馆出版。第一卷于年底出版,第四卷 1927 年 10 月出版。这实在是一部呕心沥血的巨著。我认为,这不仅是中国人所写的第一部世界文学通史,也是整个东半球较早出现的此类专著,而且还是世上第一部真正的世界文学史。郑振铎一举突破了当时由西方人和日本人所著的有限几部文学通史的严重弊病与局限,这是自近百年前歌德提出"世界文学"的伟大思想之后的一次破天荒的学术实践。玛西在他的《世界文学史》第三章《神秘的东方》的开头,曾引用英国桂冠诗人丁尼生的两句诗:"愿'东'与'西'一息之际也没有地融合其朦胧的光,/像生死之境一般,扩之而成无涯的昼罢。"我们可以自豪地说,正是郑振铎这部巨著,胆略宏伟,气吞全球,首次使远东与泰西的文学历史平等而紧密地结合在一书之中,相互辉映,朗照中天,扩之而成无涯的文学的白昼。

玛西的那本书,在郑振铎此书已在刊物上连载一年多以后才出版,而且还经过西方很多专门学者分别审阅过。请看看这位公正的洋人在书中是怎样说的吧:"然而……单就智底问题而言,住在亚细亚的东方及南方部分的民族,直至最近,还仿佛他们住在别一星球似地遥远。"而郑振铎的《文学大纲》,从第一章《世界的古籍》开始,就充分论及东方与中国。全书专门论述东方文学(包括中国)的章节文字,约占全书的一半篇幅;专门论述中国文学的部分则占到全书的四分之一。这样一个总体格局,从宏观上看,就是十分科学和合理的,真正打通了全人类的文学世界,使人们认识到:"文学的园囿是一座绝大的园囿;园隅一朵花落了,一朵花开了,都是与全个园囿的风光有关系的。"(郑振铎《文学大纲·叙言》)此书在横向空间上彻底破除了陈腐荒谬的"欧洲中心论",这本身在人类文学史上就是值得大书一笔的。

郑振铎是发现、提携一大批著名
作家如老舍、巴金、王任叔、许杰、
萧乾等人的第一或最大的伯乐

郑振铎是一位非常热心诚恳、团结面广、"爱友若命"（郭绍虞语）的人，他长期身居文坛中心、长期领导主持文学社团和文学报刊丛书的工作，他眼光敏锐又有伯乐之才，所以在他一生中发现、帮助、提携、培养的作家及文学研究者、翻译者和编辑者的数量实在不少。这是他对新文学事业重大贡献的又一个方面。这里仅举几个例子。

老舍的小说处女作与成名作《老张的哲学》，是 1926 年郑振铎在《小说月报》上连载发表的。据老舍回忆，当时他在伦敦大学教汉语，业余写了此部小说寄给了郑，而且是马马虎虎地用纸卷一卷就寄出了，不料就得到了郑的青睐[49]。在发表之前一期该刊的《最后一页》中，郑振铎就预告："舒庆春君的《老张的哲学》是一部长篇小说，那样的讽刺的情调，是我们的作家们所尚未弹奏过的。"第七期开始发表时，赫然登在首篇。郑在该期《卷头语》中语重心长地说："中国小说数量之少，真使人惊诧"，"且看屠格涅夫一生重要的作品有多少，杜思退益夫斯基有多少，托尔斯泰有多少，佐拉、莫泊桑有多少，史格得、狄更司有多少，'质'的一方面姑不要说，就'量'的一方面而论，已经要使我们愧死了！""我们的作家，我们的新进作家，你们应该如何的努力！"我认为这主要就是对老舍说的，因为在这期上只发表了老舍一人的小说创作。老舍后来成为长篇小说创作最丰的大作家，肯定与郑的激励和帮助有关。《老张的哲学》至年底登完，郑又在第十二期《最后一页》特意指出："今年所登的创作，《老张的哲学》特别的可以使我们注意。"并预告说："明年老舍先生还有一部《赵子曰》，一部比《老张的哲学》更重要更可爱的长篇，将在本报发表。"还做了内容介绍与评价，认为是可以"使我们始而发笑，继而感动，终而悲愤"的佳作。这段话最早指出了老舍小说的基本特色，后为朱自清等人所赞同。1929 年郑振铎又在《小说月报》上发表了老舍的第三部长篇小说《二马》。以上三部小说都是老舍在国外写了寄回国的，而 1930 年春老舍一回国，就被郑请到家里住，并在郑家写完了长篇童话小说《小坡的生日》。老舍创作向革命方向转变的第一部小说《黑白李》，也是郑发表于《文学季刊》创刊号上的。在郑振铎逝世周年纪念会上，老舍声泪俱下地说："郑振铎的一个特点是爱朋友。他有热情，见你有一技之长便帮

助你。他不给你浇冷水,和'百花齐放'政策一样,从不浇冷水。他不是一个平凡的朋友。你有一点好处,就鼓励你前进。"⑩

巴金晚年写过一篇《我的责任编辑》,第一句话便是:"我和丁玲同志一样,我的第一本小说也是由叶圣陶老人介绍给读者的。"⑪很多研究者更百口一辞强调这点。但这不符史实。巴金最初在文坛露面,是在郑主编的《文学旬刊》上。1922年7月,巴金以"佩竿"笔名在该刊发表了最初的创作《被虐者底哭声》(诗),正是响应郑的"血和泪的文学"口号的。随后又陆续在郑帮助下发表一些诗文。9月11日该刊还发表巴金来信,表示热烈拥护郑振铎关于文学"应该与这腐败的社会争斗"的思想,并对郑诗《悲鸣之鸟》表示极为佩服,请求郑"常通信教导我"。1923年5月,巴金在成都《孤吟》杂志上发表诗《报复》,也是在郑振铎《死者》一诗的启发下写成的。可见,郑在文学思想与创作上都对巴金有重要影响。而巴金在晚年说不认为这些是文学作品,强调其"第一本小说"《灭亡》才算。然而《灭亡》也正是由郑振铎连载发表在他主编的1929年《小说月报》上的(这时叶圣陶已经停止代理编辑该刊四个多月了)。小说载完后郑在该刊《最后一页》中说:"曾有好些人来信问巴金是谁,这连我们也不能知道。他是一位完全不为人认识的作家,从前似也不曾写过小说。"在这一年该刊最后一期《最后一页》中,郑还特地提到《灭亡》,说"将来当更有受到热烈的评赞的机会的"。权威刊物的这些编者按对巴金的鼓励有多大,可想而知。巴金自己也多次说过:"在发表《灭亡》之前,我做梦也想不到我会成为'作家'。"⑫随后,巴金第一篇问世的短篇小说,也是由郑发表的。

值得一说的是,巴金后来多次提到郑退过其稿子。如1982年春,巴金在回答某学生提问时,就讲到其记得"1924年,我还写过一个反战题材的短篇,投给《小说月报》,给退了回来。当时的编辑也是郑振铎,没有采用"⑬。那是郑在《小说月报》上发起征求"非战文学"启事的应征稿。在《灭亡》发表后,巴金又于1930年春寄去第二部长篇小说《死去的太阳》,郑振铎却在巴金已一举成名的情况下做了退稿处理。巴金当时不服气,又找了一个地方发表了,但很多年后巴金还是诚恳地承认郑的"处理是很公平的","为了退稿,我至今还感激《小说月报》的编者。一个人不论通过什么样的道路走进'文坛',他需要的总是辛勤的劳动、刻苦的锻炼和认真的督促。任何的'捧场'都只能助长一个人的骄傲而促成他不断地后退"⑭。可见,这正是郑振铎对巴金的另一种形式的帮助。这以后,巴金继续得到郑振铎的帮助,例如1933年底,巴金就住在郑家创作了《爱情三部曲》的最后一部《电》。巴金后来深情地说:"我一直敬爱他",他"喜欢毫无保留地帮助朋友","三十几年来有不少的人得过他的帮助,受过他的鼓舞,我也是其中之一"⑤。

郑振铎发起征求"非战文学"时,有一个新作家的应征稿被采用了,那就是许杰。许在晚年写的回忆录《坎坷道路上的足迹》中说:"我在《小说月报》上最早刊出来的便是一篇读后感,其次是一篇类于诗又不像诗、是散文又不像散文的抒情文章《祈祷》。以后引起大家注意的,而且得到茅盾在《中国新文学大系·小说一集》的导言里特别提起的,就是《惨雾》。"他说的那篇"读后感"载 1923 年 3 月号《小说月报》,《祈祷》载同年 6 月该刊,可见许之登上文坛也全与郑有关。而许的成名作《惨雾》,就是看了郑在该刊发起征求"非战文学"后赶写出来,并亲手交给郑,载 1924 年 8 月该刊。不过长期以来人们片面理解茅盾在《中国新文学大系·小说一集》导言中对《惨雾》的评价,将其性质局限于"乡土文学"一面,没有注意到它更是"非战文学",尤其没有注意到这篇小说与郑的关系。许杰认为应该指出这一点。许还指出:"这篇作品对我影响是比较大的。因为以前我发表的是读后感或抒情散文之类,真正的通过故事与人物的遭际来体现主题思想的小说创作,就从这一篇《惨雾》开始。""郑振铎对这篇小说还比较满意,于是引起我毕生从事文学创作的决心。"⑤

与许杰同为浙东青年的王任叔(巴人),更早就得到郑振铎的提携。1922 年 5 月,王给《文学旬刊》郑主编寄去一篇《对于一个散文诗作者表一些敬意!》,评论了诗人徐玉诺的作品,被立即刊登在该刊。这是王首次发表的文字。6 月 1 日该刊上,郑又发表王的来信。信中说,他当时写了一本诗《恶魔》,"鼓足勇气"寄上,"先生看了这些诗如谓艺术林中可占一位的,那就不妨为我出一专集。如谓艺术手段还差,内中或有好的,那末不妨择好发表。如谓都是不好的,那末还是寄给我还再来堆在书堆中吧!"因为王没写回信地址,郑就在下一期刊物上发表回信说:"此集我必尽力为谋出版。现在且先在旬刊上陆续选登出来。"从这一期起,该刊选载了王的《遣闷》等诗。7 月 1 日该刊,又发表王的来信,激动地说:"承你的厚爱,奖励到我要哭了。"同年 8 月 21 日,该刊又开始发表王最初的小说,特别是 10 月 10 日该刊发表王的《吃惊的心》和《大树》,郑并且在同期《杂谭》中指出:"中国的小说,向来少有真实的生活描写。所以'农民小说',中国是没有的",而王的这两篇小说,"在中国可以说是创始之作"。这对王走现实主义创作道路是极大的鼓励。1923 年,郑接手主编《小说月报》的第一期,还一口气发表王的四篇小说及六首《山居杂诗》。在这前后,郑亲自介绍王参加了文学研究会。在郑逝世后,王在《悼念振铎》中说:"我从事于文学事业,他无疑是我的导师和益友。这不仅因为在他的许多的著作中,使我增加了不少的文艺知识,而且还因为他的一些著作中某些健康的思想,使我敢于直面人生。"⑤直到王晚年写的自传中还强调:"一生中,文学事业上给我以最大帮助和影响的是郑振铎。"⑤

　　这样的事迹还可以举出郁达夫、许地山、徐玉诺、顾仲起、燕志儁、赵景深、赵家璧等,限于篇幅这里最后就说一位比较年轻的萧乾吧。萧是 1933年入学燕京大学后与郑相识的。1996 年 10 月 23 日萧在《中华读书报》发表《我与商务》,深情地写道:"我最早与商务[印书馆]发生出版关系是在 1935 年⋯⋯商务一口气出版了我最早的三本书,即《篱下集》(小说)、《小树叶》(散文)和《书评研究》。一个二十五岁初出茅庐的青年,怎么会那么大走文运? 这就使我想到已故郑振铎先生。⋯⋯当时对我来说,那不啻是雪中送炭。"萧就是靠这些书的稿费得以读完大学的。还值得指出的是:(一) 当时郑因与商务资方闹翻而刚辞职,因此这时他向商务推荐一位青年人的三部书稿决不是一件容易事;(二) 此时郑领导的文学研究会实际已近解体,而且萧原本就不是会员,郑却把他的两本书收入"文学研究会创作丛书";(三) 萧是燕大新闻系学生,而郑则是中文系老师,萧并非郑的"嫡系"弟子;(四) 萧当时还轻信了某人对郑的污蔑,在报上发表了《悼〈文学季刊〉》跟着攻击郑。因此,郑这样大力提携和帮助萧实在是极其感人的。

<h2 style="text-align:center">郑振铎是中国左翼作家联盟前身
组织的主要发起人,也是左联解散、
成立新的文学团体时的主要负责人
之一,表现了难能可贵的高尚品质</h2>

　　中国左翼作家联盟的成立,是中国新文学史上极其重要的事件。左联发起人之一钱杏邨晚年曾指出:"在左联成立之前,有一件事是值得说的,那就是中国著作者协会的成立。这件事与后来左联的成立有直接的关系。"⑤⑨这一重要论述在左联成立五十年后首次提出。但此说绝非孤证,左联最初成员冯润璋也郑重指出:"这个协会,虽然存在时间不长,没有起过多大作用就自动解散了,但它有重要的历史意义,我认为这是酝酿左联的第一阶段,是值得提出并注意的。"⑥⑩据钱杏邨回忆,当时他曾在《海风周报》上化名写过关于该协会成立的消息。今查该刊,1929 年 1 月第二期所载《国内文坛消息》(署名"鲁亚")是这样报道的:"中国著作者协会,经过两个月的筹备,已于 1928 年 12 月 30 日正式成立。于是日下午二时假上海北四川路广肇

公学开成立大会。计到郑振铎、孙伏园、张崧年等九十余人。选举结果,郑伯奇、沈端先、李初梨、彭康、郑振铎、周予同、樊仲云、潘梓年、章锡琛九人为执行委员,钱杏邨、冯乃超、王独清、孙伏园、潘汉年五人为监察委员。"根据钱的回忆和上引消息所披露的该协会领导人名单,我认为它虽然不称为文学社团,但无疑正是左联的前身。因为,它的执行委员与监察委员中的郑伯奇、沈端先、钱杏邨、冯乃超,后来都是左联成立时的常委,已占左联常委人数一半以上。而据 1929 年 1 月出版的《思想月刊》上公布的该协会发起人名单,中有夏衍、沈起予、洪灵菲、彭康、冯乃超、郑伯奇、钱杏邨等,这些人后来都是左联的发起人,并也已占左联发起筹备人的半数以上。另外,潘汉年等共产党干部以及很多知名左翼作家也都已在内了。

郑振铎是 1928 年 6 月回国的,可知他回国后不久就参与了该协会的发起工作。参考反面材料——杨甫在 1933 年 9 月写的《普罗文艺运动史》,又可知郑正是该协会的主要发起人。据杨甫说,就在郑回国后,张崧年到上海,看见出版事业颇有蓬勃气象,便想来干一番事业。但是虽然张的资格很老[61],但张在上海出版界、文化界没什么根基,也缺乏组织能力,于是他找了郑,想组织一个文化团体。张找对人了,因为郑正有着丰富的社团组织经验,而且在出国前就曾在上海参与发起过"上海著作人公会",该公会的《缘起》里还表示过今后要组织"全国著作人联合会"的意望。虽然,随着大革命失败该公会已不复存在,但基础还在,郑回国后也正想重整旗鼓,继续奋斗。更重要的是,当时在上海的中共中央为更好地开展革命文化运动,特设了一个直属江苏省委的"文化支部",来作为领导文化运动的中心机关;但党还缺少一个公开的文化团体。为此,当郑、张等人发起这样一个协会时,就正好符合革命事业的需要,得到了党的支持。

钱杏邨回忆说,该协会宣言"是我们几个人起草的"。我认为起草者中一定有郑振铎,因为该宣言的思想以至用语,都与郑参与起草的《上海著作人公会缘起》和郑后来写的《编辑者发刊词》极其相似。虽然该协会实际活动时间很短,但不管怎样它毕竟是党领导下成立的第一个大型文化团体。其发起组织的经验,包括缺点和教训,都成为随后成立的左联的借鉴。因此,郑振铎参与发起该会,不仅是他一生文学组织活动中的大事,也是左翼文学运动史上必须提到的。而现在的所谓现代文学史却完全不提。

1930 年 3 月左联正式成立,但作为其前身组织的主要发起人郑振铎却被排除在外,这当然是错误的"关门主义"。这个问题这里暂且不说。而到 1936 年,郑却又成为解散左联、成立中国文艺家协会工作的主要负责人之一,这一重大史实,所谓的现代文学史也是完全不提的。但由于主要当事人发表了回忆文章,此一史实是无可否认的。

从茅盾《我走过的道路》与夏衍《懒寻旧梦录》中,我们第一次了解到当时商量左联解散这一大事有三个人经常碰头研究,那就是夏衍、茅盾与郑振铎。有好几次还在郑家里。夏衍是左联发起人之一,又是地下党文委的主要负责人;茅盾曾任左联行政书记,是当时国内地位仅次于鲁迅的文坛领袖。而郑既不曾加入左联,又不是党员,怎么也置身这一大事的核心圈呢?这除了因为他当时确实是左翼重要作家以外,我认为一定与左联驻莫斯科代表萧三在中共上级指示下写的一封信有关。

信是 1935 年 8 月 11 日写的,经过万水千山,又由内部交通送到鲁迅手里,然后转给左联及文委领导人(此信许广平抄件藏于上海鲁迅纪念馆,该馆在 1983 年第二期的《纪念与研究》上首刊此信)。信中严厉批评了左联过去犯有"关门主义—宗派主义"的错误,"未能广大地应用反帝反封建的联合战线","许多有影响的作家仍然站在共同战线之外"。信中又充分肯定了当时在大众语讨论、推广手头字运动、《我们对于文化运动的意见》的签名、《中国本位的文化建设宣言》的讨论等工作中的"联合战线的成功"(按:这些事郑振铎都是重要参与者)。信中不仅指示"在组织方面——取消左联,发宣言解散它,另外发起、组织一个广大的文学团体,极力夺取公开的可能";而且特别提到应该重视以前"人权保障大同盟"的统一战线的宝贵经验,"这些经验从来没有被左联利用过,其实文学界的郑(振铎)、陈(望道)……亦何尝不可以作政治组织的宋(庆龄)、蔡(元培)……"这里,以宋、蔡在政治组织中的地位,来期许郑振铎在文学界的作用,非常值得注意。这不仅是对郑政治上高度信任,而且也是高度肯定了郑在文学界的组织活动能力。郑参与左联解散核心小组工作,显然与这个指示有关。

这里,有必要谈到鲁迅在解散左联与成立文艺家协会一事上的看法,包括对郑振铎的一些看法。这是一些研究者避而不谈的。虽然,这些看法多是当年鲁迅在私人书信中非正式发表的,但这些信公开已久,我们不应回避。茅盾回忆录中提到,"鲁迅对萧三的信取看一看再说的态度",一开始不赞成解散左联。鲁迅对战斗的左联的深厚感情,对无产阶级领导权的重视,对资产阶级文人的警觉等,都是非常可贵的;但他的某些估计未必完全正确。由于当时左联的某些领导者未能充分尊重鲁迅,有的情况未能及时同他商量、通气,加上已有的成见与隔阂,使鲁迅对有些内幕并不了解。例如,1936 年 5 月 2 日鲁迅致徐懋庸信中说:"集团要解散,我是听到了的,此后即无下文,亦无通知,似乎守着秘密。这也有必要。但这是同人所决定,还是别人参加了意见呢,倘是前者,是解散,若是后者,那是溃散。这并不很小的关系,我确是一无所闻。"⑥这说明,关于解散一事鲁迅听说后,便无下文,更没有与之仔细商量。这当然是很不应该的。但鲁迅说的"别人参加了意见"指谁呢? 是国民党方面吗? 那是不可能的。我认为只能是指郑振铎(以及胡愈之、陈望道等)这样未正式加入左联的进步人士。然而,为何说这样的同志参加了意见就是"溃散"呢?

当时,郑振铎受有关方面委托,出面组织文艺家协会。鲁迅对此也很反感。他在致曹靖华的信中一再提到此事。从这些信中可以看出鲁迅确实对"内幕如何,不得而知"。例如,关于这件事的主持者,鲁迅先认为是郑振铎,继而听说是茅盾与郑振铎,后又说是傅东华与郑振铎主持、茅盾参加,最后又说主要是傅东华。实则傅并没起什么重大作用,地位更从未居于郑之前。关于解散左联的意图,鲁迅以为乃在救《文学》月刊,这也显然不确。为一个刊物何必以解散左联为代价? 我认为,实事求是地指出鲁迅在这方面有误解,也有助于公正地评价郑振铎在这件事上的作为。

1936 年 6 月 7 日中国文艺家协会正式成立,但主要发起人之一的郑振铎却没有出席成立大会。是何原因? 令人纳闷。可能与该协会最后未能得到鲁迅参加,而郑振铎又受到误会有关。但郑仍被大家推选为理事。不管今人对解散左联和成立文艺家协会一事做何评价,郑振铎当时确实是听从党的决定而去做的。茅盾后来回忆,郑对解散左联一开始也是有点"迟疑不决"的,但后来有关方面"开诚布公地告诉他:这是党中央的决定,何以要这样决定,这样决定对国家民族又有什么好处",他也就"欣然乐从,鼓起精神,来干委托他干的工作"。茅盾说,"这在当时是要有点牺牲精神的,因为,万一不济,小则坐牢,大则会丢了性命","虽然他对于那时的形势、党的政策,未必全部彻底明了,可是他还是起劲地干了,因为他信任党。"⑥夏衍后来说:"郑振铎……和'左联'保持了很密切的联系。……在坚持联合、反对分裂这个问题上,他表现了难能可贵的高尚品质。"⑥

(2018)

注释

① 鲁迅编《引玉集》末页,三闲书屋 1934 年版。

② 郑振铎《汤祷篇》序,第 1 页,上海古典文学出版社 1957 年版。

③ 胡愈之《哭振铎》,《光明日报》1958 年 11 月 1 日。

④ 端木蕻良《追思》,《北京日报》1978 年 11 月 12 日。

⑤ 周汝昌《茅公风范》,《文汇报》2001 年 2 月 14 日。

⑥ 叶圣陶《略叙文学研究会》,《文学评论》1959 年第 2 期。

⑦ 郭绍虞《关于文学研究会的成立》,《新文学史料》1980 年第 3 期。

⑧ 郭绍虞《"文学研究会"成立时的点滴回忆》,《文艺月报》1958 年第 12 期。

⑨ 孙伏园《怀耿济之》,《新民报晚刊》1948 年 2 月 6 日。

⑩ 《新社会》被迫停刊后,由该小组原班人马另行编辑《人道》月刊时,即对外称为"人道社"。该社是当时最进步的社团之一,曾与李大钊等人的"少年中国学会"、周恩来等人的"觉悟社"等一起,组合成名曰"改造联合"的社团联盟。

⑪ 瞿秋白《饿乡纪程》,见《新俄国游记》第 4 节,商务印书馆 1922 年影印版。

⑫ 瞿秋白正好去苏俄,不然肯定亦为发起人;但瞿在回国前即加入了,回国后又任《文学旬刊》编委。

⑬ 这是郑写的,该报告第二部分《成立会纪事》中即说明在成立会上"首由郑振铎君报告本会发起经过"。

⑭ 郑当时也曾邀请鲁迅,据说鲁迅因"文官法"限制而不参加,但与该会关系极深,周作人起草的该会宣言即经鲁迅审读。

⑮ 但田汉竟不转信。后郭沫若又因自组创造社,所以未参加。

⑯ 舒乙《文学研究会和它的会员》,《中国现代文学研究丛刊》1992 年第 2 期。

⑰ 茅盾致李石岑信,载《时事新报·学灯》1921 年 2 月 3 日。

⑱ 郑这样说是不想独自居功,而最初去找"北上访贤"的商务印书馆负责人张元济时,他是拉着耿一起去的。见张元济 1920 年 10 月 23 日日记手稿。

⑲ 郑振铎《中国文学论集》,"序",第 3 页,开明书店 1934 年版。

⑳ 胡愈之《我的回忆》,第 137 页,江苏人民出版社 1990 年版。

㉑ 该篇已误收《茅盾全集》,经我指误,在全集出全时《茅盾全集》编委会在后记中承认了错误。

㉒ 1921 年 3 月 3 日郑振铎致周作人信(手稿)提到"潘垂统兄的稿费",可知该稿由郑经手。

㉓ 茅盾《复杂而紧张的生活、学习与斗争》,《新文学史料》1979 年第 4 期。

㉔ 当是叶圣陶老年记忆失实,也可能文章乃他人代笔,而那个时间是他人错算的。

㉕ 《〈小说月报〉索引(1921—1931)》,第 2 页,书目文献出版社 1984 年版。

㉖ 7 月 17 日起,正式担任该副刊主编,至翌年 1 月底辞去。

㉗ 赵景深《〈文学周报〉影印本前言》,《〈文学周报〉影印本》,第 1 页,上海书店 1984 年版。

㉘㉚ 黄源《左联与〈文学〉》,《新文学史料》,1980 年第 1 期。

㉙㉛ 茅盾《多事而活跃的岁月》,《新文学史料》1982 年第 3 期。

㉜ 靳以《和振铎相处的日子》,《人民文学》1958 年第 12 期。

㉝ 鲁迅 1935 年 1 月 9 日致郑振铎信,见《鲁迅全集》第 13 卷,第 14 页,人民文学出版社 1981 年版。

㉞ 李健吾《关于〈文艺复兴〉》,《上海文化》1946 年 11 月号。

㉟ 第一卷选用欧洲文艺复兴时米开朗基罗的《黎明》,意味着抗战胜利,人民觉醒,国家有前途了;未久,国民党策动内战,杀害闻一多,人民怨恨极了,于是第二卷封面改成米开朗基罗的《愤怒》;第三卷封面又改为西班牙画家戈雅的《真理睡眠,妖异出世》,喻指当时"国统区"民不聊生、一片黑暗的状况。

㊱ 李健吾《关于〈文艺复兴〉》,《新文学史料》1982 年第 3 期。

㊲ 刘哲民《西谛与〈文艺复兴〉》,《新民晚报》1982 年 1 月 31 日。

㊳ 这是新文学史上第一套剧本创作丛书,而且除 1940 年代后期孔另境编的《剧本丛刊》以外,新文学史上专门的剧本丛书极罕见。

㊴ 而这时文学研究会其实即将或已经解体了,而他仍以该会名义编这两套丛书,其宗旨也还是为了贯彻他的初衷,即建设我国的新文学事业。

㊵ 陈敬之《春云初展的文学研究会》,《畅流》(台湾)1965 年第 3 期。

㊶ 茅盾《一九三五年记事》,《新文学史料》1983 年第 1 期。

㊷ 许广平《〈鲁迅全集〉编校后记》,《鲁迅全集》,第 20 卷卷末,1938 年复社版。

㊸ 赵家璧《出版〈美国文学丛书〉的前前后后》,《读书》1980 年第 10 期。

㊹ 郑振铎《文学的统一观》,《小说月报》1922 年第 8 期。

㊺ 郑振铎《俄国文学史略》,第 1 页,商务印书馆 1924 年版。

㊻ 郑振铎《各国"文学史"介绍》,《小说月报》1925 年第 1 期。

㊼ 当时郑振铎与国外学界有直接或间接的联系,他所在的商务印书馆也很注意访购国外学术书籍,所以他所撰写的这份书目相当齐全。尽管它仍有遗漏,且主要只是英文书,但当时国外有关世界文学史的书极其稀少这一点是无可怀疑的。

㊽ 实际上,此书关于中国文学部分的内容,是连"三分钟一瞥"都没有的。这里引用此书的文字为 1931 年开明书店版胡仲持译《世界文学史话》第 28—30 页,下同。

㊾ 有人称这部小说是寄给鲁迅的,不确。1926 年 9 月 30 日老舍致胡适信明确说"寄给上海郑振铎"。

㊿ 老舍发言记录,未刊,由老舍女儿舒济提供。

51 巴金《我的责任编辑》,《大公报》(香港)1986 年 5 月 5 日。

52 巴金《谈〈灭亡〉》,《文艺月报》1958 年第 4 期。

53 《巴金谈文学创作——答上海文学研究所研究生问》,《文学报》1982 年 4 月 1 日。

54 巴金《谈〈灭亡〉》,《文艺月报》1958 年第 4 期。

55 巴金《悼振铎》,《人民日报》1958 年 10 月 31 日。

56 许杰《坎坷道路上的足迹》,《新文学史料》1983 年第 3 期。

57 巴人《悼念振铎》,《光明日报》1959 年 10 月 18 日。

58 王任叔手稿,未刊,由王任叔儿子王克平提供。

59 吴泰昌《阿英忆左联》,《新文学史料》1980 年第 1 期。

60 冯润璋《从中国著作者协会到左联》,《现代文学》(陕西中国现代文学研究会)1984 年第 1 期。

61 张崧年甚至还是周恩来和朱德的入党介绍人。

62 鲁迅《360502 致徐懋庸》,《鲁迅全集》第 13 卷,第 365 页,人民文学出版社 1981 年版。

63 茅盾《悼郑振铎副部长》,《新文化报》1958 年 11 月 1 日。

64 夏衍《懒寻旧梦录》,第 326 页,三联书店 1985 年版。

英雄斗士　侠迹奇功

——漫论郑振铎先生

一

　　1958年10月31日凌晨5时,日理万机的周恩来总理忙碌了一夜还未休息,却非常激动地为一位不久前因飞机失事而为国牺牲的大学者、文学家写悼诗。总理不常写诗,写的是郑振铎,但又不专为郑先生一人而写;总理将诗稿寄给陈毅,请陈副总理看看能不能在《人民日报》上发表,但随后却又要求不予发表。半个月后(17日),总理在给夫人邓颖超的信中说:"有一夜激于志愿军的感人战绩,又临纪念郑振铎、蔡树藩等遇难烈士大会前夕,思潮起伏,不能成寐,因成歪诗一首,送给陈总校正,仍感不能成诗,遂以告废。"当时的《人民日报》副刊编辑袁鹰,后在《风云侧记》书中回忆曾见到此诗,并深憾再也没法看到了。所幸的是,先后做过总理和邓颖超秘书的赵炜,后在《西花厅岁月》书中披露了该诗。书中还录有当日凌晨6时总理致陈毅信,提到"今早追念大会偏劳了",而此刻离郑、蔡等烈士的追悼大会已不到四小时了,总理还未曾合过眼,追悼会只能请陈毅代劳。可知周总理对郑先生等人怀有多么深厚的感情!

　　总理诗的题目是《欢迎和追念》,诗云:

> 粉身碎骨英雄气,百炼千锤斗士风。
> 走石飞沙留侠迹,上天入地建奇功。

　　读此诗,我揣摩总理为何将它"告废"。欢迎从朝鲜归国的志愿军,是兴奋的;追念牺牲的烈士,则是悲痛的。要将这截然不同的两种感情写入同一首小诗,确实很不易,总理对自己要求又很高,所以最后没同意发表。不过此诗是极富感情的,极高地赞扬了志愿军和烈士的伟大精神。诗序中也专门写了郑振铎、蔡树藩二位的名字。郑、蔡是率领中国文化代表团出访的正副团长,正是总理手下一文一武两个非常得力的干部。郑振铎当时是文化部副部长。而蔡树藩是1920年代初由煤矿童工投身革命的参加过长征的老红军,战斗中受伤而成"独臂将军",时任国家体委副主任。对蔡将军和志愿军来说,"英雄""斗士""侠迹""奇功"是当之无愧的。那么,对一辈子拿笔杆子的郑先生来说,总理的这些盛誉是否同样合适呢?我认为可以毫不犹豫地说,也是毫无愧色的!

周总理对同龄的郑振铎很了解。他们同是"五四"所诞生的一代英杰,早在1920年就认识了。那年8月,周恩来和邓颖超等天津"觉悟社"同人赴京听取李大钊指导,李大钊便叫来了郑振铎(北京"人道社"负责人)等几个进步社团的青年人一起开会,正式成立了一个名叫"改造联合"的社团联盟,还公开发表过《宣言》《约章》。当时,郑振铎与陈独秀、张崧年(周恩来、朱德的入党介绍人)等人也常有联系。郑振铎主编《新社会》旬刊,所撰《发刊词》发表于报纸,毛泽东的老师(后又成为他的岳父)杨昌济就在《达化斋日记》中几乎全文作了抄录。李大钊还在北京社会主义青年团第四次大会上推举郑振铎为出版委员。郑振铎也从"五四"时起开始从事文学和学术活动。以他为核心人物,发起组织了新文学史上最早最大的新文学社团"文学研究会"。他的文学和学术活动一起步,就与中国的启蒙、救亡运动密不可分。他翻译发表过列宁的文章和《国际歌》歌词。他主持的文学研究会的筹备会,就曾在李大钊在北京大学的办公室里召开。"五四"时郑振铎最知心的朋友是瞿秋白,随后成为他最亲密朋友的有沈雁冰(茅盾)、杨贤江、恽雨棠(陈云的入党介绍人)、胡愈之等等,这些人皆是中共优秀党员。郑振铎当年的政治思想的起点与其他一些文人学者相比要高得多。

郑振铎一生也有过足称"豪侠"之举,也经历过严峻的生死考验。例如,1925年五卅惨案后,郑振铎立即发起组织"上海学术团体对外联合会",英勇斗争,并主编反帝报纸《公理日报》。这甚至比瞿秋白当时主编的中共历史上第一张报纸《热血日报》还要早几天。1927年蒋介石发动"四一二"政变,郑振铎参加了抗议游行,在宝山路上险遭枪击,随后他领衔与胡愈之等人在报上公开发表抗议信。时正被反动派"通缉"的周恩来读后深为感动,后不止一次对夏衍等人说:"这是中国正直知识分子的大无畏的壮举!"郑振铎为此被迫出国避难。抗日战争时郑振铎自觉地坚守在上海"孤岛",冒着生命危险为国家秘密抢救民族文献和古籍,在"孤岛"突然沦陷时不及撤离,于是写下"遗嘱"密封后交给好友王伯祥,嘱咐一旦遇害便拆看料理后事。他离家一人蛰居在市郊一个偏僻角落整整四年。在战后反对国民党独裁、内战的民主斗争中,他也是不顾被暗杀的威胁,义无反顾地冲在第一线。作家李健吾说,郑振铎"永远是出生入死的先锋官,为追求理想而在多方面战斗的一位带头人!"(《忆西谛》)

恩格斯在《自然辩证法·导言》中,对推动西方乃至世界文明的欧洲文艺复兴运动,有过一段著名的论述:"这是一次人类从来没有经历过的最伟大的、进步的变革,是一个需要巨人而且产生了巨人——在思维能力、热情和性格方面,在多才多艺和学识渊博方面的巨人的时代。"恩格斯还指出,文艺复兴时代的英雄们的特征,是"他们几乎全都处在时代运动中,在实际斗争中生活着和活动着,站在这一方面或那一方面进行斗争,一些人用舌和笔,一些人用剑,一些人则两者并用。因此就有了使他们成为完人的那种性格上的完整和坚强。书斋里的学者是例外:他们不是第二流或第三流的人物,就是唯恐烧着自己手指的小心翼翼的庸人。"五四运动就是中国的文艺复兴运动。"五四"在中国新文化阵线上也涌现出了一批开拓性的巨人,郑振铎就是以鲁迅为统帅的新文化大军中的一员全才式的骁将。

称郑振铎是"英雄""斗士",我认为还不仅仅因为他在反帝反封建斗争中的表现,也因为他在文学、学术活动中也是勇于批判、开拓、创新的;郑振铎的"侠迹""奇功",同时也是体现在他的文学、学术事业中的。

二

在确认郑振铎首先是一位"热烈的爱国者"(夏衍语)后,就可以更清楚地看到他一生的写作和治学都是与国家民族的生存、解放、发展息息相关的。正如学者周予同说的:"在反动黑暗的时代,他除了用强烈的正义感参加了一连串的反抗斗争以外,并用广博的学问照亮了自己!照亮了友朋!也照亮了下一代青年所应该走的路!"(《〈汤祷篇〉序》)例如,他在旧中国所写的学术专著,就几乎无一不是忧患孤愤之书。

郑振铎 1923 年开始撰著的四巨册《文学大纲》,从在刊物上连载到出书,经历了五卅运动和大革命失败。五卅惨案曾使他短暂停止撰著而直接投入反帝斗争,最后的跋则作于被迫避难出国的远洋轮上。这是世上第一部真正的世界文学通史。在它之前,国外名为"世界文学史"的书寥寥无几,且都是不提或极少提到中国文学和东方文学的。一部"世界文学史"如果仅仅论述西方文学而缺略了东方文学,特别是有意排斥或无知忽视了曾占世界四分之一人口、有着四千年文明的中国的文学,那就绝不能称为真正的世界文学史了。而郑振铎这部巨著,胆略宏伟,气吞全球,首次使远东与泰西的文学历史平等而紧密地结合在一书之中,相互辉映。书中论述东方(包括中国)文学的文字约占全书一半篇幅,论述中国文学的部分则占全书的四分之一。这样的总体格局,从宏观上看就十分科学合理。此书在横向空间上彻底破除了陈腐荒谬的"欧洲中心论",这本身就在人类文学史上值得大书一笔。而在纵向时间上汇古今各代文学为一河。上起人类开化史之初页,述先民讴歌、祈祷、书契之作;下迄二十世纪前期,中国新文学运动展开以后。视通几万里,心契数千载。在最后一章《新世纪的曙光》里更提到十月革命后世界"无产阶级的文学",提到巴比塞等人的《光明运动宣言》等,尤引人注目。这是一部至今令中国文学界和全体国人自豪的书,而作者当时只有二十几岁。

《文学大纲》完成后,郑振铎又想撰著一部早就想写的科学、详尽的《中国文学史》。1928年6月他从西欧回国,继续主编《小说月报》,同时应复旦大学等校之聘授讲中国文学史。从1929年3月号《小说月报》起,开始发表《中国文学史》中世卷第三篇,至年底共发表了五章。这五章于1930年5月单行出版,书名为《中国文学史(中世卷第三篇上)》。该书《后记》说:"全书告竣,不知何日,姑以已成的几章,刊为此册。我颇希望此书每年能出版二册以上,则全书或可于五六年后完成。"于此可窥知其撰著计划之宏大。我据郑振铎未刊稿《中国文学史草目》,考知其拟写的这部《中国文学史》共分古代、中世、近代三大卷。古代卷共分三篇,每篇各一册;中世卷共分四篇,每篇各二册;近代卷共分三篇,第一篇三册,后两篇各二册。这样,全书共有十篇,约百章,分十八册,估计将有三百多万字。这是何等气势磅礴前无古人的文学史!可惜的是,先已出版的一册后因日本侵华而出版社所存之书和原版均被烧毁,整套大书最终也未能照原计划完成。(而已出版流传于世的一册,实是我国第一部唐宋词史,故仍有独立存在之价值。)

1931年1月,郑振铎积极参加和领导了商务印书馆编译所工会反对资方王云五所谓"改革"的斗争。斗争虽取得了胜利,但王某并未下台。适在此时,燕京大学老友郭绍虞来信邀请郑振铎去该校任教,他遂于9月离开了工作已十年的商务印书馆,去北平了。而他北上的一个原因,便是想摆脱忙碌的出版社工作,以便有时间来继续撰著中国文学史。几个月后,他就在1932年5月写了《插图本中国文学史》的《例言》《自序》,随即刊载于各大报刊,年底即开始出书,至1933年9月出版第四册(本来还要写第五册,后仅写出几章而中辍)。也就是说,他在繁重的教学任务和许多社会活动之余,在另外写出很多文章的同时,仅仅只有短短两年,四大册文学史著作就出现在读者面前了。这不是一个令人难以置信的奇迹吗？而他在《例言》中的一段话非常值得注意："本书作者久有要编述一部比较能够显示中国文学的真实面目的历史之心,惜人事倥偬,仅出一册而中止(即商务印书馆出版的《中国文学史》中世卷第三篇第一册)。且即此一册,其版今亦被毁于日兵的炮火之下,不复再得与读者相见。因此发愤,先成此简编……"可知他如此发愤如此拼命地赶写此书,正是以实际行动对企图毁我文化、亡我历史的日本帝国主义的坚决反抗！郑振铎的学术活动就这样一直为爱国精神所激励。至于此书的学术价值,是大家公认的。近几十年来更为国内外众多出版社重印。这里就不多写了。

1938 年 8 月郑振铎又出版了《中国俗文学史》。此时中国半壁江山战火弥漫,书是商务印书馆迁至长沙后出的,既无前序后跋,也无插图(上述三部书都有插图);兵荒马乱,报刊上评论也很少。一直到 1954 年,才由作家出版社据原纸型再版;但仅过四年便遭到错误的"批判",从此长时间被打入冷宫。但此书无疑也是一部很有价值的学术专著,港台一带书商便曾大量重印,特别是台湾商务印书馆,至少重印过七次(但出于政治原因曾将著者名妄改为"郑笃")。而到 1980 年代后,大陆竟有二十多家出版社竞相重版。郑振铎在去世前曾诚恳地(甚至是过头地)检查自己在旧中国时的学术思想,但仍然说:"《中国俗文学史》还自以为是有些进步思想的。"确实,此书与王国维《宋元戏曲考》、鲁迅《中国小说史略》互为补充,鼎足而三,珠联璧合,均为研究中国文学史必读之基本典籍。

三

文学史以外,郑振铎最重要的学术贡献是文化史、文献史、艺术史、考古学等方面的论文著作和大型图谱。

从 1920 年代起,郑振铎就对中国版画史进行了深入研究。他与鲁迅密切合作编印过著名的"刻的丰碑"(郑振铎语)《北平笺谱》及《十竹斋笺谱》,这是大家都知道的。当时鲁迅就认为郑振铎是对中国古代版画搜集最多、研究最深的人,希望他写出一部"万不可缺"(鲁迅语)的中国版画史来。郑振铎牢记鲁迅的殷殷期待,后来克服重重困难,从 1939 年起至 1947 年,陆续编选影印出版了二十多册线装的《中国版画史图录》,共收版画一千数百幅。他从唐至清代的典籍、佛经、小说、戏曲等古书的插图以及画谱、笺谱里,博采精选,编成中国版画第一部最重要的史料书。他并写了部分文字说明,为版画史的初稿,可惜来不及写全。1952年,他又费了五个多月时间,从这部图录里精选出代表性作品三百多幅,再加上精心补充的二百多幅,编成了一部《中国古代木刻画选集》。1956年,他雄心勃勃地开始编选规模更加宏大的《中国古代版画丛刊》,设想影印五百种左右的古代版画书或带版画的书。但遭当时"左"思潮阻扰,只完成了小部分计划。然而1957年8月,他在养病期间终于奋力写成了《中国古代木刻画史略》。这是他几十年厚积薄发的开创性的最高水平的版画史,也是他一生中写成的最后一部学术专著。

1946年11月,郑振铎主编的革命刊物《民主》和他支持写稿的《周报》等都被国民党当局禁止。他暂时失去了发表政论的阵地,于是便把主要精力转到学术研究和出版上来。除了继续主编《文艺复兴》月刊,继续编选影印《玄览堂丛书》和《中国版画史图录》等外,他又启动了一个新的大项目:编印一部《中国历史参考图谱》。他根据最可靠的田野考古和专家著作,参考各种资料并四处去摄影,将可信有证的实物图像、史迹名胜、陵墓碑版、美术工艺及历代的衣冠风俗的图画等等,以系统的历史观编排起来,并附以自己的研究文字。郭沫若当时盛赞:"郑振铎先生以献身的精神编纂这部《中国历史参考图谱》实在是一项伟大的建设工程。这是应该国家做的工作,而郑先生以一人之力要把它完成。"周予同说:"振铎是我们的朋友中生命力最充沛的一位。……他时常有将全生命贡献给值得贡献的事物的心。近十年来,他将生命毫无顾惜地耗在'笺谱''版画'的搜集与印刷上,最近更耗在《中国历史图谱》上。这都是近于'前不见古人,后不见来者'的傻工作。"翦伯赞说:"郑振铎编撰《中国历史图谱》,我认为是中国史学界的一件大事。……有了这部书,中国的历史,便会从纸上浮凸起来,甚至会离开纸面,呈现出立体的形象。"但当时的客观条件非常艰难,该图谱的出版时断时续,直到解放后1951年才较圆满地完成了。

历史图谱当时的延迟完成,除了客观条件实在艰难以外,还有一个重要原因是郑振铎又"自找苦吃",耗费了无法估量的心血,在1947年同时又上了几个大项目,另外又编印了好几部同样辉煌的大型图集。这是他驰神旁骛、心不专一吗?不,因为那几部图集也都有不得不出的理由。这虽然影响了历史图谱的按时完成,但他却是作出了更伟大的贡献,创造了更惊人的奇迹!

他在编历史图谱时,搜集了国内外大量的参考图书。其中有记载或透露了斯坦因、伯希和、勒科克、格鲁威特尔、鄂登堡、哥司罗夫、大谷光瑞等外国人,在二十世纪初以来从我国西北等地掠去的大量文物,包括绢本或纸本的古画及壁画等等。他看了这些古画的照片,一方面无比激动于先人们高超的艺术才华,另方面又无比痛恨外国"探险家""考察团"的强取豪夺和国内当局的腐败无能。他认为自己有责任专门搜集、影印一本《西域画》,以把英、法、德、俄、日等帝国主义者们怎样在我国西陲等地恣意掠夺我国文物和艺术品的无耻面目完全暴露出来。而同时,他又以很大的精力编印另一部《中国古明器陶俑图录》。同历史图谱和西域画不一样,这些古明器陶俑则都是他当年节衣缩食以一人之力在动乱中抢救下来的文物。(顺便说明,这些文物解放后他上书周总理都捐给故宫博物院了。)

在编印《西域画》等书时,他得知收藏家张珩的"韫辉斋"原藏古画被人售往美国了。因实在无财力截留之,他就又克服困难影印了一本《韫辉斋藏唐宋以来名画集》。他在序中说"乃复发愿,欲选刊海内外所藏我国名画,抉别真伪,汰赝留良,汇一有系统之结集,以发时人之盲聋,而阐古贤本来面目"。而所谓"以发时人之盲聋",除了指提高大家的文物、艺术鉴赏水平外,更是指提高大家的爱国主义觉悟。这部"有系统之结集",就是他主编的大型的《域外所藏中国古画集》,共九辑,全书共 1 500 来页。而从汉至清,每一个时期都有的那么多的古画,怎么都流到"域外"去了呢?这部巨著的出版,便把这一触目惊心的事实告诉了每一位读者,促使每一个中国人深思!

解放后 1950 年代初,郑振铎还撰写和编印过《伟大的艺术传统》和《伟大的艺术传统图录》。从 1953 年起,他还主编影印了大型的《古本戏曲丛刊》。由于他的不幸牺牲,这部丛刊至今还没有出齐。但现在已列入国家重点工程,由集体在继续做。这里再想强调指出,正如郭沫若说过的,上述郑振铎以一人之力所做的许多大型图书,如果放在今天就都是国家重大项目了!于此,我们不就更应该崇敬和佩服他吗?

郑振铎的书目文献学著作有他自著的《劫中得书记》《求书日录》和他人编的《西谛书话》《西谛书跋》等。他写的大量艺术考古论文、报告、总结等,文物出版社出版过《郑振铎艺术考古文集》《郑振铎文博文集》。郑振铎从 1930 年代起,就开始尝试运用神话学、人类学、考古学、民俗学等新学问,先后发表过《汤祷篇》《玄鸟篇》《黄鸟篇》《释讳篇》《伐檀篇》《作俑篇》等"古史新辨"论文,后集为《汤祷篇》一书。周予同指出,这是"为中国古史学另辟一门户,使中国古史学更接近于真理的路"。关于这些,限于篇幅就不多写了。

一位波兰学者在郑振铎牺牲后,曾对他作过这样的评价:"我认为他是中国当代学术界中人文科学方面的代表人物之一。"因为,"中国人文科学未来的发展——特别在有关古代中国的部分——主要依靠两种因素的适当结合,即是中国传统的渊博知识和研究科学问题的现代方法",而郑振铎的学术活动"已经充分体现了"这一点;"同时,他又能把个人的学术工作和比较实际的活动协调起来。许多年来,他成功地为他的祖国服务"。我认为,郑振铎接受了进步的革命的思想,吸收了现代文明,对中国乃至世界文化的历史与现状有相当深刻的了解,因此他能比较自觉地站在人类社会最高精神巅峰,从整个世界的精神生产的大范围来考虑学术问题。他的视野与透视力远远超过了中国历代封建文人和半封建半殖民地产生的"大师"们,摆脱了那种狭窄性和保守性。他勤奋学习先进学术成果,努力整理中外文学遗产,以夸父与日逐走和普罗米修斯盗取神火的大圣大勇精神,在中国学坛上点燃了耀眼的爝火!他无比热爱祖国的文学和学术遗产,但在这笔无比丰厚的遗产面前毫无畏葸感,也不沉溺其中。他的整理和研究工作,带有现代大生产的那种巨大的规模、广阔的背景和无限的吞吐力。郑振铎的这些功绩极其雄辩地说明了:只有与中国传统的封建旧思想以及半封建半殖民地的畸型意识实行决裂,只有在和世界文化与进步思潮的广泛联系中汲取新的科学的观念和研究方法,只有脚踏实地不畏艰苦地耕耘而不是轻松自如地将一些洋名词与杜撰的术语挂在嘴上炫耀,才可能有效地整理和研究文学、学术遗产,才可能使这些文学、学术遗产真正为建设新文化服务,才可能使自己的研究成果经得起时间与读者的考验。从这一点说,郑振铎的工作必将对我们以及子孙后代显示永久的启示意义!

（2017）

从文学史几件大事看郑振铎人品

从宋云彬诗作说起

1950 年 11 月,此前长期在开明书店工作的王伯祥先生,因人事关系不谐,提出辞职。老友宋云彬先生便写了《漫成二首谏王伯翁》:

> 萧朱郄末多先例,
> 交态原随世态新。
> 长乐平生风谊重,
> 甘抛心力作调人。

> 但闻涸辙鲋濡沫,
> 岂有危巢雀逐鸠。
> 世事沧桑心事定,
> 且将余怒付东流。

2002 年山西人民出版社出版的宋云彬日记(书名被称为《红尘冷眼》),在 1950 年 11 月 23 日就记载了这两首诗。

我猜测,大概整理者(或编辑,或审读者)不太懂古汉语,自以为是地把"郄"字改成了"却"字,那就使人根本看不懂了。当然,还有一种可能,也许宋先生本来写的是"卻"字,但这个"卻"字即"郄"字,读作 xì,也是不可以自以为是地改为简化字的"却"的(可改为"却"的字是"卻")。

"郄"也就是"隙"。"萧朱",指西汉时人萧育和朱博。两人始为好友,后来有隙,终成仇人。"萧朱郄[隙]末",语出南朝宋范晔撰《后汉书·王丹传》:"交道之难,未易言也。世称管鲍,次则王贡。张陈凶其终,萧朱隙其末。故知全之者鲜矣。"南朝梁刘孝标《广绝交论》也说:"由是观之,张陈所以凶终,萧朱所以隙末,断焉可知矣。"

宋先生的第二首诗有自注云"借定庵句",所借的是"世事沧桑心事定"一句,出自清龚自珍《己亥杂诗》第一四九首。这第二首诗是直接劝慰王先生的,意思很明白,这里就不多说了。

而宋先生的第一首诗则是颂扬老友郑振铎的,宋先生自注"长乐谓郑振铎",因为郑振铎的籍贯为福建长乐。"长乐平生风谊重"一句是对郑振铎人品的高度赞美。"甘抛心力作调人",是说郑振铎当时花费了很多心力,在王先生与开明书店一些先生之间做调解工作。

在开明书店创办之时,郑振铎就是其最重要的支持者,后来还一直是它的"股东",因此,他就主动出面做调解工作。然而,郑振铎这次的调解大概没有从根本上解决问题。两年后,郑振铎受命组建设在北京大学的文学研究所(今属中国社会科学院),便邀请王伯祥到文研所工作。

王伯祥的挚友、曾任开明书店总编辑的叶圣陶先生在 1952 年 10 月 27 日的日记载:"偕[胡]愈之到怀仁堂,出席[政协]全国委员会之扩大会议……会中晤振铎,言于北大新设之文学研究所已成立,渠为主持人(尚有何其芳),伯祥可入所为研究员云。"并欣慰地写道:"余觉其甚为得所。"王先生后来一直心情愉快地在文研所工作。

宋先生的"长乐平生风谊重"一句诗实在写得好。不仅仅在王伯祥一事上是这样,郑振铎在整整奋斗了四十年的中国文坛上,一直是一个团结的因素。

这里,我就举几件近代文学史上较大的事情来说。

对创造社"以德报怨"

1920 年底,以郑振铎为核心,在北京发起成立新文学史上最早、最大的新文学社团"文学研究会"。在筹备阶段,郑振铎就曾热情地给在日本的田汉写信,邀请他与郭沫若作为发起人参加。那时,"创造社"连酝酿也还没有开始。可惜,只因收信人居然做了"洪乔",非但自己不回信,连托他转给郭沫若的信也未转去,最终郭沫若未能成为文学研究会的发起人。

当时,郑振铎还曾自告奋勇地要去请鲁迅参加,但鲁迅当时任职于教育部,受"文官法"的限制,不便参加民间团体。(不过,鲁迅还是很关心、支持文学研究会的,周作人起草的该会宣言,便经过鲁迅的审阅。)还有材料表明,郑振铎当时可能还请了北京大学的胡适、康白情等人参加,不过也没成功。

我们不妨想象一下，如果郑振铎当时的宏大心愿得以实现，鲁迅、胡适、郭沫若、田汉等人真的也都成为文学研究会的发起人，中国的近代文学史的发展又将会是怎样的一个精彩的场面啊！

令人遗憾的是，后来成立的创造社，一开始就把文学研究会当成了自己的假想敌。郭沫若、郁达夫、成仿吾都激烈地攻击过郑振铎和沈雁冰（茅盾），甚至用了污言秽语。但是，郑振铎从来没有回骂过。当创造社方面举办郭沫若《女神》出版一周年纪念活动时，郑振铎还拉着沈雁冰等人赶去参加庆贺，他甚至还建议可借这个机会商量一下组织成立作家协会的事。他的热情和宽宏大量，郭沫若后来在回忆录中也是赞扬的。

可惜，不仅他提出的组织作家协会的事未能成功，创造社后来还继续攻击文学研究会。但郑振铎除了在给周作人的信（未发表）中表示过对创造社的无理谩骂的愤慨以外，在1923年一年中，任凭攻击，没有回敬过一声。

不仅如此，而且在他主编的《小说月报》上还经常公正地介绍、评价创造社作家的作品。

如1923年1月号的《选录》栏，选载了郭沫若译诗八首，并在《文学杂志介绍》栏介绍了《创造》杂志；

在3月号的《国内文坛消息》栏，他将创造社和文学研究会并提，作为努力于研究中国文学的代表；并报告郭沫若即将选译《诗经》的消息。同期卷末，还介绍了郭沫若翻译的《少年维特之烦恼》；

4月号的《国内文坛消息》栏，他又报道了郭沫若译《浮士德》已完成的消息；

5月号《国内文坛消息》栏报道创造社将出《创造周报》；

6月号报道《创造周报》已出二期；

9月号报道郭沫若《卷耳集》已出版；

10月号他在《通信》栏中回答读者提问初学新文学的人应买何书时，在提到《文学研究会丛书》的同时推荐了《创造社丛书》；

11月号的《国内文坛消息》栏，介绍了郁达夫的小说集《茑萝集》和郭沫若的诗集《星空》，认为"都是很能感人的"；

在7月30日文学研究会机关刊《文学旬刊》改为周刊时他发表的《本刊改革宣言》中，还表示："对于'敌'，我们保持严正的批评态度，对于'友'，我们保持友谊的批评态度。"

显然，他是一直把创造社当成"友"的。后来，他与郭沫若、郁达夫、成仿吾等人，都成了好朋友。

在左翼文化界的团结作用

1930 年 3 月,中国左翼作家联盟成立。

郑振铎本来是"左联"的前身"中国著作者协会"的主要发起人和理事,现在,左联的发起人和常委的半数,也正是原先著作者协会的发起人和执委或监委。而且,这两个进步组织在中共党内都是由潘汉年负责筹备和领导的。但是,由于"左联"当时犯了"关门主义"的错误,偏偏把他排除在外了。

不仅如此,当时左联的刊物如《巴尔底山》等还指名道姓地攻击他。然而,他对这些攻击、嘲讽没有做过一个字的"反击",就连解释、辩护的文字也没写过,尽管他自己就主持着好几种刊物。这充分表明了他的宽阔胸襟,也表明了他决不反对"左联"和左翼文艺运动。他可以忍受委屈,也能原谅那些激进的革命青年所难免的"左派幼稚病"。

《巴尔底山》的主要编者李一氓,后来成了郑振铎的最好的朋友。李一氓在晚年高度评价说:"郑振铎,我以为他是中国文化界最值得尊敬的人。"

在 1930 年代反对国民党"文化围剿"的斗争中,郑振铎在左翼文化界内部发挥了重要的团结作用。

例如,据茅盾回忆,1934 年 1 月,面对郑振铎等人主编的在上海出版的进步刊物《文学》遭到国民党当局严查乱砍的严峻形势,茅盾发出急信,请当时在北平的郑振铎南下研究对策,同时还对他说:"还有一件事专等你回上海来办。自从'休士事件'(按,指傅东华在《文学》上发表错误攻击鲁迅的文章。)之后,鲁迅对傅东华大有意见,对《文学》也采取不合作态度,已有半年不给《文学》写稿了。对这次刊物上署东华的名字,他也不满意。我的话,他只听一半。所以要请你去做个'说客',消除一下误会。"

于是,郑振铎就与茅盾一同去鲁迅家,向鲁迅汇报了《文学》对付国民党压迫的计划,又谈了傅东华的问题。正是他做了工作,终于取得了鲁迅的谅解,重新获得鲁迅对《文学》的大力支持。这样,《文学》便在文化"围剿"中继续顽强地生存和战斗下去。

《译文》杂志停刊风波

1935 年 9 月,又发生了生活书店《译文》杂志停刊事件。

此事说来话长。简单地说,生活书店是邹韬奋创办的进步出版社(《文学》就是生活书店出版的),书店要撤换《译文》编辑黄源,遭到鲁迅十分激烈的反对。事情弄得很僵,茅盾又来找郑振铎商量。这件事情本来与郑振铎没有什么关系,但他一向非常热爱鲁迅,同时又与韬奋是好友,因此急于从中调解。他绞尽脑汁,提出了一个双方妥协的方案。茅盾找鲁迅谈了郑振铎的方案后,鲁迅原则上同意了。不料,此事最后仍未调解成功,《译文》不得不停刊,黄源也愤而辞去了《文学》编辑的职务。

茅盾晚年在回忆录中坦率地说:"在《译文》停刊的风波中,真正倒了霉的,却是郑振铎。因为鲁迅怀疑这次《译文》事件是振铎在背后捣的鬼,并从此与振铎疏远了……"茅盾强调说,"这当然冤枉了振铎。"

黄源在六十年后,在给我的信中也诚恳地说:"我现在确认'冤枉'了振铎。""读了你的大作……我仍然确认'冤枉'了振铎,因为这是事实。这是我们方面的错误,我和鲁迅都有此疑心……"

可贵的是,郑振铎一直继续保持着对鲁迅先生的尊重,从没有什么怨言。而鲁迅虽然对他有所误会,也还是继续与他一起编辑出版瞿秋白烈士的遗著,这是鲁迅晚年做的最重要的工作之一。可恶的是,当时有些文坛小丑幸灾乐祸,在小报上造谣生事、挑拨离间,或者乘机对他横加攻击。后来,鲁迅撰文严正地指出:这是"恶劣的倾向",是"用谣言来分散文艺界的力量"。

起草中国文艺界的团结宣言

在后来进步文坛上发生的有关"国防文学"和"民族革命战争的大众文学"的所谓"两个口号"的激烈论争时,为了团结,郑振铎没有发表过一个字的文章,只是默默地忍辱负重地做着"左联"解散后成立"中国文艺家协会"的筹备工作。但他和其他一些同志,为了进步文坛的最大程度的团结,为了尽量挽回历史的缺憾(鲁迅拒绝参加中国文艺家协会),而不懈努力着。经过艰苦细致的工作,终于迎来了文艺界真正的大团结的通红的曙光。

1936年9月,由郑振铎和茅盾起草,冯雪峰定稿,鲁迅与郭沫若、茅盾、郑振铎、叶圣陶、陈望道、郑伯奇、王统照、夏丏尊、冰心、巴金、傅东华、丰子恺、沈起予、洪深、黎烈文、张天翼、林语堂、赵家璧、包天笑、周瘦鹃等二十一人联名发表了一个《文艺界同人为团结御侮与言论自由宣言》。这个宣言,是文学界团结起来的标志。

御侮,就是对外反对帝国主义的侵略;要求言论自由,就是对内反对国民党的独裁统治。

夏衍在几十年后回顾此事时说:"像我们这些经历过这一事件的人们看来,组织发表这样一个宣言很不容易。"因为这签名的二十一个人,是经过精心选择而代表了全中国一切爱国的作家的。

正如夏衍指出的:"这个宣言是第二次国内革命战争时期文艺界第一个大联合、大团结的文件,在现代文学史上,应该说是有很重要的意义的。"而这个宣言也是鲁迅一生签署的最后一个文件。

夏衍在晚年高度赞扬了郑振铎在促成发表这个宣言中的功劳,认为"在坚持联合、反对分裂这个问题上,他(郑振铎)表现了难能可贵的高尚品质"。

我们今天,非常需要发扬郑振铎这种难能可贵的高尚品质!

（2009）

郑振铎是否参加过
社会主义青年团

　　近年来,有一些文章和书中提到我国现代著名作家、学者郑振铎先生早年曾经参加过北京社会主义青年团。例如,1979 年 4 月人民出版社出版的《李大钊传》中,就曾提到:"当时的北京社会主义青年团组织,……有马克思主义者,有无政府主义者,还有当时主张人道主义的郑振铎同志等人。"(见该书第 109 页)又据 1921 年 4 月 2 日一个名叫关谦的内奸写给北洋军阀政府的"密告",谓参加这次大会的二十五人中,有"李大钊、罗章龙、张国焘、刘仁静、高尚德、宋价、顾文萃、王伯时、郭振铎、徐六几、张作陶、陈德荣、李一忠、顾文仪、徐文仪、郭文华等。"(见《近代史资料》1957 年第五期)又谓这次大会举行了投票改选,推选"李大钊、郑振铎、某,为出版委员"。其后,这一"密告",又收入中国第二历史档案馆所编的《五四爱国运动档案资料》(1980 年中国社会科学出版社版)之中,出版时,曾注明郭振铎系郑振铎之误。关谦"密告"中未将郑振铎列入参加大会的二十五人之中,又称郑振铎被推为出版委员,已使人怀疑郭振铎是否为郑振铎之误写,再加上中国第二历史档案馆的注明,更使人加深了这一怀疑。

　　此外,当时参加这次会的北大学生刘仁静先生在 1979 年 3 月 21 日回忆说:"最早参加团的有:柯怪君(庆施)、郑振铎、李骏(鸿一)、范鸿劼(他是从清华大学转到北大的)、黄日葵、何孟雄、高尚德、缪伯英和我。"这一回忆录稿被题为《回忆社会主义青年团》,收入 1980 年 8 月人民出版社出版的《"一大"前后》(二)中。(见该书第 217 页)

　　当事人之一、当时也是北大学生的罗章龙先生,在 1978 年 9 月 11 日回忆却说"郭振铎"实有其人。为"北大一个派别的学生"。他的这一回忆题为《关于北京共产主义青年团的情况》,也被收入《"一大"前后》(二)一书中。(见该书第 203 页)

　　这样,"郭振铎"究竟是不是"郑振铎"的误写?郑振铎究竟是否参加了这次大会,以及他究竟是否入了团? ——这些似均存在着疑问。为此,我多次向有关方面请教。罗先生于 1981 年 11 月 14 日亲笔回信说:"承询问题,就记忆所及,郭振铎另有其人,因手边无有关文献,对郑先生是否参加该次会议记忆不清,请多方查访,才能确定。"

我又函托人民出版社张子敏同志转询刘仁静先生,于 1982 年 11 月 20 日得刘先生儿子刘威立同志来信,说:"你给刘仁静的信早已收到了,迟迟未回你的信是因为你提的问题刘仁静已经说不清了。……唯一可以奉告的是:一、他不知道另有郭振铎其人,二、他并非根据关谦的材料回忆的。一般地说,他回忆的事虽然不一定准确,但都是他自己脑中现存印象的反映,不是依据其他材料推算而来的。"

我又函询了关谦密告原件保藏单位中国第二历史档案馆,承该馆 1983 年 4 月 25 日函告:"关谦民国十年四月二日报告的原件,署名下盖'关谦章'。报告中关于出席会议的人员共二十五人,其中一人写的是郭振铎;关于投票改选公推的出版委员,其中一人写的是郑振铎。原件系毛笔正楷,字迹清楚无讹。《五四爱国运动档案资料》一书出版时,我们仅根据后者订正前者,看来根据是不足的。"

上面这些先生与同志都认真地回答了我的询问。根据上述,结合我个人所掌握史料和对郑振铎生平之研究。首先,我认为郑振铎肯定没有参加这次大会。这有两个确凿的史料可以证明。一是 1921 年 6 月《小说月报》上所载《文学研究会会务报告》,其中报道:"三月二十一日下午一时,本会假石达子庙欧美同学会大堂,开一次临时会。……讨论完后,郑振铎君起言:他要于本月底出京,要二三个月才能回来。"另一个材料是 1921 年 4 月 1 日至 3 日《晨报》副刊上刊载的瞿世英给郑振铎的一封信(该信后又载于 4 月 14 至 15 日《时事新报·学灯》),该信写于 3 月 29 日,信中说:"自兄行后,益复无聊。"又说:"我这次通信,写得太长了。于旅行劳顿之后而迫兄读此长信,恨我否?"可见,郑振铎正巧在这以前离京赴沪,不可能参加 3 月 30 日的会议,而参加者只能是郭振铎。刘先生的回忆看来是可靠的。

其次,我认为郑振铎虽没有参加这次大会,但他确是曾经参加了团组织的,并在缺席的情况下仍被同志们推选为出版委员。其主要根据,一是关谦当时的"密告",二是刘先生的回忆;另外还可以从郑振铎当时的政治态度、社会关系、出版工作经验以及他的有关自述来印证。

郑振铎当时在政治上正是一个热烈向往社会主义社会的革命青年。五四运动时,他是北京铁路管理学校参加北京中等以上学校学生联合会的代表,以后又是福建省籍抗日学生联合会的活跃分子。1919 年 12 月,他在《新中国》杂志上翻译了列宁的《俄罗斯之政党》及《对于战争之解释》,这是迄今所知最早被译进中国的列宁著作中的两篇。1920 年 2 月,他在《新社会》杂志上称赞俄国的"广义派"(即布尔什维克)"信奉马克思的国家主义","实在是社会改造的第一步"。同年 4 月,他撰写《新文化运动者的精神与态度》,号召新文化运动者向马克思和列宁学习。同月,他又连编三期《新社会》"劳动号",以纪念国际劳动节。这年夏天,他与耿济之二人最早合译了《国际歌》的歌词。同时,他又从《苏俄》等杂志上一连翻译了好几篇介绍苏俄的军队建设、生产建设、文化建设的文章。10 月,瞿秋白赴苏俄学习,郑振铎称瞿是"到更冷可也更热的地方重新锻炼",并作诗称他是"走向红光里去了!"另外,他当时还写了更多的介绍俄国文学的文章,对十月社会主义革命作了高度的赞扬。因此,从他当时的政治立场来看,加入团组织是完全可能的。

再从他的社会关系来看,因为他是当时学生运动的积极分子,因此交游极广。他和李大钊是认识的,1920 年 11 月 29 日他主持的"文学研究会"筹备会议,就是在北京大学李大钊的办公室召开的。他也和陈独秀相识,1919 年 11 月,他曾亲自到陈独秀家里去请教关于社会改革的问题。另外,他还认得后来成为周恩来和朱德同志入党介绍人的张崧年,张曾在 1920 年 9 月借给他刊有高尔基的论文的国外进步杂志。另,在关谦密告中提到的团员"宋价",当即是宋介,他是北京"曙光社"的负责人,而郑振铎则曾于 1920 年加入该社。关谦提到的徐六几,是郑振铎的密友,当时"几乎每日必见,至少亦一周数见"(郑振铎《哭梦良》)。关谦密告中还提到被选为组织委员的"祁某",疑即祁大鹏,此人亦是"曙光社"社员,同时还是郑振铎参加的北京"社会实进会"的会员。关谦提到的顾文萃,也是"社会实进会"的会员,并任该会交际部部长,而郑振铎则是该会编辑部部长。从这一方面看,他入团的可能性显然也是极大的。

至于他被推选协助李大钊负责团的出版工作,更是非常合适的人选(据关谦密告,加强团的宣传出版工作本是李大钊在会上提出的,郑振铎被选为出版委员疑即出自李大钊的推荐。而郭振铎此人"名不见经传",似无此可能)。郑振铎有这方面的实际工作经验。早在 1919 年 6 月,他回温州时,就在温州参与创刊了《救国讲演周刊》;同时,还参与发起"永嘉新学会",并在 8 月 1 日召开的该会"第一次常年大会"上提议创办出版社,后又担任该会会刊《新学报》的编辑。1919 年 10 月,他在北京与耿济之、瞿秋白等人创办《新社会》旬刊。该刊后被禁,他们又出版《人道》月刊,均以"北京社会实进会"名义出版,而他担任该会编辑部部长。1920 年,他又为北京《新中国》杂志社编辑出版了《俄罗斯名家短篇小说第一集》。1921 年初,以他为中心人物发起成立了"文学研究会",他任书记干事,并负责主编出版"文学研究会丛书"及协助沈雁冰改革编辑《小说月报》。同时,他又为共学社编辑出版了"俄罗斯文学丛书"及《俄国戏曲集》等。他具有较丰富的编辑出版工作经验,所以在缺席的情况下仍被选为团的出版委员,是毫不足怪的。

下面再谈谈郑振铎的有关自述。他生前虽然似乎没有提及入团一事,但他的有关自述仍值得注意与分析。1949年7月18日,他在《文汇报》上发表《回忆早年的瞿秋白》一文,其中提到:"李守常(即李大钊)先生在北大图书馆的时候,秘密地主持着一个'社会主义研究会'(?)的组织。这是一个社会主义者的联合阵线;有共产党、有基尔特社会主义者(郭梦良等),还有我们,秋白和我是对于社会主义有信仰而没有什么组织的人。经常的在北大图书馆或教室里开会。相当的秘密。……但这个'会',很快的就结束了,一来是,为了环境更恶劣下去的关系,二来是,联合阵线显得不大联合,而共产党需要一个更严密的组织。"

郑振铎在"社会主义研究会"的后面加了个问号,说明他对这一组织的确切名称已记不甚清了。但后来他在一些地方还曾提到过这一件事。例如,珍藏在北京图书馆的郑振铎1952年的一本工作笔记本上,有他自撰的一份年谱简表,其中记有"1919——五四运动——社研会"。另在他生前撰写的一篇未完手稿《知识分子是怎样跟着党走的?》(估计写于1957年)一文中,也曾写道:"俄国一九一七年的十月大革命,给予他们以绝大的激动和向往之情。在北京和在全国,都掀起了向俄国学习的热潮。一九一九年的五四运动,实际上是一个社会主义革命运动的前奏曲。以李大超(按,原文如此,"超"当作"钊")同志为首的一批青年人们,曾组织了社会主义研究会。这个组织成为中国共产党的前驱者。"

1983年第二期《新文学史料》上刊载郑振铎1958年10月8日《最后一次讲话》(记录稿),其中提到自己在五四运动中参加学生运动时说:"参加李大钊同志领导的'少年中国学会'开会前,李大钊同志在周围走一圈,参加的人各种派别的都有。"而文学研究所同志记录整理原稿时,"少年中国学会"原是记作"社会主义研究会"的。同时"少年中国学会"有完备的资料可查,郑振铎并不曾参加该组织。其原记录中郑振铎所述其参加的是"社会主义研究会"不应妄改。

以上四次自述,都提到"社会主义研究会"。但根据有关史料,有几点值得注意的问题:第一,据1920年12月4日出版的《北京大学日报》所载《北京大学社会主义研究会通告》中说:"本会于本月二日正式成立",但瞿秋白则在这以前(十月十六日)已离开北京赴苏俄,因此郑振铎不可能与他一起去参加该组织。第二,社会主义研究会公开登报发表通告,似并非"秘密"组织。第三,该会成立通告中还说明"会员暂时限定北大同学",而郑振铎、瞿秋白均非北大学生;且通告中公布的名单中也没有他们及其他非北大学生的名字。第四,说该会很快解散,这点现无史料记载;说该会是"中国共产党的前驱者",亦闻所未闻。因此,郑振铎提到的那个组织,看来不是这个"社会主义研究会";而我们也不知道李大钊同志除了领导这个北京大学社会主义研究会以外,还有第二个同名组织。

但是,如果郑振铎提到的"社会主义研究会"是"社会主义青年团"之误记的话,那么有不少疑点便可迎刃而解:社会主义青年团确实是秘密组织;并确实因组织不纯等原因于 1921 年 5 月暂时宣告解散;而且社会主义青年团成立在中国共产党之前,参加者后来大多即转为中国共产党党员,从某种意义上正可以称作"前驱者"。因此,这些有关回忆能不能看作郑振铎还隐约记得曾经入过团一事呢?他在那年 3 月尾去上海后,即在上海工作而没有回北京;而他参加的是北京社会主义青年团,当时全国团的组织系统并不十分完全,他因此脱离了组织关系。——当然,这只是一种推测,但似乎还颇合情理吧。

以上看法,有些同志认为是臆断,特大胆写出,希望能引起老一辈革命者及研究者的重视,并有以教我。

(1984)

郑振铎与我国最早的社会学专刊

如果论述我国现代社会学的发展史,论述我国现代社会学的刊物,我们就不能不提到郑振铎、瞿秋白等人在五四运动期间创办的《新社会》。早就有人指出:当时"《新社会》旬刊,正如《新青年》《每周评论》《新潮》《国民》《少年中国》一样,在青年中也是一个旗帜鲜明、备受欢迎的刊物。"(晦庵(唐弢)《郑振铎与〈新社会〉》,《人民日报》1961年11月4日)实际上,它不仅是一个旗帜鲜明的反抗旧社会的刊物,而且特别强调社会调查和社会改造,发表了许多社会学的文章,因此它可以说是我国最早的一本社会学专刊。

《新社会》创刊于1919年11月1日。以北京"社会实进会"名义发行。社会实进会是从属于北京基督教青年会的一个组织,以学生为主,成立于1913年11月间。(济(耿济之)《"北京社会实进会"的沿革和组织》,《新社会》1919年11月1日第1号)五四运动以后,郑振铎、瞿秋白、耿济之等人(均非基督教徒)也都参加了进去,更把该会改造成为强调"社会改造"的一个进步社会团体。郑振铎在当时说过:社会实进会"从前带些宗教的色彩,以助人的事业,不能得到'社会服务'的真精神。然而现在已经与前不同了! 宗教的色彩日淡,真正的服务精神,日益发展。我们敢宣言:我们今后的目的是:社会改造——改造成一个真正共和的自由的平等幸福的社会。"(《社会服务(Social Service)》,《新社会》1920年1月1日第7号)郑振铎后来又回忆说:"这时,青年会的干事是一位美国人步济时。他是研究社会学的,思想相当的进步,而且也很喜欢文学。在青年会小小的图书馆里,陈列最多的是俄国文学名著的英文译本和关于社会学和社会问题的书。"(《回忆早年的瞿秋白》,《文汇报》1949年7月18日)而他就是"最初很喜欢读社会问题的书"。(《想起和济之同在一处的日子》,《文汇报》1947年4月5日)正巧这个时候青年会打算办一个刊物,便由一位姓孔的先生的介绍,约了郑振铎、瞿秋白、耿济之、瞿菊农几个人组成编委会;后来,许地山从1920年起,也参加了编委会。郑振铎先是担任社会实进会的编辑部副部长,后又任部长。他们五个人常常在郑振铎或瞿秋白的住所召开编辑会议,并结下深厚的友谊。

《新社会》创刊后不久,郑振铎便与耿济之二人主动去访问当时进步思想界的领袖陈独秀,听取他的意见。陈独秀谈了不少社会改革的理论与实践问题,并且具体地"把本会附近地方应兴应革的事情,举出许多件来",使郑振铎"很被他感动"。(郑振铎《我们今后的社会改造运动》,《新社会》1919 年 11 月 21 日第三号)回去后,他便按照陈独秀的意思写了一篇论文,发表在《新社会》上。

郑振铎主办《新社会》还与他当时积极参加社会政治活动分不开。"五四"那一天,郑振铎他们都没有参加"火烧赵家楼"的那一幕,但事后他们均作为自己所在学校的代表,参加了北京中学以上学校学生联合会的活动。6 月,郑振铎所在的学校提前放假,他被强迫回到温州家里,但他把北京学生运动的经验带回温州,发起创办了《救国演讲周刊》,并参与"永嘉新学会"的成立和《新学报》的创刊工作。暑假后回北京,他便积极创办《新社会》,而这时,他的原籍福建省又发生了日本帝国主义用武力镇压中国人民爱国运动的事,全国激愤,他又积极参加福建旅京学生界联合会的工作,"奔走忙碌得了不得"。(见郑振铎致张东荪信,《时事新报·学灯》1919 年 12 月 8 日)这时期,他与瞿秋白还秘密参加了李大钊主持的社会主义学习小组的活动,后来他还参加了北京社会主义青年团。在这样的革命活动中,他接触到了一些马克思主义理论。例如,1919 年 12 月《新中国》第八期上发表了他译的"李宁"的《俄罗斯之政党》,这是迄今所知最早被译进中国的列宁著作。他在 1920 年 4 月 28 日写的《新文化运动的精神与态度》(载《新学报》第二期)一文中,还号召新文化运动者应向马克思、列宁学习。与这些社会政治活动联系起来,我们就能更清楚地理解《新社会》在当时的政治倾向了。

《新社会》的发刊词是郑振铎写的,表明了他们创办这个刊物的宗旨。他写道:"我们是向着德莫克拉西一方面,以改造中国的旧社会的。我们改造的目的就是想创造德莫克拉西的新社会——自由平等,没有一切阶级一切战争的和平幸福的新社会"。"我们的改造的方法,是向下的——把大多数中下级的平民的生活、思想、习俗改造过来;是渐进的——以普及教育作和平的改造运动;是切实的——一边启发他们的解放心理,一边增加他们的知识,提高他们的道德观念。""我们改造的态度,是研究的——根据社会科学的原理,参考世界的改造经验;是彻底的——切实的述写批评旧社会的坏处,不作囫囵的新旧调和论;是慎重的——实地调查一切社会上情况,不凭虚发论,不无的放矢;是诚恳的——以博爱的精神,恳切的言论为感化之具。"这样的论点在当时是很新鲜的,也是很进步的。毛泽东的老师、我国著名学者杨昌济在《时事新报》上读到《新社会》的这篇发刊宣言,就在日记上作了详细的摘录。当然,用我们今天的眼光看来,还未免书生气太重,其中的有些说法还是带有改良主义的或是空想社会主义的色彩;所提出的改造中国社会的方法,已被历史证明是行不通的。但当时中国共产党还没有诞生,郑振铎他们不可能有比这更进步的思想,我们对此是不可苛求的。

郑振铎在《新社会》上发表的论文中,提出了一些十分进步的思想与观点,但是很多地方还是不明确的。例如,他在《现在的社会改造运动》中,指出了"资本主义支配下的社会,已经没有存在的余地了"!并把世界各国的社会运动分作两大类,一类是"温和的新村运动",一类是"直接的社会革命"。认识到所谓新村运动"过于温和,偏于消极保守一方面",也看到欧洲的社会民主党"绝不采用革命的手段,去反抗资本家和政府",乃是一种"不彻底的,乡愿的,绅士的社会运动","不可谓为社会运动的正轨"。更为难能的是他赞扬了"信奉马克思的国家主义的""俄国的广义派"(这是当时对"布尔什维克"的一种翻译),认为"这种主义,实在是社会改造的第一步"。不过,文中却又认为"安那其运动"(无政府主义)是"最彻底,最激烈的",并对某些人说的"将来革广义派的命的,必定是这一派"的话,没有作什么批评。可见当时他对马克思主义和无政府主义的认识都是很模糊的。但尽管如此,他对于旧社会必须改造、新社会必将到来,是坚信不疑的。文章最后说:"总而言之无论将来是那一种的运动达到目的,而现社会没有存在的余地,和平幸福的新社会的终必出现,是没有疑义的!"

郑振铎在分析具体的社会问题时,也常常反映了他思想立场、方法上的进步与模糊这样一对矛盾。例如,当时有一些青年自杀,他认识到这一社会问题的首要原因是"社会制度的缺憾",因此必须"第一把旧社会改造"(《自杀》,《新社会》1919年12月11日第五号);但他在分析社会上犯罪问题时,却认为犯罪的原因"最紧要的,就是个人的遗传的性质"(《罪的研究》,《新社会》1920年2月1日第十号),而没有坚持首先从社会制度的根源上来看问题。

郑振铎除了在《新社会》上发表一系列社会论文外,还十分重视介绍国外的社会学著作。1920年元旦,《新社会》编委在郑振铎住处开编辑会议,就曾提到:"一、注意社会学说的介绍,每期应有一篇社会研究的著作……"(见《北京社会实进会消息》,《新社会》1920年1月11日第八号)《新社会》上曾开辟《书报介绍(关于社会科学及社会问题的)》专栏,郑振铎在上面先后介绍和摘译了吉丁斯(Giddings)的《社会学原理》(见第七、十三号)、白拉克麦(Blackmar)的《社会学要义》(见第十一号)、海士(Hayes)的《社会学》(见第十二号)、爱尔和特(Ellwood)的《社会学与近代社会问题》(见第十五号)等专著的内容,并自己撰写了《社会学略史》(见第十二、十三号)的专门文章。尽管这些介绍和评述还是粗浅的,不是很系统的,但在二十年代初期介绍西方社会学说方面还是起到一定作用的。

郑振铎当时比较强调社会调查。他在《发刊词》中就提出"不凭虚发论",在《怎样服务社会?》等文中都提出了从调查入手以研究如何改造社会。创刊号曾辟有"社会实况"专栏,郑振铎即发表了题为《北京的女佣》的调查报告,他调查了北京女佣的来源、年龄、劳动状况、工资情况等。虽然这种社会调查在当年没有蔚成风气,但郑振铎能够提倡这一点,并亲自作了一点社会调查,这在当时确是十分难能可贵的。

郑振铎还十分强调实践,他认为应该面向广大的劳动群众,从具体的小事、小区域做起。在他访问了陈独秀以后,就写了《我们今后的社会改造运动》,认为当时的社会运动有三大缺点:一是局限于知识阶级,二是不向切实的方面做去,三是范围过大。因此他提出今后必须:(一)着眼于社会的全体,(二)实地去做改造的工作,(三)从小区域做起。他指出:"诸君!我们的将来在田间,在工厂里;我们的朋友乃是可爱的农夫,乃是自食其力的工人。"(《社会服务[Social Service]》,《新社会》1920年1月1日第七号)他呼吁:"去学那俄罗斯的青年男女的'去与农民为伍'的精神,去教育他们,指导他们,把他们的思想更改,迷梦警醒,同时并把他们的生活改造。"(《再论我们今后的社会改造运动》,《新社会》1920年1月21日第九号)他还深刻地指出:"请不要忘了辛亥革命的教训——他是知识阶级的政治上的革命,所以没有效果,名存实亡",而"我们的希望在将来,在农工的身上!"(《学生的根本上的运动》,《新社会》1920年2月21日第十二号)郑振铎这里提出的到工农中去,参加实际的社会改造工作,这在当时我国只有很少数共产主义者刚刚在作着初步的尝试和探索,郑振铎本人实际上也没能做到,而且他的主张实际上还是属于改良的、"渐进的";但是,他当时一再强调的"我们觉悟了,我们就应该立刻做去"(《再论我们今后的社会改造运动》,《新社会》1920年1月第九号)的精神,却是多么值得我们学习和发扬啊!

《新社会》旬刊一共只出了十九期。最后一期出版的那天(1920年5月1日),正好是中国无产阶级和先进知识分子第一次庆祝国际劳动节的一天,《新社会》最后三期一连发了三个"劳动号";北洋军阀政府的京师警察厅实在耐不住了,竟下毒手把它扼杀,并把青年会方面的一位经理抓去关了好几天。正如郑振铎说的:"当时,凡有'社会'二字者皆受嫌疑,况复冠以'新'字"(《中国文学论集》序)。他们极为愤怒,决心不畏暴力继续斗争。经过多次力争,青年会方面总算同意再出一种月刊(青年会担心旬刊太尖锐了,不如出月刊),题名为《人道》。该刊的编辑者照旧,内容基本上也是继承《新社会》的,但关于"人道主义""新村"方面的内容多了一点。尽管色彩有所淡缓,可是只出了一期,青年会方面由于害怕,便借口经费不足,使刊物停办。

　　《新社会》虽然被扼杀了,但郑振铎等人从事社会改造的精神是永远值得我们学习的。

(1983)

文学研究会最主要的发起人是谁？

2017 年 6 月 7 日《中华读书报》发表了栾梅健教授的《〈中国现代作家的浪漫一代〉的三十四个错误》，揭出和评述了李欧梵教授的美国哈佛大学博士论文中的诸多错误，轰动一时，影响很大。说老实话，对于域外这一类作者的这一类论著，我以前看过几种后，就一直是不想看的。原因想起来有多种，其中就有因为对国内某些人对这类作者的这类论著奉如圭臬的媚相感到恶心的逆反心理，以及对这类作者的这类论著中时常充斥着的史实性错误的失望和反感。因此，栾教授的文章颇得我心。匆匆扫阅之下，觉得他所指出的很多常识性错误都是确凿的。不过，当我看到最后一条"错误三十四"时，却有点呆住了。他说："革新后的《小说月报》先后有茅盾、郑振铎、叶圣陶等几位主编……但是，将郑振铎称为文学研究会的创办人显然不妥。文学研究会的发起人有十二位，而且郑振铎在其中并不是最主要的。"那么，栾教授认为文学研究会最主要的发起人是谁呢？

在栾教授没有回答这个问题之前，我想说说一些历史事实。首先说说有关《小说月报》的事。

栾教授说"革新后的《小说月报》先后有茅盾、郑振铎、叶圣陶等几位主编"，这好像不会有什么人提出异议，但我认为这句话是不准确、不严谨的。"先后有"的提法，很容易被人误会为是继承关系，即误以为叶圣陶是继郑振铎而为主编。事实是，叶圣陶确曾一度代理郑振铎编辑《小说月报》，但在代理期间，该刊版权页上印的主编的名字则始终都是郑振铎，从来也没有出现过叶圣陶主编或代理主编的字样。也就是说，革新后的《小说月报》，从 1921 年 1 月到 1931 年 12 月，从第十二卷到第二十二卷，有两卷署名沈雁冰（茅盾）主编，有九卷署名郑振铎主编。这是白纸黑字印着的。

《小说月报》的革新是当年文坛上的一件大事。茅盾在当时就说过："《小说月报》今年改革，虽然表面上是我做了编辑，而实在这个杂志已不是一人编辑的私物，而成了文学研究会的代用月刊。"[①]文学研究会发起、成立于北京，因此，北京的会员对这个"代用"会刊肯定起了重要的作用，这是仅从推理上就可得知的;而在事实上,也完全是如此。郑振铎在后来回忆时也明确说过,该刊"革新之议,发动于耿济之先生和我"[②],与商务印书馆负责人张元济、高梦旦在北京会谈后,"此事乃定局。由沈雁冰先生负主编《小说月报》的责任,而我则为他在北平方面集稿"[③]。当时他们是如何会谈定局的,详细情节我们不得而知,甚至连茅盾也未必了解。据当时已在商务编译所工作的胡愈之后来回忆说,当时高梦旦请郑振铎推荐一位新文学作者来编《小说月报》,郑回答:"你们编译所里就有这样的人,沈雁冰。"据茅盾晚年回忆录中说,张、高在1920年11月下旬找他谈话,让他担当该刊主编,并同意进行改革,这时离明年1月号稿子的发排时间只剩下两个星期了(最迟须四十天内结束),而该刊前任主编所积旧稿则几乎全不堪用,创作稿则连一篇也没有。商务印书馆的负责人是相当精明的,当然也明知这一情况,何以敢于如此大胆地改换主编并同意改革? 很显然,这必是因为他们已与郑振铎谈妥,心中有了把握,才会这样做。查周作人日记,他于12月5日即托人给郑振铎带去为《小说月报》撰写与翻译的两篇稿子。可见,郑振铎至迟从11月下旬起,便开始为该刊改革号组稿了(许地山之兄许敦谷应郑振铎之邀为该刊作画,时间为11月28日)。而正当茅盾万分焦急于"无米之炊"时,郑振铎便从北京及时地寄来了很多稿子。

郑振铎在改革号上究竟出了多大的力呢? 让我们看看这一期的目录便知:

《小说月报》第十二卷第一号目录

一、改革宣言

二、圣书与中国文学(论文)　　　　　　　　　　　周作人

三、文学与人的关系及中国古来对于文学者身份的误认(论文)

沈雁冰

四、创作

　　笑(小说)　　　　　　　　　　　　　　　冰心女士

　　母(小说)　　　　　　　　　　　　　　　叶圣陶

　　命命鸟(小说)　　　　　　　　　　　　　许地山

　　不幸的人(小说)　　　　　　　　　　　　慕　之

　　一个确实的消息(小说)　　　　　　　　　潘垂统

　　荷瓣(小说)　　　　　　　　　　　　　　瞿世英

　　沉思(小说)　　　　　　　　　　　　　　王统照

五、译丛

疯人日记(小说)　　　　　　　　　［俄］郭克里著　耿济之译

乡愁(小说)　　　　　　　　　　　［日］加藤武雄著　周作人译

熊猎(小说)　　　　　　　　　　　［俄］托尔斯泰著　孙伏园译

农夫(小说)　　　　　　　　［波兰］高米里克基著　王剑三译

忍心(小说)　　　　　　　［爱尔兰］夏芝著　王剑三译

新结婚的一对(剧本)　　　　　　［脑威］般生著　冬芬译

邻人之爱(剧本)　　　　　　　　［俄］安得列夫著　沈泽民译

杂译太戈尔诗　　　　　　　　　［印度］太戈尔著　郑振铎译

六、脑威写实主义前驱般生(论文)　　　　　　　　　沈雁冰

七、书报介绍　　　　　　　　　　　　　　　　　　郑振铎

八、海外文坛消息(六则)　　　　　　　　　　　　　沈雁冰

九、文艺丛谈(五则)　　　　　　　　　　　　振铎　雁冰

十、附录

文学研究会宣言　文学研究会简章

　　第一篇《改革宣言》无署名,我认为郑振铎必是参与了意见的,详见下述。第二篇周作人的文章,茅盾回忆录中说是郑振铎寄来的。"创作"栏七篇小说,茅盾回忆录中说有五篇是郑振铎寄来的,而有两篇(即慕之与潘垂统所作)是他"刚收到的投稿";实际上茅盾记错了,事实的真相是"慕之"就是郑振铎(此处考证从略,该篇已误收入《茅盾全集》,经我指误,至全集出全时,《茅盾全集》编委会在后记中承认了错误),潘垂统一篇也是郑组的稿(今存1921年3月3日郑振铎致周作人信,提到"潘垂统兄的稿费",可知该稿由郑经手)。也就是说,"创作"栏全部为郑振铎所组稿。"译丛"栏八篇,除了"冬芬"(即茅盾)与沈泽民(茅盾之弟)两篇外,其他六篇也均是郑寄来的,其中包括他自己的译作。"书报介绍"是郑所作。"文艺丛谈"五则中有三则是郑写的。最后"附录"两篇,当然也是郑寄来的。也就是说,该期改革号的重要文章,大多是由郑振铎组稿(包括自撰)的。从题目上看,占百分之七十以上;从篇幅字数上算,约占百分之六十。甚至这一期的封面及扉页插图,也都是郑振铎请许敦谷画的。因此,《小说月报》的全面革新不能像现在的"现代文学史"和一些"辞典"上写的那样,全部算作茅盾一个人的功绩,而郑振铎其实是更重要的幕后英雄。

　　该刊的《改革宣言》,人皆认为是茅盾写的,现已收入《茅盾全集》。但我认为可能是郑振铎写的,或至少是参与起草。理由如下:郑振铎是新文学运动史上第一个提出"整理旧文学"口号的人。《文学研究会简章》由

他起草,该会章开宗明义地定位:"本会以研究介绍世界文学,整理中国旧文学,创造新文学为宗旨。"将"整理中国旧文学"与"研究介绍世界文学""创造新文学"并列,一起作为新文学工作者的任务,这在新文学史上绝对是首次;而且在整个新文学社团史上,将这三者同时作为宗旨的,亦并世无二。而《小说月报》在全面改革的前一年(1920年),已由茅盾进行了局部的革新,但茅盾在当年的文章(如第十期《本社启事》、第十二期《特别启事》等)中,都只提到要"介绍西洋文学",从未提及整理中国文学。而《改革宣言》中却明确提出"同人认西洋文学变迁之过程有急须介绍与国人之必要,而中国文学变迁之过程则有急待整理之必要",并认为"中国旧有文学不仅在过去时代有相当之地位而已,即对于将来亦有几分之贡献,此则同人所敢确信者,故甚愿发表治旧文学者研究所得之见,俾得与国人相讨论"。这个非常明显的变化,应该是郑振铎参与了刊物改革所致。而且,在《改革宣言》后紧接着刊载的郑的第一篇文章《文艺丛谈》的第一句话就是:"现在中国的文学家有两重的重大的责任:一是整理中国的文学;二是介绍世界的文学。"这里甚至将这个任务置于介绍外国文学之前,更令人注意。然而,茅盾在同年2月发表的《新文学研究者的责任与努力》中却仍旧说:"我觉得这文题内所有的意义总不出(一)新文学运动的目的何在,(二)怎样介绍西洋的文学,(三)怎样创作这三者",还是将"整理中国文学"遗忘在新文学研究者"所有的"的责任与努力之外。1922年6月,《小说月报》"通信"栏发表读者来信,批评茅盾主编该刊"于中国底文学,绝不想整理之而发扬之",认为这"是一件不无遗憾的事"。茅盾答复,接受批评,并坦率地承认自己在此事上有"偏见",即他更重视创作,而"不大爱"整理古典文学。同年8月,该刊又载读者来信,责问该刊《改革宣言》中既说"中国文学变迁之过程有急待整理之必要","何以年来没有这种文字发表?"茅盾在回答中也坦率承认"未能尽什么力"。这种状况在郑振铎继任主编以后才有明显的改变。因此,我有理由认为《改革宣言》中有关整理中国旧有文学的内容,基本上是郑振铎而不是茅盾的想法。

　　在该刊改革后的第二期上,茅盾发表了他的《讨论创作致郑振铎先生信中的一段》,认为今后采用稿件不能由自己一人决定,而要请郑振铎在京会商鲁迅、周作人、许地山等人,"决定后寄申,弟看后如有意见,亦即专函与兄,供诸同志兄审量,决定后再寄与弟"。这也表明郑在文学研究会同人中的核心地位和在该刊编辑方面的重要作用,表明了茅盾对他的尊重。这以后,该刊的重要稿件仍有不少是郑振铎组织、审定的。最有意思的是,第五期发表落华生(许地山)的小说《换巢鸾凤》时,文末有"慕之"写的附注,称赞了这篇小说,并高度赞扬鲁迅小说"'真'气扑鼻",今人不察,都以为这必是主编茅盾所加,于是纷纷大加赞许,说这是茅盾早期对鲁迅小说的精彩评价。精彩确实是精彩,但其实这却是郑振铎写的。茅盾晚年回忆录中说:"郑振铎之进商务编译所减轻了我的负担。他那时虽然不是《小说月报》的编辑,却在拉稿方面出了最大的力。我因为担任中共联络员,跑路的时间多,就没有时间写信拉稿了。"因此,在郑振铎正式担任该刊主编的前两年,如果说他是该刊的不挂名的副主编,我看也是一点不夸张的。

到 1927 年 5 月,因为大革命运动失败,郑振铎由于参加过一些革命活动,被迫出国避难,该刊才由郑振铎请叶圣陶代为主编。叶晚年在《我和商务印书馆》《重印〈小说月报〉序》等文中,说郑后来是 1929 年 2 月回国的,并说郑恢复主编《小说月报》大概在 5 月间。此说大误。可能是叶老老年记忆失实,也可能文章乃他人代笔,而那个时间是他人推算出来的。今见《王伯祥日记》,郑于 1928 年 6 月 8 日即已回到上海,9 月 3 日,王的日记更明确记载:"振铎今日复任《小说月报》编辑,圣陶仍回国文部。"可知有关文章居然把叶代理主编《小说月报》的时间推迟和延长了九个月!而现在出版的"现代文学史"、网上的"标准答案"、巴金的有关文章等,都众口一词,说叶圣陶代理主编了整整两年!

上面,已讲清楚了有关《小说月报》的事,其实这已经可以很清楚地体现郑振铎在文学研究会中的地位了。那么,在该会创办时,郑是不是最主要的人呢?我们仍然要摆摆事实。

要说这个我国最早、最大的新文学社团,我认为必须从郑振铎在五四时期与瞿秋白等人一起结成《新社会》旬刊编辑部这一"小集团"(郑振铎语)讲起。《新社会》编辑小组虽未标明为社团,但实际确是一个宗旨鲜明、具有实力的新文化社团,而该刊被迫停刊后,由该小组原班人马另行编辑《人道》月刊时,即对外称为"人道社"。该社是当时最进步的社团之一,曾与李大钊等领导的"少年中国学会"、周恩来等领导的"觉悟社"等一起,组合成名曰"改造联合"的社团联盟。《新社会》小组至迟于 1919 年 10 月已成立(《新社会》创刊号出版于 11 月 1 日),成员最初为四人:郑振铎、瞿秋白、耿济之、瞿世英(菊农)。两三个月后,许地山由瞿世英介绍加入(其后又增加了郭梦良、徐六几两人,虽然郭、徐后来也参加了文学研究会,但这两个人在该小组内所起作用不大,与前五人不能相比)。郑振铎后来在《想起和济之同在一处的日子》《回忆早年的瞿秋白》等文中回忆,他们五个人当时"成为极要好的朋友","几乎天天都见面",其中瞿秋白"最为老成","早熟而干练",许地山也是一位"老大哥"。但是,从《新社会》及《人道》编辑出版的实际情况来看,这个"小集团"的核心人物却无疑是郑振铎。

郑振铎是《新社会》发刊词的起草者,发表的文章最多,很多都刊登在打头地位。耿济之最早与郑振铎相识,《新社会》创刊后,他们两人携刊去访问并请示陈独秀。后来改出《人道》,也主要是郑所决定的,瞿秋白略有不同意见,但瞿承认自己"不足为重"。这五个人,除了瞿秋白以外,后来都是文学研究会的发起人(瞿因为正好离京去苏俄,不然肯定亦为发起人;但瞿在回国前,至迟在1921年2月前即加入了该会,会员登记为第四十号;1923年瞿回国后,又曾任该会机关刊《文学旬刊》的编委)。因此,我一直认为《新社会》小组就是文学研究会的雏形,无可置疑。然而,这一点在以前的论文及著述中,却未曾有人说过;迟至1979年,才由日本学者松井博光在《薄明的文学》一书中提出。松井正确而明确地指出,"从组成文学研究会的过程来分析,归根结底,其中心人物肯定是郑振铎",他同时还分析了该会十二个发起人的概况与关系。但有些重要史料他当时尚未见到,个别论述不免粗略或带有猜测性。这里,有必要再梳理一下该会的成立过程和几个发起人的作用及相互关系。

关于该会的发动缘起,在1921年第二期《小说月报》上发表的《文学研究会会务报告》的第一部分《本会发起之经过》中,有较详细的记载(这个"经过"显然是郑振铎写的,因为在该报告的第二部分《成立会纪事》中,即说明在成立大会上"首由郑振铎君报告本会发起经过"):"1920年11月间,有本会的几个发起人,相信文学的重要,想发起出版一个文学杂志:以灌输文学常识,介绍世界文学,整理中国旧文学并发表个人的创作。征求了好些人的同意。但因经济的关系,不能自己出版杂志。因想同上海各书局接洽,由我们编辑,归他们出版。当时商务印书馆的经理张菊生君和编辑主任高梦旦君适在京,我们遂同他们商议了一两次,要他们替我们出版这个杂志。他们以文学杂志与《小说月报》性质有些相似,只答应可以把《小说月报》改组,而没有允担任文学杂志的出版。我们自然不能赞成。当时就有几个人提议,不如先办一个文学会,由这个会出版这个杂志,一来可以基础更为稳固,二来同各书局也容易接洽。大家都非常赞成。于是本会遂有发起的动机。"

这里说的"11月间"当是"10月间"之误,有《张元济日记》为证。张元济10月23日记:"昨日有郑振铎、耿匡(号济之)两人来访,不知为何许人,适外出未遇。今晨郑君又来,见之……言前日由蒋百里介绍,愿出文学杂志,集合同人,供给材料。拟援北京大学月刊《艺学杂志》例,要求本馆发行,条件总可商量。余以梦旦附入《小说月报》之意告之。谓百里已提过,彼辈不赞成。或两月一册亦可。余允候归沪商议。"由上可知,《新社会》小组成立一年后,文学研究会就开始正式酝酿了。而在"几个发起人"中,最主要的当然就是《新社会》小组的核心人物郑振铎。

从张元济这则日记可知,张、高两人在 22 日前已经在京商议过出版文学杂志一事,并已通过蒋百里向郑振铎转达了意见。郑这次直接与张商谈,是想再次努力争取。张于 10 月 30 日启程回沪,而这时郑振铎等人已决定要成立文学社了。郑后来在《想起和济之同在一处的日子》中回忆说:"第一次开会便借济之的万宝盖胡同的寓所。到会的有蒋百里、周作人、孙伏园、郭绍虞、地山、秋白、菊农、济之和我,还约上海的沈雁冰,一同是十二个人,共同发表了一篇宣言,这便是文学研究会的开始。"这第一次会,据《周作人日记》,是 11 月 23 日下午召开的;又据周氏日记,到会七人,连周自己共八人,而参考郑振铎上述回忆,可以确定这八人是:郑振铎、耿济之、瞿世英、许地山、周作人、蒋百里、孙伏园、郭绍虞。这几个到会者,再加上茅盾、叶圣陶、王统照、朱希祖,也就是十二个发起人了。29 日,他们又借北京大学李大钊工作室开会,决定积极筹备该会成立,推举郑振铎起草会章,并决定将《小说月报》作为该会的"代用"刊物(郑振铎给茅盾写信联络,以及给在日本的郭沫若、田汉写信邀请参加发起,均当在这以后)。12 月 4 日,又在耿宅开会并通过会章和宣言。会章与宣言以十二个发起人的名义于 13 日起在各报发表。30 日,他们又在耿宅开会,讨论要求入会者的名单,并议定于翌年 1 月 4 日在中山公园"来今雨轩"召开正式的成立大会。

从上述筹备经过,可以看出郑振铎所起的作用;而从他同另外十一个发起人的相互关系,更可以清楚地看到他在其中的核心地位,以及该会与其他社团的关系。首先,郑、耿、瞿(世英)、许四人是原《新社会》小组成员,这不用多说了。周作人是《新青年》社成员、北京大学名教授、文学革命提倡者;还不可忘记的是,在周的背后还站着他的哥哥鲁迅。用后来"创造社"的话来说,他俩是该会的"偶像"(郑振铎当时也曾邀请鲁迅参加,但据说鲁迅因"文官法"的限制而不参加,但他与该会关系极深,周作人起草的该会宣言,即经鲁迅审读)。郑振铎从 1920 年 5 月开始与周作人时常通信并见面,在酝酿发起该会期间来往更为频繁。朱希祖是周作人的同事、北大教授,也是鲁迅的留日同学。他参加发起,当是因周的关系。在该会筹备期间,周好几次都是同时给郑、朱写信的。周当时又参加了北大"新潮社",并任该社编辑主任;而郭绍虞、孙伏园、叶圣陶都是该社社员。郭当时在北大旁听,与郑相识,常在一起。孙则在编《晨报副刊》,郑与孙可能是通过投稿认识、也可能是周介绍的(郑振铎从 1920 年 7 月初开始向《晨报副刊》投稿)。叶当时不在北京,因与郭是同乡,又较早就从事创作,由郭向郑推荐作为发起人。
王统照当时在北京中国大学读书,为"曙光社"主要成员。《新社会》小组
成员除许地山外都在《曙光》上发过稿,而郑、耿、瞿(世英)三人都参加了
曙光社。曙光社也是"改造联合"组织的集体会员。蒋百里是"共学社"
主要成员,与梁启超"研究系"关系极深(但似乎未加入该系),与商务印
书馆当局也有交情,郑曾帮蒋编书。另外蒋还认识茅盾。茅盾当时已在
商务的《小说月报》社当编辑,据茅盾晚年回忆录中说,当商务负责人要他
主编《小说月报》时,他写信向曾投过稿的王统照约稿(两人未见过面),
却意外地接到了郑振铎的回信,说他与王是好友,并告以他们正在筹备该
会的情况,同时邀请茅盾作为发起人。但郭绍虞在《"文学研究会"成立
时的点滴回忆》中,曾说是他介绍郑与茅盾通信的。松井博光不了解郭与
茅盾的关系,甚至怀疑郭的回忆有误;其实郭在上北京读书前曾在商务所
办的尚公小学任过教,所以他完全有可能向郑介绍茅盾(但郭后来在回忆
中说,茅盾当时在该会发起人中唯一认识的人是自己,则不确;而茅盾后
来回忆说,他当时只认识朱、蒋,却忘了郭)。除上述发起人外,我们不应
忘记郑振铎当时还曾自告奋勇地写信邀请鲁迅参加;另外,他还写信给田
汉,请郭沫若和田汉作为发起人(但田竟不转信,后郭又因自组"创造
社",所以未参加)。

　　我还看到一个材料,1958 年 5 月,郑振铎接待山东师范学院教师、研
究生来访,回答关于文学研究会的提问,今存他写的提纲手稿。他在谈
"这个会的前身"时,提到了新社会小组、人道社,以及新青年社、新潮社、
曙光社和共学社。由上所述,该会确实主要与这样几个社团有较大的关
系。④而这些相关社团以及十二个发起人,在文学研究会成立时各自所起
的作用并不相同。简单说来,新社会小组(人道社)是该会的核心,是最初
的发起单位,并且是全员加入。其中的郑振铎更是中心人物,耿济之则是
其主要副手,许地山后成为该会主要创作家之一,而瞿世英则偏重于文学
理论。新青年社的周作人,以及他的同事朱希祖,是作为前辈、知名学者
来参加的。周主要处于顾问的地位,朱可能负责读书辅导之事(朱参与了
该会"读书会简章"的起草,在 1921 年 3 月 31 日的大会上又提议大家应
该积极参加读书会)。新潮社诸君除周作人外,郭绍虞在当时做了一点牵
线工作,孙伏园掌握重要发表阵地(而且郑当时与鲁迅的联系,主要通过
孙与周),叶圣陶虽然在筹备工作中未起作用,但不久即成为该会的重要
作家。曙光社的王统照也是该会重要创作家,而且该社不少成员后来都
参加了文学研究会;后来,王又在北方主持该会北京分会的工作。共学社

的蒋百里是作为知名人士参加的,而且在该会创办初期对出版界、甚至政界起了某些引荐作用(如因为蒋的关系,该会有时能在欧美同学会礼堂召开会议;另外,该会在"研究系"控制的上海《时事新报》和北京《晨报》都有副刊阵地,也当与蒋的推荐、支持有关。正因为此,创造社后来攻击文学研究会"好和政治团体相接近");随后,蒋与朱希祖一样,实际上脱离了该会。而茅盾,不仅随即掌握了当时全国最大的文学刊物阵地,而且后来起的作用越来越大,成为该会另一个核心人物。

从以上分析可知,文学研究会虽然总体来说是一个散漫的文学团体,但它的创办时期在郑振铎为中心的联络组织下,还是井井有条的。而从郑振铎一开始就欲邀请鲁迅、郭沫若、田汉(可能还有胡适等)参加来看,他的胸怀是非常博大的(试想,这几位如果都参加,整部新文学史将如何改观)。从上引该会会务报告的"发起经过"中可知,该会宣言等发表后,只过了一两个星期,就有不少人报名参加,其中最早的就有两位女作家:庐隐和冰心。出席成立大会的,就有二十一人(不包括因病未出席的周作人,以及不在北京的茅盾、叶圣陶、郭绍虞等人)。从此以后,该会在郑振铎的带领下不断发展,至1921年初已有四十八名会员(见1921年3月3日郑振铎致周作人信);1924年该会曾印有一百三十一人的会员名录;再后来,赵景深曾在郑家看到正式登记的会员已有一百七十二人。

叶圣陶多次说过:"郑振铎是最初的发起人,各方面联络接洽,他费力最多,成立会上,他当选为书记干事,以后一直由他经管会务。"(《略叙文学研究会》)郭绍虞说:"文学研究会的组织,振铎是核心人物之一。正因为如此,所以后来振铎到上海,文学研究会也就跟着移到上海来了。"(《"文学研究会"成立时的点滴回忆》)孙伏园说:"那时郑振铎先生奔走文学研究会最热心。"(《怀耿济之》)这些发起人说的都是事实。郭绍虞后来又说:"文学研究会之成立以振铎为骨干;至此以后文学研究会之发展,则又以雁冰为主体",因为"雁冰的思想相当进步,在当时可能已是共产党员,所以我说此后的发展,则又是雁冰的力量。"(《关于文学研究会的成立》)现在众所周知,早在1921年,茅盾就是中共党员。总体来说,茅盾的政治理论与文学理论,在该会会员中居最高水平,后来他的创作成就也居最高水平,他在该会所起的作用越来越大,成为另一位主要代表人物,这是事实。但我觉得郭绍虞"以后以沈为主体"的说法,并不甚确切。(郭后来逐渐疏离该会核心,走古典文学研究之路,关于该会后来的情况,有些不一定了解。)事实上,郑振铎自始至终都是该会的中心人物,他的核心地位一直没有被他人所替代。胡愈之说:"后来郑振铎同志因工作分配到上海,和雁冰同志紧密结合起来"（《早年同茅盾在一起的日子里》），从而更促进了该会的发展。这样说更符合实际些。

我认为，不能因为茅盾后来在文坛以及政治上地位的增高，而夸大他在该会组织与领导上的实际作用。必须看到：第一，郑振铎的政治思想也可说是"相当进步"的。在1920年代初，郑与茅的文学思想基本一致，又各有千秋。他们互相配合，共同战斗。从当时的影响及发表文章的数量来看，郑绝不亚于茅。茅在文学思想上超过郑，并开始拉大距离，当以1925年5月发表的《论无产阶级艺术》为标志；但对该会大多数会员来说，郑的文学思想更易于接受，因而也就更有影响。再说，思想进步不一定直接体现在社团的组织作用上。1926年以后，该会的组织也并没有大的发展。第二，大型的《文学研究会丛书》、会刊《文学旬刊》（包括后来的《文学》周刊、《文学周报》）、《星海》，以及从1923年起该会的"代用刊物"《小说月报》，一直主要都是由郑振铎总负责。这些刊物、丛书无疑是维系该会的纽带。第三，茅盾有不少时间须从事地下党务工作和政治活动，也不可能将很大精力用在该会的具体组织工作上，而郑振铎在团结、联系会员方面有着天生的特殊魅力。

早在该会正式的成立大会上，就决定以郑的住处"为接洽一切会务之处"，但他在1921年3月就去上海工作。这以后，该会的总会在名义上虽仍设在北京，但实际上却因他的南下及大部分重要成员在上海聚集而重心转移。此后的六七年，为该会最兴旺的黄金时期。郑振铎此时在会务方面作出的贡献，主要有这样几端：第一，与茅盾、胡愈之、叶圣陶等人结成新的有力的核心，团结了大批作家，发展了百余名会员，还成立了广州分会等。第二，以商务印书馆（后期则又有开明书店）为大本营，主编出版了许多该会的（以及以该会会员为主要作者的）丛书与报刊。第三，发起和带头批判"礼拜六派"及其他错误的文艺思潮。第四，以该会名义积极参加五卅运动以及大革命运动。在该会最盛时期，郑振铎无疑仍是最主要的挂帅人物。这只要看看那些报刊、丛书的发刊词、序文、按语等大多是由他署名或执笔的，以及他写的文章的分量和刊载时的突出位置，即可明白。用国民党官僚王平陵后来在台湾讲的话来说："这时，郑氏在中国文坛的声望，几乎有压倒前辈、领导后生的气派！"（《北伐前后的文派》）

"大革命"失败后，郑振铎与茅盾、胡愈之等人，或被迫逃亡国外，或转移躲藏，该会虽不曾宣布解散，但基本停止了发展和活动，只是有关刊物和丛书的事宜还由叶圣陶、徐调孚、赵景深等人维持着。郑振铎回国后，曾想重整旗鼓，恢复该会以前的声势，《小说月报》与《文学周报》在他的主持下，确实也有新的起色。但由于大革命的失败,中国社会状况有很大变化,该会成员也有分化,终究未能恢复 1927 年以前的那种气势。1928 年底,《文学周报》停刊;1932 年初,《小说月报》因日本侵略军轰炸而终刊。该会因失去刊物阵地而无形中消亡。但其核心人员则始终在精神联系上没有离散过,一直在文坛上起着重大的作用。

最后,我想引用著名文学研究会会员老舍的儿子舒乙在纪念该会成立七十周年时写的《文学研究会和他的会员》一文中统计的两组重要数据:一组是 1921 年初至 1925 年底文学研究会主要作家在该会所办刊物上发表作品的数量的排名表,另一组是 1921 年初至 1931 年底文学研究会主要作家在该会所办刊物上发表作品的数量的排名表。前一个表,第一名郑振铎,创作作品二一〇篇,翻译作品六十五篇;第二名茅盾,创作作品一九六篇,翻译作品六十二篇;第三名王统照,创作作品一三四篇,翻译作品十八篇;第四名徐玉诺,创作作品七十八篇,翻译作品〇篇(再往下我就不引了)。后一个表,第一名仍是郑振铎,创作作品三九五篇,翻译作品九十二篇;第二名也仍是茅盾,创作作品二二七篇,翻译作品七十六篇;第三名赵景深,创作作品一四七篇,翻译作品五十一篇;第四名王统照,创作作品一四三篇,翻译作品十五篇(再往下我也不引了)。就像马拉松赛跑一样,第一名与第二名,第二名与第三名之间的距离拉得很开。这样的数字应该很能说明一些问题吧?可惜好像至今并没有人引用过。而舒乙的这篇文章是发表在专业核心刊物《中国现代文学研究丛刊》上的。而且我还想指出,舒文所统计的数字,肯定有疏误,例如本文上面提到的署名"慕之"的那篇作品,大概就算作茅盾的作品,而肯定不会算在郑振铎头上。再如,还有好几篇在文学研究会刊物上发表的未署名文章,如《文学之力》,在几本《茅盾年谱》中均被认作是茅盾的作品,但其实我从内容即可判定此文为郑所作,而且在郑的遗稿中还存有此文早年的抄件。另外,舒文所统计的,还没有反映出作品发表时所占刊物的地位(是不是首篇,篇名有没有上封面要目,目录中篇名是不是排大字等)和作品字数的长短,而郑振铎在这方面都是站在最前列的。

写到这里,对于郑振铎到底是不是文学研究会的创办人,或者他在发起人中是不是最主要的,已经不需要再多说了吧?我写这篇东西,除了为郑振铎抱不平以外,其实并不想过多地责怪栾教授。因为上面讲的史实,他从现存的教科书、辞典和大多数"专著"上是看不到的,他读书时在大学讲坛上也是听不到的。我感到非常郁闷和不解的是,其实这些内容和观点,我在三四十年前就已发表过了,但是那么多"专家"都毫不理睬,在他们的煌煌论著、教材、辞典、演讲中都仍然坚持那些不确的说法。因此,我不得不无奈和愤澈地指出,这种令人惊讶不已的集体性愚昧无知和选择性盲视偏见,是多么冥顽不化啊!

（2017）

注释

① 茅盾《致李石岑信》,《时事新报》1921 年 2 月 3 日。

② 郑振铎之所以提到耿济之,是因为他谦虚,不想独自居功,而第一次去找"北上访贤"的商务印书馆负责人张元济时,他是拉着耿一起去的。

③ 郑振铎《中国文学论集》,上海：开明书店,1934 年,序言部分。

④ 该手稿中还写到"北大的一部分人没有加入(胡适、康白情等)",这是否意味着郑当时还曾邀请过胡、康诸人作为发起人? 此事从未有人说过,谨录以备考。

商务印书馆与"文学研究会丛书"

我国现代文学史上最早、最大的新文学社团"文学研究会"的诞生与发展，是同商务印书馆有密切关系的。我国现代出版史上前期最有影响、最大的文学丛书"文学研究会丛书"，是由商务印书馆出版的。

1920年10月上旬，商务印书馆负责人张元济、高梦旦相继来到新文化运动的策源地北京，为的是结识新文化运动的风云人物，争取他们的支持和获得他们的书稿。在大约半年之前，蒋百里陪同梁启超游历视察欧洲后回国，成立了一个"共学社"，同时与商务签定了"共学社丛书"的出版合同。该丛书由蒋百里负责组稿、编辑。那时，正在北京读书并参加新文化运动、创办过著名的《新社会》《人道》杂志的郑振铎、耿济之，通过介绍人（可能是耿济之的在报界工作的父亲耿梦蘧）认识了蒋百里，他们表示想翻译俄国文学作品，蒋同意收入这套丛书中。后郑、耿等人又在蒋那儿了解到商务的张、高两位到了北京，便请蒋向张、高提出他们早已希望出版一本文学杂志的事。后来，郑振铎还与张、高分别作了面谈。然而，当时张、高两位考虑到商务已有一本《小说月报》，创刊已有十年，他们希望将《小说月报》改革，没有答应另出一种文学杂志，说回上海后再作研究。这样，郑、耿等人就打算在原《新社会》同人的基础上，发起成立一个文学研究会，由这个会来编辑文学杂志，一来可以基础更为稳固，二来同出版社联系起来也方便些。大家都很赞成。

经过联络，文学研究会的第一次筹备会在11月23日召开。随后，他们决定接受商务的意见，负责将《小说月报》全盘改革，作为文学研究会的代用刊物；同时，希望商务为他们出书提供方便。当时由郑振铎起草了会章。最后，于1921年1月4日开正式成立会，表决通过了会章，并推选郑为书记干事，即总负责人。会章规定该会的事业有二：一是研究，即组织读书会、设立通信图书馆等；二是出版，尤其是"编辑丛书"。

到3月21日，因为郑振铎毕业后要离京去上海工作，文学研究会便开了一次临时会。会上，郑报告已与商务谈妥了出版"文学研究会丛书"的事，并已通过了契约。他到上海后不久,便于 5 月 21 日正式转到商务印书馆编译所工作。紧接着,《民国日报·觉悟》《时事新报·学灯》,以及《东方杂志》《小说月报》等著名报刊,均刊载了"文学研究会丛书"的《缘起》《编例》及《出版预告》等。

《缘起》显然是郑振铎起草的。不仅其中批判封建旧文学观"对于文学,不是轻视,就是误解,他们以文学为贡媚之物、进身之阶,或是游戏消遣之品",这些思想完全是郑振铎的;而且,其中提出文学是人类"最高精神的表现","是人生的镜子",翻译是世界"文学界的联锁","是人们的最高精神与情绪的流通的介绍者"等提法,都是他当时在《文学旬刊宣言》等文中说过的。《缘起》是一篇气魄宏伟的宣言。

《缘起》最后还说:"我们很感谢商务印书馆。它的好意的帮助,使我们得实现这个丛书的出版计划。"

《编例》和《出版预告》等,显然也是以郑振铎为首,加上沈雁冰、胡愈之、叶圣陶(随后不久亦入商务工作)等同在商务工作的文学研究会核心人员一起拟定的。《编例》的第一条说:"本会为系统的介绍世界文学,并灌输文学知识,发表会员作品起见,刊行本丛书。"第二条说明该丛书分为二类:一是有关文学知识及会员的作品,即文学原理及文学批评,各类文学史及文学概论、作家评传、会员的创作;二是翻译介绍外国文学名著,别名为"世界文学丛书"。实际上,"文学研究会丛书"以翻译、创作并重,创作、理论并重,为其最大的特色。这不仅在二十年代,即在整个新文学史上,也是独一无二的。

"文学研究会丛书"从 1921 年 10 月出版第一本瞿世英译、郑振铎校的印度泰戈尔的《春之循环》(戏剧)开始,一直到 1937 年 4 月出版曹葆华译的两本外国诗论为止,十多年间一共出版了约一百十来种书。除了重版者以外,绝大部分(百种以上)初版于郑振铎离开商务的 1931 年以前。而且,在郑振铎于 1927 年出国一年半左右期间,出的书也很少。由此可见丛书的主要编辑者郑振铎,为此作出了最重要的贡献。

丛书约有一半是翻译作品,共收了三四十位外国作家的五十多部作品。(原先《编例》中打算另取的别名"世界文学丛书",只用了两次,也就不用了,统以"文学研究会丛书"名之。)这充分显示了丛书对于翻译介绍外国文学的重视,在 1920 年代没有第二部文学丛书有那么多的翻译作品。对于商务印书馆来说,这是自十来年前出版"林译小说丛书"以后,第二次大规模地出版翻译文学作品。这对整个新文学的发展,起了积极的作用。

丛书对文学理论、文学史著作也很重视。在《缘起》中指出,科学的"批评文学与文学史的著作","在中国是向来没有过的。我们把它们介绍来的原因,就是要使文学的基本知识,能够普遍于中国的文学界,乃至普通人的头脑中"。在《编例》中,列于最前面的是:"一、文学原理及批评文学之书。二、时别的、地别的及种类别的文学史及文学概论。三、各作家之评传,个人的及集体的。"在出版预告书目中,最前面的有《文学的近代研究》(美·莫尔顿著,郑振铎译)、《文学的原理与问题》(英·亨德著,沈泽民译)、《文艺思潮论》(日·厨川白村著,谢六逸译)、《文艺概论》(英·黑特生著,瞿世英译)、《文学之社会的批评》(英·蒲克著,李石岑、沈雁冰、柯一岑、郑振铎译)、《诗歌论》(英·皮利士著,傅东华、金兆梓译)、《戏剧发达史》(英·皮兰特马太著,王统照译)、《近代戏剧》(德·列费森著,李之常译),等等。另外还有周作人编《日本文学史》、胡愈之编《意大利文学史》、郑振铎编《俄国文学史》、沈雁冰编《英国文学史》、蒋百里编《德国文学史》、冬芬(即沈雁冰)编《法国文学史》、瞿世英编《美国文学史》、刘健编《北欧文学史》、郑庆豫(郑振铎的叔父)编《西班牙文学史》、沈泽民译《匈牙利文学史》,等等。这是一个多么恢宏的计划!可惜后来很多并未能完成。但我认为,在当时即使就这样提一下,也是具有启发与提示的作用的,更何况后来在丛书中还是出了一些这样的书。可以说,在二十年代初期,没有第二个文学社团,没有第二套文学丛书,这样重视理论建设的。

至于创作部分,瞿秋白的《饿乡纪程》(改名《新俄国游纪》)、《赤都心史》,叶圣陶、老舍、冰心、庐隐、许地山、王统照、朱湘等著名作家的最初的几本创作集,都是由郑振铎亲自编入这套丛书中的。

属于"文学研究会丛书"系统的,在二十年代还有"文学研究会通俗戏曲丛书",1924年1月起也由商务印书馆出版,已知至1928年10月共出九本。这也是郑振铎主编的,其第一种熊佛西的《青春底悲哀》与第二种侯曜的《复活的玫瑰》两书前,均有郑振铎1923年9月作的序,文字完全一样。因此,这也就是这套子系丛书的总序。序中指出:"现在提倡戏剧的人很多,学生的爱美的剧团也一天天的发达起来。但剧本的产生,则似乎不能与他们的需要相应。到处都感着剧本饥荒的痛苦。到处都在试编各种剧本,而其结果,则成功者极少。……所以在现在的时候,通俗的比较成功的剧本,实有传播的必要。我们印行这个通俗戏剧丛书的主要原因,即在于此。"该子系丛书共收入二十种剧本,在当时确实都算得上"通俗的比较成功的"。应该指出,这是中国现代文学史上第一部新的剧本丛书,尤其在1920年代,对我国现代戏剧事业的发展是起了促进作用的。即使到后来,除了1940年代后期孔另境编的"剧本丛刊"以外,专门的剧本丛书也是极罕见的。

　　在 1930 年代,还有"文学研究会世界文学名著丛书"和"文学研究会创作丛书",也都是由郑振铎主编,并由商务印书馆出版的。前者专收翻译,后者专收创作。前者从 1930 年 5 月起出版,至 1939 年 10 月,共出十四种。这部丛书的第一种即郑振铎自己译的俄国阿志巴绥夫的长篇小说《沙宁》,其他还有李劼人译的法国福楼拜的《萨郎波》、映波译的俄国路卜洵的《黑色马》、高寒(楚图南)译的俄国涅克拉索夫的《在俄罗斯谁能快乐而自由》等书,都是长篇小说;而此外则大多是不同国家,或一个国家内不同作家的作品的选译合集,如朱湘选译的外国诗集《番石榴集》,卞之琳选译的外国诗、散文、短篇小说集《西窗集》,傅东华译的外国短篇小说集《化外人》,卢任钧选译的日本散文、短篇小说集《乡下姑娘》,黎烈文选译的《法国短篇小说集》,黄源选译的《现代日本小说译丛》和郑振铎自己选译的《俄国短篇小说译丛》,等等。这些作品都是很受中国读者欢迎的。

　　后一种"创作丛书"是郑振铎从北平重返上海工作后,开始组稿、编辑的。为了促进创作繁荣,壮大声势,他与商务印书馆约好以一次同时出版十本书的方式来推出这套丛书。第一批十本于 1936 年 3 月出版,收入了巴金的短篇小说集《沦落》、杂文集《生之忏悔》,叶圣陶的《圣陶短篇小说集》,沈从文的散文集《湘行散记》,张天翼的短篇小说集《万仞约》,朱自清的散文集《你我》,李广田的散文集《画廊集》,何其芳等人的诗集《汉园集》,萧乾的短篇小说集《篱下集》,顾一樵等人的戏剧集《西施及其他》等。第二批十本于 1937 年 6 月出版,收入郑振铎自己的历史小说集《桂公塘》、书信散文集《西行书简》,王任叔的短篇小说集《流沙》,靳以的散文集《渡家》,李健吾的戏剧集《这不过是春天》,蹇先艾的短篇小说集《乡间的悲剧》,杨骚的诗剧集《记忆之都》,萧乾的杂著《小树叶》,艾芜的短篇小说集《芭蕉谷》,涟清的短篇小说集《黑屋》等。出了两批之后,因为日本侵华,在 1940 年以后只出了王任叔的短篇小说集《佳讯》、郑振铎的论文集《困学集》、许杰的《许杰短篇小说集》等三种。(其中许杰一书一共有三册。)可以肯定,如果不是因为战争,这两种丛书肯定还会继续出下去。

　　以上所以不惮其烦地抄录了这些作者、译者和书名,为的是让人看到郑振铎在 1930 年代主编这两套"文学研究会丛书"的子系丛书时,不仅仍保持 1920 年代的那些优良传统,而且更打破了以前主要只收文学研究会会员的著译的框框。他不仅注意收入已成名的老作家的作品,更注意收入当时初露头角的新作家的作品。应该指出,郑振铎主编上述这两套丛书时,文学研究会其实即将或者已经解体了,而他仍以该会的名义编这两套丛书,其宗旨也还是为了贯彻他的初衷——发展我国的新文学事业。而且,他在主编前一种丛书后不久,便离开了商务印书馆,主编后一种时虽然已回上海,但并没有回商务工作,然而商务却一如既往支持他主编这样两套以文学研究会名义而出的丛书。这些,都是值得充分肯定的。

以上标明"文学研究会"的丛书,在商务一共约出版了一百五六十本,这已经是一个很惊人的数字了。然而,如果我们把"文学研究会丛书"看作是一个系列的话,那么,只要是在商务印书馆出版的,由郑振铎主编的,其译著者主要是文学研究会成员的丛书,也应该视作为"文学研究会丛书"系统之内的。这样,就有如下几种丛书应该进入本文的论述范围。

一是《俄国戏曲集》,这是郑振铎在 1920 年 8 月起主编的,于 1921 年1 月至 4 月在商务印书馆出版,原隶属于蒋百里主编的"共学社丛书"之下。(前已提及,这是蒋让郑编的。)共十本,为贺启明译果戈里《巡按》(今译《钦差大臣》)、耿济之译奥斯特洛夫斯基《雷雨》、屠格涅夫《村中之月》、托尔斯泰《黑暗之势力》,沈颖译托尔斯泰《教育之果》,郑振铎译契诃夫《海鸥》,耿式之译契诃夫《伊凡诺夫》《万尼亚叔父》《樱桃园》,郑振铎译史拉美克《六月》。郑振铎不仅自己译了两种,而且还在第一本《巡按》的卷首撰写了整套丛书的《叙》,指出:"自 1692 年波龙斯基的《浪子》出现后,到了现在,俄国文学界里出产了许许多多的著名的戏剧作品,有普遍的和永久的价值的约有四十余种。我们于此四十余种之中选出……十种,编为这个《俄国戏曲集》。"在这套丛书的最后一本《六月》的卷末,他还撰写了两万余字的《作者传记》,详细介绍了这六位俄国著名戏剧家的生平、创作,并撰写了《俄国名剧一览》,介绍了四十种俄国戏剧。由此可见,郑振铎是很系统地研究了整个俄国戏剧史后,才主编这一套小丛书的。这在 1920 年代初期,是非常不简单的。

二是"俄罗斯文学丛书",也是郑振铎主编而隶属于"共学社丛书"的。今见出有八种,从 1921 年 2 月至 1923 年 1 月由商务出版。其中有瞿秋白、耿济之译的《托尔斯泰短篇小说集》,郑振铎译的奥斯特洛夫斯基的《贫非罪》,耿济之译、郑振铎作序的屠格涅夫《父与子》,安寿颐译、郑振铎作序的普希金《甲必丹之女》(今译《上尉的女儿》),耿济之译的托尔斯泰《复活》,沈颖译的屠格涅夫《前夜》,柯一岑译的奥斯特洛夫斯基《罪与愁》,耿济之、耿勉之译的《柴霍甫短篇小说集》等。这些译者全是文学研究会成员,而这些作品都是俄国文学名作,首次被介绍进中国来。

以上两种丛书是当时中国最早的俄国文学丛书,影响很大;而且,除了郑振铎自己所译的几种是从英文转译的以外,其他译者大多是从俄文直接翻译的,这在中国现代文学史上也是首次。因此,这两套丛书对于介绍俄国文学、推动我国新文学运动的发展,都具有重要的意义。鲁迅直到1932年底写的《祝中俄文字之交》里,还郑重地提到"成为大部"(即丛书)的《俄国戏曲集》等,给予了高度的评价。虽然这两套丛书都"屈居"于"共学社丛书"之下,但我们如果再看看"共学社丛书"的其他书目,就可以发现有关文学方面的书,除此以外就寥寥无几;即使它另外还有一种"文学丛书",但这一子系丛书的第一本《艺术论》,就是耿济之译、郑振铎作序的,原来也与郑振铎有关。总之,上述两种是郑振铎最早开始编辑的丛书,译作者几乎全是文学研究会的主要成员,出书时文学研究会已经成立,有几本书出版时"文学研究会丛书"也开始出版了,因此,我认为把它们算在"文学研究会丛书"系统内,是更合适的。

最后还有一种是"小说月报丛刊"。郑振铎于1923年起正式接替沈雁冰主编商务出版的《小说月报》。从1924年11月至1925年4月,商务出版了"小说月报丛刊",共五集,每集十二册,共出六十册。内容都是选自《小说月报》上发表过的作品。此丛书当然也是郑振铎主编的,而作者也大多是文学研究会系统的。这套丛书是四十八开的小书,每本大约七八十页,售价便宜,便于携带和保存,所以深受读者欢迎。这也应该属于"文学研究会丛书"系统。

综上所述,郑振铎主编、商务印书馆出版的属于"文学研究会丛书"系列的书,总数在二百三十种以上,延续出版达二十多年,内容包括各种体裁的创作、译作,以及文学理论、文学史等。其中介绍了五十多位外国作家的作品,发表了一百多位中国作者、译者的作品。在这些书中,虽然大多是文学研究会成员的著译品,但郑振铎一直不局限于本会作家之内,特别是1930年代以后,更收入了很多非会员的著译品。就其数量规模、存在时间、内容质量、启蒙意义、历史影响等方面来看,在整个新文学史上是无与伦比的。"文学研究会丛书"系列,是中国新文学运动的最重要的实绩之一。郑振铎在这方面的功劳,是不可磨灭的。就连台湾的现代文学研究者、老是贬低郑振铎的陈敬之也认为该丛书"内容包括了文艺的理论、批评、创作、翻译;作家也包括了老的、新的、会内的、会外的。在新文艺的'量'和'质'的表现上,都相当可观。而那时的新进作家,由于得到了'文学研究会'的提挈和培护而因以成名的,也实在不少,这是它最开明、最卓越,也是最值得称道的一点"。(《春云初展的文学研究会》)这些优点,是值得我们在今天的编辑出版工作中发扬光大的。

还有一点值得我们重视的是,在中国现代文学史上,一些新文学社团常常与相对固定的出版社结成特殊的关系,但是,像文学研究会与商务印书馆这样有始有终的关系,似乎也不是多见的。例如,创造社与泰东图书局后来就不欢而散,这无疑也不利于双方各自事业的发展。文学研究会这一最大的新文学社团和商务印书馆这一最大的出版社相结合,显然对双方都是有利的。可以说,出版"文学研究会丛书"系列,正是商务印书馆对中国新文学事业的最大的贡献,也是当时它最开明、最值得称道的地方。为了发扬出版界的优良传统,为了纪念"文学研究会丛书"出版七十周年,我很希望商务印书馆能够从那二百多种书中挑选一些今已罕见而仍然有重要意义的书,编一套"文学研究会丛书选刊"影印本,我想这一定会受到读者界和出版界人士的欢迎的。

(1992)

郑振铎与左翼文学运动
——在上海左联会址纪念馆的讲演

这个题目是我很愿意来讲的。首先从时间上说，2018年12月，是郑振铎先生诞辰120周年；10月，是他为国牺牲60周年。就是说，他生也一甲子，死也一甲子。所以2018年是非常重要的一个时间点。其次从空间上说，郑先生当年就长期在虹口一带活动，他的家以前就住在这附近。

再说郑先生与左联的关系。左联会址纪念馆是纪念左联的，郑先生虽然没有参加左联，没有他加入左联的文献记载，他不是左联的成员，但实际上他是左翼文艺运动的非常重要的一个人物。现在对左联成员和人数的统计方法，我认为是有问题的。因为左联当时并不是一个非常严密的组织，它有各种层次，有的当年工厂里面几个文艺青年集合在一起，也可以自称是左联。左联研究当中如果缺了郑振铎，我认为不应该，因为他跟左联的关系其实是非常重要的，甚至其重要性远远超过一些左联成员。

对左联的研究，近几年开展得很好。我看过一些书，关于左联的成立及解散，它有什么贡献，都比以前的认识深入。但我也很遗憾地发现，在很多书里，都没有提到郑振铎。因为有一种想法，也好像很自然的，郑振铎既然不是左联的成员，讲左联就不需要讲到他。但我的看法不一样。

首先，第一个事实就是郑振铎的一生起点非常高。他在五四时期就是北京学生运动的风云人物，他当时就主编过《新社会》《人道》及参与主编《救国讲演周刊》《新学报》《新批评》等影响很大的刊物。比如说《新社会》这本旬刊，几年前影印过，现在就不难找到了。但以前看过的研究者不多，而所有研究《新社会》的文章，都首先提到是瞿秋白编的，或者把瞿秋白放在最前面。瞿秋白当然是很伟大的，也是《新社会》的主要编辑者之一。但是《新社会》的主编是谁？是郑振铎啊。瞿秋白在他的《饿乡纪程》书里回忆起来时也讲到，在《新社会》编辑部里面，郑振铎的威望比他还要高，"振铎说了话，我的话就不足为重了"。这是瞿秋白非常明确地说过的。而我们现在有些研究者，往往是因为一个人后来的影响地位增高了，就把他前面的影响地位也提高,这不是实事求是的做法。这种情况,在我们所谓的现代文学史,或者是左翼文学史上,是常常看得到的。

再比如说郑振铎在 1921 年带头发起"文学研究会"。文学研究会最主要的发起人就是郑振铎。沈雁冰(茅盾)当年在上海,在商务印书馆工作。叶圣陶当年在苏州乡下的小学还是中学里做老师。他们都是孤零零一个人。而文学研究会的发起是在北京。郑振铎写信给茅盾,给叶圣陶,邀请他们一起参与发起。他们也是发起人,这点毫无问题。但是你们看那些工具书、教科书之类的,说到文学研究会的发起,第一个就是茅盾,第二个就是叶圣陶。在更早的以前,郑振铎是连名字都没有的,现在即使有,也放在很后面。这种论述方法,我认为完全是违背历史事实的。你不能因为茅盾后来的地位越来越高,就说他是文学研究会最主要发起人,不存在这样的事实。

这种事情,在现实中发生的特别多。我非常为郑振铎抱不平。可以再举一个例子,《小说月报》的改革。

1921 年《小说月报》一月号是改革号,所有的文学史书都承认,《小说月报》的改革是新文学运动史上一个关键性的、实质性的事件。《小说月报》改革后长期是中国文坛最主要的刊物,一直到它被日本侵略军炸毁。另一个最重要的新文学刊物是《文学旬刊》《文学周报》。再后来最重要的核心文学刊物是《文学》月刊和《文学季刊》。《文学》月刊在抗日战争中停掉了,之后一些文学刊物此起彼伏,影响都不是很大,没能发挥全国性的影响,因为全国处于分割状态,有敌占区,有游击区,有根据地。到抗战胜利之后,全国又有了最重要的文学刊物《文艺复兴》。必须强调指出,这里提到的这么几个刊物,最主要的创办人和主编都是郑振铎。郑振铎对中国现代文学的贡献,是在很多人之上的。但现在的一些文学史书上,却是不提的。

再回到《小说月报》改革一事上,几乎所有的书上都是只讲茅盾一个人的功劳。但是茅盾当年在《小说月报》上面写的很清楚,这个刊物虽然现在是我在编,但这个刊物是大家的。而且他在改革《小说月报》第二期上,就发表了一封信,是写给郑振铎的,说以后编《小说月报》我一人不能做主,在北京你组织好稿子寄给我,我在上海有文章了也寄给你,请你们审阅。他在信上写的很清楚。他后来在回忆录里面写的也很清楚。他说改革《小说月报》我是被推到前台做的,不是我一个人的功劳。但我们现在有些人对于茅盾的话视若无睹,讲到《小说月报》的改革就只讲茅盾一个人。

问题其实很简单,《小说月报》的改革号,你从目录上就看得出来,比如里面有多少篇小说,这些小说全部都是郑振铎在北京组的稿,包括他自己写的,寄到上海来的。《小说月报》的改革号,十分之六或七的篇幅、内容,都是郑振铎弄好,寄到上海,让茅盾来编的。茅盾在上海商务印书馆工作,当然有贡献,因为他是主编。但他怎么做到《小说月报》主编的?胡愈之的回忆录里面讲得很清楚。胡愈之讲,当时(1920年10月)商务印书馆的头头张元济、高梦旦到北京访贤,他们自己觉得年纪大了,新生事物接受得不好,便去新文化运动中心访问那些风云人物,希望得到帮助。他们主要是找梁启超、胡适这些人。这些人就介绍说,北京还有几个小青年,很活跃,很有水平,就提到了郑振铎。郑振铎见到他们,就讲,你们商务印书馆里就有一个人,沈雁冰,已在你们那里工作了,思想很新,水平很高。茅盾当上《小说月报》主编,是跟郑振铎推荐有关的。这话不是我说的,是胡愈之说的。这个连茅盾自己都未必知道。

茅盾的回忆录里面写的很清楚,商务印书馆两个老头从北京回到上海后,马上就通知他,从现在开始《小说月报》就交给你主编了。这时离明年第一期出刊的时间大概就不到个把月了。茅盾激动得不得了,因为他做主编了。但他把前任主编的存稿一查,全部都是不能用的。那他怎么办?他手下一个人也没有,他也没有稿子,他就写信给王统照。王在北京,前些年给茅盾投过稿,茅盾给他发表了。茅盾这时马上写信给王统照,就问你那里还有什么稿子吗?另外他只能自己赶快写赶快译,他手下当时能叫得动的人,只有他的弟弟沈泽民,就要沈泽民也赶快翻译。但这样子仍旧来不及的。这时他盼到了北京的回信,信不是王统照写的,而是郑振铎写的。是王统照把茅盾的信交给了郑振铎,郑振铎就回信说,我们要成立文学研究会,请你也加入作为发起人。稿子的事你不要着急。过几天,郑振铎就把一篇篇稿子寄到了上海。所以,《小说月报》的改革,从某种意义上讲,郑振铎的功劳比茅盾还大。而且他是幕后的无名英雄,他自己从来不说。我现在这么说,因为这是事实。这些史料,是我东找找西找找凑起来的。最铁的证据是什么?那就是看看《小说月报》的目录。

我有这么一个想法,郑振铎这个人,是把一生献给中国的。他到最后,生命也献给了国家。他家里面的藏书,近十万册,全部捐给北京国家图书馆。他生前,就已把自己省吃俭用买下来的那些陶俑等,全部捐给故宫博物馆。现在故宫博物院正在做纪念郑振铎的展览。他捐献的唐三彩,现在如果拿到市面上拍卖,那价钱不得了。他捐给故宫博物院,后来经过鉴定,列入国家一级文物的就有很多件。现在如果我有这个东西,我的房子就解决了。所以说,这样一个了不起的人,我们现在对他的纪念和宣传,实际上非常不够的。而且他的很多卓越贡献,被算到其他人头上去了。

我举一个最常见的问题,现在所谓的"现代文学史"有一个口诀非常庸俗,我是很反对的。就是什么"鲁郭茅、巴老曹"。这个口诀是从哪里来的?是从1950年代编现代文学史的教学大纲里面来的。他们当时编的时候,鲁、郭、茅三个,我完全同意,鲁、郭、茅三个人的地位排在最前面,这是不可动撼的。现在有些什么也不懂的人连鲁迅也要推倒,郭沫若被他们骂得一分钱不值,茅盾也被说成没什么水平,《子夜》是什么主题先行式作品,这种观点我完全不同意。而所谓"鲁郭茅、巴老曹","鲁郭茅"我同意,"巴老曹"我完全不同意。为什么? 因为第一,"鲁郭茅"和"巴老曹"之间差距实在太大,当中不知道应该加入多少人。第二,"鲁郭茅"是全面的,不论是文学理论,创作,还是翻译,古典文学研究,传统文化继承等,都是全面的领袖级的人物。"巴老曹"那是局部的,要么是写个小说,要么是只能写写戏剧。"巴老曹"当然也了不起,但紧接着几把交椅就让他们坐? 我一点都不同意。

特别是,"巴老曹"这三个人,他们的代表作,他们的成名作,全部都是郑振铎发表的。现在有人居然想要剥夺郑振铎在这方面的功劳,我也非常不服气。比如说老舍,他的儿子写过文章,说老舍最早的小说是从英国伦敦寄过来的,以前有几种说法,一种说法是寄给郑振铎的,还有说寄给鲁迅的,还有说是寄给罗常培的。其实这个东西根本不需要考证的,老舍当时跟鲁迅有什么关系? 认都不认识。现在最明确的证据出来了,老舍当年在伦敦写的一封信,原信找到,上面白纸黑字写,我的小说写好了,我是寄给郑振铎的。这都不需要考证的。再说巴金,我实事求是地说,太不像话了。巴金最早的诗、散文,都是郑振铎给他发表的。而且郑振铎在《文学旬刊》上发表巴金的作品,同时还发表了他的一封信。这封信怎么写的呢? 原话我现在不一定记得住,意思就是说,希望你帮助我。巴金当时在四川很偏僻的地方,上海是文化中心。就是说,希望得到你的提携,这封信写给郑振铎的。"文革"结束以后,北京社科院有一个人在报纸上找到这封信,就把这封信在内部刊物《文教资料简报》上登了出来。巴金居然写信说,没得到我的同意,怎么可以转发我的信? 很不开心。《巴金全集》,巴金自己编的全集里面,这封信没有收进去。到底是出于什么心理? 你们可以看看,想想。

最荒唐的是关于他的小说发表的说法。巴金是到法国以后寄稿回国的。1929年1月开始发表。郑振铎出国是在1927年5月,出国的原因是1927年"四一二"反革命大屠杀。4月13日,就在离这里不远,宝山路上血流成河。郑振铎当年是领衔在报上发表了公开信,抗议国民党的反革命暴行。这样一来,他在上海就待不下去。他就出国,实际上是流亡。他出国的日子是很清楚的,5月21日,因为报纸上他发表了关于出国的文章。他回国的时候,悄悄地回来,非常的低调。以前,郑振铎是什么时候回来的? 大家都不知道。现在很清楚了,1928 年 6 月 8 日就回到上海了。但是后来有的人为了要想把发表巴金首部小说的功劳,放在另外人的头上,就硬说郑振铎是 1929 年什么时候才回来。要到 1929 年 5 月份才恢复《小说月报》主编职务。因为巴金的小说就是 1929 年 1 月号到 4 月号发表的。要把这个功劳算在叶圣陶的头上,这个荒唐得不得了。郑振铎 1928 年 6 月就回国了,本来说不清楚,现在又非常清楚的。王伯祥日记里面明确记载,6 月 8 日。过了两三个月,王伯祥日记又明确记载,郑振铎恢复《小说月报》主编,叶圣陶仍旧回国文部。这个时候巴金小说寄过来,主编就是郑振铎。假使再往后推,即有个所谓过渡期,这不过都是某些人的想象。商务印书馆是资本家办的,一个萝卜一个坑,你编《小说月报》就编《小说月报》,你不编了就去编教材,人家资本家不跟你来这套。现在说这种话的人,自己就是在国营单位里面,也许吃饱饭没事干,你用这种想法去想民国时期的资本家办的企业?而且最奇怪的是,郑振铎活着的时候,巴金回忆这篇小说是谁发表的时候,他写了郑振铎的名字。他写了郑振铎和叶圣陶,两个人的名字都写的。他也许有可能确实是搞不清楚,是叶圣陶或者是郑振铎,这倒可以理解。问题是他晚年写的一篇文章,题目是叫什么?《我的第一个责任编辑》。因为丁玲写过一篇文章,谈叶圣陶的,说她走上文坛,是由于叶圣陶发表了她的小说,她对叶圣陶非常感谢。这是很对的。丁玲的第一篇小说发表时,就是因为郑振铎出国了,他把《小说月报》委托给叶圣陶代理主编,丁玲小说确实是叶圣陶发在《小说月报》上的。如果不是因为郑振铎参加革命斗争,被迫离开上海,那么丁玲小说就是郑振铎看了,他也会发表。因为他也很有眼光。

那么巴金晚年写了一篇文章,而且他的那篇文章题目,比丁玲的还要厉害,题目就叫《我的第一个责任编辑》。丁玲文章的题目不是这个。他说丁玲的第一位责任编辑是叶圣陶,我也是,什么什么。文章里面还写到有人问他,你最早发表的作品,不是在《文学旬刊》上吗?那最早发表你作品的应该是郑振铎吧?然后他怎么写呢?他说是的,这个是的;但是,我从来就没认为我的这些东西是文学作品!这人怎么这么不懂感恩呢?他为了要把《灭亡》这个小说,要说成是叶圣陶给他发表的,他是叶圣陶培养出来的,竟然不惜把自己早期的作品,包括诗歌、散文,全部都说成不是文学作品。"我从来没有认为这是我的文学作品"!我看到这种话非常悲愤。我认为做人不应该这样。因为他的记性非常好,他并不是没记住。

可以举两个例子。第一个是正面的,巴金曾写文章,说他在《灭亡》发表一举成名之后,又写了一篇小说,又寄给《小说月报》,但《小说月报》的编辑给我退稿了。他没写郑振铎的名字,就说《小说月报》的编辑。退稿以后他不服气,马上就转寄其他地方,就发表了。因为这个是很容易的,你已经出了名,《小说月报》是最核心的文学刊物,它不发其他刊物给你发,有什么稀奇? 我现在发文章也是这样,我投一个地方如果发不出,就转寄另一个地方。如果这个刊物比原先那个还要好,还要核心,发表出来我就很得意;如果后来发的刊物不如原先的那个好,那也就没有什么好得意的。巴金写道,过了很多年,我现在认识到了,当年《小说月报》把我的那篇小说退稿,是正确的,一个人不管怎么样,是需要帮助的,退稿和批评也是一种帮助,《小说月报》当时的处理是非常正确的。巴金的这段话说得很好,不过这段话是在郑振铎活着的时候写的。

还有一例,是上海社科院一个研究生叫花建的采访他,记录稿在《文艺报》还是《文学报》上发表。他就提到郑振铎有一次退过他的稿,不是上面的那次,而是更早的大概 1923 年的时候,退他的稿。人家怎么退他的稿,这么早的事,他记得很清楚;人家发表他的作品,他好像记不住。叶圣陶因为后来德高望重,活这么长时间,大家都崇拜的,他就把功劳硬加到叶圣陶的头上。你们看看,是不是这么回事? 我说的是不是过分? 你们自己把史料看一下。我说的完全是有事实根据的。巴金对花建说的退稿的事,也确实有。后来我一查就查到。后来那篇稿子是不是又发表了,我不知道,他也没说。

我以前读研究生的时候,认识许杰先生。我的硕士论文答辩,许杰先生是我的答辩委员会主任。许杰生前多次说过这样的话,他在我的面前也说过,说他觉得自己的文学地位,在文学史上被写得太低了。他说我出名比巴金早,出道比巴金早。我很遗憾,许杰先生生前的时候,我来不及告诉他这么一个事情。为什么? 如果我告诉他,他肯定会很高兴。《小说月报》改革后,茅盾主编了两年,第三年开始就是郑振铎做主编了。郑振铎主编的时候,发了征文启事。征文的主题是"反战文学",这个反战文学跟我们现在讲的反战文学也有点不完全一样。我们现在说的反战都指国际之间的战争。郑振铎的反战文学还包括国内的那种土匪,他也反对,就是反对暴力的意思。他出了这么一个布告。许杰就看到了这个布告,就写了一篇小说。这篇小说很有名的,后来被茅盾收入赵家璧编的《中国新文学大系》,茅盾对这篇文章也做了很高的评价。许杰成名作就是这篇东西。他也说的很清楚,由于郑振铎先生给我发了这篇小说,我才走上了文学道路。《中国新文学大系》,小说分为三卷。鲁迅编一卷,茅盾编一卷,郑伯奇编一卷。茅盾编的一卷,主要是文学研究会系统作家的小说,或者是文学研究会报刊上面发的小说,许杰本身就是文学研究会的作家。茅盾选了许杰的这篇小说后,作了高度的评价,把这篇小说称为乡土文学,因为他写的是浙东地区农村当中那种地方势力之间的械斗。我们现在的文学研究者或者文学史作者,脑子都很简单,权威人物一说,马上就跟着说。一直把许杰作为"乡土小说"的代表作家。而许杰说,我的小说算乡土文学,当然也可以;但我写的时候,连"乡土"两个字也没想到,我写的时候就是"反战"。郑振铎先生知道,主题是这个。我一直觉得,现在一些所谓的文学理论家、研究家水平很差,他们写的东西我看也不要看。比如说茅盾编的《中国新文学大系》小说卷里,还有彭家煌,茅盾也把彭家煌放在乡土文学代表作家里。彭家煌是湖南人,是毛泽东的老乡。所有彭家煌的研究者,就都说他是乡土作家。后来我写了一篇文章,说彭家煌的小说有一部分是写湖南农村的,但他写城市的也很多,他写上海的也很多。他写小市民的生活、知识分子的生活,他是多面手,他怎么就变成单纯的乡土文学作家了? 许杰不满的事情,就是为什么要把我局限于乡村文学? 第二,他强调,我走上文学道路就是这篇小说,是郑振铎发表的,我对郑振铎很感谢。我现在知道了,巴金跟花建说的他那篇被郑振铎退稿的小说,也是看到了郑振铎的"反战文学"的征稿启事,他也去投稿,结果没通过。他记了一辈子,到晚年这么大年纪了,人家访问,他还提到了郑振铎枪毙了我的小说。我这个事情早点跟许杰讲,许杰不就更得意了吗? 许杰一直都说我出道比巴金早。当然比他早,早好多年。而且我还可以告诉他,郑振铎等于是一个考官,你跟巴金两个人同时去考的,你是考上的,巴金是没考上。是不是这么回事? 现在把巴金吹的就像是神一样的,这也可以,他后来的成就很大,没问题,他也很了不起。但为什么明明是郑振铎,从你最早的小说,最早的散文,最早的诗歌,全部都是他给你发表的,怎么会说,指引我走上文坛的就是叶圣陶呢? 做人能这样吗? 我觉得不可以。

现在有很多事情,如丁言模他看了很多材料,发现很多文学史实跟我们现在冠冕堂皇的教科书、辞典上写的,不一样。不一样,原因很简单,因为他们没有研究。

我们知道,左联是1930年3月2日正式成立的,筹备是从1929年年底开始的。左联成立前一年多,1928年年底,成立过一个组织叫"中国著作者协会"。这个中国著作者协会,现在的文学史上根本就从来不提的。那些研究左联的书上,也很少有提到的。中国著作者协会其实是中国左翼作家联盟的前身。如果要写中国左联的成立史,前身怎么能不写呢? 这个前身不是我说的。我本来就认为它是左联的前身,当然我说了不算。但现在至少有两个左联的发起人说了这个话。第一个就是阿英,阿英晚年对吴泰昌说了这个话,在《新文学史料》上发表过。他就讲,左联成立之前先有中国著作者协会。中国著作者协会是左联的前身。他明确讲过。还有一个左联的发

起人冯润章,他的那篇文章一般人看不到,因为他发表在陕西省现代文学学
会的刊物上。他也非常明确讲,中国著作者协会是左联前身组织。因此,首
先这不是我说的,已经有两位权威的老人说的。其次,如果我们去看中国著
作者协会的领导人的名单,再对照看左联成立的时候左联常委的人员名单,
中国著作者协会的领导人就占了左联领导人的一半以上,中国著作者协会
发起人也占了左联发起人的一半以上。再有,中国著作者协会出面组织和
领导的人,与左联一样,也是同一个人,潘汉年,都是潘汉年。中国著作者协
会是怎么成立的呢? 当年阿英在报刊上披露了成立的过程。他说经过两个
月的筹备,在北四川路广肇公学召开了成立大会。就在虹口区这里成立
的。12 月份成立的,郑振铎是 1928 年 6 月回国的,他完全参与了发起中国
著作者协会,名单里面也有。不久,有一个共产党的叛徒,因为他写了很多
文章,都是基本符合"内幕"的,所以我怀疑他是个叛徒,也披露了郑振铎参
与发起中国著作者协会的过程。此人叫杨甫,1933 年发表了《普罗文艺运
动史》。从我披露此事,到现在为止,没有人问过我,《普罗文艺运动史》从
哪里能够找到。专门研究左联的人现在很多,我不是。没有人把我当做是
左联研究专家,我到这里讲,只是因为跟左联会址纪念馆关系好。但我发现
很多专家掌握史料比我还差。

　　杨甫这个人,他当年在报纸上发表很多文章,包括披露郑振铎发现茅盾
是中共中央联络员之事。郑振铎 1921 年到上海工作,当时《小说月报》是茅
盾做主编,但茅盾同时秘密担任中共中央联络员和秘书的身份,经常要在外
面活动,对《小说月报》的组稿、编辑的事情忙不过来。这时郑振铎就帮他做
了很多工作。他们是哥们儿。郑振铎发现有一个叫钟英女士的常与茅盾有
通信往来。一次看到有人寄给茅盾的信,信封上写"沈雁冰转钟英女士"。
郑振铎就想,茅盾看起来很老实的,怎么好像还蛮花的,难道外面还有相好
女人? 钟英女士是什么人? 反正是哥们,他就拆开来看了。一看不得了,原
来钟英就是中央! 那是中共地方党委写给中央的报告,让茅盾转的。这个
事情,现在很多人都知道了,都是从茅盾回忆录里看的。其实杨甫在 1933
年就披露了。当时郑振铎拆看了以后,等茅盾回来后就说,真不好意思,我
拆了你的信。茅盾说,你知道就可以了,但绝对不能泄露。这就没什么事
了。前两年,上海举办纪念茅盾的展览会,浙江有一个钟桂松,专门研究茅
盾的人,开心不得了。因为他在茅盾展览会的照片里面,看到有一个材料上
面写到钟英。他以前看茅盾回忆的这件事,有点将信将疑,因为太像小说
了,好像没有实物证据。他脑子里一直有这样的想法。看到这个东西他就
跟我讲,茅盾讲的这个是事实,这个照片上面就有钟英两个字。我跟他说,

这个我早就知道了,三十年代就有人公布过的。他说,有这个事情?我说就有一个叫杨甫的人写过文章,就已经把这个故事全部写出来了,我早就看到过。杨甫这个人绝对不是一般的人,他可能就是共产党的叛徒,或者是潜伏在共产党里面的特务。我看过他当年发表的五六篇文章,都谈共产党的事情,谈早期共产党里面的斗争之类的,当然他的立场是反动的,他披露了很多秘密。根据杨甫的披露,中国著作者协会是怎么成立的?他说,1928年七八月份,在北京有一个叫张崧年的,到了上海,看到上海的出版事业蓬勃兴旺,便也想在上海干一番事业。虽然他的资格很老,但是他在上海文化界、出版界没有什么基础,也缺乏组织能力,于是他就找了郑振铎。郑振铎正好这方面很有能力。他刚从国外回来,也想干一番事业。中国著作者协会就是这么发起的。

张崧年是什么人?很多人都不知道。张崧年就是北大哲学教授张岱年的哥哥,张崧年本身也是个哲学家。这个还不算什么了不起。了不起的是,中共建国第一代最伟大的五大领袖,毛泽东、周恩来、朱德、刘少奇、任弼时,张崧年是其中周恩来的入党介绍人,又是朱德的入党介绍人。想想看,两大领袖的入党介绍人,那是什么资格!但这个人的脾气也很犟。大概跟陈独秀,跟陈望道差不多。陈望道看到陈独秀家长作风,一甩手就走了,就不干了。冯雪峰也有过这样的事。张崧年后来脱党了,但他的资格是非常老的。

1928年成立的中国著作者协会,是以郑振铎而不是张崧年为主要人物成立起来的。为什么说是以郑振铎为主要人物呢?这个道理非常简单。郑振铎在大革命时期,在商务印书馆工作的时候,就发起成立过"上海著作人公会"。以前成立上海著作人公会的时候,郑振铎就是领头人物之一。在成立上海著作人公会时,成立缘起里面写得很清楚,我们现在成立上海著作人公会,我们以后要成为全国的著作人公会。因此1928年成立中国著作者协会,郑振铎就是一位领袖人物。成立大会也是在虹口区召开的。

这个协会在成立大会上发表了声明,搞了一些章程之后,后来没有大的活动。什么原因?阿英回忆里讲,当年成立的会场就有一批年轻人发表了一些激烈的意见,吓得协会的很多人干不下去了。这个应是主要原因。但不管怎么说,中国著作者协会这个组织,是共产党成立的公开的文学团体的第一次实验,虽然它没做出什么成绩,但为后来成立"中国左翼作家联盟"作了一种探索,也是一种经历。这在现在的左翼文学运动史上不被提起,我认为是不应该。

1928年12月30日,中国著作者协会成立,成立的地方是上海北四川路广肇公学。特别报道是阿英写的,提到第一个名字就是郑振铎。而且杨甫的《普罗文艺运动史》里面,关于为什么要成立这个组织的缘由,跟后来夏衍的回忆、阿英的回忆,都是一致的。

1928 年的时候,中共江苏省委在上海北四川路成立了"文化支部"。我们现在很多人,已经搞不清楚一些概念了。当时的上海,是隶属于江苏省的。当年成立了一个文化支部,因为北四川路这个地方是文化中心,夏衍、周扬等一些人都在这里活动。这个支部的领导人是潘汉年,成立文化支部当然要做事情的。他们就想成立一个比较扩大一点的、能够公开活动的文化团体。而郑振铎、张崧年他们也想搞一个新的文化团体。因为郑振铎从国外回来后,以前组织的上海著作人公会都没有了,也想重整旗鼓。郑振铎他们的想法,跟共产党文化支部的想法,完全契合,于是就成立了这么一个中国著作者协会。这个组织虽然后来没有做多大的事情,但为左联的成立是奠定了一定的基础的。

但再接下去,左联成立的时候,郑振铎没有参加。没有参加的原因也很简单,就是受到了"左"的排挤。只要看一下中国著作者协会的领导班子和发起人名单,跟左联领导班子和发起人名单相比较,就非常清楚。没有参加左联的那些人,都是文学研究会和商务印书馆以郑振铎为首的一批人,郑振铎、胡愈之、叶圣陶、陈望道、王统照等这样一些人,本来都是参加中国著作者协会的,都被排除了。因为大概左联的一些人认为这些人不可靠。

文学研究会的成员,后来参加左联的,寥寥无几,而且都不是以文学研究会会员的身份参加左联的。第一个是茅盾,茅盾是从日本回国后参加左联的,他是以从前是党员的资格参加左联的。还有王任叔,1924、1925 年他就是老党员,也是以这种身份参加的。彭家煌也是文学研究会成员,以前人们都未必知道;他参加左联,以前大家更不知道,后来是从稀见的史料里看到的。彭家煌参加左联,由潘汉年直接吸收,他也是作为一个进步作家,而不是以文学研究会会员资格参加的。左联成立的时候,是把整个文学研究会排除在外的。现在事后看得非常清楚,这是他们非常失策的一件事情。

后来有人写文章,为什么郑振铎、叶圣陶等人没参加左联?他说郑振铎等人未参加左联,是当时党的一种策略考虑。这个话,你说错吗?好像也不错。因为后来,特别是茅盾从国外回来以后,冯雪峰他们一点一点纠正左联前期的那种过左的做法,郑振铎跟左联一些同志的关系也非常好,左联一些人跟郑振铎的关系和跟鲁迅的关系不一样,他们跟郑振铎的关系很好。这个时候,他们未必一定要让郑振铎也参加左联,因为他是一个有威望的老作家,他还主编一些重要的文学刊物,他不参加,在外面,更好。这确实也是一个策略问题。但绝不能以此否认左联一开始是排斥郑振铎他们的事实。

以前我也在想,为什么左联成立的时候,一开始对郑振铎这么排斥呢?根据我的推测,跟一件事情有关,那就是郑振铎当时正好在左联筹备期间,他也参加了一个文学组织,叫"笔会"。笔会的主要发起人是徐志摩。参加的人都是文化界上层人物,包括蔡元培、杨杏佛、胡适、林语堂、邵洵美等这些人都参加了,郑振铎也参加,而且郑振铎也是发起人,最后也是理事。这件事情遭到一些左翼青年的反感,他们认为这些人都是右翼的,郑振铎跟这些人混在一起,也不是好东西。可能跟这个有关系。

至于郑振铎跟左联很多作家,他们之间的友情、友谊,我也写过很多文章。至少如郑振铎和丁玲,我都写过文章。丁玲虽然没有专门写过回忆郑振铎的文章,但在文字中提到过,也跟她的秘书讲过郑振铎是好人。很多左联老作家都讲过。

一直到最后左联解散的时候,郑振铎是实际参加左联解散的工作的。这有两个人的回忆作为根据,一个是茅盾的回忆,一个是夏衍的回忆。郑振铎因为死了,他从来没写过这个事情。茅盾的回忆和夏衍的回忆都非常明确,当年他们三个人经常碰头,讨论重要问题。这三个人当中,两个人的身份非常明确。一个夏衍,是左联里面的党的领导人,也是左联的发起人。另一个茅盾,是做过左联书记的。他们参与这个事情当然是应该的。而郑振铎既不是党员,又不是左联的领导,他为什么也会参加?这一个问题,不仅现在有些人想不通,连当年鲁迅也想不通。鲁迅晚年专门写有一封信,1936年5月写给徐懋庸的,里面有这样一句话:"集团要解散,我是听到了的,此后即无下文,亦无通知,似乎守着秘密。这也有必要。但这是同人所决定,还是别人参加了意见呢,倘是前者,是解散,若是后者,那是溃散。这并不很小的关系,我确是一无所闻。"这里提到,如果集团是同人所决定要解散,就是左联自己的人讨论决定解散左联,那就是解散;但如果是其他人也参与了意见,那就不是解散了,而是溃散。"文革"当中,也有人问过冯雪峰:鲁迅说左联解散有别人参加了意见,鲁迅指的是什么人?冯雪峰怎么回答?冯雪峰说:这是指国民党方面的人。你们说,这说得通吗?国民党有可能参与解散左联的事吗?这样说有事实根据吗?完全不可能!所以冯雪峰好像也糊里糊涂。

我觉得事情其实是非常清楚的。因为鲁迅当年已经发现,这个解散的事情郑振铎是非常重要的参与人,而郑振铎原本不是左联成员,鲁迅对这个事情很有意见。因为鲁迅晚年对郑振铎有误会,这在茅盾的回忆录里面写得非常清楚。茅盾非常清楚地讲,郑振铎是冤枉的。包括《译文》杂志的事情,郑振铎完全出于好心,但他最后被鲁迅冤枉了。"冤枉"是茅盾的原文,不是我想出来的。

周扬、夏衍他们在左联解散的事情上，是有错误的。周扬、夏衍他们，特别是周扬，晚年也承认的。周扬是非常诚恳的，他认为最主要的原因，是他们对鲁迅先生缺乏理解，缺乏尊重。因为周扬他们认为自己是共产党——确实，他们是共产党员——他们应该领导一切，而鲁迅在他们当时的心目中，不过是同路人，或者是进步作家。你要听我们的。他也没想到，毛主席认为左翼文艺运动的领袖是鲁迅，不是周扬他们。

当年他们讨论问题的时候，鲁迅发发牢骚完全应该的，可以理解的。因为他根本就不知道一些内幕，甚至什么都不知道。他不知道你们鬼鬼祟祟在搞什么。鲁迅提出这样的问题，外人参加了意见，而他却一无所知，他不能理解，也很正常。我现在想问一个问题，为什么周扬和夏衍跟郑振铎的关系这么好？为什么他们这么信任郑振铎？他们是共产党，共产党最讲究的是组织纪律性，没有上级的指示，他们会这么做吗？非常明确，他们确实接到了上级的指示。中共中央驻莫斯科代表团，一封正式的信，萧山寄过来的，里面明确地讲，左联要解散。因为整个国际形势，都要发起一个统一战线。左联已不适应于中国抗战的新形势。要解散左联，成立一个更广大的统一战线的组织，这个是上级的决定。这个决定，我认为是正确的。但问题是解散的过程比较粗暴。因为即使是萧山的信上，也明确讲，要发表声明，表明是主动解散。但周扬他们对这一条没有执行，当然是错的。鲁迅最大的意见在这里。鲁迅最后也勉强同意解散了，鲁迅说需要发表一个声明，但左联最后连声明都没发表就解散了。在这个问题上，鲁迅觉得不能理解。

萧山的信里面，也非常明确地指出，左联前一阵是太"左"了，但后来一点点改正过来了，还引用了左联给莫斯科的国际革命作家联盟写的报告里写的"我们最近做了什么工作"，连巴金名字都写到了，说团结他们参加了一些进步活动。萧山信中对这些情况给予肯定。而且他还说了最关键一句话，就是说以前有一些活动，比如说大众语运动，搞得很好，但是这些经验还没有被更广阔地运用起来。而文学界的郑、陈，应该像政界的蔡、宋一样发挥他们的作用。政治界的蔡、宋，就是指蔡元培和宋庆龄。蔡元培和宋庆龄当时是全国非常重要的政治领袖人物，他们反对蒋介石独裁，要求抗日。那文学界的"郑、陈"是谁？当然郑就是郑振铎，陈是陈望道。萧山的信代表中共中央驻莫斯科代表团，指示上海左联的领导人，你们必须重视郑振铎这样的人的领导作用。非常明确，"领导作用"这样的话，记得原信上就有。所以夏衍他们才找了郑振铎。所以郑振铎参与了左联解散的工作。

这封信鲁迅当然也看到的，因为这封信就是由鲁迅转给周扬他们的。

现在我们能看到的这封非常重要的信,唯一存世的这封信,就是鲁迅看了之后,叫许广平抄了留在自己家里的抄件。鲁迅转给周扬的原信,在长期的非常严酷的革命斗争中,大概早就被烧毁了。我们现在看到这封信,才知道这后面有这样的背景。郑振铎参加左联解散的工作,是党内的决定,不是自说自话就可以参加的。从这件事可以看出来,鲁迅先生,确实有很多事没跟他商量,因此鲁迅先生发牢骚。但我现在还要说一个问题,这个问题也很重要,我们现在能看到鲁迅的信,看到鲁迅对郑振铎怀疑的话,包括骂郑振铎、骂茅盾、骂胡愈之、邹韬奋等人的话,说他们是资本家的走狗之类,但有一个非常严肃的问题就是,鲁迅他在公开发表的文字里面是从来没有攻击过郑振铎,也没有攻击过茅盾等人。他只是在私下的信里说的。信写给谁的?主要就是写给一个人,曹靖华,跟他关系非常好的一个人。鲁迅先生对左联解散发过牢骚,一直到后来对周扬他们公开表示反感,但从来没有公开反对过郑振铎。鲁迅很讲究分寸的。我们现在看到鲁迅的话,他说"谛君(指郑振铎)曾经'不可一世',但他的阵图,近来崩溃了,许多青年作家,都不满意于他的权术,远而避之。他现在正在从新摆阵图,不知结果怎样。"这话是很难听的,但鲁迅没有公开发表。所谓"摆阵图"是什么意思? 鲁迅还有一段话,说他们解散左联就是为了维护《文学》月刊。《文学》的主编就是郑振铎。很奇怪,为什么为了一个刊物,居然需要解散这么大一个组织来作为维护呢? 鲁迅这段话本身就不合逻辑。他怎么会说这段话的? 因为他不了解情况,他也是私下说的。

这里所说的,许多青年作家不满意郑振铎,这青年作家中有一个就是巴金。巴金当时就在攻击郑振铎。他攻击郑振铎的理由,一点道理都没有。因为北平的《文学季刊》迁到上海后又停刊了,他认为这是郑振铎在搞鬼。但后来巴金在一生最后写的文章里面,承认错误了,他说我当时误会他了。他最终承认了错误。鲁迅信里写的肯定是夸张了,"许多青年作家",你能举得出许多人名字来吗? 最多就是两三个,巴金、萧乾、聂绀弩。聂绀弩晚年写文章,也承认错误。"我当年攻击郑振铎是错误的。"他们在临死之前至少都承认了错误。

鲁迅信里还说,"这里在弄作家协会",即解散左联成立新的文学团体,"先前的友和敌,都站在同一阵图里来了,内幕如何,不得而知",鲁迅一点都不知道内幕。"指挥的或云是茅与郑,其积极,乃为救《文学》也"。说是茅盾和郑振铎在指挥,目的就是为了要救《文学》杂志。后面又写一封信说,"此间莲姊家(指左联)已散,化为傅、郑所主持的大家族",郑是郑振铎,傅是傅东华,这就更不符合事实了。傅东华当时在文坛上没有什么重要地位,更不能把傅东华排在郑振铎前面了。鲁迅信里还说,"实则借此支持《文学》而已,茅姑(指茅盾)似亦在内",现在有一些刊物是和《文学》不洽的,谈不拢的,现在也不和他们合作,"故颇为傅、郑所妒嫉"。鲁迅老是把傅东华排在郑振铎前面,那不符合事实。还说傅、郑"令喽罗加以破坏统一之罪名"。后面还有一封信讲,"《文学》之求复活,是在依靠一大题目;我因不加入文艺家协会(傅东华是主要的发起人),正在受一批人的攻击,说是破坏联合战线……"从这些封信来看,鲁迅第一确实是不了解内幕,第二鲁迅当时确实火气大。因为身体不好,受排挤,他们不理睬他,鲁迅心情不好,有些话他是说过头的。特别是一会儿说郑跟傅主持,一会儿又说是茅盾,一会儿又说主要是傅,其实傅东华在解散左联这件事上根本就查不到任何一条材料可证明他与这件事有关。现在我们可以清楚地知道,情况不是如此;同样我们也要说明,鲁迅的信,如果曹靖华不拿出来,我们也不会知道鲁迅背后有这样的想法,或者鲁迅有这样的分析。

有一件事情,我以前一直没想通。解散左联的工作,郑振铎这么积极地参加了,但是在成立中国文艺家协会的那一天,郑振铎为什么却没出席呢?那一天他就在上海,也没任何解释,说他有什么更大的事情。这么重大的会,他为什么不参加?我猜测,可能因为他觉得有一件事非常遗憾。解散左联,成立中国文艺家协会,是特别重大的一个事情,但鲁迅先生却很不高兴,鲁迅甚至拒绝参加中国文艺家协会。郑振铎对鲁迅是非常尊重的。郑振铎虽然没参加中国文艺家协会成立大会,但他仍被推选为九名理事之一。

郑振铎对鲁迅是非常尊重的,鲁迅先生逝世后,他写了好几篇文章,其中有一篇文章题目就是《鲁迅先生并不偏狭》。有的人认为鲁迅气量小,心胸偏狭,他坚决反对,他认为鲁迅非常伟大。我的想法,鲁迅先生当然非常伟大,毫无疑问;但鲁迅先生在有的时候,是不是也有点偏狭?但是郑振铎先生写了一篇文章,题目就是这个,坚决否认这种说法。

茅盾在郑振铎牺牲后,写过一篇回忆文章,里面谈到左联解散时的事情。他说,郑振铎一直是听党的话的,但有的时候,也有过犹豫的表现,举了一个例子,实际就是左联解散的事情,他一开始也是不积极的。他这个不积极的态度跟鲁迅差不多。鲁迅就认为左联很好,为什么要解散?左联是一面旗帜,旗帜不能随便倒。左联如解散了,以后我们连说话的地方都没有。郑振铎虽然不是左联成员,但他也这么认为。那为什么他后来又积极参加了解散工作?因为给他看了党的指示之后,他就鼓起了干劲。当然郑振铎这么做是冒风险的。茅盾说的这段话,非常清楚。郑振铎后来参加解散左联的工作,是党方面的意见,他是听从这方面的意见去做的,这点毫无问题。

文艺家协会跟左联相比较,如果要比较的话,有什么重大的区别?我认为,一个最大的实质性的变化,就是加入了以郑振铎为首的原文学研究会的一批作家。当时的文学研究会,基本上已经消亡了。这批人,都是原文学研究会会员和商务印书馆编译所编辑,也就是说加入了一大批团结在郑振铎周边的人。例如许杰,就是一个,他们都是没参加过左联的,都参加这个协会。但是,鲁迅以及他周边走动的一些作家,却拒绝参加。这样一来,历史好像走了一大圈,重复到原地了,与七年半之前,左联的前身组织——中国著作者协会时的情形,有点相似。中国著作者协会成立时,就是郑振铎周边的人全部参加,而鲁迅没参加。

我认为,实事求是地讲,左翼文艺运动,特别是左联,在历史上有伟大的贡献,取得过很重要的成就,这是毫无问题的。但它从成立到解散,都有一点小问题,是很遗憾的。如果要如实的写左联的史记,不能避开这一点。但是,左翼文学运动史,跟左联文学史,是两个概念。如果你写左联史的话,当然主要是写左联的成员,但郑振铎也少不了,两头他都参加的。如果你写左翼文学运动史的话,那郑振铎无疑是左翼文学家,更应该重点写到他。

左联解散是留下了历史的遗憾的。我看夏衍的回忆录《懒寻旧梦录》,里面他的语气很明确,他觉得左联解散有遗憾,包括他们跟鲁迅的矛盾。但他认为鲁迅毕竟是伟大的,夏衍也不否认这一点。他认为在左联最后解散的时候,"文艺界大团结的曙光,已经显露了"。当时文艺界统一战线成立的一个标志,他认为就是在鲁迅生前他所签署的最后一个文件,叫做《文艺界同仁为团结御侮与言论自由宣言》。这个宣言有二十一个人署名,二十一个人名里包括鲁迅和巴金等,也包括郑振铎、陈望道,还包括鲁迅当年曾经非常看不起,认为是资产阶级作家的人。鲁迅开始似乎不大赞成把这些人联合进来,鲁迅有这样的话,"先前的友和敌",他都举出过名字,如林语堂。但这个宣言林语堂也签了名。这么一个文件,"为团结御侮与言论自由",非常明确。团结御侮,就是对外反对日本帝国主义侵略;言论自由,就是对内反对国民党右派的专制统治。那么这个宣言是谁起草的?夏衍回忆录里面写道,这个宣言的起草者是郑振铎与茅盾。最后是由冯雪峰定稿,鲁迅首肯。

夏衍回忆录里面非常明确地讲:"像我们这些经历过这一事件的人们看来,组织发表这样一个宣言很不容易,因为联名发表这个宣言的二十一个人中既包括了萧山来信中提到的巴金、叶圣陶、王统照,而且争取了林语堂这样的人也同意签名,更不用说像包天笑、周瘦鹃这样的作家了。"夏衍的这句话,我觉得也不完全确切。因为林语堂这个名字,在萧山的来信中也是提到的。他又说:"促成发表这个宣言,茅盾和冯雪峰起了很大的作用,但我认为也不能忘记'二郑'(郑振铎、郑伯奇)的功劳。郑振铎1935年从北平回到上海之后,就和左联保持了很密切的联系。"这句话也有点毛病,郑振铎在1935年回上海之前,就没有跟左联发生密切联系? 不是的。而应该说他在1935年从北平回到上海之后与左联保持了更加密切的关系。这样才通,否则容易被人误会。郑振铎在1935年以前,也经常到上海,跟鲁迅、茅盾等联系。还有他在北平,北平也有左联,北平左联跟郑振铎关系也非常密切。因此并不是1935年以后才保持密切联系。夏衍还说,"为了在《文学》上发表左联作家的文章,他不止一次和傅东华'争吵'过。"这是夏衍说的,具体情况我们也不知道。"鲁迅以前在文章中嘲讽过郑振铎,在周扬和胡风之间,他也是亲周扬而不满胡风的。但是在坚持联合、反对分立这个问题上,他表现了难能可贵的高尚品质。"这是夏衍对郑振铎的评价。夏衍又说:"这个宣言是第一次国内革命战争时期文艺界第一个大联合、大团结的文件,在现代文学史上,应该说是有很重要的意义的。"这里说的,实际上是第二次国内革命战争,不是第一次国内革命战争。如果夏衍先生健在,我肯定告诉他修改这一点。

今天我就讲到这里。

讲 后 答 问

问:刚刚说到巴金,有的事情我以前不知道,真长知识。人无完人,巴金在文学上的成就,大家还是公认的,但他肯定也有做得不够的地方。陈老师亮出自己的观点,有根据,这一点很好。

答:巴金最后写的五六年也没有写完的文章,成为他最后悼念郑振铎的文章。他对郑振铎,当然主要也是很尊重的。实际上你去看他的最后一篇文章里面,也带有一点歉意。他说以前骂郑振铎是不对的。都有的。你可以去看。

问:陈老师刚才讲,郑振铎发起中国著作家协会是左联的前身。想问一下,这两个组织和机构是不是有很大的差别? 在性质上是不是前后身的关系?

答:这两个组织从名字上看当然有区别。作家只是著作者的一部分,著作者包括作家以外的从事研究工作等其他活动的作者,只要能够写的,都可称为著作者。这个肯定是稍微有点不一样的。但是，当时成立的目的，是一样的。江苏省委文化支部需要有一个文坛的组织。说著作者协会是左联的前身，我刚才讲了，这个话不是我说的，这个话恰恰是左联的发起人说的。其他研究者根本没提到，但史料里面可以找到的。阿英他们不是一般的人，是很权威的。阿英本身就是党员，本身就是左联主要领导人之一。这是他说的。如果你不同意，也不要跟我来争，因为不是我说的。我没资格做这么重大的判断。但我同意他的观点。他说的没错。

问：我想问一个问题，郑振铎从左联发起、成立，到结束，解散，都参与过，两头两尾都参与了。当时他是地下党吗？党内什么职务？

答：我怎么知道？我猜想，郑振铎完全有可能就是地下党员，秘密党员。因为很多秘密党员，除了联系人，谁都不知道他的身份。胡愈之的党籍是"四人帮"打倒以后才公布的。公布之后，就说他 1935 年就入党了，以前你知道吗？不知道。郑振铎跟共产党的高级领导人，关系比文坛上很多人都要深。邹韬奋现在的地位很高，其实邹韬奋的起点要比郑振铎低。郑振铎一上来他就认识陈独秀、李大钊，张崧年、张国焘都认识。接下来上海的杨贤江，是陈云的入党介绍人，都跟郑振铎是哥们。特别有一个故事，我觉得很生动的。叶圣陶晚年回忆说，1920 年代有一天晚上在马路上走，好像就是杨贤江，就跟他讲，今天晚上我们有入党宣誓会，你一起去吧。叶圣陶没这种思想准备，再加上他也是胆小的人，比郑振铎胆小，他就没去。去了的话，他就是党员了。那杨贤江会不会叫郑振铎去呢？他发起组织这个协会，很多人都是党员。郑振铎早年参加过共青团。

问：我看到一封徐微写给上海社科院的信，里面提到"郑公爱书如命"。我想问一下，你整理的郑振铎日记里面提到徐微，很神秘的人，你跟她接触过吗？

答：我接触过的，我到她家去过好几次。徐微是郑振铎的学生。她曾在东北读书，跟萧红是同学，进步学生。日本侵华，东北学生流亡到上海，成为郑振铎的学生。她跟郑振铎关系比较密切。据我知道，不是人们想象中的关系。也不是怎么神秘，就是谈得拢。基本上很正常。徐微到现在已百多岁，应该过世了。

问：我提一个问题，你说"鲁郭茅、巴老曹"是两个不同的档次，我是研究曹禺的，我想请陈老师具体谈谈你对曹禺是怎么看呢？

答：首先，对曹禺我没有什么研究。曹禺主要的贡献就是戏剧，他在戏剧方面贡献非常大。我为什么说他与鲁、郭、茅不在一个档次上呢，很简单，因为鲁、郭、茅三人面很广，曹禺跟他们一比，相差很远。至少"鲁郭茅"和

"巴老曹"之间,应该排进去很多人。最最起码我认为郑振铎就得排在他们前面。我认为郑振铎比巴、老、曹三人,无论任何角度,都要高不知道多少。其他我也不想说。即使戏剧,也有很多作家,为什么曹禺就可以排上去,其他人排不上去?我认为也有点奇怪。比如说欧阳予倩、洪深等人。因为写教科书,好像有点像是居委会选里弄干部一样的,有时候是要弄一个代表性的。我对这种庸俗的东西,非常反感。北京的现代文学馆里面,树立了十三尊人物像,郑振铎毫无疑问是没有的。选这十三个人,征求过什么人的意见?或者大家讨论过吗?这是胡来。立像的时候,其中有两个人还活着,就立了像,而郑振铎贡献这么大,为国家牺牲这么多年,却没有。毫无道理。我觉得历史上有很多事情,仔细思考一下,大家都以为是定论的东西,实际都得重新考虑一下。

　　我正好想到一件事情,我对"左翼五烈士"这一提法也有看法。当然,"左联五烈士"很伟大,我这样说决不涉及其他的意思。当时龙华一共被杀害了二十四名烈士。他们刚牺牲的时候,鲁迅在写给什么人的信里,说我们左翼作家在里面有四个人,他没说五个人。然而后来说五烈士,里面的李伟森,他几乎在文学方面没有做过什么工作,他也许连称作家都不合适——这样讲很不好,对革命烈士说这种话,但我的意思请大家理解——我本来就很怀疑,有这个疑问。后来就非常清楚了,冯雪峰专门有一封信回答人家的提问,他就讲,当时我们为了多凑人数,所以把李伟森算进去了。原来是这样呢。如果现在再来算左翼作家,我认为比李伟森更值得排进去,更有资格排进去的,一个是恽雨棠,他是翻译过文艺作品跟文艺理论的,翻译过苏联的文学理论,而且郑振铎的回忆文里面说得很清楚,恽雨棠去找过他,要求他把《小说月报》开辟成左翼文艺战线,让他往左转。当时郑振铎跟他讲,这个刊物是商务印书馆的,我是在里面打工,如果我这么一干,连这个刊物主编都要被开除的,我们不是更失去了一个阵地?恽雨棠一听,马上就承认郑振铎说的有道理。郑振铎有这样的回忆文。还有一个王青士,也是二十四烈士里面的,作为左翼文艺作家完全有资格。为什么他们两个没有算进去?原因很简单,冯雪峰不认识他们,或者跟他们的关系不密切,或者不知道他们也在里面,或者没想起来。"左联五烈士"的提法,鲁迅开始就是说四个,"五烈士"是从《前哨》开始有的,这个已没法动摇,已经叫惯了,成为一个词语。但如果你写文学史,得说清楚几个问题,第一个是左联历史上不是只牺牲了五个人,小青年不懂,左联五烈士,以为左联历史上只牺牲五个人。第二个是纪念的时候,不能只纪念作家,其他十九个人开会纪念过他们吗?如果不开就是很不对了。他们同时为革命牺牲,这里面还能有区别?而且李伟森因为排在那里面,他就是左联烈士;人家真正参加左翼文学活动,而且成绩很高,反而提都不提。我觉得有些东西,因为历史上形成的,我们还可以探讨。有的有根据,有的没有根据,你也不知道,就糊里糊涂说下来了。

问:郑振铎和鲁迅两个人的关系一直很好,但1935年因为《译文》停刊事件,鲁迅就跟郑振铎的关系差了。他就非常讨厌郑振铎,他觉得郑振铎在那个事件里面起了很大的作用。就像刚刚陈老师说的,他觉得傅东华跟郑振铎两个人不好,有时他还会说郑振铎的人品有问题。我想不通,他为什么得出这个结论?

答:我也觉得郑振铎很冤枉。你问我,我也不知道。我也不知道鲁迅为什么这样。而且一开始郑振铎提出一个建议,鲁迅也同意了。但生活书店不同意。那么你应该怪生活书店,他反而怨郑振铎。是蛮怪的。黄源先生看了我的《郑振铎传》,说他有些地方有点不大同意,他说我要写文章,我觉得蛮好,结果后来他也没写。我估计我书中有一句话,黄源先生看了可能会有点不高兴。但这句话,说黄源直接找生活书店要求加工资,生活书店当时看不起黄源,是肯定的,他们就说我们出这个《译文》是看在鲁迅的面子上,拒绝了他的要求。黄源提出来要加工资,记得这是鲁迅的信里面写到的。生活书店本来就看不起他,而且认为做这个事情吃力不讨好,我们这本杂志也不赚钱。生活书店的错误在哪里?好像就是对钱有点讲究,但是他不讲究也不行啊,这么小的书店。鲁迅的意思大概是,我们做的是伟大的事情,你们就不要斤斤计较钱的问题了。鲁迅也没错。黄源想加工资,你即使想加也通过鲁迅去讲,你自己跑到那里讲这个话,人家听了不舒服。这桩事情中,我觉得鲁迅有些话也肯定是不对的。鲁迅说生活书店是资本家,说一些人是资本家的走狗。这个话是他的原文。第一,资本家的说法,我们现在不认可,即使资本家也是红色资本家。第二,资本家的走狗,一骂骂了三个人,郑振铎、胡愈之、茅盾,统统都被骂成资本家的走狗,我们现在也不认可。

问:左联成立的时候,郑振铎和郭沫若是什么样的关系呢?

答:我也不知道。大概没什么关系吧。二十年代前期两人争吵过,左联成立时好像没什么关系。当年文坛上的关系很复杂,例如鲁迅逝世的时候,孔另境写了一篇文章,郭沫若跟阿英就怀疑这篇文章是茅盾写的。明明是孔另境写的,他们以为是茅盾写的。后来茅盾也责怪孔另境。这种关系很复杂。现在有很多事情,就是早先大家都没想到,现在想问,也没地方问了。这也没有办法。

(2018)

郑振铎先生劫中救书
——在上海博物馆讲演的节录

　　郑振铎先生 1898 年 12 月出生，1958 年 10 月份他带领中国文化代表团出访，不幸飞机失事，因公殉职。尽管他只活了六十年，但是他一生的贡献是非常广泛而重大的。他解放后担任我们国家第一任的文物局局长，1954 年担任文化部副部长。他是新中国初期的文物考古工作，包括博物馆、图书馆工作的最高负责人。说到"劫中救书"这个题目，首先，什么叫作"劫"呢？这是从佛教中引进的一个词，世界毁灭、亡种灭族谓之劫。我国历史上，日本帝国主义侵华战争时期，中华民族在二十世纪三十年代四十年代，可谓大劫。

　　我想先在这里强调一下几个概念和时间，第一，我们现在所讲的中国抗日战争，一般都是从 1937 年"七七"卢沟桥事变开始的。但实际上这是日本全面侵华和中国全面抗战的一个标志，日寇侵华早在 1931 年"九一八"就开始了。1937 年 8 月 13 日，"八一三"事变，日军大规模侵犯上海。另外还有一个概念叫"孤岛上海"，什么叫"孤岛"？当时的上海是由华界和租界两个部分组成的。而租界就是帝国主义在我们中国的国中之国。在日寇刚开始进攻上海的时候，就是先占领华界，但不敢直接去侵占租界。因此在公共租界和法租界这一小块地方就好像大海当中的孤岛，只有这里尚未沦陷。这个"孤岛"时期的时间节点是很明确的：从 1937 年 11 月 12 日开始一直到 1941 年 12 月 8 日，即日寇发动珍珠港事件，开始正式向美国挑战的那天，他们同时进攻上海和香港。上海在这一天一下子就全部沦陷了。所以说 1941 年 12 月 8 日一直到 1945 年抗战胜利的上海，并不能称为"孤岛"时期，整个四年都是敌占时期、沦陷时期。孤岛时期应是整个上海全部沦陷之前的四年。

抢救下《脉望馆抄校本古今杂剧》

郑先生有一本书叫《劫中得书记》,它记载了在日寇侵华期间他是怎么抢救我国的珍贵图书的。这本书是在"孤岛"时期写的。后来他做的大量工作表明,其实他在整个八年抗日战争期间都在抢救我国的珍贵图书,而且越到后来越艰险。

1930 年代的上海,一直是中国的文化中心,很多知识分子都集中在这里。但是到了"孤岛"前期,很多人为了避难和开展敌后文化工作,大多迁移到大后方去了。但是郑振铎却一直没有走。他当时是暨南大学的教授,中文系主任,文学院院长。暨南大学是上海当年少数的国立大学之一,校长何炳松也是很爱国的一位学者。1937 年的 11 月 12 日"最后一课"上完,何炳松校长就把国立暨南大学迁到内地去。但是,郑振铎没有选择内迁而是坚持留在上海。很显然,留在敌占区是非常危险的。而他留下来的目的,即使是与他一起发起文学研究会的叶圣陶、茅盾这样的好朋友,他当时都没有明说。实际上,他留下来主要就是为了保护和抢救劫中的图书。而这个事情要从上海全部沦陷之前说起。

大家都知道,江南一带是中国最富裕、文化程度最高的地区。特别像苏州、湖州、宁波,明代以来,最出名的藏书家都出在这些地方。但是,一到打仗,那些藏书家都要逃难,他们的书就很难保存下来。此外,他们当时也需要钱。藏书家一般把钱都用去买书了,到了这个兵荒马乱的时候,就要被迫卖书。郑振铎当时就发现了这个情况,觉得这个很关键。他最初买书主要出于个人爱好,看到什么好书就买下来。

在 1938 年 5 月上海"孤岛"初期,他买过一部书,叫《脉望馆抄校本古今杂剧》,脉望馆是清代一个藏书家的藏书楼的名字,而这部《古今杂剧》则是我国历史上非常重要的一部书。因为杂剧是我国古代戏剧的精华,而元代杂剧保存下来的并不多,一些重要作品保存在这部书里。这部书本来应该是 64 册,1938 年 5 月郑振铎得到消息,在一个书商那里发现了 32 册,郑振铎当时拼了命也要把它买下来。但是在郑振铎看到前面 32 册之后,后面 32 册也被书商搞到,而且他不卖了。经过郑振铎跟书商反复的谈判,最后终于完整地买了下来。这个书当时是比较贵的,要 9 000 元,郑振铎到处去借钱,都借不到。最后实在没办法了,他通过当时的教育部长陈立夫,用国家拨的钱才把这部书买下来。而这件事对他以后抢救图书的经历有非常重要的意义。这件事情让郑振铎得到了非常重要的一个经验,就是国民党政府,也是可以争取的,也是可以让他们出钱来买书的。

这部《脉望馆抄校本古今杂剧》里,有 242 本杂剧,其中有一半是湮没了几百年的孤本。而且很多还是稿本、抄本,没有刻印过。在这几百本中,元代人所写的就有 29 种。"孤岛"前期郑先生买了很多书,其中最重要的就是这部书。郑振铎当年就认识到这部书的重大意义,他写道,这是一个宏伟丰富的宝库:"这宏伟丰富的宝库的打开,不仅在中国文学史上增添了许多本的名著,不仅在中国戏曲史上是一个奇迹,一个极重要的消息,一个变更了研究的种种传统观念的起点,而且在中国历史、社会史、经济史、文化史上也是一个最惊人的整批重要资料的加入。这发现,在近五十年来,其重要,恐怕是仅次于敦煌石室与西陲的汉简的出世的。"他抢救下来的这样一部书的价值,堪比敦煌的发现和西陲汉简的发现。解放后他又一次写道:"肯定地,是极重要的一个'发现'。不仅在中国戏剧史和中国文学史的研究者们说来是一个极重要的消息,而且,在中国文学宝库里,或中国的历史文献资料里,也是一个太大的收获。这个收获,不下于'内阁大库'的打开,不下于安阳甲骨文字的出现,不下于敦煌千佛洞旧抄本的发现。"也就是说,他认为这是可以与十九、二十世纪中国最重大的考古发现相媲美的。

而作此评价的远不止他一人。张元济信里也提到这是人间瑰宝,是绝世之"国宝"。而且他也认为,这书万不能任其流到国外。张元济先生是商务印书馆的元老,而当年的商务印书馆是整个亚洲最大的出版社,是包括编辑、印刷、发行三位一体,还拥有图书馆的一个综合文化机构。编译所、图书馆等被日本人炸掉以后,商务印书馆就内迁了,但是张元济因为年纪大没有去。他当时就提出,为了保存孤本,必须把这部书转化为铅印本,要立即把最重要的部分印出来。而这和郑振铎的想法不谋而合。但是这些事情都不是他们两个人就可以决定的。因为当时商务印书馆的实际负责人已经迁到香港,商务印书馆的印刷厂也搬了一部分到武汉去了。而且,郑振铎这个书是为国家买的,这个书能不能印要问政府当局,要教育部长同意。因此,两方面都得反复交涉。最后交涉成功,出了一部书叫《孤本元明杂剧》。尽管现在这个书在图书馆比较好找,但是你如果了解这样一个过程——当年郑振铎和张元济之间的来往信件,张元济和王云五之间来往的信件,郑振铎和教育部之间来往的信件,其中有一部分保存了下来——那么你才会知道,当年出这个书是非常非常艰难的。1957 年时,中国戏剧出版社根据商务印书馆的本子重印,所以现在一般的图书馆里都有。

向国民政府请款，成立"文献保存同志会"

《脉望馆抄校本古今杂剧》是郑振铎在抗战时期，用国家的钱为国家抢救图书的第一部。到了1939年，随着抗日战争越来越激烈，郑振铎的朋友逐渐都走了。后来人家给他编《西谛书话》，请叶圣陶先生写序，叶先生有这样一段话："当时在内地的许多朋友都为他的安全担心，甚至责怪他舍不得离开上海，哪知他在这个艰难的时期，站到自己认为应该站的岗位上，正在做这样一桩默默无闻而意义极其重大的工作。"甚至还有人传出来说郑先生跟周作人一样，做汉奸了。当年传说得很有模有样，上海沦陷以后，1941年以后汉奸报纸上就公布过，日本方面要召开一个"东亚文学工作者大会"，参加的人有很多，里面就有郑振铎先生云云。

非常巧的是，这一天郑振铎的日记也保存下来了。郑振铎自己看到了这条报道，他在日记里面写到了。他当时愤怒得不得了。抗战胜利以后，郑振铎自己写过两篇文章，稍微透露了一点其中的细节。读者都很感动。我看到过上海1946年的时候有一个杂志叫《上海文化》，曾经举行过投票选出大家最尊敬最喜爱的作家，郑振铎就是榜上有名的。大家都是因为这件事而投他的票的。当年大家看了他写的一篇文章叫《求书日录》，记录了他当年为什么要留下来，做了些什么事情，老百姓才知道，郑先生是这样的一个人。

再回过来讲。到了1939年时，市面上散出来的书越来越多，但是郑振铎越来越买不起了。他当时已经把能够卖掉的东西都卖掉了，甚至有时只能把自己不是太重要的书卖掉一点，再去买重要的书，用他自己的话来说，是"挖肉补疮"。既然当年很珍贵的书都是很便宜地卖，那么他拿出来卖的书也卖不了多少钱。后来，他自己家里可以拿出来的钱，从朋友那里借的钱，这些凑钱的办法都用很差不多了。他非常痛苦，连做梦都希望有个有力的人出来，挽救这些图书的命运。在他当年的文章里，他老是使用如"愚公移山""精卫填海"这样的成语。

后来，他想到了1938年时，曾经通过陈立夫让教育部批钱买了书，他就想应该再走走这样的路子。我们知道，郑振铎先生在五四运动时期，就是一个非常进步的青年。他的政治立场和政治倾向是很清楚的，国民党方面当然也了解这一点。所以，他当时想要争取国民政府的拨款，就去找了几个比他年纪还要大、没有政治色彩的有威望的爱国老人。一是张元济，一是何炳松,还有一个是光华大学校长张寿镛。报告由郑振铎起草,痛陈江南文献遭劫的危急状态,指出其严重后果,强烈要求当局拨款予以抢救。根据保存下来的郑振铎 1940 年 1 月 5 日的日记说,1 月 5 日他们就拍了一个电报。那天,他正好得到消息,说敌伪要绑架他,因为他的名声是比较大的。他在敌人的机关当中,像法院、巡捕房这些地方,有一些朋友,就得到了消息,于是出去躲在外面。他那天在外面躲的时候就碰到了他的一个同事周予同,他同周说,我辈书生,手无缚鸡之力,但是却有一团浩气在。他们互相激励,这样的话在他的日记中记载下来。1 月 5 日的电报,原文保存在台湾。

当年郑振铎打电报给重庆,当时的中央图书馆筹备馆长叫蒋复璁。在抗战之前,郑振铎不认识他,但早就认识他的叔叔蒋百里。1935 年,国民党在南京任命蒋复璁成立了一个中央图书馆筹备委员会。当时这个图书馆里什么书都没有,蒋复璁只好通过国民政府发文,要求所有的出版社、报社出版什么书都要往我这里送。那能有多少书? 古籍善本当然是一本都没有的。

郑振铎他们拍了电报给朱家骅,朱家骅当时有一个身份是中英庚款董事会的董事长,时任教育部长的陈立夫和朱家骅就联合起来,拿出教育部及庚款的钱来抢救国家劫难中的图书。就在抗战前夕,国家曾拨了一批钱给中央图书馆(筹),让盖楼房的。但是这个楼房还没盖,南京就被日寇占领了。这笔钱还在银行,陈立夫和朱家骅就决定正好把这笔钱拿出来买书。现在过了六七十年,再想一想,仍然觉得这个决定是非常及时必要的,但是当年其中还有很多曲折。郑振铎他们拍电报后得到的回电的原话是这么说的:"如有沪上热心文化有力人士,共同发起一会,筹募款项,先行搜访,以协助政府目前力所不及。将来当由中央偿还本利,收归国有,未识尊见以为如何? 谨此奉复,伫候明教。"

郑振铎当时看了这封回电后心里很不是滋味,心想,我在上海若能找到有力人士,能够筹款,还来找你们干什么? 当然,他也能体会当局的困难。后来,陈立夫和朱家骅有了这个想法和决定,郑振铎就非常兴奋。陈立夫和朱家骅派蒋复璁从重庆潜赴上海,与郑振铎他们具体商谈。他要冒着生命危险进入敌占区,先到香港,再化名冒充一个商人来沪。

1940 年 1 月,郑振铎他们成立了一个组织叫"文献保存同志会",这完全是一个地下的秘密组织。文献保存同志会是立有章程的,这个章程就是郑振铎起草的,一共有十条。重庆方面,最初就想到了在战前有一笔法币,百余万元建房款,尚未动用,商议认为应该用这笔钱买书,各方面都觉得是非常好的一个主意。以前这个情节一直是秘密的,从来没有公布过。郑振铎的回忆里面也语焉不详,没有详细说明。后来,从台湾的档案材料里还发现,这个事情是一直通报到蒋介石那里的。这对国民政府来讲也是一个大事情,因为后来还不断地增加,这是几百万块钱,在抗战时期投下去在救书里,他们也是冒了险的。

抗战后公布了一部分郑振铎的日记,里面有一篇就是 1940 年 1 月 11 日,他离家躲避,这时是"孤岛"末期,他得了严重的感冒。他说是他有生以来,从小到大,还没生过这么重的病。就在这个时候,13 日那一天,蒋复璁从重庆来到上海,找到暨南大学,找到何炳松。那一天郑振铎的体温仍高达摄氏 39 度以上,但他坚持去开会,制定了抢救善本的方案。郑振铎对情况了若指掌,当年的江南一带,什么书已经流散出来了,什么书马上要流出来,什么书还没到,什么书最珍贵,首先应该先抢救哪一部分书,全部都在他的脑子里面。张元济等人给他做参谋,他们都是大学者——何炳松是著名的史学家,张寿镛编集过著名的《四明丛书》。郑振铎在日记里面就说:从今以后,绝不听任江南文献流散他去,有好书,有值得保存的书,就必须为国家保存。当时还有一个分工,每个人各自负责什么。张元济因为年纪太大,身体也不好,基本上不参加具体工作,重大的事情征求他的意见。而负责出面采访、谈判,最辛苦的事情都是郑振铎一个人挑了。何炳松主要负责保管经费,张寿镛协助何炳松保管经费并协助郑振铎鉴定古籍。

郑振铎当年是有"交通员"的,就是有一两个小青年帮他跑腿。因为大家都在上海,他们的信不是邮局寄来寄去的,寄来寄去反而慢,而且危险,都是送来送去的。郑振铎每天不知道要写多少信,跟几个先生都要写信的。张元济先生和何炳松先生,郑振铎写给他们的信,他们全部烧掉了。他们都很谨慎,而且不止他们的,郑振铎自己,人家写给他的信,他也烧掉了。是郑振铎提出来看后就烧掉。只有他写给张寿镛的信,张先生没有烧掉,而且装订成册,珍藏起来。张先生 1945 年抗战胜利前夕时逝世了。后来张先生的家属,把这批信捐给了北京图书馆,保存了下来。郑振铎写给朱家骅、陈立夫、蒋复璁的信,蒋复璁先生基本都保存下来了。他从抗战胜利以后迁到南京,带到南京;国民党失败,从南京逃到台湾,他再带到台湾。如果没有这些前人保存下来的东西,我们就不会知道这么生动的故事了。

自从郑振铎有了国家的经费以后,他就如虎添翼。本来形势是非常不利的,当年在上海,有哪些人在买书呢? 一个就是汉奸,一个就是日本人,还有美国人。我们知道,日本有很多汉学家,有一些日本的高级军官会讲中文、会写汉诗,对中国的古籍文物都很精通。譬如说南京大屠杀的罪魁祸首之一松井石根,他就会写汉诗,并且南京大屠杀之后还写了两首诗来炫耀。

当年,一个是日本方面,派人到中国来"买书"抢书;一个是汉奸,汉奸里面有一些人是有学问的,也纷纷到上海来买书;还有一个是美国人,美国的国会图书馆也在中国买了很多的书,特别是方志之类,以研究中国国情。另外一些,就是从中图利的书商。

郑振铎当年文章里经常讲,他以一人之力,无法挽狂澜于既倒,他像精卫填海一样的,一个鸟在那里飞,丢下石子想把海填满,是没有办法的。但是自从他获得了重庆方面的经济资助以后,这个局势就扭转过来了。书商虽然图利,但毕竟是中国人,也有爱国心。所以郑振铎就利用和这些书商本来就有的关系,开始以暨南大学、商务印书馆、涵芬楼这种名义买书,一点一点把局势完全扭转过来了。比如说,原来那些商人,他知道有什么书要卖了,就去问那些汉奸和那些有钱人要不要;现在,他们先把消息通知郑振铎。郑振铎自己后来也讲了:这是一场没有硝烟的战争。他非常自豪地说,当时在上海,任何一部古书要出售,最早知道消息的就是他。只有他觉得不必买,这个书才能被人家买去。所以,郑振铎、何炳松、张寿镛、张元济这些先生是真正的爱国英雄,真正的幕后英雄,完全是不图名,不图利,而且是冒着生命危险。

为国奔走效劳,不居功取酬

上海博物馆的第一任馆长徐森玉先生跟郑振铎先生关系非常之好,他们之间的深厚友谊,就建立于抗日战争期间,一起抢救文物图书。徐森玉比郑振铎要大十八岁,也是两代人。一开始在上海,郑振铎是一个人出去看书、谈价钱的,因为何炳松和张寿镛两人都是校长,跑不开,而且年纪也很大。而徐森玉是第一流的版本学家,在抢救古籍的过程中曾起了非常重要的作用。

当年在重庆筹建中央图书馆时,朱家骅他们就派徐森玉潜赴上海,参加郑振铎的工作。徐先生1940年底到了上海,发现郑振铎辛苦得不得了,而且一分钱劳务费都没有,在外奔走时,连车马费都是自掏腰包。徐森玉先生就写了一封信给重庆当局,这封信现在保存下来了。他说郑振铎"心专志一,手足胼胝,日无暇晷,确为人所不能;且操守坚正,一丝不苟,凡车船及联络等费,从未动用公款一钱"。因此,他和何炳松两人商量,建议重庆方面给郑振铎先生一点车马费。他写这封信并没有征求过郑振铎的意见,郑振铎知道以后,马上写一封信给蒋复璁,坚决谢绝,他说:"弟束发读书,尚明义利之辨,一腔热血,爱国不敢后人。一岁以来,弟之所以号呼,废寝忘餐以从事于抢救文物者,纯是一番为国效劳之心。若一谈及报酬,则前功尽弃,大类居功邀赏矣,万万非弟所愿闻问也。"他说,我能为国家奔走效劳,还因此看到一些罕见的珍本,这个事情对我来讲,已经让我感到非常幸福了。"尚敢自诩其功乎?"我只能做这么一点点小事情,跟前后方的抗日将士洒热血、抛头颅相比,算什么呢? 如果我居然还要拿钱,贸然居功取酬,我还能被称为人么?

　　郑振铎从 1940 年 1 月开始大规模抢救图书,到 1941 年 12 月 8 日上海全部沦陷为止。上海全部沦陷后,这事就不能干了,因为就直接在日本人的铁蹄底下了。另外一方面,后方的钱也寄不过来了。所以,一共就只有两年不到。他后来说:两年不到的时间,我们创立了整个的国家图书馆,虽然不能说应有尽有,但是在量与质两方面确是同样的惊人,连我们自己也不能相信,竟会有这么好的成绩。当然,上海全部沦陷以后,郑振铎仍然千方百计与重庆方面联系,还尽可能抢救和保护图书,但大规模的抢救工作是不可能了。

　　郑振铎他们当年抢救下来的图书,一部分曾运到香港去保存,后来被侵占香港的日军掠去,运到东京的帝国图书馆,抗战胜利后被中国政府追回。国民党败退台湾时,这批书中的精品又被国民党当局运往台湾。后来,胡适在台湾参观了那些书后,写了一封信给在美国的杨联升教授,激动地说,中央图书馆在抗战时期所买之书,都是宝贝。现在,台湾"国家图书馆"(李登辉当政时蓄意将中央图书馆改名"国家图书馆")里的善本书库,最重要的就是郑振铎他们买下来的。不管怎么说,这些珍贵的民族遗产毕竟妥善地保存在中国的领土内。

(2013)

不能忘记先贤对民族的贡献

南京图书馆与台湾相关图书馆联合主办首届"玄览论坛",是一件非常有深远意义的事情。我因故未能应邀出席,深感遗憾,但愿意写一篇文章作为书面发言。

"玄览论坛"创意于《玄览堂丛书》,《玄览堂丛书》是由郑振铎先生主编的。郑先生等先贤对中华民族文化事业作出过巨大的贡献,我们后人永远不应忘却。其中可歌可泣的一件大事,就是在抗日战争最艰苦的年头,郑先生挺身而出,发起并联合上海几位爱国老学者,与重庆政府陈立夫、朱家骅先生,中央图书馆(筹)蒋复璁先生等密切合作,在日本侵略劫火下秘密抢救和保全了一大批民族文献、珍贵古籍。而在蒋复璁、张寿镛等先生分别精心保存下,当年郑先生与张寿镛先生,郑先生与重庆当局、中央图书馆(筹)之间的有关抢救图书的秘密往来的信函、报告、书目、账单等原始文件,现正珍藏于海峡两岸的图书馆。毫无疑问,这些文件现在也已经成为我中华民族极其重要的历史文献了。而这批文献迄今只整理公布了一部分;而且,在整理中尚有不少差错;令人遗憾的是,还有许多原始文献尚未整理(主要在台北);更令人遗憾的是,分藏两岸的这些原始文献还从来没有合璧展览和完整发表过。

2001年和2002年,沈津先生整理的《郑振铎致蒋复璁信札》,在北京《文献》杂志以三期连载的形式发表。而早在看到这几期《文献》的二十年前,我即已获悉在海峡彼岸还保存着这样一批珍贵书信。我曾撰文希望彼岸将它整理发表或影印出版,以便与保存在此岸的当年郑先生致张寿镛的信相合璧。我还曾先后分别给台湾的蒋复璁、陈立夫先生和中央图书馆写信,希望得到复印件。但不是没有回信,便是不能满足我的愿望。后来,因台湾学界友人的帮助,读到了经整理的郑振铎等人致旧中央图书馆的九份工作报告。而在《文献》上读到沈津先生整理的郑振铎致蒋复璁信时,真是欣喜不已!尤其是首次知道了在上海"孤岛"完全沦陷于日军铁蹄下的极端危难时期,郑先生仍多次以暗语密信试图与蒋先生联系,来继续为国家抢救民族文献。这种伟大的爱国精神,实在是太感人了!

又过了整整十年,我终于经台湾友人帮助,在 2011 年 6 月首次乘赴台开学术会之际,去台北的"国图"(即原"中央图书馆"),受到热情接待,在计算机上匆匆瞻读了这批信函。那时,我又知道了沈津先生当年整理的信还远非齐全。

我那次在台北的时间非常匆促,而且正值分藏两岸的元代大画家黄大痴的《富春山居图》在台北故宫合璧展出,轰动一时,热闹非凡;但我却没时间去看,而是一头扎进台北"国图"拜读这些信函、文书。当时我心里想,什么时候北京国图珍藏的《木音》(郑振铎致张寿镛信)与台北"国图"珍藏的郑振铎致蒋复璁等人的信和报告也能合璧展出,那么,我敢保证其意义是绝对不在《富春山居图》合璧展之下的!

我后来又有过第二回赴台访学的机会。我又一次在台北"国图"朋友的帮助下,在计算机上查看了有关材料。我上面所以说沈津先生当年初步整理的信件还远非齐全,一是发现他披露的以外,尚有郑先生致蒋先生信札遗漏;二是台北"国图"计算机上还可以看到郑先生致徐森玉先生、徐先生致蒋先生、蒋先生致教育部等有关抢救图籍的书信、文件;三是我了解到现在可以在台北"国图"计算机上看的,尚非馆里所藏有关材料的全部。同时我还想,在台湾的教育主管部门、庚款委员会等单位有没有保存有关档案呢? 因此,我认为在台湾还有着一个可以继续发掘的宝库。

同样的,在大陆应该也还有继续发掘的余地。如近时我看到北京国家图书馆工作人员发表的文章中,透露了国图还收藏着一些当年郑先生抢救图书的有关票据、账单等,具体情况我还不大了解。那么,这些票据、账单等如何和今存的信件结合起来比照研究? 这些书信、票据、账单等如何和今存的抢救下来的图书一一核对? 当年抢救下来的图书的总目(包括今存何处)如何整理、编写? 这些不正是摆在我们两岸图书馆、研究者面前的十分重要的课题吗?

而且,不止是我们现在初步整理的有关资料还远非齐全的问题,即使是已经整理发布的有关资料中,也还存在许多严重的差错。下面我就举证说明。

1988 年上海古籍出版社影印出版的《郑振铎先生书信集》(署刘哲民编),和 1992 年上海学林出版社排印出版的《抢救祖国文献的珍贵记录——郑振铎先生书信集》(署刘哲民、陈政文编)内容基本相同,主要部分就是郑先生当年致张寿镛先生的信。这些书的编者刘哲民(陈政文其实是第二种书的责编,是刘哲民出于某种考虑而写上他名字的),也是可以写入现代出版史的人物(新中国建立前后,刘是上海出版公司负责人)。他对出版郑先生书信做出的贡献是应该肯定的。然而非常遗憾的是,这些书中编辑、系年方面的错误之多令人吃惊。而且,这些错误都已经全部被带进花山文艺出版社出版的《郑振铎全集》里去了,令人痛惜!

《郑振铎先生书信集》乃影印线装本,三大册,启功先生题签,装帧朴素大方,郑先生手迹又很潇洒,令人喜爱。如今这部书在网上的售价早已超过千元了。照理说,影印书可以让人放心,不料此书差误之奇、之多实出人意外!花了上千元的收藏者如果看了下面我的指误,大概会气得不得了。

在这里,先得讲讲郑振铎致张寿镛信的发现及发表经过。因为这本身对今后的研究者来说,就已是一件出版史料,而史实应该搞清楚。刘哲民在此书《编后》一开头写道:

> 1983年,在编《郑振铎书简》将近完成的时候,陈福康同志过访,谈起他在北京图书馆借阅有关郑振铎资料的一段时间里,曾发现一盒显微胶卷,系郑先生写给张咏霓先生的信,总共有三百多页,因为没有阅读的设备,无法详其内容。我知道张咏霓先生是国内著名财政经济家、教育家。郑先生何以和他有这么多信,当时是很费猜想的。1985年,郑先生哲嗣尔康世讲来到上海,和他谈到这组胶卷的问题,尔康告诉我,他家里也藏有一卷,随即托人带了给我,我设法约略地阅读了一下,才知道这组胶卷是抗战时期,郑、张两先生为国家抢救版本古籍的通信,是一组不可多得的珍贵资料,因建议尔康设法向北京图书馆将原件复印一份。复印件寄到后,共有三百数十封(陈按,数字不对),经过仔细阅读,才恍然大悟:这些信正是郑先生在《求书日录》中提到的……

曾有不少朋友读了这段文字后感到殊不可解,便来问我:你本是为了研究郑先生而特地跑到北图查资料的,既然发现了这一胶卷,为何傻得连看也不看一下,而不"详其内容"?说北图"没有阅读的设备",岂非笑话?对此,我只能苦笑,因为我也对其所说感到莫名其妙。事实是这样的,这批书信我1982年在北图发现,不仅当时就通读了胶卷,作了笔记,而且还看过部分原件,还最早写文章作介绍并提议整理出版。1986年《文献》第四期上,发表了拙文《记北京图书馆所藏郑振铎日记和文稿》(此文写成则在两年以前,而刘哲民编《郑振铎先生书信集》出版于1988年12月),其中便说:"全部手稿中最值得珍视的,我认为当是被装订成五大本、封面题为《木音》的郑振铎1940年初至1941年底致张咏霓的272封信。"我在文中介绍了张的生平和这批信的保存经过,最后说:"笔者郑重呼吁,有关部门应将郑振铎的这批书信整理出版,这不仅具有重要的学术价值,而且也是爱国主义的文献,同时对于台湾回归祖国也能起一定作用。"(这种"呼吁",当时我也对刘哲民说了,只是我当时人微言轻,没有能说动出版社予以影印的力量。)而拙著《郑振铎年谱》(1988年3月出版,撰写则在四五年前),就已将这两百多封信全部记入谱内。试想,如果几年前我还"无法详其内容",这怎么可能呢?而且,不仅我把这批信的大致内容告诉过刘,他文中说的郑尔康将胶卷"随即托人带了给我",这个"人"正是我;而所谓"复印件寄到后",其实也并非是"寄",正是由我从北京带到上海的;甚至连此书封面的题签,也是我受郑尔康之托去北京师范大学(我的母校)启功先生家里,请启先生写的。刘哲民这样写,无非想说明这些书信的内容与价值都是由他最早发现的。当然,刘先生能够促成郑先生书信出版,总是做了贡献;只不过编出了很多错误,却是实在不应该了。(其中有的错误大概应归咎于出版社编辑。)

下面,我就只指出书中致张寿镛信部分的若干硬伤。

(一) 失收

郑先生这批信的珍贵价值,上面已经说过了;保存如此完好,也极为不易。因此,理应全部影印。可是,经我对照所作笔记,发现书中竟有四封郑先生的信被摒弃未收,殊不可解。它们是:1940年3月23日、3月24日、3月29日、4月16日。这四封信的内容都很重要,没有任何"违碍",拙著《郑振铎年谱》均有摘要,请参看。

(二) 重收

书中第190页所收1940年9月3日一信,在第167页居然误作8月3日而重复收入。

书中第122页所收1940年5月22日一信,在第205页居然又误作9月22日而重复收入。

(三) 系时错误

郑先生这批信,原件绝大多数均写明年月日三项,又保存完好,按先后顺序粘贴,拍照也是按先后顺序的,所以应该不会出现系时错误。但不知为什么,编者仍会看错日期。上述重收者即是如此。另外还有:

书中第273页编为1941年4月2日一信,便是把6看成了4,实际应排在第308页6月2日一信之后(同日写有二封信)。这是只要看看前后几封信的内容即可确认的。我偶然对照原信照片,忽发现更为严重的是,郑先生在这封信的日期后面本写有"第二函"三字(这更证明是6月2日写的,因4月2日未见还有一函),作为影印本居然会自说自话地删去了原件中郑先生写的这样三个字。

书中第 368 页编为 1941 年 10 月 31 日一信，又把 5 看成了 31。

以上这些，只要参看前后数信的内容，并且只要按照原件粘贴的顺序，或看看胶卷所示的信件的先后，便不可能出现这样的错误。然而竟一再出现。

（四）错简漏印

书中第 97—98 页，有编为 1940 年 4 月 29 日一信。两页连读下来，如不注意，文字也很"通顺"的，读者便极易上当。然而请再翻到第 170—171 页，读读 1940 年 5 月 8 日一信，就会惊异地看到第 170 页与第 97 页竟是完全一样的！经核对原件，才知书中没印 4 月 29 日一信的前一页，竟将 5 月 8 日的前一页重印了一次。错乱至此，实在不可思议！

（五）附件错编

郑先生的原信中，常常附有书目、账目之类，这部书中大多也影印了。可惜的是，编者极不负责，大多印错了地方，因而大大影响了研究和参考价值。

书中第 100—102 页的瞿氏《铁琴铜剑楼书目》，今附于 1940 年 4 月 30 日信后；实际应附于第 48—49 页的 4 月 2 日一信之后，因为此信最后正写着"瞿目附上"。

书中第 160—161 页的《今后购书之目标》《今后经费分配计划》二文，今附于 1940 年 7 月 25 日信后；实际应附于第 163 页的 7 月 29 日信之后，因为这封信中正写着："兹拟就'今后购书之目标'及'今后经费分配计划'二纸，乞先生指正"。

书中第 303—304 页的十一种书目，今附于 1940 年 5 月 27 日"第二函"之后；实际应附于第 301 页的这一天的第一函之后，因为第一函中正写着："计共十一种，兹另开一目奉上备查"。

书中第 112 页所附书目，实际当附于第 108 页一信之后。

书中第 143 页所附书目，实际当附于第 122 页一信之后。

以上这些，书中都编排乱了，损失了附录的意义。

（六）重要附件失收

书中既然将书目、账目之类都收入了，但有几件重要性有过之而无不及的文件，明明也是复印了，却偏偏不收。

例如，郑先生转给张寿镛看的张元济致郑振铎信二封、何炳松致郑振铎信一封，正是当年张（元济）、何二公与郑公一起抢救文献而写下的大量书信中仅存于世者，更属珍罕无比。如今失收，实在令人惋惜不已！

还有,当年诸公为存书而向他人租房的有关文书等,也很有史料价值。未予收入,也实在缺乏眼力。

另外,原信粘贴、装订成五册,封面有张寿镛亲笔手书《木音》二字,极有深意和纪念意义(我认为当是"木铎之音"之意,郑先生小名"木官"),也理应影印出来才是。

其他,该书所收郑振铎致赵景深、张元济、唐弢、徐森玉、刘哲民、郭若愚、徐伯郊等人的信,更多有差误。如致徐伯郊信共十三封,系年全部通统搞错了,先后顺序也完全被搞乱了。只是因为这些信大多与抗战时期抢救图书无关(致唐弢信有点关系),这里就不多说了。

沈津先生整理的《郑振铎致蒋复璁信札》也有一些问题,下面我也略为指出。而且,我不仅要指出他在整理中的一些差错,同时还要主动承认自己以前个别判断上的差错(即我指出沈先生之误,但我自己也错了)。

(一) 误注和失注

沈津在整理中加了一些注,但失注的地方很多。例如,第一封信(3-251)(按,此为方便读者查阅,前一数字是《文献》的期号,后一数字是该期杂志的页码,下同)中说:"北平方面,已委托可靠之友人代为采购"。这里应该加注而失注,这"友人"是指赵万里先生。

古人云,知之为知之,不知为不知。整理者因不知而未注,也是可以理解的。但 1940 年 5 月 21 日第二封信(3-254)中说:"乞便中示知应与邮局中何人接洽",沈津加注:"'何人'为唐弢。……郑振铎致蒋复璁的信件,多由唐弢设法避免检查,代为付邮。《书信集》(按,即上述《郑振铎先生书信集》)第 158 页致张寿镛札(1940 年 7 月 21 日)云:'寄发方法甚稳妥,可不经寻常收信人手,亦不经检查,故可放心。'"(3-256)此注大误!按,蒋复璁人在内地,跟唐弢也没有什么关系,怎么会"示知"郑先生应去找唐弢"接洽"呢?郑先生 1940 年 7 月 21 日致张寿镛信中说的"寄发方法甚稳妥",也绝不是指唐弢,而是由郑先生托何炳松先生设法的,见 4 月 3 日郑振铎致张寿镛信中所说:"蒋函已托何先生以妥慎方法寄去矣。"郑先生是在此整整一年以后,才开始托唐弢代寄邮件的。1941 年 5 月 22 日,郑先生致唐弢信中询问:"不日将有'航快'数件内寄,不知先生能代为寄出否? 如不便,则作罢可也。"1941 年 6 月 5 日,又致唐弢信说:"前烦兄寄出一函,至感! 兹又附上一航快,恳即代为发出为祷! 以后,每星期可有一二封奉上,不知方便否? 如有不方便处,务恳不必客气,径行退还敝处可也。我辈知交,相知在心,决不愿使兄为难。如尚便利,则亦不客气的拜托一切了。"可见这完全是刚开始托唐弢办事,用了极恳切的商量的口气;如果按照沈津的注释,则唐弢此时已经为郑先生代寄了一年了,郑先生还需要这样"客气"吗?

(3-259)信有沈津注:"'公是目''杂货目',应是暗语,当指善本书目。"按,郑振铎当时信中多次用"公是物""公是货""公是目"等暗语,并非泛指善本或善本书目,而是特指当时他们为国家抢救的刘晦之藏书。因宋人刘敞有《公是集》,所以暗借其"刘"字。

(3-268)信末署名为"子裳、如茂、犀谛同启",这里不加注,是万万不可的。按,"子裳"即张寿镛的化名,从其号"咏霓"化出,古时"霓裳"两字常联用;"如茂"即何炳松的化名,何先生字柏丞,"松""柏"与"如茂"有关;"犀谛"即郑先生的化名,郑先生号西谛,"犀"与"西"音同。

(1-220)信中在提到"北平赵君"(赵万里)代购书时说:"乞秘之,至要! 恐某君不欢也。"此处"某君"失注,应注明是北平图书馆馆长袁同礼。而在后面(1-222)信中又提到"平处采购事,原托赵君,所以允守秘密者,诚恐某君知之也"的地方,倒是加了注:"某君,似指袁同礼。"这个注本应加在前面,且这个"似"字当删去。

(1-222)信中提到有"儒"而实"商""大可畏惧"的"潘某",说"诚难问其居心,实存敲诈,大为不该"。"潘某"失注。应注明即潘博山。参见(1-228)信即可知。按,郑先生宅心忠厚,这是唯一的一次对潘博山的严厉批评;而其实,早在1938年郑先生抢救国宝《脉望馆抄校本古今杂剧》时,潘博山的表现就不佳,而郑先生还一直蒙在鼓里(请参见拙著《郑振铎传》第八章第三十九节)。为知人论世,这个注是应该加上的。

(1-224)信中提到"家中大小,自莅翁以下均极健吉,堪释远念",失注。按,这些均为隐语。"家中"指上海的"文献保存同志会"诸同仁。此前郑振铎他们为国家抢救收购了张芹伯莅园藏书,这里"莅翁"借用其"张"字,指张元济先生。

(1-225)信中提到"近来有人计划开设旧书肆",失注。按,"有人"即郑先生和耿济之先生,所开"旧书肆"名为"蕴华阁",开张于1943年3月1日。"蕴华"寓爱国意,同时也是郑先生夫人高君箴的字。

(二)系时错误或失考

(1-218至220)一信,沈津注:"此信未有日期,审其内容应在1941年。"按,系年不误,但"审其内容"本应得出更准确的时间。信中云:"第一次点收之黄跋书一百又一种,已将目录附函奉上。"而1941年11月1日郑先生致张寿镛信中说:"昨日傍晚,已将芹处黄跋书点清、接收。兹将写就之'书目'一份奉上","另一份当寄蔚"。可知此信必写于11月1日以后。又,此信乃"如茂、子裳、犀谛同启",查11月8日郑先生致张寿镛信中说:

"兹拟就致王云五君函及蔚君函各一,乞阅正。附上空白之航空笺二纸,乞便中即签字于上,以免再行将誊清稿送上。"可知此信初拟日期是 1941 年 11 月 8 日,正式签署寄出当在几天后。

(1-220)1 月 12 日一信,沈津注:"此札末有铅笔写'31'两字,疑此札为 1942 年所写。"按,此信必为 1942 年所写无"疑"。信中说:"此间八日后,秩序安宁如常,秋毫无犯"云云,都夹杂着隐语。"八日"即指 1941 年 12 月 8 日日军发动太平洋战争,上海"孤岛"此日沦陷。"最为挂念不安""玉老及马、季二位",是因为他们都在香港,而香港也同日遭受日军侵犯。又按,"马、季"中的顿号为整理者误加,"马季"即马季明,港大教授,郑振铎以前在燕京大学工作时的同事,此时在香港也参与抢救古籍。"寄存各物,不知已否先期离港",即郑先生最关心此前寄存香港的一百多箱珍贵图书是不是已经转移至美国。所谓"弟在此,已失业家居","弟仍寓愚园路庙弄四十四号郑宅"云云,其实此时郑先生已被迫离家,一人秘密隐居,但信上为防敌特侦探,不能暴露住处,只能将原家址作为联系地点,所以写明"转交"。这是郑先生在日寇占领上海全市后第一封冒险试图与重庆方面秘密联系的信,所以确认其系年是特别重要的。

(1-220 至 223)此信署 1942 年 7 月 25 日,此系年恐整理者误辨。大错。1942 年 7 月已在日寇的魔掌下,郑、张、何等先生还能如此大张旗鼓地收买古书? 还能写寄文字如此明白、如此长的信? (再说,此时何先生也已离沪。)此信必是 1941 年 7 月 25 日所写。如信中说"顷赵君南来",赵万里是 1941 年 7 月来上海的;信中又说"森公昨已南行",徐森玉正是 1941 年 7 月 24 日晨离沪赴港的。后来我在台湾目睹原件图像,此信果然署的是"30/7/25"。

(1-224)1 月 26 日一信,沈津置于 1942 年 7 月 25 日(按,实际应是 1941 年,已见上述)信之后,又没注明年份,那么只能是 1943 年或更后的年份了。大误。此信只能是 1942 年 1 月 26 日所写。因其内容均是隐语,"前上一函"即指 1 月 12 日那封信,而其内容也是相同和相连接的。是郑先生未得到重庆方面回信,而再次冒险写信联系。

(1-224 至 225)3 月 20 日一信,沈津未能考出年份。我以前认为是 1943 年作,亦误,应是 1942 年。此信与上信内容有连续性。其中写到:"圣翁已平安抵达,晤谈至欢! ……圣翁精神尚甚健,身体亦如常,现正奔走彼之店务,拟加清理,然困难重重,存货又已被封存,前途亦不可乐观也。"这里必须加注而无注。"圣翁已平安抵达",指徐森玉此时从内地潜至上海。"现正奔走彼之店务,拟加清理"云云,是指徐森玉为保护北平图书馆寄存在上海的一批善本书而奔波。

（1－225）4 月 16 日一信,沈津未能注出年份。我以前认为是 1943 年作,现在我认为当是 1944 年作。因为此信中用暗语写到"李平记款已收到……弟因家用不继,去冬曾押去自藏之词曲一批,今春又售去明板书若干,方得勉强不至挨饿"云云,所谓"李平记"据我考证是 1943 年 7 月 18 日郑振铎致蒋复璁密信中第一次使用的虚设的店铺名。（因此,此处必须加注。）另外,"今春又售去明板书若干"也是 1944 年的事。

（1－225 至 226）5 月 11 日一信,沈津未能注出年份。按,此信必是 1943 年作。因信中写到"圣叔已南归",即指徐森玉 4 月 26 日从北平归来。可参见郑振铎日记。

（1－226）7 月 18 日一信,沈津未能注出年份。按,此信亦必是 1943 年作。因内容与上述一信有内在联系,又说"写此函时,距前函发出不过二月"。

（1－228 至 229）"录西谛先生八月二十日来函",沈津未能注出年份。按,此函也必是 1943 年所作,因其中内容与上述 226 页 7 月 18 日一信有相同处。此信可能不是写给蒋复璁的,而是别一收信人抄录给蒋看的;也可能是写给蒋的,蒋将原信转给了别人（朱家骅）而录此备案。这有待根据原件再考。

（1－229 至 231）9 月 7 日一信,沈津注:"此信未署年份,审其内容应在 1943 年。盖因徐鸿宝于 1940 年 12 月 17 日抵沪,而 1941 年 7 月 24 日离沪。徐 1943 年 5 月在沪。"按,此处沈津所考甚误,"徐鸿宝于 1940 年 12 月 17 日抵沪,而 1941 年 7 月 24 日离沪",及"徐 1943 年 5 月在沪"云云,均与"9 月 7 日"一点儿关系都没有。而此信甚长,未用暗语,且明署"振铎",是绝不可能写于沦陷期的 1943 年的。因此,我以前判此信为 1941 年（上海沦陷前）所作,又因信中写到"与森老、斐云应孙君约,看《尚书正义》",而赵万里（斐云）是 1941 年 7 月（见 7 月 11 日郑振铎致张寿镛信）在上海,徐森玉也是 7 月 24 日前在上海,因而我又自作聪明地认为"9 月 7 日"应是"7 月 9 日"之误。后来,我经仔细研究,才确认此信实作于 1947 年,9 月 7 日亦不误。我必须在此郑重承认自己以前的错误。因为此信中说的"应孙君约,看《尚书正义》"诸事,在郑先生 1947 年此日日记中均有记载。（由于台湾保存的郑振铎致蒋复璁信大多写于抗战时期,因此最初我就没有想到它会是写于战后的。）

（1－231）最后有两份电报抄稿,沈津注云:"没有署日期。"按,这两份电报明明都用旧时之常识"以韵目代日",怎么能说"没有署日期"呢? 其具体年月日均可考,而整理者失考,且排置颠倒。前一份电报,"养"即22日。该电报四人联署,中有"圣予",即徐森玉,电文中又说"刘书亟待解决","拟刘书解决后,告一段落",由此可考知必作于1941年1月22日。同月20日郑先生致张寿镛信云:"似应以刘家书为一结束",又云:"兹拟就一电,何、徐二位均已同意,特奉上,请指正。"即此电文也。同天(22日)致张寿镛信又云:"'电报'已发出,乞勿念!"

至于沈津编排在最后的一份电报,实际则是编排在前面那份之前一个月写的。"梗"即23日。此电由郑、张、何三位先生联署,电文中又说"森公已到,谈甚畅",则自当作于1940年12月23日。郑先生同月20日致张寿镛信中说:"森玉先生来,谈及渝方将开会,索购书之约略统计,兹以二日之力,略加计算。拟就一电,并已由何先生改过,兹附奉,请阅正。改正后,请签字交还,以便誊清拍发。"即此电无疑。

以上我谈到的有关郑振铎书信整理中的问题,可以说明书信手稿整理研究是非常有难度也非常有学问的一件事。本文还有很多问题尚未涉及(例如,还没有指出认错字、排错字的问题)。因此,我认为这样的工作最好是由几个有专门知识的研究者一起来研究、讨论,才能尽可能避免差错。不仅是大陆出版物(包括本人写的)中有问题,老实说,我对台湾有关人士所整理的已发表或待发表的郑振铎书信、报告也不很放心。因此,希望最好还是有影印本出版。

我们大家都对海峡两岸图书馆曾成功合作主办"玄览堂珍籍合璧展"给予高度评价,这次首届"玄览论坛"也必将记载在我中华民族文化史上。然而我想应该指出,整理出版《玄览堂丛书》这一壮举,其实还只是当年整个抢救民族文献的可歌可泣的伟大文化战役中的一个小战役,或者说是一个组成部分。我想再次强调指出,什么时候内地图书馆里珍藏的《木音》(郑振铎致张寿镛信)等珍贵史料,与台湾图书馆珍藏的郑振铎致蒋复璁的信和报告等珍贵史料也能合璧展出,那才是更伟大的合璧展!其意义,是绝对不在《富春山居图》合璧展之下的。而什么时候,这两大部分珍贵史料能够合璧整理出版,那更是我衷心期待的。

(2014)

抗日救亡的英勇的文化战士

——郑振铎先生在抗日战争中

在全面抗战之前

1931 年 9 月 7 日，郑振铎离开工作了十年的上海商务印书馆，到北平燕京大学及清华大学任教。没过几天，日军便制造了九一八事件，在蒋介石不抵抗政策下，东北全境很快沦亡。郑振铎写信给上海商务印书馆的友人，表示"非常愤闷，颇有回沪重办五卅时代《公理报》之意向"。后来他没有立即回沪，而是在北平投身抗日救亡运动。除了用笔写了大量诗文以外，他还在讲台上作宣传和斗争。燕京大学中文系他亲自指导的东北籍学生高兰，就在他影响下参加北平学生南下请愿团，后又去北平义勇军指挥部秘书处工作。

1932 年上海"一·二八"战事时，他正巧回沪，亲身经历。这次战役，商务印书馆总厂遭日军猛烈轰炸，东方图书馆被烧毁图书无数。他当时仍任主编的《小说月报》即将发表的他译述的俄国短篇小说《魔术家》，和他亲自取来的茅盾长篇小说《子夜》、老舍长篇小说《大明湖》的头一章等，均被炸毁，该刊遂被迫停刊。他已编好的自己所著的诗集、短评杂感各一册，所译的《伊利亚特》《奥特赛》二大史诗，编译的《民俗学概论》等书稿，以及他介绍给馆方，而且已排版的夏衍翻译的苏联作家高尔基的戏剧集等书稿，均被炸毁。他在东宝兴路的寓所也遭日军抢掠，书箱被用刀斧斫开不少，失书数十箱。还有，瞿秋白翻译的苏联作家长篇小说《新土地》（原版书还是曹靖华特地从苏联寄上海鲁迅转瞿秋白的），他原准备以后发表于《小说月报》上的，亦被炸毁。2 月 9 日他离沪返平，22 日便在清华大学向全校师生及时地作了《我所见的上海战争》的讲演，悲愤控诉日本帝国主义暴行，称扬"上海人心的奋发"，"可算是鸦片战争后第一次真正的有力的战争"，抨击国民党当局对日方提出的无理要求全部接受的行径，号召清华师生："我们要努力准备着,站在我们面前的是最艰苦最光荣最有希望的一次大战争。我们要迎上去,战,战,战！胜利一定是在我们的一边。"

1933年1月3日,日军攻占山海关。17日,中华苏维埃临时中央政府、工农红军革命军事委员会发表宣言,声明在停止进攻苏区、保障民众自由、武装民众的三个条件下,愿和国民党各军队停战议和,共同抗日。郑振铎在报上看到宣言内容,听到了党的声音,极受鼓舞。第二天(18日)上午,他就应燕京大学学生抗日会之邀,作了题为《中国的出路》的讲演,精辟分析国际形势,特别强调提出:"《大公报》载中国红军宣言……合作抗日。由此之消息,可知中国已奔向某一出路。"并表示:"大战的结果,向左或向右,我们不得知;只知结果是光荣的,乐观的,充满了光明和希望。只要我们准备,我们必得胜利,得解放,而奔向光明的出路。"其政治觉悟之敏锐,爱国精神之炽烈,分析形势之清醒,都令人极为佩服。

郑振铎担任了燕京大学中国教职员抗日会主席。该会开了一家书店专售抗日书刊。他命名为"金利书庄",其含义有三:(一)金,五行属西,中国在日本西,谓利中国也;(二)《周易》曰"二人同心,其利断金",喻团结抗日;(三)《左传》曰"磨砺以须",寓杀敌之意。郑振铎还和顾颉刚等创办通俗读物编刊社,提倡民族精神,宣传抗战。

在北平工作期间,郑振铎还回答过好几个杂志有关政治问题的提问。例如,1932年1月,《中学生》提出这样一个问题:"假如先生面前站着一个中学生,处此内忧外患交迫的非常时代,将对他讲怎样的话,作努力的方针?"并发表了鲁迅、郑振铎等人的答问。郑振铎在回答中说:"中国是最有希望的国家,因为有无限量的未可知的力量从来不曾表现过;正如我们的大多数的荒地的黑土一样,从来便不曾垦植过。这一垦植,这一表现,我们相信,其结果一定是最可惊人的。我们的责任是很伟大的,所以,我们不该枉自悲愤,我们不该以为游行、讲演、抵货,便尽了我们的责任。我们该唤起一般民众,和我们一同工作。民众的工作的力量,我们将会见到,那是几十年来把持着'统治大权'的军阀与官僚所决未梦见的。"

同年10月,《东方杂志》又向全国知名人士遍发通启,提问:"(一)先生梦想的未来中国是怎样?(二)先生个人生活中有什么梦想?"郑振铎以"燕京大学教授"身份作了答问:"人类的生活是沿了必然的定律走去的。未来的中国,我以为,将是一个伟大的快乐的国土。因了我们的努力,我们将会把若干年帝国主义者们所给予我们的创痕与血迹,医涤得干干净净。我们将不再见什么帝国主义者们的兵舰与军队在中国内地及海边停留着。我们将建设了一个伟大的社会主义的国家;个人为了群众而生存,群众也为了个人而生存。军阀的争斗,饥饿,水灾,以及一切苦难,都将成为过去的一梦。这并不是什么'梦想',我们努力,便没有什么不会实现的!而现在正是我们和一切恶魔苦斗的时候!"他的这一回答,在当时共 140 多位知名人士的答问中,是极为突出、极为有力的。鲁迅当时写了《听说梦》一文给予评论,深刻地指出:"虽然梦'大家有饭吃'者有人,梦'无阶级社会'者有人,梦'大同世界'者有人,而很少有人梦见建设这样社会以前的阶级斗争,白色恐怖,轰炸,虐杀,鼻子里灌辣椒水,电刑……倘不梦见这些,好社会是不会来的,无论怎么写得光明,终究是一个梦。"显然,郑振铎就是鲁迅说的"很少"的人之一,他的回答与鲁迅文章的思想完全一致。

1935 年 1 月,有十个教授在《文化建设》杂志上发表《中国本位的文化建设宣言》,并征求全国学界意见。该刊为国民党 CC 系主办的"中国文化建设协会"的机关刊。当时,国民党当局不放一枪把整个东北拱手让给日本以后,又与之签订了《塘沽协定》《何梅协定》,并进行所谓"察东谈判"等,全国人民极为忧愤。而该宣言中居然一字不提迫在眉睫的民族危机。郑振铎敏锐地看到这一点,因此,尽管"十教授"中有与他关系不浅的友人,他还是针锋相对地写出自己的意见,后被该刊删节后发表:"我以为文化问题固然重要,但中国民族本身如何能生存,却是更大的问题。日本的爪牙永远抓住中国,中国便永远没有复兴的可能。现在的问题是如何使中国能脱出日本的爪牙。所以迫切的问题,不是文化的问题,而是生存的问题。我们固然知道,在恶劣的环境下,也能生存。但须用如何的方法谋生存,终是大问题。(中略。)在中国旧文化里,是永远找不到出路,譬如国医国术运动之类,都只是亡国的前一幕的把戏。中国民族的生存必须寄托在新的文化,新的组织上。如何组织民众,如何使民众都有自觉的为生存的争斗心,是今日的急务,而恢复旧文化却是死路一条。"这段文章虽然被作删节,但基本观点仍是完整和清晰的,在当时的讨论与答问中,属于水平极高的一篇。他提到的寄托中华民族希望的"新的组织",当然是指中国共产党及其领导下的革命组织。

上举郑振铎在北平工作时写给上海杂志的三篇答问,在当时都有较大的影响。我们可以看作是他在民族危亡关头交出的三份非常出色的公开的"政治答卷"。因此,他毫无愧色地成为北方进步文化界中心人物,在部分青年中甚至有"南迅(鲁迅)北铎(郑振铎)"的口碑。

郑振铎因为倾向进步,遭到燕大有关当局排挤,最后被"司徒雷登和他的一派的人强迫离开"(郑振铎《许地山选集序》)。1935 年 8 月起,他到上海暨南大学工作,任文学院院长兼中文系主任。此后,他又成为暨大的一面进步的旗帜。当时团结在他身边,或由于他的关系而进校的进步教员,就有周谷城、楚图南、王统照、周予同、张天翼、许杰等等。据当时暨大中共地下支部书记周一萍回忆,他当时经常找郑振铎联系,是党组织重要的依靠对象。他继续积极投身于社会上轰轰烈烈的抗日救亡运动。当时党领导的几次大规模的政治活动他都参加了,如签名于《上海文化界救国运动宣言》等。

1936 年 2 月,郑振铎应上海中学邀请去作讲演,题目为《中国的出路在哪里》。他指出:"要找寻中国的出路,我们须从鸦片战争看起,须从历史的演变和现代的发展推演出来。""我们要拥护完全为民族谋福利的政党与领袖。我们应该无条件的信奉:'大众的力量是最伟大的'。华北义军,此起彼仆,不知有数千百次,然而我们知道他们究竟有多少军火? 由于这一点,我们得以深信中国民族的力量是被压在大众的底下而未发掘出来。所以现在我们中国的急务,即在'唤起民众'与'共同奋斗'!"翌年 6 月,在民族危难更严重的情况下,他把这篇演讲记录稿略作修改,再次发表在 4 日《新闻报》上,并特意在原稿最后加了一句:"我们需要投身于民众,……解放民众,给民众以真的教育,否定本身所属的阶级,来扶植新兴教育的力量!"该文又为美国人主办的基督教刊物《兴华》周刊、南京中央广播事业管理处的《广播周报》、开明书店的《月报》等报刊转载,影响甚大。他说的"完全为民族谋福利的政党与领袖",当然指的是中国共产党及其领袖;而"华北义军",亦是共产党领导下的人民武装。他又一次肯定了人民群众的伟大力量,同时也肯定了"否定本身所属的阶级"的知识分子的重要作用,显示出相当深刻的政治理论水平。

郑振铎当时还参加了反对日本文化侵略的斗争。例如,6 月 28 日他与茅盾、周扬、夏衍等 140 余人联名发表《反对日本〈新土〉辱华片宣言》,强烈抗议日本宣扬强盗政策、侮辱中国人民的影片《新土》在上海公然放演,并要求国民党给人民以自由,"以与日本帝国主义底文化进攻相抗"。

战斗在"孤岛"上

1937 年 7 月 7 日,卢沟桥的枪声响了,中国全面抗战开始。7 月 20 日,郑振铎与张志让等人创办了《中华公论》月刊。8 月 13 日上海遭大轰炸后,第二天《申报》报道郑振铎参与创刊的《救亡日报》,并说该报"文艺由郑振铎、郭沫若、夏衍、茅盾负责"。9 月 1 日,他又参与创刊了《战时联合旬刊》。在最初短短两个月内,他就在这些报刊及其他抗日报刊上发表了几十篇政论与短评,内容包括揭露和控诉日寇侵华罪行,研究如何动员民众、如何扫除汉奸与间谍、如何开展国民外交活动等问题,以及论述战时的文艺政策、教育问题等等。此外,他还发表了许多抗战诗歌。后来,他还主编了"大时代文艺丛书"等抗战书籍。

在反抗日本帝国主义侵略的斗争中,郑振铎继续坚持反对国内顽固势力的原则立场。7月28日,他参与发起了"上海市文艺界救亡协会";10月19日,在该协会与另一个他也参加的"上海战时文艺界协会"联合举办的"鲁迅先生周年纪念座谈会"上,决定成立"文艺界救亡协会"(去掉"上海市",当是意为全国性),郑振铎当场被推选为该协会执行委员。然而过了不久,11月3日,文艺界在新雅酒楼召开座谈会,国民党党棍与特务却突然夺取会场,强行召开另一个同名的"文艺界救亡协会"的"成立会"。郑振铎不愿被利用,当即毅然退场。他当时那种义愤填膺、正气凛然的行动,在巴金、靳以等人后来的回忆文中均有生动的记述。那天,那批党棍、特务等通过了所谓"组织大纲""成立宣言",还无耻地"推选"郑振铎为"常务委员"。为了揭露这一丑剧,郑振铎与郭沫若、田汉等真正的"文艺界救亡协会"的全体执行委员,联名在《大公报》上发表了简短而严正的声明:"我们对于本月三日在新雅成立之文艺界救亡协会并未预闻。"8月29日,郑振铎参与编辑和支持的《救亡日报》《呐喊》《抗战》等报刊被"租界"当局扣留,报童被打,郑振铎与茅盾等人去工部局提出强烈抗议。据"租界"当局说,这是根据国民党上海新闻检查所"公函"开列的单子查禁的,于是,郑振铎又与邹韬奋、茅盾、胡愈之等人联名向国民党中央宣传部发去抗议电,迫使顽固势力有所收敛。

1937年11月,国军撤离上海,日本侵略军进占上海"租界"四周,"租界"成为"孤岛"。这时,郑振铎与中共地下党员胡愈之、王任叔及许广平等人秘密组织了"复社"。该社是抗日文化团体,同时还是一个出版机关。其最主要的不朽功绩是出版了《鲁迅全集》,还有《列宁选集》《西行漫记》《联共党史》等重要书籍。郑振铎是《鲁迅全集》编辑计划的主要起草者。全书二十巨册,于1938年8月一次推出。这是中国革命史、文化史上的一大奇迹和壮举。许广平在《全集》后记中特地提到,整个编辑工作"以郑振铎、王任叔两先生用力为多"。(后来,1941年鲁迅逝世五周年之际,郑振铎又组织出版了《鲁迅三十年集》,共三十册,实际是《鲁迅全集》除去翻译部分的普及单行本。)"复社"一直活动到"孤岛"沦陷后。敌伪一直费尽心机要破获它,郑振铎曾数次遇到危险。

在此期间,郑振铎还积极为党领导的文化界和工商界上层人士统一战线工作出力,出席每周一次的聚餐座谈会,这些聚会还常常在他家里举行。在暨南大学里,他坚决支持爱国学生的抗日救亡活动。周一萍回忆说:"根据江苏省委、学委的指示,我同郑振铎同志建立了经常的联系,随时向他介绍我们的工作和想法,听取他的指导和意见。每一次交谈,他总是以十分兴奋的心情,听取我们的介绍,并给予很高的评价。""他对我们提出的要求,总是尽最大的努力予以支持。1938年,一位进步同学,用周方的笔名,在学协机关刊物《学生生活》上,写了一篇揭露暨南大学压制学生救亡活动的文章,触怒了学校的国民党分子,要对她进行严厉处分,还企图通过这个'突破口',找出党组织、学协的领导成员。我受党组织的委托,请他给以帮助,他当即欣然答应了。经过他多方面的努力,终于把这件事平息了下来,保护了一批进步学生。"(《疾风劲草识良师》)

　　1938年2月,胡愈之等借沪江大学名义,创办了"上海社会科学讲习所"(后改名"上海社会科学专科学校")。该校为上海四周的抗日游击队和新四军培养与输送了一批干部,当时报纸上就有文章称它为"上海的抗大"。郑振铎是讲习所的主要教师之一,为学生上文学史和文学理论课,并参与领导工作。当沪江大学校长、他的好友刘湛恩被敌伪暗杀后,他毫不畏惧,继续坚持授课。1939年1月,原讲习所学生干部、共产党员、江苏启东崇明地区抗日游击队政委王进和游击队长瞿犊惨遭杀害后,郑振铎与讲习所另一位教师严景耀(雷洁琼丈夫)一起写了悼文《我们最勇敢的民族战士》,赞颂了自己的好学生。连远在南方的香港大学的陈君葆也听说了他们的英勇行为,在日记中赞叹:"他们担任讲学的,大声疾呼,愤慨激昂,但也不怕敌人的来拿。虽然刀锯鼎镬,他们是早不存放在心坎里了。"

　　在"孤岛"上海的四年里,郑振铎还默默地为祖国做了一件非常了不起的值得子孙后代永远感激的大事,那就是在劫火中全力抢救了许多极为珍贵的古籍珍本、民族文献。他在1940年7月茅盾主编的《文阵丛刊》创刊号上,曾发表论文《保卫民族文化运动》,编者在《编后记》中说,这是"向战斗的文化人发出一个似乎迂远而其实是急迫的呼声"。而在抗日战争中最早如此自觉如此急迫地提出这一口号的,就是郑振铎!

　　当时,日、美等帝国主义分子及汉奸都在掠夺、搜买、毁坏这些珍贵古籍,美国国会图书馆东方部主任还得意地声称:"极可珍贵之中国古书……现纷纷运入美国……预料将来研究中国史学与哲学者,将不往北平而至华盛顿,以求深造。"见到这种情形,郑振铎忧心如焚。一开始,他是倾自己全部资金收购有关古籍,但是个人的财力实在不够。1938年5月,他历尽艰辛,千方百计通过各种关系促使重庆教育部当局收购了极其珍贵的《脉望馆抄校本古今杂剧》。这是他为公家购书的开始。他也从中得到启示,于是,在 1939 年底,他联络了沪上著名文化耆宿张元济、张寿镛、何炳松等人,多次联名给重庆当局发急电,要求拨款抢救民族文献。郑振铎起草的恳切陈词不仅获得了当时教育部、中央图书馆爱国人士的赞同,甚至也打动了更高当局(有史料显示,此事一直通到"最高国防会议"),终于争取到从国库中拨出钱来用于抢救性购书之用。郑振铎等人立即秘密成立了"文献保存同志会",他亲自起草了《办事细则》,随后他便以崇高的献身精神,夜以继日地从事这一神圣的爱国工作。

首先,他是冒着生命危险坚持在上海做这一工作的。当时,上海的局势越来越险恶,大多数文艺界人士都已撤退到后方去了。就在他开始准备进行这项工作时,他得到敌人已将他列入黑名单,准备下毒手的情报,被迫紧急转移。次日,他对好友周予同说:"我辈书生,手无缚鸡之力,百无一用,但却有一团浩然之气在。横逆之来,当知所以自处也。"当时,日本的文化特务正到处打探他的行踪,有几次甚至在书店里碰到,差一点被认出来。郑振铎后来回忆说:"从'八一三'以后,足足的八年间,我为什么老留居在上海,不走向自由区去呢?时时刻刻都有危险,时时刻刻都在恐怖中,时时刻刻都在敌人的魔手的巨影里生活着。然而我不能走。许多朋友都走了,许多人都劝我走,我心里也想走,而想走不止一次,然而我不能走。我不能逃避我的责任。……我要把这保全民族文献的一部分担子挑在自己的肩上,一息尚存,决不放下。"(《求书日录》)

其次,他是背着被坏人诬陷和造谣,被朋友误会和怀疑的"黑锅"而坚持这一工作的。为了不让敌人发觉这一工作,他决定除了少数几个与此事有关的人员外,严格保密。在书贾面前,他只打着为光华大学、暨南大学等单位购书的名义。连亲密的朋友,不管在内地还是在上海,都没有告诉他们。他不仅几乎停止发表文章,甚至还闭门谢客。这样,谣言与误会也就不可避免。例如,靳以便在内地听到有人说他"可能气节有亏"云云。靳以相信他的人格,立刻气愤地加以驳斥;然而直到郑振铎逝世后,靳还以为他当年是"懒于写信",而不知道他是为了抢救文献、为了保密而不写信的。后来,郑振铎除了在抗战胜利后发表的《求书日录》中说明了这一真相外,也没有向朋友们一一解释。甚至挚友叶圣陶也是直到很多年以后"才知道他为抢救文化遗产,阻止珍本外流,简直拼上了性命。当时在内地许多朋友都为他的安全担心,甚至责怪他舍不得离开上海,哪知他在这个艰难的时期,站到自己认为应该站的岗位上,正在做这样一桩默默无闻而意义极其重大的工作。"(《〈西谛书话〉序》)

他在做这一工作时,真正达到了"大公无私"的精神境界。关于这方面的情形,他后来发表的部分《求书日录》,幸存下来的他当时致张寿镛的二百多封信,以及保存在台湾的他当年致中央图书馆的书信、报告中,有着极生动的自叙。这里仅引一段以见一斑:"我辈自信眼光尚为远大,责任心亦甚强,该做之事决不推辞。任劳任怨,均所甘心。为国家保存文化,如在战场上作战,只有向前,决无逃避。且究竟较驰驱战场上之健儿们为安逸。每一念及前方战士们之出生入死,便觉勇气百倍,万苦不辞。较之战士们,我辈之微劳复何足论乎!"

当年故宫博物院古物馆馆长、著名文献学家徐森玉,在 1941 年 1 月 20 日致重庆的中央图书馆馆长蒋复璁的信中说:"谛兄(按,即郑振铎)爱书如命,此番为铺中(按,暗语,指央图)网罗遗佚,心志专一,手足胼胝,日无暇晷,确为人所难能。且操守坚正,一丝不苟,凡车船及联络等费,从未动用公款一钱,尤堪钦佩。渠家徒壁立,食指众多,入不敷出,拟请先生为谋津贴若干,以酬其劳。此节系柏公(按,指何炳松)提议,谛兄本人并无此意,由弟作函奉恳,想蒙誉纳也。"郑振铎得悉此事后,在感谢之余,峻词谢绝。2 月 26 日,他致蒋复璁信说:"殊使弟深感不安,为弟之立场计,不能不慎重声明素志。盖顷从某友许获悉森公曾去函尊处,述何先生意,欲按月付弟以若干报酬。此事殊骇听闻!弟事先毫不知情,……弟束发读书,尚明义利之辨,一腔热血,爱国不敢后人。一岁以来,弟之所以号呼,废寝忘餐以从事于抢救文物者,纯是一番为国效劳之心。若一谈及报酬,则前功尽弃,大类居功邀赏矣,万万非弟所愿闻问也。……书生报国,仅能收拾残余,已有惭于前后方人士之喋血杀敌者矣。若竟复以此自诩,而贸然居功取酬,尚能自称为'人'乎?望吾公以'人'视我,不提报酬之事,实为私幸!"当时后方人士看到此信,无不热泪盈眶。

坚持到最后胜利

1941 年 12 月 8 日,上海"孤岛"突然沦陷。郑振铎在暨南大学坚持上完"最后一课",那庄严的情形在他后来写的《蛰居散记·最后一课》和学生的回忆中有生动的描述。他主持的抢救图书的秘密活动也被迫戛然停止。12 月 15 日,日本宪兵队逮捕了许广平,妄图将坚守在上海的进步文化人一网打尽。第二天,郑振铎便被迫离家躲避。他后来在《求书日录》中说:"这时候我颇有殉道者的感觉,心境惨惶,然而坚定异常。"这时,他还写下了

"遗嘱",密封后交给好友王伯祥,嘱咐一旦出事便拆看料理。从此,他一个人在外度过了整整四年隐姓埋名的生活。他甚至无意中潜居在虎窟之旁——大汉奸周佛海一处豪宅的后面。在这整整四年中,我们只见到他在1943年9月,在桂林出版的叶圣陶主编的《中学生》杂志上,发表了唯一的一篇文章《悼伍光建先生》。在这篇文章中他说:"一个国家有国格,一个人有人格。国之所以永生者,以有无数有人格之国民前死后继耳。……狐兔虽横行于村落中,但鹰鹗亦高翔于晴空之上。"

今从保存在台湾的有关档案看,"孤岛"沦陷以后,郑振铎仍曾试图与在重庆的央图秘密联系,想争取经费,继续为国家抢救图书。只因环境和条件实在太险恶,未能如愿。他后来说:"在这悠久的四个年头里,我也曾陆续地整理了不少的古书,写了好些跋尾。我并没有十分浪费这四年的蛰居的时间。"例如,他还偷偷地影印了《长乐郑氏汇印传奇》《明季史料丛书》等书,简直难以想象。

在这四年隐居期间,他与中共地下组织也保持着一定的联系,例如,1944年6月,他就在地下党同志的安排下,秘密探望了重病中的邹韬奋。在这整整四年中,他虽然不能公开活动,但正像胜利后一位青年人(王季深)文章中说:"振铎先生是逆流中的一根无形的砥柱,寓有为于无为之中,表现了中国文化人的真精神。"(郭天闻《郑振铎论》)

郑振铎在黑夜中一直坚持到了黎明。抗战胜利后,中华全国文艺界抗敌协会致郑振铎等人的慰问书中高度赞扬:"在敌人包围之中,继而在敌人的直接的屠杀威胁之下,不屈不挠,备尝辛苦,为中华民族保存了崇高的气节!"解放区作家们也写来了热情洋溢的慰问信:"我们简直不能想象,你们这几年是怎样坚持过来的。在暗无天日的暴敌统治之下,你们像一盏孤灯,独守在漫漫的长夜,不顾一切地面对生命的与生活的血淋淋的威胁,为民族为文化保持了崇高的气节与传统!"

胜利后,郑振铎积极参加了"清理战时文物损失委员会"的工作,指导有关人员编写了《中国甲午以后流入日本之文物目录》。还在自己主编的《民主》周刊上发表《日本国民之再教育》,在"陆军第三方面军上海日侨管理处"主办的《导报》半月刊上发表《日本今后该走的路》等政论。这些文章,至今还有着现实意义。

(2015)

郑振铎与上海
——不该忘却的纪念

在国家文物局、故宫博物院、上海有关部门及福寿园的领导的英明决定和大力支持下,在郑振铎先生诞辰 115 周年、为国牺牲 55 周年之际,在我们上海,终于树立了一座郑先生的铜像。郑先生和同机殉难的烈士们的集体陵墓,半个世纪前由国家设立在首都八宝山革命公墓;现在,在上海又建造了郑先生的衣冠冢。这样的安排非常好,非常令人欣慰! 可以让我们上海人来凭吊,来纪念和缅怀郑先生。作为一个郑先生的崇敬者和研究者,我非常感谢国家文物局领导、故宫博物院领导、上海有关部门领导和福寿园的领导。我也非常感谢郑先生的家人让我以一个郑先生的研究者、崇敬者的代表在这个庄重的场合讲几句话。

郑振铎先生为我们国家、民族,为中华文化,也为我们上海,作出的贡献实在太多了,在这里我要用三言两语来讲述,是很难的。我就简单说说郑先生与我们上海的关系。郑先生原籍福建长乐,出生于浙江永嘉(今温州)。他在北京读大学,参加五四运动,1921 年春,毕业后到上海工作,直至 1949 年春上海解放前夕离沪,其间除了 1927 年大革命失败后被迫出国避难约一年,1931 年 9 月后去北平工作约三年半以外,基本上都是生活和工作在上海的。他一生中住的时间最长的地方,就是我们上海。他是真正的老上海,与上海有不解之缘。

1921 年到 1931 年,郑先生主要在上海商务印书馆工作,是"文学研究会"的领军,与沈雁冰(茅盾)、叶圣陶、胡愈之等人一起,开创了文学研究会一段生气勃勃的历史。他主编当时最核心的文学刊物《小说月报》、最有名的文学报《文学旬刊》和数量最多、内容最丰富全面的"文学研究会丛书"等,成为全国文坛祭酒人物。他提出"血和泪的文学"等进步文学口号,影响巨大。他还在共产党主持的上海大学任教。五卅反帝运动时,他主编了《公理日报》,随即配合中共第一份日报(瞿秋白主编的《热血日报》)进行了英勇的斗争。大革命时期,他是上海商务印书馆的工会领袖之一,并发起组织

"上海著作人公会"。四一二反革命政变后,他大无畏地领衔公开发表致国民党的抗议信。周恩来后来对此作过高度的评价。他被迫出国避难时,仍然遥领着上海《小说月报》的主编名义。一年后回国,他发起成立"中国著作者协会",为"中国左翼作家联盟"的前身组织。1930 年代,他是以鲁迅为旗手的左翼文艺队伍中的一员大将,在上海创刊主编了全国最核心的文学刊物《文学》月刊和影响巨大的《世界文库》等,还担任上海暨南大学的文学院院长,并在上海复旦大学等校任教授。他在北平创办主编的《文学季刊》,后来也转到上海出版;他即使人在北平,也仍遥领着上海《文学》月刊的主编。

抗日战争时期,包括上海沦陷后,他一直坚守在上海。上海"孤岛时期",他是"上海文化界救亡协会"领导人之一,参与主编《救亡日报》。他在党的领导下,与胡愈之、王任叔等创办"社会科学讲习所",并亲自上课。该讲习所当时被称为"上海的抗大",为地下党和新四军培养了一批干部。他是编辑出版《鲁迅全集》的最主要的负责人之一,在最危急的年头创造了出版史上最伟大的奇迹!他还主编了"大时代文艺丛书"等。"孤岛"后期,他还与沪上著名老学者张元济、张寿镛、何炳松等人,秘密发起组织"文献保存同志会"。他冒着生命危险,在第一线主持抢救和保护在侵略战火中极其危险的我国珍本古籍的秘密工作,为中华民族立下殊勋。

抗战胜利后,他因抗战时期抢救文献成绩异常卓著,被国民政府教育部任命为"战区文物保存委员会上海办事处"和"京沪区教育复员辅导委员会"委员,及"教育部京沪区特派员办公处"秘书。他与著名老学者徐森玉等,负责接收日伪在上海及周边地区的文化机构、资财、档案、图书等工作。同时,他是"中华全国文艺界协会上海分会"的主持人,并是该全国文协的负责人之一。他在上海创刊主编了全国最大的文学核心刊物《文艺复兴》月刊。在国共内战中,他坚定地站在共产党和人民的一边,还在党的领导下主编革命刊物《民主》周刊等,英勇无畏地参加了民主运动,并参与发起成立民主党派"中国民主促进会"。

新中国成立前夕,他听从党中央的安排,到北平(北京)工作,任全国政协文教组组长、文物局局长、中国科学院文学研究所和考古研究所两个所的所长、文化部副部长等重要职务。他人在北京,仍然非常关心上海的文化建设事业。建国初,他是中央人民政府华东工作团文教组组长,到上海负责接收国民党政府各文化单位、人员、资财、档案、图书等工作。后来,他经常到上海来视察文化工作,并作出过重要指示和贡献。例如,上海鲁迅纪念馆、上海图书馆和上海博物馆的创建,他都是最重要的推动者和决策者之一;上海著名文学刊物《收获》的创刊,他也是发起人和编委。

因此,我们上海人民是不能忘记郑先生的,也是不应该忘记郑先生的!

然而,令我不解和悲愤的是,有些人就是忘了郑先生!举个例子来说,在上海某个区,近年就将郑先生的两个故居都拆除了(其中一个故居的拆除是我在报纸上作过介绍、并将报纸交给该区文化局领导以后),事先没有做过什么调查和论证。不仅如此,仍是这个区,离郑先生故居不远的地方,该区却一连两次为抗战后期在敌占区出名的不洁文人、附逆文人张爱玲修整了两处"故居"(其中一处根本就谈不上"故居"),以区政府的名义为"张爱玲故居"两次挂牌,有关单位在国家举办世博会的时候还试图将"张爱玲故居"傍到八竿子打不着的世博会上去,有关干部还在未报文物部门批准之前就在报纸上傲然宣布要列为"文物保护单位"!这是何等鲜明的对照!这也是对"文物"的莫大的讽刺和侮辱!我们知道,"文物保护单位"这个专有名词,就是郑先生提出来的,或者说,是他领导的国家文物局最早提出来的。郑先生的故居没有被作为文物保护单位保护下来是极大的遗憾,而张爱玲的所谓"故居"却曾由区政府的名义挂牌,还有官员在媒体上公然声称要成为"文物保护单位"——这就是我们今天所处的特殊的文化背景之一。想到这些,我们就可以更加深切地体会,今天在这里为郑先生铜像揭幕,是多么有意义的正能量的一种体现!

我又很想强调一下,今天我们在这里为郑先生立铜像的时机。最大的时机,当然就是在我们党的十八届三中全会刚刚开好以后。是我们中国人民认清目标,重整步伐,继续前进的关键时刻。我再举一个小的例子,与我所在的单位相类的北京外国语大学,有十几个女生用她们的照片和宣传牌发表所谓"阴道独白"。我是研究文学史的,此前我唯一看到过张爱玲在新中国成立后在域外发表的污蔑抗日烈士的小说《色戒》中,出现过"阴道"这个词;没想到现在的女大学生,可以公然举着写着"阴道"的牌子出现在网上,而她们学校的领导竟说没什么问题。至今,教育部门对这样"惊世骇俗"的事情也没有任何表态。这真是体现了教育改革的"成果"啊(加引号的)!由此,我们也就可以更加深切地体会到我们今天聚集在这里,为郑先生铜像揭幕,缅怀郑先生,是多么有意义的正能量的一种体现!

伟大与卑鄙从来就是相对立而存在的,由卑鄙而更显出伟大。郑先生是一位伟大的爱国者。我们崇敬和热爱郑先生的人,当然也都是爱国者,革命的理想主义者。今天,我特别深为感动的是,国家文物局元老、九旬高龄的谢辰生老同志,老党员,抗美援朝志愿军老战士,千里迢迢扶病赶来参加这个仪式。谢老就是一个革命的理想主义者,近年来,他与一些破坏、倒卖文物的恶势力作着坚决的斗争。他挺身而出,慷慨激昂,勇于讲真话,讲捍卫国家利益、民族利益的话,铁骨铮铮,影响巨大,令人钦佩! 谢老不愧为郑先生的学生和部下! 我们从他身上看到了郑先生的精神的闪光!

今天,我们站在郑先生铜像前,心里立下誓言,就是要继承和发扬郑先生的爱国精神,为国家,为民族,做好自己的本职工作,来告慰郑先生等前辈!

（2013）

郑振铎与香港出版文化

郑振铎先生是民国时期著名的编辑出版家。他虽然在香港生活和逗留的次数和时间并不多,但他与香港的出版文化有过密切的关系,并促进了上海等内地文化出版界与香港文化出版界的联系。可惜有关事实湮没甚久,本文就笔者所知的史料作一番梳理,希望有研究者补充,并认为这些史实应该载诸香港文化史。

一

郑先生一生主编出版过很多报刊和丛书,大多远销至香港。特别是他曾经工作过的商务印书馆,在香港就设有分馆。别的不说,只要举 1922 年他主编的小小的儿童文学刊物《儿童世界》周刊,在版权页上就可以看到印有该刊在港澳等地的代销处。

郑先生第一次踏上香港的土地,是在 1927 年。那一年他因为参加了反对蒋介石背叛革命的政治活动,大革命失败后被迫出国躲避。5 月 24 日,他乘船路过香港,曾与同船的两个朋友上岸一游。他首先想去的就是商务印书馆的香港分馆。"我们先去找皇后大街,上山又下山,问了许多人,方才找着,因为要到商务去。到了商务,却双扉紧闭着,原来今日是英国的 Empire Day,所以放假……"① 当然,这次他与香港文化出版界没能有什么联系。1935 年 9 月,他最亲密的友人许地山到香港大学工作,此后他与香港的文化界的关系也密切了起来。

郑先生真正与香港出版文化界关系密切起来,是在抗日战争前期的上海"孤岛"时期。

1937 年 11 月,日军侵占了上海四郊和苏州河以北地区、南市和沪西,仅市区的英美"公共租界"和"法租界"未被占领,形同苦海中的孤岛。上海刚沦为"孤岛"的 12 月 4 日,郑振铎与许地山、瞿世英、徐森玉、林语堂、马鉴、马衡、袁同礼、汤用彤、贺麟、简又文等二十人（很多都生活在香港）发表宣言，发起成立"中国非常时期高等教育维持会"。该宣言经香港新闻检查当局"检查"并删节后，发表于 5 日香港出版的《大众日报》上。②

1938 年 1 月 30 日，郑先生在沪最亲密的友人胡愈之及张宗麟，致信在港的沈钧儒、邹韬奋、章乃器，提到他们最近正在组织翻译美国记者埃德加·斯诺报道中国共产党和工农红军长征的《西行漫记》一书，"二月十五日可以出版，一千五百本已预约出去"。还提到打算出版《鲁迅全集》和筹办了社会科学讲习所。③这些工作，郑先生都是主要负责人之一。2 月 20 日，胡愈之到香港，主要就是为了有关《鲁迅全集》的出版发行工作。二十巨卷的《鲁迅全集》，是 6 月至 8 月在上海陆续出版的。鲁迅夫人许广平曾指出，整个编辑工作"以郑振铎、王任叔两先生用力为多"。郑先生是编辑计划起草者之一，并撰写了总说明等。《鲁迅全集》《西行漫记》等书的出版和在香港的发行，对香港的文化出版界具有重大的影响。皇皇巨著《鲁迅全集》的问世，是中国出版界在抗战前期极端困难的情况下最伟大的贡献！

3 月 17 日，香港陈君葆先生参加了与自沪来港的茅盾、梁士纯等人的座谈会，了解了郑先生等人的这些工作后，他在日记中钦佩地写道："虽然刀锯鼎镬，他们是早不存放在心坎里了。"

二

1938 年 5 月，郑先生在上海为国家抢救购致了一部极其珍贵的《脉望馆抄校本古今杂剧》。这部古书包括抄本、刻本的元明杂剧共 242 种，其中一大半是湮没散佚已久的。郑先生后来说："我为此事费尽了心力，受尽了气，担尽了心事，也受尽了冤枉，然而，一切都很圆满。在这样的一个动乱不安的时代，我竟发现了，而且保全了这么重要、伟大的一部名著，不能不自以为踌躇满志的了！中国文学史上平添了一百多本从来未见的元明名剧，实在不是一件小事！……这是我为国家购致古书的开始。"（《求书日录·序》）郑先生又说："这个收获，不下于'内阁大库'的打开，不下于安阳甲骨文字的出现，不下于敦煌千佛洞抄本的发现。"（《劫中得书记·新序》）

为购此书，郑先生当时曾多次与在香港的北平图书馆实际负责人、副馆长④袁同礼联系。书购得后，又通过张元济与商务印书馆在香港的负责人王云五反复联系选印事宜，克服重重困难，直到三年后的 1941 年，才正式出版了线装排印本三十二册《孤本元明杂剧》。这在中国出版史上,也是一件大事。

三

1938 年 6 月,几乎成了文艺沙漠的"孤岛"上海,忽然创刊了一份《文艺》月刊(后改为半月刊)。这是上海的中共地下组织支持创办的,并得到郑先生的帮助。当时与郑先生联系的就是他任教的暨南大学的学生、中共暨南大学支部书记周一萍。他不仅与小周仔细商量了各种具体问题,而且在自己手头并不宽裕的情况下资助了一笔款子。每一期刊物他都认真阅读,提出指导意见。其中鲁迅、高尔基的纪念特辑等,便是他提议编的。该刊也远销至香港,当时在港的茅盾就看到了,不禁又惊又喜,曾在港发表文章给予高度评价。

郑先生还在十分困难的环境下,与王任叔、孔另境等人组织了一个"上海作者协会"。该协会编辑出版了《鲁迅风》杂志和"大时代文艺丛书",都发行至香港。孔另境还协助姐夫茅盾主编《文艺阵地》半月刊。茅盾在香港编选好稿子后,派人秘密带往"孤岛"上海,在沪编排、付印,然后再将刊物运到香港,转发内地和南洋。1939 年 1 月后,茅盾去新疆,由楼适夷代行编务,后该刊又随楼适夷转移至沪,在半地下状态中编辑出版,仍寄往香港。在上海公开发行的该刊改名为《文阵丛刊》。后又在重庆继续出版。连续坚持了 6 年之久。郑先生是该刊的重要支持者。1940 年 6 月 25 日,郑先生为该刊写了重要文章《保卫民族文化运动》,号召爱国的文化工作者"要在这最艰苦的时代,担负起保卫民族文化的工作"。该刊在《编后记》里感谢郑先生"在万忙中写的论文,他向战斗的文化人发出一个似乎迂远而其实是急迫的呼声"。在当时中国,郑先生是第一位发出这样一个急迫的呼声的人,也几乎是唯一的一位。

四

当时,郑先生的很多朋友都转移去了香港和内地。当"孤岛"的环境越来越危险时,他本来也可以离开,而且亲戚、朋友都劝他走。1938 年暑假时,他还为暨南大学招生的事去了一趟香港,住了近一个月(这是他在港逗留时间最长的一次），与茅盾等人多次见面。茅盾也很希望他留下来从事抗战文化工作。但他丢不开上海"孤岛"这块阵地。尤其是当他看到李圣五、樊仲云、梅思平、朱朴之这些过去在上海的朋友，此时都在香港算命问卜、消极堕落的情形后，便更坚定了回上海去工作的决心（这几位"朋友"后来都背叛了祖国）。

8月1日下午，香港大学中文学会开会，欢迎近日来港的郑振铎及冰心、吴文藻。胡希德主持，郑先生讲了话。8月13日，郑先生又在香港纪念上海"八一三"抗战的会上，作了《历史的教训与我们的工作》的讲演。他提到，外边的人只知道上海很恐怖，"其实工作有许多，我们要各方面去工作，同时采用各种形式，在某种环境下，我们便应该采用某种形式，例如在上海，……各种抗日工作仍在积极的暗中进行着"。讲演记录后登载在22日香港《大众日报·火炬》上，鼓舞了香港的文化工作者。

五

郑先生在抗战前期最了不起的壮举，是冒着极大的风险，在敌寇的眼皮底下，在侵略炮火中，为国家、为子孙后代秘密地大量地抢救民族文献、珍本图书。而此事亦与香港有关。

1940年1月7日，在香港的蔡元培先生在日记中记道："午前，仲瑜偕蒋慰堂（复聪）来。慰堂在中央图书馆服务甚久，现在渝仍积极进行，此行由港往沪，拟收买旧本书，在港托叶玉甫，在沪托张菊生，闻瞿氏铁琴铜剑楼、刘氏嘉业堂、邓氏群碧楼之书，均将出售。"蒋复璁（按，蔡元培写错一字）为1920年代初与郑先生一起发起组织"文学研究会"的蒋百里的侄子，时任中央图书馆筹备处主任。这次蒋复璁从重庆来港，"由港往沪，拟收买旧本书"，正是缘于郑先生此前给重庆有关当局的函电。

蔡元培日记说"在沪托张菊生"，张菊生年辈最高，但实际此事是由郑先生总负责的。1939年底，郑先生在上海联系商务印书馆元老、时任商务董事长张元济（菊生），私立光华大学校长张寿镛（咏霓），国立暨南大学校长何炳松（柏丞）等人，由郑先生起草，联名给重庆当局多次写信和发电报，痛陈江南文献遭劫的危急状态，指出其严重后果，强烈要求当局拨款予以抢救。据蒋复璁回忆：重庆当局收到他们的电函后，想到"国立中央图书馆在战争爆发前，承中英庚款董事会拨助建筑费法币百余万元，未及动用，而因乱迁移。于是中英庚款董事长朱家骅先生开示于余，以为长期抗战，币值必将贬落,如俟还都建筑,则所值无几,不如以之购置图书,既足以保存国粹,又使币尽其用,诚两利之术。时值教育部长陈立夫先生出巡在外,顾毓琇先生以次长代理部务,亦深韪其议。及立夫先生返部,力赞其事。余奉命至上海,与诸君晤商,收购散佚之珍本图书"(《涉险陷区访"书"记》)。

蒋复璁此时先到香港,与中英庚款委员会董事叶恭绰(玉甫)面商,决定购书经费以四十万元为限,以三分之二款给上海,三分之一给香港,同时采购。后来,在港采购的书并不多,而购书经费又一次次增加,绝大部分都用于沪地购书。郑先生等人还正式组成了一个"文献保存同志会"⑤,又通过在香港的叶恭绰,这位他早年在北京铁路管理学校读书时即见过面的当时的交通总长,借得爱文义路(今北京西路)觉园内的"法宝馆",作为同志会的办事处与书库。同志会的购书款,都是通过香港转汇至上海的。

郑先生他们秘密抢救了一年多以后,本来计划在1941年4月底基本结束这一工作,郑先生也打算撤离上海去香港;但重庆却发来密电,表示愿意增加拨款,希望他们再继续下去,再多购一些书。他在5月21日化名致蒋复璁的密信中说:"近正办理清结,故零购部分已不再继续。……运货(按,即运书)事,正积极设法。但总须犀(按,郑振铎的化名)赴港一行,以便决定如何办理。总之,以慎妥为主。俟运货事告一段落,犀当内行(按,即赴重庆)一次,面罄一切。陈股(按,指陈立夫教育部拨款)欲增加股款,扩大营业,闻之甚喜!'中庚'股(按,指中英庚款董事会)曾来一'佳'(按,即9日)电,亦有此意。诸股东关怀文献,钦佩无已!……我辈自不敢辞劳,本'保存'之初衷,尽应尽之责也。"翌日,他在致张寿镛的信中又说:"诸股东对购书事,意兴似甚浓厚。我辈本为保存文献起见,再辛苦一番,似亦应尽之责。如能将芹伯、瞿氏、潘氏、杨氏诸家一网收之,诚古今未有之盛业也,固不尽收拾'残余'于一时已!"这样,他又毅然一再推迟离沪日期,继续为国家抢救劫中的图书了。

但是,战争的形势越来越严酷,坏消息一个又一个地袭来。为了预防万一,7月24日,他首先把最珍贵的可列入"国宝"的八十多种古书装在两个箱子里,乘徐森玉⑥去香港之际,托徐先生亲自带去。其余的一部分明刊本、抄校本等,已陆续装箱邮寄到香港大学,请挚友许地山及马季明负责收下,均存放在陈君葆负责的港大冯平山图书馆,然后再设法寄往重庆或运到美国庋藏。许地山为此也付出了辛勤的劳动。不料,8月4日,许先生因心脏病发作,不幸逝世!消息传来,他悲痛异常,不仅失去二十多年的老友,而且也失去了抢救文献的一个重要的战友。

他又准备亲自携带一批书去香港。8月6日,他在给张寿镛的信中谈了预支旅费的事,12 日的信中又说大约在 20 日走。但是,紧张的抢救收购工作,使他又一次义不容辞地坚守在上海。然而,此时在香港却有人传言他去香港,是想去补许地山在港大的职位。据陈君葆日记,8 月 15 日晚,宋庆龄在香港私邸请陈君葆等人吃饭(商量"保卫中国同盟"之事)时,陈翰笙便对陈君葆说:"郑振铎欲谋这位置也未始不可能,但他若进来,一定会把事闹得不可收拾为止。"陈君葆写道:"这样看来,他很反对郑,不晓得甚道理。"这种流言"以小人之心度君子之腹",确实毫无道理。12 月 8 日,太平洋战争猝然爆发,日寇同时进攻上海"孤岛"和香港。郑先生他们抢救文献的活动被迫突然停止。郑先生为了保护留在上海的那批书,也没有离开上海。

但是,在这不到两年的时间内,他们为国家、为子孙后代做了一件极伟大的好事。正如郑先生后来说的:"我们创立了整个的国家图书馆。虽然不能说'应有尽有',但在'量'与'质'两方面却是同样的惊人,连自己也不能相信竟会有这末好的成绩!"(《求书日录·序》)蒋复璁后来也说过,台湾的中央图书馆(后又改名"国家图书馆")的善本书库,几乎全是由上海抢救收购的。1953 年,胡适在台湾写信给在美国的杨联陞,激动地说:"中央图书馆在抗战初期所买书,甚多宝贝!"

六

还令人感动的是,由于同志会诸人不仅都是著名学者,又都是著名的编辑出版家[7],所以郑先生在抢救文献的同时,又很自然地想到:何不将这些珍贵的古书挑选一点影印出版呢? 1940 年 5 月 3 日,他在给张寿镛的信中便提到所购的罕见的晚明史籍和抄本,说:"这类史料书,不仅应传抄,实应流布人间也。俟集合数十种后,当汇为一丛书,与商务(印书馆)一商,设法刊行。"9 月 26 日的信中说:"《晚明史料丛书》第一集目录已拟就。"这时,何炳松提出一个意见,认为丛书不必仅限于"晚明",而且晚明史料过于凄楚,无"兴国气象",拟多选有"兴国气象"之书加入。郑先生完全同意何炳松的这一意见。因为,他们当时影印古籍,除了为化身千百,保存文献,以击破敌人亡我文化的罪恶企图外,同时也正是为了发扬我中华民族反抗侵略发愤图强的历史传统,来激励国人的抗战斗志。因此,郑先生将丛书定名为《玄览堂丛书》。"玄览"语出《老子》所云"涤除玄览"。河上公注曰:"心居玄冥之处,览知万物,故谓之玄览。"可知"玄览"为深刻地观察世界万物的意思。又,陆机《文赋》云:"伫中区以玄览,颐情志于典坟。"郑先生他们当时是为"中央图书馆"买书,所以取"伫中区(即'中枢')以玄览"的意思。郑先生影印此书,可能也得与商务印书馆在香港的办事处联系的。后来,约在1941年6月,由精华印刷公司(当是商务印书馆在沪印刷厂的化名)影印出版了该丛书第一集,共十大函,120册,收有关明史的珍贵古书、抄本共24种,前有他化名"玄览居士"写的序。从此,这便成为他的一个笔名,"玄览堂"也成为他的书斋名了。《玄览堂丛书》后来还有续集和三集。

1941年1月17日,他致张寿镛的信中又提到,因为所购古籍多而精,且较专门,似可考虑编纂一部《明史长编》,并重编《全唐诗》。他说:"得书不易,应用尤难。我辈如能在短时期内,尽量应用所得书,则诚不虚此番购置之苦心矣。我辈对于'学问',野心甚大,每苦时力不足以赴之。姑妄言之,未必有成也。然'自古成功在尝试'。此两大工作,安知必不能成为'事实'乎?"他并具体地谈了编撰《明史长编》的初步设想,拟分为列传、本纪、表志等,并加关于"倭""辽"诸役的史料。可惜在当时那样危险、艰苦的环境下,这两大工作最终未能成为事实。但郑先生的这种出版文化精神,难道不永远令后人感动吗?

七

这里还应写到郑先生他们寄存香港的那批书的下落。

上海"孤岛"和香港相继沦陷后不久,1942年1月12日,郑先生便化名"犀",冒险给重庆的蒋复璁写了一封隐语信:"此间八日后,秩序安宁如常……全家大小,均甚安吉,堪释远念。港地亲友,因消息隔绝,毫无音讯,最为罣念不安。玉老及马季二位,不知近况如何?积存各物,不知已否先期离港?便中尚恳示知一二为荷。弟在此,已失业家居,终日以写字读书为消遣,尚不甚苦闷。近拟笺注季沧苇及汪阆源二家藏书目录,亦消磨岁月之一法也。"信中说的"八日后",当然就是"一二·八"太平洋战争爆发以后;"全家大小"指在沪文献保存同志会诸同人;"玉老"和"马季"则是在港负责接收和保管他们从上海运去的图书的叶恭绰、马季明;"积存各物"当然就是那批书了。可见身处危境的他,此时最放心不下的是什么。

26日,他又化名"犀"致蒋复璁隐语信:"前上一函,谅已收到。此间一切安宁,家中大小,自莛翁以下均极健吉,堪释远念。家中用度,因生活高涨,甚为浩大,但尚可勉强维持现状耳。现所念念不释者,惟港地亲友之情况耳。公是一家,是否平安无恙,尤为牵肠……一家离散至此,存亡莫卜,终夜彷徨,卧不安枕……致圣翁一函,乞代转致。"这是他在未能得到重庆方面回信时,再次冒险写信联系。信中的"菦翁"当指张元济;"公是一家"指为公家所抢救下来的那批善本书;"圣翁"就是徐森玉。他的这两封信,都是托当时在邮局工作的朋友设法避免敌伪检查而寄出的,蒋复璁也都是收到的,现今仍保存在台湾的"国家图书馆"里。

寄存香港的这批书,大致是从 1941 年 6 月起,分批邮寄或托人带往的。又因香港也不安全,便打算再从香港转运到美国保存。[8]郑先生非常担心这样辗转长途寄运会不会丢失,所以强烈提议必须在每本书上盖章。5 月 21 日,他给重庆蒋复璁的信中便提到:"'善本书'所用印鉴,已请森公(徐森玉)托王福庵刻'玄览中区'四字,甚佳。兹附上印样,乞存案备查。"又据陈立夫回忆,在沪托王福庵刻一章以外,还在港复刻六个章。除了有的书在沪就盖了章以外,大量的书是在港盖的章,"历时三月,方克竣事"(《国立中央图书馆在抗战期间工作偶忆》)。12 月 4 日,叶恭绰从香港向重庆报告:"沪来各书赶办盖章,连同港购各书盖会章,赶于上月二十六号办竣。一面办理请港政府检查、定船、封箱等事,一切完妥,本定十二月四号格兰总统船运出,与通运公司书面订实。不料国际情势紧张,航运因之演变……"正当香港同人再次联系海运时,8 日,香港与上海同日遭到日军猛烈攻击。后来,上海运至香港的三万余册古籍就悉数被日寇劫走了。[9]

1942 年 7 月 20 日,中英庚款董事会总干事杭立武在致蒋复璁的信中,提到陈寅恪教授已离开香港,行抵桂林,顷接陈寅恪 6 月 20 日来信,述及日军抢夺寄存香港之书:"英庚款会所购善本书,多为日本'波部队'运至东京,其运去之书目,无意中发现,存于马季明先生处,将来胜利之后,可以按目索还或索赔损失。"这是有关日军盗劫这批善本书的最早的报告。[10]又据袁同礼后来给教育部的报告,说是听说当时"由日人竹藤峰治带引日军调查班宫本博少佐及肥田木近中尉,将此批善本书强行劫取,每箱上写'东京参谋本部御中'字样……运往东京"。

直到抗战胜利后,1947 年初,我国驻日军事代表团才在东京上野的帝国图书馆的地下室里,查找到这批书。捉贼捉赃,上面还都赫然盖有同志会的图章。后来,一共 107 箱的善本书由王世襄等人押运,于 1947 年 2 月 10 日运回上海,郑先生特派学生孙家晋等人到码头迎接。这批历尽劫难的珍本书终于回归祖国了! 再后来,这批书以及郑先生他们当时未及运往香港的书中的一部分,又被国民党当局在败退大陆时运到台湾去了。

八

　　1948年9月20日，中共中央密电中共香港分局负责人钱之光，上海局负责人刘晓、刘长春，提出邀请参加新政治协商会议者的名单（其中当有郑振铎），并指示将这些著名爱国民主人士于"今冬明春"分批送入解放区。1949年2月14日，郑先生得到中共地下党组织秘密通知去领赴香港的船票，即致信上海出版公司负责人刘哲民，告以即将"乘舟破浪南行矣"，并意味深长地写道："大约相见期不会太远。"信中对上海出版公司的工作作了指示和安排。26日，他在香港又致信在上海的巴金、靳以等人，也是谈出版工作，说"在此和柯灵、伯郊谈及，他们都很起劲，愿意设法在此多招股本，惟稿子须设法多拉些耳"。同日又致刘哲民信，也谈到为上海出版公司在港招股等事。可见，他在新中国成立之前，即开始筹划沪港两地的文化出版合作事业了。这天晚上，他就秘密上船，离开香港北上。

　　新中国成立后，郑先生又来回四次途经香港，短暂停留。1951年10月2日，他从广州乘火车到香港，7日乘船离港。这次是参加中国文化代表团出国访问印度和缅甸。3个月后，1952年1月10日，代表团乘船回香港，13日乘车离港回广州。1954年12月3日，他又乘火车到香港，5日乘飞机离港。这次是率领中国文化代表团出国访问印度和缅甸。3个月后，1955年3月2日夜，代表团乘船回到香港，7日乘车离港回广州。这几次途经香港，他都顺便做了与文化出版有关的工作。

　　郑先生在新中国成立后与香港文化界的联系，主要是通过陈君葆、徐伯郊、胡惠春、费彝民等香港爱国人士进行的。

　　陈君葆，我们前面已提到，抗战时他也曾为国家抢救古籍出过力，还参加了宋庆龄领导的"保卫中国同盟"的工作。他与郑先生同龄，为著名学者、爱国人士，值得在此再大书一笔。柳亚子先生曾以萧何、苏武、马融、阮籍、孔璋等汉魏晋唐名人来比拟陈君葆，足见其人卓荦不凡。陈先生从1930年代初起，即任职于香港大学，长期担任港大的冯平山图书馆馆长。抗战胜利后，因在日据时期妥善保存善本古籍及有关档案的功劳，还曾获英皇颁授的勋衔。但郑先生在新中国成立前与他没有见过面。

　　1950年9月23日，郑先生与叶恭绰联名致信陈君葆，要求把当年未及装箱待运的仍存在冯平山图书馆里的原中央图书馆的一部分书运至北京。信中说："许（地山）先生故后，由先生保管多年，我们心里非常的感谢！"11

月 4 日,陈君葆日记记道:"下午打发所有中央图书寄京。装成三箱交吴获舟兄运去。这样费了许多天工作才把事情弄妥,真是身上少了千钧的担子也似的。"这批书共九十种。翌年 5 月 1 日,陈君葆日记又载:"今晨蒋复璁冒雨来,问及中央图书馆的书,我告诉他去年北京有信来取,已照点交了,并且也有了回信作收据了。他听完便说,这就好了。"于此可见,蒋复璁虽然忠于国民党,去了台湾,但他对留存在香港的图书运回北京,还是并不反对的。这年 7 月,陈君葆率领香港大学学生北上观光,16 日到文物局见到了郑先生,这是他们的首次会面。此后陈先生每次赴京,都必去看郑先生。

大概从 1951 年春开始,在郑先生的提议下,国家拨出专款,用于在香港秘密收购珍贵文物和图书。徐伯郊就是前面写到的徐森玉的儿子,当时在香港的银行里工作,是直接受郑先生领导的在港秘密收购小组的主要人员。⑪郑先生除了写信作指示,及招徐伯郊到京面谈以外,每次途经香港时当然也都面授机宜。如 1955 年 3 月初,他从国外访问回到香港,5 日的日记中即记有:"未出,看书及字卷,甚佳。"这"书及字卷"就是徐伯郊等人在他指导下为国家购买的。他还经常通过广州市副市长朱光、香港中国银行经理沈镛、新华社驻港办事处等,给徐伯郊以指令。他直接寄到香港的信,则采用"地下工作"的方式。如今存 1953 年 7 月 31 日一信,便是署用"玄览"这一抗战时期他曾用过的化名,当然更不用公家信笺。信中的语句亦较隐晦,如说"陈澄中氏的善本书,先生如得之,即可成一大藏家,似必须以全力进行"云云,用的是为私人藏家出主意的口气。又如同年 8 月 29 日一信,也是署"玄览"假名,信中又提到:"陈君的宋元善本事,已进行否? 究竟需要多少钱? 恳即办为荷。"陈澄中的这批宋元善本,经过两年多的艰苦谈判,最后以八十万元港币收归国有,今珍藏于北京国家图书馆。

由于此批善本书的回归,郑先生在 1955 年 5 月 28 日给张元济的信中说:"知先生时以陈澄中的善本书能否收归国家所有为念,这件事已进行了两年多,最近方才解决,已在香港收完毕。从此世彩堂的韩柳文、蜀刻的唐人数集,以及许多宋元善本,明抄黄跋,均得庋藏于北京图书馆了! 从此,善本图书的搜集工作,除了存于台湾及美国者外,可以告一阶段了。今日如编一《善本书目》,实大可惊人。"

在新中国成立后秘密为国家收购文物图书的工作中,陈君葆也出过力。而且,他还动员友人捐书,自己也向国家捐过书。如 1955 年 12 月 20 日,郑先生致陈君葆的信中就表扬陈先生:"承捐赠吴宽《东庄集》,至为感谢! 现此书已盖上尊章,送交北京图书馆善本部收藏了。尊章'水云楼主曾藏'一方,正欲送交叶启芳先生转,现在附上,省得一番转交手续了。""水云楼"就是陈君葆的书斋名。为表彰陈先生捐书,郑先生特地请人刻了一枚印章"水云楼主曾藏"钤在书上。

郑先生在给徐伯郊的信里,曾特地指示说:香港的陈君葆和胡惠春是"可靠之人"。胡惠春是郑先生的忘年交,小十三岁。其父胡笔江曾任交通银行董事长,又为中南银行的创始人。1938年胡笔江所乘客机被日军误为孙科座机,遭到截击,遇难后毛泽东、朱德、彭德怀皆送了花圈、挽联。胡惠春在1950年被上海陈毅市长聘为上海市文物管理委员会委员。后移居香港,亦为国家秘密收购文物图书出过力。

郑先生与香港《大公报》社长费彝民也有密切的联系。可惜笔者所知还不多。

郑先生领导的香港秘密收购小组一直工作到1955年夏,以收下陈澄中的一批善本书为标志,基本结束。在历时四年多的收购工作中(前二年未专门成立小组),政府专项拨款就有数百万港币之多。关于郑先生领导香港秘密收购工作一事,长期不为人知。现在虽然知道了一些,但仍然非常不详细。因为基本的档案、文件等还没有披露。徐伯郊保存下来的郑先生的有关信件,笔者也只看到十几封,很不全。而更遗憾的是,以前的整理者(刘哲民)把这些信件的系年全部都搞错并搞乱了。因此,今天要全面叙述这件长期被埋没的事,是十分困难的。今后有关档案、文件披露后,还得重写。笔者热切地盼着这一天。

九

在谈论郑振铎与香港出版文化的关系时,当然还不能忘了郑先生在香港出版的书刊上发表或被转载的作品。这方面,我也搜集了一点资料。除了上文已提到的以外,再如:

1936年12月,香港世界文学编译社出版的《现代文存》第一辑,收入了郑振铎悼念鲁迅的文章《永在的温情》。

1939年5月,香港未名书店再版去年上海谊社主编出版的《第一年》,改书名为《第一年代》,其中收入郑振铎的抗战诗歌《卢沟桥》《回击》《我翱翔在天空》。

同年同月,香港未名书店出版石灵等人编的《第一年代续编》,收入郑振铎的抗战杂文《四维大张》《礼之用》《送旧中国入净火》。

1940年3月,香港奔流书店出版《中国勇士》,为"集体创作丛书"之一,收入郑振铎的历史小说《毁灭》。

1940年8月，郑先生为支持郁风等人在香港创办的综合性文艺刊物《耕耘》，寄去《关于〈太平山水诗画〉》一文，刊于本月出版的该刊第二期上，内容是对当时刚出版的自己主编的《中国版画史图录》中清代萧云从《太平山水诗画》一卷的介绍。该期《耕耘》同时刊出郑先生选的《太平山水诗画》中的三帧木刻画。

1947年9月，香港新流书店出版《抗战前后八十家佳作集》上、下册，上册收入郑振铎的历史小说《毁灭》。

1953年6月5日，郑先生在香港《大公报·新野》上发表《大诗人屈原》。

1954年2月19日至24日，香港《大公报·新野》转载郑先生的《华沙行》。

1956年，香港文学研究社编选出版《郑振铎选集》，为《中国现代文选丛书》之一。篇目为：〔第一辑〕《埃娥》《取火者的逮捕》《风波》《桂公塘》，〔第二辑〕《鼓声》《云与月》《蝴蝶的文学》《海燕》《大佛寺》《阿剌伯人》《黄昏的观前街》《蝉与纺织娘》《塔山公园》《猫》《取火者的逮捕序》《谴责小说》《论武侠小说》。

1986年9月，三联书店香港分店、北京人民文学出版社在港出版了《郑振铎》，为《中国现代作家选集》之一。郑先生之子郑尔康编。篇目为：〔作品部分〕《月夜之话》《塔山公园》《蝉与纺织娘》《苦鸦子》《海燕》《大佛寺》《宴之趣》《黄昏的观前街》《苏州赞歌》《猫》《三姑与三姑丈》《取火者的逮捕》《桂公塘》《黄公俊之最后》《毁灭》《风涛》《访问》《汨罗江》，〔资料部分〕（略）。

以上列举的肯定还有大量遗漏。这就只能寄望于在港的研究者和有心人帮笔者补充了。

（2009）

注释

① 郑振铎《欧行日记》。

② 这条史料是多年前香港学者小思女史告诉我的。

③ 上海社会科学讲习所后又改名为上海社会科学专科学校。该校为上海周围的游击队和新四军培养了一批干部，当时就被誉为"上海的抗大"。

④ 当时馆长由蔡元培挂名。

⑤ 该同志会的《办事细则》即由郑先生起草，今分存北京国家图书馆和台北"国家图书馆"。

⑥ 徐森玉时任故宫博物院古物馆馆长,当时受重庆当局委派来沪参与抢救古籍的工作。

⑦ 张元济和郑振铎是著名编辑出版家,何炳松曾任商务印书馆的编译所所长,张寿镛也编印过《四明丛书》等大量图书。

⑧ 据陈君葆回忆,这批书"由叶恭绰、徐信符、冼玉清等十多人负责整理",原计划以"中英文化协会香港分会秘书陈君葆"的名义,寄往美国华盛顿中国大使馆胡适收。

⑨ 另外,尚有少量约九十种书仍留存在冯平山图书馆,详见本文下述。

⑩ 按,此信失收于陈寅恪的书信集。

⑪ 香港秘密收购小组是在郑先生的提议下,经过周密研究,于 1953 年 4 月正式经中央批准成立的。(注意,以前一些谈论此事的文章,都把时间讲错了。)

辛勤的耕耘，难忘的建树

——郑振铎的文学批评

郑振铎是我国现代文学史上，第一个最大的新文学社团"文学研究会"的发起人之一。从"五四"时起，到1958年以身殉职止，他为新文学的事业整整奋斗了近四十年。

郑振铎对新文学事业的贡献是多方面的；而作为文学批评家的建树，则是其中突出的方面。纵观郑振铎一生的文学批评活动，其写作最多、影响最广、贡献最大的当是二十年代前期。这一时期，从整个新文学运动来看，也是他的重要转折时期与"基建"时期。

一

同茅盾一样，郑振铎一开始是以文学批评家的身份显身于新文坛的。他在1920年为耿济之等人选译的我国第一本《俄罗斯名家短篇小说集》所写的序文，不仅高度评价了刚刚涌进中国的俄国现实主义文学潮流，而且猛烈地批评了中国的传统旧文学。在这篇可视为他的最早的文学论文中，他指出中国的旧文学最乏于"真"的精神，拘于形式，精于雕饰，只知道向文字方面用功夫，却忘了文学是思想、情感的表现，所以它们没有什么价值。而且，中国旧文学除了颂圣酬和，供士大夫的赏玩吟咏以外，很少与平民有关系，因而是非人的文学，不切入人生关系的文学。他还批评了旧文学久困于"团圆主义"的支配之下，千篇一律，绝少悲剧的意味。因此，他认为介绍俄国文学到中国，就可以让人们得以见到世界的现代的文学的真价，而中国的新文学的建设也就可以建设其基础了。

1921年，他协助茅盾将一个有着多年旧文学传统的老牌杂志《小说月报》，改革为新文学刊物。不久，他又亲自主编了《文学旬刊》。他后来说："这两个刊物都是鼓吹着为人生的艺术，标志着写实主义的文学的。他们反抗无病呻吟的旧文学；反抗以文学为游戏的鸳鸯蝴蝶派的'海派'文人们。他们是比《新青年》派，更进一步的揭起了写实主义的文学革命的旗帜的。"

　　郑振铎指出，当时国内一般人对于文学的见解，多是不正确的。简言之，可分为两大派：一派是主张"文以载道"的，以为文非有关于世道不作；另一派则极端相反，以为文学只是供人消遣与娱乐的。他的这一宏观归纳很有见地，抓住了我国传统旧文学观，特别是近代旧文学观的病症，即割裂了真善美的辩证统一关系。他们或是极端强调政治功利，或是极端强调美感享受；更不用说他们强调的是封建之"道"或低级庸俗的"娱乐"了。当时，沈雁冰的看法与他完全一致，也认为旧文学有这样两个问题。而当时文坛上的盲目的复古运动与以文学为游戏的"礼拜六"派，就正是从这样两种旧文学观念分别产生的两股逆流。郑振铎当时写了大量的批评文章，就是针对这两股旧文学潮流的。他更是集中于上海的"礼拜六派"文学的最坚决的批判者。他不仅多次撰文揭露与痛斥，而且指出这类文学现象也是应着社会的需要而产生的，因此问题还不仅与那班"卖文而生"的"礼拜六派"文人斗争，消极地把他们扫除，更在于与这种腐败的社会斗争，积极地把人们的旧观念变换过来。

　　在二十年代初期，郑振铎就有了这种明确的把文学批评与社会批评结合起来的思想，他大力提倡"为人生的文学"，不仅是为了批判旧的封建的文学观，而且也是为了进一步改造社会和人生。在他写的《文学旬刊宣言》里，他就指出："我们确信文学的重要与能力"，就是它"常常立在时代的前后边，为人与地的改造的原动力的。"他当时还认识到："文学的本质，实际上虽然不以改造社会为极致；不替社会建设一种具体的方案；可是激动改造的根本精神之物，当以文学之力为优。"（《文学之力》）在他的文学批评文章中，都体现了这种观点。正是在这种思想指导下，郑振铎当时除了着重批判上述两大类旧文学观点外，也批评了新文学界内部某些人主张的"为艺术的艺术"，批评了文学"商品观"，即把作品当作纯粹求名求利的工具的观点，批评了"文学的目的就在于自己表白"的观点等。他认为："中国现在正同以前的俄国一样，正在改革的湍急的潮流中，似乎不应该坐在那里高谈什么唯美论……而应该把艺术当做一种要求解放，征服暴力，创造爱的世界的工具。"（《〈艺术论〉序言》）

　　最能体现他在文学批评上这种带着社会问题的色彩与革命的精神的，是他在1921年6月提出的一个著名的"血与泪的文学"的口号。这个口号的意思是：在当时到处是荆棘，是悲惨，是枪声炮鸣的世界上，最需要的不是"雍容尔雅""吟风啸月"的作品，而是"血和泪的文学"。这种文学要深刻真切地反映和揭露兵士的残杀、牢狱的惨状、工人农民的痛苦、地主恶霸的残忍等;而且不单单是发出血泪的哀号和呼声,更应该号召人们向上奋斗,是慷慨激昂、点燃人们的"革命之火"的。

二十年代以后,郑振铎一直坚持上述文学批评观,执着地批判封建旧文学和种种错误的文学观。例如,三十年代他在自己的批评文集《短剑集》的序中,就指出当时的文坛上仍然存在两种"恶势力":一种是"腐化的倾向",即脱离现实,引诱青年人去钻旧诗文,或去写浮泛的虚假的感伤主义作品等;一种是"恶化的倾向",即依附于资本主义宣传媒介,投合社会低级趣味,写黑幕小说及"礼拜六派"新变种的东西。抗日战争爆发后,他认为每个文艺工作者要拿起笔"为祖国的生存而奋斗"。抗战胜利后,他又呼吁"为中国的文艺复兴工作"。邵荃麟在 1945 年写的《感谢和期待》一文中,对于郑振铎等人二十年代提倡的"为人生的文学"和"血和泪的文学"作了精当的评价:"为人生的文学","是中国现实主义新文艺最初的一面旗帜","替中国的文艺运动开辟出一条光明的大道。不到几年,那些花花绿绿的文学一一倒下去了,而现实主义的文学却日益强大,生气蓬勃的新军不断的生长起来了。"而"血和泪的文学",就是指出"文学必须反映出血与泪的人生斗争,必须从血肉搏斗中间去追求人生的真实。这正是现实主义的基本精神,特别是在今天,当社会斗争要求文学更深入到人民大众中去,而另一方面文艺思想上多少显出一种灰白无力的倾向的时候,这一个旧时提出的口号是值得我们特别重视和警惕的"。

二

郑振铎的文学批评,不仅有着进步的政治思想作指导,而且有着庞大的知识体系为支柱。后者主要包括两方面,一是他对外国的文学及其批评有精深的研究,二是他对中国古典文学及其批评有扎实的造诣。在 1921 年《小说月报》改革后的第一期上,他就指出:"现在中国的文学家有双重的重大的责任,一是整理中国的文学,二是介绍世界的文学。"而他的批评观,首先正是受了十九世纪中叶以后俄国现实主义的深刻影响。他对俄国现实主义文学的研究和介绍,在二十年代初期的中国是无人可及的。最初,学俄文的瞿秋白和耿济之等都读了并译了一些俄国文学作品,但他们苦于找不到俄文版的关于俄国文学史和文学批评的书,于是便托郑振铎在英文书中寻找。这样,他就成了最早认真钻研和介绍俄国文学批评和历史的中国人了。

除了前面提到的他为我国第一本俄国短篇小说集写的序文以外,他在这方面的工作我们只要略举他在 1921 年以前写的几篇长文的题目,也就足见一斑了:《俄罗斯文学底特质与其略史》《写实主义时代之俄罗斯文学》《〈艺术论〉序言》,等等。他还翻译介绍了高尔基的《文学与现在的俄罗斯》等文。

在当时的论文中,郑振铎已经注意到了别林斯基、车尔尼雪夫斯基、杜勃罗留波夫等革命民主主义者的现实主义批评观,并多次引用他们的话。特别是在 1923 年,他写出了我国第一部《俄国文学史略》,书中特列《文艺评论》一章,着重介绍别、车、杜等人的文学理论。他提到了车氏《艺术与现实的美学关系》、杜氏的《黑暗王国的一线光明》《什么是奥勃洛摩夫性格?》《真正的白天什么时候到来?》等批评名篇的观点。他的介绍虽然还嫌简略,但是基本是准确的。这是很了不起的。

除了俄国文学外,他在新文学运动初期还介绍、批评了欧美等国的文学理论及作品。我们知道,在思想内容的进步性上,当时欧美文学是不及俄国文学的;但在文学一般原理探讨的系统与深入方面,则略为过之。郑振铎当时认为:"目前最急的任务,是介绍文学的原理……如非对于文学的根本原理懂得明白,则所言俱为模糊影响之谈。"(《研究文学的方法》按语)当时他和沈雁冰等人计划普及的文学原理,主要取自欧美文论家的著作和教科书。1921 年初,他在计划主编大型的"文学研究会丛书"时,就把莫尔顿的《文学的近代研究》、亨德的《文学的原理与问题》、文齐斯特的《文学批评原理》等书列入,并打算亲自翻译。这套大型文学丛书既收创作,又收批评理论,这在新文学史上是开创性的,充分体现了主编者的卓越眼光。

他还撰写了不少介绍、批评俄国欧美文论的文章。例如,他在 1923 年 1 月发表的《关于文学原理的重要书籍介绍》的长文,共介绍了外国五十部文学理论专著,从亚里斯多德的《诗学》开始,每种都作了简要的介绍评述。这份书目提要"以通论文学原理的书籍为限",虽然还不能说很齐全;但这是向我国新文学工作者开出的第一份外国文学理论书目提要,在当时的重要的启蒙作用是不可低估的。

郑振铎当时说:"我愿意有一部分人出来,专用几年工夫,把文学知识多多地介绍过来——愈多愈好——庶作者不至常有误解的言论,读者不至常为谬误所误。"(《杂谭》)这"愈多愈好"四字,反映了他大胆拿来,广采博取的气魄。但他仍然有着作为一个批评家的标准的,他提出:"我们应该采用已公认的文学原理与关于文学批评的有力言论。"这里,所谓"公认的",就是已经经过多数文学者的实践而证明其具有相对的正确性;所谓"有力的",

就是具有一定的说服力与批判力。在当时的历史条件下,他提出这样两条标准,对于新文学批评的建设,也是有指导的意义的。

对于外国文学批评的理论,他不仅作了介绍评述,而且还从建设中国新文学的目的出发,认真作了扬弃和改造。这里举几个二十年代前期他在这方面的例子。郑振铎当时很重视托尔斯泰的文学思想,首先一点是他的人道主义文学观。郑振铎在 1920 年发表的《俄罗斯文学底特质与其略史》中,就强调托尔斯泰等的作品"首先引起我们注意的乃是他们的'人道的福音''爱的福音'",但他的观点又与托尔斯泰不完全相同,他在中译本《艺术论》序中,把"人道的"与"革命的"相并提出,超越了托尔斯泰的思想。他还特别突出"托尔斯泰的尊劳主义""反对资本主义的意见",欣赏《艺术论》中托尔斯泰关于"艺术家须借重工人的助力,为艺术所费去的金钱,也完全是从那些不能享受艺术所予美感的娱乐的人民那里得来的"的观点。这些,更显然是郑振铎文艺观中具有社会主义思想因素的反映。他吸取托尔斯泰文艺思想的第二点,是功利主义文学观。他在《艺术论》序中肯定托尔斯泰"毫无顾忌的把现代所称为艺术的根本推翻,自立一种艺术的定义",即认为艺术是"征服暴力,创造爱的世界的工具"。但是,他同时又指出托尔斯泰的文学观"不惟是人生的,并且是宗教的",他肯定其为人生的观点而摒弃其宗教的观点。他对托尔斯泰的《黑暗之势力》就批评说,这"虽是一部宗教的戏剧",但他只将它看作"描写农民生活之黑暗的景象的淋漓痛快的著作而已"。他认为托尔斯泰"为人生"的文学功利观也是有一点"偏激"的,"但是却正好拿来医中国的病……正是对症良方。决不能以其偏激而弃之——或正因其偏激而取之呢。"他对托尔斯泰文艺观的批评与扬弃,很有一点辩证法的意味。

在对亨德和文齐斯特的介绍批评中,他将两人的观点取长补短,相互补充。他赞同亨德关于文学的思想性和时代精神的论述,同时又批评他"未免有些太偏重于理性方面……看思想太重,而于情绪却一个字也没有提起"。而在介绍文齐斯特的文章中,则肯定其重视情绪(情感)的论点。郑振铎肯定思想性和时代精神对文学的重要意义,但又认为"文学中最重要的元素是情绪,不是思想"。(《文学的使命》)他对泰戈尔的文艺观的分析批评也很精彩。他认为泰戈尔的思想,除了一般人提到的"爱"以外,还有"变"。对于前者,他注意到泰戈尔"对于自然的爱,成熟而为对于千百万的被压迫的与被损害的人的爱"。(《太戈尔传》)

就这样,郑振铎在对外国文学理论的评述中,一方面体现了自己的文学批评思想,另一方面他又对外国文学理论有所借鉴、吸收、发挥。他的这一工作,是很有成绩的。

三

郑振铎对于中国古代文学批评理论，也有很深的研究。早在中学时代，他就手抄过我国古代文学批评巨著《文心雕龙》及《史通》等书。1916 年夏，他还从《古今文综》中辑录了两厚册《论文集要》。他一生对中国古典文学遗产的整理与研究作出了巨大贡献。二十年代末以后，他在文学批评与研究中不断强调要用新的观点和新的方法。随着革命文学运动的发展，他的思想与理论水平也逐步提高。他是"五四"后一直踏踏实实地向前走的一位老作家。当然，三四十年代，他的文学批评活动有时因客观原因而有所中断（如抗战时期在敌占区被迫转入地下等）；而且，不可讳言他后来的文学批评缺少二十年代那种开拓性、启蒙性的色彩。但对于他早年曾经作出的重要贡献，他在中国现代文学批评史上的建树，我们是不能忘却的。

现在一般评述一个批评家的成就，常常只写他对当时文学现象与作品的批评活动，往往不包括他对文学史的有关研究批评。这样的评述是不全面的。当然，有的批评家确实没有后一方面批评；而如果没有后一方面的批评，其建树也必然不会很大。美国文学理论家韦勒克认为，文学批评中如果没有文学史，或者文学史研究中如果没有文学批评，都是难以想象的。

众以周知，我国新文学运动的发难者一开始是彻底地、或者说是偏于绝对地否定旧文学的。这种偏颇当然具有历史的必然性和一定的合理性。这种偏颇也只能由新文学运动自身来纠正。而新文学运动史上第一个从理论上改变这种偏颇的是郑振铎。早在 1920 年秋，他起草的《文学研究会简章》就开宗明义地提出："本会以研究介绍世界文学，整理中国旧文学，创造新文学为宗旨。"将这三大任务并列作为宗旨，这在新文学史上是首次；而且在整个新文学社团史上，也是极为罕见的。在 1921 年《小说月报》改革后的第一期上，他不仅提出整理中国文学是新文学家的"两重的重大责任"之一，而且指出："中国的旧文学最为混乱。《四库全书总目》别集部所列，多不足为凭；其分类亦未恰当，且尤多遗漏；伟大的国民文学，如《水浒》《三国演义》《西游记》等一概不录。——《四库总目》内本就不列小说一门，——非以现代的文学的原理，来下一番整理的功夫不可。且中国更多'非人的文学'，也极须整理而屏斥之。"从他最早的这一论述中，我们已可看出两点：一是他已明确指出整理工作必须以"现代的文学的原理"为指导，这就与旧的批评标准划清了界限；二是他认为旧文学中有很多"非人的文学"，须整理而摒弃之，但他的观点已经比提出"非人的文学"一语的周作人全面公正，因为周作人是将《水浒》《西游记》等都划在统统应该排斥的"非人的文学"中的,而郑振铎则称之为"伟大的国民文学"。

1922 年 10 月,他发表了《整理中国文学的提议》,这是关于整理中国古典文学的一篇开山之论。文章主要论述了整理中国文学的范围与方法两大问题,尤其对后一问题的论述,在批评史上具有重大意义。他指出:"以前的一切评论,一切文学上的旧观念都应一律打破。无论研究一种作品,或是研究一时代的文学,都应另打基础。就是有许多很好的议论,我们对它极表同情的,也是要费一番洗刷的功夫,把它从沙石堆中取出,而加之以新的证明,新的基础。"他提出的新研究精神,也就是与他当时提倡的新文学批评观,他介绍批评外国文论家时所吸取的文学的统一观、文学的进化观等相通的。

1923 年 10 月,他为编辑《小说月报》的"中国文学研究专号"发表启事,再次提出要"一方面以现代的文学批评的眼光,来重新估定中国古文学的价值,一方面以缜密谨慎的态度去系统的研究中国自商周以迄现代的文艺的思想与艺术"。这期专号的出版,意义非同一般,代表着二十年代新文艺家整理、研究古典文艺的实绩与水平。他打头发表了一篇二万余言的专论《研究中国文学的新途径》,这是新文学史上又一篇关于文学遗产的重要理论文章。文中首先阐明了文学鉴赏与文学研究的区别,指出随意的直觉的评说和赞叹之类都只是鉴赏而不能算研究,在中国多的是前者。他指出这一点,对于我国科学的文学批评的建设是很重要的。文章再次详论了研究中国文学的范围和方法,提出了几个"新开辟的研究的途径":一是"文学的外化",即中国文学历来所受外来影响的研究;一是"巨著的发现"即对中国历代民间俗文学的发掘与研究。对中国文学的这种批评角度和观点,恰如作者在文中自己说的,"颇足以使久困于迷雾中的人眼目为之一明"。

这里,有必要谈谈郑振铎对于当时"整理国故"口号的批评。新文学运动中,最早提出"整理国故"的是北京大学学生社团"新潮社",随后得到胡适的赞成。但是,他们所说的"国故"与古典文学并不完全相同,甚至可以说主要并不是指文学。随着新文化运动的开展,"整理国故"口号的提出有其必然性。但由于这一口号本身的含意不够清楚,更加上提倡者胡适后来在政治上滑向右翼,最后它堕落为一个复古倒退的口号。这个口号本身有一个发展变化的过程,而郑振铎对它的批评也就随之有一个转变的过程。

1923 年 1 月,在他接手主编《小说月报》的第一期上,他就特辟了一个"整理国故与新文学运动"的专栏,并带头发表了自己的论文《新文学之建设与国故之新研究》。他首先表示不赞成当时有人简单地把"整理国故"口号判定为"反动",而认为"在新文学运动的热潮里,应有整理国故的一种举动"。他的理由有二:(一)他认为新文学运动不仅要在创作与翻译方面努力,更须彻底地改革一般社会的文艺观念,因此必须"指出旧的文学的真面目与弊病之所在,把他们所崇信的传统的信条,都一个个的打翻"。(二)他认为新文学运动并不全是破坏,否定一切旧有的文学,而是"一方面在建设我们的新文学观,创造新的作品;一方面却要重新估定或发现中国文学的价值,把金石从瓦砾堆中搜找出来,把传统的灰尘从光润的镜子上拂拭下去。"从这些评述中可以看出,他这里说的"国故",在严格意义上就只指中国古典文学;他还将这个口号作了新的解释与匡正。这正是为了肯定其当时具有的积极的一面,使之为新文学建设服务。同时,他又指出当时谈论"整理国故"的一些文章(其中包括胡适的有些文章)有三个通病:(一)"一般没有新的见解";(二)"太空疏而无切实的研究态度";(三)"喜引欧美的言论以相附会"。他的这种批评眼光,在当时确实是戛戛独造的。

"整理国故"口号很快显出"石玉杂糅,珠目淆混的倾向"(郭沫若语)。1924年5月,沈雁冰撰文斥之为"文学界的反动运动",并认为整理旧文学是"后一代人的事",如果当时的新文学者硬要夺到自己手里来做,便会导致"事实上的'进一步退二步'"。沈雁冰对复古势力的批判很有战斗力。但郑振铎随后发表《新与旧》等文,指出所谓"新"与"旧"的说法,并不能简单地作为评估文学本身的价值。不能认为旧的文学都是坏的,不能读;也不能认为新的文学都是好的。这就再次反对了那种片面的对待古典文学的观点。同时,他也批判了学古复旧之风。到五卅运动时,胡适借"整理国故"口号引诱青年学生"用心去研究一种绝不关系时局的学问",郑振铎则不仅以自己的行动,也从理论上对这种谬论作了针锋相对的批判。当时胡适说什么当欧洲大战时,法国学堂还照样开课,画家还照样画画,文学家还照样写作,科学家还照样在实验室里,等等,郑振铎以事实批驳了这种谬论。

1927年"四一二"事变后,郑振铎因为曾参加了革命活动,难以在白色恐怖的上海安身,被迫游学欧洲。翌年6月归国,这时,他认为"整理国故"与"国学"之类口号已丧失进步的学术意义,成为反动当局粉饰太平、消磨人们意志、鼓吹复古倒退的口号了。于是,他在1928年底重新接手主编的《小说月报》第二十卷第一期上,便以开卷最醒目的地位发表了他为《论所谓"国学"》一文所加的按语,并发表了自己的论文《且慢谈所谓"国学"》。他批评了胡适当时的言行,指出提倡"国学","其害危于中国民族的前途,真是'言之不尽'。充其量,这种狂热的盲目的'爱国运动'实为饮鸩止渴,绝无补于我们的中华民族的生存与发展的。

(1988)

西谛先生与书目工作

　　西谛(郑振铎笔名)先生是现代著名的文学家、学者和藏书家。他为了我国进步文化事业献出了毕生精力。即从书目工作这一方面看,他也作出了巨大的贡献,给我们留下了珍贵的文化财富。可以说,在现代作家、学者中,没有一个比他开列过更多的书目了。然而,对他的这一份业绩,后人却缺少全面的整理,已有不少资料被湮没,或被人淡忘了;近年来开始受到重视,也出现了少许论述文章,但仍有重大遗漏。(如 1982 年 1 月广西《学术论坛》熊光荣《郑振铎对古籍文献的搜集和整理》、1983 年 3 月《武汉大学学报》张厚生《郑振铎在目录学上的成就和贡献》等。)今据笔者搜集、研究所得,作些整理、介绍与评述,以期引起更多的研究者的重视,共同将西谛先生的这一业绩和精神发扬光大,为祖国的建设服务。

　　书目工作之于西谛先生,可以说是终其一生的。从二十年代初到 1958 年他因公牺牲,近三十年间他编撰、收集、整理、题跋了大量的书目。这虽是西谛先生一生事业的一个小的组成部分,但于此可从一个侧面见出他的一生经历;反过来说,我们也只有联系西谛先生一生走过的道路以及现代中国文化学术史,才能深刻体会出他的书目工作的意义及特点。为了论述方便起见,我们将西谛先生的一生大致分为前、中、后三期。

一

　　我们将 1927 年西谛先生出国以前,算作他的前期(三十岁以前)。这一时期,他的书目工作主要是在社会学、俄国文学、文学理论与古典文学各领域中进行的。

　　周恩来在论述郭沫若一生文化事业时,曾指出:"一出手他就已经在'五四'前后。……他的事业的发端,是从'五四'运动中孕育出来的。"(《我要说的话》,1941 年 11 月 16 日《新华日报》)同样的,西谛先生的一生事业的发端,也是起于"五四"。他 1917 年到北京求学,正是"五四"前夕。当时,他业余大量阅读新书籍,吸收新思潮,并结识了瞿秋白等人。他爱好文学,但一开始并不把主要精力投于文学活动,而是致力于爱国宣传活动和研究社会科学。1919 年 11 月 1 日,他与瞿秋白、耿济之等人创办了《新社会》旬刊,由他主要负责。在二十年代的第一天(1920 年元旦),《新社会》编辑同人在西谛先生住处召开编辑会议,就提出了《新社会》以后应"注意社会学说的介绍,每期应有一篇社会研究的著作"的评述。(见《北京社会实进会消息》,1920 年 1 月 11 日《新社会》第八期)后来,这一工作就由西谛担任。当时,他曾拟撰了一份西方社会学家的著作书目。这大概是西谛先生一生最早编写的一份书目,也可能是我国在这方面最早的一份书目。他并打算"仿用《四库全书总目提要》的办法","出一种单行本的社会书目提要"(见《书报介绍》,1920 年 2 月 11 日《新社会》第十一期)。可惜,这份书目今已遗佚,拟出的单行本也没有出版,但我们从《新社会》第十一期起至被迫停刊前各期,就看到西谛亲自撰写的《书报介绍(关于社会科学及社会问题的)》专栏内,就介绍了吉丁斯的《社会学原理》、白拉克麦的《社会学要义》、海士的《社会学》、爱尔和特的《社会学与近代社会问题》等专著,于此可见一斑。

当时,他不仅大声呼吁社会改造,而且热烈向往社会主义社会。十月革命后的苏俄给了他无限的希望。他从当时的国外进步刊物《苏俄》《俄罗斯》《阶级斗争》等上面翻译过列宁的文章,以及介绍苏俄革命、建设、军队、文化等方面的文章。他还专门编撰了一份《研究劳农俄国的参考书》的书目,连续发表于他主编的《时事新报》副刊《学灯》(1921 年 8 月 5 日至 12 日)上。这份书目是当时国内可能找到的最完备的参考书目了,主要介绍了国外对苏俄的正反各方面的反映,对于我国人民了解十月革命后的苏俄政治状况有重要的帮助,其意义是不可低估的。

五四新文化运动更激发了西谛先生对文学的爱好。1921 年 1 月,以他为中心人物,在北京正式成立了我国第一个大型新文学社团——文学研究会。他当选为书记干事,负责日常会务,并负责主编我国现代文学史上历史最长久、数量很多、影响极大的"文学研究会丛书"。该丛书的第一批书目,即是由他为主拟定的。1921 年 5 月 28 日在他主编的《时事新报·学灯》上,刊出《文学研究会丛书出版预告》,实际即是一份书目;5 月 27 日的《民国日报·觉悟》和 8 月 10 日出版的《小说月报》上,又分别刊出了《文学研究会丛书目录》。这三份书目各列出八九十本著作,在当时来说是空前的,气魄不可谓不大。虽然三份书目内容略有不同,且与后来正式出版情况也有不同,但我们从中可以看到共同的一点是,除了文学研究会同人的创作、著述之外,还包括了这样两方面的翻译著作:一是俄国文学以及被压迫民族文学作品,二是外国进步文学理论书籍。而这两个方面的翻译及介绍评论,正是西谛先生在我国新文学运动前期的两大贡献。

十九世纪四十年代以后的现实主义的俄国文学,对中国现代文学有着最重大的影响。这一点,鲁迅、茅盾等人均已深刻地阐述过了。西谛先生很早就认识到这一点,早在 1920 年 4 月的一封信中,他就说过:"我现在在对于俄罗斯文学,感极深的兴趣! 我想:中国想创造新的文学,非从俄国文学方面下研究的工夫不可。我同耿济之、瞿秋白、沈颖诸位朋友,正打算极力的介绍俄国文学到中国来!"(《致张东荪》,1920 年 4 月 22 日《时事新报·学灯》)虽然,现在很少有人知道或提及西谛先生的这一功绩,但他确是俄国文学最早的介绍者之一。他除了亲自翻译、研究俄国文学,并在"共学社丛书"(他参与编辑)、"文学研究会丛书"(他主编)等书目里列入了不少有关俄国文学的书,而且还专门开列了不少有关的书目及简介,例如:《陀思妥以夫斯基作品一览》(载 1921 年 11 月 21 日《文学旬刊》第二十期)、《关于俄国文学研究的重要书籍介绍》(载 1923 年 8 月《小说月报》第十四卷第八期)、《阿志巴绥夫的重要作品》及《俄国文学年表》,等等。

《关于俄国文学研究的重要书籍介绍》这份书目,后收入西谛的《俄国文学史略》一书。虽然主要限于英文及日文书籍(因俄、德、法等文西谛不懂或当时无书),但仍属当时这方面最为详备的一份书目。内容分三大类:一、一般的研究,二、英译的俄国重要作品,三、中译的俄国文学名著。第三类共列九种、二十八本,基本上包括了到当时为止最初二三年被译进中国的俄国文学书籍,今天看来是很珍贵的出版史料了,而其中就有三本是西谛先生译的,还有五本是他作序的,由此亦可略见他在这方面的贡献。

在其他优秀外国作家、作品的介绍中,西谛先生还曾开列了有关印度泰戈尔的作品书目和研究书目(见《太戈尔传》附录等)、有关丹麦《安徒生的作品及关于安徒生的参考书籍》(见 1925 年 8 月《小说月报》),等等。

关于文学理论书目的介绍,西谛先生也是一个先导者。他很早就指出,新文学运动的一个首要任务便是"极力介绍""正确的文学原理",使之"能够普通的灌输于大家脑中"(《致孙祖基》,1921 年 11 月 12 日《文学旬刊》)。在当时这样明确而且反复提到这一问题的人确实很少,如空谷足音,因而曾引起陈望道等进步文化工作者的共鸣。西谛先生不仅在"文学研究会丛书"的书目中将《文学的近代研究》(英·莫尔顿著)、《文学的原理与问题》(美·亨德著)等书列在最前面,并拟定自己亲自来译;而且还精心编撰了《关于文学原理的重要书籍介绍》的专门书目,从亚里斯多德的《诗学》开始,一直到当时国外刚出版的新著,一共介绍了外国五十来种文学理论著作。其中包括像托尔斯泰的《艺术论》这样的名著,但主要则是为了适合当时中国文学界及一般读者的普遍水平而"以通论文学原理的书籍为限"。每一种书都由西谛先生作了简明扼要的介绍与评论。这份书目虽然不能说是很系统很全面了,但这是向我国新文学工作者开出的第一份这样的书目,而且又发表在《小说月报》(1923 年 1 月西谛开始主编的第十四卷第一期)这样有影响的刊物上,这在当时是起了较大的作用的。

西谛先生从二十年代起,就开始研究中国古典文学。他用新的观点与新的研究方法,对传统的旧文学观进行了大胆的怀疑与批驳。这方面最突出的是他对《诗经》旧注的批判。他不仅写出了《读毛诗序》这样重要的学术论文,而且还在 1923 年 3 月《小说月报》上发表了十分完备的《关于诗经研究的重要书籍介绍》。这后一篇书目分"关于诗经的注释及见解的书""关于诗经的音韵名物的研究及异文的校勘的书""关于诗经的辑佚的书"、以及"附录"等四大类,每一大类又分若干小类,每条书目著录书名、著者或传笺者、版本等说明,为研究《诗经》的人提供了重要的线索。同年,他又写了《关于中国戏曲研究的书籍》(见 1923 年 7 月《小说月报》)等文。

在这期间,西谛先生也开始了对中国古典小说的研究。他曾以"Y.K."的笔名,从 1925 年 5 月起,在《时事新报·鉴赏周刊》上连载发表《中国小说提要》。他当时自述"颇有野心欲对于中国小说作一番较有系统的工作",但可惜这一份书目提要后来因故没有最后完成,从已发表的二十本小说的书目来看,作者主要只述及了"讲史"类小说。但从这也可见他原来雄心之大了。这篇书目后来作者曾收入《中国文学论集》《中国文学研究》等集中,可惜大概因为原报缺损,只收了十二则,漏收了后面八则。

西谛先生在这一期间撰写的古典文学研究书目特别值得一提的是 1924 年 1 月《小说月报》上发表的《中国文学研究的重要书籍介绍》,这是全面介绍有关中国古典文学研究的书目,共有 247 种,最后一种介绍的是鲁迅先生刚出版的《中国小说史略》。在这份书目的末尾,作者声明:"我们非'为藏书而藏书'的藏书家,非以书为玩物的,只求实用,不求珍贵;所以不必购什么宋版元钞,只要购最完备最无错误的校刻本。"这反映了西谛先生开列这些书目的一个重要的特点。由于这篇书目是用"子汶"笔名发表的,且未曾收入西谛先生的集子里,因而长期不曾引起研究者的重视。

此外,这一时期,西谛先生还曾撰有《四库全书中的北宋人别集》《缀白裘索引》《中国文学年表》等书目或与书目有关的文章,这里不一一列述了。

二

西谛先生以极大的政治热情,参加了五卅反帝运动和商务印书馆工会罢工运动;1927 年蒋介石发动四·一二政变后,他又亲自参加示威游行,并领衔签署对国民党当局的抗议信。因此,大革命失败后,他在白色恐怖的上海便不能安身,在亲友的催促下 5 月间匆匆往欧洲避难、游学(一年后回国)。我们把这以后直至解放前,算作他一生的中期。这一时期,他的书目工作主要涉及古典文学、民间文学、历史考古学、版画史、以及目录学本身等方面。

西谛先生在欧洲游学期间,也没有停止他的书目工作。例如,我们今天从幸存的西谛先生在英国的日记残页中即见到,在他三十岁生日的那天,他也在埋头撰写《剧作家索引》。他还在法国撰写了《巴黎国家图书馆中之中国小说与戏曲》等专文,开列了不少书目,开阔了国内研究者的眼界。而在他归国以后,成为了全国闻名的教授与文学史家,他在古典文学研究方面的学术成就遂压倒了他的其他(如作家、文艺批评家等)方面的成就。他的藏书也越来越多(在抗战期间曾损失不少),因此,他还专门定制了印有“西谛书目”“西谛钞藏”字样的稿纸。而他撰写的不少书目,也就大多取自其自己费尽心血收购的藏书。

关于戏曲书目,他从 1930 年 1 月至翌年 10 月,在《小说月报》上连载发表《元曲叙录》,就介绍了七十三种元曲,这在当时是相当丰富的一份专门书目了。后来,他还自行影印了《清人杂剧》初、二集等,附录了《西谛影印元明清本散曲目录》《西谛所印杂剧传奇目录》等书目。1934 年 12 月,他在《文学季刊》上发表了《元明以来杂剧总录》的大型书目。1937 年 6 月,他又在《暨南学报》上发表了《〈词林摘艳〉里的戏剧作家及散曲作家考》,文中附录了《〈词林摘艳〉引剧目录及作者姓氏索引》等书目。“七七”抗战爆发后,西谛先生为了防备被敌寇的炮火所毁,曾手书雕版印行了《西谛所藏善本戏曲目录》与《西谛所藏散曲目录》,并在其后作了题跋,这两份木刻出版的书目如今成为珍贵的文物了。

1938 年 5 月,西谛先生历尽艰辛,在日军的战火中抢救了一部他取名《脉望馆抄校本古今杂剧》的巨著,在中国戏曲研究领域,一下子提供了二百多种从未见过的元、明两代杂剧。这与他在 1931 年 5 月从苏州购得的一百多种钞本传奇与杂剧相比,意义更加重大。正如他自己说的:“这个收获,不下于‘内阁大库’的打开,不下于安阳甲骨文字的出现,不下于敦煌千佛洞抄本的发现。"(《劫中得书记》新序)而这两次发现,他都及时地写了文章,并详细地开列了书目。特别是关于后一重大发现,他在《跋脉望馆钞校本古今杂剧》的专文中开列了"黄荛圃阙失古今杂剧目""汪阆源阙失古今杂剧目""元人杂剧目""明人杂剧目"等书目。

关于民间讲唱文学,他也是一个极勤奋的开掘者与研究者。例如,《佛曲叙录》《西谛所藏弹词目录》(均发表于 1927 年 6 月《小说月报》号外《中国文学研究》上),都是这方面的第一份书目。这些作品为历来文人、研究者所不屑一顾,而西谛先生却费心将他们搜集起来,后来又因战争而损失不少,因而在今天更具有不可忽视的文献价值。另外,他在 1932 年 7 月燕京大学《文学年报》上发表的《宋金元诸宫调考》,开列了诸宫调的书录,也成为这方面的一个"发端"(西谛语)。

1935 年,西谛先生在鲁迅、茅盾等人的支持下,主编大型文学丛刊《世界文库》,当时被称为"中国文坛的最高努力"。该文库"有伟大名著的翻译,有孤本秘笈的新刊。是文学知识的渊源,是世界文化的总汇。"原拟月出一册,第一集共刊行六十至八十册。虽在解放前未能实现西谛先生的这一宏愿,但我们读了西谛先生当时开列的《世界文库》第一集选目等书目,有谁能不为他这种气魄和事业心所深深感动呢?

西谛先生解放后成为新中国第一任文物局局长、考古所所长、以及中国史学会理事等,但他对历史考古的爱好与研究却早就开始了,同时,也就开始了这方面的书目工作。例如,1928 年当他在英国游学时,即撰写了《近百年古城古墓发掘史》一书,介绍世界重大考古发现。该书 1930 年在国内出版,书后即附有这方面的参考书目。四十年代,他在编选《中国历史参考图谱》时,也曾开列过一些书目。

关于木刻的提倡与版画史的研究,在中国现代除了鲁迅先生之外,就当推西谛先生了。1940 年起,西谛先生开始编选影印《中国版画史图录》,规模雄伟,为西谛先生二十余年来搜集、研究的结晶。西谛先生在序中说:"所得、所见、所知,自唐宋以来之图籍,凡三千余种,一万余册,而于晚明之作,庋藏独多;所见民间流行之风俗画、吉祥画(以年画为主),作为饰壁与供奉之资者,亦在千帧以上。"在编例中,他又说:"参考书目在三千种以上,引用书目亦在一千数百种以上。"为了编好这一部中国版画史上的宏伟巨著,他先后撰写了《长乐郑氏所藏版画书目录》等书目(均未刊),还正式发表了《中国版画史引用书目一斑》,具有很高的学术价值。

这一时期西谛先生在书目工作方面的又一个重要内容,是对历代书目著作作了大力搜集和研究。自然,他搜集书目不自此时始,他曾说"予收书始于词曲小说及书目"(《清代文集目录序》),但以此一时期为更多。例如,他在日寇侵华的劫火中,抢救了《鸣沙石室秘录》《敦煌石室真迹录》等敦煌书目专著,并作了记载;还在所购《医藏目录》《宝礼堂宋元书目》《艺风藏书再续纪》《算沙室全藏目录》等书目专书上题了跋语。对近代书目学专著如《目录学发微》《中国目录学史》《中国通俗小说书目》诸书,他也作了认真的研究,一些见解大多散见于他的题跋中。他还收藏友人所撰书目,例如,1931年8月,他即抄录了马廉的《不登大雅堂书目钞》。1941年3月阿英先生将柳亚子先生所撰《磨剑室革命文库目录》赠送给他,他即视如珍宝,并亲题跋语。他还对一些书目作了修订补正以及摘录整理。例如,1931年8月,他在宁波访书时,即手抄姚梅伯《今乐府选》书目一卷。1940年5月,罗子经、施韵秋先生以刘晦之《远碧楼经籍目录》呈示西谛先生,目凡十二册,分三十二卷,录经籍近二万四千部,七八万册。西谛先生以其翻检不易,且眉目难分,遂穷数日夜之力,为写定善本书目五卷,内容以宋元刊本、钞校本及明刊精本为主。西谛先生亲撰的这部《远碧楼善本书目》未刊稿原本今珍藏于北京图书馆(特藏室),是西谛先生精勤于书目工作的一个动人的见证。

他还编撰了不少自己藏书的书目,大多均未曾发表过。(这一工作也不自此时始,这以前他即撰有1925年至1926年所得书目等。)例如,1944年8月撰有《纫秋山馆藏清代文集目录》,计收自藏清代文集836种。1945年3月撰有《纫秋山馆书目》,计收书目912种。此外尚撰有《纫秋山馆行箧书目》(计232种)、《纫秋山馆鬻馀书目》《玄览堂书目》《幽芳阁藏明本书目》《西谛所藏善本书目》《新收旧版书目》(1947年1月),等等。这些幸存书目手稿,不少珍藏于北京图书馆。

值得提及的是,以上不少书目是西谛先生为了防备藏书被侵略战火所毁而撰写的(如前已提到的《西谛所藏善本戏曲目录》等)。此外他还撰写了《中国戏曲史资料的新损失与新发现》等专文,根据自己的追忆记下了被毁于日帝炮火的涵芬楼、长洲吴氏、周氏言言斋等处原藏的重要戏曲书目,尽管这只能是极不完全的,但它们是帝国主义罪行的见证,其意义是很深的。西谛先生还有一些书目,则是为了卖书而撰写的。例如,据他的日记,在日寇侵占上海时期的1944年2月、在国民党反动统治时期的1946年6月等,他都撰写了这样的书目。我们知道,书对于西谛先生来说,是比衣帛食粟还重要的,须臾不可离开的。他大量出售藏书,实在是因为生活逼迫所致,他心中的痛苦是可以想见的。因此,他的这些书目也是对于帝国主义及反动派的强烈抗议,写下了中国书目史上特殊的一页。

三

新中国成立以后,西谛先生担任国家文化工作的领导职务。他在一生后期的九年中,满怀信心,大展抱负,辛勤工作,为祖国的文化事业作出了巨大的贡献;而正当他积极准备作出更大的成就时,却不幸因飞机失事而牺牲! 这一时期,他的书目工作涉及了文化艺术各个领域,气魄更加宏伟。因为他不再以个人的收藏、爱好、研究为主,而是从整个国家的文化事业着眼来从事这一工作的。

1952 年,在他的主持下,北京图书馆举办了“中国印本书籍展览”,通过这些具有代表性的书籍的展览,向全世界人民介绍了中国图书印刷的辉煌历史。其中展出了西谛先生提供的他收藏的珍本近三十种,在展出的书籍中还有不少是解放前西谛先生主编的书刊。同时,西谛先生还主持编撰了《中国印本书籍展览目录》,并亲撰了该书目的引言。解放初期,为了向世界人民介绍中国辉煌的历史文化以及新中国的建设成就,他还曾仿效书目的写法,撰写或主持撰写《参加苏联中国艺术展览会古代艺术品目录》(亲自写序)、《新中国图片展览目录》等等。

我们知道,抗日战争期间,西谛先生为了抢救祖国的文化遗产,曾奋不顾身地在上海收购古书。后来,他经手收购的这些珍贵的古籍有一部分在蒋介石政权被推翻前夕被他们偷运至台湾。这帮民族败类后来还曾企图将这些民族文献倒卖,这使西谛先生极为愤慨与担忧。解放后,他曾以中华人民共和国文物局局长的身份,在 1955 年 6 月发布《为制止美蒋盗卖现存台湾的古文物图书档案、资料告在台湾的文教科学工作者们》。我们从今存他的遗物中,发现了《香港陈君葆寄还前中央图书馆书籍目录》等,表明了解放后西谛先生一直在追查被国民党政权窃运去的珍贵古籍的下落。

在他解放后的遗物中,我们还看到他保存着《司格脱夫人珍藏书目录》《蒋氏硖石老宅及祠堂内藏书目》《金石书目》《昆曲粹存目录》《百衲本全唐诗所用刻本书目》《五石斋顺康两朝集部目录》《楚辞书目略》《历代书法名画存世闻见表简目》《滂熹斋藏书目录》等抄件,还发现历代名家藏书及书目的序跋、历代艺文志的序跋等的抄件,可以看出,他虽担任十分繁重的工作,但一直未放弃对书目的研究与搜集的工作。他的这一工作涉及的面是如此广泛,甚至连国外的藏书,以至国内私人藏书都注意到了。

除了以上这些他主持编写、或作序跋、或搜集保藏的书目以外,这一时期西谛先生主要是亲自编撰了大量的古籍书目。从今存手稿中可见,这些书目包括普及、整理、参考、征访等各种类型。

1950 年,中央文化部就着手组织编辑中国古典文学的两套大型丛书。一是"中国古典文学",由西谛先生主编,共三十余位专家参加;一是"中国历代诗选",由西谛先生与郭沫若、艾青主编,共十余位专家参加。这后一种,显然是普及读物。今在西谛先生的遗物中,我们看到了不少他亲自撰写的为普及古典文学而开的书目。如《文学基本丛书目录(初稿)》,从《诗经》《楚辞》,一直到《白雪遗音》,共 350 种。又如《中国文学读本目录(初稿)》,从《诗经选》《楚辞选》,一直到《聊斋志异》,共 52 种,等等,无不浸透着他的心血。

解放后,西谛先生任国务院科学规划委员会委员,并兼任该委员会领导下的古籍整理出版规划小组负责人之一。他为古籍的整理工作作出了极大的贡献。今我们从他的日记与手稿中发现,他在 1958 年初短短两个月的时间内(1 月 21 日至 3 月 20 日),就整理撰写了《唐人文集目录》《宋人文集目录》《明人文集目录》《清人总集目录》等书目,以及《元人集目录》(未知撰写日期),这是何等勤奋的工作!这又是何等宏伟的气魄!此外,我们还见到了他编撰的《清词集(附词话集)目录》《清诗文评目录》,等等。

西谛先生还开列了不少拟编、拟印的内部参考资料书目。这些方面的面也相当广。例如,我们看到他亲拟的《内部参考资料》目录手稿,其中就包括从"古本戏曲丛刊"到"清代诗文集丛刊"共二十种。在他 1957 年的工作笔记上,也记有他打算整理影印的"古本戏曲丛刊""古本散曲丛刊""古本小说丛刊""古代园艺学丛刊""古代考古学丛书""再续古逸丛书"等书目。这些丛刊,有的在他生前已出了一些,但并未完成计划;有的则至今尚未出版。我认为,西谛先生的这一遗愿,现在是应该让它实现了!(按,1983 年国家古籍整理出版规划小组制定的十二项具体计划中,至少有五项就是西谛先生生前规划的。)

解放后,西谛先生仍然大量搜购图书。不过与解放前大不相同的是,他更多的是为国家图书馆搜购图书;即使是他私人搜购的书,他也多次说明是准备最后献给国家的,不过是放在手头研究方便一点而已。在他牺牲后,他的家属即遵照西谛先生生前遗愿,把近十万册珍贵藏书全部献给了国家。西谛先生在生前,还撰写过不少征访书目,我们从他的遗物中即见到《征访宋人集目录》(1958 年 8 月 30 日作)、《征访元人集目录》《征访丛书目录》《访购书目》等。另外,我们从西谛先生生前友好那里,也曾见到过一些征访书目。

西谛先生对于美术史、版画史的研究与爱好在解放后也未中断。在这方面,他拟定了"中国绘画史资料丛刊初编"的目录,计划中共有一百种(写出九十三种)。他继续搜购版画书籍,在他的遗物中有《版画书录》,记的是1958年3月30日起新收的书目。1956年,他应上海古典文学出版社之请,开始编辑"中国古代版画丛刊(初编)",他预计将收五百种左右,而"初编"的计划中即有三十六种,九十余册。今在他的遗物中,还存有《中国古代版画丛刊初编目录(初稿)》。这套丛刊虽然后来并未出全,但出版社逆着当时文化界越来越"左"的势头,在西谛先生牺牲后终于出版了五大函共四十册,也略可告慰于西谛先生了。

在历史学方面,他打算对自己解放前编选的《中国历史参考图谱》作进一步的补充。曾撰写了《中国历史参考图谱续编目录》,补充增加从袁世凯、北洋军阀时代至新中国成立这一时期的内容;还撰写了《中国历史参考图谱补编目录》,补充增加先秦等时期的内容。

西谛先生不仅自己编撰了大量的书目,还鼓励有关同志认真从事此项工作,提出不少课题。例如他在给上海图书馆潘景郑先生的信中,就谆谆嘱咐他作好书目工作,建议他编集历代重要题跋、清人诗文集目录、清人笔记目录等,并表示自己愿意尽力支持。而从他自己的日记中看,他准备编写而未完成的书目,还有《石渠宝笈综编并索引》《寰宇访碑综录并索引》等。他在牺牲前,亲自主持制定了《1958—1967年整理出版中国历代文学著作的规划草案)》,并亲撰了序言。他在给潘景郑的信中曾说:"薪尽火传,承先启后的事业,正待我辈从事之也。"他是怀着无比强烈的事业心来从事书目工作的。他的赍志以没,是我国文化事业的重大损失!

从上述西谛先生三个时期的书目工作来看,有这样几个突出的特点:

首先,是他的首创和启蒙的价值。这主要表现于他的前期。如上所述,我国有关西方社会学、俄国革命史、俄国文学研究、西方文艺理论、以至小到《诗经》研究专著的书目,均是西谛先生第一个开列的。即如其中、后期,有关民间讲唱文学、版画史研究等方面的书目,也是他首开的。一个学者在这样多的领域里给后学者作先导,这在文化史上还是不多见的。用他自己的话来说,可称"导路之南针,迷路的明灯"《〈中国小说史料〉序》)。

其次,西谛先生从事的书目工作面极广泛,涉及古今中外、文史各科;即使每一个专门书目,他也力求其齐全。我们读了他开列的《世界文库》书目、版画史书目、特别是解放后开列的唐、宋、明、清各朝文集目录等,深为他的宏伟的气魄所感动!

再次,是他的从实用出发、为读者着想的精神。这是贯穿他一生书目工作的重要特点。他从不是"为书目而书目",而是根据各种不同的需要,针对各种不同的对象,开各种深浅不同的书目。他特别重视普及、入门的书目,在他最早开列社会学书目时,他就说:"因为中国的社会科学研究的程度之幼稚,所以我们起首只能先拣那些普通的,入门的先介绍,……然后慢慢的引入高深,专门的一面。"他在后来开列文艺理论等书目时也是如此。这使他开列的书目具有实用的特点。

西谛先生的书目工作还具有及时、慎重(有不少书目他开列后并不急于发表)、经得起时间考验等特点,我们不再一一论述了。此外,西谛先生关于书目工作还有不少专门的、具有理论意义的论述,值得我们认真整理和研究,因限于篇幅,容当另作专文。

(1983)

郑振铎前期编辑思想

我国现代著名作家中,几乎没有不曾做过编辑工作的。鲁迅、郭沫若、茅盾、郑振铎、叶圣陶、巴金等,都或长年或短期在编辑出版园地里辛勤耕耘过。如果从从事编辑工作的时间、成绩,所编读物的数量、质量、影响等方面来看,我认为郑振铎尤其是其中的佼佼者。但是,他的这一份劳绩却往往被其文学活动等所掩盖,甚至被忘却。他的编辑思想,更很少有人重视。其实,他的编辑思想,与其文学思想、政治思想等密切相关;研究其编辑思想,对于更深入地研究其文学思想、政治思想等,是大有帮助的。而认真整理他的编辑思想和理论,对于我们今天继承五四以来新文化运动的光荣传统,加强编辑出版工作的科学研究和理论建设,繁荣和发展我国新时期的出版事业,更无疑是有重要的现实意义的。

为本文撰述的方便,我把郑振铎一生的编辑活动分为前后两期,而以他1931年离开商务印书馆前的编辑活动和编辑思想作为前期作一论述。

周恩来在评述郭沫若时说过:"他的事业的发端,是从'五四'运动中孕育出来的。"同样的,促使郑振铎开始从事进步编辑工作的,也是五四运动。他是从投身爱国政治运动,继而转向主要从事进步文学活动的典型的"五四"老作家。

郑振铎最初从事编辑工作,可上溯到"五四"期间在温州参与编辑的《救国讲演周刊》。1917年夏,他告别了度过他童年和少年生活的温州,上北京求学。1919年五四运动爆发时,他是所在北京铁路管理学校的学生代表,积极奔走呼号。6月,学校提前放假,郑振铎回到温州。可是,他却把北京的薪火传到了温州。他和陈仲陶等人发起了"救国讲演周报社",创刊了《救国讲演周刊》,参与该刊的编辑工作。该刊为石印的小册子,现已十分罕见。该刊第二期载有《征文启事》,未知是否为郑振铎所执笔,但当包含他当时的编辑思想。文曰:

启者,强邻逼处,疆土日蹙,外交失败,丧亡旦夕,民智未启,酣嬉如故。同人有鉴于此,刊发兹报,借谋普及。惟是学植肤陋,才不逮志,绝膑之讥,知所难免。吾瓯江山雄杰,人文蔚然,凡耆儒英俊,名媛闺秀,其有杜陵忧时之什,贾生痛哭之书,幸惠然见遗,以光篇幅,同人当削简以待。嘤求之诚,祈鉴察之!

从中可见,郑振铎等人编辑这本刊物,完全是基于一种鲜明、强烈的救国思想,是为了宣传爱国主义,唤醒人民群众。他们所希望的,是像"杜陵忧时""贾生痛哭"这样的稿子。在温州,他还参加发起了当地第一个新学术团体"永嘉新学会",在 7 月 25 日的成立大会上,他提议创办出版部,被通过。后该会创办了《新学报》,郑振铎曾任编辑委员。

郑振铎回到北京后,又参与了福建籍学生抗日同乡会刊物《闽潮》的编辑工作。(由于该刊未能保存下来,我们无从论述。)特别是,从 1919 年 11 月 1 日起,他与瞿秋白、耿济之、瞿世英等人(后许地山也参加)编辑出版了《新社会》旬刊。该刊是激烈地反帝反封建、强调社会改革的社会政治刊物,以北京基督教青年会所属"社会实进会"名义发行。发刊词是郑振铎写的,表明了他们创办这个刊物的宗旨。他写道:"我们是向着德莫克拉西一方面以改造中国的旧社会的。我们改造的目的就是想创造德莫克拉西的新社会——自由平等,没有一切阶级一切战争的和平幸福的新社会。"在论述这样的政治观点的同时,郑振铎也表明了他的编辑思想,即通过办刊物,宣传"把大多数中下级的平民的生活、思想、习俗改造起来","普及教育","一边启发他们的解放心理,一边增加他们的知识,提高他们的道德观念。"在刊物上,"不凭虚发论,不无的放矢",要"以博爱的精神,恳切的言论为感化之具"。这样的政治思想与编辑思想在当时是十分进步的。

该刊一创刊,郑振铎便与耿济之主动去访问当时进步思想领袖陈独秀,听取他的指示。陈独秀谈了对当时运动的一些看法,并提到,应该"有纯粹给劳动界和商界看的周刊和日报出现,以灌输新知识于工商界",因此他建议《新社会》能否"更改体裁,变做这样的一种通俗的报纸"。郑振铎很受启发,完全赞成应该把新文化运动深入到社会下层人民中的观点;但关于该刊改变形式和内容一事,他经过郑重考虑,认为"尚不如将本报维持最初的主张,而将来另外出一种通俗报的好","因为(一)中国人素来不注重社会一方面的学问;(二)在中国像本会这样的机关,将来必定很多,所以我们一方面仍旧使他登载'社会研究'的著作,做传播社会学问的机关,一方面注重本会各部工作成绩的报告,使大家有所参考。而通俗报的刊行,则俟之将来另外组织。"这体现了郑振铎对普及与提高、宣传与研究、批评与理论并重的编辑思想。在郑振铎的主持下,到 1919 年底社会实进会编辑部工作人员发展到四十几人,除了编《新社会》以外,并着手筹划编辑通俗周刊与通俗丛书了。可惜,这些编辑计划最后均因条件所限而未能实现。1920 年 5 月,《新社会》出至第十九期,被反动派查禁。郑振铎等人接着又创办了《人道》,也只出一期就被迫停刊了。

郑振铎在《新社会》第七期(1920 年 1 月 1 日)上,发表过一篇编辑出版论文《一九一九年的中国出版界》。文中,既肯定了"五四"以来出版界出现的进步倾向,也揭露了出版界严重存在的"弊病"与"怪像"。他严肃地提出,反对"把出版界看作一种投机、牟利的机关",反对"'逢迎习俗'的风气",希望"出版界要多有""科学的书出版才好"。这是我国新文化出版史上第一篇总结一年出版情况的论文,值得我们重视。文中所批判的种种错误倾向,至今值得我们引以为戒。

1920 年 7 月 2 日,郑振铎又写了一篇专门的编辑论文《我对于编译丛书底几个意见》指出,编辑(包括翻译)出版书籍"在精不在多",不能光追求数量,而更须注意质量,"要慎重一点";同时,不能单出版社会科学的书,而把自然科学"抛在一边不理会"。他提出,编译工作要有全局计划,"应该略有系统,先出门径的根本的书,后出名家的专著";反对赶时髦和单纯追求利润。

《新社会》与《人道》相继停刊以后,郑振铎还领衔与北京大学学生罗敦伟、徐六几等人创办了《批评》半月刊。(此事一直被湮没,值得一提。)1920年 10 月 20 日,附上海《民国日报》发行。该刊主张"对于一切世事如政教,风俗,习惯,新旧学说,新旧出版物……无不下一种正确忠实的批评"。该刊的广告写道:"文化运动怎样能上正轨? 怎样重新估定一切价值? 自然是要'批评'。可是我国出版界独少一个'批评'! 势逼至此——《批评》半月刊不能不出世了!"郑振铎在该刊发表了驳斥帝国主义国家诬蔑社会主义俄国和向往"新的中国与新的世界"的文章。该刊的创办编辑仍然体现了郑振铎关心文化运动的发展、热心于社会批评的思想。

新文化运动更促进了郑振铎对文学的爱好。他从研究、翻译、介绍俄国文学开始而走上文坛,同时也开始了文艺书刊的编辑工作。据他回忆,大约在 1920 年秋,他与耿济之等认识了"研究系"的蒋百里。蒋正在主编"共学社丛书",就约他们译些俄国小说、戏剧加入这个丛书里。1921 年 1 至 4 月,上海商务印书馆出版了一套郑振铎主编的《俄国戏曲集》(共十本),即为"共学社丛书"之一种,其中有两本是郑振铎亲自翻译的。1922 年以后,该社又出版"俄罗斯文学丛书",也是属于"共学社丛书"系统的,其中有郑振铎自己译的及作序的书。这两种丛书的出版,对介绍俄国文学、推动我国新文学运动的发展作出了贡献,曾得到鲁迅的赞许。而郑振铎作为编辑者,自然是很有思想与眼力的。

1920 年 11 月,郑振铎带头发起组织我国现代文学史上第一个最大的新文学团体"文学研究会"。而这个社团的发起,也可以说是与他的编辑思想有关的。郑振铎起草的会章第四条,就提出该会有两种事业,一是研究,二就是出版,包括刊行会报和编辑丛书。后来,文学研究会的出版事业主要便是由他负责。

郑振铎于 1921 年 3 月从北京到上海工作。一个多月后,即由沈雁冰介绍入商务印书馆编译所当编辑。不久,他就同时编辑着中国现代史上最著名的丛书、刊物和报纸。

他主编"文学研究会丛书",在 1921 年 5 月发表他起草的《文学研究会丛书缘起》和《编例》。《缘起》中说明,编辑出版这套丛书,一方面是为了打破"对于文学的谬误与轻视的因袭的见解",另一方面是"想介绍世界的文学,创造中国的新文学"。因此,在编辑该丛书时,不仅收入会员的创作,还收有翻译作品和文学理论书籍,尤其以对文学理论的重视为这套丛书最大的编辑特色。属于这套丛书系统的,还有"文学研究会通俗戏曲丛书",也是郑振铎主编的。在他写的丛书序言中表明了他的编辑动机:"现在提倡戏剧的人很多,学生的爱美的剧团也一天天的发达起来。但剧本的产生,则似乎不能与他们的需要相应。到处都感着剧本饥荒的痛苦。到处都在试编各种剧本,而其结果,则成功者极少。……所以在现在的时候,通俗的比较成功的剧本,实有传播的必要。我们印行这个通俗戏剧丛书的主要原因,即在于此。"这套丛书对我国现代戏曲事业的发展,是起了促进作用的。

1921 年秋,在编辑"文学研究会丛书"的同时,郑振铎还与沈雁冰等计划出版一套有系统的文学理论普及读物"文学小丛书"。在 11 月 2 日《文学旬刊》第十九期上,郑振铎在答读者信中最早透露了他们的编辑思想:"现在我们还想暂时先出一种'文学小丛书',把文学的根本常识,简简单单的介绍给大家。"11 月 3 日,郑振铎致周作人的信中也谈到这套丛书,并提到沈雁冰打算将它收入"新时代丛书"内出版。1922 年 2 月 9 日,郑振铎在致周作人的信中谈到该丛书第一批已拟定八种,其中两种已有成稿,拟最晚于 5 月内付印。而在 3 月号的《小说月报》上,沈雁冰在答读者信中更详细地介绍了编辑意图及其计划:他们有鉴于当时的文学爱好者"最大的难处在没有书籍可看——尤其缺乏浅近的入门的书籍",因此"约了几个同志,想来办这件事,编几部浅近的入门的书籍。每部在二万字左右,取其代价廉,容易读完。编辑方法现拟先分四类搜寻题目：（一）通论文学原理之书,（二）研究一个派别或通论'时代别'与'种类别'的史论,（三）国别的文学史,（四）各个重要文学家的研究。"同时还附有他们所拟的三十二种书的书目。可惜的是,由于经济等方面的原因,郑振铎等人花费了很多心血的这一编辑出版计划,最后没有实现。但原拟的很多题目有的后来写成专著收入"文学研究会丛书"出版(如郑振铎的《俄国文学史略》《太戈尔传》等),有的作为单篇论文发表在《小说月报》等报刊上(如郑振铎的《何谓古典主义》等)。而郑振铎等人这样的编辑思想,仍是值得我们今天学习的。此外,郑振铎还曾编辑"小说月报丛刊""文学周报社丛书""鉴赏丛书"等。在刊物编辑方面,他先是帮助沈雁冰主编的《小说月报》作审稿、组稿及撰稿的工作；从1923年起,接替沈雁冰为主编。该刊一直到1932年初被日本侵略炮火炸毁而停刊。在整整九年间,该刊版权页上一直印着他的名字(虽然在他出国避难的一年间是由叶圣陶代编的)。早在该刊全面改革的第一期(1921年1月)上,他就在《文艺丛谈》中指出："现在中国的文学家有两重的重大责任：一是整理中国的文学；二是介绍世界的文学。"而在他主编该刊后,更是一贯坚持实践他的这一文学思想和编辑思想。他同时发表理论、创作、翻译、研究诸方面的稿子,中西兼收,古今并纳,有时还编几本专号、专辑,这成为他办刊物的一大特色。这些编辑思想与特色,在他以后主编的大型文学刊物《文学》《文学季刊》《文艺复兴》等中都一以贯之。

在主编《小说月报》之前,他还曾在1921年和1922年参与编辑了我国新文学史上第一个戏剧月刊《戏剧》和新诗月刊《诗》。1922年起,他又创刊主编了我国第一个儿童文学刊物《儿童世界》周刊。在他撰写的《儿童世界宣言》中说,编辑这个刊物是为"弥补"当时"注入式的""被动的"儿童教育的缺憾。为此,该刊除了发表童话、故事、童谣、戏剧等文学作品外,还载有图画、歌谱、游戏等等。为了符合儿童的心理习惯,他认为对童话中的"荒唐怪异之言"等不必疑虑；为了符合儿童的阅读习惯,他对国外的童话之类大多采用"重述"的方法,而不是简单的迻译。郑振铎虽然只编了一年余,但由他开创了一条路子的这一刊物后来延续出版近二十年,成为我国几代少年儿童的精神食物。此外,他当时还主编了文学研究会会刊《星海》,参与创刊了《一般》等杂志。

在报纸编辑方面,他一到上海就被聘请参与编辑当时全国最著名的副刊之一的《时事新报》的《学灯》,1921年7月17日起正式任《学灯》主编,至翌年一月底辞去。在此期间,他亲手发表了郭沫若《女神》中的若干篇什、郁达夫的第一篇小说和第一首新诗等等。郑振铎自己说,他主编的《学灯》

"最大的注意点就在——(一) 研究到自由之路的方法与(二) 介绍关于哲学、文学、社会科学自然科学多方面的知识",实际情况也确是如此。1921年 5 月 10 日起,他更主编了一开始附于《时事新报》发行的《文学旬刊》,这是文学研究会的正式机关报,后改为《文学周报》,前后刊行整整八年半,总数达 380 期。在它的整个刊行期间,郑振铎作出了最大的贡献③。在较长的时期内,它的编辑、发稿,往报馆校对、排样,经常由郑振铎担任。赵景深认为,该报主要做了两大工作:一是鼓吹为人生的艺术,提倡现实主义的文学;二是对外国文学做了大量的译介工作。而这些,都反映了郑振铎的编辑思想。此外,他在 1925 年还主编了五卅运动中著名的《公理日报》,又为《时事新报》创刊主编了副刊《鉴赏周刊》等。

郑振铎在商务印书馆工作了整整十年(其间有一年避居西欧),对该馆贡献甚大。而同时,随着他的政治觉悟的提高和亲身体验的增加,对旧中国带有封建残余的私人资本主义出版企业的性质,以及进步编辑者在其中的责任等的认识,也越来越深刻。早在 1921 年 7 月,因胡适来商务"视察"并怂恿编辑们提出改革建议,郑振铎就曾写过一份意见书。据胡适日记,郑振铎提了关于审稿制度、关于工作时间、关于休假、福利及逐年增加薪金等问题,最后还提出:"每年划出纯收入一部分,派遣编译员到欧美考察或留学。"这体现了将编辑工作与研究工作结合起来,编辑人员应该像研究人员一样需要有进修机会的思想。这是有远见卓识的。

1923 年 3 月,郑振铎在商务编辑同人中提出为反抗资本家对编辑工作者的剥削与压制而自行组织一个出版社的设想。接着,他与周予同、顾颉刚、沈雁冰、胡愈之、叶圣陶、王伯祥、俞平伯等十人,每人出资成立了"朴社"。(直至五卅运动发生后无形中解体。后顾颉刚、俞平伯等又在北平再组"朴社",郑振铎的《插图本中国文学史》即由该社出版。)虽然,在旧中国要自行成立出版社是很不容易的,但他总是支持进步的编辑工作者作这样的努力。例如,原商务印书馆《妇女杂志》主编章锡琛因发表了关于新的性道德的文章而遭到商务资方的辞退,郑振铎就支持他另创开明书店,将自己主编的《文学周报》、"文学周报社丛书"以及自己的不少著作都交予他刊行。我国现代出版史上的这家著名出版社,就是在他的大力支持下成立与发展起来的,而他的编辑思想对开明书店也很有影响。开明书店就一直把出版社当作一个文化教育工作单位来看待,具有较强的事业心,为祖国的文化建设作出了贡献。

1925 年五卅惨案发生后,郑振铎"激于上海各日报之无耻与懦弱,对于如此惨酷的足以使全人类震动的大残杀案,竟不肯说一句应说的话",遂以商务印书馆进步编辑为中坚,联合上海各学术团体,发起创刊了《公理日报》。商务资方虽然并不反对,甚至暗中还略予经济资助,但就是不愿在本馆印刷出版。该报仅出了二十二天,终因种种原因而被迫停刊。这使郑振铎对旧中国的报阀和出版商的本质也看得更清了。他在终刊号《本刊同人特别启事》中提出了"我们还想继续做大规模的筹备,预备在将来建立中国健全的言论机关的基础"的思想。随后不久,他又参加了党领导的商务印书馆职工大罢工,因他立场坚定,斗争坚决,被同人推选为工会代表和罢工执行委员会委员。

　　1927年2月,郑振铎又与胡愈之、叶圣陶、周予同等商务同人发起成立了"上海著作人公会"。该会宗旨即"在谋增进著作人之福利,及促进出版物之改良"。《上海著作人公会缘起》中指出:"到资本制度形成而且盛大之后","著作人的精神的产品商品化了;著作人的地位一变而为零卖商或受雇者;著作人的被资本家剥削完全与体力劳动者同其命运。"而为了维持生活,著作人"不免要求产品的速成和多量,因而流行于社会的尽多窳劣的著作",这自然又受到社会的指摘。"所以著作人不但是资本家营利的工具,而且作了资本家的挡箭牌子,这又是何等痛苦!""在这样的情况之下,我们觉得著作人应当组织一个团体,协力来谋改革,为自身也是为文化。"这里所说的"著作人",显然也包含着编辑者;这篇《缘起》中正包含着郑振铎当时的编辑思想,即怀着强烈的社会责任感,要求编辑者"为自身也是为文化"而团结起来,"协力来谋改革"。

　　上海著作人公会积极参加了党领导的上海工人第三次武装起义后成立的市民代表大会。"四一二"政变后,郑振铎又与商务的几位同事联名致信国民党当局表示抗议。因此,大革命失败后他就被迫避居西欧。直至1928年6月回国,他继续在商务当编辑,并参与发起了"中国著作者协会"。他在自己主编的《文学周报》上发表启事,表示:"本报同人数年来或奔走四方,或困于衣食,无暇为本报执笔,……现同人多半复集于上海,聚议之下,佥欲重振旗鼓,分担责任,继续本报历年来在阴霾重雾之中与险恶势力奋斗的精神。"同时,郑振铎又在他主编的《小说月报》上新辟"随笔"等专栏,也表示尽管所刊文章"思路当然也未能一致",但"却有一个总趋向",即"向光明走"。这些,都表明了郑振铎对所载作品的思想内容"不希望于求同",但又必须有进步倾向的编辑思想。

　　1929年4月,郑振铎发表了《评上海各日报的编辑法》。文中例举了他感到"最刺目痛心的"几条事实,批评了"一班依附在封建势力之下生存着的编辑先生们"的所作所为,呼吁对这些现象进行改革。他主要谈了这样几点：一、必须改变报纸各版编辑各自为政不相为谋的现象，二、反对新闻报道中抹杀社会意义的轻薄的态度，三、批判无聊、荒诞、迷信的副刊内容，四、批评编次的不科学、不得法、呆板一律。这是他归国后发表的第一篇编辑论文。

郑振铎这时又重新参加商务印书馆编译所工会的工作。1931 年初，商务总经理王云五出洋考察归来，提出所谓"编译所编辑工作报酬标准施行章程"之类，企图加强对编辑们的控制与剥削，并把复杂的精神劳动粗暴地简单化、机械化。郑振铎等人奋起反对，他们组成特别委员会，举办上海各界人士招待会，并发表宣言，迫使王云五不得不收回成命。事后，郑振铎自豪地说："由于此次的教训，我们认识了自己的力量。"同年 2 月，编译所工会改选，郑振铎当选为宣传委员。他即提议创办工会刊物《编辑者》。该刊于 6 月 15 日创刊，由他与周予同负责。

《编辑者》不仅是一份出版社工会的内部刊物，而且也许是我国历史上第一个编辑学刊物。郑振铎写的发刊词即是一篇非常重要的编辑学论文。文中论述了知识分子（包括编辑者）的阶级地位在这个"大转变的时代"里，如何由"具有特权的统治阶级"，"跌落到普通的雇佣者与自由职业者"，并受到"新兴资本势力的一而再再而三的高压"。"他们明白传统地位与特权的失去，不仅不足以惋惜，还更能使他们认识了真正的社会的地位，确定了人类的生存的意义，与乎共同努力的方向与轨辙。"因此，这对他们来说，是一种"解放"。而资本努力的"这种新的压迫，只能增加了他们向前奋斗的勇气，与更清楚的认识了自己的真实的力量与责任"。于是，郑振铎庄严地写道：

> 我们一部分的编辑者们，是在全国最大的一个出版机关里的。我们明白这个出版机关，由它的伟巨的印刷机上所播散出去的东西，是具有不能自知的伟巨的影响的。它可以发生了很大的良好的影响，也可以产出无限量的有毒的丑类。……
>
> 现在，在迫切的知识的需要情形之下，我们更要使它充分的发展其可能的力量，以传播移植重要的科学，文化的出版物与乎启蒙运动的书籍图表。我们更要就我们力之所能及，督促监视着它。不使其为了"利令智昏"，而印刷任何有毒害的东西，我们要使它充分的善用其力。为了这，我们或许要不客气的批评当事者的举措。……
>
> 若有任何无理的新的压迫，凭借了资本势力而加到我们的身上，则我们更将不惜任何牺牲与之周旋；决不退却，决不反顾。……

在这个急骤变动着的大时代里,我们的责任是不很轻微的。

读这篇文章,我们可以明显地感到与四年多前郑振铎等发起的"上海著作人公会"的《缘起》一文是一脉相通的,而其思想则更为完整、明朗。可以说,这是代表解放前郑振铎编辑思想完全成熟的一个标志。

（1986）

———————————

注释

① 刊于 1920 年 7 月 6 日《晨报》和 8 日《民国日报·觉悟》。

② 郑振铎起草的《文学研究会会务报告（第一次）》,《小说月报》第 12 卷第 1 期。

③ 赵景深《文学周报》影印本前言,影印本由上海书店出版。

郑振铎后期编辑思想

1931年9月，郑振铎因为对商务印书馆资方王云五深为不满，也因为他希望有较充裕的时间从事研究与写作，遂离开工作了十年的商务，到北平燕京大学及清华大学任文学教授。

他一到北平，就被清华大学中国文学会出版的《文学月刊》聘为顾问。他在编辑工作上悉心作了指导，还在上面发表了他公开悼念被国民党反动派惨杀和迫害致死的共产党人胡也频、恽雨棠、杨贤江。接着，他又参与创刊和编辑了燕京大学国文学会主办的《文学年报》，任该刊顾问，创刊号上的所有稿子均经他一一审阅。

1933年春，他回上海一次，向鲁迅、茅盾提议恢复因"一·二八"事变被日本帝国主义侵略军轰炸而停刊已一年余的《小说月报》。他们赞成另办一刊。经过筹备，于7月1日创刊了继《小说月报》后全国最大的进步文学月刊《文学》，由生活书店出版。郑振铎是该刊编委会的负责人之一。由于《文学》具有进步的思想倾向，自然引起了国民党反动派"审查官"的注意，处处给予刁难和迫害。1934年1月下旬，郑振铎因茅盾去信告急，赶回上海研究如何应付《文学》面临的危机。郑振铎他们根据以前编《小说月报》的经验，决定从第三期起连出四期专号（翻译专号、创作专号、弱小民族专号、中国文学研究专号，最后一期由郑振铎亲自负责），并在出版前大做广告，以扰乱敌人的视线，同时也表示了刊物坚持出版的决心。鲁迅听取了汇报，也认为郑振铎等人的这一决定是对付目前敌人压迫的可行办法。该刊中国文学研究专号的编辑，可称是郑振铎的杰作。该期发表了郑振铎自己的文章共九篇，换用了八个笔名，其中《净与丑》《元明之际的文坛的概观》等长文还巧妙地抨击了国民党的反动统治。该期出版后第二天，鲁迅就致信郑振铎，高度称赞说："内容极充实，有许多是可以借此明白中国人的思想根柢的。"

正当《文学》开始受到压迫的时候，北平立达书店约青年学生章靳以编一本刊物，章找郑振铎商量。郑振铎听了十分高兴，他说："《文学》在上海的处境一天天地困难,有许多文章都被'检查老爷'抽掉,我们正好开辟一个新的阵地,这个阵地敌人还没有注意到,可以发挥作用。"于是,在他的支持与筹划下,《文学季刊》这本大型刊物便于 1934 年元旦在北平创刊了。在郑振铎起草的《发刊词》里,肯定了胡适和周作人在新文学运动初期的功绩(而没有提鲁迅),近年有研究者认为这表明了他认识上的糊涂;其实不然,打出这两人的招牌,正是郑振铎为了应付迷惑敌人的巧妙的编辑艺术。该刊后来发表了不少优秀的进步的作品,如巴金的《雷》,就是先被禁止在上海《文学》上发表,而后转移到该刊发表的。

此外,1934 年 9 月,郑振铎参与创办的小品文杂志《太白》半月刊在上海创刊。10 月,他参与创办的文学月刊《水星》在北平创刊。

以上这些刊物,在三十年代文化战线反"围剿"斗争中,都或多或少地作出了贡献。在这些斗争中,郑振铎体现了这样一种编辑思想:在反动势力压迫严重时,不赤膊上阵,注意保存出版阵地,适当加强刊物的保护色,并争取在敌人不注意的地方增辟新的阵地。在"检查官"操刀以待以求一逞之际,转而多登载古典文学及外国文学论文和翻译作品,这既是增添了一种保护色,同时也是为将来的文化建设作了积累。

郑振铎在燕京大学因倾向进步而遭受顽固势力的忌恨、诬蔑和排挤,终于愤然辞职。1935 年春,回到上海工作。到上海后,他即为生活书店主编综合性大型文学丛刊《世界文库》。一开始,他打算尝试创办一种丛书与期刊相结合的新形式,每月按期出一册。内容均是中外文学名著,长篇的均连载。他邀集了国内差不多所有最著名的作家、学者来参加这一工程,雄心勃勃,第一集就拟编辑六十至八十册。但出了一年(共十二期)便中辍了。其中原因很多,除了因长篇连载不便读者阅读,中外杂糅不便读者挑选外,同时还曾遭到一些"左"的非难。他发表了《〈世界文库〉第二年革新计划》,决定:(一)改刊单行本,全年出十八卷;(二)增多外国文学部分,每月出版外国部分一卷,每隔月出版中国部分一卷;(三)加刊近年重要名著,他认为这"是最适合这时代与这时代的中国的读者需要的。中国部分,也特别注意到这一点。这是选择材料方面的最大优点";(四)附赠《世界文库月报》,"本月刊专载关于本年所刊各种名著的批评论文,及记载作者们的遗闻轶事等等,于每卷出版时附赠读者,更可增加阅读的兴趣,和对作者的认识。"可是,这一革新计划后来也未能完全实现,仅又出了十几种,即因抗日战争爆发而终止。虽然,由于当时客观条件所限,未能完成其原定宏伟计划,但在当年仍是惊人之举,被称为"中国文坛的最高努力","新文学运动以来的创举";而这一创举及其编辑思想,至今还令我们激动不已。在《世界文库》的

《发刊缘起》中,郑振铎表达了这样一些编辑思想:"所知太窄,所见遂不免偏窄","故欲去其所蔽,必先广其见闻",只有广泛接触世界文学名作,才能真正认识文学的价值,因而他编辑这套书,就是"有计划的介绍和整理",并且"以最便利的方法,呈献世界名著于一般读者之前"。在编辑中,他坚持"不受流行观念的影响,而努力于表扬真实的名著",坚持既"勇敢"又"慎重"的编辑态度。

当时,郑振铎还积极参与上海良友图书印刷公司出版的总结中国新文学第一个十年的《中国新文学大系》的编辑工作,并在整个《大系》的编辑方针、编辑人选、具体分卷等等方面提出了建设性意见,还亲自主编了其中的《文学论争集》,写了精彩的《导言》。在讨论《建设理论集》的主编人选时,郑振铎提了胡适,他认为:"对历史上作出过贡献的人,应该肯定他那一部分,这并不排斥我们对他今天的政治观点持不同意见。今天能担任此书编选者除胡适外,只有找陈独秀,但他是无法找到的;比较之下,胡适还是唯一适合的。"当时,胡适在政治上炙手可热,又日趋右倾,郑振铎批评他是一个很快"变老"了的五四文士;但他考虑到他的历史地位及一般读者中的影响,又考虑到编这样一套规模大、投资多的《大系》,完全找左翼作家编,不来点"平衡",肯定无法经过"审查官"这一关,所以特地提了胡适。后来事实证明郑振铎的这一编辑思想是非常正确的。他后来又为自己编的《文学论争集》写了一段《编选感想》:"将十几年前的旧帐打开来一看,觉得有无限的感慨。以前许多生龙活虎般的文学战士们,现在多半是沉默无声,想不到我们的文士们会变老得那么快,然而更可怪的是,旧问题却依旧存在(例如'文''白'之争之类),不过旧派的人却由防御战而突然改取攻势了。这本书的出版可以省得许多'旧事重提',或不为无益的事罢。"

在三十年代,郑振铎支持一切进步的编辑出版事业,例如,开明书店于 1934、1935 年出版的《二十五史》《二十五史补编》《六十种曲》等几部大书,郑振铎都分别作了题词,高度评价为"扛鼎"般的工作。他曾与鲁迅一起编印过《北平笺谱》等,进行了十分愉快的合作。鲁迅和他在此书的编辑思想上极为一致,即为了"留一点给未来的人们"。他们共同付出了艰辛的劳动。他还通过具体的编辑工作,帮助了很多左翼作家。尤其值得大书一笔的有两件事:一是他积极协助了鲁迅编选出版瞿秋白烈士的遗著《海上述林》,默默地做了很多工作;而鲁迅也十分尊重他,鲁迅编选的选目都请他过目。二是在鲁迅逝世后,他积极参加了《鲁迅全集》的编辑工作,是编辑计划的起草者之一。许广平说:"整个编辑工作以郑振铎、王任叔两先生用力为多。"

抗日战争时期,郑振铎一直坚持战斗在上海。在前期"孤岛"上海,他曾参与主编了《中华公论》月刊、《救亡日报》《战时联合旬刊》等报刊,内容主要都是宣传抗日救亡。1938年5月8日,他还在柯灵主编的《文汇报·世纪风》副刊中主编了一个《书评专刊》(周刊),其简短的发刊词正代表着他当时的编辑思想:

　　　　战时的文化运动,不仅不应该停止,且较平常时更为需要。一切战时常识及其他有关战事的书报,均为我们当前的重要的粮食,其重要决不下于柴米油盐。
　　　　我们的文化界在战时,曾经努力过,且还在继续的努力着。可惜许多的出版物都已移地刊行,在上海很不容易读到。但即在上海,努力于写作的作家,也还不少。
　　　　本刊的目的便在把战时的中国出版界的全般面目介绍给一般的读者,当然不免要加以选择并批评。

如果说,《书评专刊》主要代表着郑振铎当时编辑思想中对战时出版界的批评的一面;那么,他与王任叔、孔另境主编的"大时代文艺丛书",则可说是对战时出版界的一大建设了。该丛书在艰难的条件下共出版了十多种。其《主编者序》是由郑振铎写的,他指出:"文艺工作者在这个大时代里必须更勇敢,更强毅的站在自己的岗位上,以如椽的笔,作为刀,作为矛,作为炮弹,为祖国的生存而奋斗。""我们这一群文艺工作者们,力量虽然薄弱,但没有一个敢放弃了我们应尽的任务。这部'大时代文艺丛书'的编著,便是我们的工作之一。"他形象地把他们的编著活动称作"是东方将曙以前的一群叫晓的鸡鸣声"。"然而众籁皆将响应。天色就要明亮。一个光明的大时代,就将到来。"在此以外,他还参与主编了《文学集林》《学林》等文学、学术刊物。

上海"孤岛"后期以及整个沦陷期间,郑振铎失去了公开编辑出版书刊的条件,但他仍然在荆天棘地之中编辑影印了不少书籍。一个是他从1940年起,就开始编辑中国现代出版史上的伟大工程《中国版画史图录》,由上海良友复兴图书出版公司出版。他多次谈过关于这一大型丛书的想法。当时,在我国已出版的中国艺术史书籍中,都没有谈到版画的,欧美人和日本人写的中国艺术史,版画亦从未有一行半页叙述及之;然而在日本,"浮世绘版画"却在其艺术史上占有重要地位。为何世界版画之鼻祖、本来应雄踞版画史最高座的中国版画却无人注意呢?为此,他认为编辑出版此书,是中国美术出版史上的一大创举,足以一雪世人忽视我国版画之耻。其次,他眼看当时战火频仍,文物图书损失惨重,惧怕自己二十余年精心积累的数千帧历代木刻画毁于炮火,认为只有马上通过出版化身千百才能保存。他在《自序》中说:"世事瞬息万变,及今不为纂集,则并二十余年来所已搜集者或将荡为轻烟,虽百身何赎乎? 因悍然不顾其疏漏,先就所已得者次弟刊印行世,庶或稍减杞忧而有裨此大时代之艺人史家乎!"同时,他编辑这套大书,也正是他在鲁迅生前与之多次共同筹划的,他曾向鲁迅提出编印一套版画丛刊的设想并得到鲁迅的首肯,因此,这也是为了完成鲁迅生前的遗愿。这部巨书后因"孤岛"沦陷而未编印完成;抗战胜利后他又续编,由上海出版公司继续印行。解放后,他又写出了《中国古代木刻史略》。正如赵家璧在《回忆郑振铎和他的〈中国版画史〉》一文中说的:"他那种为保卫和发扬我国民族文化遗产,整理并编纂历代木刻版画珍品,填补一直成为中国美术史一段空白的锲而不舍、金石可镂、终底于成的崇高精神,永远值得后人向他学习。"

"孤岛"后期,郑振铎秘密发起组织了"文献同志保存会",为国家抢救收购了大量极为珍贵的古书。在收购图书的过程中,他又萌发了影印一批善本、孤本的想法。他从为国家收购的,以及自己所藏的珍本中挑选若干种最为罕见,并能发扬民族意识的古籍影印传布,以便化身千百,更有效地击破敌人亡我文化的罪恶目的,同时又以中华民族祖先们的反侵略反压迫精神来激励全国人民抗日的斗志。最先是在 1940 年下半年起影印"玄览堂丛书"第一集,郑振铎化名"玄览居士",并模仿一个藏书家的口气作了序,指出:"今世变方亟,三灾为烈,古书之散佚沦亡者多矣。及今不为传布,而尚以秘惜为藏,诚罪人也。""乃不得亟求其化身千百,以期长守。"其后,这套丛书又影印了二集和三集,一共七十多种,大多为明人所作有关明代历史的著述。

在抗战后期,1944 年郑振铎还秘密影印了两套丛书。一是《长乐郑氏汇印传奇》,共二函十二册,为了迷惑敌伪,出版和作序年份均写成 1934 年。但其序一开始便以隐晦的语言痛斥了日本侵略者:"天时不正,河山如墨,泥泞载道,跬步不得,计唯闭门读书以自遣耳。"序中并说明了他所以编辑影印此书,是因为明清之际"实为我国戏剧史上光芒万丈之一大时代",但这一时期的传奇则自汲古阁出过选集以后,后继无人。今"劫火方殷,世变日亟,今之暂聚于予者,其能终保无恙乎?""辄欲继此绝业,以余所得,公诸于此。"可见这是与影印"玄览堂丛书"的思想是完全一致的。与此同时,他又以"纫秋山馆主人"的化名编辑影印了"明季史料丛书",也在序中表示了这样的思想:"语云,亡人国者必亡其史。史亡而后子孙忘其所自出,昧其已往之光荣,虽世世为奴为婢而不恤。然史果可亡乎?""若夫有史之民族则终不可亡。盖史不能亡者也,史不亡则其民族亦终不可亡矣!"郑振铎保存与传播先民的史书,正是为了保卫祖国,为了表明中国永远不会灭亡!

抗日战争胜利以后,短短的四年间郑振铎在政治舞台和文坛上都积极地为人民的利益而活动,同时又编辑了不少书刊。在政治书刊方面,最著名的是他主编的《民主》周刊,它的创刊号《发刊词》,表明该刊是以"无党无派的""中国国民的立场来发言"的,是为缔造"强大、自由、民主的中国"而斗争的。但随着国民党反动派倒行逆施的加剧,该刊几乎每期均以头篇发表郑振铎署名的激烈抨击国民党反动派的尖锐的政论,可称当时民主斗争的坚强堡垒之一。在它出了五十几期后,被反动派严令禁止,郑振铎在终刊号上发表《我们的抗议》,表示"我们并不退缩,也不灰心绝望","本刊虽然被生生的缢死了。但永不死的是她的精神","她会复活的! 凤凰从火焰中重生,那光彩是会灿烂辉煌的。"

在文学期刊方面,他鉴于当时缺少全国性的大型文学专刊,便与李健吾一起于1946年1月创办了《文艺复兴》月刊。他在发刊词中自豪地表示:"我们将大声疾呼着,为中国的文艺复兴而工作!""抗战胜利,我们的'文艺复兴'开始了;洗荡了过去的邪毒,创立着一个新的局势。我们不仅要承继了五四运动以来未完的工作,我们还应该更积极的努力于今后的文艺复兴的使命;我们不仅为了写作而写作,我们还觉得应该配合着整个新的中国的动向,为民主,为绝大多数的民众而写作。"这些,不仅是他在新的历史时期的文学思想,同时也就是他的办刊方针。同年4月17日,他又主编了《联合日报晚刊》(后改名《联合晚报》)的副刊《文学周刊》,在题为《文艺作家们向那里走?》的代发刊词中,他也表达了同样的编辑思想。

他还编辑和参与编辑了"文艺复兴丛书""大地文学丛书""晨光世界文学丛书"等文学丛书,其目的自然也是为了祖国的"文艺复兴"。早在抗战后期,他曾与周予同、耿济之等人筹划过编写一部中国百科全书,可是因为条件恶劣而不可能进行;抗战胜利后,郑振铎又想进行此一工作,并又一次写了《拟编中国百科全书计划书》。在其第一条"编辑旨趣"中写道:"世界各国无不有百科全书之刊行。……盖百科全书包括世界学术文化之大全,实足以表现某一时代某一民族之文化与精神,为一国国民所必需时时翻阅之参考书也(较字典、辞典尤为切要)。惟我国仅于清末由某书肆印行一简陋之百科全书。迄今四十年,无继之者……诚我民族之奇耻大辱也。若于此时联络各大学教授及各专家,利用其学力及闲暇,编辑此书,实最合时宜之盛举也。"他还详订了"编辑方针""全书数量""编辑时间""编辑人员""编辑费用"等条。遗憾的是,这一计划在当时条件下仍不可能实现,但这份计划书中体现的郑振铎的编辑思想却是十分感人的。

1947年以后,郑振铎一口气编辑出版了好几部大型图籍,这在我国现代出版史上可称是又一个独一无二的创举。首先是编辑《中国历史参考图谱》。郑振铎后在该图谱的跋中详细说明了编辑的缘起,他认为"在许多历史书里,则更不易找到什么插图了。而历史书却正是需要插图最为迫切的。从自然环境,历史人物,历史事件,历史现象,到建筑、艺术、日常用品、衣冠制度,都是非图不明的。"虽然国外偶有这方面的简单的图谱,但他认为"中国历史参考图谱由一个非中国人来编,总是隔了一层的。这是应该由我们自己来动手的一个大工作。"郑振铎废寝忘食、节衣缩餐,甚至不惜举债以赴。它的出版引起整个学术界的震动,郭沫若带头题词号召:"这是应该国家做的工作,而郑先生以一人之力要把它完成;每一个中国人,凡有力量的都应该赞助他这一工作。"周谷城誉之为:"真是一部最美丽之中国文化史"。翦伯赞则认为:"不如称之曰'绣像中国史'",并"着重的指出,这部书的出版,是中国金石图谱第一次的通俗版。自此以后,中国的古器物图谱,便会从有闲阶级的玩赏品,一变而为人民大众学习历史的宝典。后来的历史研究者,亦将藉此而获得事半功倍之效。我相信有了这部书,中国的历史,便会从纸上浮凸起来,甚至会离开纸面,呈现出立体的形象。"

郑振铎在编印这本历史图谱的同时,得悉藏书家张珩的珍贵古代藏画不幸被人捆载出国,仅留存照片,因而痛惜"楚人之弓,未为楚得",便和张商量,将这些照片影印出版,那便是《韫辉斋所藏唐宋以来名画集》。郑振铎说:"由于这个画集的出版,我便想起:何不把域外所藏的中国古画搜罗起来印出,一面记录过去被掠夺、被盗卖的情况,提高我们的警惕心,一面借以加强人民对于祖国伟大艺术作品的爱护心呢?"于是,他又编印了三辑《西域画》,这是把英、法、德、日在中国西陲搜罗的我们伟大的艺术作品的一部分展示出来,受到读书界的热烈欢迎。这以后,他又再接再厉,在十分艰苦的条件下,把二十四辑的《域外所藏中国古画集》全部印了出来。另外,他还编印了《中国古明器陶俑图录》,后因各种原因,一直未能装订发行。郑振铎在编辑这些图籍时的光辉爱国思想,是值得中国人民永远感念的!

郑振铎以激动的心情盼来了祖国的解放,并受党和人民的重托,担任了国家文化工作的领导职务。他努力学习,辛勤工作,信心满怀,抱负大展,继续为祖国的文化事业,包括编辑出版事业,作出重大的贡献。与解放前相比,他这时的编辑思想显得更自觉、更明确、更深刻,气魄更加宏伟,眼界更为宽阔。

他在百忙之中依然没有间断编辑工作,其中有国家文化建设规划中的统一项目,也有他个人的编辑工作和集体的项目等等。例如,据1950年8月《新华月报》报道,当时中央文化部就着手组织编辑中国古典文学的两套大型丛书。一是《中国古典文学》,由郑振铎主编,共三十余位专家参加;一是《中国历代诗选》,由郑振铎与郭沫若、艾青主编,共十余位专家参加。郑振铎当时还亲自参加了《水浒全传》的校勘、整理、标点、编辑工作。今在他的遗物中,我们还看到不少解放初他亲自撰写的为编辑、普及古典文学而开列的书目。如《文学基本丛书目录》,从《诗经》《楚辞》,一直到《白雪遗音》,共三百五十种。又如《中国文学读本目录》,从《诗经选》《楚辞选》,一直到《聊斋志异》,共五十二种。这些,无不浸透着他的心血!

1951年,郑振铎开始编辑《伟大的艺术传统图录》。编辑这部巨著的动因,是从发表《伟大的艺术传统》开始的。这年4月起,《文艺报》连载郑振铎写的《伟大的艺术传统》,每期均附有若干插图。他在序中说,"过去的'艺术'是被封建帝王和地主们、买办资本家们,以及半封建、半殖民地的学者们所封锁的";"再者,我们过去的学者们只是注重'文字',很少想到把实物来说明问题,这个'文字障',便也把无数的艺术品埋没了";等到人民政权建立,人民可以有权利享受祖国的伟大的艺术传统的作品的时候,却有很多珍贵的艺术品已被蒋介石集团所盗运,或为帝国主义者所掠夺而去了。幸而在晚清之际,因新印刷术的发展,有一部分艺术品曾被介绍出来,保留在图谱里,但这些图谱不少是泥沙俱下、真赝不分的。因此他说:"这里所引用的图片,是经过慎重的选拣的。去伪存真,才能见出我们伟大的艺术传统的真实面貌。"他更以"心痛欲裂,悲痛万分"的心情写道:"在这里印出的大部分的图片,其实物是藏在各帝国主义者的博物院里的呢!五十多年来,全国各地出土的许多艺术品,以及私家所收藏的绘画,其中最为精美的、最重要的胥为帝国主义者所掠取。""是他们博物院里的可夸耀的收藏品,但却是我们不可磨灭的耻辱的纪念物!"因此,他极其深刻地指出:"热爱祖国的伟大的艺术传统,也就是热爱祖国,也就在进行着爱国主义的教育。"

可惜的是,《文艺报》限于纸张质量、印刷条件以及篇幅,每期刊载出来的图片只占郑振铎精心选拣后送去的一半或三分之一。比较精细些的,复杂些的,或占篇幅较多的图片,多无法印出。于是,他便打算单独编辑一本图录。这一计划得到了解放前曾出版他编辑的《中国历史参考图谱》等大型图集的上海出版公司主持者刘哲民的赞助,于是郑振铎便在百忙之中废寝忘食地编了起来。他要求纸张、珂罗版印刷、彩色铜版印刷等都须十分精美，以体现新中国出版物的新面貌。他自己在挑选、编排实物图片时更是精益求精。他写了几十封信给刘哲民，从编辑思想到具体问题一一作了指导，连一些细微之处也不忽略。除了出版精装本以外，他还要求出版了普及本。他认为，前者代表着一个国家的文化水平，后者则是为更广大读者服务的。郑振铎对这部图录的编辑成功是十分欣慰的，他在1952年1月20日致刘哲民的信中说："图录的印行，实为解放后伟大的创举。其重要性将会有人认识的。"

1953年起，郑振铎又召集吴晓铃、赵万里、傅惜华等人，组织了"古本戏曲丛刊编刊委员会"，开始主编"古本戏曲丛刊"。关于这套丛书编辑影印的缘起，他在初集的序里说："中国戏曲在人民群众之间，有广大深厚的基础。它们产生于人民群众里，植根于人民群众的肥沃的土壤上，为历代的人民群众所喜闻乐见。""我们研究中国戏曲史的人，老想把古剧搜集起来，大规模的影印出来，作为研究的资料，却始终不曾有机会能够实现这个心愿。今日欲得一部明刊本传奇，正像乾嘉时代欲得一部宋刊善本那样的不易。""古剧收藏家的辛勤，诚如如鱼饮水，冷暖自知。幸而集腋成裘，更幸而历劫仅存，怎能不急急的要想使之化身千百，俾古剧能为今人所用呢？"为了主编这套丛书，他耗费了很多心血。原计划编印十来集，"期之三四年，当可有一千种以上的古代戏曲，供给我们作为研究之资，或更可作为推陈出新的一助。"可见其心愿之宏伟。郑振铎生前印成三集，每集卷首均有他写的序言，在他去世前两天他写了第四集的序，也是他一生中最后一篇文章。在这篇文章中，郑振铎提出了"供专家们研究需要的内部参考资料"，必须"本着'求全求备'的主张"，尽可能收集齐全。这"乃是为'提高'的研究事业准备的条件之一"。如果我们联系到郑振铎写这段话时的1958年10月的国内文化界大反"厚古薄今"的现状来看，就更不难看出他的这一编辑思想是极其可贵的，是与当时"左"的思想相对立的。该丛书第四集在他去世两个月后出版。以后，因主持无人，又因"左"风日炽，仅在1964年出版过一集，便再也出不下去了。所幸打倒"四人帮"以后，国务院古籍整理小组已决定继续完成郑振铎未竟的编辑影印这部大型丛书的工程。

继解放前编印《中国版画史图录》后，1956年郑振铎又编辑了《中国古代版画丛刊》。他认为，解放前的图录所收资料虽多，而每种采用的页数却少，这是不足之处，因此打算编这部丛刊，选择从宋代起以迄明清止的整部的版画图籍。他当时的计划比解放前更为宏大，预计全部将收五百种左右，而所订"初编"计划，也有版画三十六种，九十余册。这部丛刊，主要照顾到我国古代版画的各个流派，以徽派为主，兼及金陵、建安两派；而且也照顾到各书的内容,使它在版画艺术之外,也各有所用(例如其中有一本《救荒本草》,就对开发农业资源具有参考价值)。阿英当时认为,这部版画丛刊的完成,将是中国版画史上最珍贵的一部。但当时国内"左"的风越刮越厉害,这套书的出版也就很不顺利。在他生前只出了四种,每种他均亲自写了跋语。在他逝世后,中华书局上海编辑所根据其生前所订"初编"规划加以修改,于1961年出版了《中国古代版画丛刊》共五大函,四十四册,十八种。在当时出版社能做到这样,已经是比较难能可贵的了。

除上述各书以外,郑振铎在解放后还曾编辑过《敦煌壁画选》《中国造型艺术》《楚辞图》《宋人画册》等书,限于篇幅不能一一论述了。他还主编或参与编辑了《文物参考资料》《考古学报》《考古通讯》《政协会刊》《文学研究》《收获》等刊物,其中以《政协会刊》所花心血为最多。该刊是全国政协常委会第三十二次会议决定出版的全国政协内部刊物,由郑振铎主编。他生前对此刊极为负责,并亲自撰写了不少评论、杂文和散文、诗歌等。在他飞机失事殉难的那次出国访问前夕,他还亲自召开了编辑会议。

最后,想谈谈解放后郑振铎如何以自己的编辑思想影响、指导和改造私营出版业的。早在解放初,旧中国最大的出版社商务印书馆的元老张元济就在1949年11月3日致信沈雁冰,提及该馆为适应新的形势,拟成立出版委员会,欲请沈雁冰主持。沈雁冰立即回信,推荐郑振铎以自代,并说商务欲出"新民主丛书"等事,"已商诸振铎兄,甚为赞同。如何约稿,何日期得半数等等,振铎兄均胸有成竹"。张元济得到此信,非常高兴。后来郑振铎南下上海,还曾与张元济当面详谈。该丛书后虽因故没有出版,但郑振铎曾通过各种方法给该馆以大力帮助与指导。

对于上海出版公司,郑振铎的指导与帮助更大。早在全国解放前夕,他在地下党安排下秘密转道香港去解放区的途中,就给该公司负责人刘哲民写信,指出"文化事业前途大有希望",还为该公司谋划了"在工具书——字典、辞典等——参考书及艺术考古书方面"独辟蹊径的编辑出版路子。上海一解放,他又不断去信,反复指出"出版业前途,希望甚大","这是有前途的!"并提及关于国内"整个民间出版事业,当于最近和负责当局详谈"。他认为"民营出版业,大有可为,惟须自有特色"。为此,他一再指示上海出版公司"中心拟放在历史、考古、美术及文艺方面"。他曾提议编辑出版《新文艺大系》,"似良友之《新文学大系》而所收更广"。又曾提出一系列编辑计划:"我想到:中国四大发明,都应该有专史:(一)火药史;(二)指南针史;(三)印刷史;(四)纸张史;都可以找到专家来写。将来还可以出版'服饰史','建筑史','舟车史','染织史','陶磁史',等等。每种均应附图甚多,且均可以分若干册出版。"他严格要求他们:"出版一书,必须采取极端负责的精神也。校对必须精慎,最好没有一个错字。"他反复指出:"公司出书计划,必须面对人民的需要,不能再像过去那样采取'自由主义'也。"正是在郑振铎这样的关怀与指导下,上海出版公司坚定地走上了社会主义道路,光荣地完成了它的历史任务。

(1987)

〔附记〕《中国古明器陶俑图录》已于1987年由上海古籍出版社装订出版,完成了郑振铎的遗愿。

郑振铎对中俄文学交流事业的贡献
——在俄罗斯纪念郑振铎先生诞辰 110 周年

郑振铎一生的文学活动,是从阅读、研究、
翻译、介绍、编选俄国文学开始的

郑振铎 1917 年到北京上大学(铁路管理学校)。他的住处附近,有一个基督教青年会,那里有阅览室。他课余便常去看书,并认识了青年会干事步济时。[①] 郑振铎后来回忆说:步济时“是研究社会学的,思想相当的进步,而且也很喜欢文学。”[②]“我最初很喜欢读社会问题的书”,后米步济时又“介绍我看些俄国文学的书”。[③] 这是郑振铎在“五四”运动前夕接触俄国文学之始。

郑振铎在大学里学过一点点俄语,[④] 但不能看书;他的英语水平不错,他读的是俄国文学的英译本。而在那个阅览室里,郑振铎认识了也常来看书的俄文专修学校学生瞿秋白、耿济之,并成为好友。他们几个都积极地参加了“五四”学生运动。意味深长的是,紧张火热的斗争没有转移或减弱郑振铎等人对俄国文学的兴趣,反而愈加增强了。他们由看书而互相讨论,进而又产生了翻译、介绍的欲望。

例如,1920 年夏,郑振铎从友人处得到一本俄国海参威出版的“全俄劳工党”(即俄国共产党)第十四种出版物《赤色的诗歌》,其中共有二十五首诗,大多是俄国各地革命工人中流传的。他与耿济之略读了一遍,深受感动。由于他的俄文水平不高,便约耿济之一起翻译。第一天便译了该书中的第一首《第三国际党颂歌》。[⑤] 后于 1921 年发表于 5 月 27 日的《民国日报·觉悟》和 9 月出版的《小说月报》号外《俄国文学研究》上。这首《第三国际党颂歌》实际上并不是“俄国诗歌”,而是《国际歌》法文歌词的俄译。也就是说,郑振铎与耿济之在无意中完成了这首“全世界无产阶级的战歌”的歌词的中译。[⑥] 虽然它不是俄国诗歌,但郑振铎当时写了充满激情的评

价,代表了他对苏俄革命文学的感情和认识:"它们里面,充满着极雄迈、极充实的革命的精神,声势浩荡,如大锣大鼓之锤击,声满天地,而深中乎人人的心中。虽然也许不如彼细管哀弦之凄美,然而浩气贯乎中,其精彩自有不可掩者,真可称为赤化的革命的声音。不惟可以借此见苏维埃的革命的精神,并且也可以窥见赤色的文学的一斑。所以不惟是研究赤色革命的人的好材料,也是研究赤色文学的人所必要看的。"

郑振铎后来回忆,当时耿济之有一位姓叶的前辈在办《新中国》杂志,需要文艺方面的稿子,于是他就和耿济之、瞿秋白等人开始翻译俄国文学。"我自己也从英文里,重译了一篇俄国小说,登载在《新中国》里。这是我第一次由写稿获得稿费的事。记得那时候够多末高兴!"⑦我们在《新中国》上未能找到他记得的那篇俄国小说译作;⑧但他确实是最早在 1920 年代初开始翻译俄国小说的。据已知史料,他的第一篇俄国小说译作,发表于 1920 年 10 月 10 日《时事新报·学灯》双十节增刊上,是当时知名作家谢尔盖耶夫-青斯基(Сергеев-Ценский)的《神人》。这期《学灯》在当时很引起读者关注。⑨

郑振铎的翻译是为中国新文学事业服务的。从一开始目的就比较明确,而且不断地更加明确。他开始接触俄国文学,有其偶然性;但又受当时整个新文化运动是在俄国影响下的必然性的制约,也是与他当时追求进步的思想相合的。他最早翻译的俄国小说《神人》,或许称不上第一流作品,但却是原作者的代表作之一。郑振铎翻译的作品,都是经过他选择的,或是其内容对中国读者有参考意义,或是艺术上有鉴赏学习价值,或是文学史上的名人名作。这从他翻译发表的第二篇俄国小说就选了杰出作家高尔基的《木筏之上》,即可明显看出。这篇译作发表在 1921 年 2 月《小说月报》上,描写木筏工人父子间的矛盾,艺术水平颇高。在译文前,郑振铎还详细地介绍了高尔基的生平,指出"在现代的生存的文人中高尔该算是最老而且最有名望的人了",而这篇作品"也是他的短篇小说中很好的著作"。这一评价在当时很难得。⑩十多年后,郑振铎还把这篇译作收入他的《俄国短篇小说译丛》书中。⑪

1920 年代前期郑振铎翻译的俄国文学作品,还有梭罗古勃的童话作品、克雷洛夫的寓言、屠格涅夫的散文诗、阿志巴绥夫的小说、普希金的小悲剧《莫萨特与沙莱里》、⑫安特列夫的名作《红笑》⑬等等。从体裁上看,是丰富多彩不拘一格的。除了单篇译作外,郑振铎翻译成书的俄国文学作品,有三本戏剧、两本长篇小说和一本短篇小说集。限于篇幅,这里就不多写了。

1920 年 7 月,郑振铎、瞿秋白分别作序的《俄罗斯名家短篇小说集》出版,这是中国第一本俄国短篇小说选集;1921 年 1 月,郑振铎主编的《俄国戏曲集》开始出版,这是中国第一套俄国戏剧丛书;同年 2 月,郑振铎主编的《俄罗斯文学丛书》开始出版,这是中国第一部俄国小说丛书;⑭同年 9 月,沈雁冰、郑振铎主编的《小说月报·俄国文学研究》出版,这是中国第一本俄国文学研究专刊。鲁迅先生对《俄国戏曲集》和《小说月报·俄国文学研究》等极为赞赏,十多年后还称赞为中国介绍俄国文学的最初"成为大部"的书。⑮这些,也是郑振铎一生最早主编、参与主编的选集、丛书、专刊,是他后来成为中国近代最著名的编辑家的开始。

郑振铎是中国近代最早系统研究俄国文学史的人,写出了一批当时最有分量的论文

郑振铎与瞿秋白、耿济之等,是在五四运动中加深对俄国文学的热爱的。当时,郑读的是英译本,瞿、耿二人则是直接从俄文读原作。而在当时的中国,俄文原版书远不如英译本好找。有时候,瞿、耿读了作品后,很想了解其写作背景和在文学史上的影响和地位,很想了解有过什么评论等等,这方面的俄文版文学史书、批评书就更难找了。于是,瞿、耿便请郑在英文书中寻找这类材料。这促使郑振铎千方百计进而研读了一些有关书籍。积累到一定程度的数量,便会转化为质量。郑振铎便渐渐因此成为中国最早、最系统地研究俄国文学史和文学理论的专家。

1920 年 3 月 20 日,他为耿济之等人翻译的《俄罗斯名家短篇小说》写序。⑯这篇序,不仅是中国较早正确论述俄国文学的重要文献,而且还可算作是他最早的一篇文学论文。他在这篇序中指出:俄罗斯文学体现了"世界的、近代的文学真价",介绍进来可以作为建立中国新文学的基础;俄罗斯文学在反映人的感情和社会现状上都是"真"的,介绍进来可以改掉中国旧文学虚假的毛病;俄罗斯文学是"切于人生关系的文学",介绍进来可以除掉中国的"非人的文学";俄罗斯文学是"平民的文学",介绍进来可以治疗中国旧文学与平民无关的病体;俄罗斯文学"独长于悲痛的描写",介绍进来可以打破中国旧文学的"团圆主义"。这样的论述,在当时是非常杰出,非常难得的。⑰

郑振铎还在 1920 年代初发表了一系列全面论述俄国文学的长篇论文,如《俄罗斯文学底特质与其略史》《写实主义时代之俄罗斯文学》《高尔基〈文学与现在的俄罗斯〉译后记》《俄国文学发达的原因与影响》《托尔斯泰

〈艺术论〉序言》《俄国文学中的翻译家》《俄国文学的启源时代》《阿志跋绥夫与〈沙宁〉》《关于俄国文学研究的重要书籍介绍》等等。文章数量之多、水平之高,在当时整个中国,没有第二个人可比。[18]限于篇幅,这里不过是写几个题目而已。

郑振铎的《俄国文学史略》是中国人写的
第一部俄国文学史,有特色,有重大创新

1920 年代初,郑振铎开始了俄国文学史的撰写工作。1920 年 8 月 3 日《晨报》第一版刊载《共学社启事》预告出版书目,其第二本就是郑振铎拟写的《俄国文学概论》。并说明:"本社现已编译告竣,月内由商务印书馆出版,特此预告。"但此书当时并未出版,当是因为郑振铎不满足于一般的编译,而要创造性地撰著。1921 年 5 月公布的郑振铎主编的《文学研究会丛书》出版预告中,他又列上了自己拟写的《俄国文学史》。同年秋他与沈雁冰拟主编出版《文学小丛书》,也列入了《俄国文学史》。但最后,他的《俄国文学史略》是 1923 年 5 月至 9 月在自己主编的《小说月报》上连载发表的,并于翌年 3 月作为《文学研究会丛书》之一出版。可见,此书经过两三年的孕育,绝非草率经营之作。这是中国人写的第一本俄国文学史,而且也是中国解放前很少的这类专书中的一本。[19]

此书具有重要的意义与价值。首先,在中国人民热烈欢迎俄国文学大量传来之际,比较及时地介绍了它的历史、发展与流派等等,叙述相当简明,又相当系统与全面,对中国读者加深了解俄国文学起了巨大的启蒙作用。正如郑振铎在《序》中说的,当时国内没有一部对俄国文学"自最初叙到现在"的专书,"所有的只是散见在各种杂志或报纸上的零碎记载;这些记载大概都是关于一个作家或一部作品,或一个短时间的事实及评论的。"而这样一本专著的出版,"实是刻不容缓的"。因此,此书在这方面的开创意义是不容争辩的。它一出版,就受到广大读者的欢迎。王统照曾在他主编的《晨报·文学旬刊》上评论说:"此书能用页数不极多的本子,将俄国文学的历史上的变迁,以及重要作家的风格、思想,有梗概的叙述。可谓近来论俄文学的最好的小册子。"[20]为帮助中国新文学工作者进一步研究,郑振铎在书中还附录了中国第一份《俄国文学年表》和《关于俄国文学研究的重要书籍介绍》。后者实是当时最详尽的一份专题书目。

其次,此书在当时中国国内有关资料相当缺乏的条件下,综合参酌了所

能见到的各种外文书籍(主要是英文),并得到刚从苏联归来的瞿秋白的有力支持,基本显示了俄国文学发展的历史,还体现了郑振铎自己的见解,是一部严谨的学术著作,为中国后来的俄国文学史撰著奠定了基础。郑振铎后来多次回忆说,在"五四"期间,"小小的绿皮的家庭丛书里的一本《俄国文学》,就成了我们怀中之宝。"[21]他指的是 1915 年伦敦出版的《家庭大学丛书》中的巴林(M. Baring)一书,原名《俄国文学要略》(*Outline of Russian Literature*)。此书,在上述郑振铎开列的专题书目中列为第一本。但原书字数不多(中译本约十万字),如称为"十九世纪俄国文学简史",也许更合适。因为该书认为,自屠格涅夫和陀思妥耶夫斯基逝世后,俄国文学的伟大时代便告了终结,因而对契诃夫、高尔基、安特列夫等著名作家,都不过只在《结论》中略一提及而已。因此,这并不是很全面的一本书。郑振铎当时参考了此书,但并不照搬,特别是郑著后半部分的内容,多为巴林书中所缺。以前有人认为郑著是对巴林一书的翻译,实乃误会。[22]郑著对于作品与作家的分析评价,很大一部分作品都是自己认真读过或译过的,所以谈的不少是自己的见解,而不是转述袭用别人的看法。

第三,书中不仅将以高尔基为最高代表的"民众小说家",赫尔岑等"政论作家与讽刺作家",各列为专章;而且还设立了"文艺评论"专章(这是巴林等人的书中都没有的),特别是在我国较早较详细地介绍与评论了革命民主主义文学理论家别林斯基、车尔尼雪夫斯基、杜勃罗留波夫等人,具有深远的意义。郑著指出:"1917 年以前的俄国,是最黑暗最不自由的国家",因此,文艺批评理论便成了"俄国运输政治思想的一条河流","文艺评论在俄国的地位的重要是无论何国都不能与之并肩的。"这是一个很深刻的论述。长期来,不少研究者认为别、车、杜是直到 1930 年代才被介绍到中国来的。澳大利亚学者杜博妮(D. Bonnie)在其 1970 年代出版的《中国现代引进的西方文学理论》一书中就说,"五四"以后,"俄国文学批评大师被奇怪地忽略了,十九世纪中叶伟大的俄国现实主义批评家别林斯基、车尔尼雪夫斯基、杜勃罗留波夫、皮萨列夫的开创性著作几乎无人提及。"但是,事实相反,只是今天的研究者——中国国内的和国外的——他们自己未了解许多基本史实。就说郑著此书,即对别、车、杜及皮氏的开创性著作作过十分精当的介绍与评价。只因限于篇幅,这里不多写。当然,鲁迅直到 1930 年 9 月 20 日致曹靖华的信中还感慨地指出:"车氏及毕林斯基,中国近来只有少数人知道他们的名字"。那么,郑振铎无疑就是这"少数人"之一,而且他在 1920 年代初就在一些文章中和此书中介绍了他们,并从中汲取现实主义文学思想,其意义决不能低估!他在这方面的贡献,在当时是很少有人可及的。

郑振铎在 1930 年代介绍苏联
革命文学和革命文学理论

现在在中国发表的有关 1930 年代左翼文学的研究论著中,几乎从不提及郑振铎介绍苏联革命文学和革命文学理论的功绩,这些似乎都被埋没了。

1927 年 5 月,因为中国大革命运动的失败,郑振铎被迫出国躲避,《小说月报》即由叶圣陶代理主编。郑振铎于 1928 年 6 月回国后,于 9 月 3 日恢复主编该刊。[23]

1929 年该刊第一期是个特大号,"篇幅多至三百三十余页,较平时增加到三倍"。[24]我认为,这是郑振铎以此暗示他恢复主编后准备大干一场的决心。而从这一期上,就可以看出有一些重要变化,其中之一就是加强了对苏联文学,特别是对苏联文学理论的介绍。在该期上就发表了刚从莫斯科回来的刘穆(刘思慕)翻译的《苏俄革命在戏剧上的反应》,并在该期《最后一页》中指出此文"所说当甚确切",同时提及"近来文坛上讨论文学的'普罗'化,很显得活气。但在苏俄的本身是怎样的呢? 日本冈泽秀虎君新近发表了《苏俄十年间的文学论研究》一文,颇可使我们注意。陈雪帆君特地译出,将于二月号起陆续刊于本报。耿济之君也答应着供给我们以关于他们的新颖的材料。"后来,该刊即连载发表陈雪帆(陈望道)的这篇译文,并指出这是"一篇对于苏俄今日的文学论的极有系统的介绍","是很值得我们的注意与研究的。"[25]

郑振铎还邀请在苏联工作的老友耿济之担任《小说月报》驻苏特约通讯员,发表了他写的《社会的定货问题》《苏俄的文学杂志》以及他翻译的《新俄的文学》等文,并指出"这末直接这末有系统的通讯,可以说是开了一个新纪元"。[26]

此外,该刊还发表了洛生(恽雨棠)翻译的《苏俄文艺概论》和冯雪峰翻译的普列汉诺夫的《文学及艺术的意义》等文,这两位都是共产党员,郑振铎是了解他们的政治面貌的。

1920 年代末以后,郑振铎对俄国文学仍有翻译,并更重视选择其思想性与艺术性优秀的作品。例如,他在 1929 年 3 月《小说月报》上撰文介绍美国出版的苏联小说选集《蔚蓝的城》,认为此书"颇足以代表苏俄的今日的创作界",并认为"对于许多想知道这个'共产国'的真实情形的人,这部书确是很重要。"此书"将一个社会,一个崭新的社会,真切无伪的表现出来",

"一切正面的或反面的宣传文字,都敌不过"此书。他并将《文学周报》第八卷第十四至十八期合刊编成《苏俄小说专号》,还亲自翻译发表了《蔚蓝的城》中著名女作家赛甫琳娜(Л.Н.Сейфуллина)的《老太婆》。这篇小说描写了一个对革命不理解,甚至不理睬自己的儿子(共产党员)的老太婆。两年后,鲁迅也翻译介绍了她的作品《肥料》,肯定了她"是现在很辉煌的女性作家",并肯定了郑振铎等人对她的作品的翻译介绍。

1932年1月的《小说月报》上,原本要发表郑振铎翻译的奇里科夫(Е.Н.Чириков)的小说《魔术家》,可惜该刊被日本侵略军炸毁。翌年7月,继承《小说月报》的《文学》月刊一创刊,郑振铎便连载二期发表了所译奇里科夫的小说《严加管束》。小说描写了一个帝俄时代的大学生因参加革命而被捕入狱,在被释放时当局责令其父母"严加管束",其父也要他去见见作为"义父"的警察局长,但青年人断然拒绝,不愿向反动当局屈服,最后并以自杀表示抗议。郑振铎在"译者附言"中明确指出:"我很喜欢他的东西。这篇《严加管束》,尤使我读了发生感动。所以把它译出,献给为光明而争斗的青年勇士们。"他还写道:"我们读了,将有怎样的感想? 在我们这边,在此刻,有没有这类的事发生? 有没有比这类事更残酷若干倍的事发生? 受苦难的青年们所遇到的是怎样的待遇? ……但青年的勇士们是扫荡不尽的;明知那是火,那是阱,为了光明,为了群众,却偏要向前走;人类是有那末傻,是有那末勇敢! 悲剧,不过造就无数像 Prometheus[普罗米修斯]般的伟大的人物而已。"可以说,这段附言和这篇译作,是郑振铎所有译品中现实斗争性最强烈的一例。他在1930年代翻译这篇作品的目的与意义,已不用我来喋喋分析了。

郑振铎在抗日战争期间创作的爱国作品 被翻译成俄语介绍到抗战中的苏联

1932年"一·二八"日本侵华战事后,特别是1937年"七七"全面抗战爆发后,郑振铎又以诗歌为武器,开始了他一生中第二个诗的创作高潮。1937年10月,他及时地出版了诗集《战号》。当时他发表了有关抗日的诗近二十首,鼓舞了中国人民、甚至世界人民的反法西斯斗争。例如,他的《机关枪手》一诗,就在1941年被苏联戈洛德内(М. Голодный)译成俄文,介绍给正在卫国战争中浴血苦战的苏联人民。㉗

后来,该诗又被收入1943年莫斯科出版的《世界反法西斯诗选》一书中。

郑振铎在 1950 年代多次赴苏访问、讲学，作出重大贡献，留下深长影响

1949 年 3 月，郑振铎被选为即将取得全国胜利的中国人民的代表，去法国巴黎出席世界和平大会。代表团乘火车从北平出发，由满洲里出国，火车横穿苏联，再转赴巴黎。这是郑振铎第一次身临俄罗斯大地。11 日下午到莫斯科，短暂逗留。郑振铎访问了西蒙诺夫等苏联作家。世界和平大会结束后，[28]29 日代表团乘飞机回莫斯科，休息、观光。郑振铎尤注意参观列宁博物馆、列宁图书馆和其他博物馆。5 月 5 日，他应莫斯科大学的邀请，去那里作了讲演。他又与翻译丁玲小说《太阳照在桑乾河上》的波兹涅耶娃（Позднеева Л. Д.）大谈中国文学。他还抓紧时间，为一个名叫何理的苏联学者翻译的《西游记》写了一篇序。可惜我们至今还没有见到这篇文章！他又和部分代表乘火车去列宁格勒，参观了两天。他在莫斯科还访问了苏联作家协会。

1953 年秋，他有华沙、维也纳之行。[29]他从北京乘飞机经苏联往波兰。11 月 14 日到达莫斯科，停留两天，参观了历史博物馆。12 月 2 日从维也纳回莫斯科，又滞留了五天，参观了各个博物馆，访问了莫斯科大学、高尔基文学研究所等。他仔细地看，认真地做笔记，尽可能吸取一切对中国的博物馆、图书馆和文学研究所建设有用的经验。他还与苏联著名汉学家费德林等多次交流。费德林对他说，要翻译他的《插图本中国文学史》，明年可出版。可惜此事后来没有下文。

1957 年 9 月，他率领一个中国文化代表团去保加利亚访问，途中在莫斯科逗留了一二天。访保任务完成后，他于 29 日又去捷克斯洛伐克首都布拉格，应捷科学院的邀请，讲学一个月。10 月 31 日在布拉格作完最后一次学术报告，下午便飞莫斯科，应苏联科学院的邀请，再讲学、访问一个月。[30]

11 月 6 日，郑振铎作为贵宾，被邀请列席苏联最高苏维埃会议。第二天中午，他出席苏联科学院举办的宴会，并即席讲了话。

他在苏联科学院中国研究所讲学，题目是《中国小说八讲》。到莫斯科后仅隔一天，11 月 2 日上午，便开始讲。一星期讲四个上午，在两星期内讲完，工作之紧张可想而知。他在莫斯科的讲学，同在布拉格一样，获得很大的成功。苏联第一流汉学家，如费德林、艾德林、索罗金、李福清等等，都怀

着尊敬的心情来听。15 日结束最后一讲后,当夜他便由艾德林、索罗金陪同,乘火车去列宁格勒阅看敦煌卷子和西夏文佛经。到达列宁格勒后,他顾不上劳累,立即赶到东方研究所查阅敦煌卷子。第二天是星期日,东方研究所不开门,他便去冬宫博物馆看所藏的中国古文物。经过初步调查,他认为冬宫最惊人的有三大宝藏:一是帝俄时从敦煌劫去的壁画及塑像,数量不下于伦敦所藏,一直不为国人所知;二是从黑水城发掘拿去的西夏文和汉文的经卷,佛教和道教的绘画、版画,以及古代家具、衣履等等;三为从新疆拿去的壁画、塑像等等,数量亦不下于英、德两国所劫去者。他研究中国古代版画史,早就知道沙俄"探险队"在黑水城劫去一幅金代版画《四美人图》,这次看到了。他研究中国民间文学,又早就知道有一部《刘知远诸宫调》,也是出土于黑水城,被藏到冬宫来了,这次也看到了。原书正在装裱,他就在装裱台上翻了又翻,看了又看。他的难以掩饰的感情,给苏方人员留下了深刻的印象。大概与他的大"面子"有关吧,第二年 4 月,这部伟大的民间文学的杰作《刘知远诸宫调》的原书,连同另一部彩绘本《聊斋图说》,由苏联对外文化委员会代表苏联政府赠还给中国政府和人民。而由他代表中国文化部出面接收,并转拨北京图书馆珍藏。他并为之写了一篇跋文,还将此书影印出版了。

　　第三天一早,他又赶到东方研究所,继续看敦煌卷子,又因为已答应要为东方研究所及列宁大学作《中国文学史的分期问题》的学术报告,所以放弃了一分一刻的休息,拼命地查看。他在列宁格勒如此拼命地、忘我地查阅、抄录敦煌文献,实是继 1910 年张元济后,刘半农、胡适、向达、王重民、姜亮夫和他自己在欧洲访读敦煌文献之后的又一个壮举。而他又实是查阅俄藏敦煌文献的第一位中国学者。他当时将所见情况写信告诉国内的徐森玉等人,实是中国关于俄藏敦煌文献的最早的具体的报道。

　　回到莫斯科后,他被安排了两个多星期的旅行观光,艾德林和索罗金一直陪着他。后来,艾德林回忆说:"郑振铎一分钟也不肯闲着。他参观博物馆和研究所,提出无数总是重要和深刻的问题,……凡是我们所到的地方,凡是他提供帮助的地方,他处处总是吸取能对他在祖国所从事的工作有所裨益的经验。在列宁格勒,他观察怎样修复湿壁画,目的是为了把这个方法应用到敦煌石窟里去;在亚美尼亚,他探问寺院的屋顶怎样防备上面长出树木来。只要有机会能看到新的东西,他都感到快乐。……他说,他希望在中国建立这样一所博物馆,里面能搜集欧洲各个世纪全部优秀的绘画的摹本和雕刻的复制品,让中国青年能够知道全世界的艺术……"

　　在他即将回国前夕,忽得悉莫斯科文学出版社将要出版俄文版《瞿秋白选集》，竟在难以想象的忙碌紧张时刻，为选集赶写了一篇感情热烈的序文。文章写好的第二天，12 月 1 日，他便登机回国了。他是这样忘我地为世界进步文化事业工作着。

一年以后，1958 年 10 月 17 日，他再次肩负着祖国的重托，率领一个文化代表团出访阿富汗、阿联。又是乘坐苏联的客机。不幸，飞机在苏联楚瓦什苏维埃社会主义自治共和国的卡纳什地区上空失事，郑振铎与同行代表全部遇难牺牲了。他这位中国人民的文化使者，是牺牲在自己的岗位上的。他在俄罗斯留下了他的一片赤诚的心。

苏联和俄罗斯学术界一直非常
重视对郑振铎的纪念和研究

1958 年郑振铎牺牲时，苏联学者艾德林就写下了感人的文章《忆郑振铎同志》，译文发表在中国的《文学研究》杂志上。

1980 年代，我在北京师范大学当博士研究生时，认识了苏联学者华西里先生，他为我写信向苏联国内学者了解到，1958 年苏联学者费德林也写了纪念郑振铎的文章《沿着古代的大路和小路》，发表在苏联作家出版社出版的《中国作家》上。我又从华西里那里知道了，当 1968 年中国正忙着搞所谓"文革"时，根本没有想到纪念郑振铎牺牲十周年和诞辰七十周年，但在苏联却举行了这样的纪念会。艾德林就写了关于郑振铎的论文，后来收入莫斯科科学出版社出版的《五四运动在中国》一书中；又有一篇译成英文，发表于我不知道在哪一国召开的第二十届国际中国学研讨会。1969 年 4 月的苏联《文学报》，还发表了《纪念郑振铎》的文章。我还听华西里说，在苏联科学院的大厅里，一直悬挂着郑振铎的巨幅相片。听到这些，我非常感动。

这次，在俄罗斯圣彼得堡召开的远东文学研究第三届国际学术研讨会上，又把"纪念中国优秀的文学家郑振铎先生的诞辰 110 周年及其对中国现代文学的贡献"作为研讨会的第一专题。我想，在这个世界上，除了郑振铎的祖国，这是很难得的！

我来开会前，郑振铎先生的家人特地嘱托我代他们向俄罗斯有关方面表示感谢。

中国著名学者夏鼐在纪念郑振铎的文章中引用过俄罗斯著名作家高尔基在小说《母亲》中说的一句话：

"好人是不死的！给我们充实而美丽的生活的人是永远不死的！"

郑振铎先生永远活在中俄两国人民的心中。

注释

① 原名 Burgess, John Stewart(伯吉斯,约翰·斯图尔特,1883—1949),美国人。1909 年来华,任北京基督教青年会干事。1919 年以后任燕京大学社会学系教授,且一度为系主任。著有《北京的行会》(1928 年版)等。

② 郑振铎《回忆早年的瞿秋白》。

③ 郑振铎《想起和济之同在一处的日子》。

④ 据郑振铎参与编辑的他所读的大学《北京铁路管理学校高等科乙班毕业纪念册》,1919 年 3 月 25 日,"(交通)部令于高等科乙班课程内酌加俄文钟点。"(《本校大事记》)"是年春,中东铁路收归本国管理,而我国铁路员司之俄文俄语者极为缺乏,遂决议将本所授日文改授俄文。"(《庚申级小史》)

⑤ 他们本来约好第二天再译,忽为他事所牵而止。后来,预定发表它们的《人道》又停刊了,便未能译下去。

⑥ 虽然,1920 年 10 月至 12 月,北大毕业生列悲更早在广州《劳动者》月刊上发表了《国际歌》的另一种汉译;但是,最早着手翻译,发表后影响最大的,应是郑振铎与耿济之的这一首。

⑦ 郑振铎《想起和济之同在一处的日子》。

⑧ 我认为这可能是郑振铎的误记。在《新中国》上发表的是他翻译的列宁的政论,和他撰写的关于俄国现实主义文学的论文。

⑨ 因为这一期《学灯》上还发表了鲁迅、郭沫若的创作和周作人的译作,郭沫若当时引起争论的关于翻译问题的"媒婆与处女"的议论,便是针对这一期《学灯》而发的。

⑩ 鲁迅后来曾说:"当屠格纳夫、柴霍夫这些作家大为中国读书界所称颂的时候,高尔基是不很有人很注意的。"(《译本高尔基〈一月九日〉小引》)

⑪ 这篇作品后来多次被汉译,深受中国读者喜爱。例如,1922 年 9 月的《晨报》上,就有姜靖昌等人的译文。

⑫ 阿英认为,普希金剧本的中译,以此为最早。见阿英《翻译史话》。

⑬ 按,未译完,后郑振铎在《小说月报》上发表了鲁迅推荐来的梅川的全译。

⑭ 《俄国戏曲集》和《俄罗斯文学丛书》都收入商务印书馆的《共学社丛书》中出版。

⑮ 见鲁迅《祝中俄文字之交》。

⑯ 前已提及,瞿秋白也写了一篇序。可惜后来的研究者,大多只提瞿秋白的那篇序,很少提到郑振铎的序。

⑰ 我们可以从此文中看出郑振铎受到当时周作人的"人的文学""平民的文学"的论述的影响,并有所发展、提高;同样的,周作人也从郑振铎这篇序论中得到启发,周作人在翌年 1 月发表的著名论文《文学上的俄国与中国》,可以明显地看出受到郑振铎这篇序的影响。

⑱ 有中国研究者强调田汉 1919 年分两次发表的《俄罗斯文学思潮之一瞥》是首次向中国读者全面论述俄国文学的论文。其实,田汉此文尚未发完时,郑振铎就在长篇论文《俄罗斯文学底特质与其略史》中提到了该文。郑振铎当时发表的有关俄国文学的论文比田汉多得多,也深刻得多。

⑲ 郑振铎在 1924 年 1 月写的此书《跋》中提到:"瞿秋白君近亦编好了一部《俄罗斯文学》,将在商务印书馆出版(为《百科小丛书》之一)"。但瞿秋白一书却未曾出版,直

到 1927 年 12 月,创造社出版了蒋光慈的《俄罗斯文学》一书,才由蒋把瞿的书稿作了删改收入(经瞿同意),作为其下卷)。而蒋、瞿此书也就是我国第二本俄国文学史。其后,1929 年出版了汪倜然的《俄国文学 ABC》,1933 年出版了戴平万的《俄罗斯的文学》,也都是俄国文学简史性质。据我所知,新中国成立前中国人所撰俄国文学史,仅此四种而已。

⑳ 王统照《新刊介绍》。

㉑ 郑振铎《记瞿秋白同志早年的二三事》。

㉒ 例如,茅盾 1934 年写的《关于文学史之类》中,也有这样的误会。

㉓ 叶圣陶晚年在《我和商务印书馆》《重印〈小说月报〉序》等文中,都说郑振铎是 1929 年 2 月回国的,并说郑振铎恢复主编《小说月报》大概是 5 月间。按,此说有误。鲁迅在 1928 年 12 月 27 日致章廷谦的信中就已提到:"振铎早回,既编《说报》,又教文学",所谓《说报》即《小说月报》也。王伯祥 1928 年 6 月 8 日日记载郑振铎回到上海,9 月 3 日日记更明确记载:"振铎今日复任《小说月报》编辑,圣陶仍回国文部。"

㉔ 1929 年 1 月《小说月报》《最后一页》。

㉕ 1929 年 3 月《小说月报》《最后一页》。

㉖ 1929 年 5 月《小说月报》《最后一页》。

㉗ 载 1941 年《30 Дней》第 3 期。

㉘ 17 日上午,中国代表团到达捷克斯洛伐克首都布拉格。原打算先派几位代表打先锋去巴黎,随后全体赴会。不料,当时的法国政府很不友好,有意阻拦,对风尘仆仆为和平不远万里而来的中国人民的代表提出种种无理要求,限制他们只准八个人入境。中国代表团举行了记者招待会,拒绝了法国政府的条件。后世界和平大会改为在巴黎和布拉格两地同时召开,中国代表团在布拉格出席大会。

㉙ 当时,中国"和大"(保卫世界和平大会)全国委员会和世界"和大"理事会等,决定在全世界举办纪念屈原、哥白尼、拉伯雷、马蒂等四位世界文化名人的活动。郑振铎受波兰"和大"及作家协会的邀请,代表中国"和大"及作协,前往华沙参加屈原纪念会。又因世界"和大"理事会在奥地利的维也纳开大会,郑振铎作为已在国外的中国"和大"代表团"特邀代表"赶去参加会议。

㉚ 此时,正是十月革命四十周年大庆的前夕,莫斯科市内一片节日气氛。他到后的第三天,毛泽东主席也率领中共中央代表团来到这里。

郑振铎的第一首新诗

我是少年！我是少年！／我有如炬的眼，／我有思想如泉。／我有牺牲的精神，／我有自由不可捐。／我过不惯偶像似的流年，／我看不惯奴隶的苟安。／我起！我起！／我欲打破一切的威权。

我是少年！我是少年！／我有溃腾的热血和活泼进取的气象。／我欲进前！进前！进前！／我有同胞的情感，／我有博爱的心田。／我看见前面的光明，／我欲驶破浪的大船，／满载可怜的同胞，／进前！进前！进前！／不管它浊浪排空，狂飙肆虐，／我只向光明的所在，／进前！进前！进前！

上面这首诗，题目是《我是少年》，作者是刚刚二十出头的郑振铎，发表在 1919 年 11 月 1 日北京《新社会》旬刊创刊号上。这是后来成为著名文学家的郑振铎先生正式发表的第一篇文学作品。

1918 年初，郑振铎考入北京铁路管理学校（今北京交通大学前身）。写这首诗的时候，古城北京正席卷着一场改变整个中国的暴风骤雨——五四新文化运动。而郑振铎，就是北京爱国学生运动中的积极分子。不久，他就与新文化运动的领袖人物李大钊、陈独秀等建立了直接的联系。而《新社会》是以他为主，与瞿秋白等人创办的五四时期的重要刊物。在他写的发刊词中豪迈地表示，要创造一个"自由平等，没有一切阶级一切战争的和平幸福的新社会"。

《我是少年》这首诗，在当时可以说是"一炮打响"的。有两件事可以证明。一是发表后不久，1920 年 1 月，它就被上海"新诗社"出版的我国新文学史上第一本《新诗集》收入。该书比后来一直误传为"第一本"新诗集的胡适的《尝试集》要早问世两个月。（当然，《新诗集》是"合集"，《尝试集》是"别集"。）《新诗集》所收均是早期新诗名作，受到当时读者的热烈欢迎。"不上几个月，初版本已经卖完"（见再版本封四《本社启事》），至 9 月即有再版。另一件是，郑振铎此诗当时又博得著名语言学家、时在美国哈佛大学任汉语教授的赵元任先生的喜爱，被选作教材。赵教授并亲自朗诵，录制成唱片，在海内外流传。1922 年 10 月，上海商务印书馆还出版了赵教授的《国语留声片课本》，其中详细讲解与分析了郑振铎此诗的节律和朗诵方法。

同时被选入该课本的新诗人,只有胡适。

这两件事应该是当时其他新诗人很少有的,是一个非常光彩的起点和亮点。此后,郑先生还继续创作了不少佳诗。可惜,后来的研究者知道的实在太少了。从1930年代的《中国新文学大系·诗集》起,一些"新诗选"即便选了郑振铎的诗,也都是互相抄来抄去,从来不选《我是少年》这首诗。现今,除了极少几本比较优秀的著作以外,几乎所有的"现代文学史""新诗史"类书,则连郑振铎是一位诗人都吝于承认。

古往今来,任何一个诗人,只有在实际上反映了他所处的时代的精神,才可能获得其诗人的价值;逆而言之,任何诗人,不论其艺术技巧如何高妙,如果脱离与违背了时代精神,也就无甚价值可言。"五四"时代精神之最杰出的诗化,无疑首推郭沫若的诗集《女神》;而郑振铎的《我是少年》,就正具有《女神》之风格。诚然,郑振铎的诗,总的说来在成就和影响上是逊于《女神》的;但他的这首诗,尽管不是发表在文学报刊上,却可以毫不夸张地说,是当时在全国甚至在国外广有影响的优秀之作。值得指出的是,郭沫若当时所发表的带有狂飙突进精神的第一首诗《浴海》,发表于1919年10月24日,也就是说,郑振铎这首诗与其相比,在时间上也只差了一个星期。从艺术上看,《我是少年》没有巧妙的构思、美丽的辞藻,形式上似乎是略嫌粗糙的。但是,它以气势取胜,以激情动人,一往无前,先声夺人。它通篇用了二十个"我"字,令人联想起郭沫若三个多月后发表的《天狗》:"我飞奔,/我狂叫,/我燃烧。/我如烈火一样地燃烧!/我如大海一样地狂叫!/我如电气一样地飞跑!……"相比之下,郑诗没有郭诗那样"狂",但其热烈进取的精神则一,其叛逆反抗的思想无异。诗中的"我",有着广阔的胸怀,是诗人的化身;当然,"我"又不能仅仅被认为是诗人自己,而是代表了整个朝气蓬勃一代青少年,表现了新的理想的力量。《我是少年》的第二段竟一连用了九个"进前"。这种强烈的节奏,颇显粗犷的艺术形态,也正是当时人们所欢迎的。可以说,郑振铎一放开诗喉,便向内融入了、也向外汇入了时代的最强旋律。而在当时,能创作出这样奋进豪迈的诗的作者也并不多。人所周知,郑振铎与郭沫若后来分别是文学研究会与创造社这两个不同流派的新文学社团的主要负责人与代表作家,但他们最早的新诗的风格竟这样相似。

对这首诗的最经典的评价,是六十多年后郑振铎的老友叶圣陶先生作出的:"振铎兄的这首《我是少年》发表在'五四运动'之后不久,可以说是当时年轻一代人觉醒的呼声。这首诗曾经有人给配上谱,成为当时青年学生普遍爱唱的一支歌。……跟他结交四十年,我越来越深地感到这首诗标志着他的一生,换句话说,他的整个生活就是这首诗。他始终充满着激情,充

满着活力,给人一种不可抗拒的感染。"(《〈郑振铎文集〉序》)

但我最初曾怀疑叶圣老说的"曾经有人给配上谱,成为当时青年学生普遍爱唱的一支歌",以为可能是老人误记。因为如上所述,赵元任曾为此诗"配上谱",但那是为朗诵而配的节拍谱,并不是为唱歌而配的乐谱。我还读到过朱自清先生的《唱新诗等等》一文,文中也写到这首《我是少年》,但朱先生也只说曾听过赵元任朗诵此诗的唱片,并没有说是"一支歌"。我听说叶圣老晚年年纪太大,有的文章是由儿子起草的。于是我特地给叶至善先生写信请教。至善先生郑重回信说,郑先生此诗确实谱过曲,他小的时候就唱过,而且至今还会唱!可惜我人在上海,未能去北京叶府聆听至善先生唱几句,心里总还感到不够落实。

近日,我查阅建国前的老《申报》,在1929年1月26日《申报本埠增刊》上竟惊喜地看到《中国播音协会节目》一文载:"南京路十二号中国播音协会,今晚七时三刻至八时三刻,请上海盲童学校学生播唱。排定节目:(一)国乐,《欢乐歌》《淮黄》;(二)单音唱,胡适新诗《老鸦》、郑振铎新诗《我是少年》;(三)西乐……"啊呀,千真万确,《我是少年》确实就是曾经被谱曲而可唱的!而且,我又在1929年7月5日、1935年4月6日、1935年5月19日的《申报》上,也看到有音乐会上青少年演唱《我是少年》的记载。

现在的问题是,不知道是何人、何时谱的曲?是不是仍是赵元任先生?那个乐谱还能不能找到并重新演唱呢?我想请音乐界的朋友等也都来帮帮忙!因为在我看来,如果今天我们能"发掘"出来并重新演唱郑振铎先生的《我是少年》,其意义至少决不下于现在重新演唱赵元任谱曲的刘半农先生的"五四名诗"《教我如何不想她》。

2013年10月,是郑先生因公牺牲55周年;12月,是郑先生诞辰115周年。听说,国家文物局要在上海为郑先生树立铜像。教我如何不想郑先生!因撰此小文,为心香一瓣,以纪念郑先生。

(2013)

[附记]

郑先生的这首诗,后来还一再被人抄袭发表。例如,1935年10月18日,北平《益世报》第十二版副刊《益世副刊》便发表陈定澜抄袭的《我是少年》(略改动几处)。1936年11月15日,武昌《光华报》第五版副刊《光华别墅》发表郑玉璿剽窃的《我是少年》(有篡改)。过了十年,北平《益世报》第二版副刊《语林》再次发表抄袭的《我的少年》(有文字篡改),而更无耻的是"作者"竟署名楚振铎!

(2020年看校样时补记)

寒凝大地发春华

——论郑振铎的两本历史小说集

从 1933 年 8 月开始,郑振铎在短短一年时间内,创作了《取火者的逮捕》和《桂公塘》两本小说集。这被王瑶称为"历史讽喻小说"[①]的七篇作品,均曾以"郭源新"笔名刊载于当时的《文学》及《文学季刊》上。"发表后,以其作风粗劲豪迈,大得佳评。遂在创作界立下相当地位"[②]。但同时,也受到一些"酷评"[③]。以后五十年来,却很少有深入研究者。而这两本小说集不仅是郑振铎一生创作中的高峰,也是我国近代文学史上难得的优秀作品,对其不予重视实在是不应该的。本文拟论述其创作背景与现实意义,故事之取材与"本事",作品的影响与评论等。由于篇幅的限制,对于作者当时的政治思想与美学观点,特别是对于这两本小说的艺术特色与成就等,未能多加评述,容当另文补论。

一

1933 年 1 月,郑振铎在答《东方杂志》社关于"梦想的中国"问题时说:"我并没有什么梦想,……人类的生活是沿了必然的定律走去的。未来的中国,我以为,将是一个伟大的快乐的国土。……我们将建设了一个伟大的社会主义的国家;……而现在正是我们和一切恶魔苦斗的时候!"在解放后他为《取火者的逮捕》一书写的《新序》中,他也说,1930 年代"在中国是一个最黑暗的时代。残酷无比的统治者和其娄罗们手上沾满了革命烈士们和无数无辜者的鲜血,没有一天不在张牙舞爪地择肥而噬。恐怖的空气笼罩在大地之上。却有许许多多的仁人志士在中国共产党领导下,不怕任何的压迫与狂暴,坚贞地从事于革命事业,相信革命一定会成功。"而郑振铎的这两本历史小说,正是他当年和恶魔苦斗,从事革命文学事业的重要成果。

郑振铎是 1931 年秋到北平工作的,不久,"九一八"事变发生,短短三个月内,东北全部沦亡。中华民族到了生死存亡的严重关头。但是,国民党当局却仍然拒绝中国共产党和广大人民一再提出的"停止内战,团结抗敌"的要求,顽固坚持"攘外必先安内"的反动政策。就在郑振铎写这些小说的一年内,蒋介石正倾全力进行第五次反革命"围剿"。而在文化战线上,反动派也正进行着另一种形式的"围剿"。当时,以鲁迅为首的革命文化战士与之殊死搏斗,鲁迅常常以普罗米修斯窃火给人类的博大坚忍的精神来激励革命者。1933 年 7 月,在郑振铎倡议和鲁迅、茅盾等支持下创刊了《文学》月刊,从第一期起便在卷首意味深长地印上了德国某名画家关于普罗米修斯取火的油画。在该刊创刊号上,郑振铎发表了他翻译的俄国小说《严加管束》,这篇小说是描写沙俄统治者镇压革命青年的,郑振铎在译者附言中说,他的译作"献给为光明而争斗的青年勇士们",他们是"扫荡不尽的",反动派的镇压"不过造成无数像 Prometheus(普罗米修斯)般的伟大的人物而已。"而郑振铎的《取火者的逮捕》,就是从第三期开始在该刊发表的。

不久,鲁迅写信告诉他:"对于文字的新压迫即将开始。"④ 为了"开辟一个新的阵地"⑤,郑振铎又在北平创刊了《文学季刊》。但该刊第一期即遭到"审查官"的砍删。1934 年 1 月,国民党当局又迫令《文学》"转变态度",不然就得停刊。郑振铎在茅盾紧急通知下赶去上海研究对策,提出了连出四期专号(即翻译专号、创作专号、弱小民族文学专号、中国文学研究专号)的对付办法,并得到鲁迅的赞成。于是,大登预告,一方面争取读者支持,扩大影响,使敌人难于下手;一方面也迷惑敌人,使它们以为《文学》真的搞"纯文学"了。而郑振铎的《桂公塘》,即是此时赶写出来,作为"创作专号"那期特大号的第一篇作品的。这是多么激烈又多么特殊的战斗啊!

《取火者的逮捕》一书,由四个连续性的短篇组成。其第一篇《取火者的逮捕》,不仅题目后来作了集子的书名,而且也定下了全书的基调。该篇用一半的篇幅描写普罗米修斯的慷慨陈词,让我们引一段他痛斥宙士(今译宙斯)的话吧:

　　为了正义与自由,我帮助了你们兄弟,推翻了旧王朝。但自从你们兄弟们建立了新朝以后,你们的凶暴却更甚于前。……你们这群乳虎,所做的却是什么事!去了一个吃人的,却换来了无数的吃人的;去了一位专制者,却换来了无数的更凶暴的专制者。你,宙士,尤为暴中之暴,专制者中的专制者!你制伏了帮助你的大地母亲,你残害了与你无仇的巨人种族,你喜怒无常的肆虐于神们,你无辜的残跛了天真的童子海泛斯托士;你蹂躏了多少的女神们,仙女们!你以你的力量自恣!倚傍着权威与势力以残横加人而自喜！以他人的痛苦来满足你的心上的残忍的欲望！你这残民以逞的暴主！你这无恶不作的神阀！……

真如小说中说的，这是"未之前闻的慷慨的责骂"！这里，如果联系鲁迅和郑振铎在当时的两次谈话，将有助于理解小说的战斗意义。鲁迅对日本友人增田涉说，国民党最初称共产党是火车头，是革命的恩人；而现在却把被捕的共产党人和无辜青年统统杀掉。这种手段简直是欺骗，而其杀人的方法则比军阀更狠毒。⑥郑振铎在公开讲演中也提到，大革命"蓬蓬勃勃，促成国共合作，广东出师北伐，使中国革命为猛烈的抬头。后国共分家，共产党在前面组织各种民众团体，继来的是蒋介石的军队，实施武力压迫。蒋先清共，后武汉亦清共。"⑦普罗米修斯的这段慷慨陈词，正是表达了作者对于背叛革命的反动派的痛恨，而"宙士"则正是作者在一年前讲演中公然点名的蒋介石的化身。

"取火者"不仅痛斥了宙士，也揭露了整个"神之族"，并宣告人类必将最后推翻它们的统治。这些铿锵有力、激情澎湃的长篇陈词（这里不能多引），在1930年代的黑夜里，不就像划破长空的闪电吗？这使人想起1940年代郭沫若的历史剧《屈原》。周恩来曾指出，历史上的屈原并没有写过"雷电颂"，也不可能写得出。那是郭沫若把自己对国民党反动统治的忿恨，把国统区人民对蒋介石反动统治的忿恨，借屈原之口说出来了。⑧同样的，在希腊神话中，普罗米修斯也没有和不可能说出这样的话，这也正是郑振铎代表广大人民对国民党反动统治的强烈控诉。

在此书的其他篇章中，也处处闪耀着这种战斗精神。《亚凯诺的诱惑》中写普罗米修斯痛斥宙士的替身亚凯诺，还提到人类"建树起'剿神军'的旗帜了，以无限的新力，攻击腐败，堕落，横恣，无助的神之族，还不像'摧枯拉朽'似的容易么？"引起读者对当年英雄红军的联想，也体现了作者的寄托。《神的灭亡》更描写了宙士们对人类的夜袭，企图"聚而歼之"，不料只摧毁了部分，而人类"所占据的大本营，却依然傲慢地屹立着，丝毫不受损害"。接着，人类发动反击，神道们败遁而亡。这段描写，也是当时国民党军队反革命"围剿"一再遭到失败的形象反映。

《桂公塘》一书中的三篇小说，也都具有强烈的现实意义。关于书中第一篇《桂公塘》的主题思想，几乎所有的评述文章都不假思索地说，是歌颂民族英雄文天祥，鼓舞人民投入抗日救亡运动。这样说当然也不算错，但我认为尚未看到作者深意之所在。小说在《文学》上发表时，曾有作者的一段附记："读文天祥《指南录》，不知泪之何从，竟打湿了那本破书。因缀饰成此篇,敬献给为国人所摈弃的抗敌战士们!……"我认为小说的主题就在这里。当然,所谓"国人",是借用小说中文天祥的话,并非指当时的全国人民,而只是指大敌当前还致全力于内战的国民党当局。"被摈弃的抗敌战士们"指谁呢?这当然包括国民党军队中被排斥与镇压的爱国将士,例如,苏雪林就曾注意到《桂公塘》正作于"福建事变"(即蒋介石勾结日军联合镇压第十九路军成立的"福建人民政府")之后,因此她认为读作者的附记,"足知作者写这篇文学动机之所在了"⑨(应该说,苏氏在这一点上比我们的一些研究者目光要尖锐一点);但我认为作者主要指的应是正在遭受第五次大"围剿"的中国工农红军,以及不久前刚被残酷镇压的察绥抗日同盟军等共产党参与领导的爱国军队。(关于本篇的主题,我们在下面论述小说的取材时,还将进一步说明。)

《黄公俊之最后》一篇的主题,由它一开头借用的一句诗点出:"最痛有人甘婢仆,可怜无界别华彝!"当然,作者绝不是提倡狭窄的"华夷之别",而是歌颂了民族志士在民族危亡之秋不惜作出重大牺牲,以求一致对外的光明磊落、视死如归的高风亮节;同时揭露民族投降派为了可鄙的私利,不惜为异族统治者当走狗婢仆,并残酷镇压革命的罪行。其战斗意义也是十分显豁的。特别值得指出的是,当年蒋介石在庐山举办"中央训练团"等,曾把曾国藩的书当作教材,他在各种演说中也言必称"曾文正公",把曾氏捧上天,妄图学习其镇压太平天国的经验来用于对红军的"围剿";而郑振铎这篇小说,却敢于针锋相对地揭露曾氏的本来面目,这具有何等令人钦佩的胆略啊!

最后一篇《毁灭》,同前面几篇有点不同,即不是以正面人物为中心,而是以揭露和勾勒民族败类反面人物形象为主的。写的是南明时阮大铖等权奸在国难当头之际,还大肆玩弄权术打击异己和迫害爱国者,结果毁灭了国家,也毁灭了自己。小说写作与发表时,正是日本帝国主义加紧侵华行动,而红军第五次反"围剿"斗争终于失利并被迫开始长征的严峻日子。当时,国民党当局毫不以外患为念,却得意忘形于"剿匪胜利"。这篇小说正是借南明兴亡史事,对现实生活中的统治者们作了深刻的揭露和严正的警告。(关于这一创作动机,我们在下文论述小说的取材时还要说到。)

二

《取火者的逮捕》一书取材于希腊神话,这似乎是无须多说的。但如前所述,小说中"取火者"对宙士的痛斥等,都是作者发挥和创造的。不仅如此,有关这个窃火的故事,在希腊神话作品中本来就有各种异说与解释,而郑振铎根据进步的观点和战斗的需要,对此作了清理与选择。最初,古希腊诗人赫西俄德的《神谱》便记述了这个故事,但郑振铎认为它是为宙士辩护的,而把"无理"都推给了"取火者",这是神权统治时代的产物。其后,希腊大悲剧家埃斯库罗斯写了一个三部曲,郑振铎肯定了它已经把同情放在"取火者"一边了,但认为从整体来看仍然不是反抗的。直至十九世纪初英国革命诗人雪莱的《被解放的普罗米修斯》,郑振铎认为才表示出永不屈服的人的精神来。⑩因此,郑振铎的小说虽然取材于古希腊神话,但其"情调"则主要与雪莱的诗剧相一致,而且有不少情节是虚构的。

尤其是《神的灭亡》一篇,作者编造的成分最多。除了讲到神道们的胡作非为一部分是有神话故事的根据外,其余都是作者的发挥。其中描写三女神受命诱惑人类的一段,作者自述是脱胎于巴里士的"判断三女神"的故事,但其实只不过借用了三女神的名字而已。篇中的爱坡罗庙之战等,写得神采飞扬,然而却是"全无故实"的。雪莱诗剧的最后,只写暴主宙士被推翻,而郑振铎则写整个神族之灭亡;雪莱写"取火者"最后为人类所释放,郑振铎为加强悲剧色彩,却让他最后也在宙士自取灭亡的疯狂进攻中与神族一起沉沦。(解放后,作者对此略有修改,删去了"连普罗米修斯在内"一句话。这也是符合读者心愿的。)《神的灭亡》又显然是受了北欧神话的启示。就在他开始创作此书前半年,茅盾便曾根据北欧神话创作了一篇《神的灭亡》,在文末茅盾点明了与郑振铎这部小说完全一致的主旨;但从艺术上看,郑振铎的这篇是远远超过茅盾的那篇同名小说的。

《桂公塘》一篇,取材于文天祥自叙诗集《指南录》,亦为人所共知,而且它的细节描写也大多忠于原著。但它的创作动机并不仅仅是歌颂文天祥,而是为了致敬于被"摈弃"的抗敌战士,因此它就绝不是简单地将《指南录》敷衍成篇了。试想,文天祥从敌营脱逃以后,所遇惊心动魄的生死关头亦多矣,《指南录·后序》就一连说了十八次"死",而至"桂公塘"不过其中之半,其后更为惊险之事还有不少,为何郑振铎不再写下去?特别是,文天祥此行的终点是永嘉(温州),正是郑振铎的故乡,他对文天祥在永嘉的活动不是更为熟悉吗?再说,小说开篇所引文天祥一诗,本是他离开扬州城下,又经过高邮、高沙、泰州等地,已在去通州的路上所作的,而小说为何只写到他离开扬州就结束了呢?答案就是:所以这样写,都是为了突出"摈弃"二字。小说开头描写文天祥毅然赴敌营谈判,处处凛然不屈,又描写他脱逃前后历尽艰险,再描写他到真州后披心沥胆呼吁各方团结抗敌等等,固然都是为了塑造文天祥高大的爱国者形象;但这些着力描写,又更都是为了与他最后之遭"摈弃"作强烈反衬。所以,本篇的取材虽然不复杂,构思却是很深刻的。小说也有改动原作的地方,如原作写北兵未入牛栏搜查是因为突然下雨,"若有神功来救助",而小说则改成因牛屎臭味而北兵未入,这就显得更为可信。原作写文天祥一行未到桂公塘之前,已有四人叛逃,小说则舍弃了这一情节,这看来就是附记中说的,为了减少枝蔓,"行文方便"。

《黄公俊之最后》的取材,却比较曲折,且从未有人指出过。苏雪林说:"历史上黄公俊本有其人,大约与王韬、钱江等同为倾向太平军的智识阶级"⑪(其他论者也有相似说法),其实这是"想当然"耳。我综合了著名学者罗尔纲、胡道静及杨天石诸先生的分别赐教,才搞清楚了这篇小说的"本事"。原来,黄公俊历史上实无其人,而是胡怀琛在1913年虚构的。其文初载当年《民立报》(未署名),同年又收入他的《黛痕剑影录》一书;十年后,凌善清将它编入《太平天国野史》,但对原作虚拟的诗又略有删节。郑振铎所取材的,显然是后者。然而他有深厚史学造诣,创作此小说时并不以原作为信史,所以更充分地驰骋其想象。原作极为简短,除了几首诗写得甚佳以外,所述黄公俊行事并无什么积极意义;而郑振铎的小说,其情节与之迥不相侔,只有并不重要的三点与原作相合,即主人公是湘籍、最后为曾国藩所杀,以及所遗诗句。由此可见,这篇小说是郑振铎为了现实斗争的需要而几乎"凭空"创造的。

《毁灭》一篇,我认为是脱胎于孔尚任的《桃花扇》传奇。例如,小说一开头写侯方域等三人被阮大铖在"三山街蔡益所书坊"逮捕,即出自《桃花扇》第二十九出《逮社》,连地名店名都一样。但小说所述,仅大略相当于原作的下半本,而对上本中的有关情节作了虚写。例如,小说写到阮大铖"逮社"后想起从前"丁祭时候的受辱,借戏时候的挨骂,求交于侯方域时的狼狈"等,就隐含着原作上本第三出《哄丁》、第四出《侦戏》、第七出《却奁》中的有关情节。我还有一个重要的根据:在创作前一个月,郑振铎沿平绥铁路旅行时,就曾携《桃花扇》一书再次细读。在《西行散记·跋》中,他回忆在列车上的最后一天"情绪很恶劣,老在看《桃花扇》",并与同车旅客"慨叹于《争坐》《移防》的几出,'现在的情形,也还不是那个样子!'"从这段记述中也恰可看出郑振铎写《毁灭》的创作动机。还值得指出的是,小说完全跳出原作的格局,不仅舍弃了原作侯、李爱情这一主线,且也不以复社与阉党的斗争为主线,而是以阮大铖为主角,马士英为配角,着重描写奸人之弄权毁国。因此,本篇是全新的艺术创造,由原作的悲剧转变为具有喜剧美的讽刺小说。而且,本篇不仅不拘泥于《桃花扇》,也没有拘泥于史实。例如,据

《樵史》等史书,许定国叛变时在正月,而阮大铖"逮社"则在三月,《桃花扇》也是这样写的;而《毁灭》则写成阮、马在"逮社"的同日得到许某叛变的消息。显然,这样改写是为了更有力地造成矛盾冲突。再如,小说写阮大铖让侯方域写信劝阻左师东向,这是作者用了"缀合法",将《桃花扇》上本《修札》一出中别人的事情写到了阮某的头上,目的是为了更好地刻画这个奸人的狡猾心计。

以上关于取材与"本事"的论述,并不只是出于对某些人所轻蔑的"考证"的偏爱,而是因为既然研究的是历史小说,就必须将"历史"(包括传说等)的一面搞清楚;同时,搞清了这些后,也就可以看出不少轻蔑考证的评论家的某些高论,往往不免落空。

三

最后,我想谈谈有关郑振铎历史小说的影响及评价中的几个问题。

有人认为,这两本小说由于取材于神话、历史故事,故在当时和文学史上影响不大。事实如何呢?《取火者的逮捕》一发表,读者即"佥称气魄雄壮,不可多得"[12]。连苏雪林也说,一开始人们不识"郭源新"是谁,"但以天才学力两皆充实的缘故,已引得一般读者刮目相看,一篇刊出,群相传观","后来秘密揭穿",影响更大。[13]此后,甚至还出现一些模仿作品。如进步作家聂绀弩就在八年后写了《第一把火》,即承认是"受了作为这篇作品的蓝本的《取火者的逮捕》(郑振铎)的影响。"[14]持反共立场的苏雪林则认为《取火者的逮捕》"替共匪呐喊,内容虽谬,文笔则优美可爱。去冬(按即1957年)我在(台湾)三民书局出版《天马集》,亦以希腊神话做题材,正针对郑氏此书而作。"[15]苏氏此作的价值,此处不屑论及;我所以提到此事,只想说明郑振铎的小说在过了几十年之后,还能令某类人物悻悻难忘,甚至写了"小说"来"针对",亦可见其力量、影响之一斑了。

《桂公塘》一篇发表后,更引起文坛轰动,说好道坏的文章有十几篇之多,并形成争论,连鲁迅也注意到了。《黄公俊之最后》,也很有影响,特别是阳翰笙在三年后创作的揭露抨击国民党的著名历史剧《李秀成之死》中,也出现了去敌营谈判的英勇不屈的黄公俊这一人物,经我向作者核实,证明就是受了郑振铎这篇小说启发的。我们知道,通过揭露曾国藩的反动面目以鞭挞国民党反动派的作品,在我国近代不止一二篇,而郑振铎此篇实开其端。同样的,在二十世纪三四十年代,由于国民党当局的有关行径与明末马、阮之流十分相似，因此有好几个革命作家用改编《桃花扇》的方法来抨击当时的政治（如欧阳予倩、谷斯范等），而首先这样做的，则是郑振铎的《毁灭》。由于《毁灭》技术圆熟，不留斧凿痕迹，讽刺辛辣，故深受读者欢迎。过十多年后，1946年上海晨钟书店、正气书店出版的《历史小品集》，1947年香港新流书店出版的《抗战前后八十家佳作集》等书中，仍不忘收入这篇作品。

关于《桂公塘》在艺术上的成就得失，现在的研究者常引用鲁迅当年给作者信中的一句话说"以为太为《指南录》所拘束，未能活泼耳"[16]。《桂公塘》的情节确实基本照《指南录》，但也有改动之处，已见上述。关于鲁迅这句话，我认为不能片面理解，以为鲁迅否定了《桂公塘》的艺术成就。鲁迅并不贬低依据文献、言必有据的写法，相反却认为"其实是很难组织之作"[17]。《桂公塘》在结构、描写等方面都独具匠心，而在情节方面较少虚构与发挥，其原因当是这一段故事本身已经十分曲折、惊险、悽惨，因而作者实在不必再虚构什么，便足以感染读者了。鲁迅与郑振铎是老朋友，他信上如此说，既是随心而论，又是出于高标准。以鲁迅的博学强记，对《指南录》自是十分熟悉，故读了小说后易有"曾似相识"的感觉，而一般读者则未必如此。例如，当时好几位读者激动地说："我相信不少读者，也因阅而心酸罢。作者却能运用他自由的笔，在峰回山转疑无路之中，突然柳暗花明又一村。情节一幕紧张一幕，读者的心，完全被作者摄住了。"[18]"其结构的完整，与创作态度的谨严，在现代的中国作者中，实所罕见。"[19]

值得重视的是鲁迅当时对围绕着《桂公塘》的争论的看法。小说发表后，不少报刊发表评论，大多是肯定性的。但《新垒》月刊与《春光》月刊（以及《中华日报·动向》的部分文章）却形成了尖锐的对立。《新垒》的政治背景并不好，但它却最早发表评论，击节叫好；同时它借此攻击"普罗文艺"的"千篇一律"，也批评右翼文坛之拿不出作品。该刊站在所谓反对"党派文学"，也反对"假冒民族招牌的文学"的立场上，认为《桂公塘》才是"真正民族国家的文学"。而由左翼青年主编的《春光》及《动向》上，则发表艾淦（宋之的）等人的文章，认为这篇小说毫不动人，"题材老，见解老，笔法老，不但老，而且有点滥"。认为作者"根本就没有以新的历史眼光去认识和处理"历史题材，甚至挖苦作者是"本质上已经死去而仍靠着招牌吃饭的人"。因此，《新垒》就展开反驳。这样，便出现一个十分奇特的现象：政治背景不好的刊物谬托知己，大声叫好，甚至写信到《文学》月刊打听作者真名，要拉关系；而有些进步青年的报刊却将它贬得一无是处。对此，郑振铎未免感到遗憾、气愤、哭笑不得。而鲁迅则向他作了深刻的分析："《文学》中文，往往得酷评,盖有些人以为此是'老作家'集团所办,故必加以打击。至于谓'民族作家'者,大约是《新垒》中语,其意在一面中伤《文学》,侪之民族主义文学,一面又在讥刺所谓民族主义作家,笑其无好作品。此即所谓'左打左派,右打右派',《铁报》以来之老拳法,而实可见其无'垒'也。《新光》(按,即《春光》之误)中作者皆少年,往往粗心浮气,傲然凌人,势所难免,如童子初着皮鞋,必故意放重脚步,令其囊囊作声而后快,然亦无大恶意,可以一笑置之。"[20]鲁迅认为那些贬斥《桂公塘》的文章是"酷评",也即肯定了它的成就。鲁迅形象地批评了当时一些青年易犯的"左派幼稚病",认为可以宽恕。至于《新垒》,鲁迅揭露了它的"老拳法",但也未将它的作者全划入反革命营垒。这样的分析,是何等透彻!

然而,今天有些评论者却不加分析地片面引用鲁迅一句话而判定《桂公塘》写法拘板,甚至将鲁迅的这句话扩大为对郑振铎所有历史小说的评价,从而得出"郑振铎历史小说的缺点,在于艺术虚构不够,过于拘泥历史事实,忠于历史,未能跳出历史"的结论。有的评论者认为郑振铎的历史小说与鲁迅开创的新的历史小说不同,属于"拘牵史实,袭用陈言"的"传统写法";认为郑振铎是写《二十四史通俗演义》的蔡东藩的"后继者"的"代表",以至把他的作品与中华书局在1930年代出的历史故事小丛书相提并论。还有人说,"郑振铎的历史小说正是遵循了《三国演义》这种传统的写法"。我认为这些说法全是不正确的。

第一,除了《桂公塘》以外,这些论者未能举出郑振铎其他"拘牵史实"的例子。而如前所述,《桂公塘》也自有其佳处,至于其他,如《黄公俊之最后》,更完全可说是没有史实根据的。在这两本集子以后,作者发表的历史小说如《王秀才的使命》,乃只取一点因由而点染成篇之作;《风涛》也有充分的艺术虚构;只有解放后写的《汨罗江》,因是为屈原纪念年而作,不是比附现实或寄托自我之作,所以虚构处不多,但也不是完全铺陈史实的。可见,把郑振铎的历史小说全部说成是过于拘泥史实,绝不确切。

第二,鲁迅开创的新的历史小说的写法,与传统历史演义的写法的根本区别,并不在于是否拘于史实还是充分虚构,关键在于鲁迅在1921年就指出的:"取古代的事实,注进新的生命去,便与现代人生出干系来"[21]。如上所述,郑振铎的这两本小说,或披着神话的外衣,或借着古人的躯壳,而说的却是当时当地的事,完全是抨击现实、寄托愤慨之作,与中国传统的演义小说及历史故事迥然不同。在小说发表的当时,就有读者正确地指出这些作品"注进去以现代式的精神",是"近代化了的"[22],是"以新的意识、方法,给历史以一新的评价"[23]。因此,如果要说"后继者"的话,郑振铎只能说是鲁迅的真正的后继者。而且,我认为郑振铎写《毁灭》等作品,就是直接受鲁迅启示的。鲁迅当时给郑振铎的信中常提到:"昔读宋明末野史,尝时时掷书愤叹,而不料竟亲身遇之也,呜呼!"[24]而郑振铎的历史小说多取材于宋、明、清之末,这决不是偶然的。

最后还想指出,鲁迅无疑是中国近代新的历史小说的开山,然而他在 1935 年以前只发表了《补天》等三篇,其他都发表于 1936 年。郭沫若是另一位有名的历史小说作家,他当时也只发表《鸧鸰》等两篇,其主要作品都发表于 1935 年以后。此外,郁达夫发表过两篇,茅盾有三四篇,施蛰存有三四篇等,其后他们也就不再写了。而郑振铎在当时却一口气发表了七篇,并集成两本书,其后还继续有所创作,这对鲁迅开创的这一文学新品种的发展是起了很大的作用的。而且,郑振铎的历史小说,比起郁达夫等人来,又有很大的进步。王任叔当时就曾指出:"文学作品,以历史为题材,从前不是没有。郭沫若先生的好多剧本,都是取材于历史的,如《三个叛逆的女性》。郁达夫先生也写过《采石矶》等。但自去年来,郭源新先生在《文学》上发表了几篇历史小说以来,其间有个显然的变化。即是前者以个人主义的立场,借古人的尸体,来还自己的灵魂,作为表现自己底思想与性格底一面的。后者,却从社会学的某一个观点,截取历史事件底某一现象,从而反映现实社会的一面的。"[25]张香山也以《桂公塘》为例指出。"以历史的题材为题材的文学作品之出现,并不是最近才初有","可是到了最近,这种文学作品,因为给灌进了浓厚的进步的现代性,所以惹动了许多人的注目,而且是成了一种强固的新倾向。"[26]从这二位著名的"左联"文艺批评家的话中,我们可以清楚地看出郑振铎的历史小说在中国近代文学史上的地位与作用。何况郑振铎在创作这些作品时,正是一个寒凝大地、雾塞苍天的年代,他的这两部小说集,无疑是呈献给革命文坛的两束夺目的鲜花!

(1987)

注释

① 王瑶《中国新文学史稿》,1951 年版。

② 徐沉泗等《郑振铎选集·题记》,1936 年万象书屋版。

③⑯⑳ 鲁迅 1934 年 5 月 16 日致郑振铎信。

④ 鲁迅 1933 年 11 月 3 日致郑振铎信。

⑤ 郑振铎语,见靳以《和振铎相处的日子》。

⑥ 见增田涉《鲁迅传》,载 1932 年 4 月日本《改造》杂志。

⑦ 郑振铎《新文学的昨日今日与明日》,载 1932 年 7 月《百科杂志》。

⑧ 见许涤新《疾风吹劲草》。

⑨⑪⑬ 苏雪林《二三十年代作家与作品》,1979 年台湾广东出版社版。

⑩ 郑振铎《取火者的逮捕·序》。

⑫ 傅东华《本刊下期创作专号内容一斑》,1934 年 3 月《文学》。

⑭ 聂绀弩《天亮了·再版序》,1960 年香港求实出版社版。

⑮ 苏雪林《最近坠机丧身的郑振铎》,1958 年 10 月台湾《中华日报》。

⑰ 鲁迅《故事新编·序言》。

⑱ 俞遥《〈文学〉的"创作专号"》,1934 年 4 月《中华日报》。

⑲㉒ 束萌《〈文学〉创作专号》,1934 年 7 月《文学》。

㉑ 鲁迅《〈罗生门〉译者附记》。

㉓㉖ 张香山《论以历史的题材为题材的文学作品》,1934 年 12 月《申报》。

㉔ 1934 年 8 月 5 日鲁迅致郑振铎信。

㉕ 王任叔《中国现代小说发展的动向底蠡测》,1935 年 9 月《创作》。

一九五〇年代激动日本的一本书

——写于郑振铎《蛰居散记》日译本再版之际

　　1945 年 8 月 15 日，中国人民终于赢得了可歌可泣的抗日战争的历史性胜利！这时，长期潜伏在敌占区上海，并继续坚持地下爱国活动的郑振铎先生，便像一名枕戈待旦的战士忽然跃出掩体，立即投身于新的斗争的前列。在那以前的长夜漫漫的四年里，作为著名作家、学者的郑先生，被迫停止公开发表文章。而这时，据其日记所载，在 16 日即胜利后第二天，便写了两篇政论。他写《论新中国的建设》，写《锄奸论》，热情澎湃，慷慨激昂。同时，从 20 日即胜利后第五天起，他又开始撰写连续散文《蛰居散记》，发表于柯灵、唐弢在战后创刊的《周报》上。从该刊创刊号起，几乎每星期一篇，共发表了二十一篇。后因他工作过忙、形势变化等原因而中辍。

　　在第一篇《自序》中，郑先生说："劫后余生，痛定思痛，把这几年来目睹耳闻的事实，写了下来，成为这《蛰居散记》，也许可以使将来的史家们有些参考罢。"这些散文，不仅是描述上海沦陷时期人民痛苦生活的地狱相，日寇汉奸横行一时的鬼趣图，同时也是歌颂中华儿女英勇不屈的正气歌。在这些文章中，作者从不表白自己当时如何如何，但读者却深深地为他的爱国主义精神所激动。尤其是《最后一课》《烧书记》等文，传诵一时，吸引了无数的中国读者，而且也感动了大洋彼岸的日本读者。

　　当时还只有二十八岁的安藤彦太郎和斋藤秋男二位先生，正在日本东京创办旨在促进中日民间友好运动的中国研究所，他们从偶然得到的几份《周报》上读到了郑先生的这些散文，心灵受到巨大的震颤。于是，他们便千方百计地搜寻《周报》，还有郑先生当时主编的《民主》《文艺复兴》等刊物，如饥似渴地阅读郑先生的各种文章。当时，斋藤先生就在日本《新中国》月刊的《新中国人物传》专栏中撰文介绍郑先生，盛赞《蛰居散记》是"贵重的文章"，"具有亲切感人的魅力"，并认为《最后一课》"表现了'殉道者的最后的晚餐'般的肃然悲壮"，《烧书记》则"可以看出幻影般屹立着的民族不屈精神"。后来，安藤先生在早稻田大学的一份学报上也发表了《民主·周报·蛰居散记》,除了作高度评价外,还提到他们终于设法配全了《民主》《周报》两种杂志,并说将全面介绍郑先生的《蛰居散记》。

1954年春,二位先生便从《周报》上逐篇翻译了《蛰居散记》,并将其中一篇《烧书记》换作全书的名称,并加上醒目的副标题《日本占领下的上海知识分子》,于7月20日在岩波书店出版,作为丛书《岩波新书》之一。人所周知,岩波书店是日本最享盛名的大出版社,其丛书的影响极大。当年,鲁迅先生广为日本读者所知,也就是从《岩波文库》翻译出版《鲁迅选集》开始的。中国人民熟悉的已故井上靖先生,甚至称《岩波文库》为自己的"父母"。安藤、斋藤二先生在日译本序的一开头就说:"我们开始体验'占领下'的生活了。当新中国告别颓废的时候,东京却呈现了往日上海的故态。中国人曾把日军占领地称作'沦陷区',在这一词中,含有冷眼正视占领下出现的生活与精神的腐败沦落,因而不断鞭戒以自拔的意思。使用这个词,是被剥夺了独立的民族不讳言自己的悲惨,是不屈的意志的反映。"序文还说:"我们自己已体验到'占领下'的生活,但对中国人的'沦陷区'生活的资料则发掘得很不够。本书的翻译,填补了这一领域的空白,是'沦陷区'上海的学者、文人的生活记录。"当然,这两种"占领"的性质并不完全一样;但译者这种联系日本现实介绍《蛰居散记》的方法,确实收到了很好的效果。此书在日本不胫而走,不久又再版了一次。我接触过的几位日本朋友,都说他们在五六十年代都曾读过这本书。当时,日本报刊上还发表过好几篇书评,尤其是一位大学教师大塚金之助的文章,充满激情,见解深刻,即使三十多年后重读,仍将为之动容!(我已译出,附在后面。)从大塚先生的文中可以更清楚地看到,当年出版这本书,译者和出版者都是要有勇气的。

然而,由于当时中日两国还没有恢复关系,中国读者谁也不知道这本日译本,中国各大图书馆也都未曾收藏,甚至连郑先生本人也并不知道,不久他便逝世了。而郑先生曾委托柯灵先生将《周报》上连载的这些散文作了整理,于1951年由上海出版公司出版了《蛰居散记》单行本,则安藤、斋藤二先生也一直未曾见到。这是历史的遗憾。但二位先生为中日友好做过很多工作,在中日邦交尚未恢复的年代,便曾多次来华访问,受到过毛主席、周总理的亲切接见。

1988年秋,我同已届古稀之年的斋藤、安藤二先生取得了联系,收到了他们寄赠的日译本的影印件(原书早已绝版难求了),方才知道日译本是按照《周报》原载翻译的,文章次序作过调动,并加有注释,另外还从《民主》等刊上增译了《悼夏丏尊先生》等二文。而斋藤、安藤先生收到我新出的《郑振铎年谱》后,也第一次知道《蛰居散记》单行本又有郑先生的新序,以及删去了原刊中的五篇,另外增补了同时期写的同样性质的另外五篇散文等情况。这样,郑先生这本迄今唯一被译成外文的书,就出现了这样一种奇特的现象:原刊、单行本和日译本,三者都不尽相同。

1991年10月,斋藤先生作为特邀学者,来北京参加纪念陶行知先生百年诞辰的国际学术讨论会;同时,带给我一份珍贵的礼物——刚刚第三次再版的《烧书记》。我也回赠了郑先生家属签名的国内近年新版的《蛰居散记》。我见新版日译本的后记中,两位先生还提到了我的名字,更是惊喜。在拜读之余,我又重读了大塚先生发表于三十七年前的那篇书评,心潮澎湃。中日两国之间的沉重的历史的一页,已经掀过去了;然而,我们两国人民都不能忘记那过去的一切。今天,我们重读郑先生的这本书,就是要牢记历史的教训,让那悲惨的往事永远不再重现!

郑先生若泉下有知,对岩波书店重版他的这本书,一定也是感到欣慰的!

(1992)

附录:

读《烧书记》

大塚金之助

本书作者郑振铎氏,要比我小五岁。然而,我想到郑氏爱书,苦心搜集,但又被迫烧毁所爱的书籍的痛惜心情;想到他双目炯炯,向着中华民族解放大道迈进的艰难的步伐;想到他始终基于正义感,倾向民主主义,同时躲过日本特务、傀儡政权特务的迫害,在解放后的今天担任中华人民共和国文化建设方面的重要职务,全身心地投入亚洲伟大的民族抗战与解放事业。——想到这些,那么,虽然郑氏比我小五岁,但我叫他一声"先生"难道不应该吗?

在爱书的人、写文章的人、做学问的人中间,是不存在人为的国境线的。他们自然地心心相通,遍布整个地球。不仅如此,因为本书作者曾在伦敦大学进修过,那么就更与我有同窗之谊了。在日本,有几个外国名牌大学的校友会。伦敦大学的校友会似乎还没有。然而,日本人对同一大学读过书的很有亲切感,这一点是不变的。这个例子也反映了,即使在日本,人们看问题的心情也是国际性的。

1945年8月15日以来,日本人每年把这一天作为"终战"的纪念日,回忆"终战"当年的混乱与苦难。英国人——作者知道的——在第一次世界大战(1914至1918年)的停战纪念日里,都在胸前戴上康乃馨花,庆贺可诅咒的战争的结束日。今年的 8 月 15 日，报纸、电台报道了《九年以来》的回忆文章，还作了广播。但是，这些报道一味地讲自己如何如何受苦，自己曾做过什么什么，说到底，只是以自己为本位的东西。日本人忘记了最重要的东西，那就是没有反省：是什么政治组织，在九年前，将这样的苦难加在了日本普通人民的头上？不，比这更重要的是：这个政治组织，对远东、东南亚邻国人民，对在那里居住的英国人、澳洲人、法国人、美国人等等，曾经干下怎样的残酷的事情？

我只是一名大学教师。在今天，国立大学的教师算是国家教职公务员，在思想、行动等方面受到很大的限制。在这样的习性与环境下，为了纪念 8 月 15 日，我读了二三本书。其中之一，便是郑振铎的《烧书记》。

我从郑先生的这本书中，详细地知道了：一些发了疯的日本人和傀儡政权的特务机关，是如何惨杀中国的学者和将来有希望的人才的；中国的官僚政治，是如何把一部分中国人养成背叛祖国的汉奸的；本书作者的朋友们，是如何一个接一个地消失了踪影的；鲁迅的遗孀，受到过何等残酷的监禁；上海的高楼大厦，为何有妙龄女郎跳下自杀；为了保守朋友的机密，漂亮的电影女演员是怎样自尽的；清除汉奸，怎样使中国人确信最后的胜利；在被占领的困难情况下，《鲁迅全集》是怎样秘密出版的；本书作者是如何爱书，如何躲躲闪闪地收集书籍的；然而，接着他又是怎样像抛弃自己的亲生儿子似地被迫一本一本将心爱的书烧毁的；还有，在那以后，为了生活，他又是怎样被迫卖书的；……

我是直到 1943 年，通过从中立国葡萄牙的里斯本转寄到日本来的英国报纸，才稍稍知道一点中国的事情的。然而，现在通过本书作者的名文和确切的材料，才开始具体地了解到外战及内战的残忍性。只是有一点很遗憾：我读的不是原著，只能读到此书的日译本。

郑振铎先生！人，不能只爱自家的孩子而憎恨邻居的孩子。那样的人，其本性是残忍的。像先生曾经在被占领下受苦受难一样，我们日本人正在受苦受难。在这个国家里，几万名民主主义者和学者被投入监狱，结果，我们失去了好几位有才能的学者。我们受着检事局、警视厅特高、地方特高、街道派出所、密探、宪兵等四重、五重的监视。行动没有自由，思想没有自由。即使对于书籍，也炮制了黑名单，将它们禁止，从书店里消失，作者则受到处罚。成千成万的人们，就像您书中写的那样，无法藏匿书籍，怀着扼杀自己孩子似的心情烧书。一天又一天，在几十天的日子里，将书撕着，烧着。这些人，连在书架前倒下站起来的勇气也没有了。将自己的著作或手稿烧掉的人，是多么伤心啊。曾经给中国自由的人们带来痛苦的政权，又给自己政权下的自由的人们带来了痛苦!

　　书中关于断粮、黑市、贩子、贿赂等的记载,如果换去几个中国特有的名词,那也就是日本的现实图景。我们也吃着豆渣和野菜,很多人因营养失调而死去。我连记日记的自由都没有,连保存写文章的纸的自由也没有。因此,非常遗憾,我不能写出日本的《烧书记》这样的书!

作于 1954 年 8 月 19 日

　　(按,大塚金之助,1892—1977,当时为一桥大学经济研究所所长,著名的民主主义政治经济学家。)

记北京图书馆所藏
郑振铎日记和文稿

　　郑振铎是我国现代文化史上一位著名的作家，又是一位杰出的文学史家、艺术史家，还是一位难得的文献学家和藏书家。他对我国文化学术事业的建树是多方面的，是"五四"以后以鲁迅为旗帜的进步文化界中少数几个"全才"式的人物之一。他善于团结人，具有卓越的组织能力。我国第一个新文学社团"文学研究会"，就是以他为核心发起组织的；"左联"成立以前成立的"中国著作者协会"，他是主要的组织者之一；"左联"解散时，他又受党组织的委托出面与各方联系，发起组织了"中国文艺家协会"；抗战后组织的全国文协，以及解放后的全国文联与作协，他均是重要领导人之一。他先后主编过《学灯》《文学旬刊》《小说月报》《文学周报》《文学》《文学季刊》《文艺复兴》等重要文学刊物，还曾主编过"文学研究会丛书"，发表和出版了上百位作家的大量的作品。

　　郑振铎一生驰骋文坛，执笔不辍，又有不少宏心勃勃的写作编撰计划，猝然去世后，遗留下一大批文稿日记。这批值得我们及子孙后代高度重视而数量又极为可观的文化遗产，现正珍藏于北京图书馆善本特藏部。①

　　1982 年 2 月《文献》第四辑（总第六辑）上刘烜的《郑振铎〈日记〉手稿》一文，最早披露并论述了郑振铎日记手稿，使世人知道有这样一笔珍贵遗产，并得以读到所引录的一些精彩片段，十分难得。但是，该文叙述尚有未详及疏误之处，故再撰此文，作为补充。

今存日记数量

　　现存北京图书馆的郑振铎日记数量，今列表说明如下：

年 份	起 迄 日 期	备 注
1927 年	11 月 28 日至 12 月 31 日	自裁小纸片,共 12 页,一札
1928 年	1 月 1 日至 2 月 29 日(其中 2 月 13 日至 20 日缺,2 月 21 日残)	
1943 年	2 月 2 日至 8 月 6 日(其中 7 月 26 日至 8 月 1 日缺)	小信笺,共 298 页,散页
1944 年	1 月 1 日至 12 月 30 日	小台历,共 363 页,一札
1945 年	6 月 1 日至 10 月 19 日	小台历,共 137 页,一札
1947 年	1 月 6 日至 12 月 31 日	台历,共 360 页,一札
1948 年	1 月 1 日至 7 月 1 日	"生活日记"本,一册
1949 年	3 月 29 日至 5 月 26 日	"袖珍日记"本,一册
1953 年	11 月 12 日至 12 月 12 日	活页纸,杂于工作笔记中,散页
1954 年	11 月 21 日至 12 月 31 日	小活页纸,一札
1955 年	1 月 1 日至 3 月 21 日	
	6 月 24 日	活页纸,杂于工作笔记中,一页
1956 年	3 月 27 日至 5 月 16 日	活页纸,杂于工作笔记中,散页
	11 月 13 日至 12 月 18 日	
	9 月 15 日至 19 日	"1956 年美术日记"本,一册
	11 月 1 日至 10 日	
1957 年	1 月 1 日至 12 月 31 日	
1958 年	11 月 1 日至 10 月 16 日	"美术日记"本,一册

此外,在北京图书馆所藏郑振铎文稿中,尚有被题为《访书目录》(按,当为"日录")一册,共 20 页,亦带日记性质。所见共 22 天,日期为:

1942 年　12 月 5 日、8 日
1943 年　1 月 26 日　2 月 14 日、15 日(残)　3 月 1 日、2 日 5 月 26 日、29 日、30 日、31 日　6 月 2 日　8 月 25 日、30 日　9 月 7 日、9 日、18 日　10 月 19 日、25 日、26 日、27 日　12 月 2 日

郑振铎生前曾有经过他自己整理、润色而发表的日记两种。一是《欧行日记》,1934 年 10 月 31 日上海良友图书印刷公司出版,为 1927 年 5 月 21

日至 8 月 31 日的日记。二是《求书日录》,1945 年 11 月 21 日至 12 月 30 日
上海《大公报·文艺》发表,为 1940 年 1 月 4 日至 2 月 4 日的日记(都是有
关"求书"的事);1946 年 6 月 1 日《上海文化》第五期,又发表 1940 年 2 月
5 日一则。上两种日记,前一种据作者说因日记原稿散失,仅整理发表原稿
的四分之一;后一种因《大公报·文艺》版面过小,又常脱期,因而中辍刊
出(又拟在商务印书馆出版,亦未果),仅整理发表了原稿的二十四分之
一(原拟发表至 1941 年"一二·八"战事止)。而除了北京图书馆所藏
的 1927、1928 年的 12 页简单日记以外,这两种日记原稿今均未见,这真是
莫大的遗憾。我们多么希望天壤间还保藏有这些日记啊!

日记所记的交游与蛰居生活

　　郑振铎的日记,真实地记录了他的生活、学习、工作、战斗的历程,具有
极高的史料价值。由于郑振铎的日记(及笔记)的内容极为丰富,就像一座
未经发掘(或未经认真发掘)的宝山,本文所作的工作只是像随手从中掇拾
了几块宝石而已。

　　郑振铎一生待人极为真诚直率。郭沫若在 1921 第一次见到他,就感到
他是一位用日本话叫作"无邪气"的人。叶圣陶在 1924 年为《天鹅》一书写
的序中,称他是一个"大孩子"。而在他牺牲以后,俞平伯在悼文中仍然称他
是"兴高采烈,活泼前进,对一切人和事都严肃认真,却又胸无芥蒂的大孩
子"。这种人情美是令人向往的。而在他的日记中,则处处可以看到这种品
德的闪光。今随便举一些例子。

　　耿济之是郑振铎"五四"时代的老友,文学研究会的重要发起人之一。
郑振铎日记中大量记载着他们的交往。特别是抗日战争上海沦陷期间,郑
振铎与他"相濡以沫",共同保持坚贞的民族气节,在日记中多有反映。1947
年 3 月 4 日,郑振铎得知耿济之在驻外(苏联)工作中不幸逝世的消息时,在
日记中写道:"惊闻济之噩耗,伤心之极! 老友数十人,逝者已过半了!""六
时许,至耿宅吊慰之,一片白衣冠,伤心惨目。"郑振铎当时是全国文协上海
分会负责人,他立即以文协的名义为这位老作家的家属送去一点赙金。翌
日日记记道:"六时许,至耿宅,送文协赙赠金去。"由于耿济之家庭经济十分
窘困,郑振铎又到处设法为之募捐接济。8 月 8 日日记记有:"为耿事,打电
话至各处接洽,已有眉目,大约一千万可到。"3 月 31 日和 4 月 3 日的日记,
记载了他为耿济之写悼文及传略。4 月 5 日,上午"至静安寺吊济之丧,匆

匆写一挽辞送去,惨甚!……二时许,又至静安寺,晤文协诸友,三时许,公祭毕,即回。"5月31日"下午,济之二时下葬。与圣〔叶圣陶〕、予〔周予同〕、伯〔王伯祥〕同至虹桥公葬,凄惨之至!"郑振铎在日记中虽然只是简单地写了"伤心之极""惨甚"等语,但是这种真挚的友情是读者都能体会得到的。耿济之逝世后数月,其老父也去世了。郑振铎在1948年1月9日的日记中写道:"下午,二时,往吊济之老父梦蘧先生之丧于万安殡仪馆,凄凉之至!梦蘧先生为报业老前辈,现年七十四,我和济之最早的有稿酬的写作,就是由他介绍的。"他不仅对老友及其父亲的逝世悲痛之至,还为老友遗稿的整理出版诸事到处奔波。

再如,许地山也是他在"五四"时期的老朋友,文学研究会发起人之一,不幸在1941年8月4日逝世于香港。在逝世前,许地山还大力帮助了郑振铎抢救民族文献的工作。从许逝世到1942年的郑振铎日记今未见,但直到1943年6月8日的日记中,郑振铎还提到了"遇蔡、熊二夫人,向询地山夫人事,因欲为地山出全集也。"这是多么深挚的友情!1946年,他写了《悼许地山先生》;直到解放后,郑振铎替许地山编了选集,并亲自写了序言,才了却了这件心愿。还有一位亦为郑振铎二十年代的老友、文学研究会发起人之一的王统照,1957年11月29日病逝。当时郑振铎正在苏联讲学,12月2日晚回北京,第二天的日记记有:"晨闻剑三噩耗,甚为伤感!"直到16日,日记上记有"五时许起,写《悼王统照先生》"。文章中写道:"我刚从国外回来,就听到了王统照先生的噩耗。这个不幸而令人悲伤的消息使我沉默了好几天。我写不出一个字来哀悼他。无言的悲戚不是平常的人对于最沉重的哀悼之感的一般的表现么?……"

郑振铎不仅对上述这样几十年深交、经历风雨考验的老朋友是这样,即对于研究学问上的朋友也是这样。例如马廉(隅卿),在中国古代小说、戏曲、版画等方面,郑振铎均与他有共同的爱好。1931年夏,郑振铎曾与赵万里二人,前往宁波访书,即住在马廉家里,终日高谈阔论,访读古书,甚为相得。郑振铎后来在有关古书题跋中多次生动地记述了这一愉快的往事。马廉早在1935年病故,可一直到1956年4月14日郑振铎重访宁波时,还在日记中写道:"在月湖边站立了好一会。颇怀旧游。隅卿逝矣!似犹闻其语笑。"寥寥数语,情深意长。还有一位潘博山(承厚),也是郑振铎的书友,沦陷期间他们常来往,交流书讯与学问。潘博山见郑振铎爱书如命,深受感动,曾送书给他。1943年3月14日郑振铎日记中记道:"过博山寓闲谈,承贻《明清藏书家尺牍》四册。"当天,他为此书写了题跋,称潘博山"博见广闻,鉴别至精",并感叹道:"予嗜书而无力,明清诸大家批校本见之而未能收者多矣。阅此诸家手迹,为之慨然!"不料仅隔一月有余,潘博山即逝世了。郑振铎 5 月 7 日日记写道:"闻潘博山君噩耗,为之惊骇不置。……谈版本者又弱一个矣。"当天下午,他即去安东殡仪馆吊丧。5 月 11 日日记,记载了郑振铎与徐森玉等人商议为潘博山印遗著之事。7 月 10 日日记又记有去孟德兰路护园寺为他吊丧,并赠赙仪五十元。后在 1944 年秋为潘氏所辑《明清两朝画苑尺牍》等书作题跋时,还悲痛地写道:"阅之不胜有人琴之恸!"

有道是:"一生一死,交情乃见。"这当然是最能反映一个人的情义和本质的。但即使是平常的交往中,亦何尝不能见出一个人的灵魂呢?——尽管"君子之交淡如水"。郑振铎的朋友极多,如叶圣陶、老舍、郭沫若、王伯祥、巴金等等,他们时或相聚小酌,时或谈文论艺,都在他的日记中留下了温馨的记载。1947 年 4 月,茅盾访问苏联归来,特别带来一件俄国睡衣送给他,他很高兴地记在日记上。朋友喜欢的东西,他常毫无吝啬地举以相赠,例如,1943 年 4 月,日记里就记载了赠给王伯祥以《十国春秋》《水道提纲》等书。王伯祥在郑振铎逝世后,曾写过好几段文字以追念这段往事,至今这两部书还由王氏后人珍藏着,作为先人友情的象征。而对于友人的支持与帮助,他更是郑重地记在日记上。例如,1948 年 1 月,郑振铎因为买书印书而欠了大笔款,新年期间"讨债"者相继上门,弄得他极为烦恼。但就在这时,他的一位 1920 年代的老友、文学研究会发起人之一郭绍虞来帮他了。1 月 24 日日记记道:"绍虞交来'合资'(按,指合资编印'陶俑图录'等书)款八百万,他肯加入,诚为'不安'!为什么老是穷朋友帮忙呢?有此八百,星一的债(按,指星期一有人要来讨债),可以对付过去了,感甚,几出涕!盖及时之助,较之八千八万尤为得力也!"前些年,当郭先生还健在时,我曾将这段日记抄寄给他,老先生亦唏嘘久之。凡读到郑振铎日记中的这些地方,人们必然会沉浸在一种人间美好的精神境界中!

1941 年 12 月,日本侵略军进占上海"租界",所谓"孤岛"完全沦陷了。郑振铎为了抢救和保护民族文献,不及转移到内地,便隐姓埋名离家蛰居,保持了高尚的民族气节。整整四年间,他仅在内地刊物上发表了一篇文章。关于他的这一段经历,除了抗战胜利后他在《蛰居散记》及《求书日录》的序中作了些回忆外,其他文字材料极少。因此,今存 1943 至 1945 年的部分日记,虽然记载很简单,都是关于他的极为珍贵的生平史料。今亦择要作点披露。

1943 年的部分残存日记的突出的内容,是记载了郑振铎在那样危险的环境下,仍继续关注着祖国珍贵文献之被劫与被毁,痛心疾首,深恨自己之无能为力,也反映了他在那样困难的时候,还继续坚持着爱国主义的学术活动。今存这年日记的开头几天,主要记的都是他"阅肆"(即看书店)的情况。如2月12日:"今日为入春后第一次阅肆,至富春、忠厚、来青、来薰,饭后,又至汉文渊、文汇、上海、书林及传新。"一次就去了九家书店。2月15日,他见到张葱玉,得知南浔刘晦之藏书可全售,价六十万元,他又急了,自己又拿不出那么多钱,只得"当即嘱其设法购之"。3月22日,他记曰:"钞清人文集目录廿二纸。约计之,所收尚未及四百种,且佳品无多。若至千种之数,恐不甚易也。可见一事之着手,一愿之立,初若甚易,其结果必至困难重重;然如不中途放手,则当必可遂愿成功也。书此以自励。"可见,他在劫火遍地之际,还有搜罗千种清人文集之计划。4月8日,他又记道:"在寓写清人文集简目毕,计共四百二十八种,虽溢出《清人文集篇目分类索引》之数,然彼所收者,予仍阙二百余种,如能达千部之数,则当可溢出六百种而不至于阙矣。拟尽先收购所阙之二百余种。……仅此四百二十八种,所费已在一万二千金以上矣。诚非穷书生所能负担也。奈何,奈何!好大喜功,贪多务得,予一生之大病,却亦不能戒之。时时拮据,实缘于此。"4月29日,他又记道:"上午钞清文集目,恰及五百种,已甚为不易矣。尚有百许种,在各肆可觅得。大约假以时日,千种之数,必不难达到也。惟囊空如洗,将来不知如何继续以购。与箴(按,指夫人高君箴)愁容相对,亦以拮据故也。用款全无打算,实一大病。时日方长,将奈何?!"②但谁都知道,郑振铎的这一"大病",完完全全是出于对祖国文献的热爱啊!

除了买书外,日记还记载了他的一些重要学术活动。例如,1943年6月29日,他记道:"阴雨。写些'编例'等","四时许,偕予同至青年会,晤黎、蒋、孙、萧、严等。共进茶点,谈至六时半散。"7月5日记有:"晨,勉强的写完了'缘起'。至高宅,又至开明,将'缘起'托伯祥修正并清写一过。"接着,6日、7日、8日的日记,都记载他起草修改"计划书"。7月13日,又记有"十一时许,至开明。晤王、郭等,正在讨论'辞○'(按,原文如此)之编例。调孚云:股东会举出伯祥等为董事,济之等为监察人。取得股息二百五十九元。"这以后不久,日记散佚未见。根据这些不完整的记载,我推断这是郑振铎当时一度发起进行的一项重大工作——编撰出版我国第一部大百科全书。1947年5月号《文艺复兴》上,郑振铎在发表《耿济之先生遗稿》的按语中提及:"我在三十二、三年(按,此为民国纪年)的当儿,曾和友人萧宗俊先生谈过,由他出面,集合十位商人(都是纯洁而不和敌人们有经济上的往来的),组织一个'中国百科全书刊行会',先行集稿,等到最后胜利到来的时候,再行补充,出版。我负责约若干朋友们写稿,……但后来,因为所约的商人们份子不大纯粹,且已为伪方所知,宗俊便和我说,'恐怕有问题,只好不进行了。'我也同意。"同期刊物上周予同的《悼济之先生》也提到当时他与郑振铎、耿济之等人曾计划编写中国百科全书的事,"虽在万分恶劣的环境里,我们仍然计划着文化方面的工作"。他们这种高度的爱国主义责任感,是多么动人! 悲愤的是,在现在写到中国大百科全书编撰史的文章、专著中,从无人提到郑振铎等人的这件事!

郑振铎日记中还多次记载了他当时影印古书之事。例如,1943 年 3 月 23 日记道:"饭后,至来青阁,与杨寿祺等谈印书事。杨不主张印书目,而力以印'传奇'为言。俟再仔细商量决定。"后来,1944 年 7 月 8 日记载:"午餐后,写'传奇'序";7 月 22 又记:"上午,至张宅,传奇已订好样子,颇佳。"这里所记的,就是郑振铎当时影印《长乐郑氏汇印传奇第一集》一书。此书署"甲戌八月印成"("甲戌"为 1934 年),序文又署"民国二十三年七月七日",均是为了迷惑敌伪。有趣的是,我们今天一些同志竟也被"迷惑"了,如近年出版的《郑振铎古典文学论文集》收入了该序文,就误注此书为 1934 年出版。)其实,该序一开头所说"天时不正,河山如墨,泥泞载道,跬步不得",正是隐晦而形象地点明了出版时代。当时,他还秘密影印了两辑《中国版画史图录》和《玄览堂丛书》《明季史料丛书》③等,有的在日记中也偶有线索可征。1943 年 5 月 27 日他写道:"忽有一念:拟编《林琴南余集》及《严又陵集》,不知此愿何日得遂?"7 月 19 日又记:"又遇仲彰,谈及印汉简事。穷而好事,不知如何生活得下去?!"这些却都是他当年的未遂之志了。

北京图书馆所藏郑振铎文稿中,有当时他所写的一页读《张司业诗集》的笔记,末云:"初冬午后,日丽风和,晴窗展卷,俗尘尽涤。然诵'共知路旁多虎窟,未出深林不敢歇'句,却憬然悟此身仍在虎窟中也。"这段话形象地反映了他当年蛰居虎穴之旁的大智大勇、惊险紧张的生活。这在日记中也有反映,如 1948 年 3 月 12 日记:"阴。灰雾涨天,至为闷损。到九时许,方才雾消日出。天尚寒峭。至前面参观张某之新居,布置甚佳,尚未迁入,殆亦一暴发户也。"这个即将成为"邻居"的"张某",无疑是一个汉奸。4 月 15 日又记有:"游邻居周某氏园,深有所感。"这"邻居周某氏",就是臭名昭著的大汉奸周佛海!(郑振铎在抗战胜利后写的《蛰居散记·我的邻居们》中,回忆记述了这次"游园"。)这些汉奸后来还曾派人对郑振铎"调查了一顿",可是他却安然无恙地潜伏到抗战胜利!

"破帽遮颜过闹市",鲁迅的这句诗也可以用来形容郑振铎当时的斗争生活。他后来在《蛰居散记·暮影笼罩了一切》中提到过一件事:"还有一天,我坐在中国书店,一个日本人和伙计们在闲谈,说要见见我和潘博山先生。这人是清水,管文化工作的。一个伙计偷偷的问我道:'要见他么?'我连忙摇摇头。一面站起来,在书架上乱翻着,装作一个购书的人。这人走了后,我向伙计们说道:'以后要有人问起我或问我地址的,一概回答不知道,或长久没有来了一类的话。'为了慎重,又到汉口路各肆嘱咐过。"(据了解,清水是日本驻沪总领事。)类似的事在日记中也有记载,1943 年 6 月 23 日上午,"十时许,携宝(按,即郑振铎女儿)至传新及开明、来薰、汉学等处。……遇盐谷之婿(吉川?),嘱肆伙不声言,乃得不交一语而去。"但是,敌伪却仍不放过他。1944 年 4 月 6 日,郑振铎记道:"见《新中国报》消息,为之闷损甚!"《新中国报》是汉奸报,查这天该报登载译自日本《大陆新报》的消息,汉奸文人组织的"中国文艺协会将在各地成立,会长由周作人担任",并无耻地声称郑振铎也是会员。郑振铎当时秘密隐居在上海,苦于不能辟谣声明;但尽管如此,在内地的朋友和同志们都信任他。靳以后来就曾回忆说:"记得有一次,一个无耻的家伙说到他可能气节有亏,我就立刻气愤地加以驳斥。"

郑振铎在隐居期间,仍和地下党保持着一定的联系,这是机密的,但在日记中也偶有线索可见。例如,1944 年 6 月 21 日记有:"上午,谈及某君事,惨极!"翌日日记云:"上午,至张宅闲谈,购面包为午餐,往探友病,……"。这里的"某君",我认为就是当年在地下党秘密安排下到上海来治疗癌症的邹韬奋同志,"惨甚"是指他已到了癌症晚期。郑振铎饭也来不及吃即匆匆赶去"探友病",这正是地下党安排的,反映了党对他的信任。关于这次见面,他后来在《蛰居散记·韬奋的最后》中作了极为生动的回忆。一月后,郑振铎在 7 月 24 日的台历日记上用铅笔添写了这样一句话:"闻季君逝,为之怅然者久之!"而这一天,就是他的亲密同志、伟大的共产主义战士邹韬奋逝世的日子! 邹韬奋当时的化名,就叫"季晋卿"。

郑振铎的日记以及笔记,还有很多东西可写,限于篇幅,只得从简。

今存文稿概况

北京图书馆还藏有大批郑振铎文稿,已经编目的,就有 322 种。今拍成微缩胶卷的,共有 22 大盘。如果每盘约 31 米,那么就有近 700 米之长。这个数目是相当可观的。而且,这中间还有三四包杂稿尚未曾拍照。

这些文稿的性质,大致可分这样几种:

一是郑振铎的未刊手稿。有解放前的,更多的是解放后的。有创作、批评、翻译、文学研究、美术研究、书目、读书札记、讲课稿、发言稿、书信，等等，内容十分丰富。其中有一些是残稿，或未完成稿。这一种手稿自然是最值得重视和发掘的。

二是郑振铎已刊文章的原稿。很有文物保存价值。其中还有一些草稿、未定稿、修订稿等，可以与发表后的文章相对读，有研究价值。

三是郑振铎讲话、演说、讲课的记录稿。虽是他人所记，仍很有价值，有的他还亲笔作了修订。

四是郑振铎请人誊清，或油印、石印的文稿。其中有的有他的亲笔修改，有的油印、石印稿是解放前他在大学里的讲义。

五是郑振铎已发表的文章的剪报、抽印件、校样、样本等。其中有的校样上，有他的亲笔修改。有的文章，现在较难见到原报刊，或者至今尚未能找到原刊出处。那些他在出书前编印的"预约样本"，现也成为罕见的"珍本"了。

六是郑振铎请人抄录的稿子。其中有的是他解放后准备编自己的集子时请人代为抄录的以前发表的文章，也有解放前请人抄录的；更有不少并不是郑振铎自己的著作，而是他为了研究的需要，或为编选有关资料，而请人抄录的中国古代小说、戏曲、书目、序跋等。

七是郑振铎所著《插图本中国文学史》出版时所用的插图照片或影印件。

八是混杂在郑振铎手稿中的他人的文章、书信，以及课程表等等。

九是他解放后影印《古本戏曲丛刊》时的大量的毛样。

从上述大致分类中，我们已可看出这批材料性质不一，各方面的价值也是不等的。

文稿价值评述

郑振铎留下的这批文稿，数量相当可观，内容极为丰富。笔者匆匆翻阅，未及详尽摘录，更未能仔细研究，因此，对这座宝库的评述也只能是"巡礼"式的。

第一，全部手稿中最值得珍视的，我认为当是被装订成五大本、封面题为《木音》的郑振铎1940年初至1941年底致张咏霓的二百七十二封信。④张咏霓先生是著名学者、光华大学校长，1945年7月16日逝世。郑振铎在抗战胜利后写的《求书日录》中，曾写到太平洋战争爆发前二年他在"孤岛"

上海抢救祖国文献时,"时时刻刻要和咏霓、菊生、柏丞诸先生相商,往来的信札,叠起来总有一尺以上高。——这些信件,我在'一二·八'以后,全都毁去,大是可惜。惟我给咏霓先生的信札,他却为我保存起来。"这五本《木音》也就是张咏霓和郑振铎共同保存下来的十分完整的一批珍贵史料。

郑振铎《求书日录》中的1940年1月9日记曰:"赴校办公,无异状。作致菊生、咏霓二先生函。"这致张咏霓一函,即《木音》中所见的第一封信(原信作"一月十日"),信中说:"久未见,至以为念! 前途有二电来,敬钞奉,阅后付丙可也。"这"二电",指的是重庆国民党当局朱家骅、陈立夫打来的二份回电。这两份抄件幸而未被张咏霓"付丙",因而今天我们仍能见到,兹照郑振铎抄件原样抄录如下:

　　何、张、夏、郑……先生均鉴:歌电敬悉。关心文献无任敬佩,现正遵嘱筹商进行。仅此奉复。弟朱家骅叩

　　张、何、夏、郑六先生大鉴:歌电奉悉。诸先生关心文献,创议在沪组织购书委员会,从事搜访遗佚,保存文献,以免落入敌手,流出海外。语重心长,钦佩无既。惟值此抗战时期,筹集巨款,深感不易,而汇划至沪尤属困难。如由沪上热心文化有力人士,共同发起一会筹备募款项,先行搜访,以协助政府目前力所不及,将来当由中央偿还本利,收归国有,未量尊见以为如何? 谨此奉复,伫候明教。弟朱家骅陈立夫同叩

回电中所说的"歌电",指的是郑振铎发起,与张咏霓、张菊生、何炳松等人于5日联名打给重庆政府当局要求拨款抢救文献的电报。从第二份回电中,可以清楚地看出当局对这一爱国提议的态度。在郑振铎他们的一再强烈要求下,后来当时的中央图书馆筹备处负责人蒋复璁来到上海,经过商议,决定秘密成立"文献保存同志会",并由"中英文教基金董事会"(即原"中英庚款董事会")拨款购书。从2月3日郑振铎的信中,知道他起草了该同志会办事细则十条,经刻写,用红色油墨印出。这份珍贵的文件前七条今也保存于《木音》中。(按,完整的十条刻印原件今保存在台湾,后来我访台时看到。)从此,郑振铎开始用公款为国家抢救了大批珍贵文献,他的信的主要内容就是商讨版本真伪、价值大小、价钱多少等问题。这些信除了具有很高的学术价值外,还处处洋溢着极其崇高的爱国激情。今略引数段,以见一斑:

　　我辈对于国家及民族文化均负重责;只要鞠躬尽瘁,忠贞艰苦到

底,自不至有人疵议。盖我辈所购者,决不至浪费公款一丝一毫;书之好坏,价之高低,知者自必甚明了也! 一方面固以节俭为主,同时亦应以得书为目的;盖原来目的,固在保存文献也。浪费,乱买,当然对不住国家;如孤本及有关文化之图书,果经眼失收,或一时漏收,为敌所得,则尤失我辈之初衷,且亦大对不住国家也。故我不惜时力,为此事奔走。其中艰苦,诚是"冷暖自知"。虽为时不久,而麻烦已极多。想先生亦必有同感也。然实甘之如饴! 盖此本为我辈应尽之责也。(1940年3月20日信)

我辈自信眼光尚为远大,责任心亦甚强,该做之事决不推辞。任劳任怨,均所甘心。为国家保存文化,如在战场上作战,只有向前,决无逃避。且究竟较驰驱战场上之健儿们为安逸。每一念及前方战士们之出生入死,便觉勇气百倍,万苦不辞。较之战士们,我辈之微劳复何足论乎! (1940年9月1日信)

此外,信中还反映了当时郑振铎主编影印《玄览堂丛书》的情形,其中有的书就是他抢救所购者。他在信中还建议利用所购图书作些学术研究工作,如编《明史长编》,重编《全唐诗》,等等。他认为:"得书不易,应用尤难。我辈如能在短时期内,尽量应用所得书,则诚不虚此番购置之苦心矣。"(1941年1月17日信)可惜此一设想因局势恶劣而基本未能实现。

郑振铎等人奋不顾身地抢救保护文献的行动,是中国近代文化史上一件了不起的爱国壮举。真如郑振铎说的:"创立了整个的国家图书馆。虽然不能说'应有尽有',但在'量'与'质'两方面却是同样的惊人。"(《求书日录》)而且,他是那样自觉地、无私地战斗着,就像1941年1月20日徐森玉致蒋复璁信中说的:"罔罗遗佚,心志专壹,手足胼胝,日无暇晷,确为人所不能,且操守坚正,一丝不苟,凡车船及联络等费,从未动用公款一钱。"可惜的是,这样一件动人的壮举却一直很少为人所知,就连他的知友叶圣陶先生也是在近年看了《求书日录》后,"才知道他为抢救文化遗产,阻止珍本外流,简直拼上了性命。当时在内地的许多朋友都为他的安全担心,甚至责怪他舍不得离开上海,哪知他在这个艰难的时期,站到自己认为应该站的岗位上,正在做这样一桩默默无闻而意义极其重大的工作。"(《〈西谛书话〉序》)而更令人气愤的是,郑振铎当时拼着性命抢救下来的国家珍宝,其中很重要的一部分却被蒋介石集团在大陆败亡前用军舰盗运到台湾去了(上引徐森玉的一封信,今亦藏台北"中央图书馆"。笔者引自台北《传记文学》杂志)。因此,笔者郑重呼吁,有关部门应将郑振铎的这批书信整理出版,这不仅具有重要的学术价值,而且也是爱国主义的文献。

第二,郑振铎文稿中值得高度珍视的还有几部未完成的著作稿。如《中国戏曲史》,今见第一、二、三、五、七(残)诸章,从《导言》《起源》一直到《清传奇与宫廷戏》。虽然没有最后完成,但整部戏曲史的基本轮廓已大致具备了。似可考虑整理出版。还有《中国绘画小史》《中国美术史》等,也是有相当篇幅的未完稿。在翻译方面,有在解放前译的佛莱萨(J·Frazer)的《金枝》,译至第四章,约五万多字,未完。这部书中所涉及的民间文学、民俗学的比较研究方法等,对郑振铎启发很大。直到解放后1957年,他还想继续将它译完,后又想请孙家晋续译。

第三,郑振铎文稿中有值得珍视的大量的书目,以及拟编的丛书、刊物的计划。这些书目,有他自己的各个年代的各种藏书的目录,有他的拟购书目和解放前因生活困难被迫售书的书目,也有各种学问的参考书目等等,内容相当丰富。笔者因有《西谛先生与书目工作》专文发表,此处不详谈了。至于他拟编的各种丛书、刊物的目录亦有多种,例如,先后撰写的"中国艺术小丛书""中国文物参考小丛书""中国艺术文物小丛书""中国历史、艺术与革命文物小丛书",等等,体现了他对普及工作的重视。另外他还撰写了"中国文学史资料丛刊""中国农学书丛刊""中国绘画史资料丛刊""古本散曲丛物"等书目及编辑计划,对我们都是很有启发的。例如,他拟编的《版本学杂志》,就是一个独创的学术刊物,可惜后来因他不幸牺牲而未办成,但现今的《文献》杂志庶几近之。今录其计划供大家参考:

版 本 学 杂 志

(一)定名为《版本学》杂志,专载有关中国版本的,特别是古代版本的论文及其他考证等文字。

(二)暂时每季出版一本,每本约十万字,附插图三页到五页。(柯罗版制)

(三)每期内容如下:

(1)论文　像《版本学的意义与作用》《论龙泉出土刻本佛经的时代》《论〈岳刻石经〉是元代刻本》《最早的铅印本书籍研究》,等等。

(2)专著　连续登载有系统的著作,像《书目考》《中国版刻史》《唐诗版本考》,等等。

(3)杂谈　像《漫步书林》《×××读书记》《×××随笔》,等等。

(4)消息　像《安徽访书记》或其他报导新的古代版本书的发现消息,等等。

（5）书评 凡全国解放以来新出版或重版的有关"版本学"的著作，皆将加以批评和介绍。如有国外出版的书，也应加以及时的评介。

（四）是同人性质的刊物。编辑由郑、赵、张（珩）、向（达）、张（政烺）诸人负责。

（五）由文物出版社负责出版。

第四，郑振铎文稿中有些是已经完成，后因故未及发表，而内容又是十分精彩的。例如，他在抗日战争上海沦陷期间写的《野狼》一诗，以象征的描写反映了当时险恶的环境和他盼求光明的信念，艺术上很成功，但当时却不可能发表：

野　　狼

野狼在嚎，
　哀猿在啼，
猫头鹰瞪着圆眼在咕咕的叫，
　黑暗把天与地涂成一片。
倦了的旅客独自踯躅在莽原，
　前无村舍后无店；
枯树作势欲扑人，
　惊窜的狐兔也吓得一跳。
天边远远的有一颗黄星，
　是黑漆一片的天地间仅有的光明。
仅这一星星的光亮啊，
　已足够使旅人慰安了。

三三、三、六。

再如，郑振铎在三十年代曾辑有《元明杂剧辑逸》，"积稿已盈尺许"，但他估计传说已佚的也是园藏《古今杂剧》可能会重新发现，因而一直没有出版。后来固然不出所料，而且竟是由他亲自发现并为国家抢救收购了这部巨著。因此他的《元明杂剧辑逸》也就永远不出版了。他所辑之稿今仍存有部分，可见其当初搜辑之勤，但自然今天也不必发表了；然而他1931年4月29日写的《元明杂剧辑逸例言》等文稿，仍具有相当的学术价值。还有，他解放后为普及中国古典文学，曾写有《中国文学的发展》《中国古典文学中的诗歌传统》《中国古典文学中的小说传统》《中国古典文学中的戏曲传统》诸文,他生前均未付发表,近年上海古籍出版社出版的《郑振铎古典文学论文集》中已收录了一些。他还写过《林冲在电影里》一篇评论,深刻地论述了"如何以马克思、列宁主义的立场、观点、方法来处理'老故事'","使那些故事能够有益于今天的群众"的重要问题。此文亦未经发表,今尔康同志已把它收入《郑振铎文集》第四卷中。

第五,郑振铎文稿中有些手稿证实了他曾用过的一些笔名。例如,1957年6月25日出版的《政协会刊》第三期上发表的《配合得更紧密、更和谐些》(署名"禾忠"),1957年9月30日出版的《政协会刊》第四期上发表的《资产阶级的个人主义思想能在社会主义社会里存在吗?》(署名"云纹")等,均存有原稿。另外,还知道他曾用"依知"的笔名写过《知识分子的前途》等。从手稿中我们还知道了解放后浙江省人民委员会公布的浙江省第一批文物保护单位的目录等,均是由郑振铎亲自起草的。

第六,郑振铎文稿中还有一些未完成稿、残稿、初稿、草目之类,虽然不全,或后来正式发表时作过修改,但也有重要的参考价值,或能提供一些线索。例如,他于1930年4月22日所写的《中国文学史草目》即后来的《插图本中国文学史》一书的大纲,就可以与正式出版时的章节相对照研究。再有,他的一些重要论文,如解放前的《中国小说史的分期》,解放后的《中国小说八讲提纲》《〈中国文学研究〉序》等,均有初稿保存,与后来发表者颇有差异。他在解放后写的《知识分子是怎样跟着党走的?》一文,虽未写完,但文中提到了他与瞿秋白曾在"五四"时期参加李大钊为首组织的社会主义研究会,值得注意。还有如《〈近代中国文人志〉序》一手稿,虽残,但也使人知道了郑振铎在解放前确曾为此书写过一篇序。⑤文稿中还有他为自己的藏书目录写的两篇序,可惜均未完成。一篇写于日本侵华战争劫火中,慨叹"浩劫未终,书囊已空,呜呼,痛矣!"是劫中被迫售书时所作,记述了自己"生平于富贵利禄,玩好珍奇,举无所嗜,而独嗜置书。碌碌半生,无立锥之地。妻仅荆钗,童无璋玉。视渊明之归去,犹有'方宅十余亩,草屋八九间'者,大不及之。笔耕舌耘之所得,大半耗于图籍;甚至节衣缩食以致之。访肆搜摊,时以为常。遇所欲,必挟之以归,归则呼灯摊卷,欣然相对,时引杯酒自劳。室人或时交谪,不顾也。……"另一篇序,则似作于解放初,残稿记述了自己少年时代苦学的经过,颇有史料价值,也很有教育意义。今录以作为本文的结束:

　　我开始买书,是在三十多年前。在中学时代,买不起书。家里所藏的《中国魂》《新民丛报》之类,我都读过不止一遍。此外,便买些《学生杂志》和《青年杂志》(《新青年》的前身）来读。对于线装书是不曾问津过。曾向一位同学那里，借过一部《文心雕龙》，在暑假里抄了一遍。一位同学买到了一部《古今文综》。我十分的羡慕他。曾向他一套一套的借来读。把其中有关于讨论文艺的文章，不论论说、书疏等等，都抄了下来，集成两厚本，名为《论文集要》。一九一七年夏天，我从温州到上海，住在外祖父家里。恰遇张勋之变，不能北上。偶到四马路去逛旧书摊。在一个摊上，见到一部小字石印本的《九通》，只要二元，便把它买了来。把这一大堆的书从四马路携到我的住处虹口是不大容易的。心里觉得饱满，觉得痛快，这是我收集线装书的开始。……

(1986)

注释

① 这批材料今均以郑振铎夫人高君箴捐献的名义登记注册，其中也有少量注明是"文化部赠"。

② 至 1944 年 8 月，郑振铎因迫于生活，不得不请王辛笛介绍，将这批清人文集出让给金城银行老板周作民。为此他整理了目录，写了一序一跋，备述收罗之苦与这些书的价值。此时共计已得 836 种。周氏受到郑振铎爱国思想教育，将这批书妥善保藏。解放后周氏逝世，其家人遵嘱将这批书献给了国家。

③《明季史料丛书》也特意署作"共和甲戌八月圣泽园印成"，并化名为"纫秋山馆主人"，也是为了迷惑敌伪。

④ 据笔者判断，《木音》两字是张咏霓手书。因此，这五册书信也是他亲手装订的。"木音"何意待考，但郑振铎、张咏霓均是博学之士，必有出典寓意无疑。（我疑是"木铎之音"之意。）

⑤ 香港作家黄俊东在《书话集》中，提到杨世骧在 1937 年左右曾撰成一部《近代中国文人志》，请郑振铎作序。有几家书店也愿意出版。但杨世骧一再仔细校读，最后却决定不予刊布。

郑振铎最后十年的真实记录
——写在《最后十年》付梓之际

郑振铎生前未刊日记，多由我陆续整理发表。早在十几年前，郑尔康先生就已将此任务全权委托给了我。当时的《出版史料》曾连载发表过，《新文学史料》也发表过一点。但后来，因《出版史料》非常可惜地停刊了，其他刊物又"不识货"，加上整理的难度越来越大，这一工作就停了下来。所谓难度越来越大，是因为尔康先生交给我的不是日记原件，而只是缩微胶卷，一直到去年，才将胶卷上的日记转印到复印纸上。这样，虽然仍有很多地方难以看清，但毕竟可以比较从容地辨读了。于是，耽搁甚久的郑振铎日记的整理工作，就由我在业余慢慢地再做起来。

大象出版社新近推出的《最后十年（1949—1958）》一书，收入的是我整理的今存郑振铎解放后的绝大部分日记，按照"大象人物日记文丛"主编李辉"没出过书"的要求，这些日记是都符合的。要说明的是，本书收入的并不是这一时期的全部日记。这十年是这些日记起迄的年头，其实只有六年，还不满。这是因为还有一些我当时尚来不及整理，又有一些则过于零散，时写时辍，恐怕不大受一般读者的欢迎，因而没有收入。本书所收的，都是首尾比较完整的，共分五部分。前三部分，是郑振铎出国访问的全过程记录。后两部分，是他生命的最后两年的日记，其中也包括出国或在国内出差的全过程记录。这些出访或出差的日记都记述得比较详尽，一是郑振铎作为工作日记写的，二是因为郑振铎本来还打算由此再写几本域外访问散文集及国内考古游记等书。他生前曾多次表示过这一愿望，可惜因为工作太忙而未果。现在，我们就只能读这些朴素无华的日记了。然而，这也许倒比读文艺散文更吸引人也说不定。

郑振铎的日记不仅具有极重要的史料价值，而且真切地反映了他的崇高的人格。记得不久前发表的巴金先生一生中最后一篇尚未写完的文章《怀念振铎》中，巴老动情地说："他从不为自己。""他比我好；他正，正直而公正。"郑振铎这种优秀品质，在他生前并不打算发表的日记中得到了充分的体现。这里,我且以本书中前两部分日记为例,做一点介绍和导读吧。

中共中央是 1949 年 3 月 25 日从西柏坡迁至北平的。然而,就在中央机关迁移之前,在全国解放战争猛烈进行之时,在那样关键、紧张的时刻,党中央还作出了一个重要的决定:组织一个大型的各方面优秀人士的代表团,赴法国巴黎参加世界和平大会,表达即将获得全国胜利的中国人民渴望和平和保卫和平的立场和信心! 当时,第一次全国政协大会,以及第一次文代会、第一次全国学术工作者会议等,均在北平紧张筹备中。3 月 22 日和 23 日,文艺界、学术界参加筹备上述会议的代表按照党中央的要求,认真推选出四十人,组成了新中国尚未正式成立之前派出的第一个大型代表团。团长为郭沫若,副团长为刘宁一、马寅初,郑振铎为团员之一。时间紧迫,代表团 29 日即离开北平乘火车出发。代表团长途跋涉,至 4 月 2 日入苏联境,16 日入捷克斯洛伐克境。谁知当时的法国政府,对风尘仆仆为和平不远万里而来的中国人民的代表很不友好,公然刁难,只允许四十人中派八人入境。中国代表团当然不能接受这样的条件,而世界和平大会又绝对不能少了中国人民的代表。这样,大会被迫于 4 月 20 日在法国巴黎和捷克首都布拉格两地同时举行,中国代表团全体出席布拉格会场。大会取得圆满成功,郭沫若团长在会上的讲话受到最热烈的欢迎。特别是在第三次会议上,万里电波及时地传来了中国人民解放军占领南京的捷报,两个会场顿时都沸腾起来! 布拉格会场的各国代表竞相同中国代表热烈拥抱,热烈欢呼,成了大会的最高潮,大长了全世界爱好和平的各国人民的志气! 会议结束后,代表团于 5 月 12 日入国境。沿途东北各地及天津的人民像欢迎凯旋的英雄一样,热烈欢迎代表团。5 月 25 日傍晚,代表团一回到北京,不顾一路劳累,立即赴天安门广场,参加十万群众的欢迎大会。在这两个月中,除了开会,代表团成员还做了很多文化、外交方面的工作,非常辛苦。我们读读郑振铎的日记,就可真切地感受到他们忘我的工作热情。

关于这段建国前夕的历史,在有关郭沫若、郑振铎、徐悲鸿等人的传记中,已有一些描写,当然是非常简略的。所幸郑振铎当时详尽的日记被保存了下来,而且非常完整,正好是从代表团出发的第一天到回北平的那一天,具有极重要的史料价值。四十位代表,有三十多位的名字可见于他的日记,郭沫若、刘宁一、马寅初、翦伯赞、曹靖华、张奚若、许德珩、邓初民、李德全、吴耀宗、丁玲、田汉、洪深、曹禺、徐悲鸿、侯外庐、古元、许广平、卢于道、饶斌、裴文中、陈家康、萧三、钱俊瑞、葛志成、王刚、宦乡、程砚秋、戴爱莲、钱三强、蔡楚生等等,哪一个不是响当当的人物?

郑振铎在新中国成立后,是中国保卫世界和平委员会(原名中国保卫世界和平大会,故又被简称为"中国和大")委员、中央文化部和文物局的领导成员、中国科学院考古研究所和文学研究所的所长,还是中国文联和中国作协的领导成员。因为工作的需要,他经常出国开会、访问。每次出国,他总是在旅途中匆匆记下日记。本书收的第二部分,就是1953年11月12日至12月12日整一个月的日记。在这一个月内,他去了波兰、奥地利、苏联三国,途经蒙古、捷克、匈牙利等国,完成了国家交给他的两项正式任务,还做了很多其他工作。两项正式任务,一是应波兰和大及波兰作协的邀请,赴华沙参加屈原纪念会。当年,世界和平理事会(即"世界和大")曾决议1953年各国人民共同纪念屈原、哥白尼、拉伯雷、马蒂等四位世界文化名人(这一年是屈原逝世2230周年)。郑振铎是当代中国继郭沫若之后国际知名的屈原研究专家,所以他去开这个会并讲演,是非常合适的。二是应世界和平理事会邀请,赴维也纳参加各国理事大会。郑振铎是作为"中国和大"已在国外的特邀代表前去参加的。中国代表团共十八人,团长茅盾,副团长廖承志。如前所述,郑振铎本是出席1949年3月在巴黎和布拉格同时召开的第一次世界和平大会的中国代表团团员,因此,他去出席这次理事会也是非常合适的。

郑振铎每次因公出国,总是忘我地抓紧点滴时间参观、学习。尤其注重有关文化、文学研究、古迹文物保护等与他本职工作有关的事情。如这次出国,他在苏联逗留的时间较长,又应莫斯科大学和高尔基文学研究所(即苏联的国家级文学研究所,相当于郑振铎任第一任所长的中国社科院文学研究所)之邀,作学术访问。还曾认真指导苏联演员排演郭沫若的历史名剧《屈原》。这些,都是他在正式公务之外所做的工作了。

郑振铎这一日记,记载了一些非常重要的外交活动、文化活动,反映了1950年代波兰等国人民与中国人民的深厚情谊,也生动地展示了郑振铎高尚的人格和襟怀。例如12月9日的日记,最奇特,特别长。原因是这一天郑振铎很辛苦地访问了苏联高尔基文学研究所,详细作了访问笔记,他把这些笔记都写入了自己的日记;这天,他又指导苏联某剧团排演《屈原》,他把对方的提问及自己的解答等,也写入了日记。因此这一天,他很迟才回到住处,代表团的同志在没有(或来不及)征求他意见的情况下,将他安排在第二批乘飞机回国的名单中。他有点不高兴了,因为12月12日(阴历十一月初七)按中国传统正好是他的五十六岁生日,他想提前一天赶回家中与亲人团聚。这本是人之常情,但是,他又在日记中严肃地作了自我批评,认为这种情绪是革命干部所不应该有的。我想,郑振铎内心这些想法,可能连当时代表团的同志也不知道吧。现在我们读了这一日记,能不感动?

本书第三部分是记郑振铎率团访问印度和缅甸两国。第四部分日记记了他先后访问保加利亚、捷克斯洛伐克、苏联等国。这些内容都非常详尽精彩。1957 年,他还在国内视察了敦煌等地,这部分日记我想甚至对当代敦煌学者都是有重要学术价值的。第五部分是郑振铎生前最后一年的日记,主要是记参加国内的各种活动,亦极具史料价值。其中关于中国古书的版本记载,对于后人研究中国的传统文化就很有参考意义。这些,都请读者自己体会,我就不多写了。

(2006)

美的追求者与保卫者
——西谛先生与美术

西谛先生,大家知道他是有名的新文学家、文学史家和藏书家等等;可他同时又是我国数一数二的美术史家,这却不大为人所知了。在很多现代美术史及美术辞典中,就根本没提及他的名字。但是,1985年北京人民美术出版社出版了西谛先生约三十年前就编好、但一直因故未出版的《中国古代木刻画选集》后,日本的日中艺术研究会就立刻特派代表来华,赠授"版画出版功劳"金杯,高度评价该书的重要艺术价值。不久,在1987年结束的莱比锡世界最佳图书博览会上,该书又被授予"世界最美图书"银牌奖。这些,引起世界美术界注目,有的外国人简直像发现了"新大陆"似的。其实,这只是西谛先生一生美术活动中的一件工作,比这更宏伟、更精美、更值得谈的工作还有很多。

说来奇怪,西谛先生本人并不会作画。他除了搜集带木刻画的古书及画册、美术书籍等以外,也不收藏名画。1949年以后,他因负责文物工作,为避嫌疑,遵守"瓜田李下"之古训,更不购藏名画。但他对美术作品鉴赏识别之精,对中西美术史和理论的造诣与会心之深,都是少有人可比的。他出生于浙江温州山明水秀之地,虽然从小便养成爱美的天性,但因家境贫寒,小时并没有受到美术教育。他最初是因为研究古代小说、戏曲等,爱上了木刻版书中的插图。到上海商务印书馆工作后,又因编刊物的需要,利用该馆藏书条件,接触了西洋美术及其历史。1930年代,受到鲁迅先生鼓励,开始系统研究中国古代木刻画史。尤其是1927年,因国内政局动荡,他在岳丈、商务印书馆元老高梦旦先生等人的催促下,去法、英、意等国游学,系统地饱览了西洋美术的精品。1940年代,因为日本侵略和国内战争,我国历代名画大量流散,他为抢救和影印这些名画,又系统地研究了中国绘画史。可以说,正是艰难困苦的时代玉成了他。1950年代,客观条件较好,他更提高了这方面的修养水平。

西谛先生一生的美术活动,大致可以分为三个阶段。一是1920、1930

年代,他主要出于爱美之心,在所编书刊上大量刊载和普及介绍了中外优秀美术作品,并大力推荐了许多青年画家,其中包括了丰子恺、徐悲鸿这样后来的著名大师,并曾与鲁迅合作编选出版了《北平笺谱》《十竹斋笺谱》等。二是 1940 年代,他在战火频仍之际,以一颗爱国赤心,拼命保卫中华民族美术遗产,在极其艰苦的环境下编印出版了收有千幅以上古代木刻的《中国版画史图录》、有一千五百来页的《域外所藏中国古画集》(均为已被帝国主义国家得去者)、有三千多幅图片的《中国历史参考图谱》、以及《韫辉斋藏唐宋以来名画集》《中国古明器陶俑图录》等辉煌巨著,这真是可歌可泣的壮举! 此外,他还写了不少美术论文,并支持了司徒乔和现在已是美籍著名大画家的程及先生等。三是 1950 年代,他在繁忙的工作中还亲自主持编印了像《敦煌壁画选》《伟大的艺术传统图录》《中国造型艺术》《楚辞图》《宋人画册》《中国近百年绘画展览选集》《中国古代绘画选集》以及上述近年才出版的《中国古代木刻画选集》等。他还为《北京荣宝斋笺谱》《炳灵寺石窟》《麦积山窟》《陕西省出土唐俑选集》《永乐宫壁画选集》《中国版画选》《故宫博物院藏中国历代名画集》等书作了序。他这时不仅继续研究版画、绘画,而且进而研究雕塑、工艺美术等等。还撰写了像《伟大的艺术传统》《中国古代绘画概述》《中国绘画的优秀传统》《近百年来中国绘画的发展》《我国工艺美术的优良传统及其发展的道路》等长篇论文,及专著《中国古代木刻画史略》等。

因此,可以毫不夸张地说,西谛先生的一生就是爱美与保护美的一生。他是为了美的事物不惜以全生命赴之的一位追求者。为我国美术事业作出如此贡献的西谛先生,难道不值得我们纪念吗? 关于西谛先生与美术,有很多生动的故事,我们打算挑选其中几节来谈谈,并配以与西谛先生有关的美丽的插图。这些插图,有的是外国名画,有的是中国名画,还有一些书影、封面画等等,大多是现在很难见到的。希望这些感人的故事与美丽的图画,能掩盖我们文笔的拙笨,而引起诸君的兴趣。(按,本文收入本书时,未附印这些插图。)

辛勤地耕耘开拓

西谛先生最早的美术工作从何时说起? 他最早交往的美术家是哪一位? 有人说是 1925 年,他当时在主编的《文学周报》上发表了丰子恺的很多漫画。又有人说是 1922 年他主编《儿童世界》时请许敦谷画了许多插图。

我认为,说许敦谷是西谛最早交往的美术家,大概不会错;但早在1920年他们就有联系了。

许敦谷(1892—1983),广东广州人,早年留学日本学习美术,后在昆明师范学院等校任教。他的弟弟许地山比他有名气得多,是最早的新文学家,西谛先生的挚友。值得一提的是,他们的父亲是邱逢甲的好友,曾在台湾做过官,是一位仁人志士,坚决抗日。台湾被日本占领后,父亲毅然抛弃所有家产,带领全家回到大陆。

1920年秋,西谛先生与许地山先生等人一起在北京发起现代史上第一个最大的新文学社团"文学研究会"时,沈雁冰先生一人在上海主持改革《小说月报》。其实,西谛先生也直接为改革该刊出了最大的力,第一期上十分之七的文章都是他组来的稿(包括他自撰的文章)寄给沈先生的。不仅如此,这第一期上就发表了许敦谷的插图,我认为也是西谛先生通过许地山请他画的。因为,当时沈雁冰不认识许氏兄弟,该刊改革后第一期的封面也是许敦谷所作,画一个可爱的婴孩睡在摇篮里(署日期为1920年11月28日作)。这大概是象征了中国新文学尚在幼年期。

1922年,西谛先生创办我国第一份儿童文学专刊《儿童世界》时,所有的插图都是请许敦谷画的。翌年,西谛先生继沈雁冰主编《小说月报》后,更请许敦谷画了大量的封面及插图。其中,最值得欣赏的,是他为西谛先生正式担任主编的第一、二期《小说月报》作的封面画。画的是一位青年农夫迎着东方的太阳在辛勤地执铲耘土的情形。整个画面充满着劳动、创造的动感。其色彩基调是金黄,似乎已透露了一个辉煌的收获的季节必将来到的信息。西谛先生当年在文章中经常喜欢用农夫在荒原上开拓、耕耘的精神来激励新文学工作者,因此,我认为这张封面画很可能是他亲自构思的。这幅画,不也象征了西谛先生在美术领城里辛勤耕耘、奋勇开拓的精神吗?

拨动希望的心弦

西谛先生主编《小说月报》,每期卷首必刊载、介绍美术作品数幅。其中主要是西洋名画,总数有数百幅之多。如著名的 J. Aubèrt, J. Henner, C. E. Jacque, C. V. Bodenhausen, A. Schmidt, A. Moore, W. A. Boeguereau 等人的作品,其中有的画家还介绍过多次。西谛先生在发表这些西洋名画时,常常还写有简洁的说明文字,介绍画家的生平、艺术特色,以及该画今藏于何处等等。

1924年2月号该刊上,刊载了英国著名画家瓦支的名作《希望》,西谛先生写了极为精练和深刻的说明:"G. F. Watts（1817—1904）为英国维多利亚时代大画家之一。他是一个哲学的艺术家,批评家称之为'传道师的画家'。这幅美丽的寓意画《希望》,是他的杰作之一,希望扎盲了目坐在地球上,在世界的朦胧的微光中,手里捧着琴,努力要从仅余的最后的一条琴弦上,弹奏出一切的乐音。"

值得提到的是,这幅《希望》画也曾经是鲁迅先生所非常喜欢的。1906年,瓦支逝世后不久,留学日本的鲁迅中止了学医,开始从事文学活动。他与许寿裳、周作人等商议编辑创办一本名为《新生》的杂志。据周作人后来回忆,当时鲁迅便从英国出版的瓦支画集中选了这幅《希望》,准备用作封面。可惜,杂志后来没有办成。关于这幅画与鲁迅当时的思想的关系,日本学者藤井省三、奈良和夫等先生和中国不少研究者都曾作过详细的分析。这幅画中的希望女神双目失明坐在地球上,所拨琴弦只剩最后一根,地球则飘渺于太空之中,这一切象征着人类的命运是很艰险的,希望尚在朦胧之中;但女神全神贯注地倾听着希望之弦的身姿,无论如何是美丽动人的。这与鲁迅当年希望通过文艺来使国家民族新生的思想,有着内在的联系。1920年代初,鲁迅在《故乡》《野草》等作品中,又反复写到了"希望"的主题。而这时,西谛先生则在刊物上刊登、介绍了这幅画,这不是偶然的巧合吧? 我认为这可以看作他与鲁迅先生的心弦的共振。

爱伟大的反抗者

还有一幅西谛先生在《小说月报》上登载过的外国名画,也是鲁迅青年时代十分喜欢的。那就是拜伦的一幅肖像画。1924 年 4 月 19 日,是英国大诗人乔治·戈登·拜伦（G. G. Byron）逝世百周年纪念日。为了纪念他,西谛先生将《小说月报》4 月号办成了"拜伦专号"。在这一期的卷头语中,西谛先生说:"我们爱天才的作家,尤其爱伟大的反抗者。所以我们之赞颂拜伦,不仅仅赞颂他的超卓的天才而已。他的反抗的热情的行为,其足以使我们感动实较他的诗歌为尤甚。他实是一个近代极伟大的反抗者! 反抗压迫自由的恶魔,反抗一切虚伪的假道德的社会。"在这期刊物的封面、卷首及扉页上,西谛先生一共刊载了五幅外国画家创作的拜伦肖像画。其中尤以卷首所载英国画家菲力普斯（T. Phillips）的《为希腊军司令时的拜伦》,最引人注目。

这幅画描写的是拜伦短暂的一生中最光彩照人的时刻。他头裹花布巾,怀揣兵器,胡须上翘,双目炯然,焕发着为援助希腊独立而义无反顾的反抗精神。画面的色调、光线,都极为庄重、严肃。1925 年,鲁迅在《杂忆》一文中,便特地提到了这幅画:"有人说 G. Byron 的诗多为青年所爱读,我觉得这话很有几分真。就自己而论,也还记得怎样读了他的诗而心神俱旺;尤其是看见他那花布裹头,去助希腊独立时候的肖像。这像,去年才从《小说月报》传入中国了。"可见,鲁迅对西谛将这幅画最早介绍进中国,是非常欣慰的。

后来,西谛先生又将这幅拜伦像收入他撰著的《文学大纲》一书中。值得指出的是,西谛先生所著的书中,大多数都附有美丽珍贵的插图。他最有名的《插图本中国文学史》,所收均是中国古画与木刻等;而这部《文学大纲》,则除了中国古代木刻等以外,主要收入了数百幅世界名画,以致当时的读者誉之为"一部关于文学的古今中外名画集"。

"悲鸿君新自欧归"

西谛先生不仅在所编刊物上大力介绍国外名画家,同时也很注意介绍中国画家。尤其对年轻有为的画家,他总是大力宣传、扶助。例如,陈抱一、陈之佛二位,都是 1920 年代初刚刚从日本学画归来的,西谛先生便在《小说月报》上连续发表他们的作品,或请他们画封面,向国人介绍他们的艺术成就。

徐悲鸿比西谛先生长三岁,出身也很贫寒。他在 1919 年赴法国巴黎学画,1923 年考入巴黎国立美术学校。在巴黎留学时,他的生活十分困难,但还常常省吃俭用购买外国名画。约 1925 年底,徐先生在巴黎一家画店见到当时法国著名画家,也是他的老师达仰的一幅油画《哈姆雷特》,画店老板标了巨款高价。徐先生一心要买下来,到处奔波筹款。这时,恰有一位旅居新加坡的华侨黄孟圭在巴黎倦游思归,他器重徐先生的才华,听说筹款之事后,便劝徐先生去新加坡卖画。徐先生果然去了新加坡,如愿以偿地用卖画筹的款汇回巴黎,购得了那幅达仰油画。但他没有即刻返回巴黎,他系念着阔别六年的祖国,便于 1926 年春从新加坡匆匆回到上海。

这时,徐先生虽然在绘画艺术上已颇有造诣,但国内文化界对他却几乎还是一无所闻的。他在上海停留三个月后又回了巴黎。这期间,他认识了西谛先生。在 1926 年 6 月的《小说月报》上,西谛先生发表了徐悲鸿的油画《狮》,并作题记:"悲鸿君新自欧归,所作工力沉着,承示名作数幅,兹先刊此幅,以介绍于国人。"这幅画中的狮子威武雄壮,充满凛然气势,令人留下深刻印象。后来，1928 年 3 月的《小说月报》上还曾发表过他的油画《青春》，不过，那时西谛先生自己也去法、英诸国游学了，发表它的当是代理该刊主编的叶圣陶先生，但不排除也是西谛先生推荐的可能性。

带到那诗的仙境

著名漫画家丰子恺先生，更受到西谛先生一手提携。丰先生的第一本画集《子恺漫画》便是由西谛先生于 1925 年 11 月编选、作序，并收入他主编的《文学周报社丛书》中，作为该丛书的第一本书出版的。

据西谛先生自述，他是先与丰先生的画相识，然后才与其人相识。"第一次的见面，是在《我们的七月》上，他的一幅漫画《人散后，一钩新月天如水》，立即引起我的注意。"这幅画以疏朗的墨笔，画着一道卷上的芦帘，一个放在廊边的小桌，桌上是一把壶，几个杯，天上是一钩弯月，极耐人寻味。虽然，丰先生画的其实是"残月"，说它是"新月"是违反了科学常识的，但人们沉浸于画的美感享受之中，从来无人指出过这一点，因为这在艺术面前是不足道的。正如西谛先生说的："我的情思却被他带到一个诗的仙境，我的心上感到一种说不出的美感，这时所得的印象，较之我读那首《千秋岁》（谢无逸作，咏夏景）为尤深。"此后，西谛先生在主编《文学周报》时，便不断地托友人向丰先生要漫画作品作插图，每一次都使他感到一种新鲜的趣味，并惊喜于画家的写实手段的高超。他两人第一次见面后不久，西谛先生便给画家写信，提出要为他选编一本画集。一个星期天，西谛先生与叶圣陶、胡愈之三人一同去江湾丰先生住处选画，丰先生将所绘漫画一幅幅立在玻璃窗格上和摆在桌上，好像开一个展览会。西谛先生赞不绝口，认为几乎全是佳作，他后来说："我不曾见过比这个更有趣的一个展览会。当我坐火车回家时，手里挟着一大捆的子恺的漫画，心里感着一种新鲜的如占领了一大块新地般的愉悦。"西谛先生亲自将该画册取名为《子恺漫画》。该书问世后，丰先生的名字在国内几乎家喻户晓，"漫画"一词也从此广为我国读者所知，丰先生在美术界的地位也从此奠定了。

木刻史一大纪念

在中国现代木刻画史上，贡献最大的，除了鲁迅以外当推西谛先生，而在对中国古代木刻的整理研究方面,西谛先生应算是第一人。

西谛先生在1920年代初开始研究中国古代小说、戏曲时,便留意刻本的插图,后更推及于画谱笺谱及他书之有插图者。1927年1月,他便发表过长篇论文《插图之话》,文中附录了许多木刻画。这不仅是我国现代研究中外书籍插图最早的论文,而且文中也最早论述了中国木刻的发展。他的这一爱好渐渐地被更多的朋友知道了。1931年6月9日,鲁迅、日本友人增田涉、冯雪峰、蒋径三等先生便特地到西谛先生家观赏他所收藏的明清版书籍插图(见鲁迅日记)。由于鲁迅与他在这方面有共同的兴趣,西谛先生又将有木刻画的《百华诗笺谱》送给鲁迅。这年9月,西谛先生去北平工作后,更注意搜集古代木刻,曾在法源寺购得"佛脏"中古刻本佛、道二百多种,其大多有插图。这更激励他整理与研究中国古代木刻史了。

1932年底,西谛先生的名著《插图本中国文学史》开始出版。这部书除文字内容十分精彩外,更以插图丰富著称,其中包括不少古代木刻画。1933年2月,鲁迅收到西谛先生寄赠的该书后,十分高兴,在回信中除了表示感谢外,便正式向他提议合作编选一本北平笺谱,认为"不独为文房清玩,亦中国木刻史上之一大纪念耳。"西谛先生立即高兴地接受了这一提议。

这以后,西谛、鲁迅二先生为编选《北平笺谱》来往通过几十封信,西谛先生还专门南下数次。这是一次极成功的最高水平的合作,两人的大体分工是,西谛先生主要负责在北平访笺、购笺、联系刻印装订等,鲁迅先生主要负责挑选、编目、设计款式等,在具体决定选目、印工、纸张、款式、装订等问题时,鲁迅先生都是十分尊重西谛先生的意见的。两位先生足足忙了一年,终于在1933年12月完成这一"中国木刻史上断代之唯一之丰碑"(鲁迅语)。

《北平笺谱》初版仅印百部,由鲁迅、西谛亲自编号并钤印。共收木刻水印笺纸三百余幅,分装成六大册,封面由沈兼士先生题签。前有鲁迅、西谛两先生各撰序文一篇,末附西谛先生所写《访笺杂记》一文。因大受欢迎,第二年又再印百部。这本极其精美的《北平笺谱》现已很难找见,成为珍贵文物了。

《北平笺谱》编成后,西谛先生又鼓余勇,与鲁迅合作翻印明版彩色木刻集《十竹斋笺谱》。可惜,因为种种客观原因,这四大册的笺谱复制工作在鲁迅先生生前只完成出版了第一册。但西谛先生不畏艰难,后来终于在1941年将这部精美的笺谱出全了。

(1989)

附注:本文原拟续写下去,但因发表的刊物不发稿费,因而中辍。

郑振铎为程及画集写序（外二篇）

两三年前，曾在报上读到一则新闻：旅居美国五十余载，唯一一位入选美国国家艺术院院士的华裔著名画家程及先生，在上海交通大学建校 102 周年之际，向该校捐赠了五十万美元，供在交大闵行新校区建造一所美术馆。而"程及美术馆"五个大字，是由江泽民同志亲笔题写的。现在，该美术馆想必已经造好了，只可惜我还没有机会去参观。

程及先生现在的社会地位很高。他的艺术创作蜚声国际画坛，据说被称为世界十大名画家之一。他的画册前些年好像也曾在国内出版过，售价之高令我辈读书青年无法购置。但我还曾见到过他自费印行的第一本画册，那就更值得珍视了。

那本题为《程及水彩画集》的书，开本远没有现在出版的著名画家的集子那么大，装帧也很朴素。然而打开后第一页，就是著名文学家、学者郑振铎先生的一篇序。画册是 1946 年 3 月出版的，然而郑先生的序则写于 1941 年 10 月 1 日。

原来，在抗战初上海"孤岛"时期，郑先生在中共地下党领导的"上海社会科学讲学所"任教，培养爱国青年和救亡运动积极分子。当时程及是一个有职业的青年，业余也到"讲学所"学习，并努力于绘画。郑先生对他慰勉有加，后来还鼓励他编印画集。1941 年 10 月，郑先生正全力以赴地在秘密从事抢救民族文献的神圣工作。其紧张的程度，请参阅拙著《郑振铎年谱》即可知晓。但即使在这时，他仍为程及的画集写了序言，高度肯定了程及"独有远见特识，不避艰苦"的献身艺术精神，和真实反映"上海社会的众生相"的现实主义精神。郑先生的序写好不久，上海"孤岛"便沦陷于日寇，画册也就无法印行；抗战一胜利，郑先生又将序文发表于 1945 年 12 月的《新文化》杂志上，并帮助程及于 1946 年 3 月出版了这本画册。不久，程及便携带画册出国深造和发展了。

程及在"讲学所"时的老同学（当年的学生党员）方行同志在生前的一篇文章中写道："郑先生……以著名的学者而为一个业余画家的画集作序，

是对程及的莫大鼓励,这对于他的日后成就,具有决定性的意义。""近年他多次回国观光,在言谈之间,常常怀念郑先生当年对他的教导。"

我想,在交大的程及美术馆的有关说明文字中,不知是否提到了这一点? 如果只是颂赞千里马的神骏,而忘了伯乐的睿智,那是不妥当的。

（2001）

郑振铎为司徒乔评画

已故著名老画家司徒乔的名字,很多人都是知道的。而不少人知道他的名字,首先就是因为读了鲁迅先生在 1928 年写的《看司徒乔君的画》。

鲁迅的这篇文章中,生动地描写了司徒"他不管功课,不寻导师,以他自己的力,终日在画古庙,土山,破屋,穷人,乞丐……"鲁迅指出:"凡这些,都在表示人们对于天然并不降服,还在争斗。"鲁迅说自己"看爱","因为由此可见这抱着明丽之心的作者,怎样为人和天然的苦斗的古战场所惊,而自己也参加了战斗。"

那是青年时期的司徒乔。他是幸运的。由于鲁迅的亲切指导和这篇看画文的推奖,他进步很快,并赢得了很大的知名度。

中年的司徒乔,同他的祖国一道,历尽了战乱和苦难。但他一直没有放下画笔。抗战胜利后,他回到上海,又幸运地得到了另一位文坛巨匠郑振铎先生为他的画写的文章。题目与鲁迅的非常的相似:《看司徒乔难民图》。作于 1946 年 6 月 4 日。

郑先生与司徒乔这时相别已有八九个年头了。抗战时期,郑先生一直坚守在上海,主要是为了抢救和保卫民族文献、珍贵古籍;而司徒乔则颠沛流离于粤、桂、湘、鄂、豫五省,更广泛深入地接触了底层劳动人民,深切地感受了日本帝国主义给中国人民带来的深重灾难。他一路走,一路画,共画了七十多幅难民图。一天,他携带其中十几幅便于携带的画给郑振铎看。郑振铎看了深受感动,鼓动他举办画展,并在百忙中写了这篇文章,后发表于上海《大公报》上。

郑先生此时极忙,他正奋不顾身地投入反对国民党的爱国民主运动中。他在这篇文章中评司徒的画:"是人间的地狱,是地狱的人间。且让在朝的诸公,家里雇用着七八种厨司的诸公,看看有动于衷否。""我在做梦,几场的噩梦。内战(按,指国民党当时发动的反人民的内战)再打下去,我们也便是他们(按,指司徒画中的难民),他们便是我们的一面镜子。"

十八年前，鲁迅指出司徒乔当时的画，主要描写的是人和自然的斗争；十八年后，郑振铎指出司徒乔这时的画，主要描写的是中国人民与侵略者、反动派的斗争。而郑振铎像鲁迅一样，在评司徒乔的画时，实际"自己也参加了战斗"。

司徒乔的这些画，早已成为中国近代美术史上的经典作品了；而鲁迅与郑振铎的这两篇文章，当然也是不朽的。

（2001）

弥天梅雨湿春衫

郑振铎先生曾回忆，其少年时代"方解平仄，乃亦喜赋咏物小词。随作随弃，也不复存稿。"然而，当他成了"新文学家"后，就似乎再也不染指旧体诗词了。

我一直"顽固"地认为，"五四"后旧体诗写得好的，其实还得数一些新文学作家；而新文学作家如果不会写旧体诗的，也成不了真正的大作家。因此，看不到郑振铎的旧体诗，实在是一大遗憾。然而，这一遗憾，如今可以消除一二了。因为，我终于找到了一首郑先生的旧体诗。

2000 年年末的一天，我参观上海宝山的淞沪抗战纪念馆。在该馆的陈列大厅里，专门辟有"张明曹抗战木刻画展览"。在木刻展的说明文字中，提到这位已故木刻家也是一位著名的国画家，郑振铎先生曾为他的画题过诗。此事我前所未闻。回家后赶紧打电话问郑先生哲嗣尔康老师，他也全不知晓。于是，我便给张先生女儿张迪平写信问询。

张迪平女史告诉我，她父亲比郑振铎年轻十几岁，从小对这位乡梓前辈（郑先生祖籍福建长乐，出生在温州）十分崇敬。1948 年夏来上海举办画展，曾请郑先生品题。郑先生欣然为他的一幅《飞瀑图》题了一首七绝，原画今不知下落，诗则曾经在报上发表，今存剪报。另外，郑先生还为画展题写了"温州第一笔"几个大字，手迹也曾在报上发表过。迪平女史希望我能查找一下，旧报纸（她记得似乎是《新民晚报》），随信并寄来了郑诗的剪报复印件。诗是这样的：

题张明曹飞瀑图

俯然置我会仙岩，
恍听钟声出碧杉。

记倚危亭看飞瀑，

弥天梅雨湿春衫。

　　我去图书馆查了《新民晚报》，没找到发表郑先生的这首诗。但在1948年7月29日，看到有关张先生画展的消息：

　　　　画家张明曹寝馈绘事逾二十年，功力深邃，家雁荡天台间，山水薰习神与俱化，故落笔脱略恒蹊臻于神逸，造诣之深殆萃南北两宗之长，兼善写竹，得与可苏邱神髓，旁及花卉翎毛，亦各有宗法，永嘉画家自王振鹏何无咎后，代有名家，张氏直接薪传，弛誉艺苑，良非偶然，张氏近薄游沪上，应友之请，出其杰作，定七月廿九日在八仙桥青年会雪赓堂举行预展，七月三十日至八月一日在该堂展览。

　　又在8月4日该报副刊《夜光杯》上，见到施翀鹏写的《观张明曹画展》一文，其中还一字不差地引录郑振铎先生的这首题画诗：

　　　　……张君最近携带杰作百余帧，到上海来举行个展，其中山水方面很多模写浙东的名胜，雁荡、天台的风景，把一切的飞泉悬瀑，危岩绝壁，以及烟岚云霭，阴晴晦明，凡是浙东山水的特点，多在他轻松的线条，明媚的色彩，秀逸的笔墨中表现出来。诚如郑振铎先生所题(按，诗略)……不但是绘形绘色，而且是绘声绘神。这种描写的技巧，简直可和柳州的永州八记那类写景文章并读，而张君山水画的神妙，我们便在郑先生这首题画诗中证明了。

　　我没有时间再去查阅其他报刊，因为有关郑先生题画诗的背景等已经很清楚了。这首迄今唯一见到的郑先生写的七绝，十分精彩。虽然我们未曾见过张先生的画，却令我们翛然如置身画前；即使我们未曾到过温州东南的仙岩山，也会使我们仿佛身临梅雨潭侧。

　　郑先生的毛笔字也是很有特色的，他的书法作品存世也不多。我企盼张先生的这幅画能找到，不仅可以让我们好好欣赏名画和郑先生的诗和字迹，而且它本身无疑已成为一件珍贵的文物了。

(2001)

"美"中"不足"的遗憾
——对《郑振铎美术文集》的意见

最近,读到人民美术出版社出版的张蕾编的《郑振铎美术文集》,十分高兴。因为这是郑先生有关美术论文的第一次结集,意义颇为重大。即从编者所收入的郑先生文章来看,数量也已相当惊人,论述又如此全面、精当,足以使人们认识到郑先生作为中国美术史理论家的重要地位了。而这一点恰为以前论者所极少提到。本书编者付出了不少收集资料的劳动,并在"编后记"中论述了郑先生的贡献,这些都是值得读者肯定的。

但是,如果对郑先生的著作稍有点研究的话,就会发现本书存在着不少不当之处。

一是本书的"编者按"中有不少差错。例如,书中第一篇《〈子恺漫画〉序》,编者按曰:"《子恺漫画》文学周报社出版,1926年1月初版。"实际上应是1925年12月初版。(编者自己在本书"编后记"中也说"1925年底"出版,岂非自相矛盾?)本书第二篇《〈中国版画史图录〉自序》的"编者按"中说,该图录"分六函二十四册"出版。实际上只出了五函二十册。(如果说这是编者将"图录外集"《顾氏画谱》一函四册也算入的话,倒是可以的;但"编者按"中列举的书名中却又没有《顾氏画谱》。)另外,"编者按"列举的书名中如《明清之际版画集(上)》《风俗画选集》《北平笺谱选》《万历版画集(下)》等实际上均未出版。书中所收第三篇《〈北平笺谱〉序》的"编者按"中说:"1958年12月荣宝斋再版了《北平笺谱》,许广平先生作序。"其实,许广平作序的书确是1958年出版的,但该书已被改名为《北京笺谱》了。又如《〈程及水彩画集〉序》,明明是郑先生在民国三十年(1941年)写的,书中却误为"民国二十年";《故宫博物院所藏中国历代名画集》前编上卷明明是1959年9月初版的,"编者按"中却误为"1958年初版";《〈清明上河图〉的研究》一文曾收于1958年《文物精华》第一集,而"编者按"中说:"此文原附《清明上河图》印本出版,未见书刊转载。"如此等等,均不甚准确。

本书的第二个不足,是"编后记"关于郑先生从事美术活动的记述中有不少较重大的遗漏。编者认为郑先生涉足美术活动的最早记录，是在编辑《文学周报》时发表了丰子恺的漫画。其实早在这以前，郑先生主编《儿童世界》时，就经常发表许地山的哥哥许敦谷及其他人的画了。在主编《小说月报》时，更发表了不少外国名画。1924 年，郑先生还与朋友一起影印出版过两套有外国著名文学家像的明信片，以献给"爱好文艺美术的人们"。这一年，郑先生还在《小说月报》上发表征求中国历代文学家的画像的启事。1926 年，徐悲鸿从国外归来，郑先生即选其名作《狮》发表于《小说月报》，并亲撰介绍文字，称赞他"工力沉着"。而郑先生在自己的著译中最喜欢附上插图，那更是他的一个重要特点。例如，他的《俄国文学史略》附插图五十一幅，《太戈尔传》附插图十六幅，《恋爱的故事》附插图十一幅，《希腊神话》附插图十六幅（后两书所附插图还多是外国名画）等。至于他的名著《文学大纲》与《插图本中国文学史》的插图就更多了：前者共附黑白插图六百八十三幅，彩色插图三十三幅；后者共附插图一百几十幅（解放后重版，插图调整为一百七十四幅）。关于郑先生的这些美术活动，"编后记"中一笔未提，是令人遗憾的。

最令人遗憾的则是本书所收郑先生的美术论文还远不够齐全。从书中甚至收入了鲁迅致郑振铎的有关美术的信和出版社关于《中国古代版画丛刊》的后记等来看，编者是力求做到收全收齐的，这自然也是我们读者的希望。但看来编者对郑先生一生著作不够熟悉，所以漏收的文章太多了。例如，书中收入了郑先生《中国版画史图录》的序和编例，却偏偏漏收了他写的《引用书目一斑》和各册说明；收入了《〈北平笺谱〉序》及《访笺杂记》，却偏偏漏了他为《北平笺谱》写的出版预告；收入了《〈十竹斋笺谱〉跋》和解放后写的"重印序"，却偏偏漏收了他在 1941 年写的"复刻跋"；收入了《〈麦积山石窟〉序》，却偏偏漏收了他前一年写的《炳灵寺石窟概述》；收入了郑先生为《中国古代版画丛刊》写的四则题跋，甚至还收入了出版社的"后记"，却偏偏漏收了他为该丛刊写的《总序》（发表在样本上）。如此种种，均是不易谅解的差错。此外，应收而未收的郑先生有关美术佚文还有不少，例如：《插图之话》《明刊徽派的版画》《关于版画》《谭中国的版画》《关于〈太平山水诗画〉》《〈顾氏画谱〉跋》《看司徒乔难民图》《〈看俑录〉序》《苏联的版画》《韫辉斋藏唐宋以来名画集序录》《写在〈西域画〉之后》《论古西域画》《征求合资影印〈域外所藏中国古画集〉启事》《敦煌文物展览的意义》《〈敦煌文物展览特刊〉前言》《韩熙载夜宴图》《〈中国古代木刻画选集〉序》《〈陕西省出土唐俑选集〉序》《永宫乐壁画》（按：书中已收有同名文章一篇）《"最新、最美"的画和诗》等等。最后，近年出版的郑先生的《中国木刻史略》以及致刘哲民先生信中有关美术的片段等,也应该收入。除此以外,据笔者所知郑先生尚有一些关于美术的未刊稿及致友人信,还有待于发掘与整理。

出版郑振铎的美术文集,是为了全面整理、继承这一笔珍贵遗产,同时也是为了全面反映郑振铎的美术思想。这一点,我相信编者是和读者完全一致的。因此,本文从求全责备的立场出发,提出以上意见,以明"美"中之"不足",当不以为忤。而且前另有几本已经编辑出版的已故作家的美术论文集,其错漏更远甚于此书,连"美"都似乎谈不上。笔者痛感现在读书界缺少认真、严肃、实在的书评,倒是常能见到一些吹捧、浮夸、搔不到痒处的书评,而这对作者或编者是并无好处的。有鉴于此,笔者写了这样一篇东西。

(1986)

唯大时代乃产生大著作

——郑振铎先生的最后一部奇书

《中国古代木刻画史略》是郑振铎西谛先生呕心沥血撰著的一生中最后一部开拓性的学术专著。这部书在西谛先生为国牺牲近半个世纪后的今天,首次以单行本形式正式出版,有着十分重大的意义!西谛先生哲嗣郑尔康老师和上海书店出版社总编辑金良年兄,让我在书前写一篇导读文章,我深感这是一项非常光荣的任务。惶恐的是自己对中国木刻画(版画)史缺少研究。不过我一直研究西谛先生,熟悉他以毕生精力搜集、保护、编印、研究中国木刻版画的动人事迹,探考过他多年反复构思、几度因故搁置、然而锲而不舍、最后百忙中卒底于成的艰辛经历,还知道此书原稿在他身后长期湮佚而终于复现的曲折故事,以及书稿发表后在国内外美术界、学术界、出版界所引起的巨大轰动等。我想,我主要就来写写这些"掌故",当能对读者有所帮助。(记得当年鲁迅先生给西谛先生的信中,夸奖西谛为他俩合作编印的《北平笺谱》作的序写得好,就说是"内函掌故不少"。)读者如果了解了此书凝聚着的那么多生动、丰富的"掌故",更不用说此书本身博大精深、填补空白的学术价值,就一定会觉得它是一部真正的奇书!

一

这部书,代表着西谛的一生爱好,也寄托着鲁迅的殷切期望。

事情得从头说起。西谛少年时代,就因喜读旧小说,从而爱看小说书前的"绣像"。1920年代初,他到上海商务印书馆工作后,开始研究中国古代小说、戏曲,便留意于刻本之插图。有一天,他在旧书店看到了有"全图"的《笠翁十种曲》《浣纱记》《红梅记》《焚香记》等书,不禁怦然心动,然因书价高而犹豫再三,最后终于咬咬牙买下。这些便成了他的版画宝库里最早的宝贝。后来便越收越多。当时,他不知道鲁迅也对木刻画深有兴趣,只是孤独地做着这无人顾及的工作。

1924 年起,他撰著的《文学大纲》在《小说月报》上连载发表,其中中国文学部分附印了很多古代版画,颇受读者欢迎。1925 年 4 月,他写信向鲁迅请教小说史方面的问题,鲁迅回信并寄赠了明刊插图的《西湖二集》六本。西谛为之狂喜。鲁迅逝世后,西谛写的《永在的温情》回忆文中便写到此事;在他的这部《中国古代木刻画史略》的注释中,又不忘写上了一笔。当时,商务印书馆同事周越然也开始买带版画的古书了,他们便常常交换着鉴赏,视界因以渐广。未久,吴梅先生编印《奢摩他室曲丛》时,以所藏明版曲书移庋商务印书馆的涵芬楼。西谛因此一时获睹很多带版画的珍籍,眼界更为之大开。他撰写一篇长文《插图之话》,发表于 1927 年 1 月《小说月报》上,文中附印了不少版画。这不仅是我国近代研究中外书籍插图的最早的论文,而且文中也最早论述了中国木刻画的历史。

从这时起,他就暗暗立志,要为中国版画编一选集,并进而修一专史。自此他对版画书有见必收,而且还专门带了摄影师,到周越然、吴梅等人家中遍阅所藏版画书,并摄照。他的这一浓烈的爱好和当时已成国内第一的版画收藏,开始在文艺界广为人知。1931 年 6 月 9 日,鲁迅便由冯雪峰、蒋径三陪同,并带日本青年增田涉,兴致勃勃地"往西谛寓,看明清版插画"。

这是鲁迅日记中所记第一次上西谛家作客。27 日,西谛又托同事蒋径三带给鲁迅一盒印有彩色版画的信笺及一盒信封。7 月 23 日,他又寄赠鲁迅一部《百华诗笺谱》,鲁迅即复信道谢。这部笺谱是 1911 年天津文美斋木刻彩色套印的。(其实从鲁迅"书账"中可知,早在 1912 年 4 月 29 日鲁迅就已购买过了。)

这时,西谛还认识了几位热爱版画的朋友。其中就有在北平图书馆工作的赵万里,和在北平各大学任教的马廉。1931 年 8 月,赵万里来上海访书,西谛便同他一起去宁波访问回乡度假的马廉。在宁波,他们拜访了不少藏书家,也见到了不少版画书。一天,马廉拿出了一个抄本《歙中绣刻图画名手录》,所记乃是明代徽派木刻家的姓氏、谱系,并说:此录创自陈大镫;北平通县王孝慈得之,作了增补;马廉从王孝慈处抄来,又作了增补。西谛一看,高兴得几乎跳起来。因为他虽然注意于版画的刻工,但因缺乏史料,不曾作系统的研究。而且,他发现马廉以前到他家看书时所见的几个刻工姓氏,均已补入其中了。他为马廉的勤奋与细心而佩服。他和赵万里便连夜各自抄录了一份。后来他又作了若干增补。那几天夜里,他们睡在马廉老家的西厢房,老屋屋顶作半穹形,他觉得很像明代版画中的样子,便笑着说:"我们成了王伯良校注《西厢记》的版画中人物了!"

这次宁波之行，西谛终生难忘。他后来在《中国古代木刻画选集序》中还提到当时抄写的那本姓氏录，提到陈大镫、王孝慈、马廉等人，并说："这当是中国木刻画史的'椎轮'，我当时曾传抄一部，也补充了若干则，便是这部《史略》的初步基础。我应该在这里向他们表示敬意和谢意，他们一生酷嗜古代的木刻画，搜集了不少资料，虽不曾留下什么著作，其创始之功是应该加以记录的。"

宁波回来后不久，西谛离开上海到北平工作。北平市里有一个最古老的名刹法源寺，其佛像最晚的已是明代前期所塑。这些塑像背后都有一个方孔，当初塑造时或后来重修时，曾把经卷、历本等文书投入方孔，以祈福佑，或记年月。人称这为"佛脏"。"九一八"事变后，寺僧生活困难，便开始掏佛脏中的经卷等，偷出去卖钱。一旦被识货的书商发现，便互相勾结，大量盗卖散失。而越掏越深，越在底下的文书，年代越久，价值越高。正在这关键时刻，被西谛知道了，赶紧不惜代价抢救保存。他购得古刻本佛、道书二百多种，其时代从宋元到明嘉靖都有。最令他欣喜的是，其中多有木刻画，正好填补明代嘉靖以前中国版画史的一段空白。从此他更认真地考虑要编一部反映中国版画历史全貌的大书了。

可是，连西谛自己也没想到，他最先编印的版画，却是时代最近的笺谱。那是鲁迅提议的。而鲁迅的建议却又是因为西谛的赠书而引起的。1933年2月3日，鲁迅收到西谛的新著《插图本中国文学史》前三册，对书中印入版画插图十分欣赏，加上以前西谛曾赠送过笺谱，终于引发鲁迅向他提出一个考虑多时的计划。5日，鲁迅写信致谢，并正式提出一个建议："去年冬季回北平，在留黎厂得了一点笺纸，觉得画家和刻印之法，已比《文美斋笺谱》时代更佳，但此事恐不久也将消沉了。因思倘有人自备佳纸，向各纸铺对于各派择优各印数十至一百幅，纸为书叶形，彩色亦须更加浓厚，上加序目，订成一书，或先约同人，或成后售之好事，实不独文房清玩，亦中国木刻史上之一大纪念耳。"鲁迅殷切地询问："不知先生有意于此否？"鲁迅提到的《文美斋笺谱》，正是一年半前西谛赠送的《百华诗笺谱》。

鲁迅的建议，句句说在西谛的心坎上。后来，1934年1月，终于诞生了一部鲁迅、西谛合编的《北平笺谱》。当时二位先生反复商量研究，历尽曲折和辛苦，甚至遭周作人之流的嘲讽，其中故事亦复不少。由于此书知者较多，这里就不详写了。鲁迅高度肯定西谛的苦干精神，并认为这是"草创"的工作。鲁迅在《北平笺谱序》中说："此虽短书，所识者小，而一时一地，绘画刻镂盛衰之事，颇寓于中；纵非中国木刻史之丰碑，庶几小品艺术之旧苑；亦将为后之览古者所偶涉欤。"鲁迅在提议信和这篇序中，多次提到"中国木刻史",是意味极为深长的。

在《北平笺谱》刚刚印好的时候,西谛又向鲁迅提议重刻《十竹斋笺谱》。该笺谱是明末刻印的,正值中国古代木刻艺术最鼎盛时期;又由于明清之际大乱,经过三百年,此书已极为罕见。西谛多年访求,当时仅知有三部。一为天津陶湘所藏,待他写信去问,则已卖给日本某书店;等他再去信日本,对方却推说已卖出。又一部为上海狄楚青所藏,则秘不示人。还有一部即北平通县王孝慈所藏,西谛通过赵万里把它借来,即请荣宝斋翻刻重印。

西谛雄心勃勃,还想不止复活这一部版画书,而且要进一步编印成系列的《版画丛刊》。这点更获鲁迅赞许,称为"尤为佳事"。后来《十竹斋笺谱》第一册印成,封面即标明为《版画丛刊》之一。鲁迅并从实际出发,建议有的古版画可以不采用费时费钱的复刻,而用珂罗版石印。这一条西谛当时就采纳了。鲁迅逝世后,西谛二十多年继续编印版画,也是这样做的。在复刻《十竹斋笺谱》的同时,西谛又请珂罗版印刷厂试印了若干版画样张,并寄给鲁迅看,鲁迅认为"印刷甚好",同时指出:"有图无说,非专心版本者莫名其妙,详细之解说,万不可缺也。"这实际上正可看作是鲁迅殷切希望西谛撰写一部"万不可缺"的中国版画史。

重印《十竹斋笺谱》与《北平笺谱》有两点不同。一是此次乃由西谛提议,鲁迅赞助;二是不只是重印,而首先得重刻,不仅费用高得多,而且刻印的店铺仅荣宝斋一家,所以进度很慢。第二册付刻后,工未及半,日军侵略,燕云变色。不久,西谛又被迫辞去在北平的教职,又困于资金,复刻工作几至中辍。第二册未完工,鲁迅已不幸逝世。未久,王孝慈也逝世。又未久,抗日战争全面爆发,这一工作便停顿。该书最后一册复刻印成,要一直到 1941 年 11 月(列入西谛主编的《中国版画史图录》中),才合为完璧。

二

鲁迅逝世翌年,故都沦陷,上海成为"孤岛",硝烟翻滚,复刻古代版画之事当然无从提起,即使珂罗版摄照石印的工作也进行不下去了。但是,鲁迅的遗愿和嘱托,保卫文化遗产的责任,西谛一刻也没有忘怀。这主要体现在以下两点上。

第一,他在上海,在日寇劫火中,继续拼一己之力,尽量抢救、保全有关古代木刻史料。

明代遗民陈老莲、萧尺木两家绘《离骚图》,他早就有了罗振常复印本,甚至还曾不惜高价买过萧氏绘初印本(残缺),并以武进陶氏摹本配齐。但当他在"孤岛"上海见到因战火而流散出的萧氏《离骚图》初印全本时,虽在朝不保夕的景况下,仍毅然购之。他在《劫中得书记》中写道:"访求近十五年始得其全,一书之难得盖如此,诚非彼有力之徒,得之轻易,而惟资饰架者所能知其甘苦也。"

一次,西谛听说一位他不认识的张尧伦先生近收得一部萧尺木绘《太平山水图画》(此书他在十多年前就曾在旧书店见过,可惜当时已被日本人买走),于是便托人向张先生求借。借来后,见木刻"图凡四十三幅,无一幅不具深远之趣。或萧疏如云林,或谨严如小李将军;如繁花怒放,大道骋骑;或浪卷云舒,烟霭渺渺;或田园历历如毡纹,山峰耸叠似岛屿;或作危岩惊险之势,或写乡野恬静之态。大抵诸家山水画作风,无不毕于斯,可谓集大成之作已!"(《劫中得书记》)他拍案惊奇,赞叹不已,又力恳张尧伦允许他摄照翻印。张尧伦有感于西谛这般"痴情",慨然同意用西谛收藏的几部太平天国方面的书作为交换。西谛大喜过望,在《劫中得书记》中写道:"于是此'版画'绝作,遂归于余。十载相思,得遂初愿,喜慰何已! 而尧伦割爱相贻之情,亦'衷心藏之无日忘之'也!"

西谛当时不顾一切地买了很多书,如明版徐光启《农政全书》、杨尔曾《海内奇观》、金忠《瑞世良英》等,除了因为这些书本身内容的价值外,也是与它们的木刻图有关的。这些木刻画,他后来都写进了《中国古代木刻画史略》,还曾将它们选入《中国版画史图录》等书中。像《太平山水图画》,他当时还专门写了文章,又因其几乎幅幅皆精,不忍舍去一幅,竟全收于《中国版画史图录》。

最可一提的是,在那样不幸的艰苦的年头,由于西谛先生精诚所至,竟然奇迹般地得到了他一生版画收藏中最大的收获——一年内获得中国木刻画史上两部"伟著"! 他在《劫中得书续记》中说:"余收集版画书二十年,于梦寐中所不能忘者惟彩色本程君房《墨苑》、胡曰从《十竹斋笺谱》及初印本《十竹斋画谱》等三伟著耳。"《程氏墨苑》,明万历彩印本,原藏天津陶湘处,为海内孤本。当年鲁迅就一直感叹未能见过。西谛曾携张元济老先生亲笔介绍信前往天津,才得以目睹,并抄下目录。他当时再三叮嘱陶湘:"此书决不可卖!"抗战爆发,陶湘避居沪上,生活困难,靠鬻书以活。西谛也因生活所迫,刚将自己一批戏曲藏书让归某图书馆,囊有余金,便急向陶湘买下此书。他在《劫中得书记》中说:"此'国宝'也!""书至之日,灿灿有光,矜贵之极。曾集同好数人展玩至夕。"他在《劫中得书续记》中又说:"十载相思,一且如愿以酬,喜慰之至,至于数夕不能安寝。"

《十竹斋笺谱》,前已说过,西谛曾向北平王孝慈借来翻刻。刻成第一卷后,鲁迅与王孝慈相继亡故,西谛继续与王氏后人相商续借续刻。可是王家此时极窘迫,不能不售书以谋葬事。这部笺谱后来卖给了北平图书馆。当时西谛还曾托北平友人传话表示欲买,其实也不过是说说而已,因为当时他根本没有这笔钱。所幸此书终归国库,北图负责人是西谛的朋友,慨允借用。但他从未奢望过自己能收得此书。不料在这兵荒马乱的年头,有书贾竟从淮城一带购得一部,特地送到他家里,于是他倾囊购之,并在《劫中得书续记》中悲喜交加地写道:"生平书运之佳,殆无逾于此二年者。虽困于危城劫火之中,亦不禁为一展颜也。"他还写道:"一灯如豆,万籁俱寂,深夜披卷,快慰无极!复逐页持以与余翻刻本对读,于翻刻本之摹拟入神处,亦复自感此番翻刻之功不为浪掷也。"这种激动、自豪的心情,一般人又如何能体会得到呢。

至于初印本《十竹斋画谱》,西谛也有收藏。值得大书一笔的是,这些"国宝",在西谛牺牲后,都已按照他生前意愿捐献给了国家图书馆。而且,今知西谛所捐《程氏墨苑》共有四部,《十竹斋笺谱》共有三部,《十竹斋画谱》共有四部(另还有清刊本一部)之多。可知西谛后来仍有见必收。他的这种爱护国宝的精神是何等感人啊!

第二,在上海"孤岛"后期最紧张、艰苦的时候,西谛开始撰写《中国版画史》,并编印出版多卷《中国版画史图录》。

据当年上海良友复兴图书公司编辑赵家璧回忆,1939 年夏,西谛约他去家里商谈有关出版《中国版画史》的事。原来,自与鲁迅合作计划编印《版画丛刊》以来,西谛一直在默默地断断续续地做这方面的工作,有关木刻图他也已投资印好不少。现在,他打算把这部精心设计、计划共二十四卷的巨著,交给良友公司在二三年内出版。其中四卷为《中国版画史》,二十卷为图录。西谛曾经给过良友公司巨大帮助,而且他这次自己承担印刷装订等费用,加上他反复强调了此书的重大价值,良友便答应给予合作。

1940 年 1 月号《良友画报》上,西谛发表了《谭中国的版画》长文,并附木刻二十余幅,作为对读者的首次声明。文末说"我二十几年来,专意搜集我国版画,所得附插版画之图籍在三千种以上。所见所得单幅之年画亦不下二千幅。有见必收,有闻必录,在各公私图书馆及各收藏家所摄得之版画影片亦盈数箧。近发愤聚集所得之材料,编为《中国版画史》四册,《中国版画史图录》二十册,交上海良友复兴图书公司经售,或足一雪世人忽视我国版画之耻罢。"

西谛还为良友公司用中英文编了一本《中国版画史样本》，印出供预购者参考。据样本介绍，西谛计划分写唐宋元版画史、明初版画史、徽派版画史、近代版画史等，共约三十万字，编成四册，作为这部巨书的正文。"正文部分，考释源流，钩稽史实，创写传记，评骘图型，在在皆第一次见之文字者。积稿数尺，用力甚勤。"他还谦虚地说："或有未谛，恕其草创。"样本还载西谛1940年1月7日所作《中国版画史自序》，用精炼的语句概述了整个中国古代木刻画史，并说："世事瞬息万变，及今不为纂辑，则并二十余年来所见搜集者或将荡为轻烟，虽百身何赎乎？因悍然不顾其疏漏，先就所已得者，次第刊印行世，或有以际斯沧海横流，狐兔群行村落中，救死不遑，匡时为急，而乃荒时废业以务此不急无补之作见讥者。余惟尺有所短，寸有所长。书生报国，毛锥同于戈戟。民族精神之寄托，唯在文化艺术之发扬。历劫不磨，文事精进，乃可卜民族前途之伟大光荣。"他提到了古希腊的埃斯库罗斯、意大利的但丁、德国的歌德和席勒，还有中国的司马迁和章太炎，说明他们的著作"胥写于辛劳忧勤之中"。"唯大时代乃产生大著作。我民族光荣之建设，正息息在牺牲与奋斗中迈进。余之兹书，或亦不贤识小之所贡于我民族者乎？"这些话，把撰著这部书的伟大意义阐述得透彻无比。

图录前几辑，由于早已印好，经装订成帙，编成四卷（册），就装入丝织锦缎套函，发售给预约者。原计划每隔四月出一辑（函），估计两年就出齐，包括文字部分的一函四册。但当时西谛精力所限，只能先忙于编印图录，加上"孤岛"形势所迫，实在无法关起门来专心写史；而且，几乎在他刚向读者声明写版画史的同时，1940年1月19日，他又与张咏霓、何柏丞、张元济等先生秘密成立了一个"文献保存同志会"，开始为国家在战火中大规模抢救珍本古籍。这是更加迫在眉睫、更加重要的工作，西谛为之付出了难以想象的巨大心血。因此，《中国版画史》在"孤岛"时期也就一直没能写成。而图录部分，从1940年5月至1941年12月8日上海"孤岛"沦陷、良友遭日军查封为止，共陆续出版了四函十六册。直到抗战胜利后，西谛又请上海出版公司印行了四册一函，总算把图录部分作个结束，以不愧对预订者。真是用心良苦！但是那部西谛打了无数腹稿，而且数次开笔又辍笔的《中国版画史》，却未能问世，以致后来很多人都只知道有一部《中国版画史图录》了。

尽管如此，皇皇二十巨册，共收图千余幅的《中国版画史图录》的出版，也是圆了当年西谛与鲁迅计划编印《版画丛刊》的夙愿，具有极其重大的历史意义。1947年出版的蓝海的《中国抗战文艺史》说得好："在孤岛的上海，那里有特殊的政治环境,给那里的文艺战士们以特殊的任务:和汉奸们肉搏,在敌伪的压制、恫吓下奋斗。在那里,《鲁迅全集》和郑振铎编的《中国版画史(图录)》的出版,不能不说是抗战期间文艺界的大事。"(按,《鲁迅全集》的出版,西谛也是出了大力的。)

这里还想提到的是,在上海完全沦陷于日寇铁蹄下的近四年间,西谛被迫离家变名隐居时,仍把最心爱的一批版画书从家中转移出来,带在身边。可知他这时还是想把这部《中国版画史》写出来的。到 1944 年,为了全家人活命,他被迫一次次忍痛出卖自己的藏书以换米,他后来在《求书日录》中写道:"虽然把旧藏的明刊本书,清刊的文集以及'四部丛刊'等书,卖得干干净净,然而所最喜爱的许多版画书、词曲、小说、书目,都还没有卖了去,正想再要卖出一批版画书而在恋恋不舍的时候,天亮的时间却已经到了。如果再晚二三个月'天亮'的话,我的版画书却是非卖出不可的。"可见,西谛宝藏这批国内外第一的版画书,是多么不易啊!

三

抗战胜利后,西谛立即投身于民主运动现实斗争的第一线,自然无暇于木刻画史的撰著。1947 年起,他又花巨大精力编印《中国历史参考图谱》《域外所藏中国古画集》《中国古明器陶俑图录》以及《韫辉斋藏唐宋以来名画集》等巨型图籍。这些书也都有着不得不出的理由,耗费了他无法估量的心血,在极其艰苦的条件下创造了至今令人惊叹的成绩。日月如梭,历史进入新中国时代,西谛担任了国家文化部门的领导工作。但在繁忙公务之余,他还撰写、编印了《伟大的艺术传统图录》等书。上述《历史图谱》和《艺术图录》中也用了有关木刻画,在其说明文字中也涉及版画史。

1952 年 9 月 6 日,西谛致上海出版公司刘哲民信中提到:"又在写《中国古代版画》一文,写好后,也当寄上。如果不在'人民美术出版社'印出,则当交'公司'印出也。"不是投寄给报刊发表,而是要在出版社"印出",可见篇幅不小。这应该是西谛再一次启动撰写中国古代版画史了。不过他太忙了,这次又没有写完。后来,在 1956 年写的《中国古代木刻画选集序》中他说:"我便于 1952 年里,费了五个多月的时间,从《中国版画史图录》里,选出了有代表性的作品三百多幅,又加上补充的木刻画二百多幅,编成现在这个样子的《中国古代木刻画选集》。因为关于'史'的部分,迟迟未能写成,所以一直搁置到现在。"

1956 年春,他去陕西、河南等地视察有关文物、古迹和图书馆等。4 月 5 日到上海视察,工作十分紧张,然而从 7 日起,他还抽空到静安寺旁"庙弄"他的老家整理自己的藏书及笔记,主要目的就是搜寻撰写版画史的材料。4 月10 日,他又去浙江视察,23 日回沪后又时常回老家理书,他的日记中常有"理书,弄得双手乌黑,甚累"这样的记载。劳动节那天,他理书时疲劳之极,后来在浴缸里洗澡时竟然睡着了。而 5 月 19 日的日记载:上午"八时许,到庙弄。整理抽屉,忽觅得徽派刻工姓氏录一小册,大喜不禁! 此录已觅之数年未见,因之,版画选未能出版。现既得之,就可入手写'史略'了。"这里提到的,就是1931 年 8 月他在宁波马廉家抄录的《歙中绣刻图画名手录》。10 日日记又载:上午"八时许,到庙弄。在乱纸堆里和抽屉里,发现了不少关于版画史的材料和稿子,很高兴。"可见,在那以前,西谛确实已经写过不少草稿。

西谛在外奔波视察了两个月,直到 5 月中旬才回到北京。由于找到了以前搜集的有关材料及初稿等,这次他便下决心要把久蓄于心的版画史写出来。8 月,他很难得地有了一个避暑休养的机会。(这些年,他的痔疾非常严重,经常大出血,领导和同事也多次劝他休息)6 日,他至青岛,初住文登路甲 6 号,后住黄海路。但他并没有真正的休息。25 日,他致刘哲民的信中说:"青岛风景甚好,我所住的地方,窗外即是大海,终日夜可听到涛声,小园里满是松树,清幽之至。故在这里倒能够写出不少东西来。《版画史》的'史'居然也在此二十天之内写成了。近二十年未能完成之作,居然在这个短短的时间之内完成之! 其为愉快,更何如也!"今后的中国版画史研究者,应该感谢并瞻仰青岛这个地方啊。

10 月 29 日,西谛致刘哲民信中说:"《版画史》已交给人民美术出版社印了。"当时,国家出版总署副署长兼人民美术出版社社长萨空了先生,正是西谛的女婿。然而,这里说的可能还只是版画史的图的部分吧。因为 1957 年 1 月 2 日,西谛日记中又写到他上午"将《版画史》的注释加以补充",晚上也"整理《版画史》注"。1 月 5 日,日记又载:"连日在整理《版画史》。即将付印。一上了手,就觉得有不少问题,处处得查书、找书,花的力气还要不少!"这里又写"即将付印",实际又没有成为事实。直到 8 月 31 日,我们在西谛日记中又见到:上午"八时,到(文化)部办公。整理《版画选集》的稿子。接电话,说要提早一天,即三号走,弄得手忙足乱。"西谛是把版画史作为版画选集的一册来编的,因此他这里说的整理稿子可能还是指版画史。他在 9 月 3 日离京赴保加利亚参加中保文化协议签订五周年的纪念活动,然后赴捷克斯洛伐克讲学,然后再赴苏联讲

学，一直要到 12 月 2 日才回北京。而 9 月 1 日西谛日记载：上午"整理
《古版画选》稿"；"下午，继续整理《版画选》稿"；夜，"继续整理稿件"。
9 月 2 日，上午仍是"理稿"，直到晚上，才"将《中国古代版画选》整理好。
午夜十二时，空了来，即交给他。"（着重点为本文作者所加）而翌日清晨
七点十分，飞机就起飞了！看看这些日记，西谛先生是如此忘我地、认真
地工作啊！他为这部书，倾注了多少心血啊！9 月 11 日，他在保加利亚首
都索非亚，还给人民美术出版社领导写信，谆谆关照："这类书，本身就是
艺术品，在造纸、印刷方面，都必须事前考虑周到，甚至必须试印若干次再
做决定。印刷单色的，最好用珂罗版。如有问题及印样，请于 9 月 30 日
以前，寄保加利亚索非亚大使馆转，在 10 月 20 日以前，寄捷克普（布）拉
格大使馆转。"（按，人民美术出版社后来在《中国古代木刻画选集》的《出
版说明》中引用此信，竟误为 1958 年所作。）又见他对此书是何等的重视。
然而遗憾的是，这部书又一次搁浅未印。

　　这到底是为什么？详情至今扑朔迷离。据说与当时"反右"后的政治形
势有关。又据说在"文革"中，在批斗该出版社的"走资派"和"反动权威"
时，还把这部书稿作为"大毒草"拿出来示众，并将其烧毁了！

　　然而，神奇的是，冥冥中竟如有神仙呵护！就像西谛先生崇敬的南宋爱
国诗人郑思肖在其《心史》的自跋中说的那样："此书虽曰纸也，当如虚空
焉，天地鬼神不能违，云雾不能翳，风不能动，水不能湿，火不能燃，金不能
割，土不能塞，木不能蔽，万万无能坏之者！""四人帮"打倒后，日月重光。
先是在 1980 年，在萨空了先生家清理以前被"造反派"查封的书房时，在一
个书柜的底下发现了《中国古代木刻画史略》的后半部（七至十二章）；1983
年 1 月，又在萨空了家的汽车间的杂物堆里，再次神奇地发现了《史略》的前
半部（一至六章）及《中国古代木刻画选集》的画稿。据郑尔康相告，这部
《史略》是他人的抄稿（如此看来，很可能不是西谛先生的定稿，而手稿确已
被毁掉了），而版画部分则是印制成的大小统一的样张（看来确实曾经"付
印"过）。而这些当时劫难之中怎么保藏下来的，由于年代已久，连萨空了等
人都记不得了。不管怎么说，这总是极其值得庆幸的一件事。于是，西谛家
属重将此稿交给人民美术出版社。该社同志悲喜交集，极为重视，并曾在
《版画世界》上先行选刊。

　　1985 年 2 月，《中国古代木刻画选集》终于由人美社正式出版，共一大
函九大册，其中第九册即《中国古代木刻画史略》。此书问世后，立即引起轰
动。日本日中艺术研究会便在东京的中国文化学院召开两次学术会进行热
烈研讨，并决定特派该会事务局长三山陵女士到北京，向出版社赠授"版画

史出版功劳"金杯奖。授杯仪式于 1985 年 9 月 17 日在北京国际俱乐部举行,中外众多贵宾出席,中央级新闻媒体均予以报道。日本该研究会仍感意犹未尽,1988 年冬,他们再次在北京友谊宾馆,再向已故著者西谛先生(由郑尔康代表)敬赠金牌一枚。1986 年,此书在莱比锡举办的世界最佳图书博览会上,被授予"世界最美图书奖"。

西谛先生一腔心血,终于没有白费。中华民族一部奇书,得以永垂不朽!

由上所述,可知西谛这最后的专著,是可歌可泣的时代产生的一部可歌可泣的奇书。是他苦心经营三十年,反复构想梳理,如数家珍,厚积薄发之原创性专史。字数虽不多,却是一部大著作。是鲁迅生前期望而未能看到的书,也是西谛耗尽心血而本人也未能看到出版的书。西谛先生确实是这部专史的最合适的著者,甚至我认为只有他才能写出如此一部空前绝后的大著。说它"绝后",不是后人在学术上不能超越它,而是指像西谛那样以三四十年心血和功夫广泛搜集版画史料,并能以如此丰富的个人藏书为基础和依据来撰写这样一部史,在今后恐怕再也没有可能了。

鲁迅大力倡导中国现代木刻运动,他对国外木刻的介绍,对木刻青年的具体指导等,为西谛所不及;但西谛也曾为苏联木刻画集等写过序,也曾支持和指导过全国青年木刻画展等。鲁迅对中国古代木刻也十分重视,做过很多搜集、编印、研究工作;而西谛在这方面显然下力更深、贡献更多。前面已写过鲁迅、西谛亲密合作编印两部笺谱,成为艺坛佳话,广为流传;而鲁迅晚年最后编印德国凯绥·珂勒惠支版画集时,西谛也出过大力,则不甚为人所知了。如果说,鲁迅先生是公认的中国现代木刻之父;那么,我认为西谛先生可以并列尊之为"亚父"。鲁迅偏重于理论指导,西谛则偏重于历史总结。西谛的重要作用和地位是不能替代的。这部《中国古代木刻画史略》就是最好的证明。

最后要写到的是,这部书在 1985 年 2 月人民美术出版社版《中国古代木刻画选集》中以"第九册"的形式问世后(一共仅印三百二十套),1988 年 9 月被收入文物出版社版《郑振铎艺术考古文集》,1998 年 11 月又被收入花山文艺出版社版《郑振铎全集》。不过后面两次收入时,均删去了原书中的注释。而这是很不妥当的。一是这些注释极有学术价值,是著者的心血所注,也是全书的重要组成部分;二是这些注释的字数也不少,几乎接近于正文字数。还须提到,人美社的责任编辑,是内行的版画研究家,曾对注释作了不少增补和修订,付出了辛勤劳动,这次我们对此基本予以保留(只是在个别字句上因体例统一等原因略有修改），特此说明，并致感谢。另外，我们纠正了人美社版的一些错别字和不妥切的标点。在书后，我们还附录了西谛先生几篇有关版画史的重要论文。我们还尝试将有关版画作为插图印在书中。如有不妥，敬请读者赐正。

写于 2004 年国庆节长假

再谈郑振铎在上海中学的演讲

《鲁迅研究月刊》2014年第3期发表刘涛的《郑振铎1930年代在上海的一次演讲》（以下简称刘文），文中说："郑振铎1930年代在上海江苏省立上海中学曾做过一次题为《中国的出路在那里》的演讲，演讲全文刊登于《江苏省立上海中学校半月刊》第一百〇一期（1936年2月28日出版），讲演记录者为'周鉴文、朱继清'。讲演记录稿曾以《中国的出路》为题刊载于上海《月报》第一卷第七期（1937年7月15日），文字上略有不同。该讲演记录稿不见于《郑振铎全集》，亦不见于郑振铎研究文章及陈福康著《郑振铎年谱》。"在刘文发表以前，我确实不知道《江苏省立上海中学校半月刊》上发表过周、朱二人记录的这篇演讲稿。但我看了该文公布的记录稿后，便马上感到自己好像也是看到过的。请看1988年3月书目文献出版社的初版拙著《郑振铎年谱》第257—258页和2008年10月三晋出版社的修订本拙著《郑振铎年谱》第324—325页，在1937年下都有这样的记载：

> 五月下旬或六月初
>
> 在某处演讲《中国的出路在哪里》，由"K.F."记录，记录稿后发表在6月4日《新闻报·茶话》上。郑振铎指出："要找寻中国的出路，我们须从历史上鸦片战争看起，须从历史的演变和现代的发展推演出来。""我们要拥护完全为民族谋福利的政党与领袖。我们应该无条件的信奉：'大众的力量是最伟大的'。华北义军，此起彼仆，不知有数千百次，然而我们知道他们究竟有多少军火？由于这一点，我们得以深信中国民族的力量是被压在大众的底下而未发掘出来。所以现在我们中国的急务，即在'唤起民众'与'共同奋斗'！""我们需要投身于民众，将自己的热情和精力贡献于民众的'教育者'！解放民众，给民众以真的教育，否定本身所属的阶级来扶植新兴教育的力量！"

年谱中引录了三句话，对照刘文中的记录稿，发现最后一句在该记录稿里没有,但前面两句都有;而且文字基本相同,只是加了"历史上""与领袖"几个字,另外将"无限大"改成"最伟大","跟"改成"与"而已。(本文引文用下划线表示文字改动处)另外,在书目文献出版社初版《郑振铎年谱》第 259 页和三晋出版社修订本《郑振铎年谱》326 页,还有这样的记载:

> 七月十五日
> 《月报》第 1 卷第 7 期发表《中国的出路》,为摘录 6 月 4 日《新闻报》K.F.记录的郑振铎演讲《中国的出路在哪里》,指出:"人是政治的动物,一切活动均须受'政治'的支配,因此每人对于政治问题,至少应有深切的认识跟稍稍的涉猎。"

上面的一句引文,在刘文公布的记录稿里也是有的,只是多了"须""的""因此每人""问题""至少"数字,也就是刘文说的"文字上略有不同"而已。《月报》是开明书店出版的文摘性杂志,注明郑振铎这篇文章来自《新闻报》,而《新闻报》注明是"K.F."所记。K.F.是什么人?我一直没搞清楚。

周、朱二人的记录稿和 K.F.的记录稿,发表时间竟相差了一年三个多月!大家都知道,同一个人如果在两处,而且时间相隔那么久,作两次演讲,即使是用同一个题目,其文字记录也是绝对不可能这么相近的(除非他不是演讲,而是一字不落地念旧稿子);而且,即使是同一个人的同一场演讲,如果由几个人分别作的记录稿,在文字上也不大可能这么相近(除非他们都是根据录音整理,但当时还没有录音机)。现在,即从上面所引的三段话(另一段没有的下面再说)来看,已经可以看出 K.F.的记录稿,好像就是对周、朱二人的记录稿略为作了些修润而已。(例如,说"大众的力量是最伟大的",当然比"大众的力量是无限大的"要更准确一点。)那么,这究竟是怎么一回事呢?于是,我只得在春节期间赶赴图书馆,再去查看、对照三十多年前看过的《新闻报》和《月报》等。经过研究,有了重要的收获。

第一,我判定《新闻报》的稿子确实就是根据周、朱二人的记录稿而作了修订的修订稿。

《新闻报》的稿子,很多地方只是为了文字更通顺一点而作了一些小修改和润色。例如,原稿"今天本来想讲些文学问题",改为"今天本来想讲一些关于文学方面的问题";原稿"要使国家强盛,非新式军械不行",改成"要使国家强盛,非采用新式军械不可";原稿"首次革命,绝望,于是又来了二次革命",改成"首次革命是失败了,于是又来了二次革命";原稿"我们还可暂时躲避或顽固,然而现在可以吗",改成"我们还可暂时躲避,然而现在可能吗",等等。有的地方则是觉得原先口头讲的不够准确(或记录不够准确)而作了较多的修改,例如,原稿"那时中国确是有救的样子,真的抓住了出路了",改为"那时中国,确是生长着复兴的萌芽";原稿"日人常说中国是世界上最有资格做奴隶的民族,真是一针见血",改为"日人常讽刺中国是世界上最有资格做奴隶的民族,虽是极侮辱之能事",还添加了一句:"但是'知过善改者,不失为君子',我们也不能不承认我们的弱点!"除了添加,有的地方还有删去的。例如,原稿有"大多数人都是'知其不可而为之'。这七字可说是中国知识阶级的特性的代表"一句;但"知其不可而为之"这七字除了可用作说明士大夫"阿Q式的顽固"以外,还可以解释为"意志坚定"这样的好的意思,所以,《新闻报》的稿子就将这一句话全部删去了。另外还有更重要的修改,我下面再说。

第二,我判定《新闻报》的稿子的修订者就是郑振铎自己。

从上面所说的修改情况,已经令人猜测应是演讲者自己作的修改。否则,有些话明明不改也可以,别人怎么可以这样替郑振铎修饰文字呢?特别是那些又添又删的地方,别人怎么可以这样替郑振铎大胆删改呢?而《新闻报》所发稿子中还有更加重大的修改,更是除了郑振铎自己,别人是不可能做的。例如,原稿有这样一段话被全部删去了:"然而我们须认清现在社会还是这样一条线下去的。中国的人民还是只有义务而无权利,完粮纳税是他们对于国家唯一的事情。他们仅仅受到'奴隶的教育'而没有资格受'公民的教育'。我们的治者阶级仍旧是抄了老祖宗的'传家法宝',只谋自己的利益。我有一个朋友,他是某省的模范县县长,他到任后第一步的工作就是修盖新衙门。人民的享乐是口头上的护身器。结果,我们的人民都没有一天好好的做过人,度过'人的生活'。"我认为,删去这段话大概主要是因为郑振铎考虑到"我有一个朋友……"这样的事情还是不在报上公开为好。还有一个地方,原稿说:"'九一八'以后,很有人神气自若的说:'好吧,咱们和日本五十年后再算账吧!'这完全是阿Q式的,胡先生也已表示忏悔,承认错误。"这个"胡先生"应该是指胡适。修订稿就隐去了"胡先生",而改成"说这种话的人"。原稿中说"我们知道法国民族是最没情感的民族",修订稿将"法国"改成"德国",也是比较重大的修改。修订稿中还添写了"'何昔日之芳草兮,今直为此萧艾也!岂其有他故兮,莫好修之害也!'我以为中国教育制度的破产,是中华民族复兴的唯一障碍。"这样引用《离骚》的诗句,除了作者本人,别人岂会想到,又岂能代为加上?特别是本文上面提到的拙著《郑振铎年谱》中引录了《新闻报》上的三段话,其中"否定本身所属的阶级"一句,在原记录稿里是没有的,就出现在修订稿最后新添写的一段里。这么重要的一段话,如果当时在演讲时说过,周、朱二人应该不可能不记下来。显然,这只能是郑振铎后来作的重要补充。

此外,拙著《郑振铎年谱》只根据1937年6月4日《新闻报》发表这篇演讲稿,因而推测郑振铎演讲的时间是"(1937年)五月下旬或六月初";现在由于刘涛兄的新发现,可以确定不对了,而应该是一年以前。《江苏省立上海中学校半月刊》第一百○一期是1936年2月28日出版的,上一期(第一百期)则为1月1日编印。据查,该校自1月18日起放寒假,2月6日开学。因此,郑先生演讲可能是在2月中下旬,也可能是年初。拙著年谱所说的"在某处演讲",现在则可以确定是在江苏省立上海中学校(当时上海隶属于江苏),即现在的上海中学。邀请者应该是该校校长郑通和(1899—1985)。

郑校长字西谷,安徽庐江人。1923年毕业于南开大学,赴美留学,1926年回国。翌年任江苏省立上海中学校长。1934年底,在上海闵行创建新校舍,当时人称"黉宫宏伟,设备齐全,以类大学规模,亦不为逊",至今仍为沪上最好的中学之一。1937年后,郑通和历任甘肃省教育厅厅长、台湾大学教授、台湾教育主管部门政务次长等。1984年,台北商务印书馆出版了《郑西谷先生教育论文选集》。郑校长重视爱国教育,经常邀请名人到上海中学新校区为师生演讲。如1935年秋就邀请卢作孚先生演讲《为社会找出路》。郑校长自己也在3月15日应上海市教育局之约,作《非常时期中学生救国运动的途径》的广播演讲。

郑振铎演讲的记录者周鉴文、朱继清,据考是当时该校高中学生。《江苏省立上海中学校半月刊》第一百期上有《征文竞赛得奖学生名单》,第一次"国文征文"高中组第三名为"周鉴文(理二)",第二次高中组第二名又是他,"化学征文"高中组第二名也是他。可见周鉴文是学理科的。周鉴文还在1937年4月15日该校刊第一百十七期上发表《今后民族复兴之展望》,为"上学期国文征文比赛高中第一名"。朱继清则是学商科的,今见2011年首都经济贸易大学出版社出版《民国中学生作文》一书,收入朱继清《日本政变后东亚局势之蠡测》一文,注明他是"江苏省立上海中学高中商科二年级"。这两位先生如果还健在,真希望他们回忆一下当时的情形。至于"K.F.",则仍未知为何人。但我猜测有可能就是郑振铎自取的笔名。郑先生好像比较喜欢署用类似的笔名。"C.T."就不用说了(是"振铎"二字的英文缩写);此外还有"S.C."(1922年在《儿童世界》上发表《竹公主》时曾署用)、"K.H."(1923年在《文学旬刊·杂感》栏曾署用)、"Y.K."(1925年在《时事新报·鉴赏周刊》上发表《中国小说提要》所署用），我都不知道是什么意思。

《江苏省立上海中学校半月刊》是一份中学的内部刊物，影响很小；《新闻报》则是一张大报，影响较大。郑振铎在1937年6月，即全面抗战前夕，重新修订一年前的演讲稿，予以正式发表，显然是极有深意的。而且，该演讲稿在《新闻报》发表后，立即为好几家报刊所转载。拙著《郑振铎年谱》说7月15日《月报》第一卷第七期摘录《新闻报》，其实"摘录"二字不够确切，《月报》是全文转载的。其他转载的刊物，有的是我们想象不到的。例如，6月16日，上海的美国人主办的基督教刊物《兴华》周刊第三十四卷第二十二期，即予转载（仅删去一开头两小段）；7月10日，南京政府的中央广播事业管理处出版的《广播周报》第一百四十五期《古今谈荟》栏，也全文转载，还在题目后加了三个醒目的标语（均出于郑振铎演讲）："无疑的在于教育自救！""否定以往的士大夫教育！""将自己的热情和精力贡献于民众！"可见郑振铎此文在当时确实起到了非常好的宣传作用。刘文有一段话十分深刻，批评了多年前某些人似是而非的"救亡压倒启蒙"论："郑振铎认为中国的出路在教育上唤起民众、启蒙民众，进行人的教育，延续的其实还是'五四'以来以鲁迅为代表的文化启蒙话题。……亡国灭种的严峻形势与救亡的迫切任务非但没有遮蔽文化启蒙的话题，即'救亡'并没有压倒'启蒙'，相反，为了'救亡'，知识分子又一次提出'民主'与'启蒙'的'五四'话题。这一点，在郑振铎上海中学的此次讲演中，得到了有力揭示和生动说明。"所以，郑振铎的这篇文章非常值得重读，而我们现在介绍，更应以他的正式发表的修订本为准。现在如果一一作出校勘，将显得十分繁琐难看，干脆，我就请求《鲁迅研究月刊》把郑振铎的修订本再重新发表一次吧。

（2015）

[附]

中国的出路在那[哪]里

郑振铎

今天本来想讲一些关于文学方面的问题，但细想没有什么特别的意义，至少在现在这样的时代是不十分切于实用的。像现在这样的时代，最好讲些对于"大众"有用一点的问题，因此我所选择的题目是："中国的出路在那[哪]里？"

对于政治问题没有兴趣的朋友，也许关于这个题目觉得讨厌。然而人是政治的动物，一切活动均须受"政治"的支配，因此每人对于政治问题，至少应有深切的认识跟稍稍的涉猎。我们的国家是一个非常的国家,我们的人民也是一群非常的人民。因此我以为凡是中国人,且个个人,应强迫着去想:"中国的出路在那[哪]里?"

提到吾们的国家究有出路没有这问题,我们不得不这样说:前面是一团黑暗,可怕的黑暗;前面是充满了烦闷,沉着的烦闷。但是这黑暗与烦闷,是有办法解决。我们在报上时常看到因受国事日非的刺激而牺牲生命的新闻;我们更在左右时常听见一片"没有出路"的呼声。一部分烦闷的结果是在绝路中索性不去找寻出路,像鸵鸟一样,攒进了头,什么都不管,以现在的享乐,作为解决烦闷的原素。

要找寻中国的出路,我们须从历史上鸦片战争看起,须从历史的演变和现代的发展推演出来。我们根据史迹,发现我们民族自己要求自己出路的经过,可以分三个时期:

(一)戊戌政变期:在鸦片战争以前,中国人是很轻视外人的,但自鸦片战争后,恍然觉得要使国家强盛,非采用新式军械不可。于是造兵舰,设制造局,铺铁路。但甲午一战,这观念又被打得粉碎,于是知识阶级乃继而谋政治之改革,康、梁二人,领导全国秀才、举人,发起"戊戌政变",然而结果又遭失败,希望变成绝望,于是全国又陷入烦闷状态中,感到无出路的苦痛。

(二)首次革命期:因为看到国家没有出路,中山先生乃在南洋,香港,日本等处鼓吹革命,进行非常顺利。光绪年间,个个人都感觉到中国唯一的出路是革命,青年男女,投效牺牲者,纷至沓来;一般人民,毁家纾难者,更数见不鲜。中小学生在看报时,个个热血沸腾,举国上下,几入于疯狂的状态。因此革命很快的成功。然而想不到的,是结果还是个绝望。

(三)二次革命期:首次革命是失败了,于是又来了二次革命,国民革命军在广州发难,实行北伐。那时全国民气,又顿时复盛,在上海有很多人抛弃了他们的工作,加入黄埔军官军校去受训练,并且,最可感动的是有很多很有地位的文学作家们,也都参加战争,结果大都牺牲。但他们的牺牲是值得的,他们深信他们的牺牲是会得到最大的代价的。那时中国,确是生长着复兴的萌芽。然而,想不到,他的结果却不能如人们意料中的满意,直到现在,东三省的失陷,华北的危急,匪徒的纷扰,使国家处于更危险的地位,试问我们还再有第四个机会去找求自己的出路吗? 辛亥时,中国地位还相当的稳固,我们还可暂时躲避,然而现在可能吗? 在现在,我们没有机会再悠闲自适的了,我们个个人应强迫的去想研究——中国是否真的有出路?

侮[像]中国现在,全国是充满着黑暗、苟安、矛盾的现象,民族的自信力已经完全丧失。日人常讽刺中国是世界上最有资格做奴隶的民族,虽是极侮辱之能事,但是"知过善改者,不失为君子",我们也不能不承认我们的弱点!考我们民族,自从五代外人入主中原起,一直到金、元、清三代止,差不多时常受到和亡国奴一样的压迫,但是结果终究能继续生存下去,可知中国人的奴隶资格,真是老得惊人,现在姑且分析地来观察:

中国智识阶级向来就是"帮闲阶级",没有领导民众的力量,只知用最取巧的方法,专心替皇上做走狗,帮同统治阶级,压迫榨取民众。这种士大夫阶级,完全是阿Q式的,自己一点没有自信任心。"九一八"以后,很有人神气自若的说:"好吧,咱们和日本五十年后再算账吧!"这完全是要不得的阿Q式的精神,虽然说这种话的人现在也已表示忏悔,承认错误。也有人说和满清一样,三百年后再算账,他们以为满清当时压迫,也不在现代日本之下,他们像罗马人压迫小亚细亚一般的压迫中国民众,把中国有民族意识的书籍,全都焚毁。将全国有民族观念的青年,全都麻醉了。人民大众受着中世纪的惨刑。然而我们的民族仍旧不能灭亡,仍旧能继续生存下去。甚而至于反过来把满清推翻了。因此现在很有许多人想把这情状应用到今日。这种阿Q式的精神,实在是要不得!还有一般[班]人更是来得聪明,他们索性去图谋富贵,做开国的元勋去。这一般[班]人也不绝对的占少数,很多日本留学生和英美的留学生,去做出卖民族利益的计划,摇尾乞怜的弄到个卑鄙的一官半职。这种丧心病狂的智识阶级,完全是不可靠的,他们把有用的智识用错了。他们从错误的书本求得错误的智识,以至做出这种错误的行为。其最大的原因,就是他们多读了做奴隶的历史。奴隶的历史多读了,会无形中倾向于阿Q式的精神的!

我们知道历史不是兜圈子的,是进化的。拿过去的历史以推断将来,是绝对不可能的!不可靠的!过去的坟墓里的古董在现在,只有"交换价值"而没有"使用价值"的了。现在有现在的环境,一个时代有一个时代的核心。醉心于古代"木乃伊"Mummy的朋友,只是牺牲了自己的精神,消弭了自己的肉体,埋葬了自己的前途,幻灭了自己的光明!

中国的智识阶级是没有希望的了!然而,我们的民众究竟有希望吗?中国的民众只是一大块未开垦的黑土,韩愈的《原道》上说:"民者,出粟米麻丝,作器皿,通货财,以事其上者也。"正是我们国家政治的特别现象。我们国家的人民和社会,在畸形的压迫方式下,变成了非常变态的景况。我们的人民消没了做人的资格;我们的社会也失却了社会的实际。我们的一部整个历史是"教育并训练奴隶顺民"的历史。因此说起我们人民的奴隶资格,实在无愧于人。西洋希腊的人民也分成两个阶级,所谓人民与奴隶,然而他们的奴隶是异族而不是同族,他们命令奴隶替他们建筑,做工。结果,他们的奴隶替他们创造了文化,完成了建筑。然而我们的国家没有这种情形,在我们的史迹上,不能找到所谓"奴隶异族"和希腊同样的史实。因为如此,所以就不得不把自己的人民当做奴隶。在中国境内无"公民"而只有"奴隶"。治者阶级只知闭了门谋一己的幸福。在过去的历史上,可以说没有一个时代的政府曾尽力的替百姓谋过真正的幸福。

我们的民族非但有根深蒂固的奴隶劣根性,并且还患有可怕的幼稚病。我们常看见中国人见人跌交,便拍掌大笑;看见人家出殡,觉得非常有趣味,而绝无半点同情之心。我们知道德国民族是最没情感的民族,但是如果他们在马路中看见老母幼子,就立刻停车,让他们母子俩安然过去;如果看见人家出殡,就立刻脱帽致哀。这种"人的精神",和我们幼稚民族的自私自利的精神相比较,相去何能以道里计?

"何昔日之芳草兮,今直为此萧艾也! 岂其有他故兮,莫好修之害也!"我以为中国教育制度的破产,是中华民族复兴的唯一障碍。因此,在今日,我们民族中的每个成员,都得要受正当的教育,也即是要受人的教育。我们要取消奴隶的教育,更正奴隶的历史,踢开奴隶的习惯,并且在本身,尤须加以极端的注意,我们须做一个有血气而享有自由平等的人。这样,国家才能达于自由平等永久的基础。

救国的要件在民众的爱国,而要使民众爱国,非使民众受相当的"人的教育"不可。使民众对于国家,一方面固然有义务可尽,然而一方面也有权利可享,并且,更要紧的是使他们知道有国之"可爱"的所在,然后教他们"爱国",方有宏效。

在那时候,我们民众更须对于政府有相当之认识,我们要拥护完全为民族谋福利的政党与领袖,我们应该无条件的信奉:"大众的力量是最伟大的。"华北义军,此起彼仆,不知有数千百次,然而我们知道他们究竟有多少军火? 由于这一点,我们得以深信中国民族的力量是被压在大众的底下而未发掘出来。所以现在我们中国的急务,即在"唤起民众"与"共同奋斗"!

国家是大众的国家,因此,"救国"也是大众的工作,决非少数人所能单独包办的。而办教育者应首先把握住这个核心,觉悟三四千年来的奴隶教育,是再也不能行之于今日的中国;今日应急于发展的教育只是"公民教育"而非"奴隶教育"。今日中国当前的唯一出路即在"唤起民众"。实施优良的教育制度便是"唤起民众"的生力军!

中国的出路无疑的在于教育的自救。只有否能[定]以往的士大夫教育。我们需要投身于民众,将自己的热情和精力贡献于民众的"教学者"! 解放民众,给民众以真的教育,否定本身所属的阶级,来扶植这新兴教育的力量!

有关郑振铎抢救典籍
事迹误说的指正

读汪家熔先生在 2009 年第一期《出版史料》上发表的《抗战期间，郑振铎抢救珍贵典籍的事迹》，觉得很失望。汪先生被认为是商务印书馆馆史研究和出版史研究的权威，他写的文章，影响就会大，那么就更应该指出其中的错误。

汪先生说："当时，日本凭藉武力抢夺典籍。有位不是研究中日文化交流，而是研究'日本文化影响中国'的学者，叫实藤惠修的……他自己讲，在 1938 年到我们沦陷区，在各地日本军部的没收图书堆里寻找各种期刊的创刊号。"这里，"实藤惠修"实为"实藤惠秀"之误。他最有名的研究课题是《中国人留学日本史》。但不能因此就说他"不是研究中日文化交流，而是研究'日本文化影响中国'的"。例如，他就研究过黄遵宪与日本友人笔谈的课题，监修过《日本译中国书综合目录》，和儿子一起出版过研究中日文化交流史的《亚洲之心》一书，等等。汪先生说"在各地日本军部"，实藤则说是在"新民会"。实藤说，"到中国的目的是为了搜集有关留学生的资料"，"为了编写中国杂志创刊目录而整理、摘录而已"。而照汪先生的写法，读者容易误会为实藤是有意专门来搜集我国的"创刊号"的。（其实，专收创刊号是近年国内某些藏家的时髦做法。）附带说几句，实藤先生后来为自己曾经在日本侵华期间到中国搜集资料等，做过深刻的反省和道歉。能有这种觉悟的日本学者，在彼邦还是不多的。他于 1960 年访问中国时，特地主动把自己当年从中国拿走的四十余册图书送还中国。

汪先生说："他（郑振铎）获得的第一批书是脉望馆，或称'也是园元曲'。"这里标点有问题。要么将"也是园元曲"上的引号去掉，要么前面改为"脉望馆元曲"并也加上引号。否则人家怎么看得懂呢？汪先生引用的郑先生信，"但此绝世是国宝"一句，"是"字必是"之"字之误。汪先生说："书最后是用庚款买的，并预备存放在正在筹备的中央图书馆。而这一千元定金，也是何炳松拿学校公款代垫的。"事实是，"用庚款"买书乃后来郑先生组织"文献保存同志会"时的事,而买这部书的钱则是教育部出的。"预备存放在正在筹备的中央图书馆",恐无其事,此书后来也从未去过中央图书馆,也没有汪先生说的"将书运出上海"之事。此书现在就珍藏于北京国家图书馆。而那"一千元定金",是郑先生向朋友借来的。当时"拿学校公款代垫的",则是全部书款,不只是"一千元定金";而且也不是何炳松拿公款代垫的,而是暨南大学代理校长、商学院院长程瑞霖。何炳松当时不在上海。

汪先生说:"张元济和郑振铎几经周折,到1938年11月4日,才得到教育部同意。张元济又和时在香港的商务印书馆总经理王云五商量,到1939年1月23日才商得商务印书馆总经理王云五的同意在上海影印出版。"事实不是如此。所谓"得到教育部同意",并不是"同意在上海影印出版"。教育部一开始就不同意郑振铎、张元济影印出版的要求。经郑振铎反复争取后,1938年11月3日郑振铎致张元济信说,教育部终于同意由商务印书馆从书中挑选若干剧本排印出版。因此,汪先生说的"到1938年11月4日,才得到教育部同意"的日期也是不对的。而1938年12月26日,张元济得到香港王云五回信,同意选印之事。因此,既不是"1939年1月23日才商得商务印书馆总经理王云五的同意",也不是"影印"。

汪先生说:"'也是园元曲'共二百四十二种,张元济请当时在大连作寓公的王季烈(君九)先生加工,最后以《元明杂剧》名义出版。这其间王、郑二位争议不少。因为所有都是抄本,几经周折,文字会有变化……振铎先生主张既是影印,当忠实于原书,君九先生以专家自居,认为应当改正。为了这事,为一字一撇,往来书信很多。""这其间"的用法不对,要么"其间",要么"这期间"。汪先生口口声声称"也是园元曲",其实,二百四十二种剧本中,元人所作只有二十九种。而且,也并非"所有都是抄本",也有一些是刻本。前面已经说过,商务印书馆并非"影印"此书,而且,如果是影印,自然就"忠于原书",又怎么"改正"呢?当时"争议"是有一点,但似乎并不在"王、郑二位"之间,而是张元济和郑振铎"为了这事"(并不是"为一字一撇")"往来书信很多"。说"君九先生以专家自居"如何如何,这好像有点冤枉了他。而最后排版印出的书名叫《孤本元明杂剧》,共收剧本一百四十四种,而并非全部二百四十二种。

汪先生说,建国后郑振铎将"脉望馆抄校本编印到《孤本元明杂剧》第四集里"。又说错了。脉望馆抄校本元明杂剧是编印到郑先生主编的《古本戏曲丛刊》第四集里的。

汪先生说:"郑振铎与张元济、张咏霓、张寿镛、何炳松等先生商议……

商议后的次日,1940年1月5日,他们以个人名义致电内地教育部,痛陈利害,强烈要求政府拨款抢救。五天后教育部复电同意他们代表政府进行。"这里,张咏霓就是张寿镛,汪先生误以为两人了。据郑先生说,当时他们商议过多次。因此,不会仅仅是1940年1月5日前一天的一次。而且,1月4日郑先生正好有日记留存,而这天日记又恰恰没有他们开会商议的记载。教育部的回电也不是"同意他们代表政府进行"。教育部本身就没资格"代表政府",怎么还能授权郑振铎等人"代表政府"呢? 其实,那封朱家骅、陈立夫联合署名的电报只是建议:"如由沪上热心文化有力人士共同发起一会,筹募款项,先行搜访,以协助政府目前力所不及,将来当由中央偿还本利,收归国有,未识尊见以为如何?"

汪先生说:"郑振铎……和张凤举负责收购。"其实,这只是最初商议时这样说的,后来正式工作时张凤举实际并没有参加。汪先生又说:"现在保存有关信件只有1940年2月和3月张元济给郑振铎的信两封。"实际上,"现在保存有关信件"还有郑振铎给张咏霓的二百七十多封呢。此外还有何炳松的一封,都在北京国家图书馆。而在台北的"国家图书馆"里,还保存着郑振铎、张咏霓、何炳松、徐森玉等人的许多封"有关信件"呢。

汪先生说:"从1940年春到1941年12月……两年间,郑振铎狂热工作……那时宋元本已是极为稀少,明刊、明抄已是珍贵得很了。郑振铎共收购到三千多部明刊明抄。"这个"共收购到"的数字不知道汪先生从哪里得来的,未免太缩贬了。其实,光是"极为稀少"的宋本,郑振铎他们收购到的就可望突破半千之数,只是因为上海"孤岛"突然沦陷而未达到五百部。而郑振铎仅仅通过邮局寄往香港大学保存的明刊明抄就有三千三百余部,还有大量的明刊明抄都还来不及寄出呢!

汪先生说:"这批明版书,他选择其中重要的用影印的办法保存。共三十三种书,都是明代版本,其中六种是抄本……命名《玄览堂丛书》……抗战胜利后,郑振铎受中央图书馆委托,继续搜集明版,1947年编集成《玄览堂丛书续集》……1948年编集成《玄览堂丛书三集》……两集也都是明本。"按,"明版"和"明本"是两个概念,不可混淆,这是常识啊。其中既然有抄本,怎么能说都是"明版书"呢? 《玄览堂丛书》(及其续集、三集),收的都是专门的有关明代历史的稀见古籍,有确定的范围,并不是从他们所有抢救的明版书中"选择其中重要的"来影印保存。《玄览堂丛书》收书不是"共三十三种",而是三十四种。《玄览堂丛书》及续集等,所收都有"附",有的显然就是明亡后写的书,因此绝非"都是明本"。另外,"抗战胜利后,郑振铎受中央图书馆委托,继续搜集明版",那是没有的事。郑振铎编的续集、三集,用的都是抗战期间抢救的本子,而不是"继续搜集"的"明版"。

　　《出版史料》是一本很严肃的学术刊物,所以我也以严肃的学术态度指出这些问题,以防以讹传讹。

(2009)

郑振铎与《二十四史》整理

　　拜读了 6 月 11 日《文汇报·学林》上钱伯城先生的大文《宋云彬与〈二十四史〉点校本》，我非常赞同他的观点。说实话，我当时看到一些重要新闻媒体在重点报道重启《二十四史》修订工程，并列举从前参与点校工作的人员名单时，竟然不提宋云彬先生的名字，也感到十分不满。因为这是以国家的名义进行的大工程，这份名单也显然并不是那些记者能写得出来的，而是国家有关部门提供的，所以，如果其中缺少了起过重要作用的"功臣"，那就是对历史的不尊重，是不公平的! 治史，最要求实事求是；然而有些人却似乎对自己亲身经过不久的历史也那么容易忘却，岂不太可悲了?

　　我当时还注意到，在那些重点报道中，回顾新中国有关整理点校《二十四史》的历程中，也从未提及郑振铎先生的名字。我认为这也是不应该的。大概在十六七年前吧，我读到一篇中华书局某负责人写的记述《二十四史》点校工程始末的文章，一开头就提出了一个问题：1958 年古籍整理出版规划小组成立以后，决定点校出版《二十四史》这一工程浩大的项目，究竟是根据谁的提议? 该文作者的解答是，根据他在有关档案中查到 1964 年前后中华书局写给中共中央办公厅的报告，此事先是由毛泽东主席指示标点出版"前四史"，后经吴晗、齐燕铭、金灿然商议，才扩大为点校全部《二十四史》的。也就是说，他认为提议者是毛泽东，不过还只是"前四史"。但我认为，早在这以前，郑振铎就已经明确地、郑重地提出了点校《二十四史》的重大建议。我在十六七年前便撰写了一篇《最早提出点校〈二十四史〉的是谁》的文章，在征得上述文章的作者的同意后，在国家古籍整理出版规划小组的内部刊物上发表了。但现在看来拙文并没有产生应有的影响，不仅因为内部刊物一般读者看不到，而且看得到拙文的一些负责重启《二十四史》点校修订工作的同志也仍然不愿意（或忘了）在报告中提一下郑先生的名字。因此，我决定重写这篇文章，以作为对钱先生大文的呼应和补充。

　　在现在有些人的心眼里，大概连郑振铎是不是历史学家都成问题。因此，这里先要举出一个史实。早在 1949 年 7 月 1 日，新中国正式成立前夕，在北平成立了"新史学研究会筹备会",郑振铎就是十一名筹备委员之一。1951 年 7 月 28 日,该研究会改名为"中国史学会",在北京正式成立,即由郑振铎在会上报告两年来的筹备工作。在选举第一届理事时,郑振铎获得选票数列于郭沫若、吴玉章、范文澜(均各获 169 票)、徐特立(获 168 票)后,为第五名(167 票)。另外,郑振铎在新中国成立前夕,就被选为政协全国委员会文教组组长。当时的全国政协宣布代行全国人民代表大会的职能(这一职能直到 1954 年第一届全国人大召开才结束),因此郑先生当时的职务相当于现在的全国人大文教委员会主任加上全国政协文教委员会主任。郑先生正是以一个历史学家和全国政协文教组组长的身份,最先提出点校《二十四史》的。

1956 年 11 月 25 日,郑先生在《人民日报》上发表的一篇《谈印书》的文章中,便提到:"凡需要量比较大,而且应该加以重新整理,甚至必须加以新注、新解的古书,像《十三经》《二十四史》之类,则我们得集中些专家们组织专门的编辑委员会,分别进行整理工作,俾能于几年或十几年之内,有面貌全新、校勘精良的中华人民共和国版的《十三经》《二十四史》出版。在这方面,说来话长,拟写专文论之,这里不多说了。"

这年年底,在全国政协常委会第三十二次会议上,决定创办一个全国政协的内部刊物《政协会刊》,由郑振铎任主编。1957 年 1 月 28 日,该刊创刊。2 月 8 日,郑先生在给上海图书馆潘景郑的信中说:"正在考虑,如何进行比较切实有用的工作,例如重印整理过的《十三经》《廿四史》之类。此时不做,此项工作便将无人能做了!薪尽火传,承先启后的事业,正待我辈从事之也。"接着,在 4 月 25 日出版的《政协会刊》第二期上,他便正式发表了他的"专文"《整理古书的提议》。

在这篇重要文章中,他指出:"有许多重要的古书,我们还没有动手去整理。这是一个很大的空白点。鼎有三只足;学术研究和创造、发明,也有三只足。一只足是现代科学,一只足是民族文化遗产,一只足是外国的古代文化遗产。缺少了任何一只足,这座鼎就会站立不住。学术研究、创作或发明是要在古今中外的知识、学术的累积的基础之上发展起来的。……国外的著作,靠翻译;民族文化遗产,靠整理。我们提倡民族文化遗产已有好几年了。但对于最重要的古代文化的宝库,像《十三经》《二十四史》之类,曾经加以整理了没有?"

他特别着重提到《二十四史》的点校工作,认为"《二十四史》则更需要一番整理工作,且必须立即进行。乾隆版的经过整理的《二十四史》,问题很大(同文本、竹简斋本等,均系影印这个本子),张元济先生在《百衲本二十四史》的校勘里已发其覆。《百衲本二十四史》则卷帙浩大,仅照原本影印,未经加工整理。读史是一件要事,特别是中国的《二十四史》,它们乃是各时代的'百科全书',不仅是政治史。凡搞一切学问的人,都不能不问津于这部大书。故整理尤有必要,且须加速。否则,会阻碍我国学术的突飞猛进的前进速度的。"

他还论述了对《二十四史》的具体点校方法,指出:"《二十四史》的分别章节,尤为必要。像《史记》里的《司马相如传》,除开几篇'赋'之外,记事的文字没有千几百字。如果把'赋'(以及许多'论'和'奏议'等等)低一格排印出来,则顿时眉目清爽,读之省力多多。"他还提议像王先谦的《汉书补注》《后汉书集解》那样,搞一点集注,还可考虑搞一点"新注"。此外,他还提议"可以由若干位专家,各自负责一部'书',分别先后缓急,依次进行。还可以仿照宋朝司马光撰《资治通鉴》的办法,'以书局自随'。不必把专家们都集中在一起,只要供给他们以必要的助手、比较完备的图书和不太大的费用即可。他们也可以随时到各地去阅书、访书。不必责以完成的期限。"

在这篇文章的最后,郑先生满怀豪情地指出:"这是'千秋'的事业。"他认为,《二十四史》的"中华人民共和国版将是历史上最正确、最可靠、最有用的版本——不一定是最后的一个定本,却可信其为空前的一个定本。"事实已经证明了郑先生的预言是完全正确的。

郑先生这篇具有远见卓识的重要创论,虽然发表在内部刊物上,但当时的全国政协委员和中央领导同志是都能看到的。令人悲伤的是,一年以后郑先生因飞机失事而殉职,因而他就不能再为后来《二十四史》的点校工作作出更多的贡献了。但正是他的大力呼吁,得到党和政府领导人的高度重视,后来于1958年2月正式成立了国家古籍整理出版规划小组。郑振铎虽然具体只担任该小组所属文、史、哲三组之一的文学组的组长,但从他的日记中可以知道,该规划小组的第一次筹备会议,就是1957年6月30日在他家里召开的!上面提到的吴晗、齐燕铭、金灿然都参加了,另外还有周扬、林默涵、黄洛峰、王任叔等。1958年6月20日,他还为商务印书馆出版的《缩印百衲本二十四史》写了序。

因此,当人们在回顾《二十四史》"中华人民共和国版"诞生的历史时,是不应该忘记郑振铎先生的!

(2006)

郑振铎与古籍整理出版事业的起步

2018年1月17日《中华读书报》发表齐浣心《不能忘却的纪念——古籍整理出版规划小组成立六十载记》,是一篇很及时很重要的文章。我们确实不能忘却,整整六十年前的2月,在党中央的高度重视和领导下,国务院科学规划委员会在北京召开了全国古籍整理出版规划小组的成立大会,这是我国学术史和出版史上的一件划时代的大事。由此,我国悠久的古籍整理工作和出版工作第一次有了全面的规划和统一的部署。六十年来,我们国家在中华古籍整理、标点、影印、出版方面,在古籍整理研究人才培养方面,均取得了举世瞩目的成绩,都与这个规划小组的有效的工作分不开。我读了齐浣心文章,感动之余还有话要说,想做点重要补充。

齐文在第二节《正式成立》中,提到了一句:"古籍小组成员郑振铎、翦伯赞、潘梓年在大会上分别就文学、历史、哲学的古籍整理出版草目计划作了说明。"其后,只在写到规划小组成员名单和当年起草古籍整理出版规划的地方,非常简单地提了一下郑振铎的名字。齐文最后的总结是:"在古籍小组的发展历程中,齐燕铭和金灿然的名字是不能忘记的,他们有着开创之功,不计名不计利,为我国古籍整理出版事业奠定了发展的基础。值此古籍整理出版规划小组成立六十周年、齐燕铭去世四十周年、金灿然诞生一百〇五年之际,仅以此文向他们致敬。"而我认为必须强调指出,就开创之功而言,就奠定基础而言,郑振铎的重要贡献绝不在齐、金二位之下。

齐文写道:"1956年5月15日,文化部向中央宣传部呈送《关于我国古籍出版工作规划的请示报告》""1957年,文化部副部长齐燕铭开始着手抓古籍整理出版工作"。可事实是,1957年齐燕铭并没有担任文化部副部长(他当时担任的是国务院副秘书长、总理办公室主任),要到1960年2月才兼任文化部副部长(此时郑振铎已经牺牲一年多了)。而现在,我认为对当年文化部等机构的档案亟须组织人力作更深入的发掘和整理,仅仅引用已出版的《中华人民共和国出版史料》中的《文化部党组关于我国古籍出版工作规划的请示报告》是不够的。我们很需要了解这份请示报告形成的过程。郑振铎不是文化部党组成员（他不是党员），但人所共知，1956、1957年郑振铎正是文化部副部长，而且正是当时文化部领导人中专门负责古籍整理出版工作的副部长。例如，齐文提到的1950年代北京成立古籍出版社（后该社1957年并入中华书局）一事，郑振铎就是主要的策划者和领导者。有关这方面的史料现在还很少见，但1953年12月22日叶圣陶日记就记载："傍晚邀（王）伯祥来小饮，与谈（顾）颉刚今后之工作，其谓若今之搞私营出版社，殊非所宜。伯祥谓科学院古代历史研究所有意招之，振铎并告以我署将设古籍出版社，亦拟请其参加。据云颉刚曾表示明年暑中可择一而任之。"叶圣陶是出版总署副署长，但要成立古籍出版社一事却似乎最早是从王伯祥那里听得郑振铎说的，郑振铎还有意请顾颉刚去古籍出版社工作。1956年6月10日王伯祥日记载："西谛（按，即郑振铎）以整理古籍计画告，欲调余至古籍出版社参与其事。"同年7月2日顾颉刚日记记载："（陈）乃乾由振铎调至古籍出版社工作，从此该社有内行人矣。"1957年1月5日郑振铎日记："八时半，到部办公。……和金灿然谈古籍出版社事。"可知郑振铎在这件事上是起了重要作用的。

郑振铎本来就是我国近代从事古籍整理研究和出版工作的先倡者和先行者，比齐燕铭、金灿然等古籍整理出版同行的资历要老得多。他既有理论，又有实践。这方面的内容可以写成长篇论文甚至专著，这里只能简单谈谈，而且只谈他的有关理论和倡导。我认为，长期被人忽视的是，在五四以来中国新文化运动史上，第一个提出"整理旧文学"口号的人就是郑振铎。1920年秋，郑振铎作为核心人物在北京酝酿组织民国时期第一个最大的新文学社团"文学研究会"时，被公推为会章的起草人。他起草的会章开宗明义第一句话是："本会以研究介绍世界文学，整理中国旧文学，创造新文学为宗旨。"将"整理中国旧文学"与"研究介绍世界文学""创造新文学"并列，一起作为文学工作者的任务，这在新文学史上是首次；而且，在整个新文学社团史上，将这三者同时作为宗旨的，亦并世无二。而1921年1月，具有划文学史时代意义的《小说月报》革新号卷首，在《改革宣言》后紧接着刊载的第一篇文章郑振铎的《文艺丛谈》的第一句话就指出："现在中国的文学家有两重的重大的责任：一是整理中国的文学；二是介绍世界的文学。"这甚至将整理中国旧文学这个任务置于介绍外国文学之前。1923年1月，郑振铎又在《小说月报》开辟了《整理国故与新文学运动》专栏，不仅写了《发端》，而且发表重要论文《新文学之建设与国故之新研究》，再次论述古籍整理工作的重要性。1934年1月，郑振铎又在他主编的《文学》月刊上发表《标点古书与提倡旧文学》，驳斥有人说的整理古籍就是提倡旧文学，强调应该整理出版:"(一)一般专门学者所需要的类书式的'通史'与'政书',像《二十四史》《九通》之类,应仔细的加以断句,标点,并各附以'索引'之类的附录……(二)卷帙巨大的地志和史书,以及一切有用的参考书籍……(三)编辑《经济史长编》之类……(四)重要的伟大的名著,或包罗较广的总集,像《乐府诗集》《楚辞》《诗经》《全唐诗》《杜工部集》《白香山集》《花间集》《陆放翁集》等等……"他在 1930 年代还撰写过题为《古籍整理的新倾向与新方法》的长文(或专著),可惜未发表,今见详细提纲和部分手稿。上面举例的这些都是他在旧中国写的。可知他早就已经提出要整理标点《二十四史》等书了。

新中国一成立,不仅国家任命他全面负责全国的文物考古工作和图博事业等,而且从一开始他就被选为全国政协的文教组组长、全国文联的研究部部长和全国作协的古典文学部部长等等,而这些工作都与古籍整理密切有关。据宋云彬、王伯祥等人日记,早在 1950 年,郑振铎就组织了一个古典文学整理委员会。1952 年 1 月 19 日,郑振铎在致徐森玉信中说:"我意必须编纂若干部空前的大书,将过去的文化艺术作一个总结。承前启后,今正其时。……《全宋诗》《全明曲》亦可着手。《十三经》《廿四史》之类,也必须加以整理。工作实在太多,若能集中众力,必可完成许多伟大的工作也。"1956 年 11 月 25 日,他在《人民日报》发表《谈印书》,指出:"凡需要量比较大,而且应该加以重新整理,甚至必须加以新注、新解的古书,像《十三经》《二十四史》之类,则我们得集中些专家们组织专门的编辑委员会,分别进行整理工作,俾能于几年或十几年之内,有面貌全新、校勘精良的中华人民共和国版的《十三经》《二十四史》出版。在这方面,说来话长,拟写专文论之……"这是建国后郑振铎最早在党报上正式发表的涉及提议整理标点《二十四史》《十三经》等的文章。1957 年 2 月 8 日他致潘景郑信中也提道:"正在考虑,如何进行比较切实有用的工作,例如重印整理过的《十三经》《廿四史》之类,此时不做,此项工作便将无人能做了! 薪尽火传、承先启后的事业,正待我辈从事之也。"一个月后,3 月 18 日,他终于正式写出了"专文论之"的《整理古书的提议》,随后发表于 4 月 25 日他主编的全国政协内部刊物《政协会刊》上,引起了党和国家最高领导的高度重视(有关批示和情节尚待发掘公布)。我认为必须指出,国家古籍整理出版规划小组的"成立背景",显然就与郑振铎这篇重要"提议"有关。

齐文没有提古籍整理出版规划小组成立前的一次非常重要的筹备会议,而这个重要会议就是在郑振铎家里召开的,足见郑振铎在古籍整理出版规划小组筹建中的核心地位。就在发表《整理古书的提议》两个月后的 6

月30日,郑振铎日记记载:下午"六时许,黄洛峰、金灿然、王任叔、齐燕铭、周扬、林默涵、吴晗等,在此便餐,讨论编印古书事。这次下了决心,已有结果。由齐燕铭同志组织规划委员会,负责进行。"此后,筹备工作由齐燕铭负责,而郑振铎也是作出了重要贡献的,特别是这个规划小组重要组成部分的文学小组的工作。年底12月29日,郑振铎日记:"九时,到齐燕铭同志处,谈影印古书事,即在那里午餐。"翌日,郑振铎日记又记:"下午二时许,伯祥、斐云(按,即赵万里)来,皆往文学研究所,参加'文学小组'规划会议。"王伯祥日记也记载:"午前得西谛电话,……二时前至西谛家晤之,坐甫定,斐云至。盖亦同约座谈者。稍坐,三人同乘出城,径诣文研所。至则灿然、(何)其芳、(余)冠英、默存(按,即钱锺书)、子书(按,即孙楷第)已先在。有顷,莘田(按,即罗常培)、天行(按,即魏建功)、(游)国恩皆至。三时开会,由西谛、其芳、灿然先后说明受国务院科学规划委员会古籍整理规划小组委托,起草关于文学方面者(共分三大类,即哲学、史学、文学)。交换意见后,推在场诸人分任起草。余与西谛、斐云任文学基本书籍之目录,订于一月三日,上午集西谛家动笔。"

其后1月3日郑振铎日记:"九时许,伯祥、万里来,一同起草科学规划中的关于文学古籍的翻印、整理计划。拟出了一张356种的书单,又在其中选出最重要的作品100余种,必须加以精选的读书52种,以及'内部资料'的目录16种。这个工作,到下午五时告成。"同日王伯祥日记也有记载。5日,郑振铎又精心作了调整,并在日记中写道:"七时许起。……整理书单,分为五种:基本丛书凡360种;文艺干部必读书凡120种;应加以精工整理的凡60种;一般文艺青年及干部必读的读本凡52种;内部参考丛书凡16种。似此加以一番整理,足窥全貌,并可看出轻重缓急来。十一时半,工作毕。"1月30日郑振铎日记:"下午……四时,在那里开古籍整理和印行的小组会。齐燕铭、潘梓年、翦伯赞、金灿然诸同志均在。谈了开成立会的事。"31日,郑振铎又记:"二时半,到文学研究所,参加科学规划委员会的整理、重印古籍小组的文学方面的座谈会。到者有齐燕铭、钱锺书、何其芳、王伯祥、余冠英、徐调孚、金灿然、吴晓铃诸人。"

2月9日上午,在全国政协礼堂第二会议室召开了古籍整理出版规划小组的正式成立大会。会议连开了三个上午,这在郑振铎、王伯祥、顾颉刚、舒新城等人的日记中,都留下了珍贵的记载。舒新城在日记中激动地感叹:"此次对古籍规划可称前无古人,远胜历代皇帝的力量。人民政权之优越即在此。"第一天会议中午,郑振铎还专门请了徐森玉、金兆梓、徐嘉瑞、李一氓、赵万里等几位与会的友人到自己家里聚餐畅谈。郑振铎虽然主要负责文学小组的工作,但实际上他一直对整个规划小组(包括史学小组、哲学小组)的工作都是十分关心的。一个月后的 3 月 13 日,《人民日报》社举行座谈会,郑振铎、潘梓年、翦伯赞等人出席,郑振铎在会上的发言后以《让古人为今人服务》为题,发表于 18 日《人民日报》。他在发言中再次提出:"如《二十四史》,一定要有中华人民共和国自己的版本。到现在为止,还没有分章断句、加索引的《二十四史》。这搞起来并不太难,对读者却大有用处,但是我们并没有做。汉朝还有'章句之儒',我们为什么不这末做?"

　　齐文提出,在纪念古籍整理出版规划小组成立六十周年之际,应该同时纪念齐燕铭逝世四十周年、金灿然诞生一百〇五周年。我对此非常赞同。郑振铎在规划小组正式成立后不久,就不幸因飞机失事而壮烈牺牲,壮士赍志以殁,不能再为我国的古籍整理出版规划事业作出更多的贡献,因而很多的工作便主要由齐、金等同志来担任了。但是,我们今天仍然不应该忘却郑振铎不计名不计利的开创、奠基之功。2018 年也正是他的一百二十周年诞辰和牺牲六十周年,因此特写此短文向他致敬!

(2018)

饮水不忘掘井人
——郑振铎与文学研究所

《新文学史料》2008年第一期上,有柳鸣九先生的长文《何其芳在"翰林院"》,读后对何其芳先生更加崇敬,同时对柳先生亦怀敬意。不过,我又想坦率地指出,柳先生此文把郑振铎先生的功绩完全忘却了,是不应该的。

柳先生所说的"翰林院",就是现在的中国社会科学院文学研究所。郑振铎是它的主要创办人和第一任所长。何其芳开始是副所长,在1958年10月郑振铎不幸因公牺牲后,继为第二任所长。郑先生直到临牺牲前四天,还在百忙中赶到该所,出席了一次会议(不过,那是一个"批判"他的会议)。

柳先生说,在当年的文学研究所,"颇不乏'国士''大师'级的人物,就我知闻而言,我还不知道整个二十世纪中国有过任何一个单位有如此的'人才奇观',似乎历史上任何一个朝代盛世的'翰林院',亦不见得有过此者。"这话是否有点夸张,姑且不论;我满以为柳先生在谈论文学研究所这些"国士""大师"级人物时,首先就会写到郑先生,然而却没有。在柳先生这篇专谈"翰林院"历史的三万字长文中,只有一处提到了郑先生。那是在讲到文学研究所集体编写的三卷本《中国文学史》时,提到"此书之前,在中国文学史研究领域里,名声最大、影响最大的学术著作是复旦大学教授刘大杰所著的《中国文学史》以及前文化部长郑振铎所编著的《中国俗文学史》。"然而遗憾的是,柳先生这样说,却又遗漏了郑振铎早于刘大杰多年在1930年代出版的四大卷名著《插图本中国文学史》。那可是著名文学理论家、文学研究所老前辈李健吾先生盛赞之为"划时代的造诣"的"巨著"啊!

柳先生文中多次写到何其芳是"最初受命""创建"文学研究所的人,是"组阁者""领军者",是文学研究所"领导人之首""最高指挥官""双肩挑的第一把手"。甚至称何其芳是该所"开明君主",在所里创立了一种"何氏秩序"。称他是文学研究所"这金字塔尖顶上端坐"的人,"他在这金字塔尖端上的位置是独一无二、任何人都无法代替的。""他是这个领域、这个机构里最具有综合优势的唯一一人",是"文学研究与评论领域的首席代表"。称研究所的其他人都在何其芳"手下""麾下"(这个词用了至少六次)。柳先生这样说,真不知将郑振铎先生置于何地?

事实是,文学研究所在1952年筹备时,就是以郑振铎为首,何其芳为辅的。1953年2月23日,政务院文教委员会正式任命郑振铎为该所所长,何其芳为副所长。当然,后来郑振铎因为还有其他许多重要公务,因此,文学研究所的日常工作主要是由何其芳做的。但该所的大政方针的主持者无疑仍是郑振铎,何其芳时常要向郑振铎汇报、请示工作。

在我看来,郑振铎对早期文学研究所的最主要的开创性贡献有四个方面:一是邀请、召集了一批著名的文学研究者,组建了一支水平非常高的研究员队伍;二是制定了一系列科研课题,出了一批经得起时间考验的优秀成果;三是为该所的图书资料建设打下了坚实的基础;四是为文学研究所指导、培养了好几位外国留学生、研究生,如今大多成为海外著名汉学家。但在柳先生的笔下,这前三条的功劳都是何其芳的(当然,我认为何先生也是有功劳的,不过首要功劳不能算在他头上),最后一条他则没写到。

柳先生说:"据说,文学研究所最初的每一位高级研究人员的来所都是由何其芳在全国范围里亲自物色、亲自圈定、亲自推动调遣工作的……"我不知道他是听谁这样说的。其实,他提到的"'一代才子'钱锺书,学力深厚的古典文学研究家、校勘专家王伯祥,汉魏研究大家余冠英,学识渊博的中国古典小说史权威孙楷第与戏曲杂艺研究权威吴晓铃"等人,无一不正是由郑振铎"亲自物色、亲自圈定、亲自推动调遣工作的"!柳先生还提到的潘家洵、李健吾、杨绛、罗念生、罗大冈、唐弢等人,以及他没有提到的俞平伯等,也莫不如此。像王伯祥、俞平伯、潘家洵等,都是郑振铎二十年代的老朋友、郑振铎当年领导的文学研究会的会员;钱锺书、杨绛夫妇等,也是郑先生多年的最好的朋友;吴晓铃则是郑振铎的学生。

我这里再举几个例子,看叶圣陶日记,1952年4月4日,王伯祥访叶圣陶,"渠发牢骚,谓开明[书店]创立二十余年,今将与青年出版社合并,不意残局之收结,责归于其身。在合并机构中任事既勉强,且心意上不安(以薪金特大,与他人不协调),最好别谋他事,嘱余设法。"至10月27日,叶圣陶日记又记:"三时,偕[胡]愈之到怀仁堂,出席[政协]全国委员会之扩大会议……会中晤振铎,言于北大新设之文学研究所已成立,渠为主持人(尚有何其芳),伯祥可入所为研究员云。余觉其甚为得所。"可知,王伯祥之去文研所,完全是郑振铎的安排,叶圣陶也认为得其所哉。再如李健吾,1953年9月巴金在北京参加全国文学艺术工作者第二次代表大会时给妻子的信中说:"健吾未去参加文代会,郑振铎提意见,这是对的。"可知李健吾此时在上海不受重视,连出席文代会的资格也没给,郑振铎甚为不平,就邀请他转到文学研究所来。李健吾后来在《忆西谛》中也写到,是郑振铎热情邀请他去文研所工作的,并请他吃饭,算作接风。又如唐弢,1957 年 11 月 18 日郑振铎在苏联列宁格勒访问时,还在致唐弢的信中热情动员他从上海转到北京的文学研究所来。但后来唐弢调动成功时,郑振铎却不幸逝世,所以唐弢到北京后,马上就赶到八宝山革命公墓向郑先生"报到"。

关于文学研究所最初的一系列科研课题,大多也是郑先生亲自制定的。例如,俞平伯继续研究《红楼梦》,钱锺书搞《宋诗选注》,王伯祥校注《史记》,余冠英选注汉魏六朝诗文,吴晓铃选注元曲等等,就都是郑振铎指示或商量安排的。那部集体编写的三卷本《中国文学史》,也不是像柳先生说的全是何其芳构思、立项、主编的。这里,只要引用何先生写的《悼念郑振铎先生》中的原话,就明白了:"他(按,指郑振铎)提出了编写十余卷本的中国文学史的计划。他热心地参加每一次讨论文学史的计划的会议。"关于这部文学史,何先生在文中明确地说是郑先生"主持"的。当然,不幸郑先生赍志而没,后来继续主持这部文学史编撰工作的负责人就是何先生了。但我们总不能忘记郑先生的功劳。

何其芳先生在上述悼文中说,郑先生在"筹备文学研究所的时候,他已经是工作相当繁忙了,但他对于各种筹备工作都积极地参加过意见。成立以后,他对于所里许多方面的工作也一直是关心的。后来他常常出国,对所里的具体工作才过问少一些。在整风运动开始以后,特别是整改阶段,他对所里的研究工作的改进又很关怀了。"为了更确实地说明郑先生对文学研究所的"关心",我从郑先生的日记里辑录出一些史料。可惜的是,今天能看到的郑先生的日记很不全。但以下所录的资料也已经很能说明问题了。

一九五六年

十一月一日

上午八时,到文学研究所开会。

一九五七年

二月七日

八时半,赴北大,主持文学研究所的所务会议。

二月十六日

上午八时许,到文学研究所主持全所会议,由何其芳报告 1956 年研究工作检查情况,由我加以补充,说明要加强计划性、纪律性及联络工作。最后说明要消灭研究工作的空白点,要有新的力量的补充。

五月十八日

五时即起。匆匆梳洗后,即赴飞机场,为缅中友协代表团团长达拉博士送行也。飞机六时半起飞。赴钱默存[锺书]宅,他们刚在早餐。又到李健吾处,他正卧病在床。九时,到科学院文研所开座谈会,发表意见的人不多,可见尚有顾虑。

五月十九日

五时半起。……人民画报社的人来谈,要我写关于永乐宫的文章。何其芳、王平凡来谈文学研究所的事。

五月二十五日

六时起。看书。八时半,到勤政殿,和陈云、姬鹏飞、刘晓诸同志,陪同伏罗西洛夫同志及费德林同志等,到八达岭参观长城。……二时半,回家稍息十余分钟,即到西郊科学院文学研究所开座谈会。这次北大的教授们来了不少,谈得还算尖锐。六时许,散。偕吴晓铃到隆福寺,在大雅堂取得玩虎轩刊的《西厢记》附录一册,想得到玩虎轩是刻过《西厢记》的。何时能够得到那个刻本呢?一同回家,将借他的《古剧丛刊》的几个底本还给了他。甚倦。躺在院子里的藤椅上竟睡着了。

六月一日

八时,到[文化]部办公。九时,到政协礼堂,参加工作会议。我说了不少话,对于保护文物事,尤为慷慨激昂,不知有效果否?下午二时半,在科学院文学研究所开座谈会,也说了不少话,因免冷场也。

六月二十八日

八时,到文学研究所开所务会议。

八月二日

七时半,赴飞机场,送缅甸国会代表团动身离京也。……八时半,到文学研究所,参加反右派斗争会……〔按,据王平凡在《深切怀念郑振铎先生》文中回忆:"文学所召开批判'右派'杨思仲大会。会后,何其芳同志问郑振铎所长有何意见,郑先生坦率地说:杨思仲除了他和冯雪峰的关系外,我听不出他有什么右派言论……冯雪峰是我的老朋友。他叹了一口气,用他的习惯语言说:我的朋友杨思仲怎么也成了右派?他建议不要再批判了。"杨思仲即陈涌〕

八月八日

上午八时,到西郊文学研究所开所务会议。

八月十五日

八时,到文学研究所主持全所大会。由何其芳、汪蔚林、王平凡诸位,分别报告小组讨论及所务会议的决定。最后,我说了话。

十二月二日

十一时三十五分,到达北京南郊飞机场。……三个月的旅行,至此告一结束。才到家门,何其芳、罗大冈二同志已在等候,谈了会文研所事。〔按,郑振铎赴保加利亚、捷克斯洛伐克、苏联三国极其紧张地开会、讲学了整整三个月,今天刚刚回来。〕

十二月四日

八时半,到文学研究所,参加全所会议,我谈出国参观情况。

十二月七日

八时半,到文学研究所开会。讨论整改小组事。

十二月十八日

八时,到文学研究所,初步讨论学术研究工作的辩论提纲。

十二月二十四日

八时半,到文学研究所,开所务会议,讨论方针、任务的总结。

十二月三十日

八时半,到部办公。下午二时许,伯祥、斐云来,皆往文学研究所,参加"文学小组"规划会议。

一九五八年

一月八日

八时,到文学研究所,主持第十九次所务会议,讨论了整改问题,右派分子处理问题等。

一月十四日

八时半,到部,见《[金瓶梅]词话》已出版,印得不坏。九时,到文学研究所,开会讨论修改十二年科学规划纲要。因为很集中,到午,已毕。主要的改正是加入战斗性的题目,删去了许多非研究性的项目,把《纲要》写得更合理、更有思想性些。

一月二十二日

八时半,到文学研究所办公。

一月三十一日

九时,到政协礼堂,参加人代会的小组会……二时半,到文学研究所,参加科学规划委员会的整理、重印古籍小组的文学方面的座谈会。

到者有齐燕铭、钱锺书、何其芳、王伯祥、余冠英、徐调孚、金灿然、吴晓铃诸人。谈至五时半，散。进一步的拟定书目，必更为完备。

二月二十八日

八时半，到文学研究所办公。和苏联留学生谢曼诺夫谈清末的谴责小说及关于唐代的人文主义的兴起的问题，甚久。有些意见可以供我们参考。提出问题，引起争论，总是好的。

三月十五日

八时半，到部办公。十时，到文学研究所看大字报。默存［钱锺书］夫妇即留午餐。

三月二十日

九时，到文学研究所，参加座谈会，并写了十张大字报。

三月二十六日

六时起，吴晓铃夫妇来，同赴文研所。在图书馆看了一会书。听各组组长汇报，发现了不少问题。十二时许，回。下午三时半，捷克研究生威林格洛娃［按，即米列娃·维林格罗娃］来，谈了一会。偕同吴晓铃，到曲园晚餐。餐后，送他回和平宾馆。

四月二日

八时半，到文学研究所。九时，参加大会。由唐棣华副所长作第二次的检查。我也说了几句话。

四月九日

八时半，到文学研究所办公。看大字报，也写了五张。和唐、陈诸同志谈资料工作的计划。

四月十六日

八时半，到文学研究所，参加西方组的小组会。听大家对李健吾提意见。我也说了话。

四月二十四日

八时，到文学研究所。八时半，开向党交心大会。由潘家洵、朱虹、缪郎山说话，都很沉痛。继我说了些话。

四月三十日

八时半，到文学研究所，讨论编辑中国文学史简编事，期以三年，必当成之。其特色为包括到当代为止，且包括少数民族文学在内。

五月二十八日

八时，到文学研究所。开会，讨论大跃进计划，拟出刊《文学评论》及《文学小丛书》，大家思想都已搞通了。

六月四日

八时,到文学研究所,参加文学史编辑会。

六月十一日

八时许,到文学研究所,参加古代组会议。十二时许,与伯祥等同志同回。

六月十八日

八时,到文学研究所。开所务会议,讨论大跃进的计划。

七月三日

八时许,到文学研究所,主持所务会议。近一时,回。肚中甚痛。下午,躺在床上休息。

七月十日

八时,到文学研究所,和周妙中谈话。参加古代组讨论"计划"的会议。

七月十七日

上午,到中宣部子民堂,参加少数民族文学座谈会,结果,很有成绩。原定两年半编成"三选一史",周扬同志则主张以一年之力成之。邀代表们到森隆午餐,文研所请客也。

七月十八日

八时许到文学研究所,参加何其芳同志的思想总结的报告。大家都提了些意见。〔按,今存郑振铎听何其芳谈整风的思想总结的记录。〕

七月二十四日

八时,到文学研究所,参加乔象钟和陈友琴的思想总结座谈会。

七月三十日

八时,到文学研究所,参加整风总结报告的讨论会。

七月三十一日

八时,到文学研究所,继续参加整风总结报告的讨论会。

八月六日

八时,到文研所,主持所务会议。

九月十二日

七时半许,到文学研究所。和吴晓铃、周妙中二同志谈《古本戏曲丛刊》外集事。和苏联科学院派来的某女士谈中国诗。

九月十七日

八时许,到文学研究所,参加组长联席会,讨论到重点批判几个人的事。偕何其芳、蔡仪二同志到印刷所,看《专刊》封面的样子。

十月八日

七时半,到文研所,和何其芳同志谈了一会。八时半,作自我检讨。说到十一时半,还觉得不深不透,并表示要求大家大力帮助。与艾德林同志谈了一会。偕伯祥,平伯回城……〔按,郑振铎此日在文学研究所"学术批判会"上的"检讨",极为诚恳。今存他的草稿及他人的记录稿。他人的部分记录稿后以《最后一次讲话》为题发表于 1983 年 5 月《新文学史料》。〕

十月十日

七时半,到文研所。八时半,开会。但正在这时,对外文委来了电话,通知说,陈副总理在外交部接见代表团。只好立刻赶去。赶到时,已九时。〔按,当时郑振铎领命即将率领中国文化代表团出访阿富汗王国和阿拉伯联合共和国。郑先生就是在这次出国途中不幸因飞机失事而牺牲的。〕

十月十三日

七时半许,到文研所,参加座谈会。关于学术思想的批判,是十分重要的。有批判,才能提高。〔按,郑振铎在这次"批判会"上记录了吴、曹、范等所里同事对自己的"批判"发言。〕

柳先生又说,"在'翰林院',何其芳无疑要算是最最重视图书资料建设的领导人"。这"最最"二字,我最不能同意。众所周知,郑振铎才是一个最最爱书、最最重视资料建设的人。他本身就是近代中国最有名的藏书家之一。柳先生说,何其芳"组织任命了以钱锺书、李健吾为首的图书资料委员会"。我想,这个图书资料委员会只要是在郑先生生前成立的,那就只能是郑先生组织任命的。我看到文研所老同志马靖云写的文章《记忆中的郑振铎先生》,就明确写道是郑先生"建议成立所图书资料委员会"。柳先生又说,"何其芳还以不拘一格选人才的精神,物色并任命了一位并无大学文凭、但建国前自学成才、开过书店的人主持图书资料室的工作,他在搜罗旧书与孤本方面,既精明又起劲。"我还不知道这位主持图书资料室工作的先生是谁,但我想,十有八九他是郑先生物色来的。你想,建国前开书店的人,何先生怎么会比郑先生还熟悉?在搜罗旧书与孤本方面,何先生会比郑先生更精明又起劲?顺便提一下,在郑先生逝世后,曾经帮郑先生做过图书资料工作的他的妻子高君箴,也进文学研究所的资料室工作,为该所的资料工作作出了贡献。

郑先生的很多贡献,被人遗忘久矣!这里,我还想起一件事,1980 年代,我偶然看到当时新当任的文学研究所所长在该所的一份就职讲演稿(印刷品),讲演稿中说文学研究所的"首任所长"是何其芳,又提到他们新领导班子为了表示对首任老所长的敬意,议决要在所里招的研究生中培养专门研究何其芳的研究生。(按,该所至今似乎还没有培养过专门研究郑振铎的研究生。)我当时便给这位新所长写信,说郑振铎才是首任所长。他大为吃惊,因为他们所里没有人向他指出这一点。他非常诚恳地对我说,他进所晚,确实不知道此事,一直以为何其芳是第一任所长。他又疑惑地说,他问过几位比他早进所的同事,他们居然也一样不知道。我当时非常遗憾,连郑先生领导过的"翰林院"的人也如此,遑论社会上的一般人?我真为郑先生这位把一切献给中国文学、中国文化的巨人抱屈!现在,我听朋友说从电视上看到,郑振铎先生的照片就挂在文学研究所的墙上。然而,柳先生是该所的先辈了,他进所后郑先生还担任过一年多所长呢,他到现在还不知道郑先生是首任所长,似乎是不应该的。

"饮水不忘掘井人",这是柳先生文章中用过的话。我和柳先生一样怀着对"掘井人"的敬重之心,因此才写此文。尤其是2008年适逢郑先生为国牺牲五十周年和诞辰一百一十周年,读了柳先生的文章,我好像有点骨鲠在喉,不吐不快,相信柳老先生一定不以为忤吧。

(2008)

郑振铎与敦煌
——敦煌莫高窟藏经洞发现百年纪念

一年多前,我们纪念了郑振铎先生的百年诞辰。最近,在敦煌莫高窟藏经洞发现百年纪念活动中,我眼前又不禁浮现出郑先生那亲切的笑容。

郑先生一生中,只去过敦煌一次,只在那里住了四五天,而在告别敦煌后只过了一年五个月,他便为国捐躯,在万里长空中化为了永恒的飞天。然而,他的一生与敦煌有着不解之缘,为敦煌学作出了很大的贡献。

敦煌,中华古代文化的宝库,东西文化交汇的神殿。郑先生对它,几十年魂萦梦牵,几十年研究介绍,就像一个无比虔诚的朝圣者,历经千辛万苦,踏踏实实,一步一步走向它,终于几近在他生命的最后年头,才如愿以偿地到了那里瞻仰鉴赏,并以国家文化工作负责人之一的身份作了视察与指导。我多么希望,有新时代的画家,能在敦煌的墙壁上,画出那一刻何等富有诗意的场面。而我,只能用自己的拙笔,来记述郑先生与敦煌的故事。我想,其间正浓缩着百年中国文化史的沧桑。

巴黎伦敦　看敦煌文物

百年敦煌,它的前半段,是一部屈辱史。

1925年初,郑振铎在他主编的《小说月报》上连载的《文学大纲》中写道,中国古代的文艺作品,大多古奥渊雅,专供士大夫阶级阅读。但民间也并非没有作品,只是几乎全部泯灭,极难见到。"直至于最近的数十年来,才陆续地发现了好些用白话写的流传民间的小说。最古的是清光绪中,敦煌石室里发见的唐五代人的抄本小说数种,……如《唐太宗入冥记》《秋胡小说》等现藏于伦敦博物馆……"

《文学大纲》,实际是世上最早的一部真正的世界文学通史;他的这些论述,无疑就是敦煌文学首次被载入文学史。

　　然而敦煌文书中的精品,为什么大多去了伦敦、巴黎……? 这原因,如今的读书人是大多知道的。那是我们民族史上不堪回首的一页! 1909 年,上虞罗振玉发表了《莫高窟石室秘录》及《敦煌石室书目》。从那时起,中国的读书人就想去巴黎、伦敦等地查访这批国宝。怀着难以形容的心情,张元济去了,刘半农去了,胡适也去了。郑振铎当然也想去,但他因工作走不开,再说又哪来那么一笔出国的钱呢。

　　想不到,大革命的失败,竟促成了他去巴黎与伦敦。

　　他本是一介书生,但积极参加了五卅运动,还是商务印书馆工会的代表。他又带头发起组织了上海著作人公会,拥护共产党领导的上海工人武装起义。特别是 1927 年“四一二”反革命政变后,他又领衔发表了愤怒抗议蒋介石血腥屠杀的公开信。这样,在骤然而至的严重白色恐怖下,他的生命便没有了保障。于是,在岳父高梦旦等人的催逼与资助下,他在 5 月 21 日匆匆搭乘一艘法国邮轮仓促出国了。

　　然而他将事实上的一次政治避难,转变为积极的留学进修。他首先想到的,就是乘此机会,去查阅那些敦煌文献。海上颠簸了一个月,他一到巴黎,第一次去法国国家图书馆看书,借的第一本书就是被伯希和弄去的敦煌抄本《太子五更转》。当他接到这抄本的那一刻,双手都颤抖了。那是无比珍贵的千年以前我们先人的手泽啊。那个时候,法兰西还没有成为一个独立的国家呢。

　　几个月后,他又去了伦敦,在那雾都的不列颠博物馆,他又查阅了斯坦因窃去的大量敦煌经卷,和“变文”等敦煌讲唱文学史料。据说,当时博物馆的善本部有一条规定,只准看,不准抄录。这可苦了他,只好默默地背熟一段,然后到外面吸烟室里再记下来。这样干太慢太累了,于是在伦敦的老舍、朱光潜等朋友也来帮助他,轮流背诵与默写。

　　除了看敦煌文书外,他也看被盗的敦煌绘画。多年后,他在《西域画》的序中写道:

　　　　我们一走进他们的古物陈列所,便将为若干大幅的古西域壁画所震撼。那是一千年左右的若干无名艺术家们的杰作。我们徘徊在那些古壁画之下,不忍别去。色彩还是那么鲜艳,火似的红,海水似的碧绿,线条是那么虎虎有生气……

　　　　我们站在那里,想象着古往今来的故事,望着千年左右的鲜艳犹耀人眉目的古壁画,以及那些不同年代的壁画里的不同的民族的活生生的脸,以及他们的各式各样衣冠服饰,简直像在温习一遍古西域或古亚洲的历史。

　　光线渐渐地暗淡了下去,铃声丁丁的在响着,我们才瞿然地惊醒了过来。

远离故乡的游子,漂零异邦的国宝。在鉴赏我们先人高超的艺术才华的同时,他的心在滴着血!

著书立说　论敦煌文学

　　如果说,"敦煌学"是史学大师陈寅恪最早提出的,那么,"敦煌俗文学"这一术语,则是文学大家郑振铎所首创。

　　敦煌学者白化文,在主编的《敦煌变文论文录》的编辑说明中说:"敦煌俗文学"的范围、内涵,是由郑振铎《中国俗文学史》一书大致划定,并最早作出总括性论述的。然而,《中国俗文学史》出版于1938年;而早于此十年,当他还在国外时,便已写了一篇《敦煌的俗文学》,回国后发表于1929年3月的《小说月报》上。这期《小说月报》的《最后一页》中写道:"郑振铎君的《敦煌的俗文学》是中国文学史崭新的一个篇章;从没有人对于敦煌的俗文学,有过那末有系统的叙述;日本有几篇论及,也不过是零星的涉猎而已。"

　　他这篇论文是他拟写的《中国文学史》的"中世卷第三篇第三章"。他准备写的这部书是极其宏伟的巨著,拟分古代、中世、近代三大卷,共一百章,计十八册,总字数将达三百万字! 后来,虽然"中世卷第三篇"的上册出版了,全书却因种种原因(一个最重要原因是日本的侵略)而未能从容地按原订计划撰写,而改成了他自称为"简编"的《插图本中国文学史》。他在该书序中说,全书约有三分之一以上的内容,是以前和当时其他人写的文学史中所未述及的。而这些全新的内容中的一个重点,就是敦煌文学。

　　1935年,他在主编《文学百题》一书中,又亲撰了有关敦煌文学的《什么叫做"变文"? 它和后来的"宝卷","诸宫调","弹词","鼓词"等体有怎样关系?》。

　　1936年,他在主编的大型的《世界文库》时,又在其第五、九、十、十一等册中,整理发表了很多敦煌作品,首次把它们抬到与世界文学名著并列的地位。

　　1938年,他出版了《中国俗文学史》。正如前面已引用过的白化文先生所说,书中对敦煌俗文学作了迄今犹未过时的正确的论述。

他无愧为敦煌文学研究的奠基人和开拓者。

在这期间,他很想去敦煌,但没有机会。1934 年夏,他去了一次山西大同,参观了云冈石窟。他记道:"云冈石窟的庄严伟大是我们所不能想象得出的。必须到了那个地方,流连徘徊了几天,几月,才能够给你以一个大略的美丽的轮廓。……每一个石窟,每一尊石像,每一个头部,每一个姿态,甚至每一条衣襞,每一部的火轮或图饰,都值得你仔细地流连观赏,仔细远观近察,仔细地分析研究。"他知道,敦煌远比云冈宏伟庄严得多,他更无法想象得出来。(十多年后,他去了敦煌后说,在敦煌要细看得住三年!)

竭尽全力　印敦煌绘画

在他出版《中国俗文学史》时,祖国又一次遭受了大难。

日本帝国主义的炮火,炸毁了他长期工作过的上海商务印书馆。他的这本书,是在长沙的商务分馆匆匆印行的。他准备了多年的一些敦煌文献和绘画的照片,一张也没能用上。而他以前出版的文学史著,全部都是印有插图的。他为此深怀遗憾。

在烽烟弥漫的日子里,他奋不顾身地为抢救和保护祖国的古籍、文物而拼命,同时,经常惦记着敦煌。就在《中国俗文学史》问世之际,他为国家抢救收购了一部极其珍贵的人间孤本《脉望馆抄校本古今杂剧》,共六十四册,包括二百四十二种杂剧,其中约一半是湮没了几百年的。而在他当时及后来写的文章中,一再把这部巨著的发现,与敦煌千佛洞旧抄本的出世相比拟。抗战胜利后,他回忆战时冒着生命危险坚守在上海保卫民族文化,在抢救古籍的工作中,自己的"兴趣渐渐地广颐,更广颐了;眼界也渐渐地阔大,更阔大了。从近代刊本到宋元旧本,到敦煌写经卷子,到古代石刻,到钟鼎文字,到甲骨文字,都感到有关联。"

日本鬼子终于被打败了,他原本希望能恢复正常的研究和撰著生活;但是,国民党却违背民意,悍然发动内战。他又义无反顾投身于民主斗争的前列。直到 1946 年 10 月,反动派查禁了他主编的《民主》周刊及其他进步报刊。他被迫停止写作政论文章,收敛锋芒,转而主要从事学术研究与编书出版。想不到,这次又是因为当局的压迫,而促成了他奋力印制敦煌壁画。

1947 年,他先是编印一部大型的《中国历史参考图谱》。在唐、宋等辑中,他当然都选用了一些敦煌文物与绘画。而在编辑中,他搜集和参考了很多国外的专著和图册,其中有的记载和透露了外国"探险家"从我国西北掠去的大量文物,包括敦煌壁画。有的书上还把这些画印了出来。他看了这些照片,一方面为先人们高超的艺术才华而激动,一方面又无比痛恨外国人的掠夺和国内当局者的腐败无能。他想,大部分同胞对此还不知道呢,或者虽有所了解却不曾看到过图片。再说,经过世界大战的浩劫,还不知道这些古画是否还安然无恙呢!他在编历史图谱时,因限于体例,不能大量选用这些画,所以,他就决心再编印一本《西域画》。

《西域画》共三大册,其第一册便全是被斯坦因、伯希和劫走的敦煌千佛洞的旧藏!此书出版后,反响还很强烈。西北文化协会还专门派人来上海,与他商谈出版回文版之事呢。

《西域画》还只是他主编的《域外所藏中国古画集》的第一种。这部域外古画集共八种二十四巨册,于1948年全部印齐。内容从汉代至清代,每一时代的那么多古画,包括敦煌壁画,竟然都流失到了"域外"!他将这一惊心动魄的事实,告诉了每一个中国读者。除此书及历史参考图谱外,他当时还编印了《韫辉斋藏唐宋以来名画集》《中国古明器陶俑图录》等大型图籍,也都是为了唤起人们对祖国文物古画的关注。这是何等感人的爱国壮举!我们更不要忘了,那是一个怎样的年代。当时,国统区的物价就像断了线的风筝,向高处乱飞。他为了编印这些图籍,克服了难以想象的困难,还背了很多的债呢!

他在《西域画》的序言中,还特地提到了抗战期间才成立的规模很小的敦煌研究所,并说:"近来也要为了减政之故而撤销了去。"这是对艰苦奋斗在西陲敦煌的研究人员的关心与支持。

正是与上述他的工作有关,1948年,以一生献给敦煌艺术的常书鸿来上海首次举办敦煌艺术展览。他当然去参观了,并从此与书鸿建立了深厚的友谊。

大张旗鼓　办敦煌展览

1948年的敦煌艺术展,虽然很不容易,但在当时的条件下,规模很小,影响也不大。国民党政权摇摇欲坠,百姓生活苦不堪言,风声鹤唳,人心惶惶,还能有多少人来参观呢。但他鼓励书鸿坚持下去,并说:"后会有期。"

不久,那个早已被中国人民唾弃的政权终于垮台了。北平恢复叫北京,成立了中华人民共和国中央人民政府。他也参与了新中国的开国大业。他是全国政协委员、政协文教组组长,又被任命为中央文化部文物局局长。几年后，又任文化部副部长。有关敦煌的工作，正在他的职权范围之内。

1950 年，敦煌研究所所长常书鸿接到他的电报，赶来北京。他们热烈地握手，不约而同地说："真是后会有期！"他兴奋地说，现在是人民当家作主了，我们要在新中国的首都像像样样地办一个大型的敦煌展览。这是文化部与文物局的重头工作之一。

书鸿带来了敦煌研究所历年描绘的一些壁画摹本，又忧心忡忡地说，有同志认为这些壁画是封建迷信的东西，不宜在新中国的首都展出。他与副局长王冶秋立即严肃地指出，毛主席早就讲过，我们必须继承一切优秀的文化艺术遗产，批判地吸收其中一切有益的东西，剔除其封建性的糟粕，吸收其民主性的精华。现在搞敦煌展览，不仅对新中国的文物、艺术事业大有好处，而且还是一项配合全国抗美援朝斗争的政治任务。因为敦煌文物自发现以来正好半个世纪，一直受到帝国主义的劫夺。这次展览，就是一次生动的反帝爱国教育。书鸿听了，顿觉豁然开朗。

这是新中国初期最早的一次空前的大型文物、艺术展览。筹备工作一直由他亲自抓。1951 年 1 月 26 日，他在国立北京历史博物馆主持召开了二十多人参加的筹备座谈会。几个月后，4 月 7 日，周总理及郭沫若、茅盾、周扬等负责同志来到设在故宫午门城楼的展览会认真审查，给予好评。10 日至 12 日，又作了内部试展。13 日正式开展。参观群众人山人海，轰动京城。

11 日，他在《人民日报》上发表了《敦煌文物展览的意义》，《新华月报》等报刊作了转载。文中指出，敦煌文物的展览，不完全是表白敦煌艺术的重要性，也不只是报道敦煌研究所的辛勤工作，更主要是为了叙述敦煌文物被帝国主义掠夺的惨痛历史，提高人民的爱国主义精神。

就在正式开展的那天，他又开始撰著《伟大的艺术传统》一书，其中当然也得写到敦煌。他在序中说："热爱祖国的伟大的艺术传统，也就是热爱祖国，也就在进行着爱国主义的教育。"

3 月，解放前因他与鲁迅复刻笺谱而幸免倒闭的北京荣宝斋，木刻套色水印了他主编的《敦煌壁画选》，他还写了序。第二年，他又重选、增加，并重新写了序，又连续三年印出了三辑。到 1956 年，他又重加选编，再次印行。可见他为这部《敦煌壁画选》耗费了多少心血。

这一年，他还把他主编的《文物参考资料》（今《文物》杂志的前身）办了两期《敦煌文物展览特刊》，并亲撰了《前言》。

这年 10 月 12 日，他参加新中国第一个文化代表团，去印度、缅甸的主要城市举办中国文化艺术展览。敦煌壁画摹本就是展览的重要内容，而他又常常向外国友人亲自作介绍和讲解。在印度时，他还去参观了著名的阿疬他石窟。虽然他还未去过敦煌,但他知道敦煌远比阿旃他更宏伟辉煌;而且,他还看出了阿旃他与敦煌有着因缘关系。更令他感慨的是,阿旃他与我们的敦煌一样,它的雕塑与壁画也曾遭受过帝国主义的盗窃和毁坏。他对印度朋友表达了同仇敌忾的感情。

敦煌壁画摹本后来还在北京多次展出。他还曾亲自陪同柬埔寨王国年轻的西哈努克亲王参观过,有照片为证。他的这些工作,为中外和平友好事业,为向世界介绍敦煌,作出了贡献。

风尘仆仆　赴敦煌视察

常书鸿曾向他报告敦煌洞窟有倒塌的危险,尤其是五座唐宋代的窟檐木构建筑年久失修。他当即决定拨专款抢修,委派专家赴敦煌规划并督促抢修工程。他一直很想亲自去那里察看,可是老是没有时间。直到1957年春,机会终于来了。

4月17日,他作为全国政协视察团团长(副团长为翁文灏),率领十几名政协委员,去西北视察各项工作。在陕西西安等地视察后,26日又分成二队,他率领其中一队去甘肃兰州视察,并于5月1日开车去敦煌。过黄河,经武威、张掖、酒泉、安西、玉门等地,至5日晚上才到。当时交通尚不方便,旅途辛苦自不待说。而他行装甫卸,便急不可待地要求常书鸿立即带他去古洞窟巡礼。

在夕阳的金色余辉中,他看壁画,看塑像,不断地惊叹、欢呼,沉醉在敦煌艺术中,早忘了一路的疲劳。他才知道,所谓千佛洞,又何止千佛?洞窟上下五层,高低错落,鳞次栉比,南北长达三里多,虽然曾遭到帝国主义分子和国内奸人的无数次破坏,但幸存的从北魏到元代千年间各代壁画和塑像的洞窟仍有近五百个,壁画四万五千多平方米,彩塑二千四百多尊,唐宋木构建筑五座,莲花桩石和铺地花砖数千块。这真是一个由绘画、雕塑、建筑构成的辉煌的艺术宝殿啊!其中的塑像,最高的有十丈,小的仅三寸,无不栩栩如生。其中壁画,如按二米高排列,可构成二十五公里的长廊!

他全身心地沉醉了!目不能住,足不能停,后顾方作无限之留恋,前瞻又引无量之企求。如偷儿骤入宝库,神魂丧失,莫知所携。如梦游天宫,恍恍惚惚,心自知而口难言,方叹此时文字语言之无用了。天色已晚,只能回住地吃晚饭。当夜,他兴奋难眠,就给很多朋友写信。他说,"百闻不如一见,见了才知道其宏伟,美丽。"他又说,"要细看,得住三年!"

然而,他们只能在这里住四五天。除了参观、视察外,他在敦煌文物研究所召开了三次座谈会,亲切慰问各位工作人员,详细了解包括生活方面在内的各种情况,作了不少指示和安排。他的这次亲临视察,给研究所的同志极大的鼓舞。临走前,应书鸿的要求,他为研究所作了一篇很长的题词,其中说:

> ……走马看花地看了四天,尚未能及其半。千年之美,毕集于斯,诚可谓为民族艺术的大宝库也。研究民族艺术的人,如不到这里来细心学习,至少是一年半载罢,则决不能说是已经明白了中国艺术的优良传统。每一个洞窟的壁画,每一尊丰满圆润的塑像,乃至佛的背光,金刚座的饰图,供养人的大小画像,无不足令人欣赏无已,站在那里,久久地走不开去。若移任一洞窟的壁画到任何一地去,将无不会大为哄动,成为一城一省之绝大骄傲。某一个地方如果存在着像这里所有的任何一堂唐宋塑像,则也将立即成艺术家巡礼的一个中心了。这,使我们不能不羡慕住在这里的同志们的大好幸福。然千佛洞乃是戈壁滩上的一个绿洲,四十里内外无人烟。研究所的同志们在此坚守岗位,努力工作,获得巨大的成绩,这又使我们不能不对他们艰苦卓绝的精神,致以衷心的钦佩,并加以恳挚的慰问。……

最后一次　为敦煌拼搏

他那次赴敦煌视察,是近六十岁的他在国内的最后一次长途奔波;而他在国外的最后一次长途奔波,竟然也是与敦煌有关的。

同年9月3日,他又率领一个中国文化代表团,去保加利亚访问;29日,代表团完成任务后,他又单身一人去捷克斯洛伐克应邀讲学;到10月底,访捷结束后,于10月31日夜又赴苏联莫斯科应邀讲学。

他真是太辛苦了。在莫斯科紧张的讲学完毕后,照理应该是放松一下,主人也作了安排让他旅游散心;然而在11月15日刚结束最后一次讲课,当夜他就请著名的苏联汉学家艾德林和索罗金陪同,乘火车去列宁格勒了。因为他听说,在那里藏有一万多卷敦煌文书及一万多卷西夏文佛经。他早就知道沙俄从我国攫去不少文物,但没想到有这么多。

16日上午到达列宁格勒后,他顾不上劳累,中午便赶到东方研究所查阅敦煌卷了。他只匆匆翻阅了人家拿出来的几十卷敦煌文书,就发现有两卷《维摩诘经变文》是国内的研究者谁也未见过的。他还想再看看别的东西,但人家下班的时间到了。

第二天是星期日,东方研究所不开门,于是他便去冬宫博物馆。谁知那里收藏的中国古文物更多。他经过整整一天的初步调查,认为最惊人的有三大部分中国国宝,其中之一就是敦煌壁画及塑像,数量且不下于伦敦所藏,而半个世纪以来竟一直不为国人所知!

第三天一早,他又赶去东方研究所继续看敦煌卷子,一刻不停地共看了二三百卷。因为已答应要为东方研究所及列宁大学作一个有关中国文学史的学术报告,讲完他们还要招待吃饭,所以下午就最多只有两个小时了。其实他哪有心思吃饭!他有礼节地应酬完后,立即放弃一分一刻的休息,又拼命地看了二百来卷。这些,还都是对方事先挑选出来的呢,他想,未拿出来的还不知道有些什么宝贝呢!但仅就他看过的卷子,就有不少惊人的东西。他目不暇给,手不停抄,可惜又已到了人家下班时间,只得快快离去。19日,他又抓紧时间去查阅了一天。当夜,他不得不乘夜车赶回莫斯科,因为根据安排,他20日一早要从莫斯科出发去高加索访问。

在列宁格勒的这几天,即使是夜晚,他也没有好好休息。因为他要整理白天调查敦煌文物的笔记,并赶写成信,告诉国内的徐森玉等专家。徐先生的儿子徐文堪,后来在一篇文章中说,郑先生在列宁格勒如此争分夺秒地浏览大量敦煌卷子,"实是继刘半农、向达、王重民、姜亮夫诸位先生(陈按,其实还应包括郑先生自己)二三十年代在欧洲访读敦煌文献之后的一个壮举!"徐文堪先生还认为,当年郑先生寄给徐森玉先生的信,"是关于苏藏文书的第一篇比较具体的报道"。

他这样为祖国、为敦煌研究事业拼搏的精神,也深深地感动了陪同的苏联学者。艾德林后来回忆说:"郑振铎一分钟也不肯闲着……他处处总是吸取能对他在祖国所从事的工作有所裨益的经验。在列宁格勒,他观察怎样修复湿壁画,目的是为了把这个方法应用到敦煌石窟里去……"

如今,我们可以告慰郑先生的是,当年他如此拼命查阅的那批俄藏敦煌文献,现正由俄方与上海古籍出版社合作陆续编印出版,有望在三五年内刊布完毕。更可告慰郑先生的是,敦煌研究事业和祖国的所有建设事业,都在党的领导下,一日千里地发展着!

(2000)

郑振铎保护天一阁

我参观过天一阁,看过那里的说明文字,也读过不少介绍天一阁的书和文章,例如友人余秋雨兄的脍炙人口的《风雨天一阁》,发现都不曾提到一位与天一阁有关的文化人士。然而,我认为只要说起爱书、藏书,此人便是不可不提的最有名的"书癖",也是"大腕"藏书家;而要说到他与天一阁的关系,那也是非同一般。有关天一阁的文章中竟从不提及他,真是件令人遗憾又奇怪的事!

他,就是已故文化巨匠郑振铎先生。

郑先生一生中,据我所知,至少三次去过天一阁(一次未能登楼)。

第一次是1931年8月。郑先生因长期领导上海商务印书馆编译所工会的斗争,与资方王云五的矛盾无法调和,此时正准备离开工作了整整十年的商务印书馆,到北平去教书。而在北平图书馆工作的友人赵斐云(万里),这时却南下访书来了。于是他顿发豪兴,决定与斐云一起乘船去宁波。因为他一直向往着范氏天一阁,又想到自己即将离开南方去北平,怎么也得去趟甬城,了此心愿。再说,他与斐云共同的朋友、北大教授、宁波人马隅卿(廉),此时又正好因学校放假而回老家避暑读书。这三位都是爱书如命的,到天一阁聚一聚,是何等愉快的事。不料天公不作美,海上正刮台风,船也不能开,于是他俩便走陆路,乘火车去杭州,转绍兴,又独雇一辆大汽车去宁波。因为当时铁路还没通到宁波。风雨兼程,一心只为书而去,连路过烟雨朦胧的西湖、鉴湖这样的美景之地也无心去游赏。到了宁波,隅卿喜出望外,把臂欢谈,随即捧出家藏秘籍与好友共读。郑振铎说起想登访天一阁看书,却使隅卿感到为难。因为主人范氏有严格的族规,为保护图书,不是曝书之日即使族中子孙也不得登阁观书。此时连日阴雨,自然更难办了。于是,他们在隅卿家里住了好几天,盼望着天晴。隅卿则终日为之奔走联系,最后还是没能如愿。当然,此行收获还是有的,他们遍访了宁波其他藏书家,观书不少,特别是三人还合抄了孙蜗庐所藏明代蓝格写本《录鬼簿》,后来他们的抄本又由北京大学影印出版,给天下读书人留下了三位大学者在宁波访书的实证。

那几天,郑振铎多次在天一阁门前徘徊、楼下瞻仰,既感到惆怅,又理解范氏保护藏书的一片苦心。他相信今后一定会有机会登楼观摩的。不料这一等,就是二十年!

新中国成立之初,郑先生是全国政协文教组组长,又任文化部文物局局长。全国的博物馆、图书馆工作,都在他的主管范围内。1951 年 4 月,他南下上海,便由华东文化部文物处副处长唐弢陪同,视察了天一阁。唐弢给我的信中回忆说:"我们在杭州稍住。往浙江图书馆晤张宗祥(鲁迅同事),在文物保管委员会见马一浮。后至绍兴,以后在余姚住一晚,到宁波住了几天,参观天一阁。"郑振铎在宁波住的时间最长,可知他对天一阁是多么重视。可惜此次视察具体详情我们不得而知。而在他主持的文物局的内部刊物《文物参考资料》"本局记事"中,曾极简略地写到他在视察时见天一阁楼舍亟待整修,当即与范氏后人和当地文化界人士多次举行座谈,就修建楼舍、充实设备、加强保管等问题进行了研究。后来,他还在《文物参考资料》上发表《关于天一阁藏书的数字统计》,强调对天一阁"必须加以保存"。

1956 年 4 月,郑振铎最后一次视察天一阁。这时,他是文化部副部长、全国人大代表和全国政协委员。10 日晚,他到杭州,即与沙文汉省长等人谈了文物保护等工作。他在当日日记中写道:"正拟浙江省的'文物保护单位'目录,加以颁布。"天一阁即在他亲拟的目录中。14 日,浙江省文化局副局长许钦文陪同他乘车赴宁波。途中经过溪口时,他还爬山去视察古迹雪窦寺,烈日下走了好几小时的山路。到宁波后,他全然不顾路途疲劳,立即赶去天一阁视察。时间已是金色的黄昏,天一阁再次迎来了贵客。他在当日日记中写道:"归途,在月湖边站立了好一会。颇怀旧游。隅卿逝矣!似犹闻其语笑。"可见他是一个感情极为丰富的人。隅卿早在 1935 年即病逝了,而斐云则仍在北京图书馆,在他领导下为图书馆事业工作着。

就在这次视察中,他作出了一个在天一阁历史上极其重要的指示。这是有他的未经发表过的手迹为证的(在他的这页工作笔记的上方,有 1956、1561、395 等数字,显然这是他在计算天一阁建阁的年头)。他是这样写的:

关于天一阁的性质、方针、任务的意见

(一)这是一个最古老的图书馆,应严格地使其保持原来的面目;古物陈列所应迁出,另觅地址;

(二)这是一个历史文献性的参考图书馆,应以收藏有历史性的重

要图籍为主;从清初以后的许多文献资料,如登科录等,有复本的,可给它一部;宪法等也应给它一部;

(三)应该四面隔开,以防火灾,保管人的住宅,应离得更远些;

(四)影印孤本,出版天一阁丛书,摄印显(缩)微照片;

(五)由范氏捐献国家,成为国立的,由中央直接管理,但托地方代管。

他对天一阁性质的认定,是非常准确的。他的意见,后来也基本得到实施。天一阁虽然后来并不直属文化部管理,但范氏后人还是遵照他的指示,捐献给了国家。天一阁从而获得了全新的生命。

在近年由国家文物局编的《郑振铎文博文集》中,我们还看到文化部档案室所藏郑先生手稿《关于保护天一阁的批示》:

一、天一阁为我国现存最早的图书馆,必须像保护敦煌千佛洞一样的来保护它。

二、必须单独成立保管所,干部有三人即可。其工资可暂由古建保养费开支。

三、收购附近房屋事,可设法由中央拨款(这是一件大事,要事)。天一阁修缮费亦可由中央拨付。

四、凡有危险性的住家等,均应远离天一阁。厨房更要迁出。灯光万不可有!

总之,必须以全力保护之!

铎 6 月 11 日

阁中有孤本、善本书不少!

1953 年 6 月 11 日

在这个批示中,没有提及范氏后裔。因此,我想这应该是在范氏捐献以后才写的吧,"1953 年"会不会是整理者搞错了? 不管怎么说,郑先生认为保护天一阁是一件大事、要事,指出"必须像保护敦煌千佛洞一样的来保护它",强调"必须以全力保护之!"这是值得我们子子孙孙牢记的!

每一个来天一阁参观、看书的人,都请不要忘了郑振铎先生对它倾注的心血和作出的贡献!

(2002)

"化私为公，得为人民所有"
——给国家献宝的组织者郑振铎先生

1950年9月18日，时任国家第一任文物局局长的郑振铎，写了一份关于新中国一年来文物工作的内部总结报告的提纲，其中有《一年来人民捐献中央的文物、图书的统计》一节，有如下的数字和事例：

（一）图书 三万零一百八十册

（二）古物 二千一百九十一件

由于人民对于中央人民政府的爱戴与信赖，一年来将其私人所藏的文物、图书捐献出来的很多。其中，以刘肃曾捐献的虢季子白盘、朱桂莘捐献的岐阳王世家文物、熊述匋捐献的郘原钟、张子厚捐献的汉石羊、张伯驹捐献的宋人尺牍、赵世暹捐献的水利文献、傅忠谟捐献的宋元明刻本及抄本、常熟瞿氏捐献的宋元刻本、翁之熹捐献的明清抄校本书籍等尤为国之重宝。化私为公，得为人民所有，实为从来未有之举。其他，华东、西南、东北各地区人民捐献的文物、图书，尚有不少，未能列举。

在10月31日写的发表于《文物参考资料》的文章《一年来的文物工作》中，郑先生又写到这些，说："这是打破了旧的地域的、私有的观念的一个时代。一切是归人民所有。归了人民所有，便可以人人都见到，且能充分的发挥其应有的作用。"他举的人们捐献的例子，与上面的报告提纲说的差不多，并指出："这是一个过去梦想不到的大时代，人人为公，没有一点私心、偏见。这样的一个大时代，才能使从事于文物工作者们彻底的肃清了过去的观念和态度，积极地、全心全意为人民大众而工作，而服务。"

郑先生提到的这些"化私为公"的事例，都是他亲自经手的，有的还是他亲自发现或动员捐献的。每一个事例都是动人的故事。人们捐献文物、图书，当然是出于对共产党和人民政府的爱戴与信赖，同时也正是与他的"没有一点私心、偏见","积极地、全心全意为人民大众而工作,而服务"的热诚态度和很高的个人威信分不开的。

瞿 氏 兄 弟

常熟瞿氏捐献宋元刻本一事,就是郑先生在解放初参加中央华东工作团到上海时顺便做的一件工作。据常熟曹大铁回忆,当时政府令地主纳粮缴税,郑先生的朋友张葱玉(后成为文物局干部)家在常熟,有收租田一万亩,首先完纳;瞿家在常熟也有收租田三千余亩,而无现金,正在发愁。葱玉从常熟缴完税回上海后,郑先生邀葱玉到他家里聚餐。那天中央工作团团长董必武也在,郑先生就引葱玉介绍于董老。席间,葱玉谈起瞿氏近状,并请郑先生及在座的著名版本学家赵斐云设法帮助。他们便想到了以卖书献书抵献粮的办法,并当场得到董老的首肯。瞿氏三兄弟当时住在上海,书也藏在上海,于是,郑先生就在百忙之隙去看望了瞿氏兄弟,并参观了他们家祖传的藏书,动员他们卖书献书于国家。

瞿氏祖上因在清嘉道年间收藏铁琴一张、铜剑一柄,故称铁琴铜剑楼。琴本身其实是木质的,但外包铁皮,相传是唐代遗物(后来瞿氏三兄弟也把它捐给了北京图书馆,即今中国国家图书馆);剑则在咸同年间已经失去,亦不知是何代古物。铁琴铜剑楼藏书在清末即与聊城杨氏海源阁、杭州丁氏八千卷楼、湖州陆氏皕宋楼,被人并称为四大藏书家;但藏书家傅增湘则认为:"吾国近百年来藏书大家,以'南瞿北杨'并称雄于海内,以其收藏宏富,古书授受源流咸有端绪。若陆氏之皕宋楼、丁氏之八千卷楼,乃新造之邦,殊未足相提并论也。"铁琴铜剑楼藏书保存五世,历年逾百,就经历之久而言,仅次于宁波范氏天一阁藏书;而精品之多,实解放初海内私家藏书中最完整的宝库。

瞿氏一家爱书如命,但又有爱书人的美德。商务印书馆张菊生先生影印《四部丛刊》《续古逸丛书》《百衲本二十四史》时,瞿氏兄弟之父瞿启甲都慨然出借珍本。如《四部丛刊》已出版的书中,就有出自其家的八十一种,约占丛刊全部的六分之一,为采自私家藏书之首。启甲在抗战期间1940年忧愤去世时,曾遗命三子:"书勿分散,不能守则归之公!"郑先生与瞿氏一家早已熟识,抗战时期他在"孤岛"上海秘密为国家收购图书时,就曾购买过一些瞿氏藏书。瞿氏兄弟久已佩仰他的学识和爱国精神,这次在他的热情感染和鼓励下,便慷慨化私为公,毅然将一批珍贵的宋元刊本及抄校本五十二种、一八一六册捐献给国家,同时将另外一批善本共三〇二种作价归公。作价部分共三千万元(当时一万元等于后来的一元),文化部沈雁冰部长回电说只拟出一千六百万元,然而郑先生知道三千万元其实并不多,而且他已与瞿氏谈妥,未便再贬价,就毅然承担责任,仍以三千万元购下。这是新中国成立初期较早、较大的一次善本图书捐献和收购,当时《人民日报》等作了报道,影响很大。

郑先生代表政府,在上海接受了他们的捐献与出让,并于1950年1月11日亲笔写了褒扬信,称赞瞿济苍、旭和、凤起三兄弟“此项爱护文化、信任政府之热忱,当为世人所共见而共仰”。还殷切地表示“并盼其余尊藏全部,将来能够在双方协议下,陆续价购归公,以免散入私人手中”。后来,瞿氏兄弟正是照此办理的。根据他的意见,铁琴铜剑楼善本全部归藏于北京图书馆。一年后,当上海要正式创办市图书馆和博物馆时,郑先生还特地给陈毅市长等人写信,推荐了“邃于版本目录之学”的济苍、凤起两兄弟。(上面提到的比常熟瞿氏铁琴铜剑楼历时更久的宁波范氏天一阁藏书楼,后来也在他的动员之下,由范氏捐献给国家,由政府管理。)

张 伯 驹

郑先生报告中提到的张伯驹捐献宋人尺牍,人们了解得不多;最传为美谈的则是翌年伯驹捐献《游春图》一事。伯驹与郑先生同年,早就认识。相传伯驹生于官宦世家,其父张镇芳曾任河南都督。伯驹曾与东北大军阀张作霖之子张学良、清恭亲王奕䜣之孙溥侗、民国“大总统”袁世凯之子袁克文一起,被人称为“民国四公子”。但人多未知,伯驹后来还有过革命经历。1947年6月,伯驹在北平参加中国民主同盟,曾任民盟北平临时委员会委员,参加北大学生会助学运动、反迫害反饥饿运动、抗议枪杀东北学生等活动。伯驹收藏古代书画,初时出于爱好,后以保护重要文物不外流为己任,自云:“予生逢离乱,恨少读书,三十以后嗜书画成癖,见名迹巨制虽节用举债犹事收蓄,人或有訾笑焉,不悔。”抗战时期,伯驹曾被汪伪汉奸匪徒绑架,危及“撕票”时,犹传出话来:“宁死魔窟,决不许变卖家藏书画!”伯驹经手蓄藏的书画名迹,见诸其《丛碧书画录》者,便有一一八件之多,被称为天下第一藏。

那件隋代大画家展子虔的《游春图》,长二尺有余,运笔精到,意趣无限,原是从故宫散失的国宝。1946年,该画出现在北平的古玩市场,伯驹知道后，先是建议故宫博物院买下，并表示自己"愿代周转"。但故宫博物院说没有经费。眼看国宝可能流出国外，伯驹便动用自己的名望和关系，竭力阻止古董商人欲卖给洋人的企图，并决心自己买下。原主玉池山房老板马霁川张口便要黄金八百两，后来好不容易谈到二百二十两，但伯驹手里也没有多少钱，便毅然将自己在北平弓弦胡同的一所宅院（据说是清宫太监李莲英的旧居）卖掉。该豪宅占地十五亩，富丽无比，有四五个院子，果树、花草什么都有，还有好几个客厅、长廊。伯驹原本十分喜爱这个宅院，但为了购买《游春图》，便将它以二万一千美金卖给了辅仁大学，再换成黄金二百二十两；不料那老板又称黄金成色不好，要再追加二十两。伯驹无奈，又由深明事理的妻子潘素变卖陪嫁首饰，硬是凑成二百四十两，方才获得此画！这使得伯驹从豪门巨富一下子沦为举债度日。但伯驹毫不后悔，并名其书斋为"展春园"，自号"春游主人"。据说名画家张大千原先也想收买此画，因见伯驹态度如此坚决，只好作罢。又听说后来南京总统府秘书长张群愿以黄金五百两向伯驹求让，伯驹亦一笑拒之。

1952年春的一天，郑先生又一次登门拜访伯驹。伯驹夫妇已经听说他不辞辛劳、到处奔波，将一件又一件文物珍品收归国家的故事，还未等他谈到《游春图》，就主动先开口了："老朋友，如今是人民的国家，我珍藏的《游春图》也该交回人民的手中啦！""好，好。"郑先生微笑着点头，"我们商议一下这件事。"伯驹说："还有什么要商议的？"他诚恳地说："世人皆知，《游春图》是张先生用一座豪宅换来的，当年如不是您收下来，早就流落异邦了。它倾注了您大半生的心血。目前国家虽不富裕，但总要给些报酬吧！"可是伯驹却说："东西在我手里，就是在国家的手里，我怎么能和国家分你我？我一定上交国家，无偿捐献！"郑先生激动地握住伯驹的手久久不放。两人都从对方的含泪的眼睛中读到了理解和信任。后来，伯驹写了一封信，说："予所收蓄，不必终予身为予有，但使永存吾土，世传有绪，则是予所愿也！今还珠于民，乃终吾夙愿。"伯驹将此信和《游春图》，还有唐伯虎的《三美图》真迹及其他几幅清代山水画轴一起送到了他的办公室，又表示坚决不要报酬。但他一定要由文化部奖励其人民币三万元，伯驹推辞不得，就收下了。

还值得提到的是，1956年，在国家号召人民购买公债时，为了支援国家建设，伯驹夫妇又毅然决定将自家宝藏的其余珍贵字画捐给国家。那天，夫妇俩携带珍品驱车去文化部郑先生的办公室，伯驹对他和其他同志说："我一生所藏真迹，今日尽数捐献国家！"就这么一句极其朴实的话。在场之人无不激动得热泪盈眶。后来，国家奖励伯驹夫妇二十万元，但他们分文不收。他们所捐献的是中华民族的国粹，是无价之宝，是无法用金钱计算的啊！7月，文化部长沈雁冰亲自签发了褒奖状："张伯驹、潘素先生将所藏晋陆机《平复帖》卷、唐杜牧之《张好好诗》卷、宋范仲淹《道服赞》卷、蔡襄自书诗册、黄庭坚草书卷等珍贵法书等共八件捐献国家，化私为公，足资楷式，特予褒扬。"

潘　世　兹

我们再讲一些上面郑先生的报告中没有提到的后来与他有关的化私为公的故事。

1951年春，他正在上海视察、调查。一日，忽收到圣约翰大学（此时已被人民政府接管，后于1952年秋该校各院系分并于其他大学）校务委员会副主任潘世兹的来信。他与世兹不熟，对美国用"庚款"办的这所教会学校也无好感。这次到上海调查研究，世兹也在座谈会上积极发言。他知道世兹是已故潘明训（宗周）的儿子，而明训他是认识的，乃有名的藏书家、宝礼堂的主人。为何称"宝礼堂"？乃因其藏有原曲阜孔府传家之宝、海内孤本宋刊《礼记正义》。清代大藏书家黄丕烈（荛圃），聚书上万卷，但所藏宋版不过百余种，即自号"佞宋主人"，又自称"百宋一廛"（"廛"是房屋的意思）；而明训藏书数量不算多，却也有宋版百余种，可与黄氏相埒，故宝礼堂又名"今世百宋一廛"。要知道，我国虽然唐代已有雕版印书，但唐和五代刻本仅有极少存世残本，且大多已流失国外；宋刻本质量精美，传世也极稀少，明清书贾即已按页计值。如今的海内外任何大图书馆，如有宋版，均列为特藏中的特藏、善本中的善本。而明训不吝巨价，多年搜购，竟藏有宋版一百十一部，元版六部，又都是内容重要的书，能不令人惊讶！

郑振铎深喜明训具有藏书家的美德。如那本宋刻《礼记正义》，明训认为应该让广大研究者和读者也有研读和观赏的机会，便耗资巨万，将书拍照，照原样精工雕版，印成百部，装帧也照旧，分赠各大图书馆。明训还在1939年刊印《宝礼堂宋本书录》四卷，公开自己所有的珍藏。该书录由张菊生先生编撰并作序，刚印好，明训便去世了，该书录由其家属封存，仅送了极少几位知友。他因不认识世兹，便托菊生先生去要，不料竟未得到。后由书贾友人李紫东把自己的一部送给了他。他觉得卷帙浩繁，披览不易，曾于1941年10月29日手录其目为一册，以便自己经常翻查。可见他对此重视的程度。

明训忧愤逝世后，1941年7月，郑振铎从友人卓有同处听说潘家要卖书，索五十万美金，并盼能归国家所有。他立即写信报告中央图书馆负责人蒋慰堂，并与著名版本学家徐森玉先生一起去看过两次书，确认其重要价值。他建议慰堂转请中英庚款董事会总干事杭立武给卓有同（卓氏是杭氏老同学、潘氏姻亲）写信，请有同从中帮忙。他还把自己整理的宝礼堂藏书简目寄给慰堂。他又与国立暨南大学校长何柏丞、私立光华大学校长张咏霓先生，联名写信对重庆有关当局说："此批书非同小可，诸股东注意及之，诚我国'文化'前途之大幸也！"可惜他正在与重庆方面及潘家商谈中，太平洋战争就爆发了，此事当然进行不下去了。宝礼堂藏书后来全部移往香港秘藏，据说还是通过一艘英国军舰秘密运去的。一直到1947年9月，有同又告诉他，宝礼堂藏书有出售意，价钱仍然是五十万美元。他又立即给慰堂写信，询问中央图书馆能不能购下。但这时国民党当局正热衷于打内战，不可能拿出这样的巨款来买书。

新中国成立后，世兹便考虑将这批珍贵古书运回来。不料，宝礼堂藏书存在香港的消息被泄露了，有美国人通过关系找上门来，仍欲以美金五十万元购之。但世兹却不想卖了。因为世兹曾于1930年代留学英国剑桥大学，历游伦敦、巴黎、华盛顿等地，目睹那些地方的图书馆、博物馆里收藏中国图书文物之多，颇为心惊，愤愤于帝国主义的强取豪夺和国内奸人的盗卖。世兹后来又读过郑先生的《劫中得书记》《求书日录》等文，深受教育。世兹不愿让祖上留下的书卖到国外去，便给他写信，表示愿将这批国宝献给新生的国家！

他读完此信，不禁流出了激动的泪水。多么好的知识分子，多么好的公民啊！信是写给自己的，但这不仅仅表明世兹对自己的信任，更是对党和政府的拥护。而只有人民的政府，才能得到人民这样的爱戴啊！此事必须妥善办理，万无一失地将书运回。他立即召世兹面谈了一次，并决定马上回京向上级汇报并作安排。6月7日，他专门设宴请了世兹，还有友人丁惠康医生、"铁琴铜剑楼"瞿氏三兄弟等其他捐献文物、图书的人士。负责华东、上海文物图书工作的黄源、徐森玉、顾廷龙、唐弢等人应邀作陪。

翌年，为庆祝第三届国庆节，他在北京图书馆主持了"中国印本书籍展览"，展出的宋刊本共二百二十种，其中选自"宝礼堂"的就约占了三分之一。他特邀世兹夫妇作为贵宾来京参观，并代表文化部给世兹发了奖状和奖金。他高度赞扬了世兹的爱国精神。世兹后来担任了复旦大学图书馆副馆长和上海市人大代表。1958年，世兹又将其父精印《礼记正义》时的枣木刻板一千块，献给了上海市文物保管委员会，北京的中国书店又用这些木版重印了此书。中美建交后，世兹还把《宝礼堂宋本书录》送给美国总统，以促进两国文化交流。这些都是后话了。

李庆城等人

1951年春,郑先生在浙江视察文物图书工作时,又偶然得知宁波有一位姓李的藏书家藏有明刊原本《天工开物》。他立刻觉得这是一个重大的消息。《天工开物》为明末宋应星所撰,实为一部明代科技百科全书。该书初刻后一百多年,始有石印本,但已非原貌。他知道此书原刻本极罕见,国内原有的一部可能已被运往台湾,日本尊经阁藏有一部,此外就遍访不得了。因此,如能把此书找到,对于研究者,特别是研究我国自然科学史的人来说,大有用处。他千方百计找到了关系,并且找到了宁波李家,可惜重门深锁,主人离家已久。据说人在上海,他又赶到上海去打听,终于历尽曲折,被他找到了这位李庆城。

庆城原是"萱阴楼"后人。其家藏书,为原天一阁、大梅山馆、抱经楼、墨海楼等所流出者,故颇有佳本,但却不甚为人所知。李家不仅有初刻《天工开物》,还有明抄《明实录》《国榷》,以及不少方志、词曲等,都有极高价值。他听了庆城的介绍,不觉大喜。而庆城被他这样一位大干部、大学者几经周折、专程来访的一片热情所感动,决定一举将二千八百余种、三万余册、分装成二三六箱的家藏古籍,全部献给国家!他在上海又亲自代表国家有关部门,对庆城作了褒扬,并将这批珍贵图书全部转存北京图书馆。他看到庆城有爱国心,又对书目文献有专长,便给华东文化部文物处副处长唐弢写信,请他们给庆城安置了工作。

这次在浙江视察时,除了宁波萱阴楼李氏藏书外,他还联系和动员了海宁蒋氏衍芬草堂和海宁濮桥朱剑心的藏书及文物的捐献。他在给浙江省文教厅厅长刘丹、副厅长俞仲武和浙江图书馆副馆长徐韬的几封信中,反复叮嘱要善待蒋氏、朱氏几位先生,强调他们"化私为公和热爱、信任人民政府的精神,极可钦佩","他们信任人民政府,我们也信任他们。不仅藉以鼓励后来的捐献的人也。"他还在上海多次宴请李、蒋、朱等先生和瞿氏兄弟等,并请有关文物图书部门的领导作陪。可以说,正是他的卓有成效的工作和身传言教,很好地体现了党和政府的政策,很大地鼓励了那些捐献的人。

张元济、周叔弢、刘少山、吴瀛、荣德生

又如张菊生先生,此时也将自己十几年前收得的《翁文端公日记》原件二

十五册交给他,人藏北图;还曾以商务印书馆董事会的名义,捐赠涵芬楼旧藏《永乐大典》残册。菊老又写信给他,捐献家藏清初文学家的屏条、书轴等文物多种,如清初龚鼎孳、孙承泽为其先九世祖书写的屏条,明遗民澹归和尚为其先八世祖及七世本生祖书写的屏幅等。尤其是把家传三百年的先九世祖张惟赤于清初顺治甲午科顺天乡试中举时所得"鹿鸣宴杯盘",作为"国家数百年来典章之遗器"交给他,捐献给国家。1951 年,在南京曾发现宋代著名女诗人李清照与其丈夫赵明诚合著的《金石录》的初刻本,发现者是菊老早年任南洋公学(交通大学前身)校长时聘任的教习赵从香的儿子赵敦甫。敦甫专程来沪请菊老鉴定题记,然后又面呈于郑先生,献给国家,珍藏于北图。

天津著名藏书家周叔弢,建国后多次捐献珍本图书,也都是与他联系的。至今周家还珍藏着 1951 年郑先生亲笔写的《褒奖状》:"周叔弢先生将所藏《永乐大典》一册捐献北京图书馆,化私为公,足资矜式,特此褒扬。"又珍藏着 1952 年 9 月 15 日他致叔弢的信:"葱玉、斐云回京,将来先生捐献之善本图书,琳琅满目,美不胜收。北京图书馆增加了这么重要的一批'宝藏',不仅现在的'中国印刷发展史展览'大为生色,即将来刊印《善本书目续编》时,亦足令内容充实丰富,大为动人也。敬代人民向先生致极恳挚谢意!"这次叔弢捐献的善本计七一五种,二六七二册,是他特派葱玉、斐云去天津接受的。他后来又热情地邀请叔弢来京参观北京图书馆举办的"中国印本书籍展览"。

1952 年 11 月 4 日,文化部收到天津刘少山捐献的一批宋元善本,其中包括宋刻《楚辞集注》及《百川学海》。此事亦由郑先生经手。在事先商议时,他在致刘老先生的信中曾特意"画龙点睛"地提及《楚辞集注》和《百川学海》两种孤本,生怕少山不舍得捐出这两部精品,少山看信后大笑,说:"郑局长真内行也。"遂将包括以上两种在内的共二十六种四二七册捐于国家,后保存于北京图书馆。宋刻《楚辞集注》后又由他安排影印出版。即后来 1972 年中日建交时,毛泽东主席用此影印本作为国礼赠送给日本田中角荣首相者。此是后话了。

戏剧家吴祖光在新中国成立初,从香港回到北京,就与父亲吴瀛商量,怎么安置父亲几十年颠沛流离中保全的一大批珍贵字画文物。父子俩都是郑先生的朋友,当年他在北平出版《插图本中国文学史》时,其中有关文物的插图就都是当时在故宫工作的吴瀛帮助提供的,他后来又喝过祖光与吕恩结婚的喜酒。因此,父子俩立即想到了他。祖光就到在团城的文物局向他报告,请他到家里来鉴定。第二天,他就偕同唐兰到了吴家。吴瀛当时已半身瘫痪,不大能说话,但头脑清楚,见到他极为高兴。祖光后来回忆说:"郑、唐两位大师十分兴奋,啧啧赞赏不置。郑先生对我说:'这是一笔巨大的财富,经过兵荒马乱,居然保存至今,实在难得.'他问我是否与父亲商量过,需要国家付出多少代价来收买?我没有和父亲商量过,也根本没有想到要国家付出代价的问题。我立即回答说:'是无偿捐献。不要任何代价。'"吴瀛也满面笑容,连连点头。他激动地握着吴老的手,代表国家谢谢这对父子。后来,故宫博物院派人到吴家点收,计字画、刻竹扇股、铜器、瓷器、玉器、石刻、石砚等共二四一件。

1952年,著名企业家无锡荣德生(荣毅仁的父亲)将大公图书馆全部藏书及所藏字画、碑刻、铜器、矿石捐献给国家,也是通过他的。今存他致徐森玉、唐弢的信,即指示华东文化部与荣先生接洽、受理。这样的例子还有不少,就不多写了。

徐　悲　鸿

这里还想提到名画家黄永玉1993年在香港《明报月刊》发表的《大胖子张老闷儿列传》。那虽是小说,但其中写到建国初期徐悲鸿和郑先生有关捐献古画的一段故事,当是永玉亲见亲闻,且还有点别样的意义。

悲鸿是郑先生的老朋友了。早在1926年悲鸿还没有出大名的时候,他就在主编的《小说月报》上发表过悲鸿的画《狮》,并作题记:"悲鸿君新自欧归,所作工力沉着,承示名作数幅,兹先刊此幅,以介绍于国人。"新中国成立前夕,他和悲鸿都是中国出席世界和平大会的代表,曾朝夕相处了两个月。永玉写到的那天,悲鸿和振铎在一次文物书画展览会相见,悲鸿再次提到自己珍藏的《八十七神仙卷》。"怎么又提那画?我说过,那绝对不是唐人吴道子的,是宋人的东西,"郑先生说,"不过,宋人画也非常了不起呀,悲鸿!""话说过太多,不说了。"悲鸿有点激昂,"我告诉你,振铎,只要你说一句'是吴道子的',我就把它捐给故宫博物院!"他一愣,低头从眼镜上框向悲鸿凝视了许久,但最后还是微笑着说:"悲鸿啊,捐不捐,由你自己决定;但它绝对不是吴道子的!"说罢竟飘然而去。永玉在小说中写道:"这把张老闷儿看傻了。张老闷儿心头颤栗起来。一种高兴混合着伤感:'这两个人!这两个人!瞧这气派!这真诚!这深度!这孩子似的任性!……文化界,是该多些这类丘比特式的巨人的!'"丘比特不是希腊罗马神话中的小爱神么?怎么成巨人了呢?永玉肯定记错了。不过,郑振铎和徐悲鸿则正可称为中国文化界的巨人的。

其实,郑先生岂会不知道,《八十七神仙卷》是悲鸿一生最为珍视之物,上面还钤盖着"悲鸿生命"的印章呢!那是抗战初期悲鸿去香港举办画展时,由郑先生的老友许地山介绍,从一位收藏中国文物书画的德籍夫人那里,花了巨款,又加上悲鸿自己的七幅画作,才换来的。后来,悲鸿国内国外到处颠沛流离,始终都带着它。在云南昆明时,一次为避日机空袭而去防空洞,此卷竟被小偷从寓所盗走。悲鸿为此还生了一场大病,并从此种下了高血压的病根。(悲鸿最后也是因为此病而逝世的!)后来总算找了回来,但又付出更大一笔巨款,外加上几十幅悲鸿的画作! 著名画家张大千曾为此卷题跋,说"非唐人不能为",还说:"曩岁,予又收得顾闳中《韩熙载夜宴图》,雍容华贵,粉笔纷披……盖并世所见唐画人物,唯此两卷,各尽其妙。"著名画家谢稚柳也为此卷题跋,认为"为晚唐之鸿裁,实宋人之宗师也",也说:"宋以前惟顾闳中《夜宴图》与此卷,并为稀世宝。"(值得一提的是,那卷《韩熙载夜宴图》,后来也是由郑先生指导下的国家在香港的一个秘密收购小组向大千收购回来了,郑先生还专门为它写过文章。)据说大千认为《八十七神仙卷》可能是唐代画圣吴道子的粉本,但题跋中没有这样写。

郑先生当然知道此画的价值,但却不能因为希望悲鸿捐献而答应悲鸿的"条件"。他在为人和为学上,都是极为耿直的。其实,他最了解悲鸿,他相信悲鸿最后还是会把这一国宝献给国家的。不幸,1953年9月26日,悲鸿因高血压脑溢血突然病逝,夫人廖静文便根据其生前意愿,将此画及悲鸿所有藏画(包括自作)全部捐献给国家。静文是将家里全部钥匙送到文化部,交到雁冰和他的手上的。后来,郑先生还委托上海出版公司刘哲民在上海用珂罗版印行《八十七神仙卷》,说:"这个画卷至少是宋代的作品,很精致,应该好好的印。"后又因技术原因,改在北京印出。翌年,悲鸿纪念馆建成时,静文又亲自来请他去主持开馆仪式。

水 利 文 献

上面郑先生报告中提到的赵世暹捐献水利文献,后来还有故事可说,虽然这故事已经逸出本文要写的"化私为公",但那也是郑先生与捐献者为保护国家文献作出的重大贡献,所以值得在这里附带一说。1952年9月14日,郑先生又接到远在南京的世暹的来信,向他紧急报告:听说北京市宣内小市出现永定河档案许多,后又出现冀鲁晋水利卷宗,建议文物局收购保存。他极为重视这一情况,立即先后派文物局干部傅忠谟(著名藏书家傅增湘的儿子,前面提到过此人也是善本书捐献者)、罗福颐(著名学者罗振玉的儿子)前往调查,查得西城抄手胡同文学斋书店确有此事。随后,该书店向他交来有关水利工程档案共十二捆,二五五斤,文物局即付款购之。据查,均为敌伪时期之档案,乃此时水利部工作人员作为废纸售出者。他马上与水利部部长傅作义面谈,促其注意追查。23 日,傅部长派水利部干部五人,到文物局抄录了这批档案目录。郑先生又于翌日写了《为紧急收购与收集旧档案致文化部的报告》,指出:"此事关系重大,必须追究卖出档案的责任所在。一则,各部档案,均有重大的文献和史料价值;二则,实际上是尚需查考的;三则,敌伪时期和国民党统治时期的档案,有关人事方面的,必须加以保存,以便追查线索。如卖出或毁烧了事,殊有湮没证据的嫌疑。……请我部即行呈报文委转呈政务院,将此事作为'内部通报'……提高警惕,以免再蹈覆辙。"

吴 文 良

　　1954 年春,郑先生在参加"全国人民慰问人民解放军代表团"到福建慰问子弟兵时,还抽空去泉州看望了一位中学普通教师吴文良。那是因为此前他在北京,曾收到过文良寄去的有关泉州古代石刻的文章,引起他的高度重视。泉州从宋元时代起,就是中西海上交通名城,那里的古代石刻大多是中外文化交流的重要史料,有不少还是用古代"洋文"镌刻的呢。所以,这次到福建,他便特意去看望了这位教师。文良完全没有想到他这位大学者、大干部会亲自上门来看自己,受到极大鼓舞,激动地把自己历年苦心收集的古代石刻原物及拓片一一捧出来让他鉴赏,并当场表示要把这些珍贵文物全部献给国家。

　　后来,在这年 10 月 16 日,郑先生亲自书写了《褒奖状》:"吴文良先生爱护祖国文化遗产,以三十年心力搜集的有关中外交通史料泉州石刻一百五十四方捐献国家,特予表扬。"再后来,中国新闻社向国外播发了文良捐献的新闻,影响很大,特别是东南洋各国的华文报纸,纷纷披载。他还鼓励文良对这些石刻资料深入研究,并介绍文良与郭沫若、范文澜、夏鼐、尹达、陈梦家这样的大学者通信,还帮助文良编著了《泉州宗教石刻》一书,于 1957年 8 月在科学出版社出版。该书八万余字,附有近二百幅珍贵图片,采录了宋元时代外国人遗留在泉州地区的伊斯兰教、基督教、婆罗门教、摩尼教等宗教建筑遗物和墓葬碑刻,上有古阿拉伯文、古叙利亚文、古拉丁文等,是研究中外交通史、宗教史、华侨史、外侨史、民族史、艺术史和中亚古文字的极其珍贵的资料。今天的读者，有谁能想到，在这本书中还凝聚着郑先生的心血呢？但熟悉他的字的人就会看出，该书封面便是由他亲自题签的。

朱　偰

　　1956 年 2 月 29 日，在京参加全国考古工作会议的江苏省文化局副局长朱偰，在日记中写道："上午乘电车赴东四头条文化部访郑振铎副部长接洽公务，余允将家藏善本、孤本捐给北京图书馆，以报国家对先君地下矣。"这最后一句话在文字上有点欠通，大概因为朱偰的心情过于激动了。三天前，朱偰的日记便写道："郑振铎允为部函四川文化局助葬先君，极感。"原来，朱偰的父亲就是朱希祖（逷先），近代著名史学家、北京大学历史系首任系主任，同时也是 1920 年代初文学研究会的发起人之一，是郑先生三十多年前的老友了。逷先于抗战后期 1944 年 7 月逝世于四川，灵柩一直暂厝于重庆郊外歌乐山向家湾，这成了在南京的朱家后人的一件大心事。1950 年 10 月，柳亚子与朱偰商议，希望将逷先生前所藏南明史料捐给国家。朱偰慨然应允，亲手装成五大箱交予亚子，同时便表示希望政府能帮助迁葬其父。亚子答应向有关方面反映。那年 11 月 10 日朱偰日记写道："上午修书柳亚子，催请向周恩来办交涉运先君灵柩，并引吴梅村诗句云'巫峡巫山惨淡风，巴州迢递浮云碣。寒日何人酬一樽，登高断肠乌蛮塞'以动之，柳固诗人，想能体谅也。"据说当时亚子联络了叶恭绰等人联名上书，然而一直未有下文。直到此时，郑先生了解了情况后，便热情地答应和文物局长王冶秋（此时郑先生已改任文化部副部长）商量，将以文化部和文物局的公函出面向四川方面联系。这令朱偰极为感动，就主动向郑先生表示要捐献"家藏善本、孤本"。不过，当时这些珍贵的东西并不在南京，而是在香港的朱偰的姐姐朱倓家中。朱偰便致信朱倓，并由其母亲签字认可，要求姐姐捐献出来。5 月 15 日朱偰日记："修书致北京（文化部）文物局王冶秋局长，正式捐献（1）明抄宋本《水经注》，（2）《鸭江行部志》，（3）宋本《周礼》，（4）王渊花鸟画轴长卷。"（朱偰没有直接写信给郑先生而写给王冶秋，是因为郑先生当时正离京在外地视察。）

李文衡、周作民

　　郑先生在抗战末期，曾因生活所迫而卖书买米。他在文章中写过这些伤心事,这里,却可补写两段与他那些书有关的令人高兴的故事。

当年,他在卖给张叔平(按,叔平为张百熙之子,曾在上海设圣泽书藏,又为上海国际出版社社长,晚年任澳门华侨大学图书馆长并在香港设东方图书馆)一批藏书之前,曾特地奋力写了三千余言书目长跋,除了说明这批书的性质外,主要乃表明得来不易,隐含希望得主珍惜,勿使散佚之意。后来,1948 年冬,这批书又经过书贾韩士保之手,转售予天津藏书家"荣先阁"的李文衡。文衡久仰他的大名,但与他不认识。读了他的长跋后,深受感动。文衡后来回忆说:"1948 年冬,韩君持《纫秋山馆行箧书目》一册来。云郑振铎先生亟需旅费,愿以此册所有书出让。书目后有长跋,全册为郑先生手书。询以所需之数,当即照数赠送。三日后送书来,每部书末有郑先生手书'长乐郑振铎藏书'七字。读跋文后,深知郑先生求书备极辛苦,常常节衣缩食以购书,真是难能可贵。"但韩士保当面告诉本文笔者,是张叔平托其卖这批书的。(郑先生此时即使要筹旅费也不须卖这么多书。)因此,看来是有人(韩或张)借了他的大名再转卖(这样可以好卖一点)。然而,文衡受郑先生的爱国精神的教育,一直把这批共二百三十二种书,包括他写的书目与跋文,好好地珍藏着。到 1952 年,文衡把这些珍贵的书,连同他亲笔写的书目和跋文,完整地捐献给了重庆市图书馆,至今宝藏在那里。这真是一则感人的书林佳话!据文衡老先生告诉笔者,这件事郑先生是不知道的。

郑先生的另一批通过诗人王辛笛卖给金城银行总经理周作民的书,当时也附有他奋力写的二千余言书目长跋,备述搜集之甘苦,讽示得来之不易。作民读后,也深受他的爱国精神的感染,也很讲信义,一直将这批书妥善保藏着。1951 年,作民从香港回北京,任全国政协委员;1955 年作民逝世,其家人便遵照遗嘱把这八百四十七种书全部献给了北京图书馆!这又是一则书林佳话。此事从未见郑先生提及,可能他也是不知道的。不管他是不是知道,以上两批书之得以"化私为公",都是与他的爱国精神感人之深分不开的。

中 央 领 导 人

当时通过郑先生捐献或转交文物的,还有党中央领导人。这当然更是对他的工作的巨大支持。1951 年 2 月 13 日,董必武副总理就派人将所保管的明熹宗给赵南星夫妇的"诰命"一轴及赵氏"铁如意"一柄交到他手上。董老在给他的亲笔信中,说明这些文物是 1947 年冬,解放军在山东同国民党军作战时,收集到的。陈毅司令员当年在羽书旁午之际,还从《代州志》等古书中查到并摘录了有关这两件文物的史料,这次董老也随信抄录交来。老一辈革命家热爱祖国文物的精神,令他深受鼓舞。(那件赵南星的铁如意,曾经也是常熟瞿氏铁琴铜剑楼的藏品。)

而在这年年底,毛主席也派人送来明清之际大学者王夫之的一件墨宝,并亲笔写信给他:"有姚虞琴先生经陈叔通先生转赠给我一件王船山手迹,据云此种手迹甚为稀有。今送至兄处,请为保存为盼!"主席给他来信时,他正在印度访问。回国后见到此信,非常激动。他深知主席酷爱书法,因而这位湖南乡梓前辈的法书必然更是主席喜欢的;但是主席仍将友人赠送的这件珍贵文物归公。而且,主席信中还亲切地称他为"兄"。他的心中涌过一股热流。看着主席潇洒的字迹,他深感这封信本身就是一件无价的墨宝。他爱不释手,但觉得不能藏为己有。后来,这封宝贵的信交给了中央档案馆保存。

他自己的捐献

郑先生自己也捐献了文物。以前,因为力量有限,他除了曾收藏不少陶俑明器外,很少收购其他古物。担任文物局长后,为遵照"瓜田李下"的古训,他决定从此自己不买文物,不买字画。(他这样一带头,一开始就在文物局形成了一条不成文的规矩。后来,文物局便规定干部私人都不收藏文物。一直到现在,国家文物局的干部守则中仍然正式规定文物工作人员不得收藏、买卖文物。)他还决定将解放前节衣缩食、东借西凑、耗费了无数心血和金钱买下来的一大批珍贵的陶俑明器,统统捐献给国家。

1952 年 6 月 16 日,他给周恩来总理写信,并附呈自己以前编印、未正式出版的《中国古明器陶俑图录》一部。他向总理谈了祖国的"雕塑艺术,其重要不下于绘画,而汉唐之石雕和陶俑,流出国外者尤夥",介绍了自己"自一九四七年春天到一九四八年冬天两年之间,在上海购得汉魏六朝隋唐俑凡四五百件","其中有绝精者,足为我国雕塑艺术的最好的代表作"。"近见首都各博物院,内容极为空虚,雕塑尤少","因拟将个人收藏的全部陶俑(其中有一部分为唐三彩盘),贡献给中央人民政府,俾能放在各博物院里陈列;一方面补充其'不足',一方面也提供了研究古代社会生活及衣冠制度的最真实可靠的材料。"他还很不好意思地向总理说:"我这些陶俑都还保存在上海寓所中。如果政府肯接受我的捐献的话,希望能够装箱运京。陶俑的包装是很麻烦的事……这笔费用,相当的大。我个人是负担不起的。还有几件很精美的俑,因为当初借款之故,还押在他处,此次亦拟赎回,一并运京捐献。很盼望政府能够给我若干奖金,俾能清偿我的债务。"周总理于18日在此信上批示:"送郭[沫若]副总理、周扬副部长商办。"并指示要帮助他偿还那些债务。还指示说:"如陶俑确需收藏,今后国家也应该注意收购。""对郑先生的好意应予鼓励。"

这样,这年9月,他的大批陶俑明器,均从上海装运到北京。故宫博物院今存《1952年局拨郑局长捐献文物》目录单,共计五十九页,最后一页有"以上59页共655号计655件于1952年9月14日提取讫"字样。此后,他又向故宫博物院捐献了两件南宋时期的泥塑罗汉像,故其捐献文物总数为657件。后经鉴定,其中三分之一为国宝级文物。故宫博物院即以此为基础,专门新成立了一个陶瓷馆。他的捐品后来陈列展览,轰动一时。以故宫宫殿之宏伟,陈列这些小小的"千军万马"、骆驼、仕女之类,竟然并没有大小不称之感觉。这完全是因为这些陶俑大多确实是艺术珍品的缘故。你可知道,其中有些陶俑,共三箱,还曾远越海峡到台湾去展出过呢。据蒋慰堂回忆:1948年3月,"教育部组织文化宣慰团,派我担任团长,邀集中央图书馆、中央博物院筹备处以及沪上收藏家,各选择所藏图书文物精品,运抵台湾,在省立博物馆举行文物展览,以宣扬祖国文化。……展览三周后返回南京。台湾受日本军阀统治达五十年之久,本省同胞于光复后首次欣见祖国文物,实具有重大意义。"这些文物,如果任意拿出几件到现在的古玩市场上去拍卖,那价钱将是令人不敢相信的。另外,他珍藏多年的大型汉砖等,也捐赠给了新成立的上海博物馆。

当然,郑振铎拥有的最多的"宝贝",就是那些书,其中有不少古籍珍贵版本是非常贵的,也可称作文物。但那是他须臾不可离的东西,也是他工作中必需之物。不过他也想到了,以后也要全部献给国家,不留给子女。他多次这样说过,在给友人的信中也这样写过。后来,在他不幸牺牲后,他家人也是遵照他的这一意愿做的。由于这件事知道的人很多,这里就不多写了。

"化私为公,得为人民所有",这是一种多么伟大的精神啊!当年这些捐献者,包括郑先生本人,都完全是自愿的。甚至党和政府也没有做过什么"号召",布置过什么"任务"。因此,我忽然感到称郑先生为"给国家献宝的组织者",也许也不怎么适当。但我应该怎么称呼这位可敬的人呢?上面说的这么多动人的故事,确实都是与他的工作有关的。

(2008)

人们献宝究竟为了什么？

1 月 14 日《中华读书报》发表何季民先生的《开国时的献宝热潮》一文，提供了一些史料，读后有收获。不过，我对文中的某些提法有不同意见。

何文一开头就说："1949 年，神州大地翻天覆地，千百年理想的公有制来到眼前，荡涤着旧社会的一切价值观。读书人的神经尤其敏感，以吃公家饭穿干部服为荣，不自觉或自觉地追求进步、自我改造，过去私藏的宝贝顿成烫手山芋，似乎只要赶快扔出去才能与过去的历史一刀两断，新中国第一拨献宝热潮遂告形成。"

何文又说："贺孔才……解放后倾向进步决心投身革命工作，以献宝国家表示抛下封建包袱告别过去……"

何文还说："如此的献宝热潮，一直持续到'文革'前……在那个家藏古玩如怀抱地雷的年代，化'私藏'为'公藏'也许是最好的选择。"

以上第三句也许是讲"文革"期间，但何文整个谈的则正是"开国时的献宝热潮"。何文认为，新中国成立之初"献宝热潮遂告形成"的原因，主要是献宝人"神经敏感"，觉得宝贝放在家里"顿成烫手山芋"，甚至就像"怀抱地雷"，因此，只有"赶快扔出去"，就像"抛下封建包袱"一样，才是最好的选择。请注意"扔"和"抛"这样的字眼。如此说来，当时那些献宝的人其实是出于无奈的，甚至是心怀恐惧的，即使是"自觉地"献宝，也只是为了表现自己的"进步决心"，其实不过是赶紧"扔抛"而已。那么，"开国时的献宝热潮"也就不值得肯定了，那些捐献者也不值得后人尊重了，只是需要同情、可怜而已。

我认为，这是与历史事实严重不合的。

何文提到的周叔弢、丁惠康两位，我知道他们的捐献大多是通过他们的朋友、当时的文物局局长郑振铎进行的。我看过他们当时的通信，和他们的后人的回忆文章，都说明他们捐献文物和古籍完全是自愿的，是心情舒畅的，是为了表示衷心"拥护新中国"，"拥护共产党"。

我想举一位当年年岁最大的献宝人张元济为例。他是不必"以吃公家饭穿干部服为荣"的吧？张元济当时除了将以前商务印书馆涵芬楼珍藏的一些善本书通过郑振铎捐献给国家以外，还多次捐献家藏文物。例如，1953年4月6日张元济致郑振铎信中提道："家藏元儒谢先生应芳手书佛经六种，书法极精，历六百年金纸如新。藏之私邸，决非长策，合亦献归国有。""先九世祖讳惟赤于清初中试，顺治甲午科顺天乡试举人，当时领有鹿鸣宴银质杯盘各一事，制作甚精。藏之寒家，适满三百年。……询之友人，传世科第者亦云从未目睹。……此为国家典章数百年之遗物，窃愿归诸国有。"像鹿鸣宴银质杯盘这样的家藏宝贝，如果在后来极"左"的年代，是会被看做"封建"的东西的；但张元济当时却绝不是当它为"烫手山芋"，而是作为"国家典章数百年之遗物"而真诚地敬献给国家的。

我还想举戏剧家吴祖光父子为例。从反右时起，吴祖光就受到过不公正的待遇，2003年东方出版社出版了他写的《我的冬天太长了》一书，从书名看就带有"控诉"的性质。而在这本书里，有一篇《241件文物捐献记》，写的是新中国成立初，吴祖光从香港回到北京，就与瘫痪在床的父亲吴瀛商量，怎么安置老父亲几十年颠沛流离中保全的一大批珍贵字画文物。"我对父亲说：'新中国成立了，这是中国人民世代期望终于出现的一个完全可以代表全民意志的廉洁的理想的政府。这批宝物由我们自己保管、照顾都十分困难。我的意思，全部捐献给国家好不好？'父亲完全明白了，他满面笑容，连连点头表示同意。"吴祖光就到文物局向郑振铎报告，请郑到家里来鉴定。第二天，郑振铎就偕同唐兰到了吴家。"郑先生对我说：'这是一笔巨大的财富，经过兵荒马乱，居然保存至今，实在难得。'他问我是否与父亲商量过，需要国家付出多少代价来收买？我没有和父亲商量过，也根本没有想到要国家付出代价的问题。我立即回答说：'是无偿捐献。不要任何代价。'虽然那时我出于买房子还有一笔几千元的负债有待偿还。但是我认为人民政府是旷古未有过的人民自己的政府，不能向政府要钱。"吴先生当时对父亲、对郑振铎说的话，吴先生现在写的文章，无比雄辩地说明了新中国成立初期"献宝热潮"形成的原因。

本来，我还想引用郑振铎本人在建国初向国家捐献一大批自己珍藏的陶俑时，写给周总理的一封信。但想想，吴祖光先生的话已经足以代表所有的献宝人了，也就不再去查找郑先生的信了。总之，新中国成立后的"献宝热潮"，主要是出于人民衷心的爱国热情，是完全自愿的。这是美好的佳话，对捐献者的化私为公的崇高精神更是应该充分肯定。另外，"献宝热潮"似乎也不止"一直持续到'文革'前"，其后也是有的，不过从规模上来说没有建国初那样密集和巨大。例如在现在的上海博物馆展览厅里,就有不少近三十年来的新的捐献。我们对那些捐献者应充满崇敬。我们不能亵渎那些捐献者的崇高的真诚的感情,尤其在庆祝新中国成立六十周年的日子里。

（2009）

松柏依旧青着
——瞿秋白与郑振铎

"松柏依旧青着",这是郑振铎在 1920 年 10 月为瞿秋白启程赴苏维埃俄国时写的送别诗中的一句。

瞿秋白和郑振铎,是"五四"时结交的挚友。岁月流逝,如今瞿秋白被反动派杀害已经六十多年,郑振铎为国捐躯也已四十年了。多年来,我们对瞿、郑两位革命友谊和共同业绩的研究及介绍做得很不够。很多青年人对此都不甚了解,研究者的有些评价也不确切,甚至瞿、郑两位最早在一起参加革命活动的重要遗址也于近年被无知地拆除。这是不应该的。要深入开展瞿秋白研究,就必须注意研究他与同时代的人物、特别是像与郑振铎这样的友人的关系。

瞿秋白和郑振铎的人生道路有同异,各自的成就和贡献有大小,各自牺牲的年头有先后,但他们都把自己的一切献给了中国人民的解放事业。他俩最后的归宿地,都在八宝山革命公墓。"松柏依旧青着",他们间的友谊佳话将千古流芳,他们永远活在长青的中国人民的伟业之中!

瞿秋白与郑振铎是 1917 或 1918 年在北京读书时偶然结识的,很快便成为好友。在这偶然性中,也有着深刻的必然性。

首先,他俩有着不少相近之处。瞿、郑两位年龄相仿,郑比瞿只大四十来天。他们都出身于一个从小康到破落以至相当贫困的家庭。瞿秋白的母亲竟因生活重压而悲惨自杀。而郑振铎的父亲则因小妹送人为妾而发疯致死。郑振铎的母亲帮人家缝缝洗洗,将他抚养长大。艰辛的童年,是一所伟大的人生学校。他们都早早地领受了社会人生的第一课。瞿秋白于 1917 年春到北京,寄居在外交部当小官的堂哥家。而郑振铎是同年夏天到北京的,寄居在也在外交部当小官的叔叔家。正因为相似的经济状况,使他们就读的都是规模较小、学膳免费或低廉、毕业后可以有一份安定工作的学校。瞿秋白读的俄文专修馆,隶属于外交部;郑振铎读的铁路管理学校,隶属于交通部。专业完全不同。只因他们都住在东城根一带,而在那里的米市大街上有一个基督教青年会,青年会里有一个小小的图书馆,他们不信教,但常去看书,于是便认识了。

他们都异常刻苦好学。不过,最初他们的读书爱好就有点不同。瞿秋白特别喜欢哲学,读得最多的是佛经、老庄。郑振铎特别喜欢文史,读得最多的是《史通》《文史通义》之类。因此,从一开始瞿秋白就比郑振铎善于思辨,显得深沉内向。这一差异,影响到他们一生各自的发展。

使他们成为"同志"(瞿秋白语)的,不只是相似的贫困家境和同样的刻苦好学,更重要的是,他们相识在伟大的俄国十月革命后的中国旧京城,在轰轰烈烈的五四运动的前夕。在这一决定性的历史背景下,他们建立了真正的终生不渝的友谊。

当时,郑振铎的读书兴趣渐渐地从中国古代文史转向西方社会学。这是因为,他从小关心国是,这时受到新思潮的影响,而青年会的图书馆又恰以英文版的社会学著作为多。而瞿秋白的思想也有转变,据他后来在《饿乡纪程》中说,他最初的人生观是"厌世"的,只知刻苦学习和钻研哲学,"一切社会生活都在我心灵之外";然而此时的实际生活,"已经时时重新触动我社会问题的疑问"。他们不约而同地关注社会问题,思想便更趋一致。

瞿秋白后来又说:"五四运动陡然爆发,我于是卷入旋涡。孤寂的生活打破了。最初北京社会服务会的同志:我叔叔瞿菊农,温州郑振铎,上海耿济之,……都和我一样,抱着不可思议的'热烈'参与学生运动。"这里说的"社会服务会",就是青年会下属的"社会实进会"。该会在1913年11月成立,成员大多是中学以上的学生,也有少数青年教职员,有时举办一些社会服务性活动,以此来扩大青年会的影响。1918年秋,该会又成立了一个编辑部,但未能编出什么书来,偶尔出一点也不受人欢迎。"五四"爆发后,他们眼看学生运动风起云涌,也想有一番作为,便打算"招聘"常来看书,而且在学潮中崭露头角的郑振铎、瞿秋白等人来专门办一个刊物。于是,瞿秋白、郑振铎、耿济之、瞿菊农四人便组成了一个编辑部,创办了《新社会》旬刊,由该会出版。

《新社会》的发刊词非常精彩,充分体现了五四时代精神。这是郑振铎起草的,发表时也署了他的名字;当然,同时也代表了瞿秋白等人的思想。关于瞿秋白参与主编《新社会》,已有不少文章谈论过,但大多未把他的文章与郑振铎的文章一起研究,或者有的评价不那么实事求是,想当然地认为瞿秋白的文章比起郑振铎的要深刻、彻底得多。其实,《新社会》上郑振铎的文章不仅在数量上比瞿秋白多,在思想激进方面也不在瞿秋白之下。例如,第三期上瞿秋白发表的《革新的时机到了!》所提革新社会的方法,与同期郑振铎的《我们今后的社会改造运动》中说的,几乎完全一致。同是谈"劳动问题"的文章,郑振铎写的显得更深刻、激进一点。再如,直接提到马克思主义的文章,瞿秋白的最早在第九期上说:"我以为历史派的——马克思主义派的直接运动不可少";郑振铎则在第十一期上高度评价了"信奉马克思的国家主义"的俄国布尔什维克,认为"这种主义,实在是社会改造的第一步"(郑振铎当时还在另外的刊物上发表翻译列宁的文章,还论述过马克思和列宁的革命精神)。因此,当时他们二人在思想上是难分高下的。而比起《新社会》的其他作者来,他们二人确实是遥遥领先。

《新社会》出到第十九期,就被反动当局扼杀了。后来,他们又创办了《人道》月刊,但因青年会方面胆怯而仅出了一期。关于《人道》,瞿秋白有过这样一段记述:"《人道》和《新社会》的倾向已经不大相同。——要求社会问题唯心的解决。振铎的倾向最明了,我的辩论也就不足为重;唯物史观的意义反正当时大家都不懂得。"(《饿乡纪程》)这段话很重要,一直受到研究者的重视。有的同志据此认为瞿秋白是反对《人道》的,并认为郑振铎从编辑《人道》起思想上就出现了曲折和倒退。我认为这种看法值得商榷。

首先,我们必须看到,《人道》本身正是既有斗争又有妥协的产物。《新社会》是青年会出钱办的,在遭到反动派的迫害后,他们害怕了;只是在郑振铎等人的反复力争下,他们才勉强同意再出《人道》。旬刊改为月刊,也是因为怕旬刊太快、太尖锐。因此,该刊一开始色彩淡化,锋芒稍敛,是完全可以理解的,这也正是斗争的一种策略。郑振铎后来回忆说:"这个《人道》月刊,主要的推动力是秋白。他是那么勇敢而兴奋的工作着。"(《回忆早年的瞿秋白》)可见,说瞿秋白反对或不赞成该刊,是不确切的。事实是,直到1921年2月(此时《人道》早已停刊,但瞿秋白已去苏俄,不知道这一情况),瞿秋白在《共产国际远东书记处公报》第一期上发表《中国工人的状况和他们对俄国的期望》时,还充满感情地向国际工人阶级的战友们特地介绍中国的这本进步刊物《人道》呢!

再说,正如瞿秋白指出的,当时进步青年在思想上倾向于哲学方面、人生观方面的思考,但大家又都不懂唯物史观,较易接受当时有相当进步意义的人道主义等。而且当时,郑振铎对于人道主义、新村主义等等还主要是作为学术问题来讨论的。他在《人道》上发表的《人道主义》一文,引用了很多西方社会学家的论述,认为社会主义和无政府主义都是人道主义的运动,而将来理想的大同社会也就是人道观念发达至于极致的社会。这些看法有一定道理。但如果认为社会问题可以用人道主义来解决,那当然如瞿秋白说的是唯心的。瞿秋白当时高过郑振铎的是,他已经朦胧地感到了这一点,但也还不能将道理讲清楚。他开始不大赞成用"人道"这个刊名,但也未提出别的名称。而从郑振铎方面讲,人道主义等带有唯心主义倾向的思想,在他发表在《新社会》上的文章中也是存在的(同样,在瞿秋白的文章中也是存在的),编《人道》时不过在《人道主义》等文中更突出地强调了一下而已。我们对《人道》仍须全面研究,才不至评价偏颇。例如,郑振铎在《人道》上发表的《中国人与人道》,就愤怒揭露当时中国"胥隶肆虐,丘八扬威",并遭帝国主义欺凌。他为一些中国人参与这类非人道的行为而痛恨,又为一些中国人不敢反抗而痛惜。这就不能简单地以"人道主义"来概括其思想倾向了,也不能说比《新社会》上的文章退步了多少。由于《人道》只出了一期,因此我们很难仅仅根据这一期便判定它已起了很大的变化。更何况从它的第二期预告上看,还将发表李大钊的《美洲的新村运动》、瞿秋白的《新村运动与社会主义》等论文。可见该刊仍是继承《新社会》传统的一个进步刊物。我认为,瞿秋白说它的倾向与《新社会》"不大相同",带有严以律己的自我批评精神;而不说"大不相同",则是有分寸的。

总之,在这一时期,瞿、郑二位并肩战斗,在思想上居于同一层次。因为瞿秋白后来成为伟大的马克思主义革命家而拔高其早期的思想层次,不是实事求是的态度;贬低当时与他并肩战斗的郑振铎的思想层次,也不是实事求是的态度。当然,瞿秋白对真理的探索和追求具有更大的勇气和执着精神。后来,他经过在苏俄的实地考察、锻炼和认真学习马列主义,思想上获得飞跃发展,成为中国革命的领袖人物。郑振铎后来多次说过,五四时期的瞿秋白"显得十分的老成持重颇有些老大哥的样子"[1],这当然是事实,同时也带有他对瞿秋白的崇敬之情。实际上,在他们这一小团体中,郑振铎起的作用更大一点,这从当时刊物上文章的分量,以及瞿秋白说自己"不足为重",即可看出。

五四时期,瞿秋白最知己的朋友无疑是郑振铎。这特别体现在他对瞿秋白赴苏俄一事的理解上。感谢王统照,在当年和三十年后,为我们记述了郑振铎当时的两段话。1922年,王统照在关于《饿乡纪程》的一篇书评中,记述了"C君"(即郑振铎)向他和"S君"(许地山)最早说明瞿秋白为何要去苏俄:

　　　　他这一走是决定了!……他为什么走?他居心要往这条路上走!他的心意的罗盘针,与他的境遇的四周氛雾,使他要定了决心走这条路!……他这一走,是抱了满腹人生的苦痛走的。是从刻苦与烦闷的人生中,找得出一条死路;也可以说是一条生路……

1950 年，王统照在《恰恰是三十个年头了》一文中，记述了当年为瞿秋白开的欢送会上，当友人提到莫斯科太冷，担心瞿秋白的身体吃不消时，一位"红红面孔有希腊式鼻子的"人（指郑振铎）激动地说：

> 冷？我看北京也够数。——到更冷可也更热的地方重新锻炼一下，秋白这把瘦骨头准会有抗冷的本领。怕冷的，还能去？——话是一样，要找热的他才能去！

在当时瞿秋白的友人中，只有郑振铎讲出了这样深刻的知心的话。而在送别了瞿秋白之后，郑振铎又和耿济之一起写了一首诗（按，可以肯定是郑执笔的，耿似乎从未写过诗）追寄给瞿秋白，并被他收录在《饿乡纪程》中。诗中神往地写道："你们走了——走向红光里去了！／新世界的生活，／我们羡慕你们受着。"

五四时期，瞿秋白和郑振铎在思想上的一致性，还表现在对文学事业相同的认识和对俄国文学的相同爱好上。1920 年初，瞿秋白在《新社会》上便指出："文学的作品——诗、词、文章、小说、戏剧——多少有一点支配社会心理的力量。文学家始终要担负这点责任"[②]。这与郑振铎的认识是完全一致的。郑振铎后来更明确地指出，改造旧文学和改造旧社会是新文学工作者的"两重责任"[③]。

郑振铎对俄国文学的关注，据其自述，是在"五四"前夕在青年会图书馆里，经社会学家、美国人步济时的介绍而开始的。而在该图书馆里，除了社会学著作以外，即以英译的俄国文学名著为多。而在这时，瞿秋白、耿济之也开始耽读俄国作品。意味深长的是，学生运动猛烈开展以后，他们各自成为自己学校的学生代表积极投入，紧张的火热的斗争生活非但没有转移或减弱他们对俄国文学的兴趣，反而更加增强了。郑振铎还常常把这些书带到会场抽空看上几页，而瞿秋白等人看见后，往往相视一笑，因为他们也常常这样带俄国名著到会场上去看。由看书而互相讨论，进而又产生了翻译、介绍的欲望。郑振铎学过一点俄文，但他只能读英译本。瞿秋白也学过一点英文，但他当然读俄文原版。在当时的中国，俄文原版作品远不如英译本好找。有时候，他们读了作品后很想了解它的写作背景和在俄国文学史上的影响、地位，想了解作者的生平和思想等等，但这方面的俄文版文学史、文学批评著作就更难找了。于是，瞿秋白及耿济之等人便请郑振铎在英文书籍中寻找这类材料。于是，促使郑振铎进而研读了不少有关俄苏的文学史、文学理论书籍。积少成多，由浅入深，竟使他实际上成为我国最早、最系统地研究俄国文学史和文学理论的专家。五四时期,郑振铎发表了不少这方面的长篇论文,在数量上当时是无人可比的。而他的第一篇长文,是与瞿秋白一起发表的,那就是他们各自于1920年3月为《俄罗斯名家短篇小说集》写了一篇序。

这本小说集正是在他们的鼓励下,由俄文专修馆的耿济之等同学翻译的。瞿秋白在序中,热情颂扬俄国十月革命的国际影响,指出研究俄国文学的重要意义。他说:"俄罗斯文学的研究在中国确已似极一时之盛。何以故呢?最主要的原因,就是:俄国布尔什维克的赤色革命在政治上,经济上,社会上生出极大的变动,掀天动地,使全世界的思想都受他的影响。大家要追溯他的远因,考察他的文化,所以不知不觉全世界的视线都集于俄国,都集于俄国的文学;而在中国这样黑暗悲惨的社会里,人人都想在生活的现状里开辟一条新道路,听着俄国旧社会崩裂的声浪,真是空谷足音,不由得不动心。因此大家都要来讨论研究俄国。于是俄国文学就成了中国文学家的目标。"这段论述也把他和郑振铎等人热爱俄国文学的原因说明了。瞿秋白在序中还论述了文学与社会的关系,正确地强调了"文学只是社会的反映";但简单地否认了文学对思想、思想对社会的反作用,在表述上还不够确切。

郑振铎在序中,着重论述了介绍俄国文学对建设中国新文学的重大意义。他指出,俄罗斯文学体现了"世界的、近代的文学真价",介绍进来可以作为建立中国新文学的基础;俄罗斯文学在反映人的感情和社会现状上都是真实的,介绍进来可以改掉中国旧文学的虚假;俄罗斯文学是"切于人生关系的文学",介绍进来可以除掉中国的"非人的文学";俄罗斯文学是"平民的文学",介绍进来可以治疗中国旧文学与平民无关的病体;俄罗斯文学"独长于悲痛的描写",介绍进来可以打破中国旧文学的"团圆主义"。他说:"有了这五层的原因,所以我对于现在我们文学界的俄罗斯文学介绍的热闹,是极抱乐观的,是认为是中国新文学的创造第一步的。"这篇序文也很精彩。总之,瞿秋白和郑振铎的这两篇序,相互辉映,是我国新文学运动早期研究俄国文学的难得的重要文论。

瞿秋白离开北京后不久,以郑振铎为核心,酝酿发起成立了我国新文学史上第一个最大的新文学社团——"文学研究会"。耿济之、瞿菊农、许地山等《新社会》的编辑同人都是发起人,实际上该编辑部就是这一社团的雏形。瞿秋白如果不走,肯定也是发起人之一(很多论著、年谱说瞿也参与了发起,这是不确切的)。瞿秋白在文学研究会会员录中列名第40号,这表明他在回国之前已由郑振铎与其通信而加入了。

瞿秋白在赴苏俄的途中和到达以后,写回很多通讯报道,如实地反映现实,也如实地反映了自己的思想认识。这对郑振铎是很有吸引力和教育力的。他后来说:"那些充满了热情和同情的报道,令无数的读者们对于这个人类历史上第一次出现的崭新的社会主义国家,发生了无限的向往之情。"④

瞿秋白记述自己赴苏俄的"路程"和"心程"的《饿乡纪程》,记述自己在莫斯科的"所闻所见所思所感"的《赤都心史》,后来在商务印书馆出版时都是由郑振铎当责任编辑,并收入他主编的《文学研究会丛书》之中。前一书出版时被改名为《新俄国游记》,《瞿秋白文集》的编者说明是"经作者友人改名",未知何据? 据茅盾《我走过的道路》中说,那是"商务印书馆当局"觉得书名不好而改的。如是"作者友人改名",无疑便是郑振铎所改,但我认为恐怕不是。因为瞿秋白的"饿乡"一词意义颇深,不只是指当时苏俄缺少粮食,更是说自己因精神上感到饥渴而向往的新世界。瞿秋白书中也说了,郑振铎不可能看不懂这一点。而且,虽然不是如茅盾回忆中说的两部书稿同时寄来,但前一书稿中已提到后一书稿的书名,而这两个书名恰巧是极妙的一副对联,郑振铎不会不懂。后被这样一改,尽管可能出于好意,但不仅落了俗套,而且失去了对仗。茅盾说他当时便觉得改得不好。茅盾当时与郑振铎朝夕相处,同在商务印书馆编译所工作,如果是郑振铎改书名,茅盾也会提出意见的。

瞿秋白于 1923 年 1 月回到北京,4 月到上海。郑振铎已在上海工作。因党的秘密工作的关系,瞿秋白与郑振铎已不可能像五四时期那样朝夕相处,但第一年内的交往仍极密切。瞿秋白到上海后不久,即创办、主编了中共中央机关刊物《新青年》《前锋》,及参与主编《向导》等,工作极忙。6、7 月间,瞿还到广州去参加中共第三次全国代表大会。而在 7 月 31 日,由郑振铎负责的文学研究会刊物《文学》周刊上,即把瞿秋白列入"特约撰稿者"名单。直至年底,该刊公布"负责编辑者"和"特约撰稿者"的两份名单中,还都有瞿秋白的名字。瞿秋白虽然很忙,但他仍然应郑振铎的"特约",抽空为郑主编的刊物写了不少文章。请看:

8 月 2 日,为郑振铎译的俄国长篇小说《灰色马》一书写序,发表于郑振铎主编的《小说月报》及该书卷首。

8 月 3 日,为郑振铎写的《俄国文学史略》一书写了最后一章《劳农俄国的新作家》,发表于《小说月报》及该书内。

8 月 9 日,作散文《浣漫的狱中日记》,发表于郑振铎主编的《文学》周刊。

8 月 13 日,作散文《新的宇宙》,发表于《文学》周刊。

10 月 4 日,作论文《赤俄新文艺时代的第一燕》,发表于《小说月报》。

10 月 5 日,作诗《铁花》,发表于《文学》周刊。

10 月 9 日,翻译高尔基小说《劳动的汗》,发表于《文学》周刊。

10 月 28 日,作散文《弟弟的信》,发表于《文学》周刊。

11 月 15 日,作论文《最近俄国的文学问题——艺术与人生》,发表于郑振铎主编的文学研究会会刊《星海》。

同年,还翻译契诃夫小说《好人》,发表于《小说月报》。

另外,1923 年 11 月《小说月报》的卷头语是署名"克那"的一首诗,根据该栏目的性质、该诗的内容,以及四年多后被钱杏邨引用作为立论根据等来看,我认为很可能是瞿秋白写的。

在为郑振铎的《灰色马》写的序中,瞿秋白再次指出,"文学是民族精神及其社会生活的映影","俄国文学史向来不能与革命思想史分开"。他肯定了郑振铎对原书作者的思想与艺术的分析,也肯定了翻译此书的价值,这对郑振铎是很大的鼓励。瞿秋白为《俄国文学史略》补写了一章,更是对郑振铎极大的帮助。郑振铎后来说:"关于这部分的材料,在那时候,我自己是一点也找不到的。"⑤瞿秋白还审阅了全部书稿。尤应提到的是,在 1923 年 9 月《小说月报》上,郑振铎发表了《欢迎太戈尔》一文,文中流露了较浓厚的笼统的"人道主义""爱"之类色彩。这时,瞿秋白写的《弟弟的信》,便借景白的来信,委婉地作了批评,认为不能爱一切人,而对那种衣冠禽兽的剥削者,"只该驱逐,难为保护","只可使他消灭,不可使他繁殖"。这当然是对郑振铎的帮助。事实上,从这以后,我们便确实不见郑振铎再写这类色彩的文章了。

瞿秋白与郑振铎的兄弟之情,还表现在百忙之中赶来参加郑振铎的新婚典礼,并讲了话,而且在前一天奋力为郑振铎夫妻和郑母赶刻了三枚印章。这件事,在茅盾及周建人的回忆录中有生动的描写,这里就不多写了。

随着革命形势的发展,斗争愈趋艰苦,瞿秋白便实在无暇为郑振铎写文章了,他们之间的直接联系也越来越少。但他仍一直关心着郑振铎从事的进步文艺工作,尽可能地给以支持。例如,1924 年曹靖华翻译了俄国作家契诃夫的剧本《三姊妹》,瞿秋白看了译稿后,略作修订,便交给了郑振铎,由郑列入"文学研究会丛书",于 1925 年 8 月出版。五卅运动爆发,瞿秋白是运动的领导人之一,郑振铎则积极投身于火热的斗争中。6 月 1 日,郑振铎与叶圣陶、胡愈之、沈雁冰、应修人、楼适夷等人在郑家中集会,成立了一个"上海学术团体对外联合会",并决定以这个组织的名义创办一份《公理日报》。郑振铎后来说,这"乃激于上海各日报之无耻与懦弱,对于如此惨酷的足以使全人类震动的大残杀案,竟不肯说一句应说的话,故不得不有本报的组织,以发表我们万忍不住的说话,以唤醒多数的在睡梦中的国人"⑥。该报实际是郑振铎主编的,编辑部就设在他家里。6 月 3 日,这份反帝爱国的民间小报纸就诞生了。

郑振铎没有想到,第二天(6 月 4 日)一份版面大小与分栏形式等与《公理日报》极为相似的《热血日报》也在上海诞生了。这是中国共产党主办的,是中共历史上第一张日报,而主编就是瞿秋白!这件事,实在具有历史的必然性和象征性。试想,《热血日报》是党报,其革命精神与立场无疑极其鲜明与坚定;而《公理日报》,用郑振铎后来的话来说,是"国内各派均有文章发表","冶各派言论于一炉"⑦,但总的说来仍是以左派为主,反帝爱国的倾向也是十分鲜明的(因为"上海学术团体对外联合会",本是以郑振铎为首的文学研究会进步作家为主的类似"统一战线"的组织)。《公理日报》的报名,显然也比《热血日报》来得温和,当时瞿秋白看到这个老友取的报名,也许会联想到五四时代的《人道》的名称而莞尔一笑吧。这时,瞿秋白和郑振铎在政治思想上有高下之分,但在反帝斗争中他们仍然是战友。《公理日报》无疑配合和声援了《热血日报》。而《热血日报》在创刊号上,就报道了6 月 3 日郑振铎等人在商务印书馆发起"五卅事件后援会"的消息,后来还转载了郑振铎参加的闸北市民大会的宣言等。显然,看到老朋友这样的斗争精神,瞿秋白一定是欣慰的。

《公理日报》办到 6 月 24 日,就被迫停刊了。除了经济方面的原因外,更因为奉系军阀进入上海,局势恶化所致。而《热血日报》,也坚持到6 月 27 日就被禁止了。郑振铎在《公理日报》的《停刊宣言》中说:"我们由这次的事,益明白'公理'是要实力来帮助的。赤手空拳的高叫着'公理'、'公理',是无用的。……我们并不是说我们因此便不必呼喊了,是说我们由此益可明白我们将来所要走的是哪一条路;益可明白,我们于徒然的振喉大喊'公理'之外,还有什么事要做。"可见他经过"五卅"的锻炼,觉悟又提高了一步。总之,瞿秋白和郑振铎各自主编的这两张报纸,共同报道了五卅运动的情况,揭露了帝国主义的罪行和阴谋,共同批判了一些受帝国主义控制和影响的舆论工具,在中国革命史上立下了功勋。

《公理日报》停刊后,郑振铎在 7 月 19 日《文学周报》上发表《杂谭》,及时指出:由于上海、汉口、广州等地的大屠杀,全国人民心中都熊熊地燃烧着悲愤之火,"但是我们却要千万注意,我们所恨怒的只是那些抱着侵略野心的及一般损害我们的人,并不是那黄发绿眼的人的全体"。例如,英国文学家萧伯纳,就是我们的朋友。他还指出,排抵英货,也"不是反对英文,反对英国的一切文明,一切科学"。他反复强调,"希望站在指导地位上的人有以劝导之"。8月9日,他又在《文学周报》上发表《叙拳乱的两部传奇》,借论述有关义和团运动的两部传奇,联系到五卅运动,既赞扬了义和团"反抗外力的精神",指出在帝国主义侵略面前"反抗暴力的精神是不能没有的";同时又指出要"避免"当时的"愚昧行动与见解",如"想依赖超自然势力来破敌",等等,而应该"脚踏实地的一步步做去"。他的这些看法,都是很正确的。而他多次向"站在指导地位上的人"提这样的建议,当然就是向共产党的领导(其中包括瞿秋白)提这样的建议。因为在1930年代他就说过,五卅运动是"共产党作发动的中枢",在运动中他对"各派主张"了解得很"清晰"。⑧这表明他从这时起,即已较自觉地服从党的"指导",做一个党的忠诚的诤友。

　　而瞿秋白对老友的这些论述也作出了反应。9月3日,瞿秋白在《向导》上发表《义和团运动之意义与五卅运动之前途》,同样肯定义和团的"这种反抗的精神是非常之可敬的",同时也指出义和团运动是"一种原始的农民暴动","缺点是很多的"。"没有一个先进的有组织有力量的阶级做主干","盲目的'共信'他们的'排外主义'","拒绝一切'洋货',拒绝并且反对一切科学文化","主张'国粹',相信五行符咒等的'国民文化'"。这些分析,与郑振铎的见解完全一致。瞿秋白还进一步指出:"五卅运动,实在说起来,是义和团的反抗侵略运动的继续。不过五卅运动的方法、组织、策略,完全与义和团不同了。""要使这解放运动完全胜利,便应当更加发展中国无产阶级的势力,发展一般的民众力量,排除一切反动的帝国主义走狗的力量,那时才能废除辛丑条约,才能打破帝国主义束缚中国的一切锁链。"这些论述,对于郑振铎这样的知识分子,当然具有深刻的启示。

　　瞿秋白把一切投入革命事业,居止不定,又须时刻防备敌人的迫害,行踪保密。因此,在他一生的最后十年间,与郑振铎很少见面。不过,无论何时何地,他们总是相互怀念着。例如,1927年"四一二"政变后,郑振铎被迫避难法国巴黎时,还在7月29日的日记中记载了他做梦梦见瞿秋白,"好像见秋白的肺病非常可怕的样子"。他后来还回忆说:"最后一次见面,我还记得,是在上海宝山路上。我从工厂里放工回家(按,郑振铎喜欢将商务印书馆叫作"工厂"),在这条路上步行着,他坐在人力车上,头戴一顶打鸟帽,低低的压在额前。我们彼此互望了一眼,但并没有点头打招呼。"⑨但即使在这样的情况下,瞿秋白还尽可能支持郑振铎的进步文艺工作。

　　郑振铎从西欧回国后,重新主编《小说月报》。瞿秋白曾在1931年下半年译了一部苏联作家的小说《新土地》,郑振铎原定在第二年《小说月报》上登载。可恨"一·二八"日本侵略军的炮火炸毁了商务印书馆编译所,把这部译稿也焚毁了。郑振铎后来又与茅盾等人创办《文学》月刊,瞿秋白翻译了高尔基的小说《二十六个和一个》,以"陈节"笔名发表于该刊。郑振铎又在北平创刊了《文学季刊》,在创刊号上便有瞿秋白化名"商霆"发表的评论《读房龙的〈地理〉》。郑振铎主编的《世界文库》月刊,也曾发表瞿秋白署名"陈节"翻译的高尔基小说《马尔华》。后来,郑振铎另出《世界文库》丛书,在《俄国短篇小说集》中又收入瞿秋白的这篇译作,而书上即署名"陈节等译"。(而这时,瞿秋白已经壮烈牺牲了!)瞿秋白在 1930 年代为郑振铎写的稿子虽然不多,但郑振铎当时主编的几种重要刊物都得到了他的关怀与支持,这非常令人感动!

　　瞿秋白是 1935 年 2 月 26 日不幸被捕的。3 月初,他化名给在上海的周建人寄去两封信,托他转给鲁迅与妻子杨之华,暗示设法营救保释。茅盾正好去鲁迅家,获知此事。当时,郑振铎在北平工作,上述几位均是他的好友,他们也都知道他是秋白结交最早的好友,会不会立即秘密地告诉他呢? 我们不得而知。正当鲁迅等人焦虑万分、设法营救的时候,4 月 20 日《福建日报》就透露有叛徒供出了瞿秋白。5 月 11 日,国民党中央的《中央日报》以头版醒目篇幅正式公布了瞿秋白被捕的消息。这个不幸的消息,震撼了每一个同情革命的人。连远在苏联的曹靖华也在 5 月 11 日前听到了消息,急忙写信问鲁迅;郑振铎在北平,当然也可能在这以前就知道了。4 月底,他匆匆赶到上海,立即与茅盾一起去鲁迅家。他们悲痛而又清醒地知道,瞿秋白既经暴露在极端残忍的反动派面前,便几乎没有生存的可能了。因此,从这时起,他们便商量要搜集、出版瞿秋白的文章了! 这从鲁迅书信、日记中即可看出。

　　5 月 14 日,鲁迅致曹靖华信,即用隐语说:"闻它兄大病,且甚确,恐怕很难医好了。""它兄"即瞿秋白。22 日信中又说:"它事极确,……然何能为。这在文化上的损失,无可比喻。"5 月 25 日,郑振铎与茅盾、周建人等到鲁迅家开会,又商量了为瞿秋白出版遗著的事。而瞿秋白是 6 月 18 日被害的,24 日鲁迅致曹靖华的信中未提及此事,但说:"它兄文稿,很有几个人要把它集起来",这"几个人"主要便是鲁迅、郑振铎、茅盾。而在秋白牺牲日至 24 日之间,从鲁迅日记看,他们并未碰过头,可见他们在瞿秋白被害前便已议定了。(瞿秋白就义的消息,是 6 月 19 日登在《中央日报》上的,6 月 20 日日文报纸《上海日日新闻》和 7 月 5 日《申报》也发表消息。)

　　据茅盾回忆录,编印瞿秋白遗著,一开始商量时鲁迅最担心的有两个难题。一是经费,因为书必须印得精美,印数又不可能多,所以成本很高;二是印刷的地方,因为印瞿秋白的书当时是很危险的。而郑振铎一听,立即把这两大难题都接了下来。于是,便商定由鲁迅负责编选,郑振铎负责筹款和联系排版印刷。8月6日晚,郑振铎在家设便宴,邀请鲁迅一家和茅盾、胡愈之、叶圣陶、陈望道等瞿秋白的生前友好共十几人,秘密哀悼烈士,并正式决定了出书的各方面问题,定书名为《海上述林》。

那以后,鲁迅和郑振铎便像怀中揣着一团火一样,为烈士遗著的出版而辛勤工作着。鲁迅对郑振铎也很尊重,编出遗著目录后,还请他过目。而郑振铎则到处奔波,进一步落实了经费和印刷厂。今存他手书的一份认捐名单,计开明书店的叶圣陶、徐调孚、章锡琛、宋云彬、夏丐尊各捐十元,王伯祥、丁晓先各捐五元;暨南大学的傅东华、吴文祺各捐十元;胡愈之、耿济之各捐五十元;陈望道捐二十元。以上共募集二百元。最后他写:"余款由我担任。"他究竟捐了多少钱,我们不知道具体数字,反正是最多的一位。从后来鲁迅给茅盾的信中可推知,全部费用的约三分之一是由他捐的。(另外,茅盾捐了百元,鲁迅则早在向现代书店赎回烈士遗稿时便已付出了二百元。)最后,当书印好后,鲁迅分送各位捐款者以纪念本时,郑振铎分得最多。在鲁迅临终前,耗尽心血编选出版这部《海上述林》时,郑振铎是他的最主要的协助者。

瞿秋白牺牲后,郑振铎还多方调查《多余的话》原稿的下落。抗日战争期间,在苏北根据地坚持抗战的陈毅,知道他与瞿秋白是故交,曾托人向他打听烈士家属的情况。解放初,他还一连写了《回忆早年的瞿秋白》和《记瞿秋白同志早年的二三事》,成为研究瞿秋白的重要文献。这些,我们都不多谈了。最后,再谈谈他对出版瞿秋白遗著的重大贡献。

前已说过,他是鲁迅编选出版《海上述林》的最重要帮手。但限于当时的条件及其他原因,《海上述林》只收了烈士的部分译作。还有大量著作和译作尚未收集。抗日战争时期,郑振铎就指示他的学生注意搜集。据方行回忆,郑振铎当时对他说:"秋白同志的遗著,决不允许就此湮没,你们年轻人,可多跑些图书馆去找,不仅结集的,还有很多发表在报刊上没有结集的作品,凡是能找到的先把它收集起来。"⑩他还将自己所知的瞿秋白的笔名及发表文章的刊物告诉青年人。抗战胜利后,方行已收集到不少烈士的佚作,郑振铎便在家设便宴,邀请郭沫若、茅盾、戈宝权及方行等一起研究出版瞿秋白文集的事。他还亲自撰写了一份计划,向不少同志征求了意见。只是因为后来局势愈来愈坏,出版势难进行。但搜集遗文的工作,仍在他的指示下继续进行。这些遗文,解放后都交到北京有关部门,为编辑《瞿秋白文集》打了基础。解放初,他又指示上海出版公司重印了瞿秋白编的《鲁迅杂

感选集》,还建议该公司影印瞿秋白的手迹(可惜因故未成)。1950 年 7 月
1 日,中央人民政府出版总署正式成立该署图书馆,并在馆内特设"秋白纪
念堂"。郑振铎也参与了这一重要决策,并参加了揭幕式,还讲了话,特别提
到了出版秋白遗著的重要意义。总之,郑振铎为整理、出版瞿秋白遗著尽了
极大的力量。当我们今天捧读烈士遗著时,是不应忘记郑振铎的贡献的。

郑振铎还为瞿秋白遗著写过序,而且还是外文版。1957 年 9 月初,郑振
铎先是率领中国文化代表团访问保加利亚,接着又去捷克斯洛伐克讲学,然
后去苏联讲学。一直到 11 月底,连续在国外超负荷地工作了三个月。就在
临回国前一天,他得知苏联有学者翻译了一本《瞿秋白选集》,便不顾一切,
在极其紧张的时间内赶写了一篇热情洋溢的序文。文中简练地介绍了瞿秋
白的光辉一生,称颂他为"共产党和无产阶级的最优秀的战士和文学家"。
这本书,后来于 1959 年 4 月 29 日在莫斯科出版,而这时郑振铎为祖国献身
已有半年多了! 这是他为老友做的最后一件事。

"松柏依旧青着",瞿秋白和郑振铎的友谊动人心弦,他们永远活在中国
人民万古长青的革命事业之中!

（1998）

注释

①⑤ 郑振铎《回忆早年的瞿秋白》,《文汇报》,1949 年 7 月 18 日。

② 瞿秋白《小小一个问题》,《新社会》第 7 期,1920 年 1 月 1 日出版。

③ 郑振铎《光明运动的开始》,《戏剧》第 3 期,1921 年 7 月 30 日出版。

④⑨ 郑振铎《记瞿秋白同志早年的二三事》,《新观察》第 12 期,1955 年 6 月 16 日出版。

⑥ 郑振铎《〈公理日报〉停刊宣言》,《公理日报》,1925 年 6 月 24 日。

⑦⑧ 郑振铎《新文坛的昨日今日与明日》,《百科杂志》第 1 期,1932 年 7 月出版。

⑩ 方行《狂胪文献耗中年》,《上海博物馆集刊》第 4 期,1987 年 9 月出版。

郑振铎与泰戈尔

泰戈尔，具有世界声誉的印度作家。他是东方第一个诺贝尔文学奖的获得者，获奖至今正好一百年。他也是印度近代对中国影响最大的作家，尤其是他的诗歌，在中国获得了几代众多读者的欣赏。而郑振铎，是最早卓有成效地给中国读者介绍泰戈尔的人。

郑振铎最初接触泰戈尔诗歌，是由有传奇般经历和浪漫色彩的朋友许地山介绍的。据郑振铎后来回忆，1920年春天的一个晚上，地山来到他的住所，长发披垂在双肩上，在夕阳的余辉中，用梦幻般的似乎带有神秘的表情，向他介绍泰戈尔。说在缅甸游历的时候，看到泰戈尔的画像，又听人讲泰戈尔的故事，便买了泰戈尔的诗集来读，一读就入了迷。隔了几天的又一个晚上，他到地山的宿舍去，地山拿出一本绿纸面的日本人选印的泰戈尔英文诗集送给他。他站在窗前，借着夕阳读了起来。四周静悄悄的，只有小池里喷泉的潺潺声。他体验到了一种从未有过的诗意境界。泰戈尔的诗把他从忙扰的人世间，带到美丽和平的花的世界，使他暂时忘却了艰苦的境遇，随着老诗人走进有着一池绿水、有着五彩弧虹的天国中去了。那天夜里，他破例坐了人力车回家，为的是在车上借着明月和街灯的微光，急不可待地先读为快。那以后，他便搜读了泰戈尔的所有用英文写的诗集以及英译诗集。他像地山一样入了迷。每读一遍，便愈加感受到泰戈尔的超脱和飘逸。虽然他并不怎么受其神秘的快乐主义的影响，但他的有时会产生莫可名状的忧郁与烦闷的心灵，则时时受到泰戈尔诗的慰藉。

与此同时，他的另一个朋友瞿菊农，也由地山的介绍而沉醉于泰戈尔的诗。1920年的夏天，他与菊农便常常在中央公园（今中山公园）后门的柏树的绿荫下讨论泰戈尔。在宁谧的心境中，静静地聆听高树上的蝉鸣，忘却了四周的炎热。在地山的怂恿下，他们又开始翻译泰戈尔的作品。1920年8月，在郑振铎主编的《人道》月刊上，就发表了他翻译的泰戈雨《吉檀迦利》中的二十二首；在这组译诗前，又有他译的《新月集》中的一首《我的歌》作为序诗。同时，还附有他在6月21日写的关于泰戈尔的生平介绍。这些译诗,也就是他作为翻译家最早发表的译作。

1921 年《小说月报》改革以后(初由茅盾主编,1923 年起由郑振铎主编)和《文学旬刊》(郑振铎主编)创刊以后,郑振铎更在上面经常发表泰戈尔诗的翻译,总数有几百首之多,分别选自泰戈尔当时所有已有英译的六本诗集《园丁集》《新月集》《采果集》《飞鸟集》《吉檀迦利》《爱者之贻与歧路》等。

1922 年 10 月,郑振铎出版了他翻译的《飞鸟集》,这是在我国出版的第一本泰戈尔译诗集。翌年 9 月,又出版了他翻译的《新月集》。上述二书都属于他主编的"文学研究会丛书"。1925 年 3 月,郑振铎又将除了上述两本诗集以外的自己所译的泰戈尔诗编成《太戈尔诗》,作为他主编的"小说月报丛刊"之一出版(但并没有把他译的两本诗集以外他的译诗收全)。与此同时,他一直从事着泰戈尔作品与生平的研究。

早在 1921 年初,由郑振铎主要负责的我国最大的新文学社团"文学研究会"成立时,他就在会内特地组织了一个"太戈尔研究会"。他说:"中国专研究一个文学家的学会,这会还算是第一个呢。"(郑振铎 1921 年 4 月 17 日致瞿世英信。)1925 年,郑振铎出版了《太戈尔传》,这是我国第一本关于泰戈尔的专著。另外,他还为瞿世英等人翻译的泰戈尔戏剧作了热情的介绍。

我国的印度文学研究专家石真指出:"可以说中国最早较有系统地介绍和研究泰戈尔的是西谛(按,郑振铎的笔名)先生。"(《〈泰戈尔诗选〉前言》)据查考,泰戈尔诗最初被译进中国,是在 1915 年 10 月《青年杂志》(后改名《新青年》)第二期上,陈独秀用五言古诗体翻译的《吉檀迦利》中的四首诗。1918 年《新青年》完全改成白话文后,在五卷二期、三期上,又刊出刘半农用白话译的《新月集》中的四首。这八首短诗是泰戈尔作品最早的中译;但由于太零星、数量太少,在当时没有引起较大的影响。郑振铎不仅翻译出版了我国最早的一本《飞鸟集》,而且泰戈尔的主要的(或大部分)英译的诗歌,他几乎都作了重译。正是在他的辛勤劳动下(再加上其他翻译家、研究者的劳动),我们邻国的一个大作家的创作才广为我国读者所熟知。

当然,泰戈尔的思想本身,有着积极与消极两方面。1924 年泰戈尔访华前后,中国掀起了一股"泰戈尔热"。泰戈尔同情被压迫人民、反对暴力、歌颂大自然和人情美的思想与作品,受到中国广大读者的热烈欢迎;但同时,中国的一些先进分子也敏锐地指出,当时有些人也别有用心地或者是盲目地鼓吹泰戈尔思想中的消极面。在后一方面,鲁迅、周恩来、瞿秋白、陈独秀、沈雁冰、郭沫若等人都有过评说。（参见鲁迅《〈狭的笼〉译者附记》《论照相之类》，周恩来《致衫峙》，瞿秋白《弟弟的信》，陈独秀《我们为什么欢迎泰谷儿》，沈雁冰《对于太戈尔的希望》《太戈尔与东方文化》，郭沫若《太戈尔来华之我见》等文。鲁迅后来在《骂杀与捧杀》等文中也谈及当年泰戈尔来华时的情形。）郑振铎是热烈欢迎泰戈尔的来访的。1923 年底的《文学》周刊上，曾发表闻一多从美国寄来的《泰果尔批评》，在该文前郑振铎加了一段"编者附言"，指出："我们以为若要讨论'请太戈尔来华'的是否有多大意义，应该从两方面看：一是思想家的太戈尔对于我们现在青年思想的关系；二是文学家的太戈尔对于我国新文学的关系。"就前者而言，他表示同意当时共产党的机关刊《中国青年》和郭沫若等人的观点；就后者而言，他认为其影响不论大小，总的来说是好的。他的这一关于泰戈尔作品对中国新文学的关系的评价，历史已证明符合实际。

　　近年，有论者提到 1920 年代中国文坛因印度诗人泰戈尔来华而引起的这一场论争，认为这是与对中国传统文化的观点相关联的一个典型事例（这一看法我是同意的。同时我还认为，这一争论也表明了对外国文学遗产的研究，与对中国文学遗产的研究，是不可完全分割开的），指出当时许多新文学运动的中坚分子都对泰戈尔采取了不一定公允的态度；然而却唯独没提到新文学运动的中坚分子郑振铎。这是非常遗憾的。因为当时郑振铎在有关评论与专著中，正恰恰是对泰戈尔取了比较正确的态度的。

　　至少，正如郑振铎所说，文学家的泰戈尔，对中国新文学的发展起了良好的作用。例如，1920 年代中国诗坛曾掀起过一场"小诗运动"（朱自清语），那是外来影响下的产物，主要是受东方两个邻国——日本的短歌、俳句和印度的泰戈尔的小诗的影响。如果说，前者的主要介绍者是周作人；那么，后者的主要介绍者就是郑振铎。郭沫若、冰心、郑振铎等人早期的诗歌都受此影响。郑振铎论述过这类小诗的特点与功用等，而且还身体力行，亲自在小诗创作上作了实践与探索。冰心在后来过八十岁生日时，当有人问她是怎样写起诗来的，她说，开始并没有想到写诗，只是想起什么便在本子上写上几句，"后来看了郑振铎译的泰戈尔的《飞鸟集》，觉得那小诗非常自由，……就学那种自由的写法，随时把自己的感想和回忆，三言两语写下来。"（卓如《访老诗人冰心》。）著名女诗人的这段自述，也可以看作是对郑振铎当时翻译泰戈尔诗歌的肯定和好评。

　　郑振铎还是五四以后我国新的儿童文学事业的开拓者之一。他实际从事儿童文学工作，我认为也是从他翻译泰戈尔《新月集》中的"儿歌"（Child

Poems）时开始的。他曾把《新月集》与丹麦著名儿童文学家安徒生的作品相提并论,说:"我喜欢《新月集》,如我之喜欢安徒生的童话。……《新月集》也具有这种不可测的魔力。它把我们从怀疑贪望的成人的世界,带到秀嫩天真的儿童的新月之国里去。"虽然,他认为从严格的意义上来说,《新月集》还不是真正的儿童文学,"太戈尔之写这些诗,却决非为儿童而作的。它并不是一部写给儿童读的诗歌集,乃是一部叙述儿童心理、儿童生活的最好的诗歌集。"(《〈新月集〉译者自序》)但通过翻译《新月集》,无疑使他增强了对儿童文学的兴趣,并促使他进一步为发展中国的儿童文学事业而工作。

在郑振铎出版所译泰戈尔诗集时,梁实秋、成仿吾等人在《创造周报》上发表过批评文章,主要涉及"选译"问题。梁实秋认为选译是"大大的要不得的"。郑振铎则认为,首先,泰戈尔的诗集,用孟加拉文所写的当时有二十来种,而英译本本身就已经是"选译";再说,诗歌各自为篇,不像小说那样不能单译其中的一段。因此,他认为"选译"是无可厚非的。同时,他说明他也不是提倡所谓的"选译主义",只是因为时间与能力所限而这样做的。他希望将来有泰戈尔诗全译的出现。历史证明郑振铎的观点和做法是对的。

新中国成立后,郑振铎曾在1951年和1954年,两次代表中国文化界访问泰戈尔的祖国印度。1952年5月16日中印友好协会在北京成立,郑振铎在百忙中担任理事。特别是1954年那次访问,郑振铎以中国文化部副部长的身份担任中国文化代表团团长,于翌年初的1月17日专门去巴浦尔参观泰戈尔的故居,和他创立的国际大学等。作为1920年代中国第一本泰戈尔传记的作者和泰氏诗歌最早的中译者之一,他受到了泰戈尔故乡人民的最尊敬热烈的欢迎。

郑振铎在1920年代出版的两本泰戈尔诗集,在新中国成立后他都作了修订,新写了序言,重新出版。1981年8月,湖南人民出版社出版郑振铎《泰戈尔诗选》,收入郑振铎译的《新月集》和《飞鸟集》及其他郑振铎以前未曾收集的部分泰戈尔译诗。由叶圣陶题签,石真作前言。(但也没有将散佚的郑振铎所译泰戈尔译收全。)2000年8月,北京人民日报出版社出版《吉檀迦利》。署冰心、郑振铎译。篇目为:《吉檀迦利》(冰心译);《新月集》(郑振铎译);《飞鸟集》(郑振铎译)。书前有林杉的《生命的激情与爱——读泰戈尔的散文诗集〈吉檀迦利〉》。

1958年,郑振铎因空难不幸殉职。印度学者海曼歌·比斯瓦斯发表悼文,沉痛地说:"这也是我们印度人不可挽回的损失","我们印度人是把他当作最早的印度学者来热爱的","我们知道他也是第一个在中国传播泰戈尔著作的作家"。海曼歌还写道:"在我的纪念册上,郑振铎曾写到:'中国和印度的文化交流开始得很早,今后更会加强。'我把郑振铎这些话转告印度人民。是的,我们的结合将愈来愈坚强,世上没有力量能削弱它。"

（2013）

巴金和郑振铎诗

　　首先想要说明：题目中的"和"字，不是连词，而是动词，读去声，意为作诗应答。

　　那么，也许您会感到有点新奇吧——巴金会写诗？他发表过诗？这是一般人很少知道的。而郑振铎，尽管他曾是新文学社团"文学研究会"的早期代表诗人，其诗作的数量与质量在当时均属前列（我国第一本新诗年选中，便选入了他的作品），但现今的权威学者却是不将他算作诗人的。

　　无知也罢，偏见也罢，这里且不去说它；而有诗为证，早在六十多年前，巴金与郑振铎有过一次动人的诗歌唱和。

　　那时，他们都很年轻，巴金更不到二十岁。郑振铎在上海，巴金在成都，他们还不曾见过面。两人相隔千里，却写了同一题材的诗，为的是发生在长沙的一次悲壮的流血事件。

　　1922 年 1 月 17 日，中国工人运动的积极分子黄爱、庞人铨，在长沙浏阳门外，被反动军阀赵恒惕残酷地杀害了！革命导师李大钊同志悲愤地写下了《黄庞流血记序》。他深刻地指出："我们的目的，在废除人类间的阶级，在灭绝人类间的僭擅。但能达到这个目的，流血的事，非所必要，然亦非所敢辞。要知道牺牲永是成功的代价。"这篇文章发表在 3 月 23 日《晨报》副刊上。"五四"时便积极追随大钊同志的郑振铎读了这篇宏文。不久，他便写了一首诗《死者》，发表于上海出版的《诗》杂志第一卷第五期上。诗中提出"以眼还眼，以牙还牙"，题注中还说："泪的河，血的河，继续的，流去流去。我们怕——那实是可怕的——但是为了兄弟，这也是无法的。人世间的幕本就是由千万年来的'悲惨'与'恐怖'织成的。"

　　而在第二年 5 月间，成都出版的《孤吟》杂志创刊号上，发表了署名"P.K."的诗《报复》。最近，这本冷僻刊物被重新发现，发现者以充分的理由推断这是巴金的佚作；而八十多岁的巴金重读这首诗时，竟激动地连声说:"这是我的作品!"然而,不知巴金今天是否还记得,当时写这首诗正是对郑振铎的诗的回应? 请看——

郑振铎悲愤地唱:"谁杀了我们的兄弟呢? /宽恕一切,爱我们的敌,/我们原也知道这种宽大的话,/但是我们竟没有这样的大量呀!"

巴金激动地说:"我们是量小的人,/一切过去的事都永远印在我们的心上,/一刻也不能忘记呵! /我们的兄弟被冤杀了,/我们能忘记了么?"

郑振铎说:"多着呢,多着呢,/我们的血——"

巴金答:"我们的血要为我们的兄弟而流的,/我们的血原也是我们兄弟的血呵!"

……

我认为,这不是偶然的巧合,而是心灵的共颤,歌喉的唱和。这不只是根据二首诗的内容、思想、甚至用词上的相似来判断的;而且还因为他们二位当年已经有了文字上的联系,而巴金又非常崇敬郑振铎。例如,今知巴金最早的一首新诗《被虐者底哭声》,便是响应郑振铎提出的"血和泪的文学"而创作的,并由郑振铎将它发表在他主编的《文学旬刊》上。当时郑振铎发表的新诗《悲鸣之鸟》,巴金读后激动万分,曾写信给郑振铎说:"《悲鸣之鸟》何等沉痛呵! 我读这篇时已陪了不少的眼泪了。"那么,他当时读郑振铎的《死者》时,一定也是热泪流淌的吧。

有时我想到一个问题:现今的巴金研究者,研究他早期如何受无政府主义影响者有之,研究他早期如何受虚无主义影响者亦有之,就是不大见有研究他如何受郑振铎、受文学研究会主流派的影响的。这也算是一件令人纳闷的事。这次发掘出的巴金的这首诗,也许可以给人们带来一些新的思考。

从艺术上来说,我觉得郑振铎的这首《死者》,即使置于任何新诗选集中,都是不逊色的,诗的一开头的那句悲愤的斥问:"谁杀了我们的兄弟呢?"在全诗的每一节之前反复出现,就像一首悲壮的奏鸣曲多次重现它的主旋律,读者的心弦不能不随着它长短相间的句节形成的激昂节奏而震荡。而巴金的《报复》,今天看来也许略输文采,但正如他自己说的,仍然是"能感动人"的。所以,巴金今天不仅"不愧少作",而且十分珍视,已决定要收入自己的《巴金全集》。

六十余年过去,弹指一挥间。有多少诗人写下的多少首诗歌,都被人们遗忘了。但我觉得巴、郑这两首诗,却是值得一读的。同时,我撰这篇小文,也是为了表示对壮烈牺牲已整整六十八年的黄、庞二烈士的纪念。

(1990)

附一：

报　复

P.K.

本年一月十七日是黄、庞二君被赵恒惕冤杀的周年纪念日。黄、庞二君被杀已有一年了,而赵氏还安稳地在湖南做省长,想起来实在令人愤怒。这首诗就是在愤怒〔中〕做的,所以不像诗;但是只要能感动人,是不是诗也不要紧。

> 我们是量小的人,
> 一切过去的事都永远印在我们的心上,
> 一刻也不能忘记呵!
> 我们的兄弟被冤杀了,
> 我们能忘记了么?
> 不! 我们的心终久还在,
> 我们就实在不能忘记呵!
> 我们是要报复的,
> 我们的血要为着我们的兄弟而流的,
> 我们的血原也是我们兄弟的血呵!
> 一切有良心的朋友们:
> 我们用什么来安慰我们被冤杀的兄弟呢?
> 我们用什么来对待杀我们兄弟的仇人呢?
> 我们的兄弟正等着呵!
> 呵! 我们有的是"血"呵,
> 我们青年的热血呵!
> 我们快起来报复吧!
> 还等着什么呢?
> 未必要等到杀我们自己的时候么?
> 呵! 良心在何等去了?
> 我们的兄弟原也是我们自己呵!
> 我们还是"人"呵!
> 我们有"人"的热血呵!
> 如果我们"人"的热血还没有尽冷,
> 这杀兄弟的仇终久是要报复的呵!
> 并且我们的兄弟也是为着我们全人类的利益而死的呵!
> 我们是要报复的,

我们是要报复的。

我们绝对不能让恶魔安稳地生存着，

因为我们终久还是"人"呵！

"你该死"，这是恶魔与我们"人"的宣战书呵！

也就是我们兄弟的"死刑判决书"呵！

如果我们能承认是"人"，

我们总要起来争回"人类之光荣"吧！

我们总要与恶魔决一死战吧！

这是我们与恶魔最后的决战呵！

一切有良心的朋友们：

我们记着我们兄弟的血，

预备着我们自己的血；

来与恶魔决一死战吧，

杀兄弟的仇是必要报复的呵！

附二：

死　者
郑振铎

谁杀了我们的兄弟呢？

血——亲爱的兄弟们的血呀，

想起，想起，

哽咽了，滚热的泪，滴滴的……

谁杀了我们的兄弟呢？

亲爱的兄弟呀！你的眼闭了吧，不要睁睁的。

悲痛与愤怒，充塞了我们的心腔了。——

但只是悲愤而已么？

谁杀了我们的兄弟呢？

宽恕一切，爱我们的敌，

我们原也知道这种宽大的话，

但是我们竟没有这样的大量呀！

谁杀了我们的兄弟呢？

"以眼还眼,以牙还牙"。

血——亲爱的兄弟呀!

不要目眴眴的。

多着呢,多着呢,

我们的血——

把巴金送进文艺界的
到底是谁（外一篇）

《怀念振铎》，是巴金老人最后写的一篇充满深情的文章。虽然是一篇未完稿，但在两年前郑振铎诞辰一百零五周年之际，由其家人首发于《文汇读书周报》，引起读者强烈的感动。巴金与郑振铎的深厚友谊成为文坛最生动的佳话。

巴金文中写道："有一天和几位友人闲谈，有一位中年朋友质问我说：'你记不记得介绍你进文艺界的是郑振铎，不是别人！'"这位如此直率的"中年朋友"不知是谁，反正不是我。虽然我约在二十年前就发表文章提出过这样的观点，但我没有过与巴金这样闲谈的荣幸，即使有，我也不会、不敢这样"质问"；再说，我与巴金的儿子是同龄同学，二十年前在巴老眼里只能算个青年。（因为有人问过我，那是不是你，所以我要作这样的说明。）对这位朋友的"责问"，巴金写道："他说得对。"巴金记得他最初给郑振铎主编的《文学旬刊》投寄小诗、散文并获发表的往事。他还写道，因为后来大哥发病等原因，没有继续投稿，已发表的那些作品他也忘记了。他说："就是在今天我也没有承认它们是文学作品。否则我就会把《灭亡》手稿直接寄给振铎了。圣陶先生的童话《稻草人》我倒很喜欢，但我当时并没有想到圣陶先生，他是在开明书店索非那里偶然发现我的手稿的。我尊称他为'先生'，因为他不仅把我送进了文艺界，而且他经常注意我陆续发表的作品，关心我的言行。他不教训，他只引路，树立榜样。今天他已不在人间，而我拿笔的机会也已不多，但每一执笔总觉得他在我身后看我写些什么，我不敢不认真思考。"

在怀念郑振铎的专文中，忽然见到这么一大段怀念叶圣陶的文字，如照以前语文老师教我们作文的讲法，这是有点"枝蔓"的。但这样写，真实地反映了重病中巴金的思路和"意识流"，而且，叶老当然也值得崇敬和怀念。虽然我相信巴金如果身体健康，能将此文定稿的话，对此可能会做修改，因为这甚至会使人误读。例如，当年某出版社出版我整理的《郑振铎日记全编》

时,编辑就在书前印上了巴金此文说的"我尊称他为'先生'……"这一大段话,以为这是说郑振铎。更令我感到有点疑惑的是,巴金既然承认郑振铎是最早"介绍"他进文艺界的人,为什么又强调是叶圣陶把他"送进"了文艺界呢? 他认为郑振铎发表的他的那些早期作品,不算文学创作? 也许他想强调《灭亡》是他第一次署名"巴金"的小说,而且是他的成名作的缘故吧?

巴金在很多文章中反复说明过《灭亡》的发表对于他走上文学之路具有极重要的意义。在晚年写的很多文章中他又反复强调叶圣陶对他一生的重大帮助。如《我的责任编辑》一文的第一句话就是:"我和丁玲同志一样,我的第一本小说(按,指《灭亡》)也是由叶圣陶老人介绍给读者的。"巴金本人这样说了,当然也就成了无可置疑的"定论"和文学史上的"常识"了。我看到过十几本关于巴金及叶圣陶的评论、传记、年谱、资料的书以及无数的论文,都是这样写的。(在这里,已经没有必要举出书名、文章名以及作者的名字来了。)

《灭亡》是在 1929 年 1 月至 4 月的四期《小说月报》上连载发表的。在 1928 年底,该刊曾有一段关于《灭亡》的内容预告;在 1929 年 4 月刊载完毕后,该刊《最后一页》中又有一段关于《灭亡》的评说;1929 年底,该刊《最后一页》再一次提到了它。所有这三段话,现在通通被认定是叶圣陶写的。例如《巴金研究资料》一书中,就将这三段话加上《关于〈灭亡〉》的题目,并署上了叶圣陶的名字。研究者这样的认定,当也与叶老晚年的回忆有关。叶圣陶在 1982 年写的《重印〈小说月报〉序》中说,《小说月报》主编郑振铎 1927 年 5 月出国,"回到上海是 1929 年 2 月间;等他把劳顿休息过来了,把杂事安顿停当了,我把《小说月报》交还给他,已经是 5 月间了"。既然叶圣陶代郑振铎主编该刊要到 1929 年 6 月号,那么该刊上发表的前两段有关《灭亡》的文字当然就是代理主编叶圣陶写的了;但是,1929 年 12 月郑振铎早已恢复主编之职了,第三段文字为什么还要说是叶圣陶写的呢? 难道那些研究者认为这是一个不需要说出任何理由的事吗? 只有江苏教育出版社出版的《叶圣陶集》相对谨慎一点,只收了前两段,未收第三段话;但是,前两段话就能因为叶老晚年的回忆而确认其作者吗? 我对此一直表示怀疑。

回忆,应该由确凿史料来检验。我以前曾指出,至迟郑振铎在 1928 年 10 月就已经回国了,因为他的小说集《家庭的故事》的自序,就写明作于 1928 年 10 月 24 日上海。而开始发表《灭亡》的那期《小说月报》,带着极明显的郑振铎主编的特色,仅从该期目录上看,郑先生署名的作品就有十二篇之多,而且,该期打头的何炳松的文章之前,就有署名郑振铎的整整一页的按语。无法想象这是他还在国外而由别人代编的。那么,为什么那么多的研究者都对此视若无睹呢？既然这一期肯定是郑振铎主编的，那为什么前一期刊登的预告中的那段话(即上述三段话中的第一段)就不可能是郑振铎写的呢？其实，该刊上的这些话，早在1930年代就有读者认定是郑振铎写的。如1931年10月《现代文学研究》杂志上知诸写的《谈〈灭亡〉》一文，就这样写过。只是这样的资料，现在许多巴金研究者也是视若无睹的。

关于发表《灭亡》的责任编辑，巴金说他是听来的；他还谈到过好几次，不过每次并不完全相同。例如，1935年10月他的《写作生活底回顾》中说：直到1929年初我回到上海，才在那个朋友(按，即索非)处看见《小说月报》上面的预告，知道我底小说(按，即《灭亡》)被采用了。那朋友违反了我底意思把它送给《小说月报》底编者，使它有机会和一般读者见面，我觉得我应该感谢他。"这时巴金没有写出"编者"是谁，这里感谢的"他"如果是指编者，那么就只是一个人(单数)。

1958年3月20日巴金写《谈〈灭亡〉》中则说："直到这年(按，指1928年)年底我回到上海，那个朋友才告诉我，他把我的小说介绍给《小说月报》的编者叶圣陶、郑振铎两位前辈，他们决定在《月报》上发表它。"这里明明写了两个人的名字，并且用了"他们"(复数)。然而，那么多巴金研究者对于郑振铎这个名字却又都是视若无睹的。

到晚年，1980年代后，巴金就只提叶圣陶一个人的名字了。如1980年4月4日他在日本讲演的《文学生活五十年》中，就说："等到这年年底回到上海，朋友告诉我，我的小说将在《小说月报》上连载，说是这份杂志的代理主编叶圣陶先生看到了它决定把它介绍给读者。"

那么，现在很关键的问题看来是得搞清楚叶圣陶到底"代理主编"到什么时候？是否如老人晚年回忆中较含糊地说的1929年5月间？由于当年郑振铎因政治避难出国，回来时十分"低调"，所以人们一直连他几月几日回到上海也不知道。现在，这个疑难问题终于有了惊喜的发现！我的一位研究者朋友，从郑、叶二公共同的挚友王伯祥先生所遗珍贵日记中，找到了两条非常关键、非常过硬的史料：

1928年6月8日下午二时，郑振铎回到上海。(四时许，叶、王等人就与郑在冠生园茶楼激动地会晤)

1928年9月3日，同在商务印书馆工作的伯祥先生记道："振铎今日复任《小说月报》编辑，圣陶仍回国文部。"

至此，我认为事实已经完全清楚了。

有关资料说明，巴金的《灭亡》原稿是在1928年8月从法国巴黎寄出的。当时一份邮件到上海要一个多月。加上索非收到后应当还要看一遍。

因此稿件交到《小说月报》编辑部时,郑振铎已经恢复主编工作了,叶圣陶已经不代理主编而回国文部工作了。因此,即使索非的确是把稿子交给叶圣陶,叶圣陶也只能是转手而已,最后"决定"发表它并当它的"责任编辑"的,只能是郑振铎,"不是别人!"叶圣陶与郑振铎亲如手足,互相极为尊重,叶圣陶不会在离开刊物编辑部后再"越俎代庖",去"决定"来稿的处理结果,或再代写那些预告和编者后记的。

终于最后搞清这一文学史上重要史实后,那么,那么多研究者是否得反省一下:为什么对那些史料及疑点多年来一直视若无睹? 甚至连巴金本人也曾提到郑振铎,当年的读者也提到郑振铎,而你们却偏偏视若无睹? 是不是认为叶圣陶要比郑振铎地位高、名气响? 这是实事求是的治学态度吗? 做学问能这样"势利"吗?

我认为,一个作家对发现和发表自己的处女作,特别是成名作的编辑,怀有一种极深的感激之情,是正常的。这样的"伯乐"式的编辑,对一个作家的成长所起的关键作用,也是值得充分肯定的。但是,我又认为一个优秀编辑的杰出之处,也不仅仅只是在发现和发表作品这一点上。巴金就曾多次生动地提到过郑振铎对他的几次退稿。如 1982 年春,他在回答研究生花建的提问时,就讲到 1923 年(按,当为 1922 年),"写过一个短篇,叫《可爱的人》,寄给上海郑振铎,发表在《时事新报》副刊《文学旬刊》上。1924 年,我还写过一个反战题材的短篇(按,当为 1923 年所作,因 1923 年 6 月郑振铎在《小说月报》的《最后一页》征求"非战文学"专号的稿子),投给《小说月报》,给退了回来。当时的编辑也是郑振铎,没有采用。"在巴金发表了《灭亡》而"成名"以后,他又于 1930 年春寄去第二部小说《死去的太阳》,但这次郑振铎却没有发表。巴金后来在《谈〈灭亡〉》中写到,编者"说是写得不好"。巴金后来诚恳地认为:"编者的处理是很公平的。""为了退稿,我至今还感激《小说月报》的编者。一个人不论通过什么样的道路走进'文坛',他需要的总是辛勤的劳动、刻苦的锻炼和认真的督促。任何的'捧场'都只能助长一个人的骄傲而促成他不断地后退。"非常清楚,巴金认为这种退稿和批评意见,同样也是对他的一种真挚的帮助。1933 年底,巴金还应邀搬到郑振铎在燕京大学的家里,食宿了三个星期,专心地完成了小说《电》的创作。(此事在巴金那篇未完稿《怀念振铎》中未及写到。据我所知,享受过郑振铎这样"规格"的待遇的作家,至少还有一位老舍,他的《小坡的生日》也是住在郑家写的)试想,像郑先生这样的编辑,现在再到哪里去找?

因此,如果一定要说是谁把巴金送进了文艺界,那么,我认为当然首先就是郑振铎。如果要问巴金一生中最重要的责任编辑是谁,那么,我认为也当然首先就是郑振铎。即使巴金自己没有说过这样的话,然而事实就是如此。不是说要实事求是,要"讲真话"么?

(2005)

巴金与鲁迅首次见面时间考

我在 2008 年 5 月号《博览群书》杂志上读到杨建民先生的《巴金与鲁迅著作的注释》一文,巴金先生对鲁迅著作注释的严格认真态度令我感动。不过,杨文确认的巴金与鲁迅首次见面的日期,我认为是不对的。巴金一生崇敬鲁迅,但与鲁迅见面的次数并不多,因此巴金第一次会见鲁迅的日子就更必须正确考定。

杨文是这样写的:

> 1976 年 3 月,有人准备向巴金了解他与鲁迅的交往情况,王仰晨便作书介绍。不久,巴金给王仰晨复函:"上次带书的两位同志同我谈话时,问我什么时候同鲁迅先生第一次见面……"当时,巴金按自己的记忆,认为是 1933 年秋天。后来他翻检了鲁迅日记,才确知当时见面是在 4 月 6 日。不仅如此,巴金还花了很大工夫,将自己与鲁迅同席的四次见面另外用一张纸写出,时间、地点、主人、客人都准确标注出来。可就在第二天,巴金在进一步核实后,致王仰晨一函,证明自己与鲁迅第一次见面,时间是 1934 年 8 月 5 日,同时又查到 1936 年 2 月的另一次见面,也一并录出。可见他态度的认真严谨。

然而,"态度的认真严谨"有时与历史的真实并不一定是画等号的。当事人的回忆、核实也并不一定都确实可靠。上述"巴金在进一步核实后"认定的 1934 年 8 月 5 日,其实并不是巴金第一次见鲁迅的日子。而且,关于那个日子,巴金先后还有过多次不同的说法。

例如,为纪念鲁迅逝世二十周年,1956 年 7 月 13 日,巴金写了《鲁迅先生就是这样一个人》一文,是这样说的:

> 我第一次看见鲁迅先生是在文学社的宴会上,那天到的客人不多,除鲁迅先生外,还有茅盾先生和叶圣陶先生几位。茅盾先生我以前也不曾见过。我记得那天我正在跟茅盾先生谈话,忽然饭馆小房间的门

帘一动。鲁迅先生进来了,瘦小的身材,浓黑的唇髭和眉毛……这天他谈话最多,而且谈得很亲切,很自然,一点也不啰嗦,而且句子短,又很风趣……这个晚上我不知道看见多少次他的笑容。

同年9月25日,巴金在苏联《文学报》上又发表《鲁迅》一文,说:"我错过了几次同他相见的机会,到了1933年才在文学社举办的宴会上第一次见到他。""那天晚上在座的有十几个人,都是作家。"巴金再次特别提到那天晚上"鲁迅比谁都说得多,笑得多"。

以上同一年写的两篇文章,前者未说初次见面的年份月日,后者说是1933年;前者说"到的客人不多",后者则说"有十几个人",那么客人就不能算少了。

过了二十年,1976年,上述巴金致王仰晨的信中先是说1933年4月6日,后来"在进一步核实后",又说是1934年8月5日。然而仅过三年,巴金在1979年3月10日致日本友人岛田恭子的信中,却又说:"我和鲁迅先生见面是在1933年。"可见,巴老实在是记不大清了。

再来看看,巴金研究者们又是怎么说的呢? 我只翻了翻自己手头现有的书。在贾植芳任顾问、唐金海等人主编的比较权威的《巴金年谱》中,我查到1933年4月6日有这样的记载:

> 应邀到上海"会宾楼"出席宴会。这是上海生活书店为《文学》月刊创刊,宴请《文学》主要撰稿人,宴会由《文学》主编郑振铎主持。同席有鲁迅、茅盾、周建人等十五人。第一次结识中国现代著名作家鲁迅。"这位'有笔如刀'的大作家竟然是一个多么善良、多么平易、多么容易接近的瘦小老人。我觉得我贴近地挨到他那颗善良的心了。"席间又听鲁迅说,"林语堂写那种《论语》式的文章实在可惜,以他的英语水平,如从事翻译点美国古典文学作品对社会的贡献更大。"(马蹄疾《鲁迅和巴金》,载1985年7月春风文艺出版社《鲁迅和他的同时代的人》下卷)

我进一步查了《巴金年谱》所引用的马蹄疾《鲁迅和他的同时代的人》下卷中的《鲁迅和巴金》一文。马蹄疾文章引了上述巴金《鲁迅先生就是这样一个人》,说:"查考《鲁迅日记》,自文学社成立以来,至巴金去日本前,有过两次宴会,一次是1934年10月6日为巴金去日本饯行宴会,另一次是半年前的4月20日那一次,巴金所回忆的第一次和鲁迅见面的文学社的宴会,大概就是这一次。"也就是说,马蹄疾明明认为那一天"大概就是"1934年4月20日,不知《巴金年谱》怎么注明根据马蹄疾此文却定在1933年4月6日?

我又翻了一些《巴金传》,发现不少《巴金传》的作者都避免提到这个问题。徐开垒的《巴金传》则说是"1933年8月初"。这大概是他根据《文学》月刊创刊的时间和巴金在沪的时间而推测的。但"8月初"实际上是根本不可能的(参见下引陈思和的辨析)。

陈思和的《巴金传》则这样说巴金初见鲁迅的日子:

> 在学术界有两种说法,一种说法是1933年4月6日,另一种说法是1933年8月初。这两个日期都很值得怀疑,关于4月6日之说的依据是鲁迅日记所载:"被邀至会宾楼晚饭,同席十五人"。可是据茅盾回忆,这次宴席为商议筹办《文学》之事,出席对象是内定的十个《文学》编委会(成员):鲁迅、茅盾、郑振铎、叶圣陶、郁达夫、陈望道、胡愈之、洪深、傅东华、徐调孚,另外还有周建人和黄源。人数比鲁迅日记记载的少三个,会不会这三个中就有巴金? 笔者觉得可疑,因为这是个内定编委会聚会,刊物还没有正式创办,巴金既不是编委,也不属于上述圈内的人物,参加这样一个会议不很适合。而且《文学》是由生活书店出版,这次宴会有东道主参加,这缺名的三个可能是生活书店方面的人,与文艺界无涉,茅盾才没有把他们名字写出。第二个值得怀疑之处就是具体情况与巴金记叙的不符,巴金回忆中说出席人不多,但这一席有十五个人,不能算不多;巴金在回忆中只提到茅盾与叶圣陶之名,其实这二人他都不熟,在席中与巴金交往时间最长的应该是胡愈之,巴金却没有提到他,也于情理上不通。巴金回忆中说鲁迅那天谈话中说到了《文学》的内容,而当时《文学》还在筹办,怎么会有"内容"……在这些疑问没有充分说服力的解答以前,4月6日说是无法使人信服。但是,关于"8月初"的说法似乎更不可能,因为7月29日鲁迅就伍实(傅东华)在《文学》第二期上写的《休士在中国》一文中诬蔑鲁迅的话提出抗议,随即就终止了与《文学》的关系约半年之久,怎么可能在8月初出席《文学》社举办的宴席,还说了那么多幽默、隽永的话? 而且鲁迅日记上也没有在8月初记载过赴宴的事情。若以巴金的叙述细节为真,那么,这种情谊融融的场面是应该发生在7月1日《文学》创刊之后,7月29日鲁迅写《给文学社的信》之前,而巴金在这个月中又偏偏是外出旅行,人不在上海。

陈思和最后的结论是:"他们初次会见的日期几乎是无法推算。"

除了上述马蹄疾以外,还有一些鲁迅研究者则断定巴金是"1934 年 8 月开始同鲁迅交往"的。如鲁迅博物馆鲁迅研究室编的《鲁迅回忆录》,孙郁、黄乔生编的《回望鲁迅》等书,都这样说。

可见,这实在是一笔当事人、研究者连年份、月份都各说各的糊涂账。

这里,暂且把这个问题搁一搁,再来研究一下 1933 年 4 月 6 日《鲁迅日记》的记载:"三弟偕西谛来,即被邀至会宾楼晚饭,同席十五人。"对这十五个人,除了鲁迅日记中明确记载的鲁迅自己、郑振铎(西谛)、周建人("三弟")三人外,黄源在 1981 年 6 月 23 日写的《鲁迅先生二三事》一文中写到的还有茅盾、叶圣陶、陈望道、郁达夫、洪深、谢六逸、夏丏尊、徐调孚、傅东华、胡愈之。黄源一共写出了十三个人,还有二人未明。黄源在同年 5 月 1 日写的《鲁迅与〈文学〉》一文中,也写了这样十三人的名单,而且还特别写了一句:"巴金当时不在上海,没有被邀。"黄源没有说自己参加了这次宴会。

而茅盾在 1982 年 8 月发表的《活跃而多事的年月》中,则提出了十二个人的名单,即比黄源所说的少了谢六逸、夏丏尊二人,却加上了黄源。

看来,关于这十五个人的名单,后人也是无法仅仅用简单的推算来认定的。由于《文学》月刊创刊一事在中国近代文学史上是一件非常重要的事情,因此这个名单也是非常值得搞清楚的。看来,只有寄希望于发现凿实可信的文献记载,才能解开这个谜了。

有道是"踏破铁鞋无觅处,得来全不费工夫"。我的朋友商金林教授近年辛辛苦苦地修订他的《叶圣陶年谱》时,查看了叶圣陶、郑振铎的老朋友王伯祥先生的日记。而我从他那里,看到了 1933 年 4 月 6 日王伯祥的日记。日记是这样写的:"散班后赴会宾楼振铎、东华、愈之之宴,到十五人,挤一大圆桌,亦殊有趣也。计主人之外,有乔峰、鲁迅、仲云、达夫、蛰存、巴金、六逸、调孚、雁冰、望道、圣陶及予十二客。纵谈办《文学杂志》事,兼涉谐谑,至十时三刻乃散。"所谓"散班后"就是在开明书店编译所下班后。这天聚宴的主人是郑振铎、胡愈之、傅东华,要谈的是《文学》月刊创刊之事(按,《文学》原先拟名为《文学杂志》,后来郑振铎得知北平左联要办一个《文学杂志》,遂改名《文学》)。王伯祥日记里说的"兼涉谐谑",也就是巴金文章中说的"鲁迅比谁都说得多,笑得多"。

于是,我们终于确切无疑地知道了:

一、巴金第一次见鲁迅,是在 1933 年 4 月 6 日。

二、那天到会的十五个人是:鲁迅、巴金、郑振铎、茅盾、叶圣陶、陈望道、郁达夫、谢六逸、徐调孚、傅东华、胡愈之、王伯祥、周建人、施蛰存、樊仲云。

可见,人的记忆有时候确实是靠不住的,茅盾、巴金、黄源的回忆中居然都有说错了的地方! 因此,王伯祥先生的这则日记,有了多么重要、多么珍贵的史料价值!

从这十五个人的名单,还可以看到郑振铎先生的胸襟是何等的博大宽阔(创刊《文学》是郑先生提出来的)! 他不仅邀请了"既不是编委,也不属于上述圈内的"似乎"不很适合"(陈思和语)的巴金参加了这次重要的聚会;而且居然还请了当时另一较大型的文学月刊《现代》的主编施蛰存,一点儿也没有什么"同行"间常见的相互保密、妒忌、提防、排挤等习气,这是多么难得! 令我感到有点遗憾甚至疑惑的是,施蛰存后来从未提起过此事,这是为什么呢? 另外,我感到"于情理上不通"(陈思和语)的还有,巴金为什么从没提到郑振铎呢?

由巴金的回忆和王伯祥的日记可知,这次聚会是非常愉快甚至"谐谑"的,特别是鲁迅先生的心情十分舒畅。然而非常遗憾的是,仅仅过了三个多月,"7月29日鲁迅就伍实(傅东华)在《文学》第二期上写的《休士在中国》一文中诬蔑鲁迅的话提出抗议,随即就终止了与《文学》的关系约半年之久";离这次聚会仅仅只有半年,鲁迅和施蛰存之间又发生了所谓"《庄子》与《文选》的论争",鲁迅骂施蛰存为"洋场恶少",施蛰存也一点不客气地"反击"。我以前一直想,鲁迅为什么对傅东华、对施蛰存发这么大的火,看到了这份名单,我有所揣测。

那次宴会,鲁迅和傅东华、施蛰存等人把酒欢谈,何等融洽。后来,傅东华竟然毫无道理地冒犯鲁迅,鲁迅当然生气(傅东华后来向鲁迅道了歉)。鲁迅不过是在一篇化名写的杂文中批评了他认为不妥的文坛现象,并没有点施蛰存的名字,也未必是专门针对施蛰存,然而施蛰存年轻气盛,反唇相讥,居然在文章中指名道姓地调侃鲁迅。鲁迅或许想到了几个月前的见面欢聚,因而更加生气。(另外,从当年朱自清先生的日记中看,施蛰存可能还做了对不起《文学》的事情。)可惜郑振铎先生热心营造的文坛团结和谐的气氛,就这样失去了!

王伯祥先生的这段日记,让我看到了一段活的文学史。

(2008)

郑振铎对老舍的评价及其他

关于老舍研究,自知是外行。最近,我在读宋永毅的新著《老舍与中国文化观念》。这是近年来受好评的一本书。翻阅中,偶尔想起以往在茫茫书海中拾到的几片鱼鳞,适可补正宋书中的一些说法,而且我觉得还是比较重要的,公布出来可供老舍研究专家参考,因乘尚未忘却之际写下。

主要谈谈郑振铎对老舍的帮助与评价。

在老舍的创作道路上,郑振铎的提携之力极大。《老张的哲学》《赵子曰》《二马》这些老舍最早的长篇小说,都是在郑振铎主编的《小说月报》上连载发表的。1930 年代初,老舍从国外归来,即住在郑振铎的家里,完成了《小坡的生日》的后半部分。在郑振铎逝世周年座谈会上,老舍曾痛哭流涕地讲述了郑振铎多年来对他的巨大帮助。

宋书中说,1928 年老舍的《老张的哲学》《赵子曰》二书由商务印书馆出版时的两则广告,"大约是老舍研究的最早文字了"。其实,最早对老舍作品作出评论的,是郑振铎。早在 1926 年 6 月,郑振铎主编的《小说月报》第十七卷第六期的《最后一页》中,就写道:

> 我们很高兴,在此预告大家一声:下一期的本报上,将有几篇精心结构的作品刊出来:……舒庆春君的《老张的哲学》是一部长篇小说,那样的讽刺的情调,是我们的作家们所尚未弹奏过的。

在简短的预告与介绍中,作了精练深刻的评价。

这年年底,《老张的哲学》连载完毕,《小说月报》第十二期的《最后一页》特地又写道:

> 今年所登的创作,《老张的哲学》特别的可以使我们注意。在半年之内,能够完全把它登完,这是我们很高兴的事。明年老舍先生还有一部《赵子曰》,一部比《老张的哲学》更重要更可爱的长篇,将在本报

发表。

1927年1月该刊的《最后一页》中，又一次预告说：

> 从第三号起，将登一部长篇小说《赵子曰》，那是一部篇幅很长的作品，也许至年底才能完全结局。《赵子曰》的作者，为写了《老张的哲学》的老舍君，而这部《赵子曰》较之《老张的哲学》更为进步，写的不是那一班教员闲民，写的乃是一班学生，是我们所常遇见，所常交往的学生。老舍君以轻松微妙的文笔，写北京学生生活，写北京公寓生活，是很逼真很动人的。把赵子曰几个人的个性尤能浮现于我们读者的面前。后半部的《赵子曰》却入于严肃的叙述，不复有前半部的幽默，然文笔是同样的活跃。且其以一个伟大的牺牲者的故事作结，是很可以使我们有无穷的感喟的。这部书使我们始而发笑，继而感动，终而悲愤了。

从这里人们可以惊喜地看到，宋书中所引的1928年刊登的两则精彩的广告，原来主要就是从上引文字中抄去的！这一年第二期《小说月报》的《最后半页》又一次预告了下一期将刊的"重要稿件，有老舍君著的长篇小说《赵子曰》"。

《赵子曰》连载完毕时，郑振铎已因政治避难而去法、英诸国游学了，因此他也就未能在《小说月报》上再次评论这部小说。在伦敦，他与在那里留学的老舍第一次见面，双方激动万分。郑振铎于1928年6月回国，老舍的《二马》于1929年5月开始在《小说月报》上连载，而郑振铎早已恢复该刊的主编工作。因此，宋书认为是叶圣陶将该小说发表的，那是错误的。同样，宋书中引用的《小说月报》第一次刊出时《最后一页》中的介绍，以及这一年最后一期的《最后一页》的评价，都不是出于叶圣陶的手笔。此外，宋书中没有提到这一年的第一、三、四期的《最后一页》中，都曾反复预告《二马》的问世，尤其是第四期中的评价，极为精湛，值得充分重视：

> 从下月号起，我们将开始刊登老舍君的长篇创作《二马》了。《二马》写的是父子二人旅游伦敦的故事。中国的父代与子代，更衬之以英国的母代与女代，更衬之以误解东方人的英国社会，我们将见老舍如何巧妙的措置这样错综的材料。笔调的活泼有神，似较《老张》及《赵子曰》尤为进步，而人物也完全换了一个方面。其中充分[满]了异国的情调。到过伦敦的人，见他所写的伦敦，以及伦敦的人，都将为之叫绝，

他写得是那样的真切！我们东方古国的父子二人,在这样的一个世界大城市中,所玩的许多花样,将使我们笑,也将使我们哭。然而作者却绝不谴责,也绝不袒护。他只是以恳挚的态度,叙述出这样的一件事。在许多《留东外史》《留西外史》中,《二马》却决不是他们的同类,我们敢担保的说。

以上这些发表在《小说月报》上的评介文字,大都未署名。但郑振铎是该刊主编,无疑都是他写的;而且,凡是熟悉郑振铎文笔的人,也都能判断是出自他的手;特别是上引最后一段中提到"到过伦敦的人",当时叶圣陶、徐调孚等参加过该刊编辑的人都没到过伦敦。

除了这些,郑振铎还在1930年代的几次讲话中,高度评价了老舍作品的意义与价值。例如,1932年3月19日,他在北京大学作了题为《新文坛的昨日今日与明日》的重要长篇讲演,其中就专门提到:

> 这个时代还有几个可以注意的作家:
>
> 老舍——他是一个离开祖国中华,卜居异域伦敦几年的一位作家。他在国外凭他的记忆力,追写在国内时代的生活,而有《老张的哲学》《赵子曰》《二马》三部创作。在新文坛上他是一位首先用北方的——北平的极俏皮的方言写小说的人,这是他最可注意的一点,也是他最成功的一点。

值得注意的是,郑振铎是在论述"五卅"以后的整个文学运动时,在谈到茅盾以后第一个就谈到了老舍,并且是作为与某些左翼作家"在技术上是失败了"的"浅薄的小说"的对照来谈老舍的作品的。在谈到当时"一二八"日军炸毁商务印书馆,《小说月报》被焚的损失时,他第一个提到老舍的作品:

> 如老舍之《大明湖》,其作风较以前进步多了。以前描写的是在外国回忆国内时的经验,这篇东西所描写的,是在外国住了多年又回到本国来所体察到的经验,比以前自然深刻得多。但是这篇有价值的作品,竟遭难了。

老舍的长篇《大明湖》,只有极少数几个人看过,而郑振铎即是其一。他的这段话也是世上仅存的一二段评语之一,因而值得我们高度珍视。这篇讲演由许采章记录,经郑振铎本人审阅,后载《百科杂志》创刊号,收入《痴偻集》内。

　　1934年11月22日，郑振铎在家中接见了来访的燕京大学新闻系学生，谈了"中国文坛最近的趋势"以及"大众语运动"等等，特地提到：

> 　　老舍的作品，可算是利用方言成功的一个，若把他的作品，叫一地道北京人来念，一定动人得很。

　　这篇讲话由娜丝记录，亦经郑本人审阅，后载于《现象》杂志创刊号上。

　　以上所举的这些，充分说明郑振铎实在是老舍的平生第一知己。而在宋永毅以前发表于《文学评论》上的文章与这次经过较大修订收入本书时均未提及。我认为郑振铎对老舍的有关评价是不应忽视的，他们之间的友情也值得我们缅怀。

　　最后，宋书在论述世界性的"老舍热"及对老舍著作的翻译时，"沿波溯源，寻根振叶"，认为"老舍的作品最早被纳入世界性的审美视野"，是在1940年。而据我见到的材料，至少尚可提前几年。1937年4月的《文学》杂志上，刊有日本诗人五城康雄给编者王统照的来信。他在中国居住多年，于去年12月回返日本。他在信中说：

> 　　仆现正在翻译老舍先生的文章。关于这位作家的生平及著作等，先生知之必较详细，肯为仆作一介绍？贵国有"老舍论"一类的文章吗？

　　编者王统照于1937年3月16日写了回信，除了简介老舍的生平著作外，并说：

> 　　据老舍先生来函谓平生作品略称满意者，长篇以《离婚》（幽默的），与尚未刊完之《骆驼祥子》（严肃的），短篇以《蛤藻集》为较佳云。

　　从这条材料中我们可以看到，至少早在1937年初，日本就有人在翻译与研究老舍的作品了。唯所译者曾否发表，刊于何处，则尚有待日本的研究者认真发掘了。另外，我们也可以看到，五城康雄的翻译工作，老舍本人也已由王统照告知，而且当时他对自己的作品有一个基本的看法，这也是值得研究者充分注意的。

　　　　　　1988年10月，写于郑振铎先生逝世三十周年之际

一对伟大的战友
——韬奋与西谛

在邹韬奋先生百年诞辰即将来临之际,我为写一篇纪念和研究他的文章,重读了郑振铎(西谛)先生回忆韬奋的两篇文章。在再次深受教育的同时,也就选了本文这样一个题目。因为我深深感到,韬奋与西谛有很多相似的地方,他们共同走过的道路可以给我们极深刻的启示。写写他们在斗争中结成的深厚友谊,是很有意义的,何况这些还几乎没有什么人写过。

重读1947年7月24日(那是韬奋逝世三周年的纪念日)《时代日报》上署名西谛的《忆韬奋先生》,我顿时感到这仿佛也正是西谛先生在说自己:

> 他是一位苦学出身的人,他很早便靠卖文为生,所以,他最同情于写文章的朋友。
>
> 他对于文化工作,是如何的热心赞助着;只要他认为值得做、该做的工作,他是毫不踌躇的悉力以赴的。
>
> 他办事最认真。……他天天上工,天天写文章,没有什么休息的时候。见到了他的勤勤恳恳的工作着的情形,没有人不自觉惭愧而被感动着的。
>
> 他异常的天真,几乎不大知道世界有欺诈、奸变的事。因此,他不时的吃了很大的亏。然而他决不从权达变,以变更他的主张和见解。他是有所执持着的。他为最大多数的人民服务,为他们说话,为他们斗争着,一直到死。

韬奋长西谛三岁。韬奋出生于福建永安,西谛祖籍福建长乐,或可称他们是"老乡"。他们都出身于从小康到破落的封建家庭,一度都相当贫困,从小尝到了"穷"的滋味。"苦学出身"这四个字,写下了他们各自人生道路的第一页。鲁迅说过:"有谁从小康人家而坠入困顿的么,我认为在这途路中,大概可以看见世人的真面目。"(《呐喊·自序》)鲁迅指出的这一点,是带有规律性的。童年的贫困是一所伟大的学校,韬奋与西谛都是经过了这人生的第一课的。

韬奋最早读工业学校,以后读的是南洋公学(今交通大学前身)的电机工程科,课余则爱好文史。西谛最早读过农业中学,后来读的是铁路管理学校(今北方交通大学前身),也是课余自修文史。这方面,两人也是很相似的。后来,他俩都成为著名的文化工作者,韬奋偏重于新闻出版,西谛偏重于文学研究;但韬奋也是文学家,而西谛也是编辑出版家。

他们都一生笔墨耕耘,著作等身。其数量之巨,是同时代很少有人可以相比的。萧三称韬奋为"文化界的劳动英雄"。巴金称西谛是"一个永远不知道疲倦的工作者"。他们都是中国文化界的超级劳动模范。

而最重要的是,他们是革命斗争中的同志和战友,他们走的是同一条艰苦而光明的路。他们都为祖国、为人民献出了自己的一切,以至宝贵的生命。

韬奋与西谛最早是何时认识、怎样结交的,他们自己都没有在文章中说过。但我总以为,可能是胡愈之先生作了中介。愈之是他俩共同的挚友,是我国现代文化史上又一位巨人。因此,在本文中我不得不经常同时写到愈之先生。

西谛在1921年到上海工作后,即与愈之同在商务印书馆工作,并邀请愈之加入了以他为主要核心的我国新文坛上最早最大的社团"文学研究会"。愈之随即成为会中重要骨干。而韬奋与愈之最初见面,是1931年"九·一八"事变后不久,立即成了亲密的战友。愈之很快成为韬奋工作、事业中最重要的顾问和参谋。愈之这时已经较系统地学习了马克思主义理论,思想上由一个民主主义者转变为社会主义者。而韬奋也正处于思想转变的过程中。韬奋夫人沈粹缜女士后来说:"胡愈老是韬奋的挚友和亲密的同志。是他首先用共产主义思想影响和教育了韬奋。"

早在1925年五卅运动中,西谛与愈之等人便曾创办了一份《公理日报》(西谛为第一负责人),宣传反帝爱国。但只办了二十几天,便被迫停刊。在终刊号上发表《本刊同人特别启事》,提出还想重办一张报纸,并号召一切同情者资助,可将款寄到宝山路宝兴西里九号(即西谛的家)。这件事后来没有办成,但西谛、愈之他们一直向往能拥有一个真正属于自己同志的、经济上独立的言论阵地,以为人民的喉舌。而不久后,韬奋开始主持《生活》周刊的笔政,并逐渐更多地注意社会问题和政治问题,转变为主持正义的舆论机关。后来,在愈之参与下,加速进步和左倾。《生活》为民众说话,赢得民众的热烈欢迎,声誉日隆,印数剧增,成为1930年代最有影响的周刊。同时,当然也引起反动当局的忌恨。在愈之的提议下,1932 年 7 月韬奋创立了生活书店,并且把刊物与出版机构分开。这样,即使《生活》周刊被禁,也不至于马上牵涉到书店,书店还可以出其他刊物,继续斗争。后来的历史证明,愈之的这一建议是非常英明的。因此,我认为可以说,韬奋(在愈之帮助下)创办的生活书店,以及先后主编的《生活》《大众生活》《生活日报》等,实际上正是实现了西谛、愈之等人在 1925 年提出而当时没有实现的理想。因此,这时的韬奋与西谛,不管是否已经见面相识,必然已成为思想上相互契合的同志和战友,更何况中间还有着愈之作媒介。

1933 年元旦,愈之主编的《东方杂志》辟了一个《新年的梦想》专栏,请全国一百几十位知名学者回答:"先生梦想的未来中国是怎样?"韬奋与西谛都作了极精彩的回答。

西谛说:

> ……人类的生活是沿了必然的定律走去的。未来的中国,我以为,将是一个伟大的快乐的国土。因了我们的努力,我们将会把若干年帝国主义者们所给予我们的创痕与血迹,医涤得干干净净。我们将不再见什么帝国主义者们的兵舰与军队在中国内地及海边停留着。我们将建设了一个伟大的社会主义的国家;个人为了群众而生存,群众也为了个人而生存。军阀的争斗,饥饿,水灾,以及一切苦难,都将成为过去的一梦。……

韬奋的回答说:

> 我所梦想的未来中国是个共劳共享的平等的社会,所谓"共劳",是人人都须为全体民众所需要的生产作一部分的劳动;不许有不劳而获的人;不许有一部分榨取另一部分劳力结果的人。所谓"共享"是人人在物质方面及精神方面都有平等的享受机会,不许有劳而不获的人。……政府不是来统治人民的,却是为全体大众计划,执行及卫护全国共同生产及公平支配的总机关。

从上面这两段文字中,谁也不难看出其一致性。

韬奋与西谛的第一次直接合作,是 1933 年在生活书店出版大型文学专刊《文学》月刊。这是西谛倡议,并得到茅盾和鲁迅赞成而创刊的。当时的情况是:1932 年"一·二八"事变中商务印书馆编译所被日军炸毁,茅盾、西谛先后任主编的《小说月报》被迫停刊,而在国民党白色恐怖下,"左联"要公开地、长期地出版刊物已不大可能。但文艺杂志是文艺战线的重要阵地,"左联"自己办的文艺杂志既已无法出版,出路何在呢? 怎样才能不仅继续战斗,而且扩大战线的范围与影响呢? 这是鲁迅、茅盾、西谛等人苦苦思考的问题。这一年春季,西谛从北平回到上海,向茅盾提出了创办"一个'自己'的而又能长期办下去的文艺刊物,像当年的《小说月报》"的建议。

这个建议得到茅盾赞同后,关键的问题是找哪家出版社出版。因为要出长期的大型文学刊物,又是倾向进步的,老牌的大书店恐怕不敢接手,名气不大的进步的小出版社又承担不起。西谛经过认真考虑,与愈之相商后,便去找韬奋。在韬奋的支持下,《文学》由生活书店出版。这时,生活书店也刚刚创办半年多,出版范围还很狭小,除了《生活》周刊外没有其他刊物,更从未出版过文学书刊。自 1933 年 7 月 1 日《文学》月刊创刊后,书店便全面发展出版业务,广泛地联系了进步作家,使生活书店更加欣欣向荣,成为一家能在险恶的政治、文化环境中生存,并与黑暗势力进行斗争的坚强堡垒。而《文学》创刊后,在茅盾、西谛主持下,坚持到抗日战争全面爆发后才终刊,一直是全国最重要的文学刊物,发表了大量的优秀作品,深受读者欢迎,是 1930 年代生命力最强的进步文学刊物,在反对国民党"文化围剿"的斗争中立下了不可磨灭的功勋。我们可以说,《文学》在生活书店出版,这是革命战友之间相互支持的一个典范。韬奋支持了西谛的革命文学事业,西谛支持了韬奋的革命出版事业。

这样,西谛其实也一直是生活书店的一名"高级编辑",一位真正的"自己人"。他不仅主编了《文学》,而且后来把在北平主编的另一大型文学刊物《文学季刊》,也拿来请生活书店负责发行。他还参与编辑生活书店出版的《太白》半月刊。他后来主编的大型文学丛刊《世界文库》,也是在生活书店出版的。

不过,1930 年代前期,西谛主要在北平工作;韬奋又有两年时间被迫出国。因此,他们二位在一起的时间并不多。1935 年 5 月,西谛在鲁迅、茅盾、愈之等支持下创刊《世界文库》时,韬奋尚在国外。待他回国后,旋即发生了《译文》停刊事件。鲁迅与生活书店(包括刚回国不久的韬奋)之间,发生了一点矛盾和误会。这时,西谛从革命文化事业的大局出发,从中作了很多工作,并受了很大的委屈。关于这些,因有茅盾的回忆录作了详尽而公正的记述,此处便不多说了。

韬奋同西谛一样,对鲁迅是非常尊敬热爱的。鲁迅不幸逝世后,西谛不仅在自己主编的《文学》月刊上发表了名文《永在的温情》,还应韬奋之约,为韬奋主编的《生活星期刊》写了一篇《悼鲁迅先生》。韬奋也发表了《伟大的斗士》《从心坎里》等文,悼念鲁迅先生。

鲁迅逝世时,正是日本全面侵华战争的前夕。韬奋与西谛同在上海,一起投入神圣的抗日救亡工作及反对国民党独裁统治的斗争。他们一起参加上海市文化界救国会,一起在该会先后两次发布的宣言上签名。韬奋还是该会的执行委员。但不久,韬奋即与沈钧儒、李公朴等共七人被国民党当局逮捕,史称"七君子事件"。"七君子"共被关押 243 天,直到"七七"事变后才获释,韬奋与西谛便又并肩战斗在上海了。他们一起参加发起成立上海市文化界救亡协会,创办该会机关报《救亡日报》,并都是该报的编委。据茅盾回忆录,8 月 31 日国民党上海当局指使"公共租界"工部局扣留《救亡日报》、《抗战》三日刊(韬奋主编)、《呐喊》周刊(西谛参与主编)等进步报刊,殴打报童。韬奋、西谛与茅盾、愈之四人便联名向国民党中宣部发去抗议电报。在他们的坚决抗议下,这些报刊都得以坚持办下去。又不久,上海沦为"孤岛",韬奋转移到后方继续进行抗日救亡工作,而西谛则坚守在上海。两位老友又分开了。

直到 1944 年 6 月 22 日,两位战友才重新见面,从此便天人永隔了! 这是催人泪下的最后的一面! 抗战后期,西谛化名隐居在上海。据其极简单又隐晦的日记及后来的回忆,1944 年 6 月 21 日,有一位同志(日记未记其名,估计是韬奋的助手、当时已在苏北根据地加入中国共产党的徐伯昕)突然来到他隐居的住所。当时,他因为患感冒,正躺在床上。看到这位客人,便知定有重要消息带给他。不料,来人心情沉重地说:"韬奋先生病危,已到最后时刻了!"

韬奋只比西谛大三岁,一直是生龙活虎的一名战将。西谛实在难以置信。来人告诉西谛,韬奋得了绝症,党派人秘密护送到上海治疗。为了严格保密,一开始也没告诉他。现在,韬奋危在旦夕,又非常想念他,因此他们经过研究才来告诉他。这充分体现了党对西谛的信任,体现了韬奋和西谛之间的深厚友谊。西谛心情极为沉重,第二天中午,他连饭也没吃,只买了个面包,便赶到秘密碰头地点,去探视韬奋了。关于他们这次见面,西谛后来写了动人的回忆文章《韬奋的最后》,这里便不多写了。

抗战胜利后,生活书店便迁回上海。韬奋的老战友徐伯昕,便来请也是韬奋老战友的西谛出马,来为生活书店主编一本像战前《生活》一样的周刊。当然,名称不再叫《生活》了,便决定叫《民主》。因为他们都认识到,胜利后国内首要的问题,是争取政治民主。西谛义不容辞地挑起了重任,而徐伯昕又先后为他配备了几位得力的编辑。像蒋天佐、艾寒松等,都是地下党员,还有董秋斯,不久也入了党。胡绳同志不久也来到上海,与西谛也保持了密切联系,胡绳是生活书店党组织负责人。

《民主》周刊于1945年10月13日创刊,成为战后最著名的战斗性最强的民主刊物之一。该刊表面上是由"民主周刊社"发行,不暴露与生活书店的关系,不论人事、编辑和对外联系,都是独立的。很显然,这是西谛和伯昕继承了韬奋和愈之当年将《生活》周刊与书店分开独立的斗争策略。不久,事实便再次证明这个策略是非常正确的。

综上所述,韬奋与西谛确实不愧为一对伟大的战友。尽管他俩生前实际在一起的时间并不多,直接交往也不算多,但确是真正的一条战壕里的同志! 这里,我还想举一个小的事例。1956年3月,西谛马不停蹄地在西安、洛阳、郑州、开封、徐州等地视察工作,非常辛苦。4月5日上午,刚刚乘火车到上海,到旅馆一放下行李,不顾旅途疲累,他便向接待的同志表示要立即去鲁迅墓和韬奋墓(两墓不在一处,相距甚远)祭扫献花。他即使在旅途中也没忘记这天是清明节。这充分反映了战友的深情!

(1995)

张国淦掩护郑振铎

张国淦先生字乾若,号石公。生于光绪二年(1876),卒于1959年。此老是一位传奇式的人物,曾任北洋政府国务院秘书长、教育总长、农商总长、司法总长等职。北洋军阀覆灭后他脱离政界,移居天津,从事学术著述;抗战爆发后迁住上海;抗战胜利后出任《文汇报》董事长;新中国成立后,任上海市文史馆馆员、中国科学院近代史研究所研究员、全国政协委员。

张国淦先生虽然有过那么多官衔,但现在读书人知道他的大名,还是通过他的重要学术专著《中国古方志考》。

张国淦先生在日本帝国主义侵略中国的时候,是一位正义的爱国者。这一点尤其体现在他精心保护著名爱国文化战士郑振铎先生的义举上。可惜此事现在知者极少。最近我在一位朋友处看到近年出版的《张国淦文集》,书中收载的张国淦传略中也没有提到。因此决定将此事写一写。

在白色恐怖中保护珍贵文件、古籍

这件事,最早正是由郑振铎先生在抗战胜利后复刊的《大公报》上连载《求书日录》时披露的。郑先生在上海完全沦陷前的"孤岛"时期,曾秘密组织一个"文献保存同志会",奋不顾身地在炮火中为保护祖国的珍贵文献古籍而斗争。用郑先生的话来说,在不到两年的时间内,他们就"创立了整个的国家图书馆。虽然不能说'应有尽有',但在'量'与'质'两方面却是同样的惊人"。当时他们抢救下来的大量书籍,有一部分就暂存在郑先生的家中。但1941年12月8日,日军悍然发动太平洋战争,上海"孤岛"即日沦陷,购书工作被迫立即停止,存放的书及帐目、文件等则必须立刻转移。郑先生在《求书日录·序》中回忆说:"'一二·八'后的一个星期内,我每天都在设法搬运我家里所藏的书。一部分运藏到设法租得之同弄堂的一个医生家里;一部分重要的宋、元刊本抄校本,则分别寄藏到张乾若先生及王伯祥先生处。所有的帐册、书目等等,也都寄藏到张、王二先生处。"王伯祥先生是郑先生的同辈朋友、老同事、1920年代的文学研究会同人,他俩亲如兄弟;而张国淦先生则长郑先生二十多岁,以前没有什么深交。郑先生在最危急的时候,把一部分最重要的文件和最珍贵的版本书寄存到张先生的家中,是对张先生莫大的信任;而张先生义不容辞地接受下来,体现了崇高的爱国精神。

正当郑先生提心吊胆地将这些善本及有关文件刚刚转移好,12月15日,他突然得到一个万分紧急的警报——鲁迅夫人许广平先生在这天凌晨被日本宪兵抓去了!他立即明白:敌人逮捕许先生,是为了想从她身上打开缺口,把在上海坚持做抗日救亡工作的文化界上层人物一网打尽。当然,敌人在这位坚贞的爱国女性面前碰了壁,但作为"文艺界救亡协会"在上海最重要的负责人——郑先生,此时却面临极大的危险!

设法帮助郑振铎躲避敌伪迫害秘密藏身

郑先生在《求书日录·序》中动人地回忆说:

"那时候,外面的空气越来越恐怖,越来越紧张,已有不少的友人被逮捕了去,我乃不能不走。我走的时候是12月16日。我没有确定的计划,我没有可住的地方,我没有敷余的款子。——我所有的款子只有一万元不到,而搬书已耗去二千多。——从前暂时躲避的几个戚友处,觉得都不大妥,也不愿牵连到他们,只随身携带着一包换洗的贴身衣衫和牙刷、毛巾,茫茫的在街上走着。那时,爱多亚路(陈按,今延安东路)、福煦路(陈按,今延安中路、金陵西路)以南的旧法租界,似乎还比较的安静些,便无目的向南走去。这时候我颇有殉道者的感觉,心境惨惶,然而坚定异常。太阳很可爱的晒着,什么都显得光明可喜,房屋、街道,秃顶的树,虽经霜而还残存着绿色的小草,甚至街道上的行人、车辆,乃至蹲在人家门口的猫和狗,都觉得可以恋恋。谁知道明天或后天,能否再见到这些人物或什么的呢!

"我走到金神父路(陈按,今瑞金二路),想到了张耀翔先生(陈按,郑振铎在暨南大学的同事)的家。我推门进去,他和他的夫人程俊英女士,十分殷勤的招待着;坚留着吃饭和住宿,我感动得几乎哭了出来。在他那里住了一宿。但张先生是我的同事,我不能牵惹到他。第二天一清早,便跑到张乾若先生处,和他商量。乾若先生一口气答应了下来,说,食宿的事,由他负责。约定黄昏的时候,再来一趟,由他找一个人带出去汶林路(陈按,今宛平路)住下。……那天下午在乾若先生那里,和他商定了改姓易名的事(陈按,郑振铎化名为"陈敬夫"),和将来的计划。他给我以许多肯定而明白的指示。到了薄暮的时候,汶林路的房主人邓芷灵先生和夫人来了。匆匆地介绍一下,他们便领我到寓所那里去。电灯已经亮了,我随着走了不少不熟悉的路,仿佛走得很久,方才到了他们那里。床铺和椅桌都已预先布置好。芷灵先生年龄已经很大,爽直而殷勤,在灯下谈了好些话,直到我连打了好几次的呵欠。这一夜,我做了不少可怕的梦,甚至连汽车经过街上,也为之惊慌起来。……

"过了几天,心里渐渐安定了下来,又到外面去走走,然而总不敢走到熟悉的人家里,只打了一个电话回家,说是'平安'而已。这样的便和'庙弄'的家不相往来!直到我祖母故世的时候,方才匆匆地再回来一趟,又匆匆地走了,一直在外面住了近四年的时候。"

郑振铎在战后第一个感谢对象是张国淦

郑先生在《求书日录·序》中最后又动情地说:"在这悠久的四个年头里,我见到,听到多少可惊可愕可喜可怖的事。我所最觉得可骄傲者,便是到处都是温热的友情的款待,许多友人们,有的向来不曾见过面的,都是那末热忱的招呼着,爱护着,担当着很大的关系;有的代为庋藏许多的图书,占据了那末多可宝贵的房间,而且还担当着那末大的风险。在这些友人们里,我应该个个的感谢他们,永远地不能忘记他们,特别是张乾若先生和夫人,王伯祥先生,张耀翔先生和夫人,王馨迪先生(陈按,即最近逝世的著名诗人王辛笛)和夫人!"

郑先生在这里第一个感谢的是张国淦先生。张先生这一爱国义举也是我们后人"永远地不能忘记"的!

郑振铎敬赠限印书中的第一部给张国淦

更令人兴奋的是,十多年前在北京中央美术学院图书馆中,发现了郑先生在抗战刚刚胜利之际敬赠给张先生的一部书,书上有感人肺腑的题辞。该书为《长乐郑氏汇印传奇第一集》,一函十二册,磁青绫面,丝线装订,收明刊本及旧钞本传奇计六种。书中序文署"中华民国二十三年七月七日",书上又署"甲戌八月印成",民国二十三年和甲戌均为1934年,但其实这是郑先生在1944年自费印成的,这样署写完全是为了迷惑敌伪。郑先生的题辞(原无标点)如下:

　　数年以来,予流离迁徙,不遑宁居,幸藉前辈先生与友人之力,得免罹祸。　石公先生肝胆照人,高义云天,维持尤多,感恩独深。今四海升平,光明重睹,劫后余生,欣歌欢唱,敬献此帙,以表微忱。不足云谢,略志同庆。

郑振铎　三四、八、二十

　　在该书的版权页印的"限印一百部此为第　部"上,填写的是"壹"。郑先生是把此书的第一部敬赠给张先生的。令人略有遗憾的是,当时发现此书的同志不知道"石公"是谁,经向郑先生后人请教,误以为是著名篆刻家寿石公,并写入介绍此一重要发现的文章中。由此可见张国淦先生这一爱国义举湮没已久,亟需重新提起,广为传播,作为爱国主义教育的生动故事。可惜张、郑二先生逝世已久,我对郑先生提到的邓芷灵先生其人一无所知,深盼知道情况的读者有以教之。

(2004)

郑振铎追悼陈三才烈士

读《世纪》2001年第四期陆宜泰先生《陈三才谋刺汪精卫》一文,深受感动。陈三才先生毫无疑问是革命烈士,他的故乡和母校为他立碑、纪念,是完全应该的。

陆先生的文章也有点美中不足,那就是他也许不知道,因而没有提到著名爱国人士郑振铎先生纪念陈三才的一篇精彩的文章。陈三才壮烈牺牲的时候,郑振铎正在上海"孤岛"坚持艰苦的抗日救亡工作,不便公开发表悼念文章。而抗战一胜利,郑先生立即在党的支持下,紧张筹备《民主》周刊。《民主》于1945年10月13日创刊,第二天14日郑先生在日记中写道:"精神很疲倦,写了'散记'一篇,写得很匆忙。"所谓"散记",就是他那时回忆自己在战时的秘密活动和艰苦生活的系列散文《蛰居散记》;而那天写的,即题为《记陈三才》。郑先生在工作如此紧张、身体如此疲乏之时还写这篇文章,足见他对陈先生怀念和钦佩之深。该文发表于20日出版的《周报》第七期上。

郑先生这篇文章确实写得很匆忙,他甚至没有写到他是什么时候、怎么认识陈先生的。文章的第一句话说:"像晴天的一个霹雳似的,朋友们传说着陈三才先生被捕的消息。"可见他们是认识的朋友。而郑先生文章最值得珍视的,是相当完整地引录了陈先生"在就义的前两天写给他家属的一封长信,可以说是最后的一封,也可以说是他的遗嘱。原信是英文,他的家属曾把它译出。"这封信似乎没有发表过,原信不知保存下来否,如果没有的话,郑先生此文就更加珍贵了。读陆先生大作的读者一定会想:像陈先生这样的"有钱人"为什么会如此舍生忘死地投身于艰巨而危险的革命活动? 他的思想是怎么形成和转变的? 郑先生文中引录的陈先生狱中遗信生动地回答了这个问题:

……长日的闲暇,迫我静心思索,对于过去生活,感觉无限空虚,这种反省,固然在一年前就已开始,可是直到最近,才深切领悟真理的全部。约近一年以前,决意创造我的新生命,那正是我去香港之后。因为在那次旅行,得到机会遇见多年阔别的老朋友,给我新的刺激。我可以清清楚楚把那些朋友,分为两派。一派只图自己享乐,其他一派则生活有一定的目标,并且不辞劳作,以求达到目的。前一派人,以外貌观之,无忧,无虑,快乐,友善。但是他们的友善,总不免于虚伪。他们服装讲究,出入华贵之门,固然常为纨袴子弟所称羡,但是他们的生命同岁月,不知所谓地流荡过去,毫无成就。后一派人,外貌看来严肃,缺少生气,可是一旦得到他们的友谊,就会持久不变。他们虽深藏不露,而识见极稳定。这一派人似乎不及前一派那些人聪明,但是有毅力,终会很稳健的达到他们的目的。正当第一派人向下坠落的时候,后一派人不停的向前努力;这不用智者就会知道在生命竞走上是谁占先。我识别了这两派不同的人,却在表面上保持着同样的友谊。……不待我认清自己,众人早已这样认定,一直认定我是一个轻浮、没有思想的留学生,只知道寻欢、作乐,不肯埋头苦干。噫,何种的认识,何种的觉悟!

我的朋友不见得全是错误。他们的判断,该是对的。我该是属于第一派。仅仅这次在香港。我才发觉我不情愿属于第一派。只有改变我的生活方式。也许你已经留心到,我正在努力改变,不饮酒,不吸烟,对于赌博,也是尽量减少。渐渐避免同我从前那样生活方式的朋友们来往——使我大为惊奇的,自从和这一些人疏远以后,我往来的朋友,简直没剩下几个。我素以为自己朋友很多,这一来,我的虚荣心不免受了重大的打击。也正可以证实,我的朋友大半都是属于这一流,而我自己也不能除外。既经觉悟,我不必太懊丧枉费了多年的时力来结交这些朋友。从新开始还不为晚啊!

最近两月,我得到反省的机会。思想的结晶,坚定我前者的决心。而这一次的特点是加上了道德的信念。我自信过去的生活,自私而无用。同时,我相信,将来惟一的幸福是建立在为他人服务的生活上。我差不多费了十三年的工夫来了解:一个人的幸福不在乎自己有所得,而在乎为别人服务。我愿上帝赐我恩惠,使我死心塌地有坚决的信心。"

正如郑先生说的:"他的转变,在这信里,写得是那么恳挚而真切。"香港之行,无疑是陈先生人生道路的转折点。他说的那些指引他创造新生命"从新开始"的"朋友"们是谁呢? 应该是中国共产党人吧? 因此,我认为非常值得对陈烈士的生平、思想作深入的调查和研究。

陆先生文中说,陈烈士临刑镇定自若,气壮山河,一个重要原因"是由于他笃信基督教,深明教义的真谛"。我认为这种说法不一定对。陈先生遗信中写道:"《新约》我已读了好几遍,也学会祈祷。虽然我还没有成一个真实信徒,至少已经接近基督的教义。"可见,在狱中的两个多月以前,陈先生根本就没有读过基督教的书;而在他就义前夕,也不算一个"信徒"。他说的"接近基督的教义",就是一个人的幸福在于为他人服务。

陈先生的壮烈牺牲,是有坚实的政治思想基础的。"朝闻道,夕死可矣"。这一点非常值得后人学习。正如郑先生文中指出的:

　　他的见道之言,证实了这次的中日之战,虽然显现了自私自利的卑鄙无耻的汉奸们的面目,同时也觉醒了无数的青年们,放弃了过去的生活方式,而从事于祖国的解放战争。战争使我们分别出,黑与白,邪与正,忠与奸来。战争使社会的"渣滓"们沉沦了下去,而使清新的分子浮现了出来。虽然那些清新的分子们被牺牲,被杀害了不少,而留下来的却都是建国之宝。可惜的是,陈三才先生却永远不能参预这个建国的大业了!

(2001)

郑振铎歌颂郑苹如烈士

我读了今年第一、二期《上海滩》连载的许洪新先生的《郑苹如和她的家人们》，十分激动。许文中也提到了郑振铎先生是最早公开撰文歌颂郑苹如这位"爱国女间谍"的，惜所述欠详。

抗战胜利后，郑振铎在柯灵、唐弢主编的《周报》上连载《蛰居散记》，回忆抗战时期经历的人与事，写得非常生动。其中有一篇题为《一个女间谍》，但在1950年代出版的《蛰居散记》一书中却未收入，原因大概是当时出版社方面顾忌于它是歌颂国民党女特务的吧？这样一来，知道郑先生这篇文章的人就少了很多。所以今天也就值得再作一番介绍。

郑先生在文中写道，许多关于女间谍的故事，都是虚构的，或是夸张的。然而他却遇到过一个真实的女间谍，一件真实的悲惨的故事。

郑先生当时有一个青年友人，行为很整饬，但有一个时期，人家传说该青年常和一个女友在一处。这女子的行为相当的"浪漫"，时常出入于歌坛舞榭，也时时地和敌寇及汉奸们相交往。郑先生便劝告他，他却只是笑笑，不否认也不承认。郑先生也就不便多问什么。有一天，在霞飞路（今淮海中路）上一家咖啡馆里，郑先生看到他和一个女友在一道，谈得很起劲，便和他点头招呼。他介绍道："这位是陈女士。"郑先生便向她点了一下头。郑先生在文中这样描写"陈女士"：

"这位陈女士身材适中，面型丰满；穿的衣服并不怎样刺眼，素朴，但显得华贵；头发并不卷烫，朝后梳了一个髻，干净利落，纯然是一位少奶奶型的人物，并不像一个'浪漫'的女子。"

隔了一个多月，那青年跑来告诉郑先生："你见过的那位陈女士已经殉难死了！"郑先生吓得一跳，问道："为什么呢？"朋友说："她是一位女间谍。"

郑先生从朋友的口里，知道了该女子的父亲是法院的检察官，她的母亲是日本人，也听说了她曾经受到监视、手提包失而复得的情节，以及最后谋刺大汉奸丁默村未遂的故事。这些，与许先生文章中写的完全一致，但许文更为详实。郑先生文章最后写到，他听了那位朋友的话，"默默的在哀悼着仅见一面的这位爱国的女间谍!"他还说,可惜那位告诉他此事的青年朋友,"不久就避到内地去,至今还未回来,竟没有机会问他陈女士的名字"。我们知道,"郑""陈"二字,在上海话里是分不清楚的。

郑先生此文发表于 1945 年 10 月 6 日,至少在这时,他还不知道女烈士的名字;至于后来他是否搞清楚了,我们也不得而知。我在最初撰写《郑振铎年谱》时,也还不知道郑女士的名字与生平,只能照郑先生文章称她为"陈女士";到写《郑振铎传》一书时,因为读到了一些史料,才确认郑先生曾见过的"陈女士"原来就是郑苹如。

郑先生在抗战胜利后,写过好几篇文章纪念牺牲在敌伪屠刀下的爱国烈士,其中有的人是属于国民党系统的。他满怀激情地说:"这一出真实的悲剧,可以写成伟大的戏曲或叙事诗的,我却只是这样潦草的画出一个糊涂的轮廓,渲染和描写的工作是有待于将来的小说家、戏剧家或诗人的。"直到现在,郑先生的这个遗愿还没有真正实现。因此,我在读许先生这样精彩的文章而激动的同时,还希望将来有文学家出来,将郑苹如这样的爱国的一家人的故事,搬上影视、舞台,写成诗歌、小说。

（2005）

郑振铎与雷洁琼

　　2019 年 1 月 9 日，是全国人大原副委员长、中国民主促进会原主席雷洁琼先生逝世八周年。雷先生生前，我在纪念郑振铎先生的会上和纪念叶圣陶先生的会上曾多次见过她。我为研究郑振铎，了解有关情况，也去访问过她老人家。特别是 2001 年 6 月，上海鲁迅纪念馆王锡荣同志为了请雷洁琼先生给《王任叔先生纪念集》写序，曾和我一起两次去雷洁琼先生家，并合影留念。在与雷洁琼先生交谈时，我深深感到雷洁琼先生对郑先生的缅怀之情，讲的很多故事非常生动，因此曾几次建议她老人家写一篇回忆郑先生的文章。我曾对她说，如今郑先生的老朋友在世的已经没有几位了。雷洁琼先生听了颇为动容，马上表示应该写。但她毕竟年事已高，工作又太忙，好像最后没有写出来。因此，现在只好由我用笨拙的笔来写一篇少为人知的郑、雷两先生深情厚谊的文章。

　　郑振铎先生是雷洁琼先生和她丈夫严景耀先生最敬重的老朋友。早在 1931 年，雷洁琼先生刚从美国留学归来，在北平的燕京大学任教时，就认识了郑先生。因为郑先生当时也应其老友、燕大中文系主任郭绍虞先生之邀，在燕大任教。当时雷洁琼先生还很年轻，只有二十六岁。郑先生虽然只比雷洁琼先生大七岁，但已是闻名全国的大学者了。郑先生在北平工作不到四年，做出了非常杰出的成绩。例如，他的名著《插图本中国文学史》，就是在那几年完成并出版的。他还创作了有名的小说集《取火者的逮捕》，还与在上海的鲁迅先生合编了著名的《北平笺谱》。他的精力非常旺盛，工作起来废寝忘食，还编了很多刊物，如在燕大参与创办了《文学年报》，任顾问，甚至还亲自撰稿和审读稿件。特别令雷洁琼先生钦佩的是，正当全国左翼文艺运动因缺少公开的发表阵地而令人忧虑之时，1933 年早春郑先生回了一次上海，就与鲁迅、茅盾、胡愈之、邹韬奋等先生一起，创办了一份大型刊物《文学》月刊，他领衔任主编；同时在北平，他又与章靳以先生等创办了一本更厚的《文学季刊》，也领衔任主编。此外他又在上海、北平分别参与创刊了《太白》《水星》等文学刊物，并任编委。就这样，在二十世纪三十年代轰轰烈烈的文艺运动中,郑先生立下了汗马功劳。雷洁琼先生对我说:"在当时我的眼里,郑先生是令我仰视的文坛领袖人物,简直有点崇敬。当抗日救亡运动兴起时,美国人办的燕京大学里的我们这些中国教职员工们,曾自发组织了一个抗日会,主席就是郑先生。他是我们的头。"

使雷洁琼先生与郑先生关系密切起来的,是1934年夏天的一次平绥铁路沿线的集体旅行,实际上那是一场综合性的社会、文化考察活动。所谓平绥线,就是今天的京包线。当时包头属绥远省(旧省名)。该铁路从1905年雷洁琼先生诞生的那年起开始修建,到1922年逐段建成,其中从北京到张家口一段还是中国人最早自己修成的一条铁路。当时任平绥铁路局局长的沈昌先生,是燕京大学教师冰心、吴文藻夫妇以前在美国留学时的老同学。沈昌尊重文化人,愿意提供专车,请冰心夫妇邀约几位同事、朋友在暑假中沿线旅游,同时为他们写一点游记、报道及英文导游手册等,作宣传、介绍,以冀吸引更多的国内外旅客来乘坐该线。冰心夫妇就邀请了郑振铎、雷洁琼、顾颉刚、陈其田,后来还有容庚等,共八九人,作了一次难忘的旅行。他们当时还开过会,对考察活动作了分工:郑振铎负责调查沿线的古迹、故闻,顾颉刚调查民族历史,陈其田调查经济情况,吴文藻调查蒙古毡房,雷洁琼调查宗教状况等。冰心身体较弱,但文笔佳,便安排她写途中随笔。另外还有几位朋友负责拍照、写英文导游词等。实际上,郑先生除了特别注意沿线的文物古迹等以外,还一路上以生动的文笔给夫人高君箴写了很多长信,生动地记录了整个旅程。郑振铎与夫人伉俪情深,当时抓紧空隙时间埋头写家书的情景,给雷洁琼留下深刻印象。这些信后来郑先生集成《西行书简》出版了,书中还附印了和雷洁琼等人一起拍的许多照片。冰心的《平绥沿线旅行记》后来也发表了。他们两位大作家的生花妙笔记录了这次旅行,成为了三十年代一件佳话。冰心后来在回忆郑振铎的文章中说:"当时这一路旅行,因为有振铎先生在内,大家都感到很愉快。"那是的的确确的。因为郑先生特别热情、风趣,妙语连珠,尤其喜欢和大家开玩笑,而且满肚皮学问,包括铁路知识。因为郑先生早年正是从铁路学院毕业的,这一路上就有好几个站的站长还是他的同学呢。从那以后,郑先生在雷老的心目中就是一个很亲近的大哥了。

郑先生在燕京大学因为倾向进步,又是进步教师的头,于是就遭到了一些人的排挤。他一气之下,1935年春又回上海了,任暨南大学文学院院长。这年年底,北平爆发了"一二·九"运动,雷洁琼是燕京大学唯一参加抗议游行的女教师。郑先生在上海声援了雷洁琼他们。1937年雷洁琼到上海,又与郑先生相见。"七七"事变后,雷洁琼在上海群众大会上作了演说,随后离开上海到江西参加抗日救亡工作和妇女运动,一直到1941年回上海,在东吴大学等校任教,又常与郑先生见面。当时上海已经是所谓"孤岛"后期,郑先生是"孤岛"上进步文化界的旗手之一。雷老经常参加文化界上层人士的秘密聚餐会,听到郑先生的慷慨陈词和理智分析。郑振铎曾与胡愈之、王任叔、许广平、周建人等一起,在极其艰险的条件下,整理编辑出版了煌煌巨著《鲁迅全集》,非常了不起! 他还与胡愈之、王任叔、严景耀等一起,创办了上海社会科学讲习所,并亲自上课。该校被时人称为"上海的抗大",专门培养抗日救国人才。1939年1月,郑振铎与严景耀两人合写过一篇《我们最勇敢的民族战士》,深情追悼被敌伪残忍杀害的抗日英雄瞿犊、王进烈士。而王进就是他们讲习所的学生。郑振铎、胡愈之、王任叔、严景耀等人与讲习所的学生建立了深厚的同志式的感情和友谊。如1941年2月2日,方行、王辛南两位男女同学喜结连理,郑振铎与严景耀都出席了婚礼,郑先生还是证婚人。但是,作为老师的严景耀却是"晚婚"的模范了,雷洁琼与严先生是在这年7月5日举行婚礼的,郑先生和学生们都赶来道贺。

在上海"孤岛"沦陷前后,郑先生还做了一件令我们的后代应该永远感谢的大事,那就是冒着生命危险,秘密组织"文献保存同志会",为国家、民族抢救保护了大量极其珍贵的古籍文献。这件事情,一是当时需要绝对保密,二是雷洁琼和严先生对古籍版本之类也不大精通,所以他们当时几乎一无所知。直到抗战胜利后,雷洁琼和严先生在《大公报》上看到郑先生发表的《求书日录》,才了解了当时的情况,雷洁琼又曾听赵朴初讲起此事,令她钦佩不已! 在日寇魔掌之下的恐怖日子里,郑先生与雷老夫妇也有时见面,真可谓相濡以沫。如郑先生1943年6月6日日记:"正午,约景耀夫妇在大三元午餐,用一百二十五元。"据雷老回忆,这次郑先生约他们见面,好像是邀请严先生和雷老参加他当时秘密组织的一个"中国百科全书刊行会"。当时,大规模的秘密抢救古籍的行动已因"孤岛"完全沦陷而被迫停止,郑先生也化名隐居起来,但他不甘心无所事事,便争取了十来位政治上清白的商人出资,和周予同、耿济之、萧宗俊等先生一起打算编纂一部《中国大百科全书》。此前我国还没有一部百科全书。严先生和雷洁琼当然也愿意参加。可惜的是,当时的环境实在是太恶劣太危险了,此事未能成功。但郑先生即使在那种最黑暗的年头也仍然想为国家的文化事业做工作的精神,实在令人感动!

中国人民艰苦卓绝的抗日战争,终于取得了最后的胜利。郑先生1945年8月16日日记写道:"至景耀处晚餐,听无线电。"这是他们在胜利后的第一次会面,大家泪眼相对,欢呼跳跃,如痴如狂。上海完全沦陷期间,郑先生因为一直受到敌伪的追查,整整四年被迫一个人潜伏在沪西的一间小屋,又不意中恰好与大汉奸周佛海作了"邻居"。那个时候,凡家里有收音机的都得登记。为安全起见,郑先生屋里连收音机也没有的。那天在雷老家一起收听有关广播的激动场景,雷洁琼一直记忆如新。那晚,郑严两先生都喝了酒。

可是,胜利后高兴了没多久,中国人民又被迫与蒋介石集团进行了新的斗争。在这场民主斗争中,郑先生又是冲锋在前的。1945 年 10 月 13 日,《民主》周刊在上海创刊,主编就是郑振铎。他几乎每期都在《民主》,还有《周报》上,发表战斗的文章。这一年底,郑振铎与马叙伦、徐伯昕、王绍鏊等一起,发起成立了中国民主促进会。雷洁琼和严先生也都是发起人。郑先生是"民进"的缔造者之一。先有《民主》,后有"民进"。《民主》后来实际上就成了民进的会刊。民进一开始主要就是由郑振铎、马叙伦所联系的一批著名的进步知识分子,和王绍鏊所联系的一批工商界爱国人士组成的。民进的第一个宣言,就是郑先生起草的。雷洁琼夫妻参加民进发起,当然主要就是因为郑先生的关系。那时候,雷洁琼和郑先生是手携手、肩并肩的战友和同志。1946 年初,郑振铎与马叙伦等出席《文汇报》召开的新年第一次座谈会,谈胜利后中国的瞻顾,郑先生即谈到了新成立的民进的宗旨及自己的态度,明确表示鉴于目前严酷的现实一个进步学者不得不参加政治活动,"不得不做点份外的事,这是关系千百年的大事,谁又能视若无睹"。后来,雷洁琼和马叙老等十人,作为上海人民的代表赴南京请愿(雷洁琼是代表中唯一的女性),在下关惨遭毒打。回沪后,郑先生赶来慰问雷洁琼他们,并在《民主》上发表《悲愤的抗议》,慷慨激昂地说:"大家心里都是雪亮的。也无须乎说穿什么。……玩火者必自焚其身。人民们只有口,只有笔;但到了人民们悲愤到不能用口和笔来奋斗的时候,那情形是很可怕的!"李、闻烈士牺牲后,郑先生在《民主》上发表《悼李公朴闻一多二先生》,悲愤地说:"这是什么一个世界!'打'风之后,继之以政治暗杀,显见得手段之日益残酷。……然而,'暗杀'能够吓得退从事于民众运动或政治工作的人么?……'民不畏死,奈何以死惧之!'凡有坚定的信仰和主张的人,生命早已置之度外。他们不会怕死贪生。对他们,'暗杀'的阴影,只有更增加其决心与愤怒,丝毫不能摇撼其信仰。……前面的人倒下了,后面的人绝对不会停步退却的,反因战友的死,而更燃起了向前冲去的勇气。"在那年头,郑先生和雷洁琼又一次表现出舍生忘死的斗争精神。

新中国成立后,郑振铎被党和国家安排到文化部门担任领导工作,发挥他的专长,为人民作出了很大的贡献。但在新中国成立前夕,他却退出了民进。他的理由很简单：在参加发起成立民主促进会时，他就说好了自己只是个书生，不想做政治家，参加民进就只是为了促进民主。现在新中国即将成立，民主即将实现了，他就要践诺主动引退。由于他的态度非常坚决，雷洁琼等人也不好相劝，只好默认他淡出了民进。当时以同样理由退出的，还有傅雷先生，也是当年发起时的理事。再后来，雷洁琼又了解到郑先生退出民进时心中还有一个想法，就是希望今后正式加入中国共产党。因此，雷老对我强调指出，郑先生退出民进绝不是他在政治上不进步的表现。她说，我们民进中央的老同志，一直肯定郑先生是民进的主要发起人之一。三十年前（1989），民进中央要办一个公开的机关刊物，雷洁琼等人一致提名就叫原来郑先生主编过的《民主》。1990年代初，中国人民大学的彦奇教授主编大型的《中国各民主党派史人物传》，特邀雷老为顾问，雷老就向他们提出，写民进史人物时一定不能忘了写郑先生。后来他们约请我写郑振铎传，并向我说明这是雷老专门提出来的，也是雷老推荐我来写的。这篇传后来就收入了这一部大书的第一卷中。

建国后，雷洁琼、严先生和郑先生各忙各的工作。雷老和郑先生都是政务院文教委员会委员，有时在某些会议上相遇，但平时聚会的机会反而不如解放前有的时候那样多了。郑振铎不到六十周岁就不幸因飞机失事牺牲了，当时雷洁琼和严先生非常痛心！雷老对我说："郑先生永远活在我的心中！"

（2019）

郑振铎一故居在沪找到

——这里留下过鲁迅、茅盾、叶圣陶、 胡愈之等人的足迹

郑振铎先生在上海的又一故居最近被找到,地址正是鲁迅先生记载的地丰路(现乌鲁木齐北路)地丰里六号。这里留下过鲁迅、茅盾、叶圣陶、胡愈之等人的足迹。

1930年代初,郑先生在北平燕京大学等校当教授,由于坚持进步立场,不断遭受右翼势力的排挤和迫害,愤而于1935年夏举家迁回上海,到暨南大学工作。这一年8月17日,鲁迅在给徐诗荃的信中写道:"前几天遇见郑振铎先生,……他寓地丰路地丰里六号。"

当年的地丰路就是现在的乌鲁木齐北路。为此笔者进行了实地考察,怎么也找不到叫"地丰里"的弄堂,问了不少老人,也均不知。正在"走投无路"之际,在一座新建的巨厦的后面,不面向马路一侧的一条旧弄口,忽发现"地丰里"三字,不由得一阵狂喜!(现为乌鲁木齐北路一百九十五弄二十二支弄。)接着,很快就找到了六号。那是一幢三层楼房,保存完好。推门而入,底层客堂里有一位老大爷正在吃晚饭,得知来意,在我未提及郑先生时,老人竟脱口而出:"郑振铎故居?"老人介绍说,十号里有一位老太太,在这里住得最久。于是又与这位老太太攀谈起来,她说她住这里已经五十六年。这离郑先生搬来时还晚了十年。看来,想了解当年郑先生的事是没希望了。不过,老太太明确地告诉我,地丰里的门牌号码,半个多世纪以来一直就没有变过。

随后,笔者翻书进行研究。惊喜的是:正好是在六十六年前的今天,也是晚上,鲁迅全家到郑振铎家作客!1935年8月6日,鲁迅日记载:"西谛(按,即郑先生)招夜饭,晚与广平携海婴同至其寓,同席十二人,赠其女玩具四合,取《十竹[斋]笺谱》(一)五本,笺纸数十合而归。"郑振铎女儿郑小箴(已故萨空了先生的夫人),当时只有八岁,不知她今天还记得那位慈祥的周伯伯赠送她玩具的事吗?鲁迅儿子周海婴,当时只有六岁,也不知道他如

今还记得起那位热情的郑叔叔家作客的事吗?

更应该强调的是,他们这一天还不仅仅是一般的朋友聚会,而是一次重要的会议。茅盾先生也去了。他晚年回忆,那天同席的除了鲁迅、郑振铎、茅盾、许广平外,还有胡愈之、叶圣陶、陈望道、章锡琛、徐调孚、傅东华等人。当时,瞿秋白同志刚牺牲不久,这些人都是秋白的朋友。郑先生把大家召集起来,就是为了秘密追悼烈士,为了落实为烈士出版遗著的事! 据茅盾回忆,在这之前,鲁迅就已约他一起去过郑家(鲁迅日记中无记载),三人作了重要的商议。鲁迅说:我们都是秋白的老朋友,就由我们来带个头吧。秋白的书,书店老板是不敢出的,我们只能自编自印。自编容易,自印却需要解决两个难题。一个是经费,要印得好,印数又不多,成本很高。另一个是排版印刷,要找可靠的印刷厂。郑振铎一听,马上把这两大难题都揽了过去。他说,经费可以由他出面在朋友中筹集,印刷厂的事也包在他身上。他又说,等这两件事有点着落后,再由他设一次家宴,把捐款人请来,大家再商议一次。于是,便有了鲁迅日记中记载的这一次重要的聚会。

这样看来,鲁迅、茅盾都不止一次去过地丰里六号——郑振铎先生的又一处故居终于被找到了!

(2001)

郑振铎的两个荣衔

　　近年,当我看到有的人将"文革"时知青们的一些信编一下也能出书卖钱,而且还很畅销时,我就更加痛心我的被丢弃的一大袋的旧信。那是1990年代初,我去日本当访问学者时,我父母租赁的旧屋突然被通知要拆迁,时间限得极紧,我那七十多岁老父母在仓皇搬家时不忘保护我存放的几箱其实没什么用的书,却将我塞在床底下的一大袋旧信当作没用的东西丢弃了。当我在东京得到这个消息时,跳脚也已来不及,而且我也实在不忍心责怪我那本没什么文化的父母。记得,当年中学同学有一大批去黑龙江军垦农场"屯垦戍边",编在一个连队,有几位与我通信数年,无话不谈,且同一事情各人所述角度、立场各不相同,如能整理出一本"书",兴许"可读性"还很强呢。而更可惜的是,这袋子中还有不少七八十年代我得到的著名作家的回信,其中有郭老(夫人于立群代笔)、茅公(媳妇代笔)、夏衍、赵纪彬、柯灵、唐弢等等,至今想起心痛不已!

　　写完以上这些话,我当然意识到已离题甚远。但这算是本文的一个引子,好在本文不会太长,也就请编辑勿删,读者原谅了。

　　就在我丢失的这些信中,包括复旦大学已故老教授陈子展的好几封。陈先生给我的信,都是用乱七八糟的废纸,写些歪歪扭扭的毛笔字,但我觉得特别有味。陈先生是一位非常风趣的老人,给我的信中也常常"没大没小"。记得他的第一封信的第一句话就是:"咱老头姓陈,你也姓陈,咱与你联了宗罢!"幸亏我读过鲁迅的《病后杂读》,知道这里是有"典故"的,出自《蜀碧》或《蜀龟鉴》,是化用了张献忠祭梓潼神文中的话。

　　陈先生知道我在研究郑振铎先生,有一封信中他特地告诉我一件"佚事":解放前在上海,陈先生与郑先生,周予同先生,另外好像还有周谷城先生(因原信遗失,我记不甚清)等著名教授,很谈得拢,经常聚会,喝酒吃饭。大家都是戊戌年生,同属狗。郑先生为人更是豪爽诙谐,一日,酒酣耳热,他忽倡议成立一个"狗会"。众人大笑,这"狗会"的"会长"当然非郑先生莫属了。

　　相似的佚事,我还听北京大学季羡林教授讲过一个。我只见过季老一次,当然也抓紧问了一些有关郑先生的事。他说了一个"杠协主席"的故事,这在他的《西谛先生》一文中也写到过。那是解放初期,季先生与郑先生,还有冯友兰先生等人,一起组成中国文化代表团出国访问。郑先生已五十多岁,仍不失赤子之心,人称"老天真",常常爱与代表团成员开个玩笑,争个高低。恰好团员中如季先生等也喜欢"抬杠",于是便成立了一个"抬杠协会",简称"杠协"。"会员"们想选出一个"主席",以领袖群伦,月旦朱紫,唇吻雌黄,于是当然郑先生就"众望所归"。因为他不仅喜欢"抬杠",而且又不自知其为"抬杠",季先生认为就"抬杠"而言,郑先生已经达到出神入化的"圣境"了。在郑"主席"的领导下,团内"抬杠"水平大为提高,会员们心情十分愉快。

　　郑振铎先生一生中,担任过许多许多会长、主席之类职务;但我想,接受"狗会会长"和"杠协主席"这两个荣衔,大概是他最得意最愉快的吧!

(2001)

郑振铎的最后一次出国

在报刊上,当我读到介绍我国赴国外的学者、干部在异国他乡辛勤工作、奉公克己、努力学习的事迹,有时会很自然地联想到已故的郑振铎先生。因为他们的精神,他们的情操,是十分相似的。

而当我在报刊上看到某些当官的、或某些文人,为了出国不择手段,丧失人格,或在外腐化堕落,出乖露丑,甚至背祖逆宗,这时在愤怒之余更会想到郑先生。因为郑先生与这类人形成极鲜明的对比。

郑振铎一生中多次出国。新中国成立前,1927年,他因参加了一些革命工作,特别是在"四一二"反革命政变时公开发表抗议信,大革命失败后,为避反动派白色恐怖的凶焰,曾赴法英诸国游学避难。1949年春,他作为即将取得全国胜利的中国人民的代表,曾赴捷克斯洛伐克参加世界和平大会。新中国成立后,他成为国家文化部门的领导干部,更是经常出国工作。1958年10月,他率领一个中国文化代表团出访阿富汗、阿联,不幸飞机途中出事,光荣献身。屈指算来,他牺牲已经整整四十周年了! 他的老友叶圣陶,在悼诗中写道:"建国以来频远出,亚欧名都留行踪,论学谈艺致互益,睦谊敦交亦一功。"郑振铎在国外的工作为中外文化交流,为世界和平事业作出了杰出的贡献。而且,他在国外的一举一动,无不显示了他既平凡又高尚的人格,不愧为一个真正的中国知识分子和优秀干部,值得我们学习。

本文就只讲他生前最后一次出国的故事。

一个很小的代表团

1957年9月,中国文化部副部长郑振铎又率领一个中国文化代表团去保加利亚。这个代表团很小,一共只有三个团员:文学家柯灵、文物专家武伯纶(陕西省文化厅长)及外事干部王一达(我驻保大使馆文化参赞);而王一达本来就在保工作。代表团的任务也较简单:为纪念中保文化合作协定签订五周年而访保。与他以前带团出国的繁重工作相比,这一次确实是难得的轻松的"美差"。

柯灵是老作家,当然在文坛上"论资排辈"还是他的"晚辈";但在抗战时期的上海"孤岛"及"孤岛"沦陷后的共同斗争中,在抗战胜利后的民主运动中,他们早已结下了深厚的友谊。武伯纶则是郑振铎在解放后文物考古工作中结识的,是一位有水平的专家。他们二位的专长,加起来,正好是郑振铎在文化事业上最主要的领域。这个代表团,显然是他点名组建的。

9月3日上午,他们从北京乘飞机出发,途中在莫斯科逗留一二天,6日中午到保加利亚首都索非亚。9日,便是保加利亚的国庆节——解放十三周年纪念日。他们参加了在季米特洛夫墓前举行的庆祝活动。接着,主要是参观索非亚的各个博物馆、图书馆和文学研究所等。还去了其他城市及农村。郑振铎对保国的风俗文化、文物古迹等,都表示了浓烈的兴趣,并非常虚心地向主人请教有关文化工作的经验等,他在访保期间写给国内考古研究所副所长夏鼐的信中,便提到保国的考古工作"很可供我们参考"。因为他抓紧一切机会认真观察、学习,所以尽管任务本来比较"轻松",但仍然显得较紧张。他和保文化部详谈了今后两国间文化交流方面的设想和计划等。最后,27日,保加利亚国民议会主席接见了代表团,还拍了电影。该片还保存着,也是珍贵的资料了。

我曾问过柯灵先生,在这次访保中,有没有关于郑先生的有趣的故事?柯老微笑着想起了一件事,有一次他在海边捡了几块石头,想带回国留作纪念,不料郑先生却严肃地对他说:这是不可以拿的。"你看,郑先生就是这样的人,我们都叫他'老天真'",柯老笑着,继而又表情庄重地说:"只有郑先生,才会讲这样的话啊。"过了这么多年,柯灵还记得这个小花絮。后来,我在他根据当时日记写的《东欧山国忆旧游》中,也看到了一段记载:"我捡了两块略具画意的石头,带回作为此游的纪念。这种石头,遍地皆是,我当着东道主信手拈来,根本不以为意。事后西谛(按,即郑振铎)委婉批评说:'这是不应拿的。'西谛耿介,一丝不苟,更视历史文物一草一木如拱璧,我只有自惭粗忽而已。"

一肚皮学问

访保任务完成后,柯灵等回国,他一人却于9月29日又乘飞机去捷克斯洛伐克首都布拉格,应捷科学院邀请,讲学一个月。与访保相比,这个任务要辛苦得多。

来机场迎接的,是中国大使馆葛参赞和捷最著名的汉学家普实克。普氏在三十年代来华研究时,他即认识。八年前他曾来捷出席世界和平大会,如今旧地重游,当然十分兴奋。翌日上午,捷科学院东方学研究所女汉学家米列娜又来带他去见普实克,谈讲课的安排。其实,昨天从机场到旅馆的路上,他就已谈好了在布拉格讲学和活动的计划。他准备作《中国小说八讲》,具体的课题及时间安排是:

一、古代的神话与传说(10 月 3 日)

二、唐代传奇文与变文(10 月 7 日)

三、宋元话本(10 月 8 日)

四、三国志演义与水浒传(10 月 14 日)

五、西游记、金瓶梅及其他(10 月 15 日)

六、三言、二拍及其他(10 月 17 日)

七、红楼梦、绿野仙踪与儒林外史(10 月 21 日)

八、晚清的小说(10 月 24 日)

这些,都是他已研究了几十年的东西,历历如数家珍。虽然如此,他仍然认真地撰写讲课提纲。在国内时太忙,连写这些提纲的时间也没有。在布拉格的旅馆里,虽然手头没有什么参考书,他却写出了详尽的提纲(在他牺牲后,这份提纲在《光明日报》上连载发表)。

他的讲座设在东方学研究所的最大的一间房间,但每次仍挤得满满的。来听讲的人,不仅仅有该所的汉学家,还有查理士大学学中文的学生及中国留捷学生。他只是偶尔看一眼那份提纲,便能滔滔不绝地讲一下午。那里面包含着很多卓越而独到的见解,还有许多外国专家从未听说过的资料。他的渊博知识和惊人的记忆力令听课者叹服不已。每次讲课都超出了预定的时间。每次还有很多人提出各种各样的问题,都得到了他明确而详尽的答复。几十年后,我有幸遇见一位当年听过他课的捷克大学生,他仍然用无限神往的口气说:"啊,郑先生,一肚皮的学问!"

两份特急电报

除了讲学外,他一如既往,还要求参观各个博物馆、图书馆、画院、古迹等等,还要看望中国留学生,日程安排得紧而又紧。然而,在刚讲完第三讲时,他突然收到大使馆转来的中国科学院的两份急电。原来,中国科学院本应派人来捷科学院考古研究所作有关中国考古的学术报告,可是国内一时派不出合适的人来,问他能不能再辛苦一下,捎带完成这个任务。电报完全是商量的口气。然而国内其实又已通过大使馆与捷科学院也商量过了。捷科学院考古所当然求之不得,因为他本是中国科学院的考古研究所所长、第一流的大学者,由他来作报告必然是最高水平的。

可是,此事在他思想上毫无准备,而且现在的中国文学的讲学任务已经排得很紧张,一个月的时间也不能延期,因为接下来他还有访苏讲学的任务。他完全可以推辞。这是一个额外的工作,但他认为又是份内的;这是一个艰巨的任务,而他认为又是光荣的。他二话没说,便答应了。这样,他又须在22日、31日增加两次在捷考古所的科学报告。而且,他又是在手头毫无资料的情况下准备讲稿,其辛苦与难度自不待言。好在中国的考古工作,他是再熟悉没有了。

巧遇农家婚礼

就在这样紧张的工作中,他还由米列娜陪同,在25日乘飞机去捷东部的斯洛伐克参观。他访问了斯洛伐克科学院和作家协会,巡览了那里发现的著名古迹,并在捷最高的塔特拉山上作短暂休憩。那里景色优美,空气清新,云雾缭绕,气氛肃静。26日中午,他乘车经过一个山村,听见那里飘扬着民间音乐,又有形状特别的木屋。于是他便停下车来,微笑地鉴赏那富有民族风格的建筑。

他不知道,原来屋里正有一对新人在举办结婚仪式。一位参加婚礼的人透过窗口发现了他,便以斯洛伐克人天赋的热情邀请他走进这所宽敞而古老的房屋,并请他坐在新娘的对面——那是他们认为最尊贵的座位。所有这些朴实的山民并不知道他是一位世界知名的大学者,他们表现出来的热情只因为他是从遥远国度来的客人。主人们给他斟酒,大家齐唱传统民歌。他也一再向新郎新娘敬酒。当米列娜说出他的高贵的身份时,大家更是喜出望外,新娘甚至流出激动的泪。这时,屋外又响起动人心弦的音乐,舞会开始了。新娘没有先请新郎,而是邀请他第一个和她跳舞。大家跳啊,唱啊,充满了友爱的气氛。他的告别简直没法结束。按照当地礼节,新娘从筵席上选出了礼物送给他,还有一瓶葡萄酒。每个参加婚礼的人都把随身带的照片、手帕等物送到他的车里。新娘的父亲还送他一根木手杖。可是他因毫无准备,没有合适的东西可回赠。汽车开走时,农民们还在后面高喊:"欢迎你以后再来!"

他在 29 日晚返回布拉格,31 日作完最后一次考古报告,光荣地完成了任务。捷科学院院长兹德涅克·尼耶德利院士紧紧地握住他的手,深深感谢他如此辛苦地作了精彩的学术报告。当天下午,他便乘飞机去莫斯科了。临上机前,他还给远方小山村的那对新人写了一封热情洋溢的祝贺和感谢信,还托米列娜转交他回赠给他们的一份薄礼。这封信,现在仍应保存在斯洛伐克吧? 这已是中捷(斯)人民友谊的珍贵历史文献啊!

十月革命庆典

自 1949 年以来,莫斯科是他来过多次的地方了。然而这一次却不同,因为正是十月社会主义革命胜利四十周年大庆的前夕。市内一片节日气氛。特别是,他到后的第三天,11 月 2 日,毛泽东主席也率领中共中央代表团来到这里。6 日,郑振铎作为贵宾,被邀请列席苏联最高苏维埃会议。下午,又在克里姆林宫聆听毛主席的讲话。他兴奋之至。第二天,他出席了在红场上的纪念大典,观看了阅兵式。还遇见了也来苏联参加庆祝活动的老舍、巴金、许广平、艾芜、梅兰芳、钱俊瑞等文化界友人。中午,他出席苏联科学院举办的宴会,并被邀讲话。当夜,他便给国内的妻子和友人写了很多信,谈自己参加十月革命庆祝活动的激动心情。

他是不可能不激动的。四十年前,正是在十月革命的影响下,他与瞿秋白等朋友一起,参加了新文化运动,一步一步走到了今天。

他在苏联科学院的讲学,仍然是《中国小说八讲》。他到莫斯科后仅隔一天,便开始讲,而且提出一星期讲四次。他为的是尽量挤出时间,还要办另外一份大事,详细下面再讲。虽然他不必花时间拟订提纲了,但在两星期内讲完那么丰富的内容,其工作之紧张可想而知。他在这里的讲学,同在布拉格一样,获得了很大的成功。苏联第一流的汉学家,如费德林、艾德林、索罗金、李福清等等,都怀着崇敬的心情来听讲。当然也少不了一批大学生和中国留学生。他在苏联科学院留下了极好的影响,加上他从五四时期起就为介绍和研究俄苏文学作出过杰出贡献,因此我曾听苏联学者说,即使在中苏两国关系不正常的年头,苏联科学院的大厅里悬挂的世界著名学者的照片中仍然一直有他。1968 年,郑振铎逝世十周年时,我们国内正在闹"文革",根本没有任何纪念活动,而苏联的费德林、艾德林却都写了纪念和研究他的专文。

为祖国文物拼命

11月15日,他在苏联科学院结束了最后一讲,当夜,便由艾德林、索罗金陪同,匆匆乘火车去列宁格勒。因为他早就知道那里藏有敦煌卷子和西夏文佛经等,都是沙皇时代的"探险队"从我国西北地区攫去的文物。没有想到的是,数量竟是那么多,而且从未公开过。他是中国的第一任文物局局长,他能不去吗?

16日上午到达列宁格勒后,他顾不上一夜疲累,中午便赶到东方研究所,查阅敦煌卷子。他只匆匆翻阅了工作人员拿出来的几十个卷子,就发现有两卷《维摩诘经变文》是以前国内的研究者从未知道的。他还想再看别的东西,可是人家下班的时间到了。

第二天是星期天,东方研究所不开门,于是他便去冬宫博物馆。谁知那里收藏的中国古文物更多。经过整整一天的初步调查,他认为最惊人是三大宝库:一是帝俄时从敦煌劫去的壁画及塑像,数量不下于伦敦所藏,而一直未为国人所知;二是从黑水城发掘劫去的西夏文和汉文的经卷,佛教和道教的绘画、版画,以及家具、衣履等等;三为从新疆劫去的壁画、塑像等,数量也不下于英、德两国所劫去者。在铜器群里,他发现有一只金银错的鼎,上面还嵌有松绿宝石。馆方认为它是明代的仿古品,故陈列在明代文物中。他一见大惊,心知这远是明以前之物。而馆方又说,在库房中还有不少同样的呢。

他又惊,又喜,又悲,又愤,复杂的心情难以言表! 这些明明大多是从中国劫去的文物,理应归还真正的主人;但是,他又不好将这话向热情的"老大哥"说。他研究中国古代版画史,早就知道沙俄"探险队"在黑水城发掘劫去一幅金代版画《四美人图》,这次果然看到了。那班姬、飞燕、昭君、绿珠四美人,刻得多么精致工细而有神啊! 可惜流落异国! 而昭君当年出塞千里,也仍是在中国版图内啊! 他研究中国民间文学,又早就知道有一部《刘知远诸宫调》,也是出土于黑水城,被沙俄分子拿到冬宫来了。早在二三十年代,他就曾托老友耿济之在彼邦寻访,后来看到了照片,现在总算看到了原物。原书正在装裱,他就在装裱台上翻了又翻,看了又看。这是中国最古的一部刻本诸宫调啊! 在国内,这样的金刻本也是极罕见的。他的心中既兴奋又惆怅。他的难以掩饰的表情,肯定给"老大哥"留下了深刻的印象。值得一提的是,大概与他的大"面子"有关吧,第二年4月,这部伟大的民间文学的杰作,连同另一部他也爱不释手的彩绘本《聊斋图说》,由苏联对外文化委员会代表苏联政府,赠还给中国政府和人民。而代表中国文化部出面接受的正是郑振铎,并由他转拨北京图书馆珍藏。他还为《刘知远诸宫调》写了跋文,将此书影印出版。这是后话了。

　　且说第三天一早,他又赶到东方研究所,继续看敦煌卷子,上午共看了二三百卷。因为又要为东方研究所及列宁格勒大学作"中国文学史的分期问题"的学术报告,讲完还要一起吃饭,所以下午看书的时间只有两个小时左右。其实他根本没心思吃饭。他放弃一分一刻的休息,又拼命地看了二百来卷。这些,还都是对方事先挑出来的。他想,未被选的里面还不知道有些什么宝贝呢。但仅就他看过的卷子里,就有不少惊人的东西。他目不暇给,手不停抄,可惜又到了人家下班之时,天色也暗了,只得恋恋不舍地离开。19 日,他又抓紧时间去看了一天。当夜,不得不乘夜车赶回莫斯科。因为,20 日又有其他活动安排。

　　他在列宁格勒如此拼命地、忘我地查阅、抄录敦煌文献,实在是继 1910 年以后张元济、刘半农、胡适、向达、王重民、姜亮夫,还有他自己,在欧洲访读敦煌文献之后的又一壮举!而且他是查阅俄(苏)藏敦煌文献的第一位中国学者。他当时还将所见情况写信告诉国内有关人士,这就成了我国关于俄(苏)藏敦煌文献的最早的具体报道。

时刻想着祖国建设

　　回到莫斯科后,他在 20 日中午乘飞机去南方高加索访问。下午,到达格鲁吉亚首都第比利斯。23 日,又往南去亚美尼亚首都埃里温。还曾乘车去城东几十里外的赛凡湖游玩。湖水清澈见底,群山四绕,山阴积雪甚厚,山南则一片碧绿的草木,衬以蓝天,色彩极为丰富。他在湖旁的快餐店品味了湖中的鲜鱼。因为讲学和查访文献两件大事都已完成,所以他如释重负,轻松了许多。然而,他又老是给自己增加新的任务。他提出希望参观考古发掘地和古文化遗址,又提出希望访问有关美术家,鉴赏和研究他们的藏画及创作。28 日,他返回莫斯科。

　　在这离开莫斯科的两个多星期中,艾德林和索罗金一直陪着他。后来,艾德林回忆说:"郑振铎一分钟也不肯闲着。他参观博物馆和研究所,提出无数总是重要和深刻的问题,……凡是我们所到的地方,凡是他提供帮助的地方,他处处总是吸取能对他在祖国所从事的工作有所裨益的经验。在列宁格勒，他观察怎样修复湿壁画，目的是为了把这个方法应用到敦煌石窟里去；在亚美尼亚，他探问寺院的屋顶怎样防备上面长出树木来。只要有机会能看到新的东西，他都感到快乐。……他说，他希望在中国建立这样一所博物馆，里面能搜集欧洲各个世纪全部优秀的绘画的摹本和雕刻的复制品，让中国青年能够知道全世界的艺术……"

临上飞机写文章

就在他即将回国之际，忽得悉莫斯科文学出版社将要出版俄文版《瞿秋白选集》。他十分高兴，又十分怀念牺牲已二十多年的老友秋白。于是，便在难以想象的忙碌紧张之中，为选集赶写了一篇感情热烈的序文，称颂秋白是"共产党和无产阶级的最优秀的战士和文学家"。第二天，12月1日，他便登上图104飞机回国了。2日晚，他回到离开已整三个月的北京。一到家，便与等在那里的何其芳、罗大冈商谈中国科学院文学研究所的工作，又与等在那里的张葱玉等商量了考古研究所的工作。第二天一早，放弃休息，即到文化部办公。晚上，赴紫光阁，出席周总理招待各国工会代表的宴会，同时也抓紧时间向总理简单汇报了三个月的国外工作。第三天上午，他便在文学研究所作有关出国工作的报告了。他就是这样忘我地为祖国、为人民、为世界进步文化事业工作的！

一年以后，他再次肩负着祖国的重托，率领一个文化代表团出访阿富汗、阿联。又是乘坐苏联的图104客机。可是，令人无比痛心的是，这一次他还没来得及接受热切地等待着他的西亚和北非人们献给他的鲜花，便永远地离开了我们！

（1998）

澄清和郑振铎相关的几点史实

《百年潮》2008年第三期发表的《战火中的国宝大营救》，读后非常受教育。作者谢荣滚先生是香港商务印书馆出版的《陈君葆日记全集》的主编，故对陈先生的事迹很熟悉，披露了很多人不了解的动人史实。不过，谢先生对郑振铎先生以及郑先生在抗战时期抢救图书的事迹也许相对不够了解，文中有一些地方说得似乎不够准确（有的地方也可能是杂志的误刊），我想指出来供谢先生和读者参考。

文中说郑先生"也是文物收藏家，为国家保护、收藏了不少珍贵古籍、字画及古钱币"，容易让人以为郑先生也是字画及古钱币的收藏家，实际上郑先生除了是大藏书家外，虽然曾经一度短期收藏过陶俑（新中国成立后全部捐献给国家了），但他个人几乎从不收藏字画及古钱币。

文中说"1937年'八一三'事变爆发，日军入侵上海。国难当头之际，一些人……对于那些既不能衣、也不可食的陈旧故纸——国宝级的珍贵古籍，却甚少人去关注。如藏在南京中央图书馆的三万册善本书，这些古籍是郑振铎、张元济等人多方设法，向中英庚款委员会申请，花巨资购买的"。实际上，那"三万册善本书"，除了其中一部分在战后曾运到南京去过以外，当时根本就不曾"藏在南京中央图书馆"。中央图书馆是1940年8月1日才在重庆正式成立的，战前在南京设立的只是它的筹备处，当时它根本就没有什么藏书，更谈不上藏有三万册善本书了。另外，郑振铎等人在抗战时期是向教育部（当时国立图书馆归教育部管）以及更高当局（直至蒋介石）"申请"经费以抢救善本书的，并非"向中英庚款委员会申请"（而是由当局决定从中英庚款委员会拨款）。

文中说："从1938年起，徐森玉与郑振铎便将古籍先后一包包邮寄到香港大学冯平山图书馆。"又说："从1937年八一三事变后到1940年年底，郑振铎从上海先后寄抵香港的线装书已积存了几万册……当时就请了叶恭绰、徐信符、冼玉清等十多位文化人士负责整理。"实际上，郑先生他们是从1940年起为国家抢救图书的。徐森玉先生于是年年底从重庆秘密来沪，一度参与抢救工作。他们要到1941年7月以后，才陆续往香港寄书（或请人带去书)。至于陈先生请叶恭绰、徐信符、冼玉清等人整理,则更是 1941 年底的事了。这些书也未必都是"线装书"。

文中说:"陈君葆甚至还曾亲自将徐森玉寄来的文化瑰宝——《汉代木简》,送到香港上海银行的保险库里去存放。"这里说的"汉代木简"是文物,学术界称"居延汉简",不是"书",不能加书名号。这批汉简并不是抗战时期"徐森玉与郑振铎"抢救图书时抢救下来的,而是 1930 年代初在西北古城居延的边塞遗址中发现的。也不是"徐森玉寄来的",而是徐先生请沈仲章先生带去香港的。

文中说:"太平洋战争爆发后,日寇对香港的进攻已近在眼前。1941 年 12 月 7 日下午二时,香港总督下了全体动员令……经过十六七天的抵抗,香港政府被迫向日军投降。"这里的"爆发后"当是"爆发前"之误,"日寇对香港的进攻"即太平洋战争爆发之日是 1941 年 12 月 8 日。香港于 18 日被日本侵略军攻占,抵抗的时间不足"十六七天"。

文中说:"1946 年 1 月,陈君葆得知有外国友人博萨尔随远东委员会到日本审查日本战争罪行,乃请他留意那 111 箱书的下落。同年 6 月终于传来好消息",文中引了 6 月 16 日陈君葆日记,并说"陈君葆在得悉这 111 箱古籍的下落后,立即写信给当时的国民政府教育部,并同时写信告知郑振铎"。实际上,早在 3 月 14 日,国民政府军事委员会军令部驻日本东京联络参谋王之、唐启琨就已向国内当局报告在日本发现了被劫去的中国图书;3 月 20 日,屈万里先生致郑振铎信,也已报告了这一消息。

文中说:"1946 年 7 月 11 日下午,陈君葆接国民政府教育部次长杭立武 7 月 4 日来信,说 111 箱书已找回来了";又说"三万册珍贵古籍回归中国……在 1946 年。"实际上,据郑振铎日记,"回归"的准确日子是 1947 年 2 月 10 日,运回上海时共一〇七箱(按,可能重新装箱)。

文中说:"郑振铎在 1951 年初连续写了几封信给徐文垌先生"。"徐文垌"应是"徐文坰"之误。"1951 年初连续写了几封信",实际应是从 1952 年 12 月至翌年 4 月"连续写了几封信"。以前整理出版这些信的人,竟把系年全部都搞错并搞乱了,谢先生因此上当而以讹传讹。

(2008)

[按]后来我才知道,谢荣滚先生是陈君葆先生的贤婿,是内地去香港的一位老中医。我在写这篇文章时还没看到他主编的《陈君葆日记全集》,也不知道谢先生为弘扬陈君葆爱国精神做了大量的工作。谢先生从善如流,忠厚谦虚,经由这篇拙文我与他成了忘年之交。后来我几次赴香港,谢老都非常热情地招待我。

令人摇头的"郑振铎寓所"介绍

上海同济大学出版社出版的娄承浩、薛顺生、张长根《老上海名宅赏析》一书中写到了上海"高邮路5弄25号郑振铎住宅",文字如下:

高邮路5弄25号住宅,约建于20世纪30年代末,为2层砖木结构,建筑面积200余平方米。原系现代文学家郑振铎在1942—1945年的寓所,现在是各家居民住宅,保存很完整。

郑振铎生于1898年12月,原籍福建长乐,生于浙江永嘉。1919年11月,与瞿秋白、耿济之、许地山等人创办《新社会》杂志。郑振铎是我国现代文学家、文学史家,笔名西谛、CT、郭源新等。20世纪20—40年代,他与茅盾、叶圣陶等人创办《文学研究会》《小说月报》《公理日报》等。抗日战争时期,任上海"文艺界救亡协会"主席,投身爱国救亡斗争。1949年新中国成立后,他历任全国政协委员、中国科学院文学研究所所长、中国考古研究所所长、文化部副部长、全国文联主席团委员、中国作家协会理事、民间文学研究室副主任、国家文物局首任局长等职务。著有《文学大纲》《中国文学史》《中国俗文学史》《俄国文学史略》等,译作有《沙宁》《血痕》等。1958年病故,享年60岁。

当你漫步在武康路高邮路一带,不时会看到一幢幢隐藏在弄堂深处的,或独立,或联排式的精巧的小洋房。郑振铎先生的这幢洋楼,就在高邮路5弄25号,楼前有一块绿茵茵散发着沉郁清香气息的庭院。郑先生每天清晨在这里散步或阅读,傍晚在此处纳凉。

振铎先生寓居的这幢洋房在整个花园弄堂里,相对讲占地比较大,局部地面层设置汽车间。楼层是主屋、会客厅、书房、卧室、卫生间,均注重朝向和采光,内部设施一应俱全。住宅的建筑细部比较注重装饰,它采用欧洲建筑的外观装饰,墙面洁白,平拱窗洞,红瓦铺盖人字形斜屋面。后侧北向有现代式子屋面。显示出简洁、宁静和浪漫。郑振铎先生的部分著作在这里完成。

这段文章,简直看得我目瞪口呆!

首先想说明,这一"郑振铎住宅"的重新发现,是与我有关的。大概在八九年前,我根据郑振铎的自述及其他很多史料,多次踏访并找到了位于上海湖南路后面的高邮路5弄25号的这栋住宅。我告诉了上海市文管会系统的同志后,徐汇区文化局的同志便来找我,我又介绍他们去找郑振铎的后人。文化局的同志表示,为了保护和宣传本区的文化遗址,作为爱国主义历史教育的场所,他们要在这栋楼房外的墙上镶嵌一块石牌,以作纪念。这是一件非常好的事情。我马上就写了文章,发表在《文学报》(2001年2月15日)上。遗憾的是,他们在制作字牌的时候,上面应该怎么写,既没有来征求郑振铎家人或者我的意见,也没有认真地参阅有关史料和研究者的文章。他们向外发表的新闻稿子中就有很多差错。该牌子于2002年12月19日正式挂出,且有中英文对照,但在那不足一百字的文字里,出现了很多令人哭笑不得的错误。我立即向文化局的同志指出了。他们却十分为难,说,做一块石牌要花不少钱,现在木已成舟,没办法了。但那上面居然把郑先生的籍贯也写错了,这实在说不过去,于是他们只好在石牌上作了挖补,"浙江温州"总算改正为"福建长乐"。这几个中国字的字数是一样的,但英文字母数可就不一样了。于是,英文部分就被挖改得非常难看。

挖补后的石牌文字如下:

郑振铎寓所

高邮路5弄25号1942~1945年在此居住

郑振铎(1898、12、19~1958、10、18),福建长乐人,现代文学家、文学史家。20~40年代他与茅盾、叶圣陶等创办《文学研究会》《小说月报》《公理日报》。抗战时,任上海"文艺界救亡协会"主席、投身爱国救亡斗争。解放后,任文化部副部长、国家文物局首任局长。

上海市徐汇区文化局

2002年12月19日

我觉得,"寓所"的提法就大值得斟酌,这样写,好像这里曾经是郑振铎正式的家似的,这不符合史实。如改为"郑振铎抗战时期蛰居地",那就比较合适(因为郑先生后来就写过一本《蛰居散记》的书),而且突出了这个故址的重大意义。而"1942"则应改为"1943"。"在此居住"如改为"在此秘密隐居"就更好。"文学研究会"是一个著名的文学社团,又不是一本书或一种报纸、杂志,怎么可以加上书名号呢?把一个社团与《小说月报》《公理日报》放在一起,作为郑振铎等人"创办"的东西,也令人觉得怪怪的。再说,《小说月报》最早就由商务印书馆创刊出版,也不是郑振铎与茅盾、叶圣陶等人"创办"的呀。而郑振铎一生创办或主编的报刊可多了,《公理日报》后面无论如何也得加个"等"字才对啊。说郑先生曾任上海文艺界救亡协会"主席",不知有何根据? 肯定是不对的。虽然郑先生担任过好几次这个协会开会时的主席,但是,当时该协会好像没有设什么"主席"。至于郑先生新中国成立后是先任中央文化部文物局局长,后任文化部副部长,文物局当时还不叫"国家文物局"等等问题,也就算了。

为先贤树碑挂牌是一件很严肃的事情。因为这是为了垂诸久远、教育后人,所以决不能以讹传讹。当时,我就正式书面向徐汇区人民政府、上海市文管会领导发信。然而没有回音。至今又那么多年过去了,那块牌子依然如故,而上述《老上海名宅赏析》一书,显然就是看了那块牌子才以讹传讹的。上面我所指出的错误,该书几乎都"全面继承"了,而且还多有"发展创造"。例如,郑振铎明明是因公殉职(飞机失事)的,书中却说是"病故"。又如,说郑振铎曾任"中国科学院文学研究所所长、中国考古研究所所长","文学研究所"前面加"中国科学院"是对的,可是,考古研究所也是隶属于中国科学院的,怎么竟抬高到"中国"考古研究所了? 而说郑振铎是"民间文学研究室副主任"却又太贬低郑先生了,是哪个单位的"研究室"呢? 实际,郑先生担任的是"中国民间文艺研究会副主席"。

书中口口声声称"郑振铎先生的这幢洋楼""建筑面积200余平方米",这是把整栋楼都说成是"郑振铎住宅"了吧? 而且还说什么"精巧的小洋房","绿茵茵散发着沉郁清香气息的庭院","占地比较大,局部地面层设置汽车间。楼层是主屋、会客厅、书房、卧室、卫生间,均注重朝向和采光,内部设施一应俱全",等等等等,完全成了所谓"老上海名宅",一个名流巨富的豪宅。这实在太夸张了,郑先生借居过的那栋房子很普通,根本就没什么绿草庭院等等,而且郑先生只是因为特殊情况而临时借居其中小小的两间。

1941年12月,上海全部沦陷于日本侵略军后,一直坚守战斗在上海"孤岛",而且是文艺界救亡协会和"复社"负责人之一的郑先生,被迫只身离家出走,化名隐居。他先是由爱国政治家、学者张国淦老先生介绍,借居于汶林路(今宛平路)一个名叫邓芷灵的老先生家里。大概从1943年1月下旬起,他又从汶林路转到居尔典路(今湖南路)一条僻静小巷的一所房屋里,也就是现在说的这个"郑振铎寓所",继续单身秘密隐居。房东叫高真常,当是郑振铎妻子高君箴家的亲戚。郑振铎借住在二层朝东朝南的两个小房间,一作卧室,一作书房。

据郑振铎《蛰居散记》叙述，这地方当年是靠近郊区，十分冷僻的，四周都是菜地，时时可见农民在松土、施肥。他有时候出去在田地上走走，也不必担心会遇见什么认识的人，因此十分适合他过躲藏的生活。但是，世事难料。他住的楼房的大门，正对着一座深宅大院（按，即如今的"湖南宾馆"）的围墙和后门。他刚搬去时，那座大宅还空着，但后来四面的高墙上装起了铁丝网，而且还通了电。据郑先生日记和《蛰居散记》所述，1943 年 4 月 15 日，他在房东的带领下到这所豪宅"参观"时才知道，竟是大汉奸周佛海就要搬过来住。怪不得此前那些特务、警察曾经非常紧张地一次次来周围"调查"附近居民的情况。当时郑振铎沉着应对，没有露出破绽。这样一来，他就成了潜居在虎穴之旁的人！他当时曾引用唐人张籍的诗句来形容自己的处境："共知路旁多虎窟，未出深林不敢歌。"

郑先生还在《蛰居散记》的《我的邻居们》中写到，周佛海搬来后，整夜整夜地灯火辉煌，笙歌达旦，害得他因吵闹不能入睡。而且，他的窗口正对着周逆家的厨房，周家白天黑夜不停地炒炸煎爆，厨房喷出的大量油烟使得他连窗也不好打开。就这样，郑先生大智大勇地潜居在虎穴之旁，直到抗战胜利。前些年，我和郑先生的儿子一起去看那房屋的时候，看到原先周家厨房那个窗口现在已被用砖堵上了，但墙上油烟熏染的痕迹却仍然依稀可见。

由此可知，现在保存下来的郑振铎在抗战时期的这个蛰居地，是多么富有深刻的历史意义和爱国主义教育意义啊！这些意义，是多么值得加以发掘和宣传啊！可惜，在区政府文化局立的牌子里，这些信息和意义一点也没有记录上去。而在同济大学出版社出版的书里，更只是非常夸大和相当庸俗地写上了"宁静和浪漫"之类的表述，好像郑先生当时是在这里享福似的！

文章写到这里，我给郑先生哲嗣郑尔康老师打电话，他告诉我最近他到那里去过一次，发现以前镶嵌石牌的地方因为树木遮盖了牌子，区文化局又在边上再镶嵌了一块石牌，上面的文字一模一样，错误照旧。我又一次目瞪口呆了。区文化局仍然重视并再镶嵌石牌，当然是好的；但文化局的"文化"水平怎么就那么低呢？为什么不将那些我早已指出的错误文字纠正一下呢？也许该局人事变动较大，新来的同志不了解情况；但如果事先与郑先生家属及研究者联系一下，如果事先认真读一点有关郑先生的书，就不会这样了。既然花了钱，为什么不把好事做得好一点呢？

（2008）

有关郑振铎、李健吾的重大误说

李健吾先生，我只见过一次面，但留下了深刻的印象。本来，我应该多见到几次，多向他请教的。查三十多年前的记事本，1981年9月，我因郑振铎研究之需，从上海赴京查阅书刊资料和访问文坛前辈。26日上午，振铎先生哲嗣尔康老师带我去李先生家。可惜老先生却正好去上海了。第二年我又去北京，9月8日上午又由尔康带我去李老家，不巧李老又外出了。李夫人抱歉地要我们明后天再去。后来哪天去的，本子上漏记，仍是由尔康带我。一见到李先生，我立刻就想起了自己在上海常去请教的另一位郑先生的老友赵景深先生。觉得他俩长得很像，同样长圆的脸，同样的一副眼镜，同样的和蔼可亲。（后来我从书上看李老照片，却又觉得不大像赵老了。但当时我就是觉得非常像。）我那次请教了些什么，现在几乎全忘了。只记得老人家非常热情地接待我们，对我研究郑振铎极为赞赏和支持，并表示欢迎我今后常去和常通信。临告别时，我忽想问李老家的电话号码，不料尔康微微向我摇头使眼色，不让我问。出门后，忠厚的尔康老师告诉我，李老家没电话。原来，当时电话还很稀罕，连李老这样有名的老作家老学者竟还不够安装"级别"，尔康怕我问了会令老人尴尬。我回上海后仅一两个月，正想给李老写信请教，竟突然在报上看到李老病逝的消息。李老经常外出活动，身体看上去还挺好的呀，真令我惊讶痛心不已！从此，我只能通过读李老的书来向他请教了。

后来，我撰写出版的《郑振铎年谱》(1988)、《郑振铎传》(1994)等书中，多处写到了李老。再后来，我读到山西作家韩石山写的《李健吾传》(1996初版、2006修订版)、《李健吾》(1999)，都写到抗战胜利后的1945年9月，李健吾被国民党上海市党部聘任为宣传部编审科长。韩的这些书中还说，当时李健吾曾征求郑振铎意见，"郑说身在公门好修行，有个自己人担任此职，对进步文化事业或许有益，不妨先答应下来"。我最初看到这一记述，是相信的，就引入了2008年三晋出版社版《郑振铎年谱》修订本。尽管当时自己脑子里也转了一下：这好像有点儿像郑振铎指示李健吾乘机潜伏到国民党机关里去的意思了,尽管郑本人也不是地下党;那么,李为何只干一个月就不干了,岂不有负于郑的指示和期待?但我也没有多往深里想。直到后来,我看到了李健吾自己写的文章,才知道所谓"郑说身在公门好修行"云云,是绝不可信的!

李健吾在1950年5月31日《光明日报》上发表的《我学习自我批评》中写道:"我对政治一向是不求甚解,……一碰到政治问题,我就不肯深入一步考虑。所以,我从日本宪兵队放出来以后不久,胜利光临上海,像我这种根本不在政治是非上坚定自己立场的书呆子,自然就盲目地乱兴奋一阵。所以国民党市党部约我帮忙搞文墨,我以为'大义所在,情不可却',明明自己和他们不相干,答应了帮忙一个月。九月一日,我正式踏进那座富丽堂皇的大楼,乱哄哄不像办公,忽然半个多月以后,我偶尔看到重庆一通密电,大意是防止共产党人员从重庆来到上海活动。当时报上正在宣传统一战线,眼看毛主席就要飞到重庆,而事实上却密令各地防止共产党活动!我生平顶顶恨的就是阴谋、捣鬼,自己本来不是国民党,何苦夹在里头瞎闹,夜阑人静,我深深地为自己的糊涂痛心,回到'明哲保身'的小市民身份,混到九月三十那天走掉。……担心自己再走错路,我就决定赶紧回到本位工作。……接受朋友们的提携,跟朋友们编《文艺复兴》这个前进的杂志……"李健吾在这里明明白白地说,他糊里糊涂当了一个月的"官"是"走错路",根本就没有过郑振铎的那些"指示"。他说他退出衙门后"接受朋友们的提携",就是指他接受一生最佩服的"老大哥"郑振铎的"提携"。《文艺复兴》这个"前进的杂志",就是郑振铎请他一起编的。

近时,我读2016年最后一期《新文学史料》杂志,又看到1969年4月21日,李健吾在一份亲笔自述中说:"我搭吴绍澍约定的第二批船回上海。……回到上海,我住在朋友陈麟瑞的家里。第二天,也就是八月三十一日上午,我去伪市党部拜谢吴绍澍,正好朱君惕、毛子佩都在,还有一个吴崇文,先拦住我,说估计我该到了,便你一言,我一语,拉我帮毛子佩的忙,在伪宣传处做编审科科长。……做到九月底(我说过只做一个月的话)退出伪市党部,原因有好几个。一个是受到老朋友郑振铎的责备,说我回到上海,不先看他,投到吴绍澍底下,轻举妄动。一个是不能搞剧场,我无所借重于国民党市党部。一个是我在伪宣传处看到一个通知,说要注意共产党在上海的活动,……我看到以后,决计不要再待下去了。"可见,李先生当初去"当官"时,不仅根本没有得到过郑振铎的指示,相反,郑先生"责备"他"轻举妄动"。好在李先生是一个非常正直的人,他马上认识到"自己的糊涂",立即就退出,追随郑先生投身于进步的文化事业中去了。

由此事,我深感严肃治学之不易。稍有疏忽,便会上当。现在,我正要出版第二次修订增补的《郑振铎年谱》,当然必须更正这一误说。

(2017)

有关郑振铎、傅雷、
严济慈的误说（外一篇）

金梅写的《傅雷传》第六章《赴法途中》，有这样的记述：傅雷1928年2月3日乘船到达法国马赛，"上岸以后，傅雷……就给严济慈先生介绍的郑振铎发了个电报，告诉他当夜乘车前往巴黎，请他等候，安排住处。"接着又写傅雷借钱给一位同船来的德国旅伴，那个德国人感激地说："到家后，我就把钱汇寄到巴黎郑振铎先生那里。"再后面的记述就更为曲折：

> 第二天——1928年2月4日，火车停靠巴黎车站，傅雷终于到达了目的地。他在那位越南朋友的陪同下，叫上一辆出租汽车，到第5区嘉末街3号伏尔泰旅店去找郑振铎。昨天傅雷由马赛打来的电报，郑振铎是收到的。他并不认识傅雷其人，电报上也没说明是谁介绍的，所以没在意，将电报退了回去。现在当傅雷找到郑振铎住处时，旅店主人给他说了昨天郑退回电报的事，还说他已经外出了。再找一位姓苏的中国人，他也出门了。傅雷给郑振铎留下严济慈先生的介绍信，又按孙福熙先生开示的地址，到罗令街14号去找袁中道。到了那里，女店主说有这么一个人，他外出了，一会儿就回来的。那就等吧！过了一会儿，……说了半天，才知道他姓杨，不姓袁，误会了！……连找几人，都没着落，傅雷才懊悔起来，觉得昨天给郑振铎打电报时，不该忘了加上是严先生介绍的词句，现在竟成了彷徨巴黎街头的浪人！其他人是不易找到了，还得去嘉末街找郑振铎。再到那里时，郑和其他几位中国学生都回来了，他已经看过了严先生的介绍信。大家对傅雷的到来，表示非常高兴。郑振铎为他在旅馆二楼找了个僻静整洁的房间。

《傅雷传》还绘声绘色地描写了郑振铎他们热切地向傅雷询问国内"南方的形势""民间的趋向""学生界的状况"等等，"傅雷真想给这些新结识的朋友们带些好消息来，安慰一下游子们海天万里的向往热诚，可是怎么能去掩饰那如同一堆烂泥似的混乱稀糟的世态呢？……大家唯有摇头长叹和扼腕悲伤了。——一个紧迫的问题：'灰色弥天的中国，不知何年何月才能睡醒那五千年大梦呢？'猛烈地游荡在这群游子的心田中。"接着，书中还写到"傅雷在伏尔泰旅馆暂时安顿后，由郑振铎等引导，赶紧办理着入学注册"等等。

有朋友读了《傅雷传》上述生动描写后颇为感动，又看到拙书《郑振铎传》没有写到这些故事，特别是拙著《郑振铎年谱》也没有记载这一重要史实，就来责问我何以疏漏如此：你的《郑振铎年谱》初版于《傅雷传》之前，那时你如果不知道这些，犹有可说；但《郑振铎年谱》后来又出版过修订本，为什么还不补入呢？郑振铎欧游期间的史料本来就不多，这么重要的材料弃而不用，还"史料专家"呢！

是的，我知道《傅雷传》的这些描写是有很确凿的"根据"的。因为基本上都是引自傅雷自己在"1928年2月6日戊辰元宵灯节，于巴黎第五区嘉末街三号服尔德旅店"写的《到巴黎后寄诸友》（后来收入《法行通信》一书，为第十四章）。但是，傅雷在原文中写的可都是"郑君"，从来没有写过"郑振铎"三字啊！当然，《傅雷传》作者把这位"巴黎郑君"认作郑振铎，也是非常有"道理"的。因为郑振铎确实是在前一年6月到了法国巴黎。而傅雷在这篇《到巴黎后寄诸友》的前面部分，还提到过郑振铎呢："进港时第一见到了Porthos泊在右岸，又看见Athos Ⅱ和Paul-Lecal衔接着泊在左岸。同公司的兄弟姊妹们，在长长的离别后重见，我真代他们快活啊！……Athos Ⅱ是去年5月郑、袁、陈、徐、魏诸位的浮家，……所以于我更感到一种特别的温慰亲切。"这里的几个外文，都是法国轮船的名字，"Athos"2号就是去年郑振铎坐过的邮轮。而提到的几个人就是郑振铎、袁中道、陈学昭、徐元度、魏兆琪。

而且，郑振铎与严济慈也非常有可能就是在巴黎认识的。因为严济慈1923年赴法留学，1927年7月（一说8月，又一说9月）回国，时间上两人见面正好来得及。至少我认为，当时初到巴黎的郑振铎是应该知道严济慈的大名。因为，就在几个月前，严济慈的老师、法国著名科学家法布里教授刚当选为法国科学院院士，第一次出席全院例会时照例要宣读论文，但法布里念的却不是自己的论文而是严济慈的论文。这是法国科学院历史上首次宣读中国人的论文！这件事轰动一时，据说此消息在法国报纸上大登特登。严济慈成为首个获得法国国家科学博士的中国人，大为中国人争光，郑振铎岂会不知？

但是，非常遗憾的是，所谓严济慈介绍傅雷去找郑振铎这件"佳话"，却是不可能存在的!

　　首先,郑振铎当年赴法,与严济慈、傅雷等人不一样,他不是留学生,身份略相当于现在的"访问学者"(自费),而其实是政治避难(因公开登报反对蒋介石"四一二"反革命政变)。因此,他从没有去任何大学注册登录过,也就不大可能"引导"别人去注册。他也没有在巴黎的学生区与留学生同住,具体住处可以看《欧行日记》(郑振铎后来根据当时寄给妻子高君箴的信整理出版的一本书)。更关键的,据《欧行日记》记载,1927年8月15日郑振铎曾与朱光潜约定,9月23日同去英国伦敦。可惜,《欧行日记》只发表到8月31日为止(后面的日记都散佚了),因此我们现在不能知道郑振铎去伦敦的准确日期。但是有充分的证据可以证明,郑振铎后来确实去了伦敦,1928年2月绝不可能在巴黎。特别是,现今国家图书馆特藏部珍藏有郑振铎1927年11月28日至1928年2月29日残存的原始日记,一共十二张小纸片,上面正好包含着傅雷刚到巴黎的那几天,而绝对没有提到傅雷。因为郑振铎人在伦敦,几乎每天去B.M.(大英博物馆)看书。

　　因此,傅雷写到的"巴黎郑君"究竟是谁,尽管下点工夫也不难查出来,但我也一直懒得去查,因为没有必要了。我略为感到纳闷的是,上述残存的郑振铎原始日记,我早就用在初版《郑振铎年谱》里,明确写了当时郑振铎正住在伦敦,而金梅在写《傅雷传》之前与另一位作者合作《郑振铎评传》时也参用过拙著《郑振铎年谱》的,为什么还会误认这个"巴黎郑君"是郑振铎呢?

　　《傅雷传》是一本发行量好几万册的书,很受读者欢迎,而且还得到傅雷家属的认可。该书最初在台湾出版,大陆版由知名学者陈思和作序,近年又增订再版。上述问题似乎"无伤大雅",搞错也确实"情有可原",我本来不想写文章的;但既经友人诘问,又考虑到事涉我国第一流文史学术大师(郑振铎),第一流物理学大师(严济慈)和第一流翻译大师、艺术理论大师(傅雷),因此觉得还是指出一下为好。

(2017)

傅雷致黄宾虹信

　　日前,偶尔翻读凤凰出版传媒集团江苏文艺出版社2010年10月出版的"最新增订本"《傅雷致友人书信》,在103页看到标明"一九四六年三月二十六日"傅雷先生致著名画家黄宾虹先生的信,信中提到:

　　日前张谷雏先生携来补款画件并新制四页,均拜收。甚谢甚谢。张君搜购各件亦经寓目,敦煌诸品有年号者,字迹有涂改处。郑振铎兄以为不可靠;晚所见少,不敢置一辞。

　　于是我便想起,郑振铎先生好像确实曾经鉴定过这位张先生的藏品的,因而便去翻查郑先生的书。好不容易才查到了,在郑先生 1948 年 3 月 19 日的日记里有如下记载:

　　张谷雏持黄宾虹介绍函来谈。他是广东人,在平购了不少敦煌画,要我去看看。……下午三时许,至宏兴鹧鸪菜行楼上,读张君所藏书画、敦煌画凡十幅。恐仅有一纸本者为五代画,是真迹。余皆元代物,年号是后填的。白玉蟾的字一卷,甚佳,是真的。常山杨邦基的水墨山水一卷,亦佳,似不伪,余均不可靠矣。索纨写的《道德经》一卷(三国),似亦伪作。惟有六朝经一卷,前有彩画佛像,而地为粗麻布上粉者,当为真迹。

　　很显然,傅雷信中说的,与郑振铎日记中记的,是同一件事。3 月 19 日,也与 3 月 26 日说的"日前"吻合。但年份却相差了两年。郑振铎日记,是由我整理出版的,它是一天一天连续记载的,1948 年绝对不会错。因此,1946年就肯定是错了。郑先生也不可能在 1946 年已经鉴定过张谷雏的藏品了,然后再在两年后的日记里还这样写。

　　在这本《傅雷致友人书信》的书前,有傅雷子女写的《致友人书信卷出版说明》,写道:"当代世界版的《傅雷文集·书信卷》辑选了傅雷致黄宾虹夫妇信函一〇一通,皆来自《傅雷书信集》手稿影印本(上海古籍出版社 1992 年版)。现辑选了《傅雷书信集》中傅雷致黄宾虹夫妇全部信函一一七通;2008 年纪念先父诞辰百年活动时,有一读者发来流失于拍卖行的一封傅雷致黄宾虹的信,即 1944 年 6 月 19 日函,现亦已收录。此次增补编选过程中,先父手札的钟爱者和研究者、书法评论家张瑞田先生,据先父手迹录入增补了致黄宾虹先生信函十五通。"可见傅雷的这些信是非常受到学术界重视的。

　　当代世界出版社和上海古籍出版社的书,我还无暇去查,不知道在此信系年上会不会也搞错了。《黄宾虹年谱》早就出版了,也不知道有没有搞错。黄宾虹、郑振铎、傅雷都是文化名流,敦煌研究是当代显学,因此我纠正这一差错,提请研究者注意,是有意义的吧。

一篇蹩脚文　选入课本后

很偶然的,我看到了现在的小学生语文教材中,有一篇课文叫《唯一的听众》。它讲了这样一个故事:初学小提琴的青少年"我"拉得极难听,不敢在家里拉,就找了楼区后面小山上去练。忽然发现树林里坐着一位老妇人,平静地望着"我"说:"我想你一定拉得非常好,可惜我的耳朵聋了。……请继续吧。"这样"我"就每天在林子里,面对这位"唯一的听众"独自练琴,直到有一天练得可以登台演出了,才从妹妹口中得知这位老人其实并不聋,而且还是音乐学院最有声望的教授,曾是乐团的首席小提琴手。

文章显然是想赞扬老教授爱护、鼓励年轻人的美德,但我认为写得实在很不高明。试想,老太太既然自称耳聋,"我"也一直认为她是聋人,那么就只能说她是"唯一的观众",怎么能称"唯一的听众"呢?特别是,作为一位音乐教授,居然能长期忍受"像是锯桌腿的声音",而从不对"我"略作指导,简直不可理解!比方说吧,鄙人是个中文教授,如果每天冷眼旁观一位孩子在面前写错别字而装聋作哑,一声不吭,那算是什么高尚的师德呢?

我想不通,这样一篇文章居然会被不知是谁的权威人士看中,在近十几年间已收入了多种小学语文课本。例如,人民教育出版社版"小学语文课程标准课本"六年级上的第3组第11课,就是这篇。此外,它还成为北师大版五年级上第3单元第6课、西师大版六年级下第2单元第6课、冀教社版五年级上第4单元第17课、沪教社版五年级下第6单元第28课、北京版六年级下第2单元第4课的课文;还有教科版五年级上和鲁教版四年级下等教科书,则是选为"选读课文"。我还忽然发现,同一题目的这篇课文,在各种课本上,其文字、标点居然颇有差异,看得出这是不断地有人在修改润色。既然如此,也说明这篇文章在文字上也不怎么样。若是精彩名文,岂需经常修改?

那么这是谁写的呢?这些教科书上或是不予说明,或是印着作者"落雪"。"落雪"是谁呢?课本上又不说了。那么,那种专门给教师看的教学参考书上有没有说明呢?不知道。于是我只能在互联网上查检,不料竟惊讶地发现有关这篇《唯一的听众》的分析文章、教案设计、授课记录、读后感、练习题及其解答,还有关于它的作者的介绍等等,铺天盖地,有数百篇之多!很多文章千口一词地都说"落雪"就是"五四"时代老作家郑振铎,还详细地介绍了郑振铎的生平。连"中国教育出版网"等官方网站也是如此。如2014年10月"人民教育出版社课程教材研究所"的网站上,就赫然刊登着论文《解读与关注表达:〈唯一的听众〉教学设计》,其第一句话就是:"《唯一的听众》一课,作者郑振铎记叙了'我'在一位音乐教授真诚无私的帮助下……"

这篇"著名作家郑振铎"的文章,得到了极高的重视。不仅有特意为它画的多种插图,特意为它朗诵的多种录音,还有一本正经的研究各出版社将它收入教科书时如何作精心修改的煌煌论文,甚至还有多个将它改写成的剧本,而且还真的拍成了短剧,我至少就在网上看到过广西大学文学院等单位摄制的几个视频节目……

然而,我专门研究郑振铎已经几十年了,从来不知道郑先生有过"落雪"这个笔名,也从来没有在郑先生的任何一本书里看到过这篇文章!而且,这篇文章的情节也完全不符合郑振铎的生平。郑先生很小的时候父亲即病逝,家境贫困,不可能有父亲要他去学小提琴的雅事。该文中还说"我"有一个"专修音乐的妹妹",而实际上郑先生的两个妹妹连学堂门都没进。更不用说1920年代中国有没有"音乐学院",郑先生是不是"能足够熟练地操纵小提琴"而且还是他"永远无法割舍的爱好"了。

我在网上偶然也看到有人提出"落雪"是不是郑振铎的疑问,说文中提到的"楼区"等语好像是现在才有的,但立即有人断然回答"落雪"就是郑振铎,于是这一怀疑之声就湮没在众多喧哗之中。而在网上某个角落,我终于看到有"笑言天涯网站的驻站作家落雪"的弱弱的一段回答:"简单介绍下自己吧,我,笔名'落雪',01年开始接触写作,以后一发不可收拾,陆续有发表,可能是比较随性的缘故,风格上没有严格的区分,或许说是有了一些大众的、生活的、本源的东西在里面,所以有时候有人读我的文字会说像谁写的谁写的,可有些作家的名字我都没听过呢,现在写手这么多,纯熟巧合,哈哈……"当偶尔看到这段话时,我想起全国有那么多天真无邪的小学生已经受到了误导,实在也"哈哈"不起来!当然,我这里主要并不想批评这位连郑振铎名字都没听说过的"落雪",而是在想,那些编选教材的衮衮诸公,那些教育出版社和网站的专业人员,他们是怎样对待自己的工作的?

令人惊讶的事情还有呢!

我还查到了2013年2月西安太白文艺出版社出版的《郑振铎散文》,书中所收的第一篇打头作品居然就是《唯一的听众》！又看到了 2014 年 6 月北京中国书籍出版社出版的《郑振铎精品选》，2014 年 10 月沈阳万卷出版社出版的《郑振铎诗文集》（该书还收入了印度泰戈尔的两本诗集《飞鸟集》《新月集》，居然也算作郑振铎写的诗），2016 年 1 月北京中国文史出版社出版的《幻境》（《民国美文典藏文库·郑振铎卷》）等书中，也都堂而皇之地收了这篇《唯一的听众》。还有长沙岳麓书社，一家以出版文史名著出名的学术出版社，2013 年 11 月再版郑振铎《插图本中国文学史》，在《后记》中郑重介绍郑先生"一生著述颇丰"，在举出郑先生的《文学大纲》《中国俗文学史》《中国历史参考图谱》《中国版画史图录》等等煌煌巨著的同时，居然也特地提到这篇千把字的小文章《唯一的听众》，真令人啼笑皆非。

　　这篇《唯一的听众》，从未出现在郑先生自编的任何一本书里，也从未出现在上个世纪任何一本他人编选的郑先生的选集里，那么，近年来这些《郑振铎散文》《郑振铎精品选》《郑振铎诗文集》《民国美文典藏文库·郑振铎卷》等等名称非常好听的书的编选者和出版社编辑，怎么会知道并收入这篇东西的呢？莫非当年读那些课本的小学生，现在已经长大成为编选者和编辑了？想到这里，我简直感到有点可悲，甚至可怕了！

（2016）

郑振铎再次被"冤枉"（外二篇）

　　黄裳先生在 8 月 15 日《上海书评》上发表《忆黄河清》一文，感情真挚，涉及史料颇丰，但其中有一件事是他老先生"想当然"了。

　　黄文引用了黄源（河清）先生的一段文章："第二天，我接到一位不是译文社的文化界前辈的电话，约我去谈话。我对他是很尊敬的，而且他对我也有过直接的帮助，他曾介绍我为一爿小书店编译过两本外国小说选集。但他那天的谈话是不公正的：一、指斥我和生活书店的关系没有搞好；二、说鲁迅先生爱护青年的精神是好的，但那天晚上的态度，是官僚主义的。"黄裳还引用了鲁迅的信，非常自信地说："这是鲁迅自述被'涮'的经过，同时对'对方人马'的界定，十分清楚。准此，那位教训河清的文坛前辈，非郑西谛莫属了。"

　　但那位"教训"黄源的"文坛前辈"，可以肯定地说，并不是郑振铎（西谛）先生。黄源在文章中不方便写出那位前辈的名字，但他亲自回答过研究者的提问的。2008 年出版的《出版史料》第三期上，发表了陈福康写的《重读黄源老写给我的信》一文，引用了黄源 1995 年 1 月 23 日的信，并刊载了该信手迹照片，其中明明白白地写道："在'新亚公司夜饭'第二天（即鲁迅提出要生活书店和我签订《译文》续刊合同的那天）给我打电话的前辈，是胡愈之同志。……我现在确认'冤枉'了振铎。……将来有机会将为文纪念郑。"

　　黄源信中的"冤枉"两字加了引号，因为这是茅盾先生在晚年的回忆录里明确使用的一个词："在《译文》停刊的风波中，真正倒了霉的，却是郑振铎。因为鲁迅怀疑这次《译文》事件是振铎在背后捣的鬼，并从此与振铎疏远了。而且拒绝把《死魂灵》第二部的译文继续在《世界文库》上发表。这当然冤枉了振铎。"（《一九三四年的文化"围剿"和反"围剿"》）黄源晚年同意茅盾的说法，也坦率而诚恳地承认"冤枉了振铎"，指的是在整个《译文》停刊事件中郑先生受了莫大的委屈。但黄源却从来没有说过那位教训他的文坛前辈是郑振铎。这是黄裳先生再次冤枉了郑先生。

　　　　　　　　　　　　　　　　　　　　　　（2010）

郑振铎逼周越然捐书？

上海《文汇读书周报》曾经发表周炳辉《琐忆祖父周越然》,文中有《沉重的1957》一节,说"1957年,是颇不平凡的一年。从料峭的早春二月,到风云突变的夏天,从'百花齐放',到扩大化的'反右',在知识分子的上空,不是和煦的阳光,而是惊恐的风暴。这一年,已经年逾古稀的祖父,忽而做了两件看来异乎寻常的事情"。"第一件事发生在春天。祖父不与任何人商量,也不委托任何人,就独自办完了这件事。直到四五月间,他才告诉我捐书一事。他是那么爱书,几乎视书如命,那为什么忽然会作出这样的决定,且立即付之行动,一无犹豫？我们无从理解,也无从猜测。但有一个现象是：这是在郑振铎近期来访之后发生的……那次,郑先生来访,祖父十分高兴,他们在西厢的书斋里交谈,谈得很久。然而在郑先生辞别之后,祖父就有点异常,他在客堂里走来走去,刚走进书斋一转,忽又回卧室,不读书,不看报,呆坐在书桌边。隔了好多天,他又进书斋忙着翻书,把书堆在一角。他不把书拿到卧室里去读,而且好像很焦躁的样子,谁也猜不透他究竟为了什么。等到他办完捐书这件事之后,家人才隐约地感到祖父近来情绪的波动、不安,似与他的'历史问题'有关。为了卸下这个包袱,他作出了捐书的决定,而且捐出了他后期藏书中最有价值的精品：元明刻本一百三十三册,这是通过上海市文物保管委员会捐献给国家的。"

周先生文中虽然说这件异常的事他"无从猜测",但读者谁也看明白了,是郑振铎给周越然施加了巨大的精神压力,周在"惊恐""焦躁"之下,极其痛苦地被迫"捐"出了视如生命的"后期藏书中最有价值的精品"！这样说来,这绝不是一件佳话,而是用了不正当手段的掠夺。即使不是攘入私囊,也是丑闻一桩。

然而,在1957年前后主动向郑先生（因为他是首任国家文物局局长）提出,或者在郑先生鼓励下自愿向国家捐献珍籍和文物的藏家多矣,我掰掰手指头就能举出一大串名字,如张元济、周叔弢、张伯驹、潘世兹、丁惠康、朱启钤、刘肃曾、熊述匋、赵世暹、傅忠谟、翁之熹、甘汶、瞿济苍、瞿旭初、瞿凤起、荣德生、吴瀛、吴祖光、徐悲鸿、廖静文、朱偰、刘少山、周作民、徐伯郊、张珩、李庆城、朱剑心、潘景郑、吴文良、张子厚等等。我曾看过很多有关他们捐献事迹的原始记载、当时的报道及后人的回忆等,甚至还访问过其中的若干人士,从来没有看到过或听说过有如此不体面、不愉快的事情的记述。

但周先生说是亲眼所见,言之凿凿,又令人不能不信。而且,这一说法估计很快就会被某些专门搜罗这类材料的学者所引用。幸好,1957年郑先生留有完整无缺的详尽的日记。经查核,那年从1月1日至4月16日,郑先生没有离开过北京;4月17日,他率领全国政协视察团离京赴西北视察,至5月16日回到北京;此后,9月3日他率领中国文化代表团赴保加利亚访问,紧接着他一个人又连续赴捷克斯洛伐克和苏联两国讲学,直至12月2日回到北京。也就是说,不仅在1957年的"春天",甚至在"沉重的1957"整整一年中,郑先生根本就没有来过上海。那么,他怎么到沪上周越然"西厢的书斋里交谈,谈得很久"呢?

因此,周炳辉先生的上述说法是不可信的,甚至是恶意的诽谤。

(2014)

辈 分 和 其 他

我最近在网上偶然地看到,在巴金先生逝世的时候,季羡林先生曾在2005年10月25日《人民日报》上发表过一篇文章《悼巴老》。这篇文章很短,只有四百来字。

我庆幸自己还好直到最近才看到这篇文章。要不,如果当时就看到了,在大家都忙着纪念、歌颂巴老的时候,我如对季老文章提意见,肯定是发表不了的,那憋着多难受。

季老文章共五段,我有意见的是第二段:"论资排辈,巴老是我的师辈,同我的老师郑振铎是一辈人。我在清华读书时,就已经读过他的作品,并且认识了他本人。当时,他是一个大作家,我是一个穷学生。然而他却一点架子都没有,不多言多语,给人一个老实巴交的印象。这更引起了我的敬重。"

郑振铎先生是"五四"时登上文坛的老作家,是与郭沫若、茅盾、叶圣陶、朱自清等人一辈的人。而巴金与老舍、丁玲等人一辈,是1920年代后期登上文坛的作家。郑振铎正是巴金的文学引路人。巴金在一生最后一篇文章《怀念振铎》(未完稿)中说:"圣陶和振铎都是我的前辈。"季老年纪比巴老略小,登上文坛也比巴老略迟,但"论资排辈",他俩应该还是同辈。

季老在清华大学读书时,是不是认为巴金"一点架子都没有",甚至"更引起了我的敬重"?从我所见过的有关史料看,倒是恰恰相反的。当年巴金与季羡林、李长之等同辈人的关系不大好,闹矛盾,以至惊动了郑振铎、朱自清等前辈。1934年3月25日朱自清的日记中就写道:"下午振铎兄见告,靳以、巴金擅于季刊(按,指《文学季刊》)再版时抽去季羡林文,又不收李长之稿。巴金曾讽即成式评家,见季刊中,李匿名于《晨报》中骂之云。"

有意思的是,当年季老在清华大学读书时的日记,近年也已公开出版了,在与上引朱自清日记的同一天,季羡林记道:"这几天心里很不高兴——《文学季刊》再版竟然把我的稿子抽了去……不经自己的许可,别人总不能乱抽的。难过的还不只因为这个,里面还有长之的关系。像巴金等看不起我们,当在意料中,但我们又何曾看得起他们呢?"第二天,季羡林日记又写道:"因为抽稿子的事情,心里极不痛快。今天又听到长之说到几个人又都现了原形,巴金之愚妄浅薄,真令人想都想不到。"

晚年的季老心胸开阔,不愿提起当年小事,或者有意做些南辕北辙的"改造",甚至可能真的已经忘却。但我们需要文坛佳话,更需要文坛真话。巴老提倡"讲真话",季老也提倡"讲真话",因此,我相信季老当不以晚辈此文为忤。

(2008)

予 岂 好 辩

卷 下

鲁迅与郑振铎
——纪念鲁迅诞生一百周年

　　鲁迅和他的同时代人,尤其是他的战友和同志,不能分开。不仅在研究他的思想发展时,在论述他在革命斗争中的地位时是这样;即使在研究和评价他在学术上的地位和成就时,也应该这样。鲁迅是和他的同志和朋友一起成长,一起受教育,一起进行战斗,一起在斗争中前进的。鲁迅的同时代人从他那里接受了许多东西,鲁迅也从他的同时代人那里接受了许多东西。正如郭沫若说的:鲁迅的朋友,"年辈相同的如许寿裳、钱玄同,年轻一些的如瞿秋白、茅盾,以及成为了终生伴侣的许广平,这些先生们在接受了鲁迅的影响之一面,应该对于鲁迅也发生了回报的影响。"他说:"我认为朋友的关系是相互的,这是一种社会关系,同时也就是一种阶级关系。"(《鲁迅与王国维》)郭沫若的说法是很正确的。

　　鲁迅和郑振铎是同时代人,鲁迅说过:"郑振铎先生是我的很熟识的人。"(1936年9月28日致普实克信)鲁迅是我国现代史上一位伟大的革命家、思想家和文学家,郑振铎也是在中国共产党领导下的一位坚强的文化战士和著名的学者。郑振铎比鲁迅小十七岁,他是在鲁迅之后我国现代进步知识分子中的第二辈人。如果说,鲁迅是将没有路的路开辟出来的先锋;那么,郑振铎就是在先锋大旗下奋勇前进的一名战士。我认为,他们在新文学运动和左翼文艺运动中,是战友和同志;在学术上,则是师生和学友。本文主要围绕着鲁迅和郑振铎在学术上的相互关系作初步的研究。

　　鲁迅是伟大的导师。在学术上,他也是一代宗师。他的学术思想,吸取了当时世界上最进步的科学理论,又继承了中华民族文化的精华,融于一炉,既精深又博大。它哺育了整整一代人,并继续哺育着千百万后学。风化所之,至深至远,这是连我们的敌人也不得不承认的。鲁迅亲自从事过教育工作,带过学生,但是更多的人则是从鲁迅的百科全书式的著作中去领受他的教诲。郑振铎没有听过鲁迅的课,但他却是有幸亲近鲁迅而承其熏炙者。他后来成为一个研究领域广阔、学问渊博的著名学者,无疑也得益于鲁迅的教诲与帮助。郑振铎谦虚好问,鲁迅则不耻下问,并不好为人师。鲁迅在学术上与郑振铎相互切磋,从郑振铎那里他也学到了不少东西。

郑振铎开始从事文学工作时,鲁迅已是誉满全国的作家与学者了。郑振铎怀着求师的心情,向鲁迅请教。从《鲁迅日记》上来看,他们在学术上的交流,最初似是从有关外国文学的翻译介绍开始的。1924 年 2 月 3 日,鲁迅收到郑振铎寄赠的他译的俄国路卜洵的《灰色马》一本,鲁迅第二天即回信致谢(该信已佚)。同年 7 月 7 日,鲁迅又收到郑振铎托周建人带上的他得到瞿秋白帮助而写成的《俄国文学史略》。而鲁迅则在 1925 年 3 月 28 日将自己所译的厨川白村的文艺论著《苦闷的象征》寄赠给郑振铎。

我国的新文化运动,一开始就受到国外进步文化的巨大影响。鲁迅说过,在我国新文学运动初期,"俄国文学是我们的导师和朋友"。(《祝中俄文字之交》)鲁迅很重视介绍俄国和其他被损害民族的文学。他最早在《摩罗诗力说》等文中介绍了俄国的契诃夫、果戈里、安特列夫、阿尔志跋绥夫、普希金及爱罗先珂等。而郑振铎译的作品则更多。唐弢曾说:"他是俄国文学最初介绍人之一,也是社会主义思想的早期播种者。"(《书话》第 64 页)此语并非过誉。郑振铎在五四运动前夕,与瞿秋白、耿济之等人接近,就开始对俄国文学深感兴趣,同时对苏俄的革命开始注意。早在 1919 年 12 月出版的北京《新中国》月刊上,他就翻译了列宁的《俄罗斯之政党》。这是迄今所知最早翻译进中国的列宁的文章之一。关于俄国文学,他写的论文及翻译的作品就更多了。这里不能一一列举,只就其当时影响比较大的论文来说,就有 1920 年 6 月《新学报》上发表的《俄罗斯文学的特质及略史》,1920 年 7 月和 8 月《新中国》月刊上发表的《写实主义时代之俄罗斯文学》,1920 年 10 月《新青年》月刊上发表的高尔基《文学与现在的俄罗斯》译文及郑振铎的按语等。

郑振铎在这些工作中,也受到鲁迅的影响。他不懂俄文,作的是鲁迅当时提倡和支持的"重译"。上海开明书店 1927 年出版的阿尔志跋绥夫的短篇小说集《血痕》,就是郑振铎和鲁迅等人合译的。郑振铎在 1928 年 12 月 27 日写的《阿志巴绥夫与沙宁》一文中,还引用了鲁迅翻译的《工人绥惠略夫》一书中的有关译文。而鲁迅也从郑振铎的翻译介绍中,得到不少有益的东西。鲁迅后来在《祝中俄文字之交》中,特地回忆到新文学运动初期出版的"《俄国戏曲集》十种和《小说月报》增刊的《俄国文学研究》一大本",这在当时都是影响很大的。而《俄国戏曲集》(十种)是郑振铎编的(见郑振铎《回忆早年的瞿秋白》),其中的第六种《海鸥》和第十种《六月》,是郑振铎翻译的;《小说月报》第十二卷的《俄国文学研究》增刊,则是郑振铎"力主"

出版的(见唐弢《忆西谛》),其中收有鲁迅的译文,还有郑振铎的论文等。鲁迅说,读了俄国文学作品,"看见了被压迫者的善良的灵魂,的酸辛,的挣扎;还和四十年代的作品一同烧起希望,和六十年代的作品一同感到悲哀。"从而"明白了一件大事,是世界上有两种人:压迫者和被压迫者!"

郑振铎在对中国文学史,特别是小说史的学习研究中,更得到了鲁迅很大的帮助和指点。我们知道,鲁迅很早就开始了对中国古代小说的辑校研究工作,1912年初即编成《古小说钩沉》。他到北京工作后,业余更孜孜于小说史的研究,并于1920年秋接受北京大学等校的聘请,讲授中国小说史,写出了前无古人的《中国小说史略》,由北京新潮社于1924年印行,奠定了我国小说史研究的基础。而郑振铎也早就对中国古代小说有了兴趣,1921年初他到上海工作后,开始业余从事小说史的研究。郑振铎在鲁迅逝世后写的《永在的温情》中说:"我在上海研究中国小说,完全像盲人骑瞎马,乱闯乱摸,一点凭借都没有,只是节省着日用,以浅浅的薪入购书,而即以所购之零零落落的破书,作为研究的资料。那时候实在穷乏得、肤浅得可笑……"

那是确实的,当时他虽如初生牛犊不怕虎,"颇有野心欲对于中国小说作一番较有系统的工作"(《〈中国小说提要〉序》),但终觉得力不从心。从他1925年5月在《时事新报》副刊《鉴赏周刊》上连续发表的几节《中国小说提要》来看,他最初想从"讲史"类小说开始整理,他可能对中国古代小说已经有了比较全面的了解,但他写了几节"提要"以后,"便觉得有些头痛,写不下去"(《〈中国通俗小说书目〉序》),终于停了下来。也就在这时,他看到了鲁迅的《中国小说史略》。而当鲁迅了解到郑振铎也在研究中国小说史时,就在1925年10月9日把自己的《中国小说史略》寄给了他。郑振铎最初读到鲁迅的这本书,就感到这"可算是一部很好的有系统的书,虽然只是薄薄的二册"(《〈中国小说提要〉序》),后来,他进一步认识到鲁迅这本书"方才廓清了一切谬误的见解,为中国小说的研究打定了最稳固的基础"(《〈中国通俗小说书目〉序》),从而"减少了许多我在暗中摸索之苦"(《永在的温情》)。

郑振铎从1924年起,连续在《小说月报》上发表他的《文学大纲》。1925年2月号《小说月报》上发表的第十九章《中国小说的第一期》的注文第二十三条,郑振铎就提到鲁迅的《中国小说史略》,认为:"叙中国小说的发达史的,此书为第一本,论叙甚审慎可据。"并说明"本章多所取资,应在此志谢"。郑振铎还特别注意学习鲁迅的研究方法,高度赞扬鲁迅的深入仔细的资料工作。他在1936年1月14日为孔另境的《中国小说史料》(该书也是在鲁迅有关著述的基础上完成的）作的序言中指出，"鲁迅先生的《小说旧闻钞》取材最为可靠"，歌颂了"这一种为人而不为己的吃力的工作"。鲁迅逝世后，他不仅在 1936 年 11 月的《文学》月刊上发表《永在的温情》，深情回忆了鲁迅指导他研究中国小说史的动人事迹，还在 1937 年 10 月 19 日的《申报》上发表了《鲁迅先生的治学精神》，指出"他的《中国小说史略》为近十余年来治小说史者的南针"，"实是千锤百炼之作"。郑振铎并在鲁迅《中国小说史略》的研究上，最早提出和阐明了《古小说钩沉》《唐宋传奇集》《小说旧闻钞》这三本书与《中国小说史略》的关系。1938 年 10 月，郑振铎又在茅盾主编的《文艺阵地》上，发表《鲁迅的辑佚工作》，指出："鲁迅先生的辑佚工作和他的创作及翻译是'三绝'"。他具体地将鲁迅的《古小说钩沉》与清朝马国翰的《玉函山房所辑佚书》等相比较，论证了鲁迅研究的精深。解放后，郑振铎在 1949 年 10 月的《人民文学》创刊号上发表的《中国小说史家的鲁迅》，更是全面论述鲁迅在中国小说研究上的地位的最权威的论文。他说："从这部大著作（指《中国小说史略》）出版了以后，研究中国古小说的人才能够有确切可据的基础。"他还指出，近三十年来像他自己这样的研究小说史的人很多，"但像鲁迅先生那样气吞全牛，一举而奠定了研究的总方向，有了那末伟大而正确的指示，还不曾有过第二个人。"

鲁迅除了赠给郑振铎《中国小说史略》以外，还给过他许多具体的指导和帮助。据高君箴回忆："研究中，振铎遇到疑难时免不了写信向鲁迅先生求教。先生总是很快就回信，不厌其烦地一一给以指点。"（《新文学史料》总第六期第 239 页）例如，有一次他写信向鲁迅请教关于"三言"的问题，鲁迅就在回信中附了一张他亲自抄录的《醒世恒言》全目。要知道当时鲁迅自己也没见过《喻世明言》和《警世通言》，鲁迅只有半部《醒世恒言》，但他为了支持郑振铎的学习和研究，特地亲自从一个朋友那儿借了全的《醒世恒言》，抄了那份目录。可惜这些宝贵的信件及书目，甚至那部鲁迅赠送的《中国小说史略》，都在抗日战争中毁于炮火！郑振铎在《永在的温情》中提到，鲁迅还曾在 1925 年把自己珍藏的六本明版插图平话小说《西湖二集》送给他，使他"为之狂喜"。他激动地说：这"乃是我书库里唯一的友情的赠与"，"看了它便要泫然泪下"。郑振铎 1925 年编《中国短篇小说集》，在 5 月 25 日写的序文中就提到："本书受鲁迅先生的帮助与指导不少，特此致谢！"除此以外，鲁迅还在小说史研究中与郑振铎作过不少商榷和讨论。（关于这些，笔者另有专文详述。）

由于革命需要等原因，鲁迅后来不再专门研究小说史，但他对郑振铎所取得的成就是很高兴、很关心的。1927 年 9 月 10 日，鲁迅写《唐宋传奇集》

的序言时,就提到:"今夏失业,幽居南中,偶见郑振铎君所编《中国短篇小说集》,埽荡烟埃,斥伪返本,积年堙郁,一旦霍然。"还说:"复念近数年中,能恳恳顾及唐宋传奇者,当不多有。持此涓滴,注彼说渊,献我同流。"鲁迅是把郑振铎视为"同流"的。1930年11月,鲁迅对《中国小说史略》,主要是书中的第十四、十五篇,作了一些改订。其中就吸取了郑振铎的研究成果。在论述到《三国演义》时,鲁迅特地说明:"详见《小说月报》二十卷十号郑振铎《三国志演义的演化》。"1935年1月24日,鲁迅写《小说旧闻钞》的再版序言时,又提到"此十年中,研究小说者日多,新知灼见,洞烛幽隐","其详,则自有马廉、郑振铎二君之作在也。"

1935年6月9日,鲁迅写《〈中国小说史略〉日本译本序》,文中作为"小说史的事情"中的"较大的事",高兴地提到:"郑振铎教授又证明了《四游记》中的《西游记》是吴承恩《西游记》的摘录,而并非祖本,这是可以订正拙著第十六篇的所说的,那精确的论文,就收录在《痀偻集》里。"郑振铎这篇论文的题目是《西游记的演化》。他纠正了鲁迅原先认为《四游记》中的《西游记》是吴承恩《西游记》的祖本的看法(也纠正了他自己早些年在《文学大纲》中的同样的说法),同时又根据新的材料,证明了鲁迅认为吴承恩《西游记》是有所本的论断,驳斥和讽刺了胡适的错误说法。鲁迅称此篇为"精确的论文",评价是很高的。这也流露了他们共同劳动后的收获的喜悦,四年前为了《唐三藏取经诗话》的版本问题引起的一点小小的不愉快,早就烟消云散了。鲁迅在这篇日译本序中还提到:"还有一件,是《金瓶梅词话》被发见于北平,为通行至今的同书的祖本,文章虽比现行本粗率,对话却全用山东的方言所写,确切的证明了这决非江苏人王世贞所作的书。"关于这本《金瓶梅词话》,也是郑振铎最先撰文介绍,并辩明此书非王世贞所作的。后来他还把它标点出版。除了这篇《谈金瓶梅词话》,及上述的《三国志演义的演化》《西游记的演化》以外,郑振铎还在1929年7月15日写了长篇论文《水浒传的演化》等,在后一文的"附识"里,他特地指出:"本文有一部分颇得力于鲁迅……诸先生的已经发表的论文及著作。"

1930年代,郑振铎对中国戏曲史的研究也有很大的建树。鲁迅对戏曲史没有写过专门的学术论著,但他也给过郑振铎以启发、指导和支持。例如,他在1933年9月29日给郑振铎的信中说:"元谕用白话,我看大概是出于官意的,然则元曲之杂用白话,恐也与此种风气有关,白话之位忽尊,便大踏步闯入文言营里去了,于是就成了这样一种体制。"鲁迅这段话是有启发性的,这说明了元曲在形式上之杂用白话,正如元曲在内容上反映商品经济一样,均是代表社会新兴力量的势力"闯入"文坛及政治经济舞台的一种表现。郑振铎在 1956 年 8 月为他的《中国文学研究》一书写的序言中说："一九三〇年以后所写的东西，比较地有些新的观点，像元明之际文坛概观，元代公案剧产生的原因及其特质，净与丑等篇，虽然不免有些偏激，甚至有些'借题发挥'，但倾向是好的。"这个自我评价基本上是正确的。这种"倾向"无疑是受到鲁迅的影响的。表现在戏曲研究方面，就是联系元明之际的政治经济状况，来分析研究戏曲产生的原因及其特质，同时又联系当时国民党统治的黑暗社会现实，启发人们深思。这些论文都是剧论与政论的巧妙结合。例如，郑振铎在 1934 年 10 月 13 日写的《论元人所写商人、士子、妓女间的三角恋爱剧》一文在《文学季刊》发表后，就受到鲁迅的赞赏。他在 1935 年 1 月 9 日致郑振铎的信中说："顷见《文学季刊》，以为先生所揭士大夫商人之争，真是洞见隐密，记得元人曲中，刺商人之貌为风雅之作，似尚多也，皆士人败后之扯淡耳。"鲁迅在 1935 年 4 月 9 日致日本友人增田涉的信中，也热情地推荐了郑振铎这篇论文。郑振铎所以能"洞见隐密"，就是因为他运用了社会经济决定了文学的题材的历史唯物主义观点，摆出丰富有力的史料，通过这一"三角恋爱剧"，窥见到了元代政治经济状况之一斑。从这封信也可看出鲁迅对元曲也是很精通的。郑振铎在这篇文章中引用"粜米的唤子良，卖肉的呼仲铺……"一段元曲，是鲁迅早在《坟》中的《论"他妈的"！》一文中引用过的。

鲁迅对郑振铎搜集出版古本剧曲的工作，也是支持和赞赏的。1934 年 9 月 2 日，郑振铎和茅盾一起到鲁迅家去拜访，他把最近出版的以他个人名义影印的《清人杂剧》第二集一部赠送给鲁迅。鲁迅很高兴，后来他还特地请郑振铎重新装订一下（见 1934 年 12 月 2 日致郑振铎信）。1935 年 2 月 17 日，鲁迅应郑振铎之邀，和茅盾一起到他家作客，郑振铎又送给鲁迅一部当时刚再版的《清人杂剧》第一集。郑振铎在《清人杂剧》二集的《题记》中说到，他编印这二部书"历时三载，备尝艰苦。其间中辍于乱离播迁，或无力印刷者不止一次，……亦几至典衣减食以赴之矣。"鲁迅是肯定郑振铎这种精神的，他对许广平赞扬过郑振铎的这种精神。（见许广平《鲁迅和青年们》）他乐于得到他的赠书，分享了他的艰苦和喜悦。

1930 年代，郑振铎还学习鲁迅写《故事新编》的手法，写了不少借古讽今，影射抨击现实的历史小说，并得到鲁迅的具体批评和指导。例如，郑振铎在 1934 年 2 月 28 日写了描写南宋末年民族英雄文天祥斗争事迹的小说《桂公塘》，发表在《文学》月刊上。小说从文天祥毅然赴北谈判，后被拘、脱逃，一直到离开扬州、宿桂公塘为止，主要取材于文天祥的诗集《指南录》。郑振铎还主动写信询问鲁迅的读后感。鲁迅在 1934 年 5 月 16 日回信说：

"得来函后,始知《桂公塘》为先生作,其先曾读一遍,但以为太为《指南录》所拘索,未能活泼耳,此外亦无他感想。"这是很亲切的批评。后来,有人讥评郑振铎的历史小说为"教授小说",鲁迅在 1935 年 12 月写的《故事新编》序言中说:"对于历史小说,则以为博考文献,言必有据者,纵使有人讥为'教授小说',其实是很难组织之作。"当时,郑振铎还因这篇小说受到一些人的"酷评"和"打击",鲁迅替他作了具体的分析,帮助他认清"无大恶意"的"少年"和"恶劣无极"的"文氓"的区别。对于前者,鲁迅认为"可以一笑置之"(1934 年 5 月 16 日信),"大可置之不理"(1934 年 6 月 2 日信)。

　　鲁迅在 1935 年 1 月 9 日致许寿裳的信中,热忱地推荐郑振铎,为他介绍工作,并称赞他"热心好学,世所闻知,尚其投闲,至为可惜"。在同年 6 月 10 日致日本友人增田涉的信中,鲁迅又说:"在中国教授中郑振铎君是工作和学习都很勤谨的人。"鲁迅对郑振铎在学术上的勤奋和刻苦是十分满意的,并激励他为祖国的文化学术事业作出重大的作为。当郑振铎在燕京大学受到一些人的排挤而不欲安居时,鲁迅曾劝他:"先生如离开北平,亦大可惜,因北平究为文化旧都,继古开今之事,尚大有可为者在也。"(1935 年 1 月 9 日信)是的,在那"继古开今"的时代,鲁迅和郑振铎这对亲密的师生和学友,为祖国的学术文化事业作出了多么大的贡献啊! 他们的师友之间的恰恰相得,正是后人学习的榜样!

1980 年 9 月写于复旦大学

鲁迅与书法艺术

"鲁迅先生亦无心作书家,所遗手迹,自成风格。融冶篆隶于一炉,听任心腕之交应。朴质而不拘挛,洒脱而有法度。远逾宋唐,直攀魏晋。世人宝之,非因人而贵也。"这是郭沫若在他的《鲁迅诗稿序》中的一段赞语。每一个见过鲁迅手迹的人,都会对这精辟而中肯的评价表示赞同。

鲁迅生前从未以书家自居,也不常为人题字,但人民群众喜爱他那朴素无华、风度凛然的字体。人们常把他的字从遗稿中挑出来,放大后作为书刊杂志的题签,学校书店的牌匾。鲁迅的字不胫而走,遍传人间。他还为日本、朝鲜等外国友人作书,更对中外人民的友好事业作出了不朽的贡献。鲁迅更无心作书法理论家,他似乎也没有写过一篇专门的文章论述书法艺术,但仍有一些卓越的见解,散见于他的各类文章中。他所遗的手迹及有关书法的遗教,都是我们应该好好学习和继承的宝贵财富。

郭沫若说鲁迅的字"远逾宋唐,直攀魏晋",诚乎斯言!鲁迅写字能有如此功力,是同他常年累月研究汉魏碑刻分不开的。在少年时代,他就省下钱来买了《金石存》等书。从1912年至1921年,鲁迅曾以极大的兴趣搜集和研究了大量的碑帖,他不仅经常亲自出入北京琉璃厂各帖店,同时还屡次托人在陕西、山西、山东、浙江等地代为搜购或拓取碑文。根据鲁迅日记中的"书帐",我们可以统计出,自1915年至1924年,鲁迅所购石刻拓片竟有一千五百多种。鲁迅还临摹了不少石刻瓦当文字。例如,1915年3、4月间,他曾费了二十二天的工夫,影写了从友人处借来的《秦汉瓦当文字》,到4月末,他又从北京图书馆分馆借来《小蓬莱阁金石文字》,影写自藏本中的阙叶。正由于数年如一日地校录碑帖,默化潜移,心摹手追,才使他收摄了汉魏石刻中的神髓,从而逐渐形成了他的那种带有浓厚魏晋风度的朴厚、峻严的字体。当然,鲁迅的书法也是博采诸家,并且有所发展的。他自己承认早年喜欢写古字,是受了章太炎先生的影响。他还十分欣赏陈师曾、乔曾劬等人的字。据研究,鲁迅青年时所作真书修瘦淡远,与章太炎不同;而后来的行书,圆劲处却颇似太炎,未知是偶然相近,还是长期神会浸染而然。这些,都是很值得我们探考研究的。

书法既然作为一种艺术,就必然带有作者本人的明显的风格;而这风格又必然受到作者所属的时代的影响、制约。古人说"书如其人",不是没有道理的。鲁迅在《难得糊涂》一文中,就曾以清人郑板桥的篆字"颇能表现一点名士的牢骚气"为例,指出写字、刻章之类"也还反映着一定的风格"。拿鲁迅自己的字来说,现存的墨迹,包括文稿、诗稿、译稿、日记、辑录等,约有一万七千页左右,页页工整谨严。无论是早年的端庄的楷书,中年的富有碑意的隶书,或者晚年的挺拔秀逸的行书,全都认真书写,一笔不苟。鲁迅的墨迹体现了他的坚质浩气、高韵深情。他的《赠邬其山》诗幅,最末几个字"南无阿弥陀"写得特别大,横眉怒目,充满了对反动派的抗议和嘲笑。他写的《报载患脑炎戏作》一诗墨迹,"无如臣脑故如冰"中的"臣"字偏小偏右,表示了强烈的蔑视和讽刺意味。

鲁迅对那些随波逐流、乱摆架子的文人的字是嗤之以鼻,不屑一顾的。1933年间,鲁迅和郑振铎一起编印《北平笺谱》,郑振铎曾提议由钱玄同、刘半农题字,鲁迅都不赞成。因为他们俩都从新文学运动的健将而变为掉转屁股向后走的人。鲁迅在这年致台静农的信中谈到这件事,说钱玄同"夸而懒,又高自位置,托以小事,能拖延至一年半载不为,而其字实俗媚入骨,无足观,犯不着向悭吝人乞烂铅钱也。"对于刘半农,鲁迅不无嘲讽地说他还想不到这位"国家博士"会写字,同时,也批评了他平日颇摆架子。后来,《北平笺谱》的书签是请沈尹默、沈兼士兄弟俩写的。

同这些人"摆架子""高自位置"相反,鲁迅从来不把书法艺术说成是神秘莫测,高不可攀的东西。他早在《〈蜕龛印存〉序(代)》等文中,就反复宣传了"艺术由来在于致用"的观点。鲁迅的字朴素不雕,他用的笔也不怎么讲究。他在《答杨村人先生公开信的公开信》中说:"我并无大刀,只有一枝笔,名曰'金不换',……是我从小用惯,每枝五分的便宜笔。"鲁迅的字,是同敌人战斗的武器,也是为人民服务的工具。除了他写的大量的文章之外,有时他还创作一些书法作品赠人,在这些字幅中,也往往寄托着他的感情和用意。他所赠的对象一般是文坛老友、青年作家、国际友人等(尽管其中可能有几个人后来变坏了),其中没有一个大官僚、大军阀、大资本家。尤其对那些进步青年,凡有渴求鲁迅墨宝的,他都竭诚为之。如1934年,鲁迅应未名社的要求,怀着深厚的感情为韦素园书写了墓志。据说有过这样一个动人的故事:鲁迅在厦门大学工作时,经常亲自到印刷厂去校对讲义稿。他衣着简朴,态度谦和,深受印刷工人的尊敬。一天,有个工人问他:"'就'字怎样写?"鲁迅马上抽出一张纸,提起笔,一点一横地写给他看。几天后,鲁迅到厂里去时,那工人又问他"是"字怎样写,鲁迅又拿起笔写给他看,并告诉他怎样运笔等书法上的道理。就这样,每当鲁迅来厂时,这位工人总要向他请教写字,鲁迅也总是不厌其烦地写给他看。最后一次,这位工人竟问起鲁迅的名字来,鲁迅完全明白他的意思,但仍旧写给他,并加盖图章。后来,这位工人就把这些单字拼起来,裱成一幅屏条,条上写的是:"就是这总算是生活的一部分痕迹——鲁迅"。原来,这是当时出版不久的鲁迅的《坟》的题记中的一句话。鲁迅的书法深得大众的喜爱,但他虚怀若谷,从不以此炫耀于人。青年们赞扬他的字写得好,他却淡淡地回答:"至于字,我不断写了四十多年了,还不该写得好一些么? 但其实,和时间比起来,我是要算写得坏的。"(1934 年 11 月 12 日致萧军、萧红信)

鲁迅还为保护书法艺术进行了不懈的努力。早在教育部任职期间,他在《拟播布美术意见书》中,就提出对古代碑碣的"保存措施",指出"椎拓既多,日就漫漶,当令禁止,俾得长存"。他晚年,在给许寿堂的书信中还谈到章太炎的书法,"以为绝妙也",提出要将这些墨迹"汇印成册,以示天下,以遗将来"。鲁迅自己就很好地保存着章太炎给他的一幅录自《庄子》的颇具辩证意味的字幅:"变化齐一,不主故常。在谷满谷,在阬满阬。涂却守神,以物为量。"同时,他还保藏着柳亚子、蔡元培等人写赠他的字幅。

我们党一直极为重视鲁迅的书法。在党的关怀下,留存的鲁迅的墨宝都得到极为妥善的保藏。伟大领袖毛主席在他的晚年,还亲自批示同意出版《鲁迅手稿全集》等煌煌巨制。鲁迅在 1934 年 1 月 17 日致郑振铎的信中曾说,"纸墨更寿于金石"。是的,鲁迅的墨宝,真正是虽与金石比寿可也,虽与日月争光可也!

(1979)

鲁迅与古文字学

蔡元培先生为《鲁迅全集》作序,称鲁迅为"新文学开山";同时又指出"鲁迅先生受清代学者的濡染",于"旧学"之根柢亦极深固。这一看法目今已为世人接受。关于鲁迅与"旧学",可作多方面的研究,"小学"即其一。人所周知,"小学"尾附于经学,但清代学术中"小学"比任何一种经学都发达,取得的成就也最大。所谓"小学",包括字形、音韵、训诂等方面的学问,相当于我们今天说的广义的古文字学。鲁迅在这方面是很有造诣、很有见解的,虽然,他并不以此名家。蔡元培先生称赞鲁迅之治学,往往"蹊径独辟,为后学开无数法门"。就以古文字学来说,鲁迅确实也给了我们不少启迪。

鲁迅早年即学习过古文字学。周启明在《鲁迅的青年时代》《鲁迅的故家》等书中都提到,早在"三味书屋"读书时,鲁迅就读了《尔雅》等"中国最古的文字训诂书"。不过,寿镜吾老师对此"不加讲解""无可发挥",鲁迅也没有得到多少古文字知识。

后来鲁迅到日本留学时,进一步受到"濡染",才系统地学习和研究了古文字学。他的老师,就是他后来说的清末治小学而又提倡种族革命的章太炎先生。那是在 1908 年,鲁迅、许寿裳、周作人、钱玄同、龚未生、朱宗莱、朱希祖、钱家治等八人,每逢星期天上午都要到章太炎住处听讲。学的课本是段氏《说文解字注》及郝氏《尔雅义疏》等。当时鲁迅的听课笔记,有一册至今尚存。又据说,"在日本东京,听章太炎先生讲《说文解字》时,自始至终,一丝不苟,认真笔记,全部记录的,只有二人,即鲁迅和朱希祖。"①鲁迅直到晚年,在《名人和名言》等文中,还提到章太炎是"小学的大师",讲《说文》"娓娓可听"。当然,我们不可忘了鲁迅去听课,首先是因为敬佩章太炎是"革命的先觉"。

章太炎的古文字学是独有见识、自成一家的。许寿裳曾说:章太炎的学术思想,"以朴学立根基,以玄学致广大,批判文化,独具慧眼,凡古今政俗的消息,社会文野的情状,中印圣哲的义谛,东西学人的所说,莫不察其利病,识其流变,观其会通,穷其指归。‘千载之秘,睹于一曙。’这种绝诣,在清代三百年学术史中没有第二个人。"(见《章炳麟传》绪言)这一评价不免有点溢美,但许寿裳同其他学者一样认为,"他的入手工夫也是在小学"。

许寿裳还曾回忆章太炎讲小学的情形:"师依据段玉裁氏《说文》注,引证渊博,新谊甚富,间杂谈谐,令人无倦,亘四小时而无休息。我们听讲虽不满一年,而受益则甚大。"(转引自林辰《鲁迅事迹考》)鲁迅有没有这样"受益"呢? 周启明认为:"鲁迅对于国学本来是有根柢的,他爱楚辞和温李的诗,六朝的文,现在加上文字学的知识,从根本上认识了汉字,使他眼界大开,其用处与发见了外国文学相似,至于促进爱重祖国文化的力量,那又是别一种作用了。"(《鲁迅的青年时代》)

确实,章太炎在政治思想、哲学及其他学术方面,对鲁迅有过很大影响,即在古文字学上也是这样。鲁迅在《坟》的《题记》等文中就曾说过,他早年之爱写古字,就是受章太炎的影响。但是,鲁迅并没有盲目地株守章师家法。例如,章氏《文始》诸书,深信许慎的说法,以五百多个部首为字原,提出了"初文"说。这一理论有一定的道理,但也导致他对甲骨文字持怀疑和否定的态度;他的门人黄侃等人也是这样。而鲁迅却不完全信从"初文"说,相反极其重视甲骨文的研究,并且上溯图画文字的研究。正如许寿裳说的:"这可见鲁迅治学‘爱吾师尤爱真理’的态度!"②

鲁迅学习了古文字学以后,曾经很喜欢写古字,或者说,很喜欢把字写得古朴一点。例如,周启明在《鲁迅的青年时代》中就曾提到,鲁迅写"樑"字必去掉木旁,写"邱"字必去掉邑旁。因为后人"梁"加木旁便犯重,"丘"加邑旁则是为避孔丘的讳,都是鲁迅反对的。鲁迅写"鳥"字时还必"改下边四点为两点",这是因为鸟本来只有二只脚。这些写法不少还一直保持到他的晚年。鲁迅早期请人写字,也往往写古字。例如,当时鲁迅与周作人合作翻译出版的《域外小说集》,请陈师曾题字,就写作《域外小說△》,鲁迅在杭州浙江两级师范学堂教生理学的讲义《人生象学》,也请许寿裳写成《人生象學》。他在 1919 年 8 月 13 日写给钱玄同的信中有"或民公[口"四字,现在的读者大概都看不懂,其实就是"国民公[报]"。钱玄同与鲁迅同是章门弟子,当然彼此能看懂。以上举例的,都是鲁迅学习古文字的鸿爪雪泥。

不但如此,鲁迅自己对古文字学也作过很深的研究。特别是在辛亥革命后到五四运动前,鲁迅曾花了很大的精力整理古碑与古籍。他常年累月地摹写碑帖拓本、金石、瓦当上的文字。他还节衣缩食购买碑帖等,甚至买下了原为清朝达官端方所私的珍品。他对篆印文字也很有研究,有关这些,我们只要一读《〈蜕龛印存〉序(代)》就可知道了。在《南齐〈吕超墓志〉跋》

一文中,鲁迅对古代"隋"字的考证,就纠正了长期以来的几种错误说法:"志书随为隋,罗泌云,随文帝恶随从辵改之。王伯厚亦讥帝不学。后之学者,或以为初无定制,或以为音同可通用,至征委蛇委随作证。今此石远在前,已如此作,知非随文所改。《隶释》《张平子碑颂》,有'在珠咏隋,于璧称和'语。隋字收在刘球《隶韵》正无辵,则晋世已然。作随作隋作陏,止是省笔而已。"鲁迅和朋友开玩笑时曾说:"我于文字亦颇有发明"(1927年8月17日致章廷谦信),从这段关于"隋"字的精当论述中,不是可以略见一斑么。一直到晚年,鲁迅还继续购买古文字学专著和帖拓,这从他的日记中可以看出来。

民国元年,蔡元培领导的教育部北迁后,即决定成立"读音统一会"。鲁迅也参加了工作。③当时通过的该会章程第四条规定:"会员资格:(一)精通音韵;(二)深通小学;(三)通一种或二种以上之外国文字;(四)谙多处方言。(须合四种资格之一。)"鲁迅差不多每一种资格均合,因此鲁迅当然是很有发言权的。

在会上,当时的一些"名流""学者"为了争当新仓颉,吵得不可开交,甚至丑态百出。④鲁迅对此有点看不过,他在1913年3月12日"午后赴读音统一会,意在赞助以旧文为音符者,迨表决后竟得多数。"(见《鲁迅日记》)所谓"以旧文为音符者",就是鲁迅、许寿裳、马裕藻、朱希祖等人提出的"记音字母"方案。这些人都是章太炎的学生,而这套"记音字母"原即章氏"取古文篆籀径省之形"而创制的,经过鲁迅等人的斟酌损益,终于成为我国第一套通行的注音字母,一直延用到解放后拼音字母方案公布前,曾发挥了一定的作用。毫无疑义,这当中也有着鲁迅的一份贡献。

鲁迅曾有撰写一部《中国字体变迁史》的计划。最先,他在1926年秋赴厦门大学任教时,就打算开设"声韵文字训诂专书研究"的专门课,但结果没开成,他就打算写成专门著作。后来,在1929年5月21日、6月1日等致许广平的信中,又一再表示了想写一部《中国字体变迁史》的愿望;直到1933年6月18日致曹聚仁的信中还提到,并为条件限制不能写出而深表遗憾。

鲁迅这部大著作终于没能写出,究其原因,一是"资料不足",在当时反动统治下的中国,"纵使在决堤灌水,飞机掷弹范围之外,也难得数年粮食,一屋图书";而更主要的是鲁迅把他的全副精力贡献给了更迫切的现实斗争。鲁迅在《且介亭杂文》的序言中说得好:"潜心于他的鸿篇巨制,为未来的文化设想,固然是很好的,但为现在抗争,却也正是为现在和未来的战斗的作者,因为失掉了现在,也就没有了未来。"鲁迅摆正了革命和学术的关系,这一点是永远值得我们学习的。

鲁迅虽然没写出古文字变迁史的专著,但在他的《门外文谈》中已"略现端倪"。《门外文谈》是我国文字学史上第一部以辩证唯物主义、历史唯物主义为指导思想,系统而又通俗地阐述中国文字的起源、发展以及改造的辉煌论著。同时,鲁迅在其他著作中还有不少零星的论述,虽是吉光片羽,却超轶前人,真正做到识其流变,观其会通,穷其指归。例如,1926 年写的《汉文学史纲要》(按,此书名为后人所取,不妥)中,就曾精辟地论述了古文字的起源:"要之文字成就,所当绵历岁时,且由众手,全群同喻,乃得流行,谁为作者,殊难确指,归功一圣,亦凭臆之说也。"同一书中,还充分肯定了秦代篆书、隶书的出现在古文字发展史上的意义,指出李斯"治尚严急,然于文字,则有殊勋"。在《从"别字"说开去》一文中,也论述了古文字发展,指出:"文化的改革如长江大河的流行,无法遏止,假使能够遏止,那就成为死水,纵不干涸,也必腐败的。"如果没有发展,"则未有文字之时,就不会象形以造'文',更不会孳乳而成'字',篆决不解散而为隶,隶更不简单化为现在之所谓'真书'。"鲁迅的这些话,都是不可移易的论断。

鲁迅还有不少论述虽然不一定是直接为古文字学而发的,但也可以从思想方法上给我们以莫大的启发。鲁迅说过,"我以为考证固不可荒唐,而亦不宜墨守"⑤,这就是说科学性和创造性必须相结合。他还说:"我们要保存清故宫,不过不将它当作皇宫,却是作为历史上的古迹看"⑥,这就明确地分清了学术与政治、研究与实用等的关系。我们知道,古文字学领域曾经长期为旧文人所把持,有不少唯心主义的东西;但今天有些形而上学看问题的人,却往往把古文字研究与"复古"等同起来,他们尤其反对青年人研究它,这是很荒谬的。鲁迅说得好:"中国要作家,要'文豪',但也要真正的学究。"(《我们怎样教育儿童的?》)踏踏实实的古文字研究者,是人民需要的。鲁迅的有关论述至今仍有很现实的意义。

鲁迅是汉字改革的最有力的倡导者。他早在 1919 年 1 月 16 日致许寿裳的信中就指出:"汉文[案,指方块字]终当废去"。他并在小说《孔乙己》里,讽刺了以只知道"茴字有四样写法"而自鸣得意的封建知识分子。他后期更是反复说过:'方块字本身就是一个死症"(《从"别字"说开去》),"方块汉字真是愚民政策的利器"(《关于新文字》),等等。在《忽然想到·八》里,他曾举例说:"还有一个是'淦'字,大概只在人名里还有留遗。我手头没有《说文解字》,……仿佛是船底漏水的意思。[案,查《说文解字》:"淦,水入船中也。"]我们现在要叙述船漏水,无论用怎样古奥的文章,大概总不至于说'淦矣'了罢,所以除了印张国淦,孙嘉淦或新淦县的新闻之外,这一粒铅字简直是废物。"可见,对于古字旧字我们决不应"直接"拿来使用,(作为篆刻、书法艺术等,则是特殊情况)而必须加以改革。当然,鲁迅对汉字改革,也因为当时历史条件的限制等因素,说过一些现在看来不正确的话。对此后人也应该具体分析。

鲁迅一贯反对青年人盲目地学写篆字,并讽刺那些封建的"'谬种'和'妖孽'就是写起篆字来,也带着些'妖谬'的"(《难得糊涂》)。他也一贯反对今人写文章却一定要故意去使用古字。在《作文秘诀》一文中,鲁迅揭露了某些欺世盗名者的"秘诀"就是"缩短句子,多用难字",偷偷地从《尔雅》、甚至《康熙字典》中去找字。即使对自己的老师章太炎先生,鲁迅也委婉地批评了他后来类似"以为写白话的主旨,是在从'小学'里寻出本字来"的错误议论(见《名人和名言》)。对于那班假冒斯文,靠着有钱,"收买一批古董,结识几个清客,并且雇几个工人,拓出古董上面的花纹和文字",就自称为什么"家"什么"家"的家伙,鲁迅更是鄙视,称之为"捐班金石家"(见《各种捐班》)。

然而,作为一门专门科学的古文字学,鲁迅一贯是重视的。他在早年不仅关心和研究古文字学,还曾积极筹资梓印章太炎的《小学答问》等专著;他后期见到章太炎的《文始》被抛在书店角落里,"黯淡垢污",无人识其学术价值,曾一再为之"慨然"[7]。即使对那位于世事毫不关心、迂远之至、然而埋头钻研古文字的老同学朱希祖,鲁迅也说:"我对于他的在窗下孜孜研究,久而不懈,是十分佩服的"(见《两地书》)。老朋友沈兼士在"祝蔡元培六十五岁论文集"上发表长篇论文《右文说在训诂学上之沿革及其推阐》,鲁迅收到后即"入夜循览,耊然发蒙","甚服此书之浩瀚"[8],对他扎扎实实研究古文字,也表示了赞赏。

鲁迅后期虽然说自己"文字之学,早已一切还给章先生,略无私蓄"[9];但实际上,他直到后期还是十分注意收集有关古文字学书籍的。例如,他买了西汉人著的《急就篇》(见 1934 年 7 月 30 日日记),清人著的《奇觚室吉金文述》(见 1928 年 8 月 19 日日记)、《小学大全》(见 1934 年 6 月 15 日日记),也买了近人撰著的《殷墟文字类编》(见 1928 年 7 月 19 日日记)、《中国文字之原始及其构造》(见 1930 年 10 月 28 日日记),等等。

至于对我国现代杰出的古文字学专家郭沫若同志的有关甲骨金文著作,鲁迅更是重视的。郭沫若在鲁迅生前问世的这类著作,鲁迅是有见必收的。其中除《甲骨文字研究》一书为李一氓同志所赠者外,其他的郭沫若的著作,如《两周金文辞大系》及其《图录》《考释》《金文丛考》《殷周青铜器铭文研究》《金文余释之余》《卜辞通纂》《古代铭刻汇考》等书,都是鲁迅亲自或托人购来的。当郭沫若刚开始发表这类研究著述时,鲁迅曾引用一句外国古谚,对郭沫若的好友、老同学郑伯奇关心而直率地说:"拿木乃伊的,变成木乃伊,他也要当心呀。"(见郑伯奇《最后的会面》)事实证明郭沫若没有辜负鲁迅的殷切期望,鲁迅后来曾高兴地对许广平说:"郭沫若的古史考证,金文甲骨文研究有伟大的发现,路子对了,值得大家师法。"⑩郭沫若对古文字学,特别是甲骨文研究的贡献,远远超逾前人。这首先是因为他具有辩证唯物主义和历史唯物主义的立场和观点,并创造性地把古文字学和古代社会的研究结合起来,开辟了研究的新天地。鲁迅肯定郭沫若的"路子",当即指此。鲁迅后期仍然那么重视古文字学的研究,其着眼点之一,当亦在此。

许寿裳说章太炎讲解《说文》,"诙谐间作,妙语解颐"。鲁迅也经常风趣地运用古文字学知识。例如,1927年7月28日致章廷谦信中说:"我想,便是茭白之流,也不会久的,将一批一批地挤出去"。这"茭白"是指什么呢?原来说的是蒋梦麟其人。因为"蒋"字的本义为茭白,《说文》:"蒋,苽也。"这类例子是很多的。然而,鲁迅更多的是运用古文字知识,在他的批判和战斗中发挥作用。

鲁迅在《名人和名言》中就辛辣地批判了"先前以讲社会主义出名的名人"江亢虎忽然"忘其所以,谈到小学",大谈什么"德"字从"直"从"心"之类,鲁迅认为"真不知道悖到那里去了"。另一次,有学生将"昌明文化"写作"倡明文化",刘半农先生竟写诗进行挖苦,发挥了一大通歪论:"余曰,倡即'娼'字,凡文化发达之处,娼妓必多,谓文化由娼妓而明,亦言之成理也。"鲁迅不得不给予反讥:"娼妓的娼,我们现在是不写作'倡'的,但先前两字通用,大约刘先生引据的是古书。不过要引古书,我记得《诗经》里有一句'倡予和女',好像至今还没有人解作'自己也做了婊子来应和别人'的意思。所以那一个错字,错而已矣,可笑可鄙却不属于他的。"可笑可鄙属于谁呢?自然属于那位"因为爬了上去,就不但不再为白话战斗,并且将它踏在脚下,拿出古字来嘲笑后进的青年"的刘半农自己(见《"感旧"以后(下)》)。还有鲁迅在故事新编《理水》中提到"鸟头先生"的地方,虽语近嘲谑,但对当年胡适派玩弄文字学技巧的唯心主义考据方法,实是一种严肃的批评。

鲁迅在取笔名时,也运用了古文字学知识。例如,鲁迅在信中曾说:"据我最近之研究:迅盖禽也,亦无其人,……案迅即卂,卂实即隼之简笔,……如此解释,则'準'字迎刃而解,即从水,隼声,不必附会从'淮'之类矣。"(1927年8月17日致章廷谦)鲁迅这段话是游戏文字(其中提到的"迅""卂"是他的笔名,"準"是他后来拟取的笔名)但也运用了古文字知识。(《说文解字》云:"卂,疾飞也,从飞而羽不见。"又云:"準,从水,隼声")同时还有他自己的"发明"。

有一些笔名更含有强烈的战斗性,例如"华圉",这是用在《门外文谈》这篇文字学论文上的,而"圉"字正是一个伴随着阶级压迫和阶级专政的出现而出现的有代表性的古字,本是一个被上了枷锁的奴隶关囚在监狱里的象形字,在甲骨文中就有了。鲁迅取这一笔名,当为"华夏已成监狱"之意,即愤怒地揭露蒋介石统治下的中华民国,其实是座人间地狱。

鲁迅运用古文字知识所取的笔名,最妙的无过于"晏之敖者",以及"晏敖""敖者""敖"等。据许广平《略谈鲁迅先生的笔名》,那是因为鲁迅被周作人及其日本老婆赶出西三条故居后所取的,鲁迅说:"晏从宀(家),从日,从女;敖从出,从放(《说文》作敖,游也,从出从放);我是被家里的日本女人逐出的。"这简直像个字谜了。古文字知识在鲁迅这里还发挥了这样奇特的作用,真是令人佩服!

(1980)

──────────

注释

① 见《鲁迅研究资料》第四辑《沈延国同志谈鲁迅在日本》。
② 见《亡友鲁迅印象记·从章先生学》。
③ 据黎锦熙《国语运动史纲》所载当年教育部存档的读音统一会会员录里,没有鲁迅的名字;但据1913年2月15日《鲁迅日记》,教育部曾简邀鲁迅为该会会员,只是鲁迅"不赴"那天召开的该会成立会议,而鲁迅后来还是多次去该会参加讨论的。
④ 这些,鲁迅在《门外文谈》中也有记述。
⑤ 见《关于〈唐三藏取经诗话〉的版本》。
⑥ 见1933年11月24日致黎烈文信。
⑦ 见1932年8月12日和17日致许寿裳信。
⑧⑨ 见1934年3月27日致台静农信。
⑩ 见侯外庐《深切悼念郭沫若同志》。

疑《"夜来香"》之为"鲁迅佚文"

　　《复旦学报》(社会科学版)第一期胡奇光的文章认为《"夜来香"》为鲁迅佚文"是不再有怀疑的了",我认为其论证还不大令人信服,今提出几点疑问供参考。

　　第一,文章指出,查《鲁迅日记》,在1934年5月共寄《动向》稿八篇,而如今只见七篇,因此"当有一篇漏收"。我认为这样的推论看起来十分简单明了,然而并不是绝对的,这样的推断方法也是值得商榷的。《鲁迅日记》有错记、少记等现象,这点鲁迅自己也曾经说过;另外,还可能有其他变化情况,随便举个例子,如1933年7月7日记:"为《文学》作社谈二篇",但若查那一期《文学》,却只见一篇,曾经有人就东猜西猜,殊不知另一篇后来是寄到其他刊物去了。

　　胡文说:"如把寄稿与发稿的日期一一加以对照,其疑点之一在5月7日。"但是我把这些日期一一对照后,却使我对胡文的结论及其推断方法更增加了怀疑。据《鲁迅日记》:5月1日寄稿二篇,7日二篇,10日一篇,15日二篇,18日一篇;而已收入集中的七篇文章的写稿与发稿的日期则分别为:《法会和歌剧》(4月20日写,5月20日发表),《清明时节》(4月26日写,5月24日发表),《论"旧形式的采用"》(5月2日写,5月4日发表),《刀"式"辩》(5月7日写,5月10日发表),《连环图画琐谈》(5月9日写,5月11日发表),《化名新法》(5月10日写,5月13日发表),《推己及人》(5月14日写,5月18日发表)。如此,便发现许多对不上号的事情:

　　(一)5月1日寄出的二篇,看来只能是《法会和歌剧》和《清明时节》,然而胡文说后者是18日转寄的那一篇,那么这里当缺一篇;

　　(二)5月2日写,4日登载的《论"旧形式的采用"》又算是哪一天寄出的呢? 若算是鲁迅漏记,那么总共就当不止八篇;

　　(三)《连环图画琐谈》《化名新法》两文的寄稿日期只能在8日以后、14日以前,然而据日记,只在10日这一天寄出过一篇,这该是哪一篇呢? 这里又多出一篇;

（四）5月15日寄出的二篇，除《推己及人》外，另一篇只有《法会和歌剧》有可能，但如将后者算在这一天，5月1日则又少一篇；如此等等。

可见，即使把《"夜来香"》算进去，凑足八篇之数，也仍然不能解决矛盾，仍然摆不平。因此，所谓"正好少一篇"并不能成为一个过硬的理由。

第二，关于署名"阿二"。鲁迅是用过这个笔名的，许广平在《略谈鲁迅先生的笔名》中曾指出，这"是上海叫黄包车夫常用的"，可见这个名称同"老二""阿三"等一样，是再普通没有了。鲁迅在1931年底1932年初，曾用这个很通俗的名字在左联办的工人读物《十字街头》上，发表过三首打油体的通俗政治讽刺诗。其笔名和内容、体裁是配合得很好的。此外就一直没见用过。我们还知道，"子明""佩韦""赵令仪""直"等，都是鲁迅用过的笔名，但在1930年代的刊物上，都发现过多篇同样笔名但肯定不是鲁迅写的文章。何况"阿二"是更普通的名字，因此也就更不足为据。

第三，想谈谈《"夜来香"》的用语等问题。仔细推敲后，我觉得也不无可疑之处。例如，文中有"哗啦哗喇"一词，其最末一字很奇特。鲁迅一直是写作"哗啦哗啦"的，如1933年5月7日写的《王化》一文，就曾三次用这个词；1934年7月29日致曹聚仁的信中也是如此。再如，关于"潒水浇衣服"，这"浇"字鲁迅也是不大用的，鲁迅在4月21日写的《洋服的没落》和4月9日致姚克的信中，谈到同一问题时都是用"洒"字的。1933年11月4日鲁迅写的《归厚》一文中，两次用"洒"字。此外，还有一个很值得注意的现象，就是鲁迅当年确是多次批判了所谓"无线电播音"，然而他每一次只要一举例子，就一定举出那风靡一时的《毛毛雨》，足见其深恶之至，请看4月20日写的《法会和歌剧》、5月20日《偶感》、6月11日《玩具》、7月8日《知了世界》、12月21日《阿金》，及11月1日致窦隐夫信，等等，无一例外；而在《"夜来香"》中举了三四个例子，却偏偏没有提到《毛毛雨》。至于所谓语言风格（这本不是有明确标准的），据我看来也不尽似。所谓"入木三分的嘲讽，文白互用的句法"，在当时其他一些人的文章中，也是"屡见不鲜"的。

最后，如果《"夜来香"》确是鲁迅所作，怎么会登在"《动向》压尾"的报屁股上呢？而且，主编者聂绀弩先生又何以对此文没有什么印象呢？

综上所述，我认为要确认《"夜来香"》为鲁迅佚文，还缺少确凿有力的根据。

（1978）

[附记]

上文发表于 1978 年《复旦学报》后,胡奇光又在 1979 年《中国现代文艺资料丛刊》复刊号上重发了他的文章,于是我也在该刊上发表了《〈"夜来香"〉是鲁迅佚文吗?》,主申了自己的看法,并作了一点新的补充:

关于思想、文风之类,《动向》既是左联同志所主编,在上面发表同鲁迅思想相近或相符的文章,是一点不稀奇的。这里有一个带有普遍性的问题,即仅仅根据文章的思想内容和语言的相合,能不能就判断文章的作者? 这种情况在考证鲁迅佚文方面是有过先例的。例如,在 1959 年杨瑾玲就曾用这样的方法考证《反"闲话"》一文为鲁迅佚文,而后来不为人们认可。再如,更早一点,唐弢在 1951 年编《鲁迅全集补遗续编》时,也曾因这样的理由把《"则皆然"》一文收入,但他在书的后记中说明是"作为存疑",后来正式补充出版的《集外集拾遗》中就并未收入。同样的,我们在二、三十年代的一些与鲁迅有关的刊物上常能见到一些与鲁迅思想风格相近的文章,有的还很精彩,但并不能随便定为鲁迅佚文。

许广平在《略谈鲁迅先生的笔名》中曾说到:"《自由谈》的文章","每天剪下来辑成《伪自由书》",这说的是 1933 年的事,"每天剪下来"一句很值得我们注意。对《自由谈》上的文章是这样,对《动向》也必然如此,因为二者都是当年鲁迅投稿最多的差不多每天出版的副刊。《"夜来香"》发表的时候,正是杨霁云跟鲁迅通信,商量编《集外集》时,当时许广平等人对鲁迅文章的重要价值的认识也更提高了,然而恰恰将眼前这样一篇公开发表在国内报纸上的文章漏掉了,这种可能性显然很小。事实上,1934 年以后,鲁迅在国内报纸上发表的文章,除了极少量启事广告一类外,似还没发现过一篇正式的文章漏收的。

《动向》的编辑是非常尊重鲁迅的。鲁迅的文章,一般都排在右上或右中最贴近刊头的地方,以显重要。(《法会和歌剧》一文虽排在左下方,但是直排并加了十分显目的"花边"。)然而《"夜来香"》却是在左下角排成扁扁的一排,也没有"花边"。在这一天《动向》上发表的七篇文章中属于"地位最低",右上方是柳谷的文章,右下方是耳耶即编者聂绀弩自己的文章。《"夜来香"》若是鲁迅写的,编辑者大概是不会这样排版的。

最后想指出,《"夜来香"》其实是早就有人注意了。唐弢在 1946 年 10 月写的《鲁迅全集补遗编后记》中就说过:"我还在《动向》《晨报副刊》和别的一些杂志上找到许多疑似的文章,但因缺乏佐证,……就只能把这些材料搁置",这篇《"夜来香"》想必也曾经过他的鉴认。唐弢当然知道"阿二"是鲁迅用作过笔名的。但他"搁置"了,这里看出唐弢学风严谨。另外,据熊融告诉我,他在 1961 或 1962 年就怀疑过这篇文章会不会是鲁迅写的,曾将自己的猜想及抄录的原文寄去请教唐弢、聂绀弩等人,回信都认为不是鲁迅佚文。熊融还找出当年 10 月 29 日聂绀弩写的毛笔信,其中明确地说:"附件中无一篇可以认为是鲁迅所作。"并说"夜来香似为廖沫沙所作,廖公当时为《动向》撰此类稿件甚多,但也难确说,恐廖公自己也未必记得也。"这是《动向》主编者在十八年前的回忆,而且具体地提出了可供怀疑的作者,是十分值得我们注意的。(廖沫沙后来答复笔者的询问,说记不得自己写过这篇文章。)我十分怀疑《"夜来香"》是一位受鲁迅影响的进步青年的作品,因为它的某些论点是符合鲁迅思想的,但它与鲁迅一些杂文相比,就显得有点浅。那首"夜来香"歌词,虽是有点"肉麻",但是否算得上"集肉麻之大成,尽鸳鸯之能事"的典型例子?鲁迅会不会特地挑这首歌来写一篇批判文章?这个问题本身就是值得我们怀疑的。

对"鲁迅早期五篇论文"提法的商榷

近年来,一些鲁迅研究者对鲁迅早年在日本用文言写作的《说钼》《人之历史》《摩罗诗力说》《科学史教篇》《文化偏至论》等文,作了认真的注释,这是值得称赞的工作。但有同志将这几篇文章笼统地称作"鲁迅早期五篇论文",并作了过高的评价,我认为是不妥当的。

鲁迅在将《人之历史》等文收入《坟》时,曾在题记中提到这"几篇将近二十年前所做的所谓文章",说:"这是我做的么? 看下去,似乎也确是我做的",并说"如《摩罗诗力说》那样,简直是生凑。"他在将《说钼》等文收入《集外集》时,也曾在序言中提到"看去好像抄译","连自己也怀疑","大概总是从什么地方偷来的",但"再也记不起它们的老家"。鲁迅的这些自述,不能仅仅看作是一种自谦之辞,而是值得我们仔细体味的。其实,这五篇文章,有的是属于鲁迅提到过的"编译"文章;而且,"它们的老家",近年来日本鲁迅研究者也已经找到了一些。例如,1973 年起,北冈正子先生与中岛长文先生就曾在日本的中国文学研究刊物《野草》和《飙风》上分别开始发表关于《摩罗诗力说》《人之历史》等文原材料来源(或"蓝本")的考证文章,根据可靠,令人信服。这对我们更准确地研究鲁迅早期的思想,是有助益的。

为说明问题,在这里我简单地举《人之历史》这一篇为例。因为,这篇文章在"五篇论文"中是最受研究者重视的。一些研究论文认为,鲁迅在此文中论述了在生物进化论的发展历史中唯物主义与唯心主义两种宇宙观激烈斗争的过程,揭露了唯心论的谬误以及它阻碍科学进步的罪恶。还认为鲁迅在此文中关于生物科学的一些见解,达到了当时生物科学所能达到的最高水平,鲁迅对居维叶的反动理论的批判符合恩格斯的有关论断,等等。总之,这些研究文章都把《人之历史》中的言论径看作是鲁迅自己的"阐述""评价""分析""批判"等等,并直接根据此文中的言论来说明和论断鲁迅早期的思想。

但是,这些研究者却没有注意到,《人之历史》发表于《河南》杂志创刊号上时,并没有列于"论著"专栏,而是列于"译述"栏内的。鲁迅在该文的副标题中,也明确地写着是对德国海克尔氏种族发生学一元论的"诠解"(即解释与介绍)。中岛长文先生在 1978 年 12 月与 1979 年 12 月发表于日本大津市滋贺大国语国文学研究室编的《滋贺大国文》杂志上的专论《蓝本〈人之历史〉》证明,鲁迅此文主要是根据海克尔《宇宙之谜》日译本以及引用日本人写的《进化新论》《进化论讲话》等书而写成的。全文十之八九不超出这三本书,主要是将这三本书中的有关论述加以综合、提炼,以及少量的发挥、改写而成的。据统计,《人之历史》近百分之九十的内容的来源已经搞清,其中从《宇宙之谜》一书第五章《我们的种系发生》直接引述的部分约占全文的百分之四十,而从《宇宙之谜》全书中译引的部分占全文的百分之四十三。其中不少地方甚至是"直译"。

显然,《人之历史》中大部分观点都不能径算作是鲁迅的"阐述""评价""分析""批判"之类,因为此文经常为研究者引称的有关段落句子大多已经找出了它们的"老家"。据笔者研究,实事求是地说,鲁迅在该文中基本上没有提出什么新的见解、新的理论,因此不能称作严格意义上的"论文"。例如,与其说是鲁迅对居维叶的批判符合恩格斯的观点,倒不如说是《进化论讲话》的作者丘浅次郎对居维叶的批判符合恩格斯的观点。

应该指出,以前我们有些研究者的那些提法,也是与有关资料未发现或未见到的局限有关的。而我们今天实事求是地提出以前某些提法的过誉之失,也并不意味着贬低鲁迅早年文章的重要启蒙价值和革命精神,不过是力求更切合鲁迅思想发展的本来面貌而已。例如,《人之历史》仍然值得我们高度重视与认真研究。我认为,这篇文章实际上是我国近代继严复《天演论》以后宣传进化论的第二篇重要文献。通过此文,我们可以看到鲁迅当时无比迫切地学习和介绍进化论学说的积极精神,还可以进一步窥见鲁迅当时学习进化论的特点,他的目的与注意力之所在,特别是他对有关进化论著作的改动、发挥,以及与中国现实情况的初步结合,等等。限于篇幅,关于这些本文不能详述了。

总之,笔者认为青年鲁迅当年确实是一位伟大的启蒙者,是"二十世纪初先进的中国人历经千辛万苦向西方国家寻找真理"(毛泽东语)的一位代表。而且,从这些涉及哲学、文学、人类学、物理学、科学学、历史学等等方面的早期文章来看,鲁迅确实"早就研究过自然科学和当时科学上的最高发展阶段"(瞿秋白语)。要知道,镭元素被发现后仅仅五年、被提炼成功仅仅一年,鲁迅即写了《说钼》一文把它介绍到中国。同样,海克尔《宇宙之谜》发表后仅仅八年、被翻译到日本仅仅一年,鲁迅即写了《人之历史》把它介绍到中国,这些都是当时科学上的最高成就。然而,这些毕竟主要是"介绍",不能与居里夫人、海克尔的论文等同视之,也不能不加分析地把这些文中的话都作为鲁迅自己的"论述"。

（1983）

鲁迅是怎样解剖社会和批评社会的

——纪念鲁迅诞生一百周年

鲁迅是一个伟大的革命家。为改革社会,他毕生作了不倦的探索、思考和奋斗。对于根深蒂固的所谓旧文明,对于造成所谓"上流社会"的堕落和下层社会的不幸的旧的社会制度,他始终不渝地予以揭露、剖析,"施行袭击,令其动摇"。尤其是他写的自称是"文明批评"和"社会批评"(《两地书·一七》)的杂文,更是掷向旧社会的匕首和投枪。瞿秋白说得好:"鲁迅的杂感,其实是一种'社会论文'"(《〈鲁迅杂感选集〉序言》)。

在鲁迅生活、战斗的时代,关于中国社会研究的著作,无论是外国社会学者还是中国学者都写了不少,但是,真正能透彻地解剖和批评中国社会,并指出中国社会改革的道路和发展前途的著作,却是十分少见的。而鲁迅的"社会论文",则是真正深中中国社会肯綮的。

诚然,鲁迅从未称过自己是个社会学家,他只把自己位于"社会批评者"之列(《伪自由书·后记》)。他也没有留下专门的社会学著作。但是,正如周扬指出的,鲁迅的著作"概括了极其深广的真实的历史内容,反映了当时中国社会各阶层的心理和面貌","他的著作是我国社会的百科全书,它给我们提供的历史知识、社会知识和其他富有认识价值和美学价值的东西,是无与伦比的。""他对中国社会现实和全部历史,观察之深、解剖之透,是我们许多同时代人所望尘莫及的。"(《学习鲁迅,沿着鲁迅的战斗方向继续前进》)因此,学习鲁迅的著作,学习他对中国社会的解剖和批评,学习他观察、批评社会的立场和方法等等,对于我们今天开展社会学的研究,是具有重要意义的。

鲁迅的"社会论文",主要是他后期的杂文,在解剖社会和批评社会方面,有一些什么特点呢?最突出的一点是勇于斗争的精神。鲁迅是战斗的社会批评家,他反复强调了一个社会改革者必须敢于同反动统治阶级斗争,同整个旧社会斗争。他说,"倘不与这老社会奋斗,还是要回到老路上去的。"(《关于知识阶级》)"在真的解放之前,是战斗","不断的为解放思想,经济等等而战斗。"(《关于妇女解放》)有时看上去,鲁迅"虽大抵与个人斗争",但正如他自己说的"实为公仇,决非私怨"(1934 年 5 月 22 日致杨霁云信)。鲁迅是把他的笔时时都指向整个旧社会的。比如当时,报纸上常登有因经济的压迫、礼教的制裁而自杀的社会新闻,有些"深于世故"的批评者常常"义形于色"地指责自杀者,鲁迅认为自杀固不可取,但"一面责人,一面正也应该向驱人于自杀之途的环境挑战,进攻。倘使对于黑暗的主人,不置一辞,不发一矢,而但向'弱者'唠叨不已,则纵使他如何义形于色,……他其实乃是杀人者的帮凶而已。"(《论秦理斋夫人事》)这真是一针见血!

敢于斗争,首先是要能敢于正视社会现实。鲁迅认为,"必须敢于正视,这才可望敢想,敢说,敢作,敢当。倘使并正视而不敢,此外还能成什么气候。"他知道丑恶的社会现实、尖锐的社会问题,是掩盖不住的,即使"外面遮上了,里面依然还在腐烂,倒不如不论好歹,一齐揭开来,大家看看好。"因此,他热切地呼唤着"冲破一切传统思想和手法的闯将"的出现,批评了革命队伍中有些人喜欢光谈革命的成功、光明的一面,不敢正视现实中的挫折、黑暗和危机,指出这种"欢迎喜鹊,憎厌枭鸣,只捡一点吉祥之兆来陶醉自己,于是就算超出了时代"的作法和心理是对革命有害的。(《太平歌诀》)

当然,在白色恐怖下要勇于面对现实、勇于战斗,是很危险的。因为"在上海则一讲社会问题,那就非出毛病不可,这是有验的灵药,常常有无数青年被捉去而无下落了。"(《今春的两种感想》)因而鲁迅又提倡"韧"的战斗和"壕堑战"等。鲁迅不但自己挺身而出"与老社会奋斗",他还期望以自己的战斗榜样来"引些新的这一种批评者来",以便一旦"割去敝舌之后,也还有人说话,继续撕去旧社会的假面。"(《两地书·一七》)

鲁迅在解剖和批评社会时,并不作抽象的理论论述和概念议论,而完全是从铁一般的事实中得出的铁一般的结论。他从来不以搬用一通现存的社会科学理论条条,就算完事。他说过,他自己能看透中国社会,主要并不是"懂什么经济学或看了什么宣传文字",而"启示我的是事实,而且并非外国的事实,倒是中国的事实,中国的非'匪区'的事实"(1933 年 11 月 15 日致姚克信)。当然,这样说并不意味着鲁迅轻视理论著作。他自己就读过不少社会学著作。但他强调指出:"专读书也有弊病,所以必须和实社会接触,使所读的书活起来"。而且还必须"用自己的眼睛去读世间这一部活书"(《读书杂谈》)。

同样的,他在分析和解剖社会问题时,也是以事实来启示读者,并深入实际的。他以极其崇敬的心情,赞扬了"真正的革命者"列宁"自有独到的见解",把风俗和习惯都包括在"文化"之内,并指出其改革的困难。鲁迅认为,"倘不深入民众的大层中,于他们的风俗习惯,加以研究,解剖,分别好坏,立存废的标准,而于存于废,都慎选施行的方法,则无论怎样的改革,都将为习惯的岩石所压碎,或者只在表面上浮游一些时。"(《习惯与改革》)

因此,鲁迅一贯清醒地看到这"历史和数目的力量"(《我之节烈观》),认为"多数的力量是伟大,要紧的,有志于改革者倘不深知民众的心,设法利导,改进,则无论怎样的宏文高议,浪漫古典,都和他们无干"(《习惯与改革》)。我们考虑社会问题,也应该从事实出发,"应该以最大多数为根据",而不能以少数的"特别国民"为根据,因为"这样的少数,并不足以代表中国人。"(《中国语文的新生》)例如,有人说"中国人失掉了自信力",鲁迅即指出这"用以指一部分人则可,倘若加于全体,那简直是诬蔑。"一个进步的社会研究者不能只看"状元宰相的文章",而"要自己去看地底下"(《中国人失掉自信力了吗》)。

鲁迅在中国左翼作家联盟的成立大会上讲话,也是一开头便指出了必须"和实际的社会斗争接触"的重要问题。他认为"关在房子里,最容易高谈彻底的主义,然而也最容易'右倾'"(《对于左翼作家联盟的意见》)。鲁迅关于社会解剖和分析的文章,在某些人眼里看来,也许并无"彻底的主义"之类,然而这才是真正的革命理论。

鲁迅解剖和批评社会,充分利用了报刊杂志材料,尤其是巧妙地利用了反面材料。鲁迅批判过"秀才不出门,能知天下事"的错误说法,他认识到社会实地调查的重要意义。但是,鲁迅处于当时的条件下,不可能经常深入社会各处去作实际调查。因此,他当时只能主要是充分地利用报刊资料,特别是大量的反面材料。他一直到临逝世前,还强扶病体,要许广平拿眼镜给他,看报纸了解社会情况。这种精神是何等动人。

鲁迅认为:"报上奇特的社论,记事,文艺,广告等等","其显示各种'社会相',也一定比游记之类要深切得多。"(《某笔两篇》)例如,一次报上登载着一个男人虐待妻子,将她皮肤打出了青伤,而法官的判词却道皮肤打得发青,也"并不算毁掉了生理的机能",所以那女人的控诉就不能成立,而那男人却反而在控诉他的女人的"诬告"了。鲁迅说:这类记事"虽然常常遇见,不算什么稀奇事,但我以为这就已经能够很明白的知道社会上的一部分现象"了(《上海文艺之一瞥》)。对这些材料,鲁迅还常常加上按语,或作为附录,收入自己的集子中。

鲁迅解剖和批评社会,目的是为了将来。他有新的理想作指导。在鲁迅的"社会论文"中,专论或涉及子女教育、妇女解放等问题的文章是很多的,这就充分地表明了他寄希望于将来新一代的愿望。例如,他在五四时期写的《我们现在怎样做父亲》等文，就都谈到了"解放子女"的重大问题，提出了"自己背着因袭的重担，肩住了黑暗的闸门，放他们到宽阔光明的地方去；此后幸福的度日，合理的做人。"他指出了"只会生，不会教"是不配称做父母的。这些尖锐的文章在当时的冲击性是十分强烈的。

在 1930 年代，鲁迅继续写了《上海的少女》《上海的儿童》等等文章，提出了旧社会对少年儿童心灵的腐蚀这一重大的社会问题，也提出了旧家庭教育子女的不得法。鲁迅指出，"童年的情形，便是将来的命运"。我们有很多"新人物"，却"很少有人为儿女提出家庭教育的问题，学校教育的问题，社会改革的问题"，他认为这不能不说是一个莫大的错误。（《上海的儿童》）

当所谓的"儿童书"像"黄河决口似的向孩子们滚过去"时，鲁迅又及时地向"战斗的批评家"提出了"那里面讲的是什么呢？要将我们的孩子们造成什么东西呢"的重要问题。（《新秋杂识》）他在晚年，还专门批评了某些向儿童们宣扬"武训精神"的"大朋友"，责问他们这样做究竟是什么用意。（《难答的问题》）至于别有用心地向儿童们宣传不要仇恨帝国主义而要"大国民风度"的"大朋友"，鲁迅更是极为愤怒，认为他们讲的不是"人话"。（《"立此存照"（七）》）鲁迅向进步的社会学者发出了号召："要打掉制造打仗机器的蚁冢，打掉毒害小儿的药饵，打掉陷没将来的阴谋：这才是人的战士的任务。"（《新秋杂识》）

除了儿童教育等以外，鲁迅对其他社会问题的剖析和论述，无一不是带着这种为将来着想，"打掉陷没将来的阴谋"的精神的。这是因为鲁迅心中一直有着理想的光芒。在五四前夕，他就在有名的"社会论文"《我之节烈观》中说了："时候已是二十世纪了；人类眼前，早已闪出曙光。"而当他后来接受了马列主义以后，更是把共产主义作为他的最高理想。因此，他提出的社会改革，并非单纯的破坏，而是"为了未来的新的建设"。他认为，"新的建设的理想，是一切言动的南针，倘没有这而言破坏，……不过是破坏的同路人，而言保存，则全然是旧社会的维持者。"（《〈浮士德与城〉后记》）这是多么令人深思的话，对于我们今天分析、研究所谓"信仰危机"之类社会问题时，有着多么现实的指导意义！

（1981）

鲁迅诗歌的对仗艺术

诗歌中的对仗(或称对偶),如同绘画中的对称一样,作为一种艺术形式,在外国诗歌中也是有的。但由于汉语的特点是单音语,方块字一字一音,因此更适宜于用对偶。将意思和音调相似或相反的两句诗并列起来,可以使诗歌形式既整齐又富丽。对仗是我国古典诗歌的一种具有鲜明民族特色的传统的艺术表现手法。

鲁迅的诗歌,尤其是律诗,在继承和运用我国古典诗歌的对仗手法方面,是非常有特色的,达到炉火纯青的境地。我们迄今所知鲁迅最早的一联诗——1898年写的《戛剑生杂记》中录存的"日暮客愁集,烟深人语喧",就是极好的对仗句。今存鲁迅最早的一首律诗——1900年写的《莲蓬人》,除首联外,其余三联都用了对仗。1931年写的《无题》(大野多钩棘),全篇都是对偶句。直至他留给我们的最后一首诗《亥年残秋偶作》,也是一首通篇对仗的光辉诗章。鲁迅诗歌中,据统计对仗句有六十联之多(还不包括一些不完全对偶的诗句)。每一联都够得上隽句佳对,令人叹为观止。

就形式方面来说,鲁迅诗歌的对仗句丰富多样,许多古人以为很难写的类式,鲁迅都妙手拈来,举重若轻。下面我们试举些例子来分析。

(一)叠字对

宋人叶少蕴在《石林诗话》中说过,对仗句"诗下双字极难"。确实,要使两行诗中的"精神兴致"全见于这双字,"方为工妙"。他举了老杜"无边落木萧萧下,不尽长江滚滚来"等句,以为只有这样方才"乃为超绝"。(见《诗人玉屑》卷六所引)今看鲁迅诗句:

"鹭影不来秋瑟瑟,苇花伴宿露瀼瀼。"(《莲蓬人》)

"几家春袅袅,万籁静愔愔。"(《无题》)

"故乡黯黯锁玄云,遥夜迢迢隔上春。"(《无题二首》之一)

"专车队队前门站,晦气重重大学生。"(《吊大学生》)

这几句的"双字"(又称叠字),都正是诗句的精神所在,决不是可有可无的衍字,一经叠用,全篇生色。你看第一联,只有用了"瑟瑟",才见出秋风萧然；只有用了"瀼瀼"，方显得夜露重甚。这样，描写出了一种艰苦的环境，更烘托出"莲蓬人"亭亭玉立的"风骨"。古人又称这种叠字对为"连珠对"，我们在朗吟鲁迅这几句诗时，不正感觉到其中的这几对叠字真的像连在一起的闪闪的珍珠么！

（二）叠韵对

"梦里依稀慈母泪，城头变幻大王旗。"（《为了忘却的纪念》）

"大圜犹茗艼，微醉自沉沦。"（《哀范君三章》之三）

上面两联诗都用了叠韵字作对仗，后者并且还是相同部首的联绵字。用在这里不仅显得十分工整，并且加强了声调的宛转凄愤和音节的顿抑重复，使人吟诵这两联悲愤的诗句，直欲一唱三叹！

（三）当句对

"堕裀印屐增惆怅，插竹编篱好护持。"（《惜花四律》之三）

"奔霆飞熛歼人子，败井颓垣剩饿鸠。"（《题三义塔》）

这两联都是句中自对。"堕裀"对"印屐"，"插竹"对"编篱"；"奔霆"对"飞熛"，"败井"对"颓垣"。何等工整。这种句型在古诗中又被称为"四柱对"，形容其像殿堂中的四根柱子一样对称和有力。但是古诗很多只做到当句自对，上下两句却不成对或者不甚对。例如严羽《沧浪诗话》谈到这类对仗句时所举的杜甫诗："小院回廊春寂寂，浴凫飞鹭晚悠悠"也是这样。鲁迅的诗则不止于此，而且上下两句动词名词也各自对偶工切，尤能显出工力。

（四）连用字对

"华颠萎寥落，白眼看鸡虫。"（《哀范君三章》之一）

看上去好像不很工整。形容词怎么对名词呢？但由于"寥落"和"鸡虫"都属于连用字，因此这正不失为很妙的一联对仗句。鲁迅诗中用这类对仗的诗句也很多，如：

"堕裀印屐增惆怅，插竹编篱好护持。"（《惜花四律》之三）

"风波一浩荡，花树已萧森。"（《无题》）

"惊扰讵云妄？奔逃只自怜。"（《学生和玉佛》）

"高丘寂寞竦中夜，劳荃零落无馀春。"（《湘灵歌》）

（按：该诗非律诗，因而平仄不对。）

"寂寞空城在，仓皇古董迁。"（《学生与玉佛》）

"寂寞新文苑，平安旧战场。"（《题〈彷徨〉》

这后三联，"寂寞"分别同"零落""仓皇""平安"等相对，都显得十分得当，这不仅是因为它们都是形容词，更因为它们都是同义连用词。

（五）假借对

"风生白下千林暗，雾塞苍天百卉殚。"（《赠画师》）

"白下"本是地名，为南京的别称。诗句明确地指出了当年的妖风毒雾都是从南京蒋家巢穴扩散出来的，战斗性极其强烈。而"白"和"苍"在字面上恰成颜色相对，"下"和"天"又可算作方位相对！因此这属于巧妙的"借对"。并且，"白下"两字还令人联想到"白色恐怖下"，更是寓意双关。

（六）倒装对

旧诗常有"倒装对"，但真正写得好的并不多。如杜甫曾有"香稻啄馀鹦鹉粒，碧梧栖老凤凰枝"之句（顺读应为"鹦鹉啄馀香稻粒，凤凰栖老碧梧枝"），尽管有人认为它妙就妙在可解不可解之间，但我们总嫌它颠倒过甚，不免诘屈难读，而且迂曲难解。而鲁迅的倒装对却写得多么好：

"坟坛冷落将军岳，梅鹤凄凉处士林。"（《阻郁达夫移家杭州》）

（顺读应为"岳将军坟坛冷落，林处士梅鹤凄凉"）倒转言之，高超无比。不仅情词恳挚，曲尽委婉劝阻、反复谏喻之至意；而且明白易懂，丝毫不存在上引杜诗的那种缺点。这类倒装对，在鲁迅早年写的诗中也有一联：

"慰我素心香袭袖，撩人蓝尾酒盈卮。"（《惜花四律》之三）对仗何其工整，而语法上的倒装手法则更使诗句显得跌宕多态。

（七）流水对

对仗句中最巧妙难能的，当是所谓"流水对"，又称"走马对"。顾名思义，它就像流水一样通畅，又像走马一样连贯。普通对仗句写的是并行的两件事物，如果将出句和对句相调，意思可以不变。而流水对则一意相承，上下句有着因果关系或时间顺序关系，是不能颠倒的。因此历来较少见，人们认为是很难写的。可是令人惊叹的是鲁迅诗歌中却有相当多的佳例，叫人美不胜收。一般说来，律诗通常借行散的句子来作诗篇的终结，所以末联用对仗比较困难；然而，如就流水对来说，倒却是末联最宜运用，因而流水对最常见于末联。即使像杜甫这样的善于写对仗的高手，他的流水对也往往只用于律诗的末联。（例如他的被人称赞的"即从巴峡穿巫峡，便下襄阳向洛阳"。）然而鲁迅的光辉诗篇，不论是五律还是七律，也不论是首、颔、颈、尾各联，都得心应手地用了这种流水对。兹将首尾各联、五言七言等，分别举例，以仰高山。

用于起联者：

"廿年居上海，每日见中华。"（《赠邬其山》）

"奔霆飞熛歼人子，败井颓垣剩饿鸠。"（《题三义塔》）

用于次联者：

"狐狸方去穴,桃偶已登场。"(《哀范君三章》之二)

"偶值大心离火宅,终遗高塔念瀛洲。"(《题三义塔》)

用于三联者:

"一阔脸就变,所砍头渐多。"(《赠邬其山》)

"忍看朋辈成新鬼,怒向刀丛觅小诗。"(《为了忘却的纪念》)

用于结联者:

"风波一浩荡,花树已萧森。"(《无题》)

"竦听荒鸡偏阒寂,起看星斗正阑干。"(《亥年残秋偶作》)

我们还看到,鲁迅《赠邬其山》《题三义塔》《亥年残秋偶作》等诗,一首中运用的流水对还不止一联,且又写得如此高超,可见鲁迅诗歌艺术造诣之深!

此外,鲁迅诗歌中还有一种句中连用相同的字的"掉字对",如"弄文罹文网,抗世违世情。"(这类诗句一般还要求当句自对。这里"弄"对"罹","抗"对"违",都是动词,对得很工。)还有一种用口语作对仗的,如"头儿夸大口,面子靠中坚"等等。

古人曾指出,诗中对仗不能雷同,大忌"合掌"。就是说,出句和对句不能尽用同义字,同时也必须尽量避免两句内容意思相同。遇有两联以上的对仗句时,还必须避免上下联雷同和相似,这颇像平仄上的避免失粘。但很多诗人做不到这一点。而我们在鲁迅的诗中却找不到这类弊病。

读前人诗歌,常感到有的诗对仗不可谓不工,所谓"铢对两敌""珠联璧合";然而往往句式缺少变化,给人以重沓板滞之感。陶明濬《诗说杂记》卷十一有云:"少陵为诗中之圣,而七律尤为秀出班行者。其对句往往参伍错综以见气力,屈盘幽奥,才力奇特,不尽如后人专讲死对也。"在这方面,鲁迅也是"才力奇特"的。我认为鲁迅的对仗诗句,不仅注意音调的节奏,而且更注意"意义的节奏",真正做到了"参伍错综以见气力"。我们试从语法意义的角度来分析通篇对仗的《亥年残秋偶作》:

曾惊-秋肃临天下,

敢遣-春温上笔端。

尘海苍茫-沈百感,

金风萧瑟-走千官。

老-归大泽-菰蒲尽,

梦-坠空云-齿发寒。

竦听-荒鸡偏阒寂,

起看一星斗正阑干。

不仅念起来音节铿锵,而且顿逗参差,句式错综,变化多端。这也是鲁迅诗歌的难以企及的高超处呵!

鲁迅用对仗句,不仅如大匠用斤,斧齿无痕;而且完全是根据思想内容或战斗的需要,并不强求。例如,《悼杨铨》一诗,是鲁迅在冒着生命危险参加杨杏佛大殓归来的当天,写给他的亲密战友许广平的,可能是在追悼会上当场腹吟的,诗句的音节沉顿激越,喷吐了鲁迅不可压抑的愤火,这首诗就不宜也没有用对仗。至于绝句,对仗要求本不十分严格,因而鲁迅也常常用些似对未对的句子,不十分勉强。如"谋生无奈日奔驰,有弟偏教各别离。"(《别诸弟三首》之一)"无奈"和"偏教"是虚词相对,"奔驰"和"别离"是动词、同义连用字相对,而其余则不求必对了。另外还有"春江好景依然在,远国征人此际行。"(《赠日本歌人》)"却折垂杨送归客,心随东棹忆华年。"(《送增田涉君归国》)"华灯照宴敞豪门,娇女严装侍玉樽。"(《所闻》)等联,也是同样类型。

旧体诗的对仗手法,是可以而且必须为我们今天的新诗创作所借鉴和批判继承的。而且,我国古代民歌也早就运用了这种手法,不过是出乎自然,不加雕琢,不拘于平仄和工仗,还可以用同字相对。这在《诗经》中可找到大量的例子,在现代民歌中也不乏佳例。

鲁迅写的新诗不多,但其中不少地方运用这类对偶句。如:"一手搭箭,一手张弓"(《爱之神》)"桃花红,李花白。"(《桃花》)"看不得;舍不得"(《他们的花园》)等等。尤其是他后期在《十字街头》上发表的几首民歌体的政治讽刺诗中,更是大量地运用了对偶句。如《好东西歌》:"南边整天开大会,北边忽地起烽烟","文的笑道岳飞假,武的却云秦桧奸","相骂声中失土地,相骂声中捐铜钱","文的牙齿痛,武的上温泉";《公民科歌》:"先拜何大人,后拜孔阿丘";《"言辞要执"歌》:"有的叫道对对对,有的吹了嘘嘘嘘","嘘嘘一通不打紧,对对恼了皇太子","展堂同志血压高,精卫先生糖尿病",等等。其中如"南边整天开大会,北边忽地起烽烟",明显地可以看出是用了旧体诗中的"假对"手法。鲁迅在这方面的探索和实践,也为我们作出了榜样。

学习鲁迅的光辉诗章,我们可以体会到,对仗在诗歌中是一种很有用的艺术手法。它不仅具有形式上的美学价值和特殊的修辞效果;而且在表达作者的思想方面,也自具其特有的、很难替代的功能。《文心雕龙·丽辞》曾分对偶为"正对""反对"等类,所谓"反对者,理殊趣合者也;正对者,事异义同者也。"这样分类是有道理的。但它又认为"反对为优,正对为劣",这却不能一概而论,鲁迅诗作的实践证明这后一种说法是不妥切的。

"正对",可以反复陈述作者的思想,再三表示作者的感情,或描绘渲染某种气氛等,起到强调、加重、递进、深化的作用。例如,鲁迅的诗句:"故里寒云恶,炎天凛夜长"(《哀范君三章》之二),强调了社会政治状况的恶劣。"故乡黯黯锁玄云,遥夜迢迢隔上春"(《无题二首》之一),重重地控诉和揭露了国民党反动派的黑暗统治。"血沃中原肥劲草,寒凝大地发春华"(《无题》),深深地表达了鲁迅对党和红军的崇敬和赞美的心情。"破帽遮颜过闹市,漏船载酒泛中流"(《自嘲》)更一层层展现出鲁迅在白色恐怖下巧周旋、战逆流、从容不迫的战斗风貌。

"反对",可以从各个不同的侧面来论述、分析、描写同一事物,表达同一观点;也可以形成鲜明的强烈的对比,从而使诗句具有不可抗拒的逻辑力量。鲁迅写的"无情未必真豪杰,怜子如何不丈夫"(《答客诮》),就是从正反两面批驳和责问了那种认为革命者不应该有"爱"的谬论。他的不少诗表现了强烈的阶级对立:"几家春袅袅,万籁静愔愔"(《无题》),"云封高岫护将军,霆击寒村灭下民"(《二十二年元旦》)等;有的表达了鲜明的爱憎的对立:"横眉冷对千夫指,俯首甘为孺子牛"(《自嘲》);有的是现实的对比:"狐狸方去穴,桃偶已登场"(《哀范君三章》之二);有的是今昔的对比:"寂寞新文苑,平安旧战场"(《题〈彷徨〉》);有的是动和静的对比:"寂寞空城在,仓皇古董迁"(《学生和玉佛》);有的是神话传说和现实斗争的对比:"精禽梦觉仍衔石,志士诚坚共抗流"(《题三义塔》);等等。

以上所说的对仗艺术,只不过是鲁迅诗歌艺术中的一个方面而已。我们从中不是已经看到鲁迅对我国古典诗歌的博大精深的造诣了吗? 但是,他在给友人的信中却说:"其实我于旧诗素无研究,胡说八道而已。"(致杨霁云)这是多么伟大的谦虚啊! 我们在学习和分析鲁迅诗歌的政治思想意义的同时,必须学习和研究它的艺术手法。从各方面去认真发掘鲁迅诗歌的艺术宝库,这对我们今天的诗歌创作和文艺理论建设,无疑是有重大意义的。

(1980)

从语法修辞角度看《伤逝》的艺术独创性

　　鲁迅先生的小说《伤逝》,是一篇批判旧社会,批判所谓"个性解放"道路的优秀作品,在艺术上也具有很独特的风格。小说的副标题是《涓生的手记》。鲁迅采用了第一人称自述式写法,使读者仿佛就坐在涓生的面前,直接听他倾吐着满腔的悲愤和悔恨,艺术感染力是十分强烈的。

　　从语言学角度看,鲁迅在《伤逝》的写作中极其成功地遵循和驾驭了现代汉语的语法规律,不仅大量吸取、运用了口语句法,还吸取、运用了所谓欧化句法。而一些比较特殊的语法现象,往往表现出特有的修辞效果和艺术效果。由于从这一角度研究鲁迅小说《伤逝》的文章似乎尚不多见,本文尝试作几点分析,以当引玉之砖。

句子成分的后置、前提和附加

　　现代汉语句子成分的位置,一般都有固定的次序。例如,主语一般都在谓语前面,状语一般都在谓语前面、主语后面等等,不能胡乱颠倒和转移。在一个句子的内部结构已经完备的情况下,一般也不需和不能再随意添加什么成分,不然就会不通顺,或显得累赘。但在语言大师的笔下,这些规律可以极其灵活地运用。在《伤逝》中,句式的倒装等现象是相当多见的。例如,小说开头的第一句:

　　　　如果我能够,我要写下我的悔恨和悲哀,<u>为子君</u>,<u>为自己</u>。(下划线是本文笔者所加,下同。)

这是一句有假设从句的复句,主句的谓语是"要写下"(连谓式),"为子君,为自己"则是状语后置。把状语放到最后,单独到出,并用了两个"为"字,

构成并列式,这样,就更强烈地表达出了涓生的"悔恨和悲哀",并补充和提示了原因。《伤逝》中状语后置的例子是不少的,再如:

> 子君总不会再来的了,<u>像去年那样</u>。

"像去年那样"也是修饰谓语"来"的状语。

《伤逝》中有些句子甚至既有前提状语,又有后置状语,例如:

> <u>蓦然</u>,她的鞋声近来了,<u>一步响于一步</u>……

"蓦然"是修饰"近来了"的前提状语成分,这种用法是常见的,可起到警醒读者的作用;而"一步响于一步"也是补充修饰"近来了"的状语,是后置成分。这样,不仅使得句法错落有致,而且读者如闻其声,更被吸引了注意力。

《伤逝》中还有主谓后置的句型:

> 生活的路还很多,我也还没有忘却翅子的扇动,<u>我想</u>。

"我想"是一个主谓结构,"生活的路还很多,我也还没有忘却翅子的扇动"这两个完整的句子,由于一加上"我想"二字,一下子就变成了并列的宾语从句。

此外,宾语提前、定语后置等等特殊现象,在《伤逝》中也是很多见的,这里不再一列举。这些特殊句法,都是为了更真切更细腻地表达出涓生的心理活动状态;同时,还可以突出这前提、后置成分所表达的意思,以作提示和强调;或避免句子写得过于冗长繁复。另外,句式变化多样,也更符合口语化。

除了句子成分位置的特殊变换外,《伤逝》中还有不少句子用了"特加成分"。例如:

> 子君却决不再来了,<u>而且永远</u>,<u>永远地</u>!……
> 我还期待着新的东西到来,<u>无名的</u>,<u>意外的</u>。
> 但偶然看到地面,却盘旋着一匹小小的动物,<u>瘦弱的</u>,<u>半死的</u>,<u>满身灰土的</u>……

前一句中,已经有了"却决不再"等作为状语,但为了再作进一步的强调,后面特加了"而且永远,永远地";后二句在"东西"和"动物"的前面,也已经有了"新的"和"一匹小小的"等定语成分,但也都添了一长串后置的特加定语。可以看出,鲁迅这样的写法并不是"画蛇添足",而是"锦上添花",起了特有的反复强调、烘托或补充说明的作用。

句子的排比和句子成分的并列

《伤逝》中的排比句是很多的,例如:

> 依然是这样的破窗,这样的窗外半枯的槐树和老紫藤,这样的窗前的方桌,这样的败壁,这样的靠壁的板床。

一连用了五个主语浑含的"这样的……"排比句,反复描写了会馆的破屋的凄凉景象,使人恍如身临其境。再如:

> 破屋里便渐渐充满了我的语声,谈家庭专制,谈打破旧习惯,谈男女平等,谈伊孛生,谈泰戈尔,谈雪莱……

通过这六个动宾结构的分句,写出了最初涓生与子君曾是那么热烈地追求着新的思想、新的理想,还曾那么勇敢地向封建专制进行了反抗。

除了分句的排比以外,《伤逝》中还有一些单句中的并列结构,也取得了修辞上相似的效果:

> 于是就看见带着笑涡的苍白的圆脸,苍白的瘦的臂膊,布的有条纹的衫子,玄色的裙。

这里"脸""臂膊""衫子""裙"等,都是一句句子中的宾语成分。用这样四个偏正词组并列组成的复宾语,神形毕肖地勾勒出了子君的肖像。此外,再如:

> 其时是我已经说尽了我的意见,我的身世,我的缺点,很少隐瞒;……

用了三个并列宾语,后跟一个短分句,十分简洁,显示了人物当时的坦率和
真诚。再如:

> 我看见怒涛中的<u>渔夫</u>,战壕中的<u>兵士</u>,摩托车中的<u>贵人</u>,洋场上的
> <u>投机家</u>,深山密林的<u>豪杰</u>,讲台上的<u>教授</u>,昏夜的运动者和深夜的<u>偷
> 儿</u>……。

这句中竟一连用了八个并列的宾语。而唯有这样写,才能真切地反映出涓
生在走投无路时胡思乱想的苦闷心境。试想,以上这些例句中,如果不用这
些排比和并列手法,能有这么大的艺术感染力吗?

关联词语的连续使用

关联词是连接两个以上词、词组、句子甚至段落之间的虚词,它可以表
示并列、递进、承接、转折等意思。一般说来,写文章或讲话都是不宜大量地
连续使用的,不然会产生重复、累赘、转折过多失去照应等语病。但鲁迅在
《伤逝》中却出奇制胜地大量地连续使用了关联词。请看两个例子:

> 看下去,看下去,<u>然而</u>自己觉得,已经翻了十多页了,<u>但是</u>毫不记得
> 书上所说的事。只是耳朵却分外地灵,仿佛听到大门外一切往来的履
> 声,从中便有子君的,<u>而且</u>橐橐地逐渐临近,——<u>但是</u>,往往又逐渐渺
> 茫,终于消失在别的步声的杂沓中了。
> <u>不但</u>我自己的,<u>便是</u>子君的言语举动,我那时就没有看分明;<u>仅</u>知
> 道她已经允许我了。<u>但</u>也还仿佛记得她脸色变成青白,后来又渐渐转
> 作绯红,——没有见过,<u>也</u>没有再见的绯红;孩子似的眼里射出悲喜,<u>但
> 是</u>夹着惊疑的光,<u>虽然</u>力避我的视线,张皇地似乎要破窗飞出。<u>然而</u>我
> 知道她已经允许我了,没有知道她怎样说<u>或是</u>没有说。

鲁迅在这里使用了很多连词,甚至表示转折意思的关联词语,形成所谓
"多元递转的转折句群",这也为了更好地表达人物的曲折复杂的思想感情。
《伤逝》是以一个小资产阶级知识分子"手记"的形式写的,而这类人物本来
就是喜欢咬文嚼字的,因此,鲁迅这样的写法正是其匠心之独运。这样,竟
使这些关联词语也似乎起到了特殊的修辞作用。

词性的灵活运用

现代汉语中的词,在语法上分为名词、动词、形容词等,某些词一般不能修饰另一类词(如副词不能修饰名词),某些词一般不能作某种句子成分(如副词不能作定语)。这些都有相对的稳定性和一定的规律。写文章、讲话都必须遵循这样的规定和习惯,如果混淆了、用错了,就要闹笑话。但是,《伤逝》却灵活地利用了某些词的兼类性质,有许多独创性的用法,也起到了很特殊的艺术效果。例如:

尾子里总是<u>散乱</u>着碗碟,<u>弥漫</u>着煤烟……

这里"散乱"和"弥漫"原都是形容词,"弥漫"有时也被用作动词,而"散乱"用作动词却极为少见。这里用得很活,给人以一种新奇的感觉。

我们和阿随都享用了十多日的<u>鲜肥</u>……

这里用"鲜肥"来借代油鸡,形容词又当作名词用了。

太阳还不能从云里面挣扎出来,连空气都<u>疲乏</u>着……

"疲乏"原是形容词,这里动词化了;同"挣扎"用在这里,更是运用了拟人的手法,极为生动。

词的情趣色彩也是修辞学上特别重视的问题,鲁迅有意在《伤逝》中用了一些专门术语、文牍用语等等,使文章显得非常幽默,嘲讽意味因而也十分强烈。而且,这也非常符合涓生这一小知识分子的典型性格。例如:

夜阑人静,是相对<u>温习</u>的时候了……
她又在<u>自修</u>旧课了……

上两句,都是描述他们同居后不久回味当初热恋时的情景,而用的却是学校教学用语,别有情趣。再如:

　　我也渐渐清醒地<u>读</u>遍了她的身体,她的灵魂……

　　我知道不给她加入一点<u>股</u>分去,她是住不舒服的。

　　不一日,我们的<u>眷属</u>(指小油鸡)便骤然加得很多……

　　子君的<u>功业</u>,仿佛就完全<u>建立</u>在这吃饭中。

　　在她的悽惨的神色中,加上冰冷的<u>分子</u>了。

　　逼我做出许多虚伪的温存的<u>答案</u>来,将温存示给她,虚伪的<u>草稿</u>便<u>写</u>在自己的心上。

　　只见几件破旧而黯谈的家具,都显得极其<u>清疏</u>,在证明着它们毫无隐匿一人一物的<u>能力</u>。

这样的例句在《伤逝》中是很多的,足见鲁迅遣词造句的高超技艺。

　　读鲁迅的文章,真如入宝山探宝,令人目不暇接,美不胜收。以上所述,不过是自己读书时的一点小小的收获、体会而已。鲁迅的文章是典范的现代白话文著作。其中的一些特殊语法现象,是在一般语法规律支配下的现象,或者说,是对一般语法规律的灵活运用。而且,它的一些特殊语法现象,总是在特定的语言文字环境下,为表达特殊深刻的思想内容服务的。《伤逝》是一篇内心独白式的作品,作品的主人公又是一个思想极端苦闷的小知识分子,因此,决定了它要用一些特殊的语言文字表现形式和特殊的语法修辞方法,而这一切正是鲁迅这篇小说的艺术独创性的一个重要组成部分。

　　　　　　　　　　　　　　　　　　　　　　　　　　　　　(1979)

略论"人的文学"与"为人生的文学"
——鲁迅与周作人文学思想比较研究札记

在中国新文学运动史上,"人的文学"最早是由周作人提出来的,而"为人生的文学"则与鲁迅及茅盾、郑振铎等人的文学主张与活动不可分离。这两个文学口号有什么关系与异同? 在周氏兄弟——鲁迅、周作人——各自的文学思想的演变中起了什么作用? 这是一个值得探讨的课题。

周氏兄弟的文学思想,一开始是难分轩轾的。鲁迅 1920 年 10 月 30 日以周作人名义写的《域外小说集·序》的第一句就说:"我们在日本留学时候,有一种茫漠的希望:以为文艺是可以转移性情,改造社会的。"——"我们",自然就是周氏兄弟俩。这可以说明,就两人文学思想的起点来说,一开始确实是差不多的。而在"五四"运动前后,周作人在文学理论界的实际影响,甚至还一度超过了鲁迅。因为周作人连续发表了一系列较为有名的文学批评与短论;而鲁迅当时的文学思想则主要体现于他的创作中,他当时的主要贡献是以辉煌的小说创作体现了文学革命的实绩。

《人的文学》一文,就是周作人在"五四"前夕的 1918 年 12 月 7 日写成的。寄给陈独秀时本拟发表于新创办的《每周评论》上,但陈独秀读后觉得"做得极好",以载《新青年》为宜,于是便在 12 月 15 日《新青年》第五卷第六期上刊出。当时,傅斯年、罗家伦等人读后,都表示"佩服到极点"。该文奠定了周作人在文艺理论界的地位。一般认为,胡适提倡白话的"活的文学"口号,代表了文字工具的革新;周作人的"人的文学",则代表了文学内容的革新。紧接着,周作人又在 12 月 20 日作《平民的文学》一文,载 1919 年 1 月 19 日《每周评论》第五期;1919 年 3 月 2 日,又在该刊发表《思想革命》。这些,在当时都是颇有影响的。

但是认真推敲起来,周作人的这些文章在理论上并不深刻,也不周密。香港学者司马长风曾指出,《人的文学》一文如果仔细考察,"便发觉多是荒唐的笑话"。他认为,第一,该文百分之九十五的内容讲的不是文学,而是人道主义、"辟人荒"等等,与文学无关;第二,"人的文学"的定义,实际是人类学、伦理学、人生哲学;第三,周作人几乎把全部的旧文学作品,包括《水浒》《西游记》等等,都判定为"非人的文学",统统加以排斥(见《新文学史话》,又见《中国新文学史》上卷)。司马氏的这些批评,并非没有道理。周作人《人的文学》等文所以能在当时受人注意和欢迎,实是一种机缘和时势使然。自 1917 年胡适、陈独秀发表了几篇新文学运动的发难文章以后,一直缺少关于正面提倡新文学的较完整的理论文章。例如,胡适发表过《易卜生主义》,但这个"主义"与新文学有什么关系,他说不清楚。周作人《人的文学》,一开头就明白指出:"我们现在应该提倡的新文学,简单地说一句,是'人的文学'",并将旧的封建文学称作"非人的文学"(虽然犯有"扩大化"的毛病),就很发人深省。他把易卜生的《娜拉》《海女》,托尔斯泰的小说等西方现代文学名著与中国提倡"殉节"和"残忍迷信"的作品作对照,便将反对封建旧文学的非人道的道理基本说明了。而这些论述又符合当时整个社会的民主主义、人道主义潮流,自然影响就比较大。

周作人提出的"人的文学"(以及"平民文学"等)口号,在后来倡导"为人生的文学"最力的茅盾的早期文学论文(如 1920 年 1 月发表的《现在文学家的责任是什么?》)和郑振铎的早期文学论文(如 1920 年 3 月 20 日写的《俄罗斯名家短篇小说集·序》)中,都曾经被引用。同样,周作人在《平民的文学》等文中也提倡过"人生的艺术"。这表明,"人的文学"与"为人生的文学",两者有一定的内在的蝉联嬗变的关系。[①]但是,我认为更必须看到,茅盾、郑振铎等人在接过前一口号时,已经与提出者的原意有了一定的差异,或者说,思想内涵已有所不同;而从这两个口号各自的理论基础和在新文学史上的作用来说,两者实际上有着质的差别,分别属于不同的文学思想体系。为说明这一看法,让我们来分别对这两个口号作一番分析。

周作人是这样解释"人的文学"的"人"的:"我们所说的人,不是世间所谓'天地之性最贵',或'圆颅方趾'的人。乃是说,'从动物进化的人类'。其中有两个要点,(一)'从动物'进化的,(二)从动物'进化'的。"(按,着重号原有)尽管这里说明不是从纯粹生物学的角度(所谓"圆颅方趾")来看待"人",但很显然,仍然主要是从生物进化的角度来看问题的。同时,文章又强调了人道主义,说:"我所说的人道主义,并非世间所谓'悲天悯人'或'博施济众'的慈善主义,乃是一种个人主义的人间本位主义。"因此,文章说明,"用这人道主义为本,对于人生诸问题,加以记录研究的文字,便谓之人的文学"。与此相关,他在《平民的文学》中又指出,"平民文学所说,乃在研究全体的人的生活,如何能够改进到正当的方向"。正如周作人自己在《人的文学》中提到的"太阳底下,何尝有新的东西?""欧洲关于这'人'的真理的发现,第一次是在十五世纪"。他的理论根据,也就正是十四、十五世纪西方宗教改革、文艺复兴以来的人文主义;其思想武器,即资产阶级的人道主义、进化论和人性论。这些,与整个资产阶级在旧民主主义革命时期的思想武器和装束是完全一致的。在当时的世界上,已经不能算是新的东西了。茅盾后来在1930年代明确指出,周作人等人在"五四"时期所提出的关于新文学内容的"纲领",是"完全资产阶级性的"(《"五四"运动的检讨》),可谓一矢中的。

"为人生的文学"的主要提倡者,是文学研究会的核心人物和理论代表郑振铎和沈雁冰(茅盾),鲁迅以自己的作品和创作实践最坚决地支持了他们。当时他们的文学思想,基本相同。从他们当时的理论来看,有这样几个鲜明的特点:

第一,他们的文学思想倾向和理论根据,主要是接近于或吸取于十九世纪下半叶以后的俄国现实主义文学。鲁迅在1932年说过:"俄国的文学,从尼古拉斯二世时候以来,就是'为人生'的,无论它的主意是在探究,或在解决,或者堕入神秘,沦于颓唐,而其主流还是一个:为人生"。"这一种思想,在大约二十年前即与中国一部分的文艺绍介者合流,陀思妥夫斯基,都介涅夫,契诃夫,托尔斯泰之名,渐渐出现于文字上,并且陆续翻译了他们的一些作品,那时组织的介绍'被压迫民族文学'的是上海的文学研究会,也将他们算作为被压迫者而呼号的作家的。"(《〈竖琴〉前记》)这里说的"二十年前",我认为当是"十二年前"之误,因为"二十年前"还几乎没有人介绍俄国文学;而所说"一部分的文艺绍介者",当然就是指郑振铎和茅盾等人了。尤其是郑振铎的倾向,最为鲜明。他除了在1921年主编《俄罗斯文学丛书》和《俄国戏曲集》(共十种)以外,还撰写了很多论述俄国文学及其现实主义的长篇论文。这一点极少为研究者所提及,令人难以理解。这里,仅列举其篇目与发表日期,以见其一斑:

俄罗斯文学底特质与其略史

　　1920年6月1日

写实主义时代之俄罗斯文学

　　1920年7月15日

《俄罗斯名家短篇小说集》序

　　1920年7月

写实主义时代之俄罗斯文学(续)

　　1920年8月15日

高尔基《文学与现在的俄罗斯》译后记

1920 年 10 月 1 日

俄国文学发达的原因与影响

1920 年 12 月 15 日

托尔斯泰《艺术论》序言

1921 年 3 月

俄国文学中的翻译家

1921 年 7 月 15 日

俄国文学的启源时代

1921 年 9 月

特别是,文学研究会的主要理论家当时都十分注重俄国革命民主主义理论家别林斯基、车尔尼雪夫斯基、杜勃罗留波夫,以至高尔基的文学思想。郑振铎在上列文章和 1923 年所著《俄国文学史略》一书中,沈氏兄弟(茅盾、沈泽民)在一些翻译介绍文章中,瞿秋白在他的《俄国文学史》中,都初步介绍了别、车、杜及高尔基的文学观点。②郑振铎在 1932 年作的题为《新文坛的昨日今日与明日》,就直接指出:"为人生的文学"这一新文学口号,"是俄国式的"。叶圣陶在 1947 年也说过:"就我国的新文学说,特别与俄国文学有缘。俄国文学的精神是一贯的'为人生',大略区分起来,一方面反抗罪恶,一方面追求光明。我国新文学运动开头的时候,正与政治运动社会运动相配合,在声气应求的情形之下,特别亲近俄国文学。二十几年以来,就作者说,就作品说,固然并非纯然一致,可是隐隐有一条巨大的主流在那里,就是'为人生'。……大概是我国的现实情况与当时的俄国相类,故而表现在文学方面,与俄国文学同其趋向"(《零星的说些》)。这一点与周作人、胡适等人提倡的"人的文学"大为不同。鲁迅曾多次阐述过十九世纪以后的文学(主要代表是俄国文学)和十八世纪以前的文学(主要代表是英法文学)的性质的差异:"十九世纪以后的文艺,和十八世纪以前的文艺大不相同。十八世纪的英国小说,它的目的就是在供给太太小姐们的消遣,所讲的都是愉快风趣的话。十九世纪的后半世纪,完全变成和人生问题发生密切关系"(《文艺与政治的歧途》)。"人的文学"属于前者,而"为人生的文学"属于后者。

第二,"为人生的文学"的主张者,强调反映底层劳动人民的生活,提倡写"血与泪的文学",提倡文学革命和社会革命相结合。周作人最早提出了"平民文学"这个词,但他一开始就冲淡了文学的阶级性,认为"在人物一方面上,分不出什么区别",他笼统地提出文学要"记载世间普通男女的悲欢成败","研究全体的人的生活",根本不提反映底层劳动人民的悲苦生活。茅盾、郑振铎等人则不同。例如,茅盾在 1920 年 1 月发表的《现在文学家的责任是什么?》中指出:"积极的责任是欲把德谟克拉西充满在文学界,使文学成为社会化,扫除贵族文学的面目,放出平民文学的精神。"他强调文学"不是供贵族阶级赏玩的",而是"'血'和'泪'写成的",是"少不得的文章,不是茶余酒后消遣的东西!"茅盾在 1922 年 7 月发表的《自然主义与中国现代小说》中还提出新文学要"注意社会问题,同情于第四阶级,爱'被损害与被侮辱者'"。郑振铎在 1920 年 6 月发表的《血和泪的文学》也指出:"在此到处是榛棘,是悲惨,是枪声炮影的世界上","我们所需要的是血的文学,泪的文学"。他在当时发表的《文学与革命》中,又提出需要有"叙述旧的黑暗,如兵士的残杀,牢狱之惨状,工人农人之痛苦,乡绅之横暴等等情形的作品"。他在同时发表的《光明运动的开始》中更明确指出,文学艺术"必须是:带有社会问题的色彩与革命的精神",并提出文学工作者"责任有两重"——一重是改造旧文学,一重是改造旧社会。他把文学工作者称为"光明的制造者",认为必须牢牢记住自己的这两重使命。这也就是鲁迅后来说的文学不仅是"为人生","而且要改良这人生"(《我怎么做起小说来》)。

第三,鲁迅和郑振铎、沈雁冰等人在提倡"为人生的文学"时,都强调文学应有"理想之光"的照耀。鲁迅早在 1919 年 5 月发表的随感录《圣武》中就号召大家"留心看看别国的"(主要是俄国)文学,向当时俄国的"有主义的人民"学习,"看出一种薄明的天色,便是新世纪的曙光"。郑振铎在 1921 年 3 月发表的《文艺丛谈》中说:"写实主义的文学,虽然是忠实的写社会或人生的断片的,而其裁取此断片时,至少必融化有作者的最高理想在中间。"茅盾在当时发表的《文学上的古典主义浪漫主义和写实主义》等文中强调"文学是描写人生,犹不能无理想做个骨子"。"指出未来的希望,把新思想新信仰灌到人心中,这便是当今创作家的最大职务"。这也是周作人"人的文学"思想中所完全缺乏的。如果我们联系到鲁迅、茅盾、郑振铎等人当时的政治思想,联系到茅盾是最早的中国共产党党员、郑振铎是最早的社会主义青年团团员的政治身份及其有关政治活动,也就可以更明白地看到"为人生的文学"主张在思想上实际受到苏俄十月革命的影响,是具有鲜明的社会主义倾向的。

由于"为人生的文学"具有如上全新的特点,因此在反对旧文学的斗争中显示了强大的战斗力,正如邵荃麟后来说的:"这是中国现实主义新文艺最初的一面旗帜,茅盾先生和他的同志们就执掌着这面大旗前进,替中国的文艺运动开辟出一条光明的大道。不到几年,那些花花绿绿的文学一一倒下去了,而现实主义的文学却日益强大,生气蓬勃的新军不断的生长起来了"(《感谢和期待》)。这是历史证明了的。

我们再看看周作人在提出"人的文学"口号以后文学思想的变化。1920年1月6日,他应少年中国学会之邀,作了题为《新文学的要求》的讲演,讲稿后载诸南北各报。在这讲演中他提到"从来对于艺术的主张,大概可以分作两派:一是艺术派,一是人生派"。他认为前一派"不甚妥当",又认为后一派"容易讲到功利里边去,以文艺为伦理的工具,变成一种坛上的说教",因此也不够"正当"。他的主张是:"仍以文艺为究极的目的;但这文艺应当通过了著者的情思,与人生有接触。换一句话说,便是著者应当用艺术的方法,表现他对于人生的情思,使读者能得艺术的享乐与人生的解释。"显然,他从"中庸"之道出发,对两派各有批评,又企图加以折衷。但他毕竟提到文学应"与人生有接触"和为人生作"解释",给人们的印象还是偏向于后者的。同年11月8日,他在北京师范学校作题为《文学上的俄国与中国》的讲演,讲稿亦载诸全国各大报刊。他指出,"俄国近代的文学",是"一种独创的文学",是"理想的写实派的文学","它的特色是社会的、人生的",它能够"由艺术界而影响于实生活","将社会的背景反映在文学里面,因这文学的影响又同时的使这背景逐渐变化过去"。他甚至指出:"中国的特别国情与西欧稍异,与俄国却多相同的地方。所以我们相信中国将来的新兴文学当然的又自然的也是社会的、人生的文学"。我认为应该指出,这次讲演中涉及的思想,已经很大地突破了《人的文学》,也可以说这是周作人一生的文学论文中最进步又最特异的一篇。然而,也许正因为此篇比较独特而少见,所以人们不以它作为他的文学思想的代表,也是不奇怪的。我还认为,周作人这篇文章是受了郑振铎等人的影响的。这样说,也许会引起非议——周作人年龄比郑振铎大,在新文坛上又是后者的"前辈",应该是前者影响后者。但在文学史上,后辈影响前辈的事实却并不少见,而当时对于俄国文学的研究深度,周作人确实比不上郑振铎(具体论证此处从略);更重要的是,周作人此文中的一些话,从文字上都是与郑振铎在这以前发表的《俄罗斯名家短篇小说集·序》《写实主义时代之俄罗斯文学》等文中的有关论述几乎是一样的。③从这篇讲演看,周作人似乎已经接受了俄国"新兴文学"的一些观点,但是,令人惋惜的是,他又马上摇摆并后退了。我们看,他在1921年6月5日作的《山中杂信·致孙伏园》中就说:"我近来的思想动摇与混乱,可谓以至其极了,托尔斯太的无我爱与尼采的超人,共产主义与善种学,耶佛孔老的教训与科学的例证,我都一样的喜欢尊重,却又不能调和统一起来,造成一条可以行的大路。我只将这各种思想,凌乱地堆在头里,真是乡间的杂货一料店了。"在文学思想上,也是如此。在1922年1月发表的《自已的园地》中,他说"'为艺术的艺术'将艺术与人生分离,并且将人生附属于艺术,……固然不能妥当。……'为人生的艺术'以艺术附属于人生,将艺术当作改造生活的工具而非极终,也何尝不把艺术分离呢?"他认为还是"任它成为浑然的人生的艺术便好了"。这时,虽然他还是吞吞吐吐的,但是他不赞成文学为人生与改良人生,认为艺术本身就是终极目的的意思已经十分明显④。同年二月发表的《贵族的与平民的》中,他又说:"关于文艺上贵族的与平民的精神这个问题,已经有许多人讨论过,大都以为平民的最好,贵族的是全坏的。我自己以前也是这样想,现在却觉得有点怀疑。""我们离开了实际的社会问题,只就文艺上说,贵族的与平民的精神,都是人的表现,不能提定谁是谁非","我想文艺当以平民的精神为基调,再加以贵族的洗礼,这才能够造成真正的人的文学"。他还强烈地反对所谓把"阶级争斗硬移到艺术上来",并认为这样是一种"退化的现象"。

周作人这时的文学思想,与"为人生的文学"的倡导者的差距,明显地开始更拉大了。例如,与周作人的文学"终极"论相对立,郑振铎在1922年底就指出:"由俄国文学,我们得了一个印象:就是文学的本质,实际上虽然不以改造社会为极致,不替社会建设一种具体的方案;可是激动改造的根本精神之物,当以文学之力为优。俄国文学,便是明证。"(《文学之力》)而这时,周氏兄弟文学观的差异、分歧,也正进行着这样的分离运动。我认为,"人的文学"对于周作人来说,是他的文学思想的起点,实际上又是其一生文学思想的最高点;他一度似乎向前跨出了一步,但马上又龟缩了回去。而鲁迅,以及茅盾、郑振铎等,则从他们的起点又大步向前进。所以,1935年1月28日周作人应邀为郑振铎的《希腊神话》作序时,曾说了一段似乎非常坦率的话:"我和郑振铎先生相识还在民国九年","真不胜今昔之感"。"好几年前我感到教训之无用,早把小铺关了门,已是和文学无缘了。郑先生一直往前走,奋斗至今,假如文坛可以比作战场,那么正是一员老将了,这是我所十分佩服的"。他还提到文学研究会的宣言,那本是1920年底,也就是他文学思想最进步之时根据郑振铎等人的意见而由他起草,并经鲁迅审读的。但他这时却说:"那宣言里说些什么? 这十多年来到底成就了些什么? 我想只有上帝知道。"至于这以后,他进一步堕落,直至沦为汉奸文人,就更不值得提了。(解放后思想又有所进步,这里也不提了。)

而鲁迅、茅盾,坚持"文学为人生",并走上无产阶级革命文学道路,成为"左联"的旗手与主将。鲁迅直到1932年,当有人问他的文学主张时,他仍然明确地说:"我仍抱着十多年前的'启蒙主义',以为必须是'为人生',而且要改良这人生。"(《我怎么做起小说来》)因此,"为人生的文学"口号,如果我们撇开早期倡导者的个别不成熟、不全面的解释,不仅仅从字面上来理解它,也不把后来某些实际文学工作中的差错也算在它头上,而把它理解为以鲁迅以及茅盾、郑振铎等为代表的一种具有中国特色的现实主义文学思想体系,那么,它是永葆青春的。司马长风认为,中国后来发生了"文化大革命",其"祸之始、乱之源"就是"为人生的文学"口号,尤其是这个"为"字(见《新文学史话》)。这是危言耸听的偏激之谈,⑤他甚至认为周作人在这一"祸乱"的流行上负有一定责任,是"始作俑者",那更是有点"冤枉"了他。

写到这里,我认为有必要对这两个口号"划"一下"线"。我认为,"人的文学"和"为人生的文学"虽然在字面上相差不多,但前者总的看来属于"五四"以前资产阶级旧民主主义文化的范畴,而后者则属于"五四"以后无产阶级领导的新民主主义文化范畴。作这一划分的理论依据,是毛泽东根据斯大林的有关论述创造性地发展了的新民主主义理论学说。毛泽东在《新民主主义论》中指出:"在中国文化战线或思想战线上,'五四'以前和'五四'以后,构成了两个不同的历史时期。"(当然,这里说的"五四",不能拘泥地认为"五月四日"这一天。)"五四"以后的新民主主义文学,在政治上不再是为旧的资产阶级民主革命服务了,而是为人民大众的反帝反封建的新民主主义革命服务的。它在思想上,有了"新的装束"和"新的武器",它的发展方向最终是由共产主义的宇宙观和社会革命论所指导、所左右的。上述"为人生的文学"的"新的装束"和"新的武器",正体现了这一点。正因为如此,"人的文学"口号很快不为人们提起(1930年代偶为郑振铎等人提起,是出于策略的需要。),而被"为人生的文学"口号所代替,就是很自然的事了。当然,这样说,并不是否认"人的文学"也是一个新文学口号。因为"新文学"是相对于"旧文学"(封建文学)而言,而"新民主主义文化"则是相对于"旧民主主义文化"而言的。周作人即使在他前期最进步的时期,也未能在认识上超越旧民主主义的樊篱,他的思想始终停留在资产阶级人道主义的水平上。尽管他在解放初给党中央领导人写信时还"略为说明个人对于新民主主义的意见",但正如他自己说的,颇有一点"丑表功"的味道。而鲁迅则与之相反,因此,毛泽东才指出:"鲁迅的方向,就是中华民族新文化的方向。"

记得前几年有研究者指出:"《新民主主义论》发表以后,大家在行文上都采用了'新民主主义文学'的提法,但对于由此而来的一系列富有理论意义的课题,却始终没有进行过认真的研究,通过文学历史上的大量事例作出有理论高度的解释。"⑥毛泽东的新民主主义理论,已为中国革命的历史和人民的实践证明是完全正确的理论。但作为这一理论的组成部分之一的新民主主义文学理论,则尚待深入研究。我认为提出这一问题是极有见地的,可惜的是似乎没有引起应有的重视。例如,作为中国新民主主义文学的代表性口号是哪个? 它有什么特点? 与它前面的旧民主主义文学口号,以及后面的社会主义文学口号有什么联系与区别? 这些似乎都是值得探讨的。

（1988）

_____

注释

① 司马长风在《中国新文学史》中说:"追随周作人的两个青年沈雁冰和郑振铎顺着他指引的错路狂奔,始终没有回头。"这句话一定程度上也反映了这一关系。

② 值得指出的是,以前某些研究者都把别、车、杜文学理论之输入中国说成是三、四十年代的事。国外有学者甚至断言:"这一时期,俄国文学批评大师被奇怪地忽略了,十九世纪中叶伟大的俄国现实主义批评家别、车、杜、皮沙列夫的开创性著作几乎无人提及。"(见杜博妮《中国现代引进的西方文学理论》)这只能表明他们对于基本材料的缺乏了解。

③ 1920 年 8 月 9 日周作人日记有郑振铎赠他《俄罗斯名家短篇小说集》的记载。

④ 司马长风在《中国新文学史》中说:"我告诉读者一个大秘密,也是一个大讽刺,周作人自己对上述的主张(按指"人的文学"),却只坚持了一年多,很快就悄悄地把它埋葬了!"其实应该说,他只是抛弃了"人生的艺术"的主张。这也算不上"大秘密",只要看看他的编年文集就可知道了。

⑤ 他在《中国新文学史》中也认为,"问题发生在一个为字。这是方向问题;方向一错,毫厘之差,便致千里之谬。一'为'人生,文学便被贬成了手段。"

⑥ 辛宇《马克思主义与中国现代文学研究》。

论鲁迅的"直译"与"硬译"

鲁迅提倡的"直译"和"硬译",尤其是"硬译",一直为许多论者所诟病。有些自以为高明的人,也不曾认真领会鲁迅的原意,即出以微词与讥讽。有的同志虽然想为鲁迅辩护,却又觉得不甚理直气壮。现在,距离"直译"说的提出,已经七十多年了;鲁迅发表战斗的政论和文论《"硬译"与"文学的阶级性"》至今也已过了半个世纪。我们有必要从翻译理论的学术角度,来重新全面地讨论这一问题。

"直译"的提出

在中国近代翻译史上,最早较明确地提出"直译"的观点,高张一帜,开译界新风的,是鲁迅、周作人兄弟。

鲁迅在 1909 年写的《域外小说集·序言》的第一句话说:"《域外小说集》为书,词致朴讷,不足方近世名人译本。"这不只是一句自谦的话,也不止是说明译笔质朴,而且还表达了周氏兄弟当时对于以林琴南为代表的旧的翻译方法的意见。鲁迅在同时为该书写的《略例》中又说:"任情删易,即为不诚。故宁拂戾时人,迁徙具足耳。"后来,鲁迅在 1932 年 1 月 16 日致增田涉的信中更明确地写道:"《域外小说集》发行于一九〇七年或一九〇八年,我与周作人还在日本东京。当时中国流行林琴南用古文翻译的外国小说,文章确实很好,但误译很多。我们对此感到不满,想加以纠正,才干起来的。"因此可见,此书序中所说的"迻译亦期弗失文情",主要即表达了他们的"直译"的观点。

鲁迅在同年为周作人译的《劲草》写的序中,也提到翻译应该"使益近于信达",使原作者"撰述之真,得以表著;而译者求诚之志,或亦稍遂矣。"鲁迅在 1913 年为自己译的《艺术玩赏之教育》写的附记中,又说自己用的方法是"循字迻译,庶不甚损原意"。当然,他并不是提倡按字死译(关于这一点,鲁迅与周作人后来都有详尽的辨析,详见下述)。他们当时强调直译,首先是针对当时盛行的任意删削、颠倒、附益的翻译方法,为了扫荡翻译界的混乱观念。他们更以自己的《域外小说集》的译作,实践和体现了自己提出的这一原则。当时与周氏兄弟住在一起的许寿裳,后来回忆说:"我曾将德文译本对照读过,觉得字字忠实,丝毫不苟,无任意增删之弊,实为译界开辟一个新时代的纪念碑,使我非常兴奋。"(《亡友鲁迅印象记》)

不过,"直译"一词,在当时周氏兄弟的译论文字中却尚未见到。他们最初用的,可能是"对译"一词。1913年商务印书馆的《小说月报》社给周作人所译《炭画》的退稿信中说:"虽未见原本,以意度之,确系对译,能不失真相,因西人面目俱在也。但行文生涩,读之如对古书,颇不通俗,殊为憾事。"细审其意,当是周作人投稿去信时说明自己用的是"对译"。而"不失真相"、"面目俱在",则正是周氏兄弟所提倡的直译(至于"行文生涩"、"如对古书",确实也是周氏兄弟当初因受章太炎影响而用文言翻译的缺点,后来他们自己也是承认的;但这不涉及他们的直译主张)。

大概到1920年代初,周氏兄弟便鲜明地使用"直译"这个术语来概括他们的译学主张。1920年4月17日,周作人在他的译文集《点滴》的序中说,他的这几篇译作有"两件特别的地方",其第一件便是"直译的文体"。鲁迅在1924年11月22日为所译《苦闷的象征》写的《引言》中也说:"文句大概是直译的,也极愿意一并保存原文的口吻。"鲁迅在1925年12月3日为所译《出了象牙之塔》写的《后记》中又强调:"文句仍然是直译,和我历来所取的方法一样:也竭力想保存原书的口吻,大抵连语句的前后次序也不甚颠倒。"

"直译"的意义

上述周氏兄弟在提出"直译"这一方法的论述中,其实已经将其内涵的意义作了说明。后来,周作人在1925年6月12日为其译文集《陀螺》写的序文中,十分精辟地阐述和总结了有关"直译"的理论,并指明了"直译"与"死译"、"胡译"等的界限:

> 我的翻译向来用直译法,……我现在还是相信直译法,因为我觉得没有更好的方法。但是直译也有条件,便是必须达意,尽汉语的能力所

能及的范围内,保存原文的风格,表现原语的意义,换一句话就是信与达。近来似乎不免有人误会了直译的意思,以为只要一字一字地将原文换成汉语,就是直译,譬如英文的 Lying on his back 一句,不译作"仰卧着"而译为"卧着在他的背上",那便是欲求信反不词了。据我的意见,"仰卧着"是直译,也可以说即意译;将它略去不译,或译作"坦腹高卧"以至"卧北窗下自以为羲皇上人",是"胡译";"卧着在他的背上"这一派乃是死译了。

周作人的这一有力论述,显然也是代表了鲁迅的观点的。鲁迅后来说过许多类似的话,也说过不能把英文"跪下"译作"跪在膝之上"。在 1920 年代初,有不少新文学先驱者支持"直译"。例如,刘半农 1921 年 3 月 20 日在英国伦敦译完长诗《十二个》时,就写信给周作人说:"我们的基本方法,自然是直译。因是直译,所以我们不但要译出它的意思,还要尽力把原文中语言的方式保留着;又因为直译(Literal tarnslation)并不就是字译(Transliteration),所以一方面还要顾着译文中能否文从字顺,能否合于语言的自然。"刘氏的这些观点,显然也是与周氏兄弟相同的。再如沈雁冰(茅盾),也在 1921 年 4 月 10 日《小说月报》上发表的《译文学书方法的讨论》中明确地指出:"翻译文学之应直译,在今日已没有讨论之必要"。而在 1922 年 8 月 10 日《小说月报》上发表的《"直译"与"死译"》一文中,沈氏又驳斥了有人对于"直译"的诟病,指出凡令人看不懂的译文并不是"直译"而是"死译"。"直译的意义若就浅处说,只是'不妄改原文的字句';就深处说,还求'能保留原文的情调与风格'。所谓'不妄改原文的字句'一语,除消极的'不妄改'而外,尚含有一个积极的条件——必须顾到全句的文理。"沈氏这些辩证的"直译"观点,当然也是符合鲁迅的思想的。

鲁迅提倡的"直译"的对立面,是"歪译";因此,鲁迅的"直译"就是"正译",不仅仅是相对于"意译"而言的。或者可以这样说:从浅处说,"直译"是与"意译"相对的一种译法;从深处说,"直译"是包括正确的"意译"在内的一种"正译"。因此,鲁迅对"直译"与"意译"这一对矛盾,是持一种非常辩证的看法的。他对一味强调浅意上的"直译"所易造成的偏差,以及对自己的译文不足之处,都有清醒的认识。例如,1927 年 5 月 30 日他为所译《小约翰》一书写的《引言》中就说:"务欲直译,文句也反成蹇涩;欧文清晰,我的力量实不足以达之。"他承认自己有些句子译得"拙劣","冗长而且费解",然而他说:"但我别无更好的译法,因为倘一解散,精神和力量就很不同。"另外,他还说:"和文字的务欲近于直译相反,人物名却意译,因为它是象征。"他在 1929 年 4 月 22 日为所译《艺术论》(卢氏)写的《小序》中,说得更明白。他指出原书涉及"学问范围殊为广大",非常难译,他参考了许多日译本,"仍苦不能通贯,费时颇久,而仍只成一本诘屈枯涩的书"。因此,"倘有潜心研究者,解散原来句法,并将术语改浅,意译为近于解释,才好"。同年 9 月 15 日,鲁迅在《〈小彼得〉译本序》中又说,初学外语者一开始就翻译,是不大适宜的,"因为每容易拘泥原文,不敢意译,令读者看得费力"。《小彼得》原是初学日语的许广平译的,而鲁迅"当校改之际,就大加改译一通,比较地近于流畅了"。

非常遗憾的是,当年以至现在的所有不赞成、乃至讽嘲鲁迅的"直译"主张的论者,好像都没有读过鲁迅的上述论述,也没有读过上述周作人关于正确的"直译"也就是正确的"意译"的论述、沈雁冰关于"直译"有深浅两种意义的论述等。其实,鲁迅的意思是非常明白的,他主张"直译",但并不赞成塞涩和拘泥,而对经过"潜心研究"的"意译"他是求之不得的。他的某些译文也许生硬了一点,那是因为他考虑到保存原文的"精神和力量",同时也是因为他尚未找到别的更好的译法;如果有"潜心研究者",解散原来的句法改译一通,他也是欢迎的。试问,这样一种实事求是的态度,又有什么"偏激"可指责的呢?而那种以鲁迅的译文"笨拙"而来否认鲁迅的"直译"主张的议论,又怎么能站得住脚呢?

1959 年,鲁迅的三弟周建人写了一篇《关于"直译"》,指出有关"直译"的道理尽管如此明白,但长期来总还有一些人对此表示怀疑,那是"因为没有真正了解直译的真意义"。他认为:

　　因此必须把提出的直译的当时的情形说明一下,对于直译的意义一定能够知道得清楚些。直译是在这样的情况下提出来的:过去有一翻译者(按,指林琴南等人),口上说是意译,其实并没有真把意思译出来,并没有达旨。就是说并没有真正照顾其文的意义。……针对这种情况,遂提出了直译的主张。直译既不是"字典译法",也不是死译、硬译,它是要求真正的意译,要求不失原文的语气与文情,确切地翻译过来的译法。换一句话说,当时所谓直译是指真正的意译。当然,要做到这样子是不容易的。也有可能,意欲直译,意欲不失掉语气、文情,结果文字有些生硬,难懂。这也是意料之中的事情,但这只是没有译好,而不是直译本身的毛病,直译企图把原文的思想感情尽可能地十足译出来,这意思是没有改变的。

"硬译"的由来与意义

鲁迅关于"直译"的见解,后来在论述"硬译"时作了更深刻的阐述。而关于这"硬译"的说法,历来更容易遭到误解与怀疑。

先是在 1929 年 1 月 20 日,鲁迅在《〈托儿斯泰之死与少年欧罗巴〉译后附记》中写了这样一段话:

> 从译本看来,卢那卡尔斯基的论说就已经很够明白,痛快了。但因为译者的能力不够和中国文本来的缺点,译完一看,晦涩,甚而至于难解之处也真多;倘将仂句拆下来呢,又失了原来的精悍的语气。在我,是除了还是这样的硬译之外,只有"束手"这一条路——就是所谓"没有出路"——了,所余的惟一希望,只在读者还肯硬着头皮看下去而已。

这段话的意思,与上面所引的鲁迅的那些论述并无什么不同;只是这次所译的是理论书籍,与文学作品不一样,因此更加强调了"直译"而已。不料,一场争论随之而来。梁实秋在 9 月 10 日《新月》杂志第二卷第六、七期合刊上(实际于翌年 1 月出版),发表《论鲁迅先生的"硬译"》,引了鲁迅上面这段话,特地在"硬译"二字旁加上套圈,认为"硬译"就是"死译",并说:

> 曲译诚然要不得,因为对于原文太不忠实,把精华译成了糟粕,但是一部书断断不会从头至尾的完全曲译,一页上就是发现几处曲译的地方,究竟还有没有曲译的地方;并且部分的曲译即使是错误,究竟也还给你一个错误,这个错误也许真是害人无穷的,而你读的时候究竟还落个爽快。死译可就不同了:死译一定是从头至尾的死译,读了等于不读,枉费时间精力。况且犯曲译的毛病的同时决不会犯死译的毛病,而死译者却有时正不妨同时是曲译。

鲁迅随之写了名文《"硬译"与"文学的阶级性"》(载 1930 年 3 月《萌芽》月刊第一卷第三期),予以驳斥与争辩。鲁迅首先指出,梁氏这篇论翻译的文章,与新月社的政治倾向有关,正是同一作者刊于同一刊物的《文学是有阶级性的吗?》一文的"余波"。因此,鲁迅此文除了谈"硬译"外,更主要的是论"文学的阶级性"。这并不是鲁迅把翻译学术问题扩大到政治理论问题,而正是因为梁氏从政治扯到"学术"。因此,首先应该指出:鲁迅的敌忾源于梁氏的猖狂与无知,鲁迅的尖刻针对梁氏的嘲讽与浅薄。鲁迅此文,已成为世界马克思主义理论武库中的重器,其意义当然不止是普通的译论;但是,他仍然从学术角度阐述了他对"硬译"的看法,大致有这样几层意思:

(一)"硬译"与"死译"是有区别的,"硬译"并不是故意的"曲译";

(二)"硬译"(主要指翻译科学的文艺论及其他革命理论著作)自有需要它的读者对象,它在他们之间生存;

(三)"我的译作,本不在博读者的'爽快',却往往给以不舒服",因为思想对立的人觉得"气闷,憎恶,愤恨"是当然的,至于那些对理论知之不多的"批评家",本来是应该有"不贪'爽快',耐苦来研究这些理论的义务的";

(四)"硬译"不仅是为了"不失原来的精悍的语气",同时也可以"逐渐添加了新句法",经过一段时间,可能"同化"而"成为己有";

(五)"自然,世间总会有较好的翻译者,能够译成既不曲,也不'硬'或'死'的文章的,那时我的译本当然就被淘汰,我就只要来填这从'无有'到'较好'的空间罢了。"

由此可见,一开始本不是鲁迅有意要提出"硬译"这个口号,也不是像有的同志说的那样是针对"软译"而提出来的;他不过是实事求是地说明,自己翻译理论书籍中在尚未探索到更好的译法时,便只得"硬译"。不料,这句话竟被人抓住并横加歪曲和攻击。对方并不是指出鲁迅的译误或不足,也不是帮助分析和斟酌(像后来瞿秋白做的那样),而是还怀有错误的政治意图。既然这样,鲁迅也就决不收回"硬译"这两个并不好听的字,而是针锋相对,驳斥对方的错误和歪曲,同时进一步阐述自己的见解。(鲁迅在该文中说:"现在又来了'外国文',许多句子,即也须新造,——说得坏点,就是硬造。""硬造"既是"说得坏点",那么"硬译"当然也不是好听的词。鲁迅在1933年8月2日写的《关于翻译》中又说:"我要求中国有许多好的翻译家,倘不能,就支持着'硬译'。"亦可见他并没有将"硬译"算在"好的翻译"之中。)这就是鲁迅的战士的风姿,这就是鲁迅的文豪的人格!这是何等坦白,何等直率,何等光明正大啊!这与那班在鲁迅身后隐隐约约以奚落"硬译"自鸣高明,或者为梁氏那站不住脚的"理论"抱冤叫屈的人物的行径相比,岂不有霄壤之别吗?

对"顺译"的批评

当时还有人提出"顺译"的观点,代表人物是赵景深。赵氏在1931年

3月《读书月刊》第一卷第六期上发表《论翻译》一文,其中说:

> 我以为译书应为读者打算;换一句话说,首先我们应该注重于读者方面。译得错不错是第二个问题,最要紧的是译得顺不顺。倘若译得一点也不错,而文字格里格达,吉里吉八,拖拖拉拉一长串,要折断大家的嗓子,其害处当甚于误译。……所以严复的"信""达""雅"三个条件,我以为其次序应该是"达""信""雅"。

另外还有个大学生杨晋豪,也在当时写了《从"翻译论战"说开去》,鼓吹什么翻译的"第一要件是要'达'"。

应该指出,赵氏当时在翻译理论上有点胡涂,但他在政治上与梁氏是不同的,他在当时和事后都反复说明他并不反对翻译介绍文学理论著作。因此,当时对赵氏的批评中认为他"显然是暗示的反对普罗文学",说他是"好个可怜的'特殊走狗'",这显然是过火的,历史已经证明这种说法是错误的。但这主要是瞿秋白的而不是鲁迅的错误。

鲁迅主要是针对这种与梁氏的论点有些相似的"顺译"的说法,一连写了三篇含说理于讽刺的杂文:《几条"顺"的翻译》(载1931年12月20日《北斗》第一卷第四期)、《风马牛》(同上)、《再来一条"顺"的翻译》(载1932年1月20日《北斗》第二卷第一期)。除了最后一篇更主要是揭露"造谣的和帮助造谣的"反动派的以外,前两篇都是点名批评赵氏的。鲁迅还将赵氏的观点归纳为"与其信而不顺,不如顺而不信"。这与后来瞿秋白归纳的"宁错而务顺,毋拗而仅信"相比较起来,还是鲁迅的归纳更准确一点。

鲁迅的第一篇批评是举了几条自然科学译文的"顺"的误译,让大家看看这种"顺译"论的荒谬性。最后指出:

> 但即此几个例子,我们就已经可以决定,译得"信而不顺"的至多不过看不懂,想一想也许能懂,译得"顺而不信"的却令人迷误,怎样想也不会懂,如果好像已经懂得,那么你正是入了迷途了。

鲁迅的第二篇批评则是举赵氏自己的"顺译",其中还提到赵氏将 Milky Way(银河)误译为"牛奶路"这一中国现代翻译史上的有名"掌故",指出"直译"(或"硬译")与误译的区别。(顺便提及,直到近年还有人为赵氏的这一误译"翻案",真令人感到啼笑皆非!)鲁迅最后一篇批评,则是举反动派报纸上的"顺译",这篇虽然不是针对赵氏的,但对赵氏和读者的启发也许更大,因为这实际是指出了所谓"顺译"甚至可能在政治上犯错误。应该提到,赵氏后来诚恳地接受了鲁迅的批评;直到他晚年,当有人想为他的这一"顺译"论"翻案"时,他仍表示鲁迅的批评虽然尖锐,却是正确的。近年来,有些人以奚落、贬损鲁迅自命不凡,不时见有为赵氏"抱不平"者,这些人实在是很可悯的。因为他们不仅没有好好读鲁迅的文章,也没有好好读赵先生的文章。

总之,鲁迅对所谓"顺译"的批评,也就是进一步阐述了他的"直译"理论。他在 1933 年 8 月 14 日写的《为翻译辩护》(载 8 月 20 日《申报·自由谈》)中再次指出:

> 现在最普通的对于翻译的不满,是说看了几十行也还是不能懂。但这是应该加以区别的。倘是康德的《纯粹理性批判》那样的书,则即使德国人来看原文,他如果并非一个专家,也还是一时不能看懂。自然,"翻开第一行就译"的译者,是太不负责任了,然而漫无区别,要无论什么译本都翻开第一行就懂的读者,却也未免太不负责任了。

由此可见,鲁迅始终坚持的是一种分析、区别的态度。他在与瞿秋白讨论翻译时,也指出需要区别译著的内容(一般书还是理论书)和读者的身份(一般人还是研究者)。他强调的"硬译",无疑主要是针对理论书和研究者的。1931 年 7 月 20 日《文艺新闻》周刊上发表的《翻译论战之一零二碎》一文提及:

> 又闻当赵景深的翻译论发表时,有人征求意见于鲁迅,鲁即座答之以二语云:"世未有以童话作品的文字和康德或赫格尔的哲学著作的文字,相提并论者。梁实秋以所译《彼得潘》的尺度,赵景深以所译《安徒生童话集》的尺度,来论蒲力汗诺夫的艺术理论的译文和马克斯的经济学或列宁的辩证法的译文,自然昏话百出了!"

这里所述鲁迅的话,我认为是可信的。鲁迅对该刊是必读的,他读后也没有表示异议。

从哲学的角度看

对于鲁迅的"直译"与"硬译"的理论,任何人只要不怀偏见,就都能看

到它是符合辩证哲学观点的。例如,曾经是鲁迅的论敌的陈源,在 1929 年
6 月 10 日(实际出版日期为 8 月)的《新月》第二卷第四期上发表的《论翻
译》中,就对当时流行的"直译"与"意译"的说法谈了自己的看法。他认为
"翻译就是翻译,本来无所谓什么译",当时流行的"意译"最容易流于"曲
译",而"直译"则易流于"死译"。"死译的病虽然不亚于曲译,可是流弊比
较的少,因为死译最多不过令人看不懂,曲译却愈看得懂愈糟"。这一论述,
就与同是《新月》上的梁氏的看法相左,而倒是与鲁迅的看法接近的。当然,
陈氏理解的"直译"还只是茅盾指出的"就浅处看"的"直译",而真正的"直
译"是并不会流于"死译"的。陈氏还未能掌握这方面的辩证观点。

这里,让我们来看看几位哲学家兼翻译家的观点吧。

一位是著名的马克思主义哲学家艾思奇,他在 1930 年代与人合译《新
哲学大纲》等书时,就是用了"直译"。他在 1937 年 1 月《语文》杂志创刊号
上发表的《翻译谈》中指出:

> 翻译的目的虽然是要对读者作介绍,但同时也要对原著者负责任。
> 要把原著者的意思正确地传达出来,最好是每一句都保持着原来的语
> 法。这除了鲁迅先生所主张的那种直译,是不能完全办到的。……直
> 译并不是要把外国文法也死板板地搬到中国文字里。……这就失去了
> 原意,太直反而不直了;这是对直译的曲解,……鲁迅先生的直译虽然
> 采取很硬性的方法,但不是前面所说的那种死译。这一点,我们不能不
> 注意。

艾氏还指出:"如果所谓意译不是指译者用自己的意思随意给原作一种
解释,而是指译者对原意要做正确的融会贯通,那么,就在直译的时候,这种
'意'的成份也是需要的。"因此,艾氏的结论是:

> 在这样的意味上,意译和直译,不能把它看做绝对隔绝的两件事。
> 把任何一方完全抹杀了,都会出毛病的。但也不是折衷主义。因为,
> "意"的作用不过为了要帮助原作的了解,帮助原意的正确传达,同时也
> 是帮助直译的成功,所以,就翻译的根本原则上说,我们要的还是准确
> 的直译。

艾氏在文章最后还指出:

　　翻译的原则总不外是以"信"为最根本的基础,"达"和"雅"对于"信",就象属性对于本质的关系一样,是分不开的然而是第二义的存在。

　　这就从哲学的角度再次指出了赵氏等人将"达"放在第一位的"顺译"的荒谬性。

　　还有一位著名的从唯心主义哲学家后来转变为马克思主义哲学家的朱光潜,他在转变之前于1944年12月25日《华声》第一卷第四期上发表的《谈翻译》一文中,也论述了对"直译"的看法:

　　　　依我看,直译与意译的分别根本不应存在。忠实的翻译必定要能尽量表达原文的意思。思想感情与语言是一致的,相随而变的,一个意思只有一个精确的说法,换一个说法,意味就不完全相同。所以想尽量表达原文的意思,必须尽量保存原文的语句组织。因此,直译不能不是意译,而意译也不能不是直译。不过同时我们也要顾到中西文字的习惯不同,在尽量保存原文的意蕴与风格之中,译文应是读得顺口的中文。以相当的中国语文习惯代替西文语言习惯,而能尽量表达原文的意蕴,这也并无害于"直"。总之,理想的翻译是文从字顺的直译。

　　朱氏是位大哲人,但他的译论文字(包括他的其他理论文章)却总是这样通俗易懂,平易近人。他的这段论述,是与艾氏的见解完全相同的,也是符合鲁迅的思想的。

　　再有一位不是马克思主义者的著名哲学家陈康,他一辈子就只从古希腊文中翻译了一部极难翻译的柏拉图的《巴门尼德斯篇》。他在1942年8月为此书写的一篇长篇序文中论述了他对翻译原则的看法:

　　　　"信"是这篇翻译的不可动摇的基本条件。"达"只是相对于在系统哲学方面曾受过不少训练,关于希腊哲学又有相当了解的人。"雅",只在不妨害"信"的情形下求其完备。此外最注意的:乃是译文中明白地表示我们关于原文里每一句的构造的看法。这样的翻译,若用已成的名词表示,乃是直译。直译不但常常"不雅",而且还会有"不辞"的危险。凡遇着文辞和义理不能兼顾的时候,我们自订的原则是:宁以义害辞,毋以辞害义。

　　显然,陈康亦以其敏锐的哲学眼光,坚持"信"为翻译的第一原则;并坚持"达"不能普遍地以一切读者为标准,而只是相对于一部分人的这样一种观点。这与鲁迅的观点是完全相通的。鲁迅就强调他的"直译"与"硬译"有一定的读者对象,在他们之间生存。鲁迅也强调特别注意原文里每一句的构造。鲁迅曾经提出"宁信而不顺"的说法,不少人对此不理解或不赞成,甚至瞿秋白也提出了异议;但是,陈氏这位哲学家则提出了相同的"宁以义害辞,毋以辞害义"的原则。陈氏1930年代长期在英、德等国留学,看来他不大可能读过鲁迅与瞿秋白讨论翻译的通信等,因此,他说这是他"自订的原则"。然而,这竟与鲁迅的原则如此不约而同,难道还不令人注目和深思吗?

　　陈氏还指出:"'言之无文,行之不远',诚然是历史上已经验证了的名言,然而我们还要补充以下两句话,即:文胜其质,行远愈耻。"这确实是闪耀辩证法光芒的语句。他指出:"翻译哲学著作的目的是传达一个本土所未有的思想",因此经常遇到"若不牺牲文辞,必牺牲义理;不牺牲义理,必牺牲文辞"的情况。他并举古代翻译佛经为例,指出如将佛经译文与同时代的文章相比,就有好多词句是"不通";而这"不通"则正是介绍新思想的需要。而鲁迅当年在论述"直译"与"硬译"时,也正是这样举过佛经翻译为例的。陈氏还说,他遵守的"宁以义害辞,毋以辞害义"的"直译"的原则,"必不能免于那些对于翻译是甚么从未仔细思考过然而却有所主张的人的指责"。这句话,不正是一针见血的吗?陈氏是以一个哲学家的缜密头脑进行"仔细思考"、从介绍哲学著作和新思想的实际需要与目的出发,来决定和阐述他的翻译原则的;但无意中,却有力地证明了鲁迅在十多年前关于"直译"和"硬译"的理论的正确性。

　　总之,鲁迅的"直译"及"硬译"理论,不仅经过了历史的检验,而且也是经得起辩证法哲学的验证的,决不会因为某些不曾仔细思考翻译是什么、但却有所主张的人的指责而贬损其价值!

(1991)

一个隐晦了近九十年的鲁迅笔名

《鲁迅全集》中的《集外集拾遗》一册,收入了一篇1933年12月5日写的《上海所感》。《鲁迅全集》的注释说:"本篇系用日文写作,发表于1934年1月1日日本大阪《朝日新闻》。译文发表于1934年9月25日《文学新地》创刊号,题为《一九三三年上海所感》,署名石介译。"注释只说这篇文章是"石介译",却不说这个"石介"是谁,是令人非常纳闷的。

我一直觉得该篇译文的文笔极像鲁迅,因此,曾经大胆猜测那正是鲁迅本人所译。但是,我查阅了很多"鲁迅笔名录",都没有"石介"一名。特别是北京鲁迅博物馆研究馆员李允经在重新修订的2006年版《鲁迅笔名索解》一书中,就有一节专门论说"石介",明确指出它"并非鲁迅笔名"。于是我一直心存疑惑,因为否认其为鲁迅笔名的,也没说出什么道理来。而"石介"如果不是鲁迅,那么就很想知道他是谁,但查了很多资料,没查到。也请教过很多专家,谁也不知道。《文学新地》虽然表明由上海暨南大学发行,实际是中国左翼作家联盟编辑出版的(虽然只出版了一期,但左联对它十分重视,1935年曾特地将它介绍给美国作家代表大会),鲁迅该文登在第一篇,鲁迅自己当然是看到过的。因此,"石介"如果不是鲁迅本人,也必然是鲁迅认识并认可的译者,而这么多年来这么多的鲁迅研究者、左联研究者居然都说不出"石介"是谁,是很奇怪的。

后来,我仔细研读了《朝日新闻》上发表的日文原文,并与《文学新地》上"石介"的译文相对照,才发现了一个重大的"秘密"——这篇译文真的就是鲁迅自己翻译的! 因此,"石介"就是鲁迅的一个长期没有被人认定,或者长期被人否定的笔名! 我的理由如下:

(一) 这篇中译文的文笔、用语等极像鲁迅,这个就不必多说了,有目共睹。

(二) 这篇日文原文发表时的题目是《上海杂感》,中译文发表在《文学新地》上的题目为《一九三三年上海所感》,收进《集外集拾遗》时则为《上海所感》。试想,除了鲁迅自己以外,别人怎么会这样改来改去呢?

（三）将这篇中译文与日文原文对照读,我看到颇有未译或删节的地方。例如,中译文有一段:

> 用笔的人更能感到的,是所谓文坛上的事。有钱的人,给绑匪架去了,作为抵押品,上海原是常有的,但近来却连作家也往往不知所往。有些人说,那是给政府那面捉去了,然而好像政府那面的人们,却道并不是。然而又好像实在也还是在属于政府的什么机关里的样子。

这里,"用笔的人"的日文原文,是复数("用笔的人们");在"作家"一词前,日文原文中还有一个形容词("贫穷的")。这些地方,或许还可以不必那么较真,或者可以解释为只是偶然的漏译;但在这段话之后却少了日文原文一句(中文当译为"因而现在留下了人是活着呢还是死了呢的疑问"),如果这是别人翻译的,一般不可能漏掉这么长的一句话。类似情况还有,在写到反动当局连亚米契斯的《爱的教育》也查禁时,日文原文是写明此事发生地的("在杭州"),中译文里却没有;在写到反动当局"有时也撒些传单,署名总不外乎什么什么团之类"时,日文此句原文后面还有一句话中文没译(当译为"而且还盖着印章")。再如,在写到"平安的刊物上,是登着莫索里尼或希特拉的传记"的地方,日文在"传记'后还同时写有"逸话",中文则没译。再如,中文译文"例如牛魔王呀,孙悟空呀",日文则是先写孙悟空,后写牛魔王。再如,中文译文"带给他们祸祟的时候却也并非全没有",而日文原文照译的话则应是"带来祸祟的事情也常常有的,未必是愚民们神经衰弱的缘故",中文便少译了不少。我认为,这些地方都是只有作者自己才会这样做的。

（四）更值得注意的是,这篇中译文比日文原文还多出了好几个句子。中译文写道:"革命者因为受压迫,所以钻到地里去,现在是压迫者和他爪牙,也躲进暗地里去了。""一面胡说八道,一面想着将来的变化,就越加缩进暗地里去,准备着情势一变,就另换一副面孔,另拿一张旗子,从新来一回。""这是为不远的将来计。为了辽远的将来,则在愿意在历史上留下一个芳名。"上面所引的这些内容是日文原文中有的,但在一二两句的中间,中译文比日文原文增加了一段话:"这是因为虽在军刀的保护之下,胡说八道,其实却毫无自信的缘故;而且连对于军刀的力量,也在怀着疑。"在二三两句的中间,中译文又增加了一句话:"而拿着军刀的伟人存在外国银行里的钱,也使他们的自信力更加动摇的。"这两段话非常重要,也非常深刻! 显然,若非鲁迅,别人是写不出来的。即使写得出来,翻译的人也绝不会也绝不敢随便作这样的添写的。而且,"怀着疑"(还有上面引过的"给绑匪架去了")这种新奇的写法,我认为也是只有鲁迅才会的。另外,在这篇文章倒数第二段的最后,中译文又多了一句日文原文没有的话:"然而,这也就会习惯的罢。"这就与文章开头写到的"一有所感,倘不立刻写出,就忘却,因为会习惯。""要从自由人变成奴隶,怕也未必怎么烦难罢。无论什么,都会惯起来的"相呼应。很显然的,这也是只有原作者才会作这样的修订和补充的。

（五）更加重要的铁证是,今存鲁迅手稿中幸而存有五页中文稿《上海所感》(见福建教育出版社《鲁迅著作手稿全集》第六册第 602—606 页)。据对照,与《文学新地》所刊和《鲁迅全集》所收文章完全一致。我们设想一下,如果这份手稿是鲁迅从《文学新地》上抄录下来的一个我们不知道是谁的"石介"的译文,那么,鲁迅对他人的译文居然这么顺从和信服(连"漏译"也可以容忍),居然一字不移(只是题目中没有"一九三三年"),这符合鲁迅的性格和写作习惯吗? 而且,鲁迅会容许别人对他的文章添加那么多字句吗? 再看看这份中文手稿,上面明明是有多处涂改的,可知这绝不是抄录稿(抄录的话是不必修改的),而且所涂改后的文字则正与《文学新地》所刊相同。

我觉得事情已经非常清楚了。鲁迅先写了 1934 年 1 月 1 日发表的日文文本,一年九个多月后才有 1934 年 9 月 25 日发表的中文文本,而现在看到的鲁迅中文手稿与《文学新地》发表的文本是完全一样的,鲁迅只是添加了写作日期(另外题目中没有"一九三三年")。所以,这份手稿应该就是鲁迅自己的译稿原件。鲁迅应是另外誊清一份给了《文学新地》(可能随手在题目上添了"一九三三年"),并在最末写上了"(石介译自三四年一月一日《东京朝日新闻》。)"(按:《朝日新闻》1879 年创刊于大阪,1888 年在东京增印)现在这篇手稿的每页的下端,都有鲁迅重新涂改的页码(从 146 到 150),这是鲁迅生前自己编订《集外集拾遗》的页码。这就明确无误地证明了,这个译者"石介"就是鲁迅自己,"石介"就是鲁迅的一个笔名。

其实,《上海所感》中译文与最初发表的日文有所不同,是已经有人发现了的。1981 年纪念鲁迅百年诞辰时,上海鲁迅纪念馆编、上海文艺出版社出版的《鲁迅日文作品集》的《编集后记》中就写道:"鲁迅的日文作品,有的是鲁迅亲自译为汉文,有的是鲁迅夫人许广平或别人译为汉文后经鲁迅校定的。对于这两种文字,我们进行了互校,发现不同之处颇多,如《上海所感》一文,汉文与日文不同者有四处,另有三句是译成汉文时补上的。"但很遗憾的是,该作品集的编者未作深思,显然也认为《上海所感》一文是"别人译为汉文后经鲁迅校定的"。而著名鲁迅研究家唐弢先生在为该书写的

《序》中，还专门明确地写道："《鲁迅日文作品集》收正文十篇，均附汉译，这些大都为鲁迅本人所译，其由夫人许广平或别人译的，也经本人手自校订。汉译与日文间有出入，有的连题目也不同。譬如发表在大阪《每日新闻》（按：《朝日新闻》之误）上的《上海杂感》，曾由别人译登《文学新地》，鲁迅校订的时候，改题为《一九三三年上海所感》，编入《集外集拾遗》，又简化成《上海所感》"。唐先生的说法，在逻辑上、事实上都有很多问题。例如，说此文"曾由别人译登《文学新地》"，然后由"鲁迅校订"而"改题为《一九三三年上海所感》"；但是，事实明明是最初"译登"时的题目就是《一九三三年上海所感》。再试想，鲁迅如果真是"手自校订"了所谓"别人译登《文学新地》"的译文，那么，鲁迅"校订"后的文字应该与"别人译登《文学新地》"的文字不一样，这才合乎常理啊；怎么现在的情况却恰恰相反，二者是完全一样的呢？而且，如果是"别人译登《文学新地》"的文章，这个"别人"又怎么能在鲁迅"手自校订"之前，就已经"校订"了一年多以前鲁迅发表在大阪《朝日新闻》上的日文原文呢？莫非唐先生认为这篇"别人译登"的文章，在登出之前就已经经过鲁迅"本人手自校订"了？那么，这就与我认为的这篇译文是鲁迅自译的看法有点接近了。

最近，在日本友人中津幸久先生的帮助下，我看到了彼邦著名的鲁迅研究家竹内好先生在 1983 年筑摩书房出版的《竹内好个人译鲁迅文集》，才惊喜地知道竹内好也早就提到了此篇中译文与最初发表的日文有不同处。竹内好个人译《鲁迅文集》第五卷里收了《上海杂感》，用的就是大阪《朝日新闻》上的日文原文。他在题解中说，大阪报纸上刊出时曾有编者按："这一篇是具有世界声誉的中国小说家鲁迅先生特地为本报新年号寄来的随笔。根据笔者的愿望，将原文缀用的片假名改为平假名，只是略为订正了假名用法的不同之处。"竹内又说，东京《朝日新闻》发表此文时，题目是《上海所感》，字句也略有异处。但具体怎么不同他没说。竹内并在注释中逐一说明了日文原文与中译文的不同之处。而最令人注意的是，竹内在题解中已经明确地认为："译者石介（即鲁迅）。"

总而言之，认为该中译文是别人所译这一错误判断，已经存在几十年了，现在必须纠正了。"石介"这个鲁迅笔名已经隐晦了近九十年了，现在应该彰显了。

临末，再说说"石介"的含义。首先，"石介"与"介石"一样，原本意思是很好的，意为操守坚贞。出自《易经·豫》："介于石，不终日，贞吉。"所以，自古就有不少人取作名字。例如，宋初就有一个叫石介（1005—1045）的，是著名学者、思想家、宋明理学先驱，字守道，一字公操，人称徂徕先生。当然，再后来还有一个叫蒋介石的。鲁迅为什么取一个"石介"的笔名,大家自可以猜想。我忽想起,近年来在网上出现了一个伪得不能再伪的伪命题,说什么鲁迅一辈子没有骂过蒋介石。事实上,自从大革命失败以后,鲁迅一直是坚决反对和痛斥国民党反动派的,这篇《上海所感》就是"骂"得非常激烈的;而蒋介石正是国民党反动派的头儿,怎么能说鲁迅"没有骂过蒋介石"呢? 也许,这些人的意思是,鲁迅的文章中没有出现过蒋介石的名字,但为什么非出现不可呢? 不出现名字就不是批判了吗? 那么,如果我现在告诉这些人,鲁迅在一篇国内外都多次发表的非常激烈的"骂"国民党的文章上,署了一个把蒋介石名字颠倒过来的笔名,不知道他们又会怎么想?

(2018)

鲁迅的《故乡》与契里珂夫的《省会》

——藤井省三的比较研究

日本鲁迅研究学者中的后起之秀藤井省三,在其《鲁迅》一书(1986年10月日本东京平凡社版)中,对鲁迅的《故乡》与俄国的契里珂夫的《省会》作了一番有趣的比较研究。这是涉及中、俄、日三国文学的比较文学论文。由于原文较长,今摘要作点介绍,以供我国鲁迅研究者和比较文学研究者参考。

藤井曾在1985年出版过一本《俄罗斯之影——夏日漱石与鲁迅》。在那本书中,他试图以俄国作家安特列夫为中介,分别研究日本近代著名作家漱石和中国的鲁迅所受安特列夫的影响,并将漱石与鲁迅作了番比较研究,以探讨他们各自文学活动的特点及共性。所谓"俄罗斯之影",就是漱石的代表作《此后》中主人公代助提到俄国文学的影响时说的话。藤井的那本书打响了,引起日本学术界较高的评价。而在《鲁迅》一书中谈到契里珂夫时,藤井也是运用这种比较的方法。他以契里珂夫为中间媒介,对第一次世界大战后中日两国在俄国革命影响下蓬勃开展的进步文学运动中对契里珂夫作品的接受的过程作了比较研究。他指出,经过日俄战争十年后爆发的第一次世界大战,中日关系进入了更为密切与复杂化的阶段,而俄国则因十月革命而更增强其影响力,因此,对中日两国的文学运动更投射了新的"俄罗斯之影"。契里珂夫的小说,也对中日两国产生了影响,不过日本的"契里珂夫热"是一时性的,而鲁迅却从他的作品中得到启发,融化进了自己的作品中。

契里珂夫与安特列夫几乎是同时代作家,他还参加了高尔基为首的"知识出版社"派;但是,他的名声远远不及高尔基与安特列夫。不过,藤井指出,在二十年代初的日本,其作品也曾一度风行。例如,1921年参加了日本社会主义同盟第二次大会后曾经被捕的江口焕,便在其写实作品《拘留所的一隅》中提到契里珂夫小说对日本革命青年的影响。另外,当时昇曙梦、中村白叶等人都曾翻译过他的作品,关口弥作更翻译出版了他的共十七篇小说的选集,加藤武雄等人还对此书写过评论。在中国,鲁迅也曾翻译过他的小说,此外还有藤井没有提到的郑振铎等人也曾翻译过他的作品。

鲁迅在1922年5月出版的、与周作人合译的《现代小说译丛》中,收入了契里珂夫的《省会》与《连翘》。这两篇小说都是鲁迅在1921年译的。当时,鲁迅还写了《〈连翘〉译者附记》。据藤井的研究,鲁迅这篇附记主要是参考了1921年关口弥作在日译《契里珂夫选集》卷首发表的《译者序》。该篇序文简略介绍了契里珂夫的生平,其中说"他是艺术家,同时又是革命家,他具有俄国文学者的共性,又是民众教导者。他的作品大抵有着革命的背景"。这些话,都被鲁迅援用进《〈连翘〉译者附记》中了。但鲁迅附记中说:"他最擅长于戏剧,很自然,多变化,而紧凑又不下于契诃夫。"这一评价却不见于日译本序,当是鲁迅提出的看法。附记中还说:"他的著作,虽然稍缺深沉的思想,然而率直,生动,清新。"这也显然是鲁迅作出的深刻评价。因此,藤井认为鲁迅是相当深入地研究了契里珂夫的作品的。

鲁迅的《故乡》写于1921年,时间正好介于日本出版关口弥作译的《契里珂夫选集》与鲁迅自己翻译《连翘》《省会》之间。藤井认为,《故乡》是对契里珂夫的经历及其作风寄予深切同感的鲁迅,向契里珂夫小说中补充了它所"稍缺"的"深沉的思想"而写成的作品。换句话说,就是契里珂夫的短篇小说《省会》在鲁迅写《故乡》时,起了触媒作用。

《省会》的主人公"我"原来是个革命作家,隔了二十年回到故乡。他一面沉浸于甜蜜而又痛苦的青少年时代的回忆中,一面又面对革命高潮过去后的反动时代,想着"在将来能够目睹那幸福的自己的祖国的一种希望,也已消亡了。"(引文用鲁迅译文,下同。)他被传讯到警察厅,审问他的厅长竟是大学时代的低年级同学,而且这位厅长还不阴不阳地向"我"追怀起当年学生运动的往事。面对这种带有讽刺性的而又寂寞的人生,"我"感到了困惑。小说便在这里,闭上了幕布。这篇小说大概是以1905年俄国第一次革命后期托雷平反动时期为背景的。

而鲁迅的《故乡》,写的是"我"为接亲属搬家到北京而回到离别二十年的故乡。面对因军阀统治而衰敝的故乡,尤其是少年时的朋友闰土的巨大变化而感到深深的悲凉;同时,又对自己的侄子与闰土的儿子之间萌生的友情,寄予了希望。藤井将这两篇小说分为"归乡""回忆""结尾"三个部分作了比较研究。

(一)归乡

契里珂夫以伏尔加河夏天傍晚的美丽的风景描写,拉开了《省会》的幕布;而鲁迅则选择了从季节来说已经不能游赏河川的寒冷阴惨的冬天,因而排除了风景描写。一般认为,《故乡》取材于鲁迅1919年12月回乡的实际体验;但藤井认为《故乡》一开头设定的冬季并不是偶然的,在与《省会》截然对照的季节的选择中,可以窥见鲁迅的创作动机。在《省会》的主人公眼前展现的,是从敞开的船窗中一望无际的蓝天,可以赤脚浸泡河水,以及两岸绿色的风景;而《故乡》中的"我"关在盖着篷布的暗暗的船舱里,从隙缝间略微窥见的只不过是暗暗的云天之下的萧索的景象。《省会》与《故乡》,虽然都以相隔二十来年后乘船回乡作为故事的开头,但给人以完全不同的印象。前者也充满了伤感,这是作为它的从头至尾的基调;而后者对风景的排除,则是起了重要的伏线作用。

《省会》在归乡后,描写了"我"与旅店老板的一段对话;而《故乡》则描写了与"豆腐西施"的一段对话。前者写的似乎傻乎乎、其实颇有心计的老板,后者则是因为生意差而顾不得体面的女掌柜,可以说作者分别通过这些对话将各自故乡小镇的变化真确地告诉了读者。契里珂夫巧妙地写出了革命使这个小镇的统治上层起了变化,以及旅店老板所代表的对革命旁观、对反动也麻木不仁的一些人的心态。而鲁迅,则通过杨二嫂写出了衰败的城镇中产阶层的生活,并引出农民闰土的登场。如果把"豆腐西施"称作阳面人物,那么,由于"多子,饥荒,苛税,兵,匪,官,绅"即军阀统治的压榨而成为"木偶人"的闰土就是阴面。通过设置阴阳两位人物,鲁迅描写了荒凉的故乡的黑暗的现实。

(二) 回忆

《省会》的主人公见到以前住过的老屋和周围的风景,浮想起弟弟淘气的少年时代。偶然传来的钢琴曲《处女之祈祷》的音调,勾起了他青年时暑假一家团圆的温馨回忆,以及他学生时代的初恋、与情敌的竞争等等。小说中说弟弟已"被杀在跋凡戈夫附近",也许是暗示他是为革命牺牲的吧。故乡的风景——弟弟淘气的童年——弟弟非正常死亡,钢琴曲——一家团圆——初恋。契里珂夫便是通过这样的视觉与听觉的两条线的描写,写出了相隔二十年回乡的主人公的复杂的思绪。这确如鲁迅在译者附记中说的,他"善于心理描写"。但是,藤井认为作为描写生活在反动期黑暗中的知识分子的心理,这一段回忆未免散漫了一点。

与此相对照,《故乡》的回忆描写实在给人留下深刻印象。"我"一听到母亲说起闰土的名字,眼前便闪现出一幅神异的图画来,记起了少年闰土讲述的西瓜田啦、海边的情景啦等等,"我这儿时的记忆,忽而全都闪电似的苏生过来,似乎看到了我的美丽的故乡了"。可见,在第一部分"归乡"中风景描写的排除,正是为了更加突出回忆中的美丽风景。这是巧妙的伏笔,并使回忆与现实形成强烈的对比。

（三）结尾

作为《省会》的结尾,藤井引用了作品中写到"我"几次经过故居门口,回忆起当年与母亲及兄弟的生活情形,这也许应该放入上一部分的"回忆"中去。在契里珂夫的主人公的心里,淘气的弟弟——玩"打仗"——为革命牺牲,院子里茂盛的连翘——祖国改革的希望——现在的绝望,这样一些回想与现实情景纷至沓来。"我"失去了"在将来能够目睹那幸福的自己的祖国的一种希望",又受到了警察厅的传讯。报到后见到的传说中的新厅长,竟原来是以前搞学生运动时的老同学。看到他"仿佛淹在水里的人想要抓住草梗似的"很珍惜地回忆起学生运动中的往事的情形,"我"沉入了深深的困惑之中。藤井认为,小说对这个临近结尾时出场的新厅长的描写是非常巧妙的,成功地写出了人生的讽刺与悲哀;但是,既描写"我"少年时代的希望与现在对革命的绝望,又描写新厅长抓住青年时代的回忆——失去了生命之花——而活着的矛盾性格等等,这一结尾可说是有点混乱的。

在鲁迅的《故乡》中,与变化了的闰土的重逢、对侄子宏儿们的希望、视希望为手制的偶像等等,可以一一指出与《省会》有关情节的对应关系。但是,与《省会》相比较,这些描写可以说是大大地重新调整、改写了。在考察写于契里珂夫《省会》被日译以后的鲁迅《故乡》的结构时,可以想象鲁迅是以"希望理论"为轴心而展开的。在"归乡"中有意被排除的风景,在"回忆"中作为伴随着少年闰土的风景——美丽的故乡而成功地作了描绘,然后又是在"结尾"中描写"西瓜地上的银项圈的小英雄"的影像的消失,这样,有关"希望"的思考也就很自然地提了出来。藤井认为,这样的结构是非常巧妙的。主人公关于"希望"的思考,正是在夜空金黄的圆月朗照着的海边碧绿的沙地这一幻想中的风景——失去了少年闰土的故乡的风景之中进行的。

藤井指出,《故乡》末尾有关"希望"的思考,与《省会》描写的绝望与困惑相比,具有远为深刻的理论性。希望青年一代幸福,但这一希望也不过是手造的偶像(即虚妄);希望正像地上的路,本来是没有的;只有在知其虚妄但仍然不懈追求的人面前,它才会出现。——这一几重转折的希望理论,就是《故乡》的主题。鲁迅在《〈连翘〉译者附记》中批评契里珂夫作品"稍缺深沉的思想",而他自己的作品便是在这样深刻的理论思想的基础上建立其主题的。

但是,藤井指出,契里珂夫的作品在1920年代曾是作为描写俄国革命的生动的画册而受到日本知识界的欢迎的。鲁迅也几乎在同时期接触他的作品,但他没有陶醉在他的优美的革命画册中,而是将《省会》所描写的革命退潮退的绝望心理作了进一步的深化,写出了从根本上重新提出的中国革命的希望问题的作品《故乡》。这是什么原因呢? 鲁迅说的革命,其思想上的来龙去脉究竟是怎样的呢? 还有,写《故乡》的 1921 年对鲁迅来说,以及对中国知识分子来说,是怎样的一个时代呢? 藤井认为这些都是应该进一步探讨的问题。

契里珂夫的《省会》,是以对故乡暨青春的伤怀为基调的作品;《契里珂夫选集》全书,是唱出献身革命运动的俄国知识分子的悲哀的小说。由于具有这样优美的抒情性,所以它在日本社会主义运动的再兴期、大正自由主义的最后时期,放射出一道光芒。鲁迅的《故乡》并不是简单地模仿契里珂夫《省会》,而是作为一篇思想小说来写的。他在作品开头部分周密地排除了风景描写,另方面却让有着少年闰土的幻想中的风景出现。当“我”的心中这一幻想的风景“忽地模糊”了时,也就宣告了希望理论的完全破灭。在写到“我想:希望是本无所谓有……”的时候,“我”的眼前展开了海边的风景——一片碧绿的沙地,头上深蓝的天空中挂着一轮金黄的圆月——这一光景是少年闰土从幻想的风景中消失后留下的现实的象征表现。

藤井认为,鲁迅的《故乡》便是描写少年(即希望)从幻想的风景(即美丽的故乡、甜蜜的理想之乡)中消失,然后映照出严寒的现实的过程的作品。《故乡》一开头对于风景作了周到的排除,不仅具有伏线的意义,而且如果不那样的话也就不能从正面提出希望理论破产这一立足点。由于风景的排除,鲁迅得以写出穿透了契里珂夫《省会》的革命者的希望与悲哀。

关口弥作在《契里珂夫选集》的译者序中用作家本人的话作了如下介绍:“……安徒生与格林的童话是那时的爱读书。我喜欢跟着哥哥去打猎钓鱼。这些最初的历程,开启了对自然的爱,供梦幻般的少年时代以丰富的粮食。”藤井指出,鲁迅一生对儿童文学寄予了深切的关心,将感应自然真的纯真的心看作是革命者的基点,因此,他对契里珂夫的这些话是会感到很大的共鸣的。故乡的风景,对于寂寞时代的鲁迅,也给予了“丰富的粮食”,给予了忍耐和超脱混迷的现状的力量。但在鲁迅写的《〈连翘〉译者附记》中,却没有引用这一段话,这是耐人寻味的。藤井认为,这大概是鲁迅在写译者附记前十个月写出的《故乡》中涉及的风景问题,使他的笔在触及这段话时停住了。

(1989)

鲁迅的《长明灯》与爱罗先珂的作品

——介绍工藤贵正的比较研究

鲁迅的翻译与他的创作有非常密切的关系,这一点我们以前注意的还不够。解放后出版的《鲁迅全集》均未收翻译作品,《鲁迅译文集》也绝版久矣。很多人未能看鲁迅的译作,这直接影响到对鲁迅的深入研究。日本的鲁迅研究者对此比较重视。以前笔者曾介绍过藤井省三将鲁迅的《故乡》与契里珂夫的《省会》作的有趣的比较研究。最近,笔者在日本《野草》杂志上又看到一位比藤井更年轻的鲁迅研究者工藤贵正,将《长明灯》与爱罗先珂的《世界的火灾》《时光老人》作了有趣的比较研究,因而再来作一番介绍。

在日本,谈鲁迅《长明灯》的文章是很少见的,对它进行创作艺术分析的几乎没有。据工藤耳目所及,只有竹内好在其《鲁迅入门》一书中提了一下。竹内认为,《长明灯》的创作意图是形象地表现破坏传统的观念,但又不及《狂人日记》,在艺术上不成功。而在中国,评论《长明灯》的论文颇有几篇,工藤认为这些论文的观点主要是这样两个:

第一,认为《长明灯》与《狂人日记》有密切的关系,反封建的思想主题是一致的。《狂人日记》中的"狂人",在《长明灯》中深化为更富有斗争精神的战士形象。因为与前者的"已早愈,赴某地候补矣"相比,后者喊出了"我放火",而且即使被监禁也不失其反抗精神。第二,认为《长明灯》反映了当时中国的社会。作品讽刺与批判了当年一些"学者"叫嚷"保存古物"和甚嚣尘上的复古主义。工藤此文没有论述《长明灯》如何展开鲁迅一以贯之的思想主题,也不打算论述它在鲁迅小说系列中的地位等等;而是别辟蹊径,探讨鲁迅在创作《长明灯》的构思过程中某些素材准备、情节线索的来源。他认为《长明灯》的创作是有着作为其触媒的作品的。

应该指出,关于这一点,周作人在《鲁迅小说中的人物》一书中,曾经说过《长明灯》可能受到迦尔洵的影响。俄国迦尔洵的小说《红花》,描写一个狂人认定医院里的一朵红花是世上万恶之源,有一天夜里他偷偷将它摘下,逃出医院,力尽而死,临死还紧紧抓住红花,脸上显出满足的微笑。周作人认为这与《长明灯》中狂人一定要熄灭那盏灯是很相似的,不过后者没有成功而是被关了起来。

然而,工藤认为更有可能作为《长明灯》创作的直接触媒的,是爱罗先珂的《世界的火灾》和《时光老人》。鲁迅与爱罗先珂及这两篇作品的关系是这样的:第一,鲁迅是在翻译这两篇作品二年多以后,也是爱罗先珂离开北京约一年以后,创作《长明灯》的;又过了几个月,鲁迅在《坟·杂忆》中回忆了爱罗先珂,并强调了他翻译爱罗先珂的作品是为了"要传播被虐待者的苦痛的呼声和激发国人对于强权者的憎恶和愤怒"。《长明灯》与《杂忆》在写作时间上很相近,这值得注意。第二,鲁迅在思想上,有不少地方与爱罗先珂是共鸣的。工藤举出了日本学者高杉一郎《天亮前的歌》和藤井省三《爱罗先珂的都市故事》两部专著中关于这一点的详细论述。此处因文长不录,而且关于这一点也是国内学者公认的。

这两篇作品的内容是这样的:《世界的火灾》是用在某个寂寞、寒冷的夜里"我"与一个"哥儿"谈话的形式写的。一次,"我"在美国某城市为找不到客店而发愁,一个有钱的"大实业家"让"我"住进他租的房间。他谈了自己的经历。他本来很满意于自己的优越生活,然而在一个严寒的黑夜,他被"我们冷,我们要光明"的呼声所惊醒,于是便点起火来,烧掉了整个城市。他被作为"狂人"而送入医院,治愈后,又过起比以前更为优越的生活。但是,他却说"我总还想放一回火",并希望"我"能成为他的"同道",在全世界"四面八方的点起这暗的火来,那可就怎样的明亮呵,怎样的温暖呵!"其实,这个实业家是个革命者(无政府党人),他是为了迷惑来逮捕他的警察而装作"狂人",坐上了"我"叫来的精神病医院的车子,安然逃脱追捕。然而,自那以后"我"便"仿佛是什么时候都等着火灾似的了"。"哥儿"听了这些后,也激动地说:"这回轮到我们去放火了!"

《时光老人》用的是"我"在梦中听到"时光老人"(时钟)讲述的故事的形式写的。世界上有所又大又古的寺院,里面站着许多无从想象其古老的"神道们"。老年人每天对他们顶礼膜拜,青年人则担任着守卫的任务,并继承着老年人的这种拜神仪式。还有一个很古的传说:只要新鲜空气和阳光一进入寺院,里面的人便会立刻遭到神的惩罚而死掉。于是,这寺院里永远是暗的,空气一天天坏下去,古老的诸神映着微弱的烛光,笼着线香的烟篆,更显得伟大而神秘了。但是,在一个诱人的春天,守卫寺院的青年人向往那阳光与空气,开始怀疑那暗中的诸神不过是石头做的怪物。于是便试着打开一道窗缝,终于看清了那诸神果然是石头怪物。他们忘记了那个古老的传说,便打开了门窗。可是,古神顷刻间崩塌下来,将他们全都压死了。在临死前,他们对那些从诸神下解放出来的青年人说:"古的诸神不毁坏,人们便不会有幸福。"但是,这些被解放者后来只顾陶醉于自由之中,忘却了牺牲者的遗言。一些老年人则再次修造起诸神来。于是,那些将青年人献给古老的诸神的仪式,便又要开始了。

　　工藤认为《长明灯》与这两篇作品有密切关系。首先,他提出一些日译本将《长明灯》译作《常夜灯》是不妥当的,因为"长明灯"是特殊的佛教用语。不仅因为它是放在佛像前日夜长明不灭,故名;而且含有"觉心""觉知"和时间无限等意义。《隋唐嘉话》云:"江宁县寺有晋长明灯,岁久,火色变青而不热。隋文帝平陈,已讶其古。至今犹存。"虽然无从确知鲁迅是否读过《隋唐嘉话》,但工藤认为鲁迅可能因"隋文帝平陈,已讶其古",所以在《长明灯》中说了"陈"以前的"梁",还说"这灯还是梁武帝点起的";又因"火色变青",而在小说中说"那火光不是绿莹莹的么";而梁武帝又是大力推广佛教的,所以鲁迅选到他是很合适的。工藤更认为,鲁迅取《长明灯》这个题目时,是充分意识到《时光老人》的存在的。因为,"长明"含有永远、不尽等意思,这与"时光"是对应的;"灯"是梁武帝时点起的古物,这又与"老人"对应。

　　《长明灯》中的关键性词句是"熄掉他罢!""此刻去熄!""我要吹熄他!"而《时光老人》则描写了一个大寺院和一个古老的传说(见上述)。工藤认为,鲁迅是把爱罗先珂这个童话式的寓言作为借鉴,在创作《长明灯》时改用了中国读者更易意会的中国的东西。例如,与原来的"寺院"相对应的是"社庙""城隍庙",与原来的"神道们"对应的是"社老爷,瘟将军,王灵官老爷",以及"三头六臂的蓝脸,三只眼睛,长帽,半个的头,牛头和猪牙齿"等等。而那个阳光空气一进入就要死人的"古老的传说",在这里变成了"那灯一灭,这里就要变海,我们就都要变泥鳅"。也就是说,"长明灯"(庙、中国诸神)——"吹熄灯"——"变泥鳅",与"大寺院""诸神"——"放进阳光、空气"——"一个不留的死掉",是一一对应的。两者的差异只是"放进阳光"是使其光明,"吹熄灯"是使其黑暗。表面上是恰巧相反,实际上却是相同的。周作人说,"变泥鳅"的传说他没有听说过。看来,这是鲁迅的一种幽默的创造了。

　　《长明灯》中"狂人"因为要熄灯而被村人关囚,但是他又喊出了"我放火!"这是这篇小说的又一个关键性词语。而"放火"一词,如上所述正是《世界的火灾》中的"狂人"说过的话。这是令人注目的。《世界的火灾》的构思是发狂——治愈——发狂。所谓"发狂"的表现,便是"放火",这象征着对现行体制和旧秩序的坚决破坏。工藤认为,鲁迅在《长明灯》中从描写要"熄灯"而转到要"放火",这样的构思除了外在社会状况的触发外,当是从爱罗先珂这两篇作品的翻译中得到灵感的。

《世界的火灾》在展开情节时,令人注意的是"狂人"——"治愈"——"狂人"的构思。工藤认为鲁迅在翻译时,一定会自然地想起自己以前创作的《狂人日记》的"狂人",他在治愈以后是"赴某地候补矣"。而《时光老人》的情节发展中,令人注意的是破坏——怠惰——复古的线索。工藤认为,鲁迅在创作《长明灯》时借用或置换了《世界的火灾》和《时光老人》中的词语,那是因为《长明灯》与这两个作品的情节展开有很大关系。中国关于《长明灯》的论文以及竹内好的文章,都指出《狂人日记》与《长明灯》之间有内在联系,这种联系就是同是描写"狂人";但工藤进一步认为,《狂人日记》描写的发狂——治愈,和《长明灯》描写的发狂——破坏,是鲁迅通过翻译爱罗先珂的这两篇作品为触媒而形成了这样的联系。

当然,《长明灯》与这两篇作品有不同之处。工藤指出,《时光老人》让人感到有一种循环论,即破坏——复古——破坏——复古……,重复着,退化着,使人"对于人类的正在进步的事,就疑心起来了"。而《长明灯》中没有这种循环论。另外,《世界的火灾》所描写的,是伪装的"狂人"(革命者),而《长明灯》中没有这类暗示,只是最后描写了村人们对于"狂人"的言行的恐慌与狼狈。鲁迅在《爱罗先珂童话集》的序中说:"我觉得作者所要叫彻人间的是无所不爱,然而不得所爱的悲哀,而我所展开他来的是童心的、美的,然而有真实性的梦。这梦,或者是作者的悲哀的面纱罢?那么,我也过于梦梦了,但是我愿意作者不要出离了这童心的美的梦,而且还要招呼人们进向这梦中,看定了真实的虹,我们不至于是梦游者(Somnambulist)。"这体现了两位作家不同的气质与思想办法。因此,工藤认为,即使鲁迅以《世界的火灾》《时光老人》为媒介而接收了它们的某些形式和内容,但《长明灯》的情节展开仍然是独异的。鲁迅将《时光老人》中的循环表现作为"悲哀"而舍弃了,从而构思成村人们面对"狂人"的狼狈不堪的幽默描写。

工藤最后还谈到,《长明灯》虽然以《世界的火灾》《时光老人》为借鉴或蓝本,但鲁迅是以自己固有的特质来充实其主题和意象的,而且还加入故乡绍兴的童话及风景等等描写,从而完成了这一新的寓言性的小说。这在某种意义上来说,是与他后来的《故事新编》的作风有相似之处的。工藤的这些论述,角度新颖独到,发人所未发,很值得我们参考。

(1991)

谈鲁迅批评过的二位
日本作家的会谈记

  鲁迅在1935年7月17日致增田涉的信中说:"本月的《经济往来》你看过没有? 其中有长与善郎的文章《会见××的夜晚》,对我颇表不满,但的确发挥了古风的人道主义者的特色,不过,也不必特地去买来看。"

  鲁迅在1935年8月1日致增田涉的信中还说:"……还有乌丸求女的文章,朋友剪送给我,我转给你。但其中引用长与氏所写的'想爬进棺材去'云云,其实仅是我所说的一部分话。当时,我谈到中国常有将极好的材料胡乱糟蹋掉的事情,作为一个例子,我说过这样意思的话:'例如把黑檀或阴沉木(类似日本的埋木,仙台有)做成棺材,陈列在上海大马路的玻璃橱窗里,用蜡擦得发亮,造得十分美观,我经过那里一看,对那种巧妙的做法颇感惊奇,就想爬进去了。'然而那时候长与氏不知是正同别人谈着话呢,还是想着别的事情,只摘用我末尾的话,就断定'阴暗,阴暗'。假如我突然就讲那样的话,那就实在太愚蠢,并不仅仅是什么'凶险,阴暗'的问题了。总之,我与长与氏的会见,彼此都不愉快。"

  鲁迅在1936年2月3日致增田涉的信中说:"与名人的会见,也还是停止为好。野口先生的文章,没有将我所讲的写全;所写部分,也怕是为了发表而没有照原样写。长与先生的文章,则更加那个了。我觉得日本作者与中国作者之间的意见,暂时尚难沟通,首先是处境和生活都不相同。"

  上面说的,是同一年二位日本作家先后来访并写文章的事。据鲁迅日记,1935年5月19日,"晚内山君邀往新半斋夜饭,同席共十二人。"这一次便是会见长与善郎。从中介绍的除了内山完造外,还有日本新闻联合社(即后来的同盟通讯社)上海分社社长松本重治。不过,据1974年12月出版的松本的回忆录《上海时代》(中册),饭店的名称叫"老半斋"。不知孰者为是,总之是三马路(汉口路)上的一家饭店。与鲁迅一起出席这次宴会的,还有郑伯奇与另一位现在姓名不详的中国诗人;日本人除了内山与松本外,今知还有内山夫人,一对今不知其名的牧师夫妇和也是新闻联合社的庄原达记者。《鲁迅全集》的注释者因为对此一无了解,所以便对这次宴会未作任何注释。此事也失载于迄今为止的各种《鲁迅年谱》。

鲁迅日记 1935 年 10 月 21 日又载:"午朝日新闻支社仲居君邀饮于六三园,同席有野口米次郎、内山二氏。"这个仲居君,据《鲁迅全集》的注释,是日本《朝日新闻》社上海分社社长。那么,这恐怕是一个别名或笔名。因为,该分社社长名叫木下猛。六三园是位于闸北区(今属虹口区)江湾路 210 号的一家日本餐馆。这次会见还留下了内山、鲁迅、野口三人合影的照片,看来当是木下所摄的。据野口的文章,这次宴会一共就是他们四人。

总之,两次会见均有内山在场,也均有日本记者在场。以前,因为我们未能看到有关资料,对有关情况了解不多,常有说错了的。(例如,《鲁迅研究月刊》1991 年第五期发表的拙文《关于圆谷弘的鲁迅访问记》中,误以为长与和野口是一起去访问鲁迅的。这里顺便作一更正。)这两位日本作家后来都发表了会见记,现在谈谈这两篇文章发表的情况。

长与的《会见鲁迅的夜晚》,鲁迅致增田的信中已提到发表于 1935 年 7 月《经济往来》上,那是日本评论社出版的一本月刊。1936 年 8 月,又收入作者在日本冈仓书房出版的《满支近况》一书中。野口写的一篇,题为《与鲁迅谈话》,《鲁迅全集》的注释说:"他的文章,原出处待查。曾由流星抄译,题为《一个日本诗人的鲁迅会谈记》,载 1935 年 11 月 23 日上海《晨报·书报春秋》。"另外,同年 11 月 30 日上海《大美晚报》上,又刊载了白村的翻译,题为《和鲁迅的对话》,鲁迅存有此文剪报。野口此文两次被译,可见在当时中国很有点影响。今查野口原文初载于这年 11 月 12 日东京《朝日新闻》上,副标题为"与老梅树谈话的感受";又刊于 1936 年 2 月日本东亚同文会调查编纂部出版的《支那》杂志第二期上,无副标题;1936 年 5 月,又收入作者在日本第一书房出版的《印度谈》一书中。

据前引鲁迅信中的几段话来看,鲁迅当时读过这两篇会谈记,并且显然都不十分满意。那么,这两篇文章究竟是如何写的呢? 野口的文章虽然当时曾有过二次翻译,但现在也很难找见,不过人们多少还了解一点。例如,鲁迅博物馆鲁迅研究室编写的《鲁迅年谱》中写道:"据内山完造回忆,在会见时,野口米次郎挑衅地说:'鲁迅先生,中国的政客和军阀,总不能使中国太平,而英国替印度管理军事政治,倒还太平,中国不是也可以请日本帮忙管理军事政治吗?'(注:见内山完造《回忆鲁迅的一件小事》,载 1956 年 10 月 7 日上海《劳动报》)鲁迅对这种公然以奴役者自居的论调予以了反驳。

但后来野口却又歪曲报道了鲁迅的话，鲁迅在 1936 年 2 月 3 日致增田涉信中予以了揭露。"但是，野口是如何"歪曲报道"的，很多人都不知道。由于国内的鲁迅研究者大多都没有读过原文，也很少读过译文，就很难作进一步的研究了。（近见《鲁迅研究月刊》1991 年第九期上张杰的《日本的鲁迅研究（三）》，其中引用了野口的一段话，完全翻译错了，意思截然相反。）看来，亟需将这二篇会见记翻译过来。感谢日本著名的鲁迅研究家、东京大学丸山升教授给我提供了原文。现已完成了翻译，并谈谈自己初步研究的体会。

先说长与善郎。他生于 1888 年，比鲁迅小七岁。逝世于 1961 年。他是日本著名的小说家、剧作家和评论家。曾经是 1910、1920 年代日本文坛上"白桦派"的重要代表人物。同时，他又喜欢绘画，作品也达到相当的水平。1935 年春访华，先访问我国东北（当时所谓的"满洲国"），然后是北平、天津，再到上海。他在北平时，曾从山上正义等人那儿，听到过关于鲁迅的介绍。而到上海会见鲁迅，则是新闻联合社分社社长松本重治极力促成的。长与的四哥裕吉，当时正是该通讯社的社长，是松本的上司。

鲁迅说长与的文章"对我颇表不满，但的确发挥了古风的人道主义者的特色"，说得很准确。本来，"白桦派"就是大力提倡人道主义的，长与是该派的元老，所以鲁迅称他为"古风的人道主义者"。而人道主义在反动派残酷镇压的年代是有进步作用的，因此，鲁迅这后半句话看来不是一般的批评，而是带有某种肯定的意思的。确实，长与文章中如实地反映了当时中国社会的黑暗，对国民党当局表示了谴责，对鲁迅也表示了同情。但是，长与当时又确实对鲁迅缺乏了解。他因为与日本政治家犬养毅（木堂）的儿子、小说家犬养健熟悉，他便觉得鲁迅很像犬养毅。他只从 1931 年 11 月日本《古东多万》杂志第二期上读过一篇鲁迅小说《鸭的喜剧》的译文，此外所知甚少。因此，他的有些议论和认识就难免太肤浅了。例如，他在文章中把鲁迅与周作人作了比较，似乎周作人是个"坦荡荡"的学者，而鲁迅则成了"长戚戚"的了。这显然是极浅薄的认识。另外，他在文中把鲁迅从精神上到身体上都写得过于阴冷、病弱，也是不妥的。因此，鲁迅认为这是对自己"颇表不满"。但是，仔细研究长与的文章后，我认为他所记鲁迅的话，除了"爬进棺材"一段实在是有点断章取义以外，其他基本上是可信的。虽然这篇文章是长与回国后追记的，所写不可能都是当时的原话，但大概意思不会有太多的出入。主要不妥处，在于作者自己的一些议论。过了近四十年，松本重新回忆鲁迅与长与的会谈时，仍然确认长与所记是基本准确的。

长与后来虽然没有再见过鲁迅，但是他对鲁迅的认识逐步有了很大的提高。从长与这篇文中即可知道，他回国后便开始注意读有关鲁迅的文章。

他读过鲁迅在 1935 年 6 月日本《改造》杂志上发表的《在现代中国的孔夫子》。后来,鲁迅逝世后,他在 1940 年 3 月的东京《日日新闻》上连载《回想鲁迅》的长文,文中对鲁迅的认识就深刻多了。中日战争期间,他曾在我国东北经营铁路运营,还曾参加所谓"大东亚文学者大会"。但是,难能可贵的是他在战后多次撰文批判天皇制,对日本侵华罪行进行批判,并对自己在战争时期的行为作了反省,曾作有小说《耻》。尤其可贵的是,在中日关系尚未正常化的 1956 年 10 月,他以古稀之年,毅然拒绝别人的劝阻,与夫人一起,参加以内山完造为团长的一共六人的访华团,出席了北京举行的鲁迅先生逝世二十周年纪念大会。他并在大会上讲了话,提到了唯一见到鲁迅的那次宴会,也提到了鲁迅痛斥的当时连翻译契诃夫的小说也被禁止发行的黑暗时代。他的讲话充满感情,博得全场热烈的掌声。

再说野口米次郎。他生于 1875 年,比鲁迅大六岁。逝世于 1947 年。他是日本著名的诗人,并擅长于写英文诗。他早年于 1893 年留学美国,1896 年在美出版第一本英文诗集《看见的与看不见的》。1897 年又出版第二本英文诗集《山谷的回声》。1902 年赴英国,于 1903 年自费出版第三本英文诗集《来自东海》。这本书大受好评,以哈代为首,西蒙斯、蒙塞蒂等英国诗人、批评家给予高度赞扬。当时鲁迅正在日本留学,也知道这件事情。1904 年日俄战争爆发后,他作为美国几家报社的通讯员而回国。1905 年,受母校庆应义塾大学聘请,从此一直担任该校的英国文学教授。1935 年 10 月,他应邀去印度讲学,途经上海,经木下猛和内山完造的介绍而会见鲁迅。

鲁迅本来对野口的印象是不错的。1929 年,鲁迅翻译过他的《爱尔兰文学之回顾》。1933 年 4 月 1 日鲁迅致山本初枝的信中,认为野口谈萧伯纳的文章很有点道理。鲁迅给增田的信中谈到对野口这篇文章的看法,实际也比对长与的那篇要好一点。但是,野口现在在中国的鲁迅研究者的心目中,却是坏透了的。认为他是"公然以奴役者自居",并且"歪曲"鲁迅的话。然而,对此应该作点分析。野口说的那句话当然是非常错误的,使鲁迅很生气,是刺伤中国人民的民族自尊心的。他后来在中日战争期间,也曾积极参加所谓"大东亚文学者大会"。不过,终其一生,似乎还不是一个帝国主义者。他的国家、民族观念似乎不很强,曾自称是"二重国籍者"(他有本诗集,自称是《二重国籍者之诗》)。他说的这句话,究竟是自觉代表日本军国主义的蓄意挑衅呢,还是出于错误、胡涂思想的一句失言? 这还是值得进一步研究的。近日读丸山升发表在纪念鲁迅一百十周年诞辰时的《鲁迅与日本》一文,也认为从野口的经历来看,他的确是一个具有所谓"世界主义"想法的人;他的想法,与当时的日本军国主义似乎还是有一定的区别的。不过,他说出这样的话,确实表明了他对鲁迅所处的历史背景,对鲁迅和他本人各自所处的地位,都是十分无知和感觉迟钝的。我同意丸山先生的这些意见。

鲁迅在给增田的信中,倒并没有提到野口的这句话。看来鲁迅也并没有把它当作什么严重得了不得的事。他指出的是二点:一是未将他的话写全,二是写到的也没有照原样。应该说,鲁迅说的话是很有分寸的,并没有全盘否定野口的文章。野口的文章很短,自然未能将鲁迅的话写全。而一般的会见记也是很难将谈话都记全的。鲁迅说野口未将他的话照"原样"写,《鲁迅全集》的中译文译成未照"原意"写,一字之差,语气就很不相同了。(按,本文引用鲁迅这几封信,译文均略有修订。)其实,完全照"原样"写,也是较难做到的。只要"原意"大致不差,也就不能随便斥为"歪曲"。再说,鲁迅就实事求是地指出,野口为了获得发表,写文章时必须有所顾忌,这是可以理解的。看野口的这篇文章,很多文章中提到的他的那句很关键的错误的话,他并没有隐瞒不写;而鲁迅予以"反驳"的话,他也是写到的。与内山完造的有关文章对读,基本上是一致的。上面提到的张杰兄的文中说是"大相迳庭",其实那是译者自己完全译反了。既然如此,我们就不可以说野口此文是"歪曲报道"了。另外,鲁迅当时有没有看到野口文章的原文?野口后来对鲁迅的认识有没有深入?他后来有没有再写过有关鲁迅的文章?一同参加会见的木下,后来有没有写过关于此事的文章?这些都是有待进一步探考的。

我认为,鲁迅生前读过的这两篇会见记,是具有一定的史料价值的。第一,它们记载的鲁迅的话,很有参考价值,总的来说基本符合鲁迅的思想。例如,它们都写到的鲁迅当时对孔子的看法,便是很值得注意的。第二,它们真实地反映了当时的社会政治情况,诸如国内的政治暗杀、对外的一二八抗战等等,有助于我们了解鲁迅著作的历史背景。第三,它们客观地反映了当时日本一部分人士对于鲁迅的看法与认识水平。最后,它们可以丰富有关鲁迅的传记材料,例如与长与的会见郑伯奇也参加了,这一点便是人们不知道的。当然,两篇文章中涉及的有些史实,尚有待考证。例如,长与文中提到的"迎葬仪式",是否指史量才?(史量才于1934年11月13日被国民党特务杀害。)野口文中提到的"财政部长"(原文是"大藏大臣")当是指宋子文(他当年四十一岁),然而所谓要在五十六岁时聚集十万元,究竟是怎么回事?这些都得进一步了解。总之,我认为这二篇文章是值得研究和参考的,我们不能因为它们对鲁迅评价不那么高,或者因为鲁迅对它们评价不高,便忽视了它们含有的不可多得的史料价值。

(1992)

论鲁迅日本书信等必须重新翻译

以前我曾撰文指出,2005 年版《鲁迅全集》对鲁迅致日本人士的书信和答增田涉问的中译文,已经纠正了前人翻译的很多错误。由此可以证明,修订重译工作是非常有必要的。由此也证明,鲁迅日文书信的翻译及重译也绝不是一件容易的工作。当时有关方面是把这一工作交给我的,但我做此一修订任务时,时间比较紧迫,加上我出于对以前译者(很多是令人尊敬的大学者、大译家)的尊重,所以十分胆小谨慎,只要觉得原译文意思大体没错的,就尽量不予改动。而且,我当时还顾虑到广大读者已经对《鲁迅全集》的中译文很熟悉了,觉得自己如果改动太大是否不妥,因此便缩手缩脚,不敢多动。但后来我看到中共中央编译局对多次译过的马列著作都重新翻译,精益求精,出版了新的版本。我现在读的《共产党宣言》就与我年轻时读到的有所不同。而只要更准确,就并没有什么不好。而且,等我现在有了比较悠闲的时间重读鲁迅日文书信和译文的时候,又发现了很多的问题,加上以前我已撰文指出的 2005 年版《鲁迅全集》出版社编辑拒不接纳我的某些纠误的情况,我认为对鲁迅日文书信等绝对有重新认真翻译的必要。因为,鲁迅是伟大的经典作家,对他的日语作品的翻译必须力求准确,必须精益求精。

现将我后来又发现的 2005 年版《鲁迅全集》中致日本人士的日语书信一些中译文不妥的地方,除了以前我已撰文指出的很多地方以外,再举出一些例子来作说明。

首先我再次想到了一个比较重要而且有点复杂的问题:鲁迅费尽心血手把手教日本人如何翻译中文,除了详作解释以外,有时索性自己亲自译成日文,对鲁迅这样的日译文,今人究竟还有没有必要再回译成中文?

例如,310303(《鲁迅全集》书信编号,下同)致山上正义,在所附回答山上所提问的条目中,有不少是鲁迅直接对自己写的《阿 Q 正传》中有关文字的日译。因为山上译不出,或者译不好,所以鲁迅就自己翻译了。如果我们将此再回译为中文的话,就完全失去了意义,不仅让鲁迅的心血白费了,也体现不出鲁迅辛勤指导的精神;而且在这些日译文中,鲁迅有时还有改动中文原文的地方(例如以前我已撰文指出的 1981 年版《鲁迅全集》第 188 页译文第四十五条,中文原文"这简直是造反,你他妈害得我晚上没有觉睡",鲁迅日译略去了"他妈"),如果简单地恢复中文原文,不就变成翻译上的错误了吗? 在很多的这种地方,我认为应该保留鲁迅的日译,同时用注释的方法来说明这是鲁迅的日译文,如有与中文原文不同处也在注释中说明。例如,同上信所附第六十八条,现在的中译文是"译为'不准革命'或好些",而读者看了莫名其妙;应该是"译为'革命を許さない'或许好些",然后加注:"这是鲁迅对'不准革命'的日译。"这样中国读者才能看懂。同样,第七十一条"此处译为'官阶的标志'或好些",其实应该是"此处译为'官位のしるし'或好些",然后加注:"这是鲁迅对'官阶的标志'的日译。"

341214 致增田涉的附件(按,我认为不应作为附件)也是如此,"何所闻而来? 何所见而去""闻所闻而来,见所见而去"这两句,鲁迅的日文原文是:"何の事を聞いて(見に)来たのか? 何の事を見たから帰るのか?""聞いたものを聞いたから来た。見たものを見たから帰へるんだ!"这是鲁迅《魏晋风度及文章与药及酒之关系》中写到的嵇康和钟会的对话,增田因为看不懂而来问鲁迅,鲁迅就索性翻译了告诉增田。因此,中译应该照抄日文(另加注释),回译为中文就完全失去意义了。

320628 致增田涉有一段中译文字,问题更为复杂。涉及的故事背景是这样的:增田当时正在日译张天翼的某篇小说,该小说中有一句"不□癞儿式的半个世界"("□"为缺字符号),增田看不懂就写信问鲁迅,鲁迅也看不懂就只好猜。(后来增田写信问了张天翼,张说这是他开玩笑的写法,□是隐去"得"字,"不得癞儿"即法国诗人波德莱尔的诙谐音译。)鲁迅日文原信这样写:"只「不□癞儿」だけは解りません、「□癞兒」は西洋語の音訳らしいが原語を考へつかない、「□癞兒式でない半個世界」と云ふのだから「不同の半個世界」と胡麻化したらどーです。"2005 年版《鲁迅全集》的译文是:"只有'不□癞儿'不明白,'□癞儿'谅是西洋语的音译,原文想不出,说的是'□癞儿式的半个世界',且马马虎虎译为'不同的半个世界',如何?"这样的译文很有问题: 1)"□癞儿式的半个世界"一句前面漏译了一个"不"字;2)"□癞兒式でない半個世界"是鲁迅猜想后写给增田的日语理解,中译应该照抄日文(另加注释),回译为中文就没有意义了;3)鲁迅写给增田的"马马虎虎"的日译法"不同の半個世界",也应该照抄日文(另加注释)而不应该中译。

350206 致增田涉"把日本的切腹、投水等看做幽默",书信日文原文中本来并没有"等"这个意思。"切腹"是一个日本特有的词（通常写作"腹切"），意思大家都知道；"投水"则不是日本词，而鲁迅的原文本也是一个日本特有的词"身投"。"身投"就是纵身一跳而自杀的意思，包括跳河、跳海、跳崖、跳楼、跳火、跳车等等。因此，这里的翻译也应该直接用"身投"一词而去掉"等"字，再加上注释。否则无法体现出鲁迅强调的"日本的"之意。

350125 致增田涉"检查官中颇有些摩登女郎，彼の女達（这是明治时代的写法）"一句，是采用了经我修订的译法，即照抄原文"彼の女達"，然后加注："日语，意思是'她们'。"（其实更好一点的注释应是："明治时代日语写法，现在写作'彼女たち'，意思是'她们'。"）而 1981 年版《鲁迅全集》对"彼の女達"译成"彼女流辈"，就无法看出这是"明治时代的写法"，也无法体现鲁迅的幽默。然而 350801 致增田涉"否则她一定又要破费五元"一句，却没有照这种新译法。此处"她"的日文原文是"彼の女"（不是现在日语的"彼女"），而且鲁迅还特地加了个引号，说明这也是他上述的"明治时代的"幽默写法，翻译时应该照抄"彼の女"（也加引号），并加注："明治时代日语写法，现在写作'彼女'，意思是'她'。"

350627 致山本初枝"得悉你的先生康复"，"你的先生"译法极为可笑，也非常浅薄。因为我们中国以前只有对老师或德高望重的人才可称"先生"（到后来才随便叫了），反正从来没有女人称自己的（非老师或德高望重的）丈夫为"先生"的，也从来没有人称别的女人的（非老师或德高望重的）丈夫叫"先生"的。这种称丈夫为"先生"的叫法，大概是近几十年才从台港一带流传进来的，因此，怎么能硬让 1930 年代的鲁迅就说出这种当时绝对没有的话来呢？何况，日本人根本就没有这样的称呼法，一直而且延续至今除了国家认定的教师、医师、律师等以外，决不能乱叫"先生"的。山本的丈夫是一个船长，我问过日本人，在日本不能称为"先生"的。

其他可以斟酌的地方还有很多很多，随手再举一些。201214 致青木正儿"《中国学》"应译为"《支那学》"。《鲁迅全集》凡遇到日文"支那"都译为"中国"，这在大多数情况下是没问题的。但《支那学》是一本日本著名学术杂志的专名，根据"名从主人"的原则是不宜改的。310303 致山上正义"分别标出号码"，应译为"分别标出二者的号码"。320427 致内山完造"夏天或秋天"，应译为"秋天或夏天"。320513 致增田涉"较好的"，应译为"好的（比较而言）"。"博人一笑的作品"，应译为"令人发笑的精心之作"。321107 致增田涉"为广告尽了义务"，应译为"起了广告的作用"。321215 致山本初枝"沉寂的"，是"严酷的"之误译，大概是翻译者把

"きびしい"看成了"さびしい"。340108 致增田涉"第六行，从'子安名未详'到九行'然其故似不尽此'，改正如下"，"九行"应译为"第九行"，也就是改正原来的三四行文字，而不是九行。大概是翻译者看到鲁迅改正后的文字较多，不止三四行，所以就译成了"九行"。340111 致山本初枝"常失踪"，应译为"连续失踪"。340317 致山本初枝"编好即一一买纸"，应译为"编时一一买纸"。340723 致山本初枝"久无音讯"，应译为"暂无音讯"。350104 致山本初枝"内山老板惠赠松竹梅一盆"，应译为"从内山老板那里得到松竹梅一盆"。350125 致增田涉"并不费事"，应译为"不怕出丑"。350610 致增田涉"多蒙费心赞扬"，应译为"很下工夫并得到赞扬"（被赞扬的不是鲁迅而是增田涉）。350622 致增田涉"什么东西"，应译为"任何东西"。350627 致山本初枝"目前是放心的"，应译为"姑且放宽着心"。350717 致增田涉"脑子发胀"，应译为"脑子发呆"。360915 致增田涉"日内"，应译为"近日内"。

至于 2005 年版《鲁迅全集》中有关鲁迅答增田涉问的部分，虽然是我当年认真重译的，但后来我也发现了一些错误。除了编辑应该负责的错误以外，也有我应该负责的错误。例如，因为增田提问和鲁迅答问有许多只是作了一些标记，因此翻译时一不小心就有漏译。增田有不少问题是因为对中文不知怎么日译而问鲁迅，鲁迅有时候便直接日译了回答他，对这些日译文全集中也有再回译为中文的，现在看来不妥，上面已经说了。

还有一些是对旧译的错误没有发现，一旦发现就更加深感惭愧。例如第 426 页有译文"'江'指江总，太鼓寺文官"，可是中国哪里有"太鼓寺"这个庙？该庙中还分有文官武官吗？再仔细看，鲁迅的原文明明是"太鼓持"，与"寺"完全没有关系。而日文的"某某持"就是持有什么东西的人的意思，"太鼓持"就是敲鼓的人，转化为帮腔、拍马屁的人的意思。这个误译就太搞笑了。（其实，在第 534 页就再次出现过"太鼓持"一词，而译为"帮闲鼓吹手"。）其他发现不妥的翻译，再略举一些。第 444 页"二公不会罢休"，应译为"对不起二公"。第 457 页"也仍住原地"，应译为"也仍在原地考试"。第 474 页"单纯的桂"，应译为"单独的桂"。第 476 页"设法让别的男子与此女接近"的后面，漏译了"让女的粘上那个男的"一句。第 515 页"一般讲述履历的方法叫'背'吗"，应译为"与普通地讲述履历的方式相背的意思吗"。第 543 页"把鸭子切碎后煮熟叫'糟鸭'吗"，应译为"把鸭子乱糟糟切碎后煮的叫'糟鸭'吗"。原文就有的"乱糟糟"这个形容词非译出不可，因为增田就是对"糟鸭"的"糟"字不懂才提问的。

顺便提及，《鲁迅全集》中还有少数几篇他人翻译而未经鲁迅审读的文章等,我认为也应该认真再校译一下。毛泽东曾指出:"我们的责任,是向人民负责。……如果有了错误,定要改正,这就叫向人民负责。"我想,对鲁迅日文书信等的翻译,就必须向鲁迅负责,向广大读者负责,发现了错误就一定要改正。

（2019）

邢桐华——鲁研史上一奇人

广东教育出版社 2001 年出版张梦阳的《中国鲁迅学通史·宏观反思卷——二十世纪中国一种精神文化现象的宏观描述与理性反思》,其第三章《从"革命文学"的论争到瞿秋白的总结》第六节《李何林编的两本集子与奇人邢桐华》(第 111—114 页)中,有非常重要的在其他任何一本研究鲁迅学史的文章和专著中都看不到的记述,因此全文摘录如下:

李何林编的《中国文艺论战》出版不久,就收到一位叫邢桐华的人从东京寄来的信:《关于〈中国文艺论战〉并及鲁迅先生——寄李何林先生》,发表在 1930 年 4 月 29 日《新晨报》上。邢桐华可谓中国鲁迅学史上一位奇人,虽然仅留下两篇文章(鲁迅逝世后还有一篇),却独发奇论,至今仍然醒人耳目,不妨引述几段:

近日因精神欠佳,暇时不免又翻读鲁迅先生之《而已集》;半年以来,拼命阅读上海水沫书店出版之科学的艺术论丛书(日译马克思主义艺术论丛书),于思索回味之余,极想将鲁迅先生旧文谈文学与革命的东西,重看一遍,看究有如何差异之点;以此,竟偶然间(因为在读过科学的艺术论若干册之前,早已在《语丝》上看过鲁迅先生的文字,惜当时并未注意!)发现鲁迅先生论文学与革命的文章中,实含有若干(或多量,如不能说全是)之唯物的辩证法的分子在内:他的立场完全是站在唯物论方面的。(虽然他并未在任何处所扬言他是一位吓人的马克思主义者。)

老实说:我是一个鲁迅先生的绝对崇拜者!虽在若干时前,曾对他失过一回望,但现在又完全恢复了,而且更增厚了对他的信仰了。鲁迅先生方向改变后(其实并无所谓太飞跃的转变,只是他坚决的振作起来了精神而已;将沉默的消极主张,变为拼命的积极的工作而已——而这工作是绝对的有益于革命的)的工作是可惊的;是值得每个中国青年,每个中国有头脑良心者的钦敬的!在"马克思主义艺术论"与苏联无产文学的介绍移植方面,是尽了最大的,最宝贵的力量者! 他 Lunacharsky 底《艺术论》与《文艺与批评》等译著,是在中国再找不到第二个人能够担当得了的工作;别人简直作不了的。(但似乎名教授梁实秋又作"批评"鲁迅先进的"硬译"的大论了,不管他自己的文章还远不如鲁迅先生的"硬译"的事。)又在十余年来扶育维持中国一般(无额的)无名青年作家的一事上,是作了对于中国的文坛有最大的功绩的事。他是,自从新青年时代以来,惟一的一位最坚强最勇敢最急进的思想家兼艺术家;他从未离开过中国前进的思想界的尖端;他是那方面最伟大的直接以感情与一个大思想家的敏感来站在阵前的战斗者! 没有人能越超过他的。有见识者称他为中国思想界的权威;青年们赠他以"青年叛徒的领袖"的光荣的荆冠者,并非无因的。然而,这国度里的昏盲者与黑心者,却看不到那天才的光焰和战斗者的热血的;他们所加给他的只有迫害,毁谤,讪笑,无耻的造谣与污浊的猜忌。他们都是该得永远诅咒的。然而,不管这些,我们的作家——艺术家与斗士,却丝毫不睬地巍然挺立在他们的中央的。他的工作封住了一切龌龊者底卑污的口。(这里用得着"卑污"二字了。)然而,这些都用不着在此赘言了。我们可以简说:他仍然在中国是最伟大的思想家与艺术家和战士,十个胡适之换不来一个鲁迅先生;十个郭沫若也换不来鲁迅先生底几本小说,数集杂感;五个郁达夫,四个周作人,都换不来鲁迅先生对于中国的难磨的功绩。他是绝对地伟大的,立在中国新文学界里的最崇高的大树,没有人能及得上他的。

阅读这样的文字,不禁令人惊叹不已! 竟然早在 1930 年就讲出了十年后只有毛泽东才说出的话,这说明认识鲁迅的崇高价值乃是时代使然,绝非是一个领袖凭空说出的。我们不能不承认邢桐华确实具有非凡的前瞻性的眼光,竟将鲁迅在中国的价值与意义看得如此深刻!

其中最引人注意的,是鲁迅与胡适等人的比拟。当然,任何譬喻都可能是蹩脚的,人与人进行比拟也可能是不恰当的,然而就鲁迅对宇宙的最高现象、物质发展的最高结晶——人类的精神文化现象的探索来说,从鲁迅由此出发对中国历史和社会认识的深度、对中国人精神活动及其特征的精确把握、形象表达以及对中国人以至整个人类精神机制的巨大影响来看,这些评价并不为过。因为对精神文化现象的探索是极为艰深的,与一般性的文化创造相比,有些像提炼铀矿与开采煤层之别,其效力也有些像原子弹与普通炸药之差。

在梦阳兄这部著作的第五章《鲁迅逝世纪念中的评论与研究》的第三节《郁达夫的〈怀鲁迅〉和纪念文章中的其他精粹》（第 243—244 页）中又写到：

曾经提出"十个胡适之换不来一个鲁迅先生"的中国鲁迅学史上的奇人邢桐华,在鲁迅逝世纪念中又写了一篇文章:《悼鲁迅先生》(1936 年 11 月 10 日上海《质文》月刊 2 卷 2 期)。该文突出之处是完整地引述了鲁迅关于中国历史上只有"想做奴隶而不得"与"暂时做稳了奴隶"两个时代以及创造"第三样时代"才是青年使命的论点,并作了如下感人肺腑的阐发:

鲁迅先生之从事文学,并不是由于发挥自我,并不是由于热爱艺术,而是由于对中国统治者们的嗔怒啊! 这正是鲁迅先生之所以比任何中国的作家对于我们都要宝贵的缘故! 而鲁迅先生比任何中国作家还要伟大,也就在这里!

在我个人,我不知道怎样感谢鲁迅先生才好;鲁迅先生是我十年来的精神上的鼓舞者,此后也将是这样的。在先生底伟大的、战斗的影响之下,我走到革命这边来。同样,我死去了的两个友人也是这样的。他们比我果敢有为;他们已经为事业牺牲了。死去了的先生,还记得么? 1930 年的暴风雨的夏天,曾有三个青年向先生问路;现在其中的两个已经死去,被问的先生也已经死去了! 写到这里时,泉水一般的眼泪,不能不使我住笔……

文学的事业,是能以沾光取巧所完成的么? 个人底伟大,是能以用阴谋、策略所造成的么? 想到先生临终前所受到的侮辱和诽谤,我真是愤不欲生! 一两个无才无德的青年,二三个造谣生事的臭文人,使得先生在临终之前都不得安息! 然而中国的大众们将要永远记着先生底伟大,先生的令名要与日月争光;而那些败类、骄横之徒,将要和垃圾一样被人扔到臭坑里去!

邢桐华究竟是一位怎样的人? 他的身世究竟如何? 迄今为止,也未见考证。从这篇悼文中,我们可以确知他是 1930 年的暴风雨的夏天向鲁迅问路的三个青年之一,其中的两个已经为革命牺牲了,他在鲁迅逝世时还活着,还在进行着更为深邃的思考,后来是否已经捐躯,尚未可知。然而,可以肯定,邢桐华是一位真诚而深刻的先觉青年。他对鲁迅宝贵价值的认识,对鲁迅反奴性思想精髓的准确把握以及对鲁迅独立人格的推崇,实在是许多知名的鲁迅研究家们无法比拟的。

自从张梦阳兄发掘出邢桐华很早就发表了鲁迅是伟大的"三家"(革命家、思想家、文学家)的雏形理论的史实以后,引起我极大的兴趣与关注。(邢桐华称鲁迅是"绝对的有益于革命的""站在阵前的战斗者""斗士",这一评价与"革命家"的定论已经相当接近了。)我在2009年《上海鲁迅研究》第四期上发表的《我上鲁迅研究课的几点体会》中曾写道:"有人认为,鲁迅之被称为文学伟人、思想伟人、革命伟人,全是毛泽东对他'神化'的结果。我就以大量事实证明,毛泽东关于鲁迅三个伟大的'家'的说法,不仅是正确的,而且也不是他突然拍脑袋想出来的,而是对前人正确论述的总结和提高。如早在1930年,就有青年论者邢桐华指出鲁迅的'立场完全是站在唯物论方面的(虽然他并未在任何处所扬言他是……马克思主义者)',认为'我们可以简说:他……在中国是最伟大的思想家与艺术家和战士'。(在这些史料的整理方面,张梦阳先生的《中国鲁迅学通史》做出了重要的贡献,提供给我很多例证。但他似乎不了解邢桐华的生平。我也给学生介绍了邢桐华的简历。)"

但梦阳兄提出疑问:"邢桐华究竟是一位怎样的人?他的身世究竟如何?"至今已有十多年,似乎仍然"未见考证"。我的导师李何林先生本来应该有所了解的,可惜他去世已久,无从请教。多年来,我也仅知:邢桐华是河北人,当时是日本早稻田大学俄语系的留学生。他应该是"东京左联"的成员,曾用笔名勃生,积极参与编辑《杂文》和《质文》杂志。后被日本反动当局逮捕,并驱逐出境。抗战爆发后,跟随郭沫若在第三厅工作,1940年2月21日不幸病逝于桂林。在姚辛2006年出版的迄今最详尽的《左联史》一书中,仅仅在第550页提到邢桐华的名字,说"因下落不明、史料匮乏",无法介绍生平。其实,1980年《新文学史料》第一期上,就发表过林林的《哀邢桐华》。特别是邢桐华逝世时,郭沫若就曾写过一篇非常生动的悼文(题目很奇特,叫《螃蟹的憔悴》),发表在1940年7月6日《新蜀报》第四版。可惜这篇文章郭老漏收于他的集子,后来整理出版的《郭沫若全集》也没有收入,因此知者不多。

林林好像也不知道郭沫若写过这篇悼文,但林林文中提到,就在邢桐华离世前后,已经离开桂林的郭沫若还不知道邢已经病逝,在写《序〈战争与和平〉》一文中特地提起自己在东京时要邢桐华接译这部托尔斯泰名著的往事,以为邢看到这篇序文会得到欣慰的,"可是桐华这小小的欣慰,也不可得了,他已寂寞的长眠在桂林北门外的塚地,一抔新坟之下了。"

郭沫若的悼文仅仅八百来字。郭沫若说,他对邢桐华的生平也不是太了解,但特别强调一点:"但我知道他是极端崇拜鲁迅的。"因为这篇悼文现在可能也不易找到,我就再做一回"文抄公",将这篇重要的文章抄在这里,以供梦阳兄和其他鲁研同道共读。

（2015）

螃蟹的憔悴
——纪念邢桐华君

邢君桐华,寂寞地在桂林长逝了。他的能力相当强,可惜却死得这么快。

我和他认识是在抗战前两年,是在敌国的首都东京。

那时候有一批的朋友,在东京组织一个文会团体,想出杂志,曾经出过八期。前三期叫《杂文》,因受日警禁止,后五期便改名为《质文》。桐华君便是这个团体里面的中坚分子。

他在早稻田大学俄国文学系肄业。杂志里面凡有关苏联文学的介绍,大抵是他出任的。

为催稿子,他到我的住处来过好几次,我还向他请教过俄文的发音。有一次他谈到想继续翻译托尔斯泰的《战争与和平》,我曾尽力的怂恿他,把我所有关于这一方面的资料都送给他去了。但他还未曾着手,却为了杂志的事,被日本警察抓去关了几天,结果是遣送回国了。

不久卢沟桥事变发生,我私自逃回了上海,曾经接到过桐华由南京的来信。

又不久知道他进干训团去受军训去了,和着一大批由日本回来的同学。

前年春节,我到武昌参加政治部工作,想到俄文方面需要工作人员,便把他调到第三厅服务。我们武昌重见,算是相别一年了。他在离去日本的时候,曾经吐过血。中经折磨,又受军训,显然是把他的症疾促进了。

自武汉搬迁以后,集中桂林,桂林行营成立,政治部将分出一部分人员留桂工作。我们当时也就顾虑到桐华的病体,把他留下了。因为他的憔悴是与时俱进,断不能再经受由桂而黔再蜀的长途远道的跋涉了。

留在桂林,希望他能够得到一些静养,但也于他无补,他终于是把一切都留在桂林了。

桐华的个人生活和他的家庭状况,我都不甚清楚,因为我和他接近的机会,究竟比较少。

但我知道他是极端崇拜鲁迅的。

他的像[相]貌颇奇特。头发多而有拳曲态,在头上蓬簇着,面部广平而黄黑,假如年龄容许他的腮下生得一簇络腮胡来,一定可以称为马克思的中国版。

　　还是在日本的时候,记得他有一次独自到千叶的乡下来访我,是才满五岁的鸿儿去应的门。鸿儿转来告诉我说:"螃蟹先生来了。"他把两只小手叉在耳旁,形容其面部的横广。我们大家都笑了。

　　但是这螃蟹的形象,在憔悴而且寂化了的桐华,是另外包含了一种意义了。

　　——倔强到底,全身都是骨头。

二十九年五月十七日晨

伟大毕竟还是有人懂的

二十多年前,我看到师母王振华(李何林老师的夫人)一篇文章的题目《纪念我的启蒙师顾随先生——宣传鲁迅的先行者》(载《河北大学学报》1990年第四期)时,就很惊讶。因为当时在我的心目中,顾随先生(1897—1960)就是一位典型的老派学者,有名的古典文学研究家,甚或可称他为国学大师。他对中国古典诗词的鉴赏多有神思妙悟,自成一派,周汝昌、叶嘉莹都是他的学生。但顾随与鲁迅之间没有过什么交往,他的治学兴趣、写作道路以至社会政治倾向等,似乎也与鲁迅不同。他怎么又和先师李先生一样,也是一位"宣传鲁迅的先行者"呢?

读了师母的文章和其他有关资料后,我才知道,在1926年师母十三岁考入天津的河北直隶女师后,就在课堂上听顾随讲鲁迅作品,以及鲁迅所推荐的国外"弱小民族"的作品。在今存顾随1927年的日记中,还可看到他研读鲁迅著译的记载。而那时,天津还在北洋军阀的统治底下。1942年5月,顾随在致一位日本友人滕茂椿的信中,口口声声无比崇敬地称鲁迅是"大师"。他说他每晚灯下读鲁迅的著译,"觉大师精神面貌仍然奕奕如在目前。……然而大师的墓上是已有宿草了。自古皆有死,在大师那样的努力过而死,大师虽然未必而且也决不觉得满足,但是后一辈的我们,还能再向他作更奢的要求吗?想到这里,再环顾四周,真有说不出的悲哀与惭愧。"

在鲁迅去世后,顾随多次发表过纪念鲁迅的讲话和文章。如1947年初,在中法大学文史学会发表题为《小说家之鲁迅》的长篇讲演。这篇讲稿失而复得,直到1982年才正式发表于《文献》杂志第十一期。这是一篇非常精彩的学术讲演,顾随说:"鲁迅在学术和文艺上说起来,同时是思想家,文学家,艺术家,考据学家,史学家,诗人又是小说家,集许多'家'于一身,简直无以名之,也许就是博学而无所成名,与大而化之为圣吧。在这一点上看来,在中国可以说是空前,而且假如我们后人不努力,一定要成为绝后的。"他还说鲁迅是"爱不得,所以憎;热烈不得,所以冷酷;生活不得,所以寂寞;

死不得,所以仍旧在'呐喊'"。1947年10月,北京大学文学社举办鲁迅逝世十一周年纪念晚会,顾随又应邀发表讲演,并朗诵了《阿Q正传》中的一段。1948年10月20日,他又在中法大学讲《我所看见的鲁迅先生》。1949年1月27日,他在中法大学补习班上课,在日记中写道:"学生出席者有十人左右,为讲鲁迅之作风二小时。"而当时正是北平解放的前夜,时时可以听到枪炮声。新中国成立后,顾随在1956年写过《木兰花慢·鲁迅先生逝世廿周年纪念作》等。他对周汝昌等人说过这样的话:"我没有亲承受业于鲁迅先生,但平生以私淑弟子自居,高山仰止,无限钦羡。"

由此,我对顾随先生刮目相看,非常佩服。我认识到,顾随虽然不像吾师李先生那样有着青年时就由革命先烈李硕勋(李鹏同志的父亲)介绍入党和参加南昌起义这样的革命经历,但他确实也是一位"宣传鲁迅的先行者",是懂得鲁迅之伟大的一个学者。

后来,我又看到了近代另一位学者张荫麟先生的文章,再一次令我非常惊讶和佩服。

张荫麟(1905—1942),才华横溢又不幸早逝的著名史学家,广东东莞人,笔名素痴、燕雏。朱自清《挽张素痴》诗中说他"妙岁露头角"。早在清华学堂读中学时,张荫麟便名扬学界,在《学衡》《清华学报》《燕京学报》等学术刊物上发表文章,与梁启超论学,和朱希祖笔战。1929年,张荫麟以优异成绩从清华大学毕业,赴美国公费留学。陈寅恪一向看不起很多留洋官费生,甚至将官费派出留学生比诸袁世凯北洋假练兵,将二者视为近代中国两大祸事;但他对张荫麟却青眼有加,曾在致傅斯年的信中极力推荐,誉为"清华近年学生品学俱佳者中之第一人",甚至说"庚子赔款之成绩或即在此一人之身也"。还说张荫麟"记诵博洽而思想有条理",最适宜在北京大学教授中国通史,若能在中央研究院历史语言研究所工作,"必为将来最有希望之人材"。一向孤傲的钱锺书,在张逝世后赋诗《伤张荫麟》曰:"气类惜惺惺,量才抑末矣。"谦虚地说"量才"自己比不上张,并注云:"吴雨僧师招饭于藤影荷声之馆,始与君晤。余赋诗有'同门堂陛让先登,北秀南能忝并称'等语。"抗战时期,有关当局赏识他的才华,推荐他到重庆政治部工作,部长陈诚亲自约见,蒋介石也专门召见。但不久他仍旧回归学术研究工作。傅斯年于国难中托以编修国史教科书的重任。钱穆甚至以为"中国新史学之大业,殆将于张君之身完成之"。他写的《中国史纲》一书,获得学界高度肯定,迄今数十年一版再版,即从1980年代至今,就有上海古籍出版社、辽宁教育出版社、山西古籍出版社、商务印书馆等多种版本。

张荫麟不是文学界中人,显然也不是一个政治家,更不是一个左翼文化人、革命志士，但他却在 1934 年 9 月 15 日天津《大公报·图书副刊》第四十四期上发表了一篇异常精彩的《读〈南腔北调集〉》。写这篇文章时，他刚从美国斯坦福大学获得博士候选人资格回国，簇新的"海归"啊。张先生文章首引鲁迅"惯于长夜过春时"一诗，接着写道："提起笔来想介绍周豫才先生一部使我感动的近作，不禁勃然涌出一大堆恭维的话。为求名副其实，此文应当题为：《〈南腔北调集〉颂》。"他先歌颂鲁迅伟大的人品，其中可圈可点的警句甚多：

先颂周先生。他可以算得当今国内最富于人性的文人了。自然人有许多种。周先生不就铸造过"第三种人"的名词么？但我所指的是那种见着光明峻美敢于尽情赞叹，见着丑恶黑暗敢于尽情诅咒的人；是那种堂堂赳赳，贫贱不能转移，威武不能屈服的人。像这样的人也许不少，但缺乏的是周先生笔下的技巧和力量。

我想，周先生本来可作"吾道中人"。古董他是好玩的，他的《中国小说史略》已成了一部标准的著作。只要他肯略为守雌守默，他尽可以加入那些坐包车，食大菜，每星期几次念念讲义，开开玩笑便拿几百块钱一个月的群队中，而成为其中的凤毛麟角。然而他现今却是绅士们戟指而詈的匪徒，海上颠沛流离的文丐。他投稿要隐姓换名，他的书没有体面的书店肯替出版。人性的确是足以累人，大丈夫的确是不容易做的。"伤屯悼屈只此身，嗟时之人我所羞！"读周先生的书每每使我不寐。

然而周先生可以自慰的，他已为一切感觉敏锐而未为豢养所糟蹋的青年们所向往。这种青年的向背也许不足以卜一个文人的前途，却断然足以卜一个文人所依附的正义的命运。自人类有主义以来，这条公律未曾碰过例外。当周先生的杂感被绅士们鄙弃的时候，颇有人誉他为先驱者，我还有点怀疑。但自从他公开地转向以来，这种称誉他确足以当之无愧。最难得的是当许多比他更先的先驱者早已被动地缄口无声，或自动地改变了口号的时候，他才唱着"南腔北调"，来守着一株叶落枝摧的孤树，作秋后的鸣蝉。但夏天迟早会再出现的。而一个光明的"苛士"（陈按，"苛士"当是 cause，事业），当屯否晦塞的时候，正需一个"斲轮老手"来撑持。假如钳制和老年不足以销尽他创造的生机，那么，我敢预言，在未来十年的中国文坛上，他要占最重要的地位的。

接着,张荫麟"颂"了鲁迅的《南腔北调集》。他强调他特别是从历史学家专业眼光来评论鲁迅这本书的(文中大段摘录了《南腔北调集》中悼念柔石的文句,这里就省略不引了):

> 次颂周先生的书。我是有历史感的,特别注意它的史料价值。但这个史可不是上古、中古或近古的史,而是我们当前的时代的史。一个时代的性质可用其中感觉敏锐的青年的遭遇来量度。这话若确,那么,我们在这小集子里可以发现极重要的史料,而后世的史家必将感谢我们的提醒的。举例如下:(页七四至八三)
>
> ……
>
> 我很抱歉,把周先生的大好文章剚割得体无完肤。但因为我怕"誊文公"的头衔,不得不如此。周先生所描写自投罗网的青年尚不止一柔石,因为同样的理由,也只好割爱了。好在,以我所知,周先生的书尚未被列入新"Index"里。
>
> 依文气看来,这篇颂赞似乎还得续写。可惜我还没有到"四十不动心"的时期,写到这里,连想起一些与柔石辈遭遇相似的同学少年,禁不得在"人间何世"的疑问下搁笔了。

这篇文章,在张梦阳主编的《1913—1983鲁迅研究学术论著资料汇编》中非常难得地收录了。不过,这部资料汇编中只注明作者"素痴",梦阳兄和大部分读者大概都不会想到,这是出自一位年仅而立的刚刚从美国留学归来的青年史学家之手吧?

多年来,特别是近年来,一直听到有人说鲁迅之伟大是毛泽东把他"神化"出来的,是共产党吹捧出来的。事实胜于雄辩。看看顾随、张荫麟的文章吧,他们可都不是共产党员、左翼人士。他们可都是在共产党执政前写的,也是在没有看到毛泽东发表的有关鲁迅的论述之前写的。顾随当年就称颂鲁迅是"空前"的圣人!张荫麟当年就称颂鲁迅是"足以当之无愧"的"先驱者",而且公然明确地肯定鲁迅的"公开地转向"!

现在,还有人特别喜欢强调从"人性""人情"等来谈论鲁迅,好像只有这样"回归"了的鲁迅才是所谓"真的"鲁迅。张荫麟当年也肯定鲁迅是"最富于人性的文人",但同时他却指出"人有许多种",也就是说,他不是笼统地说"人"和"人性"。而张荫麟赞颂的鲁迅,"是那种见着光明峻美敢于尽情赞叹,见着丑恶黑暗敢于尽情诅咒的人;是那种堂堂赳赳,贫贱不能转移,威武不能屈服的人"!同样的,顾随称颂的鲁迅,是"爱不得,

所以憎;热烈不得,所以冷酷;生活不得,所以寂寞;死不得,所以仍旧在
'呐喊'"的人!

　　伟大,毕竟还是有人懂的! 真正的学者,毕竟是懂得伟大的!

(2016)

一级文物背后的故事

　　1996年上海古籍出版社出版的《上海鲁迅纪念馆藏文物珍品集》第五十六页,载有《中华木刻集》的封面照片。注明"鲁迅题写书名"。由于该书书名由鲁迅题写,而且该书初版本现已极为罕见,因此上海鲁迅纪念馆在国家文物审定部门审定下,定此书为一级珍品。然而,这个鉴定得来不易,经过颇为曲折,争论长达七年之久,有故事可讲,却为绝大多数读者所不知。写出来,也可存为一段故实。

　　最早写文章谈鲁迅这一题签的,是陈梦熊(熊融)。他在1984年上海书店内刊《古旧书讯》及同年11月天津人民出版社出版的《鲁迅研究资料》第十四辑上,发表《新发现的鲁迅题签》,写到当时已八十一岁的郑逸欣老人证明近五十年前亲眼看到过鲁迅的题签原件。又写道,该书木刻画作者之一朱世名说,该题签可能是该书编者马映晖通过其学生傅养浩,托傅养浩的父亲傅东华,向鲁迅求来的。

　　接着,1985年4月《鲁迅研究动态》上,发表了王观泉的《关于〈中华木刻集〉》,"认为是集鲁迅字的伪作,没有介绍的必要"。王还认为"无论从内容从技法,可以毫不夸张地指出,这是一册拙劣不堪的木刻集。这在三十年代所出版的进步木刻集中也是未有的现象"。"实在令人难以相信这是鲁迅能与之题签的木刻团体所干得出来的"。他甚至说:"我认为不仅'中华木刻集·迅'是伪作,甚至连吴淞中学的'中华木刻会'也可能不是一个有组织的木刻团体。"他认为郑逸欣的证词是"十分薄弱的孤证",而当时鲁迅与傅东华之间除了傅的儿子傅养浩生病时傅求托鲁迅帮助外,"没有别的任何联系"。王观泉的这些说法,读来显得有点蛮横,缺乏说服力。例如,书的题签与书中作品的水平,本没有必然的联系。鲁迅与傅东华的关系,难道就像他说的那样简单? 更重要的是,《中华木刻集》在鲁迅生前出版过两集,据王说甚至还可能有普及版和精装版两种,如果是伪造鲁迅的题签,未免也太大胆了吧? 鲁迅当时又为什么没抗议呢?《鲁迅研究动态》在该期封三刊出书影,并加编者按语说:"谁是谁非,请读者自鉴。希望了解其中情况的同志进一步发表意见,以将这段'公案'搞个水落石出。"这个态度是对的。

陈梦熊经过进一步调查,在 1987 年 3 月《鲁迅研究动态》的第三期上,又发表《〈中华木刻集〉上的题签是集字还是亲题》一文,副标题是《蔡祖欢、傅养浩、黄源同志忆往谈片》。蔡祖欢亦为当年吴淞中学木刻会成员,他证实"中华木刻集"确是鲁迅亲题,只是鲁迅没有署名,他们觉得美中不足,于是由蔡祖欢提议,并由他从别处鲁迅署名照描了一个"迅"字。傅养浩也证实题签是真的,并说明书中作品均是中学生的习作,"不能以它内容上的拙劣来否定鲁迅题签的真实性"。认为王观泉"陷入了主观的猜测"。黄源则认为:"经过蔡祖欢、傅养浩二处调查,问题比较清楚了。蔡托傅养浩转请傅东华设法。傅东华不便直接为此麻烦鲁迅先生,一定是托我到鲁迅家时顺便转请的。虽则我记不清这事,但这是可肯定的。"黄源并说:"只要此事发生在《译文》停刊前,可完全肯定的。"陈梦熊在文末还特意感谢王观泉的"存疑精神",因为正是王的质疑才促使他作了进一步的调查和访问,否则这些材料均有湮没的可能。

但在同一期《鲁迅研究动态》上,却同时就又发表了王观泉看了陈梦熊尚未刊文后写的《再谈〈中华木刻集·迅〉是集字伪作》。由于蔡祖欢谈到"迅"字是他从别处描摹的,王观泉就抓住这点作了无情的嘲讽,说什么"记忆力真强的","可有点儿使人感到难为情",并说:"连鲁迅的名字都敢假冒,何况乎一本书的名字?"其实,陈梦熊已找到好几位当时的目睹者证明此题签是真的,这已不是王观泉所谓的"孤证"了;而蔡祖欢提到"迅"字是他处描摹,正是表明这位老人的态度实事求是,如果他们真是蓄意作伪,有什么必要还来承认这一点,而提供把柄让人来肆意挖苦呢? 王观泉固执地声称他的"斩钉截铁的结论"是"经过集思广益之后的科学的鉴定"。还说:"我认为这个问题是不必再去争论了,至少我不再争了。"其实,你再不再争,是你的自由;但你无权不让别人据理争辩。

不过,王观泉说"对任何当事人的追忆,只是作为进行学术鉴定的一个参考,并不盲从",则是不错的。看来,要最后解决这个问题,还必须有更过硬的证据。可喜的是,1988 年《鲁迅研究动态》第六期发表了陈子善(善文)的一则短短的补白,可以作为极有力的证明。陈子善查到 1935 年 6 月 17 日上海《时事新报》的"本埠附刊"版的"出版界"专栏,刊有题为《中华木刻集出版》的新闻,其中明确写道:"本市市立吴淞中学木刻会出版之《中华木刻集》,第一期已于昨日出版,马映辉主编,……封面由当代文豪鲁迅先生题字,实价五角,上海辣斐德路夏光书店总代售……"这样,疑伪者就再也无话可说了。因为《时事新报》是当时上海著名的大报,鲁迅也看的,鲁迅的很多朋友、学生们当然也看,"作伪者"是不可能这样明目张胆地登广告的。

　　约在陈子善发表这篇补白略后,我用"康文"笔名也写了一则补白《鲁迅为〈中华木刻集〉题笺又一证》,指出在鲁迅 1935 年 6 月 3 日致黄源的信中,即明确记有:"附上书签两条,乞转交傅先生。"从时间上看,显然就是黄源说的傅东华请他代求鲁迅题写的《中华木刻集》书签。(可是为什么有"两条",则不清楚了,可能写了两条让对方可以有挑选的余地。)而且我还直接写信问了黄源先生,他也同意我的想法。再说我们也找不到这时还有别的什么经过黄源、傅东华之手鲁迅题写书签的书了。于是,王观泉说的那个所谓"科学的鉴定"就再无立脚之地了。至少证明他的鲁迅与傅东华"没有别的任何联系"之说是多么武断。可是,奇怪的是,我的这则仅仅百字补白寄到《鲁迅研究动态》后,就一直不见发表,我曾去催询,但就是一直不发。没有办法,我的这则补白后来直到 1991 年 6 月才在《上海鲁迅研究》第四辑上发表。

　　从这一故事中,你是否可以看到一些世风、文风、学风呢?

(2002)

关于许广平的几封信

上海鲁迅纪念馆编的《许寿裳家藏书信集》（以下简称《书信集》），由福建教育出版社于2016年3月出版了。纪念馆送了我一部，我非常感激。这部《书信集》在各方面的重要价值，在书前许世玮写的《序言》和整理小组写的《编辑说明》中已经论述得明明白白，不需要我来多说了。《书信集》上册是原件之影印，下册是整理者的释读文字，编排考虑之周到，印制质量之高超，任何读者一看便知，也用不着我多说。许世玮序中说明，这些书信"台湾'中央研究院'已出版在先。而今次上海鲁迅纪念馆重新整理、考证、编序，使之更为准确完善，以飨读者"，我作为读者，深为高兴和放心。《书信集》的《编辑说明》中说："鉴于学识所限，在整理、校对方面，必有不当之处，尚希有识之士不吝指正"，态度非常诚恳和科学，我作为研究者，又深感佩服。

《书信集》的《编辑说明》中还说："在本书的编辑过程中，除了手稿文字的辨识是一个相当艰巨的工程外，书信的日期考辨也是颇为困难的工作。其中有一部分有日期落款，有一部分虽无日期落款，但可以根据留存的信封邮戳等加以判别；还有一部分信件没有日期，这部分的写作时间考订最为困难。我们主要参考了台湾出版的由彭小妍、施淑、杨儒宾、北冈正子、黄英哲编校的《许寿裳书简集》，并参酌日本东京大学东洋文化研究所附属东洋文献中心刊行委员会1993年版的《许寿裳日记》的记录进行判别，再参以《许寿裳遗稿》《钱玄同日记》《朱希祖日记》等资料文献进行查证，考出了部分书信的写作时间。"

在友人的帮助下，我又借到了台湾"中央研究院"中国文哲研究所于2010年11月发行的彭小妍等人编校的《近代文哲学人论著丛刊》之九的《许寿裳书简集》（以下简称《书简集》），以便对照研读。我看到，台湾学者（其中北冈正子是日本学者）在该《书简集》的《导言》中，也是高度肯定这批书信的各方面的价值的。而且他们也着重说明："除整理排序费工夫以外，最大的困难在于笔迹辨认，过程经年累月，不明字迹虽经反复推敲，最后定稿仍有难辨之字，留待方家赐正。至今出版，竟匆匆已近九个年头！"可见,字迹辨认、时间考订,确实是整理工作中的难点。《书简集》的编委会为辨识文字,还专门请了台湾书法家来参与。

　　然而,实话实说,我虽非"方家"和"有识之士",但在这两部书中都遗憾地发现了不少的"不当之处"。这里先举一例吧。《书信集》下册第 182 页编号 294 一信,有"前闻世㻛世讲[?]谈及"一句,这个"[?]"经查对《书信集》上册第 402 页,在原件上是没有的,当是整理者(或出版社编辑)看不懂而添加的。看不懂本没关系,但为什么不去查查词典,或请教一下"有识之士"和"方家",而就这样大胆地加上个"[?]"呢? 出版社设立了三审制度,为什么竟仍然解决不了这一常识性简单的问题呢? 而我对照台版《书简集》,在其下册第 1036 页的这封信的释文中,是没有这个"[?]"的。看来他们好像不认为这是一个问题。(按:"世讲"本为旧时文人常用客套词,专用称朋友的子女。)不过,《书简集》对这封信的最后一句有两个字不认识而用了方框:"中甫、稷如已来此间,事平平而多□可陈者,□病起。草草。即请道安"。这样的标点,简直不知所云,令我怎么也读不通。而《书信集》的释文似乎好一点,而且去掉了方框:"中甫、稷如已来此间,事平平而多奇,可陈者寡。病赴草草。即请道安"。尽管好了一点,意思和逻辑却还是不通。试想,既说"平平",那就是不奇,怎么又说"多奇"呢? 既然事而"多奇",那么可言者应多,怎么又说"可陈者寡"呢? 而且,《书简集》"病起"原非误识,《书信集》却改为"病赴",以致全然不通了。这句话,依我看其实应该这样释读和标点才对:"中甫、稷如已来。此间事平平而多,奈可陈者寡。病起草草,即请道安。"

　　我现在没有时间和精力对这两部书作全面的纠错。我最感兴趣的是《书信集》中收录的鲁迅夫人许广平致许寿裳的五封信。现在就来谈谈这个。我发现,这五封信在《书简集》中全部失收,可知这是《书信集》"后出转精"。但令我感到遗憾的是,《书信集》对这五封重要信件的系年,竟然搞错了四封! 而这些信,鲁迅研究者及许广平研究者今后一定会经常引用的,为防以讹传讹,本人只能勉力为文予以指正。

　　《书信集》的《编辑说明》中有一段非常重要和引人注目的话:"鲁迅逝世后,许寿裳致力于鲁迅纪念和研究事宜,……本书中许寿裳 1937 年与许广平讨论出版《鲁迅全集》、1939 年两人讨论写鲁迅年谱、纪念鲁迅以及赡养北平鲁迅的母亲及朱安等事的通信,……直到 1948 年他去世前不久,还在与许广平商讨鲁迅著作重版的事。从中可见,许寿裳对老友鲁迅的悬剑空垄之情,令人感动。"可是,我翻遍《书信集》,"本书中"根本就没有"许寿裳 1937 年与许广平讨论出版《鲁迅全集》、1939 年两人讨论写鲁迅年谱"的书信。

那么，有没有1937年许寿裳与许广平讨论出版《鲁迅全集》的信呢？当然是有的。因为许广平在有关1938年版《鲁迅全集》的文章中就引用过的。这是鲁迅研究工作者都知道的常识。现在在《书信集》中未见，我想不可能是整理者漏收。是不是原件已经遗失了，或不在"许寿裳家藏书信"内？无论如何，在《书信集》中既然没有，《编辑说明》就不应该那样写。

那么，有没有1939年许寿裳与许广平讨论撰写鲁迅年谱的信呢？我认为是没有的。因为这里提到的"鲁迅年谱"，就是用在1938年版《鲁迅全集》中的。《鲁迅全集》既然已经出版，第二年再来讨论年谱怎么写，还有这个必要吗？许寿裳与许广平此前讨论撰写鲁迅年谱的信倒也是有的，许广平在有关1938年版《鲁迅全集》的文章中就引用过的。这也是鲁迅研究工作者都知道的常识。

现在，《书信集》中倒是收入了一封1937年11月23日许广平致许寿裳的信（见上册第27—28页，下册第13—14页）：

> 季黻先生：
>
> 　　生顷已从北平回沪，平方一切安定，生活费亦安顿妥了。在平廿余日，每天到西三条整理大先生的书。凡是亲笔的，尽可能都带回了，多是碑录。谢承《后汉书》及《岭表录异》手本都有了。回沪诸待整理。《民主》被迫停刊（非禁止，阴令报摊不许卖），先生回忆文登至第九章"归国在杭州教书"，其余未登的存起。现拟出单行本，不知先生尊意如何？尚有若干未写完，如允付出版，条件如何？抽版税或卖版权都可商量的。如何之处，乞早赐覆为荷。肃此，敬候
> 著安。
>
> 　　台、李各位请代达一切。
>
> 生广平叩。十一月廿三

此信显然与"讨论出版《鲁迅全集》"没什么关系。（按：此信的文字、标点我都作了修订。以下引用信件均如此。）从内容看，实际乃写于九年后的1946年。因为信中提到的《民主》，就是郑振铎主编的《民主》周刊，于1946年10月下旬被国民党当局禁止；"先生回忆文"，就是许寿裳在《民主》上连载发表的《亡友鲁迅印象记》；"归国在杭州教书"，就是许寿裳的《亡友鲁迅印象记》只连载到他写的鲁迅归国在杭州教书那一章。这封信是从上海寄到台湾的，"台、李"指台静农、李霁野。

《书信集》中又收入了一封 1938 年 10 月 29 日许广平致许寿裳的信(见上册第 57 页、下册第 27 页):

> 季茀先生台鉴:
>
> 　　生已于十月廿二日飞平,并先后拜谒寿、宋、阮各先生。大师母见面亦甚欢喜,似乎这次相见,能融洽许多隔阂。连日整理存书,在西三条的均加包封。其谢承《后汉书》及《岭表录异》均有抄本,但是否适于收入辑录之部,容俟斟酌耳。生本拟月抵[底]回沪,惟闻连日输送国大代表,一时无法买票,则须稍俟方可成行。台先生想早到台省,请转告台、李二先生,以免挂念。匆此,敬候
>
> 著安。
>
> 学生许广平上。十月廿九日

《书信集》将"辑"字错作"转","想"字错作"相"。从内容看,很显然这封信应该是写于上一信之前,即也是写于 1946 年。信中写到"连日输送国大代表",国民党操办的"国民大会"是 1946 年 11 月 15 日正式召开的。

《书信集》中又收入了一封 1939 年 4 月 12 日许广平致许寿裳的信(见上册第 68—69 页,下册第 33—34 页)。由于这封信太长了,这里就只引前两段吧:

> 　　久未禀候起居,时深惶悚,幸尝于师母大人处得悉先生尊况,深慰下怀。近又从上海刊物中拜读先生大作《蔡先生的生活》一文,对于蔡先生的伟大处,得先生此文而益显了。
>
> 　　年谱之作,实因该刊编者执笔未明真相所致,生本欲将先生的再四为难与[以]及二先生(他现在大阔了,带了太太侄女出使国外。所谓"藏拙未遑"得一反证。但北方我们还是负担一半的。)之有意简略,细说一下,后来恐刊物不愿登载而稍改为隐晦一点,因此对先生的苦心,或尚未能代为表白多少,不胜愧报!

仅从上引两段话,就可确认此信绝不可能作于 1939 年,而是作于 1941 年。因为信中写到的"先生大作《蔡先生的生活》一文",是指 1941 年 3 月蔡元培逝世周年时许寿裳写的《蔡孑民先生的生活》;"年谱之作",是指许广平发表在 1940 年 9 月 16 日《宇宙风乙刊》第二十九期上的《鲁迅年谱的经过》;"二先生(他现在大阔了,带了太太侄女出使国外……)",是指 1941

年4月周作人率团赴日本参加会议。(当时,这位"二先生"在"百忙"中还特意去靖国神社拜鬼招魂。4月15日国内的《庸报》就报道了前一天下午周作人"参拜护国英灵之靖国神社,东亚永久和平之志向相同之一行均誓言真心"。拜鬼之外,周作人又两次赴日军医院,"亲切慰问"在侵华战争中被打伤的日军官兵,并为他们养伤捐款。这些行为,远非"藏拙未遑"而能掩饰,所以许广平对他极为鄙视!)

《书信集》中又收入了一封1948年1月13日许广平致许寿裳的信(见上册第658页,下册第283—284页):

　　季莳先生赐鉴:

　　　　十二月十八日赐示谨悉。前奉书简等,并非出售,先生不必客气给款,转使生不安。刘君并未来购书,现亦无余存。倘力所能及,春间拟再版一次。因各方索购甚多,无以应命为歉。豫师著作,在物质[资]艰困之下,有此好况,殊令人感动。先生前次惠函,似云有一次投稿尚未付稿费,经已去询,据云早已结清。去向师母请教,又记不清第几期没有送款。先生处如可查及,乞便中示知,以便转索为幸。小儿到港即病,住校没人照料,又兼外汇购买接济都感无法,迫得令其回沪,已于本月三日平安抵埠。现体较前健好,可舒锦注。肃此,敬叩
　　春福。

　　　　　　　　　　　　　　　　　生许广平谨上。一月十三夜

此信我认为不是1948年写的,而是1947年。理由是:信中说的"前奉书简""豫师著作",当指《鲁迅书简》一书,是1946年10月出版的;信中说的"有一次投稿尚未付稿费",当是指许寿裳在《民主》周刊上连载发表《亡友鲁迅印象记》的稿费,亦1946年事。另外,周海婴去香港又回沪是在哪一年,也不是什么难查的事。

《书信集》和《书简集》还都收入了一封注有"日期不明"的许寿裳致"钱逸尘"的信(见《书简集》上册第973—974页;《书信集》上册第719页、下册第311页):

　　逸尘弟大鉴:

　　　　三月十二由港转来手示收悉。因北新作梗,印行全集事只得如此办法者,甚赞同,特未知云五复函到否。特制纪念本,裳任两部,又普通预约两部,均请代为留起。进行情形,请随时示知。裳十七来南郑,交

通多阻,广告不能普及,恐预约者须受影响耳。不日赴沔县,回示请寄南郑大华影社。

这是许寿裳起草的信稿,《书简集》释读多误,《书信集》好一点。两部书中都漏了一个"事"字,"均"字都错作"故"。这封信,我们从其中"北新作梗""云五复函""特制纪念本"等语,即可判断谈的正是有关《鲁迅全集》出版的大事。"北新"指北新书局,"云五"指商务印书馆王云五。因此可以判定此信必写于1937年,约3月下旬。从许寿裳请代为预订《鲁迅全集》,并希望将"进行情形,请随时示知"等语来看,也应该猜到这位"逸尘弟"就是许广平了。何况,许广平正有一个别名叫"逸尘",凡鲁迅研究者都是应该知道的。例如,《鲁迅全集》里就收有1933年5月3日鲁迅致许寿裳信,信中即提到"逸尘",全集注释即注明是许广平。

以上那几封许广平的信,不知道是不是已经收到许广平文集里了? 如果收进去了,时间有没有搞错?

(2016)

[附记]

上文发表后很久,我在整理旧书刊时忽发现1990年1月《鲁迅研究月刊》上刊有《许广平书简五封》,"编者按"云:"这五封许广平书简,由许寿裳先生之子许世瑮教授珍藏。现征得许教授同意,由程容先生整理、注释后,交本刊发表,以飨读者。"这五封信即上文所提到者(其中有一封系年未被搞错)。而令我特别惊异的是,程先生所注的年份都没错(仅1941年那封注为"约写于1941年")。想不到有人早已考证正确的系年,而且在全国最重要的鲁研专刊上发表过了的,再过了二十六年竟然会错成这种样子!

让我们继续吸吮他的乳汁

——鲁迅逝世五十周年时所想到的

鲁迅说过,他好像是牛,吃的是草,挤出来的是奶,是血。很多五十年前的青年,例如已故作家丁玲,都说自己吮吸过鲁迅的乳汁。这些当时的青年大部分是从鲁迅著作中吸取精神养料的,像丁玲那样认识鲁迅并直接领受过鲁迅帮助指导的自然更为难得。不过,亲炙过鲁迅的青年人,也有各自不同的发展。其中当然大多数后来成了优秀的革命者,但也有个别令人失望甚至堕落了的。这里,我想起了高长虹。

高长虹本是一个有些才气的青年,鲁迅曾热忱地帮助过他。有一次为了改他的稿子,鲁迅甚至还吐了血,真可谓呕心沥血。然而,他后来却恶意地诽谤鲁迅!最近有人说,鲁迅与高长虹之间是"三角恋爱"之争。这是毫无常识,或是出于一种逆反心理的信口胡说。时下,挑剔甚至心造一点伟人的"毛病"以作惊世之谈,仿佛成为很时髦的事。这里也不愿去多说它了。我想提到的是,高长虹在攻击鲁迅时,总讥讽他是"世故老人",而自称则是"新时代的新青年",还振振有词地说什么"须知年龄尊卑,是乃祖乃父们的因袭思想,在新的时代是最大的阻碍物",等等。他的这种心理及其逻辑,倒是值得我们分析一番的。

应该怎样看待年龄差别?特别是,青年人应该怎样看待自己?我想起了鲁迅的一段名言。他说:"我一向是相信进化论的,总以为将来必胜于过去,青年必胜于老人,对于青年,我敬重之不暇,……然而后来我明白我倒是错了。这并非唯物史观的理论或革命文艺的作品蛊惑我的,我在广东,就目睹了同是青年,而分成两大阵营,或则投书告密,或则助官捕人的事实!"(《三闲集·序言》)鲁迅说的完全符合当时的实情。当然,我们今天的青年人不大会分裂成你死我活的"两大阵营";但是,鲁迅指出对青年人不能一概而论,不能笼统地认为凡年轻的必然胜于年长的,这些看法无疑至今仍是正确的。年龄并不能成为正确与否的决定因素。文坛上曾发生过创造社的一些青年作者在论争中奚落鲁迅年老的事,但历史证明却是这些年轻的作者错了。

这里，又令人想起"代沟"一说。所谓"代沟"，据解释就是前一代人与后一代人之间必然存在思想上、观念上的鸿沟，相互间不能理解，难以沟通，而正确的据说总是在后一代。这是个新名词，鲁迅生前没见用过。但他关于青年与老年、人与人的差别之类，却也发表过不少意见。他曾多次愤激地说过："人类的悲欢并不相通。"(《而已集·小杂感》)他甚至还同意"人和人之差，有时比类人猿和原人之差还远"(《坟·论睁了眼看》)的说法。他所指的，主要是人的阶级差别。人与人之间有各种差别，如果年龄引起的差别可以称为"代沟"的话，那么还可以有"性沟""知识沟""职业沟"等;但在阶级斗争激烈进行的时代，阶级的差别无疑是人类间最大的裂沟。在我国现在，急风暴雨式的大规模的阶级斗争基本结束了，那么，现在人们之间的主要差别是什么呢？我认为，除了一小部分反动分子与罪犯以外，主要的差别无非是先进与落后、革新与保守、文明与野蛮、智慧与愚昧等。而这两大类人，并不是简单地以年龄为划归的。因此，这里用"代沟"说是远远不能说明问题的。我认为，归根结底是世界观的问题。

在现实生活中，确实存在"父与子"的矛盾。老年人由于生理上的原因等，某些想法、趣味等与年轻人不一致，也是常有的。鲁迅就说过，"据卢南说，年纪一大，性情就会苛刻起来。我愿意竭力防止这弱点"(《三闲集·鲁迅译著书目》)。但这也不是绝对的。笔者是青年中的一个，我就感到很多老年人的思想与我们是完全相通的，或者比我们远为通达，用鲁迅的话来说，他们真是"作时势之前驱，与童冠而俱迈"。而鲁迅的思想，过了半个世纪，还是那么新鲜、敏锐，这就更无"代沟"了。作为青年人，我想我们应该好好地向鲁迅、向革命前辈学习、继承，决不能将他们视作"过时"的人，而自以为自己什么都是正确的。

回过头再谈高长虹。他说"年龄尊卑"是一种"因袭思想"，这话表面上并不错;但问题是鲁迅从未如他说的"以老年人自居"。因此，这一"批评"是无的放矢，不过是欲借此说明自己是青年，因而必然没有"因袭思想"而已。这样的逻辑也是非常可笑的。后来，叛徒杨村人也攻击鲁迅"依老卖老"，鲁迅针锋相对地回赠这个"青年"一个词，叫作"卖俏"。我看高长虹也就是"卖俏"的一个典型。"卖老"如果不对，难道"卖俏"就是对的吗？可见，年龄本身绝不能成为骄傲的资本。高长虹自然还不是反动青年，但他私心太重，自视太高，胸襟太窄，心理太僻。在他还没有与鲁迅分裂之前，他的文章虽然有些才气，也掩盖不住文中透露的思想上的浮浅与空泛。鲁迅就指出过他受尼采的影响太深，常有太晦涩难解之处。但鲁迅为了培养帮助他,仍热情地对他倾注了不少心血。鲁迅逝世后,他有机会参加了抗日革命运动,甚至还去了延安。这是他走上正途的极好的机缘,而且革命队伍对他也并无歧视,甚至还让他当了陕甘宁边区文协副主任。可惜的是他仍然感到欲壑难平,整日郁郁寡欢,最后竟发展到神经错乱。高长虹的可悲可叹的下场,是值得我们深思的。

鲁迅在晚年给一个青年的复信中曾这样说到自己:"平生所作事,决不能如来示之誉,但自问数十年来,于自己保存之外,也时时想到中国,想到将来,愿为大家出一点微力,却可以自白的。"(1934年5月22日致杨霁云)这是何等谦虚又何等真挚的自白啊!这就是鲁迅之为鲁迅。具有这样人格的人,能称为"世故老人"吗?鲁迅的这种"时时想到中国,想到将来,愿为大家出一点微力"的精神,是永远值得我们学习的。这种精神,是能超越时间与空间的限制而哺育一代又一代的青年人的。"心事浩茫连广宇",在纪念这位伟人的时候,让我们诚恳地说:我们要继续吸吮他的乳汁!

(1986)

中学生应该多读鲁迅的书

　　光阴似箭。怅然回首,自己告别中学生时代已有三十五年了,但当年的情景还历历如在目前。中学生时代是人一生中增长知识最快速的时期。中学生生活是令人怀念的。今天,我有机会应宓老师之邀,为今天的中学生小弟妹们谈谈学习鲁迅的事情,使我仿佛又回到了中学生时代,实在是非常高兴。

　　据编《我们》杂志的老师们说,现在有一些中学生或者中学生的家长,甚至还有少许中学的老师,认为中学生不必多读鲁迅的书。原因据说主要有两个:一是认为读鲁迅的书,对升学考试,对提高分数,没有什么用处;二是认为鲁迅的很多文章,用语尖刻,对今天的中学生不适合,甚至还有人说鲁迅的思想"偏激",已经"过时"。我不同意这些说法。我的看法恰恰相反:今天的中学生,应该尽可能多地研读鲁迅的书,而且必将受益无穷。

　　这里,我想很粗浅地谈谈自己的体会。虽然我是中国鲁迅研究学会最早的会员,后来又忝为学会理事,还是新版《鲁迅全集》修订编辑委员会的委员,但我在这儿不想用近似论文的方式来写,而只是与大家谈谈心。

　　我正是在读中学的时候,开始通读鲁迅的书的。但是,说来非常惭愧,我得老实坦白交代,自己开始走近鲁迅,是怀着"特殊"的,或者说是不正当的目的的。那是"文化大革命"的时代,我是一个"红卫兵",正在中学里"闹革命",打"内战",每天写"大字报",攻击对立一方的同学与教师。那时,我读到了鲁迅的一本杂文集,虽然似懂非懂,但觉得鲁迅的语句非常犀利,很有"战斗性"。我就开始摹仿他的文章写大字报,有时还在大字报中引用几句鲁迅的话。这样,立刻在当时的学校中有了一点小"名气"。不仅受到自己一"派"同学、老师的夸奖,而且还令对立一派"佩服"。我尝到"甜头",便千方百计寻找鲁迅的书,越看越着迷。但说来奇怪,看多了以后,我却渐渐地对那种写大字报打内战不大感兴趣了,又渐渐地对当时种种做法产生怀疑。现在想来,鲁迅犀利的文笔,反映的是他的深刻思想;鲁迅的书,是必然会引导读它的人思考一些问题的。我再狂热,再浅薄,再无知,在鲁迅的书面前,也终于会渐渐地冷静下来,渐渐地越来越痛切地感到自己的无知和浅薄。每读鲁迅的一篇文章,总是觉得那么新鲜,"刺激",有味。他说出了那么多我们连想也没想到的问题,又用了那么生动、别致的语句表达出来,吸引着我不断地去寻找他的书读。他的文章中又蕴含着那么丰富、深厚的知识和学问,尽管我当时有很多地方看不懂,但通过看书上的注释和查词典,一旦读懂了一点,便更加感到其味无穷。就这样,我成了一个鲁迅著作的热烈崇拜者。一直到今天,这种热情丝毫未减,反而更加热烈,同时当然也更加理性了。像我这样的鲁迅研究者和崇拜者,在中国有成千上万。我相信我们这样的"狂热",绝不会比当今一些青少年"追星族"对某些歌星、球星的崇拜逊色,只不过我们现在是理性的,成熟的。

我讲了以上这些,只是想说明,像我这样以前的中学生,在那样特殊的犯错误的年头,以那种特殊的不正确的方式走近鲁迅,阅读鲁迅,最后还是获得极大的教益,而且将终生受益,那么,今天的中学生,有老师的正确指导,在这样充满阳光的清明的时代,通过学习鲁迅的著作,自然必将有比我更好的收获,这是无疑的。

下面,我想简单地就前面提到的有些人认为中学生不必多读鲁迅的书的"理由",来谈谈自己的看法。

第一,我们提倡读鲁迅的书,当然目的不是为了应付考试。首先,我觉得最重要的是学习鲁迅观察问题和思考问题、分析问题的方法。与鲁迅同时代的名作家郁达夫有一句评论鲁迅的话说得好极了:"当我们见到局部时,他见到的却是全面。当我们热衷于掌握现实时,他已把握了古今与未来。"因此,郁达夫对日本读者说:"要全面了解中国的民族精神,除了读《鲁迅全集》以外,别无捷径。"我认识不少日本朋友,他们中凡是读过鲁迅的书的,无一不对鲁迅佩服得五体投地。我觉得,如果做一个中国人而不读鲁迅的书,那就简直枉为一个中国人了。再说,读鲁迅的书也未必就对考试和分数之类一点没有"用处"。又是郁达夫,在同一篇文章中写道:"如问中国自有新文学运动以来,谁最伟大?谁最能代表这个时代?我将毫不踌躇地回答:是鲁迅。鲁迅的小说,比之中国几千年来所有这方面的杰作,更高一步。至于他的随笔杂感,更提供了前不见古人,而后人又绝不能追随的风格……"因此,多读鲁迅的书,至少能大大提高中学生的写作能力,只不过那不是我们提倡学鲁迅著作的主要目的。

第二,鲁迅的很多文章,固然冷峻尖刻,那是因为鲁迅生活在苦难的旧中国,社会太黑暗。正如郭沫若在谈到这个问题时说的:"民族的境遇根本不平,代表民族呼声的文字自然不能求其平畅。民族的境遇根本暗淡,反映民族生活的文学自然不能求其鲜丽。……这与其说是鲁迅的性格使然,毋宁是时代的性格使然。"然而,我们通过这些表面冷峻的文字,仍然充分地体会到鲁迅对我们民族、国家的炽烈的爱。我们今天能过上幸福、合理的生活,多少也正是受赐于鲁迅的。鲁迅有一句充满感情的话我们青少年应该牢记:"背着因袭的重担,肩住了黑暗的闸门,放他们到宽阔光明的地方去;此后幸福的度日,合理的做人。"你读了这句话,能不感动? 再说,我们今天的社会,虽然比起鲁迅当年来,简直有天壤之别,但还是存在一些黑暗面,仍然有一些不合理的地方,甚至有些旧社会的丑恶现象还会死灰复燃。因此,如果多读鲁迅的书,就会深深地感到,鲁迅的思想还是活着的,还具有深刻的现实意义。当然,我也认为鲁迅的书中确实有个别地方有点"偏激",有的说法有点"过时",但那只是很少的不占主要分量的地方,而且需要具体问题具体分析;而从总体上说,鲁迅的思想决没有"过时",而是我们仍需吮吸的精神养料。青少年们当然不必在文字、写法上处处摹仿鲁迅,我相信,鲁迅如果生活到今天,他的文笔也会有新的变化。正如郭沫若在六十多年前用诗一样的语言说的:

> 鲁迅是奔流,是瀑布,是急湍,但将来总有鲁迅的海。
> 鲁迅是霜雪,是冰雹,是恒寒,但将来总有鲁迅的春。

郭沫若当时说的"将来",就是我们的今天。中学生朋友们,让我们更多地读鲁迅的书,汇为"鲁迅的海",蔚成"鲁迅的春"!

(2003)

在鲁迅先生墓前的演讲

2011年,是鲁迅先生诞生一三〇周年;明天,是伟大领袖毛主席一一八周年诞辰。

我们,来自各地的崇敬鲁迅、崇敬毛主席的朋友,站在毛主席亲笔题写的"鲁迅先生之墓"前举行活动,心潮澎湃,难以自己。

鲁迅,是我们中国人最坚强不屈的脊梁;鲁迅,是我们中国人最智慧深邃的大脑。毛主席说,鲁迅不仅是伟大的文学家,而且是伟大的思想家和伟大的革命家。

然而现在,有些人连鲁迅是伟大的文学家也想否认,有人说某汉奸姘婆的文品以至人品都比鲁迅高;更有一些人公然地完全否认鲁迅是思想家和革命家。甚至包括我们自己的有些主流媒体,也羞羞答答、扭扭捏捏地不敢引用毛主席对鲁迅先生的经典评价。他们弯来绕去,绞尽脑汁,使用了很多"新式"术语和生造的似通不通的言词,试图各面讨好,但就是讳言鲁迅是伟大的思想家和伟大的革命家。

当然,这样的否认和讨好其实都是徒劳的。毛主席关于鲁迅"三个伟大"的评价是谁也否定不了的。在鲁迅纪念日前后,一些精心制作的"主题发言"和报刊约写的文章,不仅那些讨嫌鲁迅的人不要听不要看,我们也不屑一顾,就连制作者本人也是台上(纸面上)言不由衷,私下却羞于认可的。

鲁迅精神的本质是什么?鲁迅先生自从投身爱国斗争和新文化运动,誓言"我以我血荐轩辕",他的一生就是堂堂正正的革命,就是改造旧中国,就是为劳动人民讲话,就是揭露汉奸卖国贼,就是要消灭奴役和剥削。今天,如果不堂堂正正地谈论这些最本质的东西,试图绕过这些最本质的东西,而要来"纪念"鲁迅,其实只是逢场作戏,甚至是背逆鲁迅而已。

有人说,现在谈鲁迅要"淡化政治"。但是,讲这种话的人本身不就充满了浓浓的政治味吗?而鲁迅先生的一生,本来就是投身于进步的政治活动的一生。他的革命的色彩,本身就是鲜明的,浓烈的。我们怎么来"淡化"呢?再说,当今中国的思想界、学术界的一些掌门人搞的还不算"淡化政治"

吗？但是大家想想，即使如此，国内外那些敌对政治势力对我们的敌视"淡化"了没有？

鲁迅先生的思想，他的革命的业绩，他的战斗的文章，至今闪闪发光，至今指导着我们，并没有过时。毛主席对鲁迅先生的正确评价、科学评价，不仅是他自己长期研究鲁迅的心得，也是他对党内其他领导同志和鲁迅研究界的研究成果的精辟总结和创造性提高，至今同样也没有过时。我们现在，就是要堂堂正正、理直气壮地运用毛主席的经典评价，来理解鲁迅，学习鲁迅，宣传鲁迅。

鲁迅先生很早就说过这样的话："我的应时的浅薄的文字，也应该置之不顾，一任其消灭的；但几个朋友却以为现状和那时并没有大两样，也还可以存留，给我编辑起来了。这正是我所悲哀的。我以为凡对于时弊的攻击，文字须与时弊同时灭亡，因为这正如白血轮之酿成疮疖一般，倘非自身也被排除，则当它的生命的存留中，也即证明着病菌尚在。"

鲁迅先生当年的像匕首、像投枪、像显微镜、又像解剖刀的杂文，至今仍被事实证明大多具有强烈的现实性。鲁迅先生当年攻击时弊的文字，事实证明大多并没有"灭亡"，因为当年他所攻击的那些时弊和病菌"尚在"，甚至现今有的还有愈演愈烈的趋势。

鲁迅先生如果泉下有知，当然会因此而再次更加感到"悲哀"的；我们活在今天的人，天天生活在这些时弊之中，就愈加悲愤无已了。那么我们应该怎么办呢？这个问题无比严峻地摆在每个中国人的面前。我想，我们只能学习鲁迅的著作，学习毛主席的著作，尽量遵照他们的教导去做！

记得在某个网站上，有一篇长期置顶的文章，题目叫《鲁迅滚蛋了，他笔下的人物欢呼雀跃了！》。确实，现在有的中小学语文课本，逐步剔除鲁迅尖锐深刻的作品，连解放前进步作家揭露残酷剥削状况（如包身工）的作品，甚至连古典小说《水浒传》中反抗压迫的选段都被删去了，代之以不痛不痒、风花雪月、人性啊爱啊的文章，以至充满某种怨恨的人写的东西，就差将张爱玲、胡兰成之流的"作品"收进去了。

有人说，被剔除的那些课文（包括鲁迅作品），不符合当今提倡"和谐"的要求。现在不能再说阶级斗争了，再也不要在孩子们的心目中制造仇恨了。但是，令我们想不通的是，有些人特意在课文中加入控诉新中国前三十年所谓"罪恶"的文章，就不是"制造仇恨"了？

我并不认为新中国前三十年没有失误。但有的人把中国那十年极端夸大成"人类历史"上"最黑暗""最野蛮"的时期，说是什么罪恶滔天的"浩劫"。你们把"最、最、最"等最高等级的词都用完了，那么请问，美国灭绝印第安人、贩卖黑奴等等算什么呢？英国对中国发动鸦片战争等等算什么呢？德国希特勒屠杀犹太人等等算什么呢？日本制造南京大屠杀等等算什么呢？蒋介石"四一二"大屠杀等等算什么呢？那十年有过的错误，性质上与这些是绝然不同的，更不用说在程度上也完全不能相比。

其实，司马昭之心，路人皆知。对某些人事"妖魔化"，就是为了讨好真正的妖魔，或者掩盖他们自己就是妖魔。剔去原先教科书中某些鲁迅作品及其他一些优秀作品，就是因为怕学生、教师联系某些现实引起联想，就是想掩盖一些什么。然而，有人越要想掩盖些什么，就越说明那些见不得人的东西的存在；有人越要想否认阶级斗争，就越说明阶级斗争不仅还存在，而且在某些范围内可能仍旧会激化而已。

鲁迅先生是希望他的文章"速朽"的。可是，现在中国就是仍有那么一些汉奸卖国贼、叭儿狗文人、假洋鬼子、赵老太爷们，偏要做一些鲁迅鞭挞过的丑事，所以，鲁迅的文章才有现实性，才更加不朽。只要有恶人丑事存在，鲁迅先生就一定会像照妖镜一样，永远地照着他们，使得他们真相毕露，无处遁形。想靠删除鲁迅的文章就能安稳地做他的汉奸、假洋鬼子、老太爷，想一直欢呼雀跃，毕竟是办不到的。

还有人喊出了"让鲁迅回家"的话头。那也实在太令人惊诧和发笑了。因为鲁迅先生自从走出小家之门，立誓"我以我血荐轩辕"，就从来没有离开过人民的大家。他一直和人民在一起，从来没有分开过。鲁迅是属于全民族的，并不只属于某个家庭。黄源老同志生前就对我说过："鲁迅并不是周家门的，鲁迅属于中国人民！"因此，"让鲁迅回家"实在只是一个伪命题。

太阳，是谁也不能遮挡的；空气和水，也是谁也休想独霸的。同样的，任何个人或家庭都不能占有鲁迅，垄断评论鲁迅的话语权，也不能借鲁迅以谋私利。你可以肆无忌惮地讲毛主席评说的鲁迅你"不认识"，但是我们都认识，我们都感到毛主席评说的鲁迅可亲，可敬，可信。

而且，鲁迅先生的著作文献俱在，他的言谈事迹俱在，他的亲友的回忆文字也俱在，当年的报道记载也俱在，凭某些人那么一点拙劣的文字功夫，就想按照某种势力的要求来重新"塑造"鲁迅，恐怕没有这么容易吧？而从他们已经写出的"鲁迅"来看，只能是虚假的，没有生命力的庸人一个，是不会得到百姓大众认可的。

今天中国，缺少一位鲁迅先生这样的旗手和主将，更不用说超越鲁迅了；但是，早在抗日战争初期，一些文化前辈就提出了"以集体的力量来继承和超越鲁迅"的口号。我们现在，当然仍然要以集体的力量来继承和超越鲁迅。值得庆幸的是，当今还是有一些共产党员、革命同志勇敢地站了出来。

在他们的身上我们都看到了鲁迅精神的闪光,看到了将来的希望。

我们是普通的中国老百姓,我们在外国银行里没有巨额存款,我们没本事也不愿意乞讨西方的"绿卡"。我们也没有本事,一面自己大搞贪污腐败,一面却高唱反对腐败;一面在"体制内"穷奢极欲地非法享受着特权厚禄,一面却咬牙切齿地咒骂执政党。我们只是根据亲身经历,加上父辈的讲述,经过比较,凭着良心,想来想去,还是觉得毛主席等老前辈创建的党好,还是觉得只有社会主义制度可以依靠。尽管这个制度在建设中出现过问题,更不断地遭到一些人的破坏,甚至连毛主席等革命前辈为我们争得的利益有些也被夺走了,但是,我们仍然只能拥护社会主义制度,并希望它能够得到修补和巩固。

鲁迅先生说过:"我们总是中国人,我们总要遇见中国事,但我们不是中国式的破坏者,所以我们是过着受破坏了又修补,受破坏了又修补的生活。我们的许多寿命白费了。我们所可以自慰的,想来想去,也还是所谓对于将来的希望。希望是附丽于存在的,有存在,便有希望,有希望,便是光明。如果历史家的话不是诳话,则世界上的事物可还没有因为黑暗而长存的先例。黑暗只能附丽于渐就灭亡的事物,一灭亡,黑暗也就一同灭亡了,它不永久。然而将来是永远要有的,并且总要光明起来;只要不做黑暗的附着物,为光明而灭亡,则我们一定有悠久的将来,而且一定是光明的将来。"

让我们在鲁迅墓前深深体味鲁迅先生的这些话吧!

(2011)

"无可厚非"的"牛奶路"

近一二十年来,为赵景深先生 1930 年代在翻译问题上被鲁迅先生批评一事"抱不平"的文章,见过还真不少。尽管赵先生本人生前表示不赞成这种"翻案",但无奈总有一些人士挺身而出,来明明暗暗地指责鲁迅一番。

最近,又在《中国比较文学》总第十六期上读到谢某的《翻译:作为比较文学的研究对象》,文中明确地提出赵先生有名的"牛奶路"译词"无可厚非"。由于那是专门刊物,发表意见的又是对翻译大有主张的名人,而且又是从很新异的角度来批评鲁迅的批评的,在此也就不可不向鲁迅研究者介绍一番并谈谈一管之见了。谢文是这样说的:

> 半个多世纪以来中国译坛一直流传着一个"笑话",即赵景深把英文中 Milky Way 译成"牛奶路",赵为此还遭到鲁迅的一通批评。其实,如果我们能查对一下原文并冷静分析一下的话,我们就会发现赵译"牛奶路"是无可厚非的,因为赵景深翻译的是文学作品,而不是天文学文献。据笔者查考,赵译"牛奶路"出自赵译契诃夫小说《樊凯》(现通译《万卡》),……"牛奶路"有关的句子如下:
>
> ……天上闪耀着光明的亮星,牛奶路很白,好像是礼拜日用雪擦洗过的一样。
>
> 目前通行的,也是公认为比较准确的译文(汝龙译)则是这样的:
>
> ……整个天空点缀着繁星,快活地映眼。天河那么清楚地显现出来,就好像有人在过节以前用雪把它擦洗过似的。……
>
> 两相对照,我们立即可以发现后一种译文首先存在着字面上的矛盾:"天河……好像有人……把它擦洗过似的","河"怎么能被人去"洗"呢?其次是人物形象的矛盾:一个俄国农村小孩怎么会运用汉民族的文化思维,把那条群星汇集的明亮的带子想象成为"天河"呢?在欧洲民族眼中,这条明亮的星带是一条"路",……这里,Milky Way 不是一个天文学术语,它已经成了某个文化意象的代名词。文学翻译不

仅要传达原文的文字信息,而且还应传递原文的文化意象。

显然,该文作者认为鲁迅并未"冷静分析一下",甚至连文学作品和天文学文献的起码区别也弄不懂。然而,我们不禁想问:说"银河"是一个天文学专门术语,可以的,就像"太阳""月球"一样;但它们不也是人们日常用语吗? 更何况"银河"是那么富有形象性的名词,为什么在文学作品中就不能用? 说"河"不能洗而"路"可洗,但谁见过洗过的路"很白"? 莫非是瓷砖铺的? 读文学作品能这样抠"字面"吗? 说西方人眼中那是"路"而不是"河",但小说译成中文是给中国人看的,中国人(读过鲁迅那篇《风马牛》的除外)有谁懂得"牛奶路"是何物?

至于谢文提出 Milky May 在小说中已成为"某个文化意象的代名词",文学翻译还应该传递这种"文化意象",这种见解不可谓不高超;然而高则高矣,赵先生当年在译"牛奶路"时是否有着这样高超的意思? 赵先生倒是直到晚年在他的文章中仍然诚实地承认那是"误译","是我没有多查字典,工作不严肃的结果"。且不说这篇小说在这个词的翻译上有没有"传递"所谓"文化意象"的必要,即使有的话,那么也与"牛"没有关系——恰如鲁迅在那篇《风牛马》中指出的,那是"神奶"啊! 无论是如何巧舌能辩之士,在这个"牛"字上还能有什么诡辩呢? 这样,一切在这个问题上对鲁迅的明嘲暗讽,最后只能落到自己的头上。

不过,说"牛奶路"无可厚非,从某种意义上说也许也不那么偏离鲁迅的意思。因为鲁迅文中就说:"看惯了罐头牛奶上的文字,有时就不免于误译,是的,这也是无足怪的事。"鲁迅当年对赵氏的批评,绝不仅仅是针对一两个误译的词,而主要是批评他的"顺而不信"的翻译主张。然而今天的一些对翻译大有主张的名人,却偏偏只从这个词上来"翻案"。时间已过了半个多世纪,还那么没有长进,实在令人有点感到悲哀。

(1995)

鲁迅与骂人

——"鲁迅与中国现代文化名人"之我见

以"鲁迅与中国现代文化名人"为题,开这个座谈会,是很有意思的。

不过和鲁迅有过或密或疏来往以及在鲁迅著作、书信、日记中或多或少提到的中国现代大小文化名人,何止数十百个,一部二十四史,从何谈起。其实不必过虑,当前人们关心的并非全体,而只是其中的一小部分,要而言之,就是被鲁迅"骂"过的而又被认为是"骂"错了的几位,如陈源、林语堂、梁实秋诸先生。

因此,"鲁迅与中国现代文化名人",实际上只是"鲁迅与被他骂过的中国现代文化名人",或者干脆是"鲁迅与被他骂过并骂错了的中国现代文化名人"。

现在陈、林、梁三位先生都已经成为古人了。以他们的成就,声望,进入中国现代文化名人之列,大概是没有问题的。对他们的一生功过,学术地位,自应作出实事求是的、全面的评价。然而这项艰巨工作是摆在今天和今后学人面前的任务,而不是鲁迅的任务。因为鲁迅作古早于陈先生三十四年,早于林先生四十年,早于梁先生五十一年。鲁迅生前和他们三位都打过交道,情况各有不同。但有一点是相同的,即鲁迅从未对他们进行过专题研究,更未发表过研究专文或发表过研究专著。鲁迅"骂"陈时,陈三十岁,"骂"梁时,梁不到三十岁,"骂"林时,林也只四十岁,更谈不到"一语定终身"了。我接到的座谈会请柬上本来说是座谈"鲁迅论中国现代文化名人",会上陈漱渝同志特别声明改"论"为"与",这是非常之对的。

至于鲁迅"骂"过这几位先生,看来是无可讳言了。他是怎么"骂"的,有各版《鲁迅全集》可查,不赘。现在时兴说鲁迅是人,不是神。既然是人,自然有时难免骂骂人,不足为奇。骂错的时候恐怕也有,要做具体分析。不过他在发表《学界的三魂》时的"附记"中的一段话,却是值得注意的,他说:"……我要'以眼还眼以牙还牙',或者以半牙,以两牙还一牙,因为我是人,难于上帝似的铢两著称。如果我没有做,那是我的无力,并非我大度,宽恕了加害于我的敌人。还有,有些下贱东西,每以秽物掷人,以为人必不屑较,一计较,倒是你自己失了人格。我可要照样的掷过去,要是他掷来。但对于没有这样举动的人,我却不肯先动手;而且也以文字为限,'捏造事实'和'散布流言'的鬼蜮的长技,自信至今还不屑为"。我以为鲁迅此言可信。可惜的是鲁迅"骂"人的话,现在统统白纸黑字,一版再版,家喻户晓,妇孺皆知,而别人"骂"鲁迅的文字,甚至是"先动手"的,却因这样那样的原因,多不为人所知了。于是单剩下鲁迅老人似乎一辈子骂人成性,无事生非,专门制造冤假错案,累得后世仁人志士不得不奔走呼号,致大力于平反昭雪。

不过我却又认为,这些好心的同志好像没有忙到点子上。该翻的案,自然应翻,这叫还历史以本来面目。苏联"老大哥"已为被处死的布哈林昭雪,台湾"反动派"也为看管多年的孙立人平了反。我们在这方面做的还更早些,顺天应人,人心大快。然而这和鲁迅"骂人"却不好相提并论。鲁迅当年的文章,并不代表纪委、法庭、公安局、检察院以及任何权力机关,全无法律效力,更无行政措施。当事人和后来者,如认为他说的对,自可首肯;如认为他说的错,大可反驳。具状上告,诉诸法庭固可,继续做自己的教授、专家、学者、名人,也是毫无违碍的。

其实鲁迅和这些先生,何尝有什么个人恩怨,更非争权夺利,落井下石。他曾声称,他和一些人的激烈争论实为公仇,而非私愤。纵观他在几个重要时期衡量人的标准,大致是:五四前后,以赞成新文化还是维护旧文化划线;二十年代中期,以支持进步青年还是压制进步青年划线;到上海后,则是以倾向人民革命还是附和反动统治划线。在这方面,鲁迅颇有些"政治标准第一"的味道。不过只要不是正面攻击新文化,直接诬蔑进步学生,公开反对革命运动,包括革命文学运动,鲁迅并不首先发难,甚至依然可以保持一定程度的私交的。

鲁迅"骂"人,常常是狭路相逢,短兵相接的时候。但不管"骂"对"骂"错,鲁迅却从未声称对手过去与生俱来从来如此,也从未断言对方此后不可救药永将这般。因此,后来的学人在研究鲁迅或评论被鲁迅"骂"过的中国现代文化名人时,也就既不应把鲁迅之"骂"一概奉为金科玉律,盖棺论定,也不好把鲁迅之"骂"统统当作冤假错案,而被"骂"者倒都是一代完人,白玉无瑕。研究、评论历史人物,只应强调一条,即历史唯物主义。如舍此不取,或另附条件,一阵子强调"阶级斗争",于是洪洞县里无好人,一阵子强调"淡化政治",于是洪洞县内皆圣人,窃以为都是不足为训的。

(1988)

《太白》杂志与金利书庄

　　《太白》是 1930 年代得到鲁迅指导、支持的刊物,它的刊名,是陈望道与鲁迅商量后取的。据陈望道《关于鲁迅先生的片断回忆》,这个刊名有三方面的含义:一是根据当时他们提倡"大众语"的动议,认为对于已经有脱离群众语言倾向的"白话"必须进一步改革,而"太白"也就是"白而又白"、"比白话还要白"的意思;二是"太白"两字笔画简单,合起来不满十画,易识易写,便于刊物的普及;三是"太白"即黎明前后出现于东方天空的金星,又称启明星和太白星,暗喻刊物编者们是为了迎接胜利的曙光而战斗。茅盾回忆录《我走过的道路》中《文艺大众化的讨论及其他》一节,也同样提到这三层意思,并写到鲁迅当时对他说:"这只能我们自己淘里知道,不能对外讲,防备被审查委员会的老爷们听了去。"

　　这个刊名确实起得妙极了。鲁迅等人取名时曾考虑到三方面含义,看来是可靠的,因为该刊的另一位编委曹聚仁也多次说过。但陈望道、茅盾回忆中的第二个方面——笔画简单、易识易写——却似乎不能称作"含义"。因为它与其他两个的意思不同类,所以是不能并列和比较的。而曹先生的说法很值得注意,他在 1950 年代初写的《文坛五十年》书中说:"《太白》这一刊物名称,包含几种意义:它是晨星,代表黎明期的气象;它是革命的旗号;它是一种比白话文更接近口语的文体。"他后来在《我与我的世界》一书中又说:"《太白》原有三义:一、黎明气象,二、战斗的精神,三、比语体文更通俗的文体。"他说的第二个意思——"革命的旗帜""战斗的精神",与陈望道、茅盾说的不同。

　　其实,更早,在《太白》刚刚停刊时,曹先生在 1935 年 10 月 5 日《芒种》半月刊第二卷第一期上发表的《怀〈太白〉》一文中,就已谈到了《太白》的含意:"这个小刊物,本来预定了'话匣子''瓦釜''话本'……好多个名词,后来决定用陈望道先生所拟的'太白'。据陈先生的解释,'太白'是说比'白'话文还要'白',还要接近口语的意思;那时我们努力于大众语运动,我们要把《太白》编成一个大众语的刊物。自然,'太白'是一颗星,一颗黎明期的星；'太白'是一面旗，一面革命的旗：多少也包含这几种意义。"

曹先生当年就把《太白》三义说得清清楚楚。只是他也许因当时情势所限，不便说出这些意义的最终决定者是鲁迅；同时，他一直没有具体说明"太白"为什么是"革命的旗帜"，而现今的一般读者更是大多不明白这一点。

"太白"是"革命的旗帜"，在中国其实是一个非常古老的典故了，古老到"革命"一词的原始意义产生之时——汤武革命。《史记·周本纪》载："武王持大白旗以麾诸侯，诸侯毕拜武王，武王乃揖诸侯，诸侯毕从；武王至商国，商国百姓咸待于郊，于是武王使群臣告语商百姓曰：'上天降休！'商人皆再拜稽首，武王亦答拜。遂入，至纣死所，武王自射之，三发，而后下车，以轻剑击之，以黄钺斩纣头，县大白之旗。"这里的"大白旗"也就是"太白旗"。（古时"大""太"通用，"县"即"悬"。）

这个故事，1935年（《太白》创刊后一年）鲁迅曾写进历史小说《采薇》里去过："……咱们大王就带着诸侯，进了商国。他们的百姓都在郊外迎接，大王叫大人们招呼他们道：'纳福呀！'他们就都磕头。一直进去，但见门上都贴着两个大字道：'顺民'。大王的车子一径走到鹿台，找到纣王自寻短见的处所，射了三箭……'为什么呀？怕他没有死吗？'别人问道。'谁知道呢。可是射了三箭，又拔出轻剑来，一砍，这才拿了黄斧头，嚓！砍下他的脑袋来，挂在大白旗上。'"

1933年（《太白》创刊前一年）7月，鲁迅看到汪精卫所译雨果诗《共和二年之战士》，对其中"此辈封狼从瘐狗，生平猎人如猎兽，万人一怒不可回，会看太白悬其首"几句，禁不住"拍案叫绝"，于是挥笔写下了《诗和预言》这样一篇妙不可言的战斗杂文。这里也用了上述典故。

由此可见，鲁迅对于"太白"是"革命的旗帜"这一典故当然是熟知的，他在考虑刊名时，必然想到了这一层。而陈望道、茅盾后来只记住了有三方面含义，却忘了这一点，于是以"太白"二字的特点（并非"含义"）来代替了它。这显然是不确和不妥的。曹聚仁准确地记住了它，但他没有作解释，也许他认为没有必要，但今天的一般读者便摸不着头脑了。

由《太白》杂志之名，我想到了有异曲同工之妙的"金利"书店之名。

1931年"九一八"以后，在抗日救亡运动中，郑振铎被北平燕京大学的中国教师们推选为"燕京大学中国教职员抗日会"主席。燕大抗日会曾托修绠堂旧书店的耿长来，在前门和崇文门之间的打磨厂开办过一家小小的书店，专售抗日会所印抗日书刊等。该书店取名"金利书庄"。这个名字乍一看觉得很"土"很"俗"，好像就是赚金钱、获利润的意思。当然，郑先生们决不会这么浅薄。那么，"金利"到底又有什么含义呢？

我在燕大教授朱自清 1936 年写的《诗言志辨》中看到这样一段话:"不但诗,平常说话里双关的也尽有。我想起个有趣的例子。前年燕京大学抗日会在北平开过一爿金利书庄,是顾颉刚先生起的字号。他告诉我'金利'有四个意思:第一,不用说是财旺;第二,金属西,中国在日本西,是说中国利;第三,用《易经》'二人同心,其利断金'的话;第四,用《左传》'磨厉以须'的话,都指对付日本说。"

朱先生说的"前年",实际应该是大前年。今见 1933 年 9 月 19 日朱先生日记,有如下记载:"下午……归途路遇颉刚,同访振铎,……修绠堂耿某在座,现为燕大抗日会在打磨厂开一金利书庄,售抗日会所印鼓词,并将代售定县刊物。据振铎云,定县所为历史图画太干燥。与颉刚同行,……又至其家,谈金利书庄命名之义:1. 金属西,中国在日本西,谓中国利也;2.'二人同心,其利断金';3.《左传》'磨厉以须'之意。颉刚又谓南人甚恨国民党,渠意共党起或有办法,如仍无可为则中国惟有亡国耳。"

朱先生说"金利"这个名字是顾颉刚起的,但在顾先生日记中没有记载。我认为很可能是郑先生起的,或至少郑先生参与了意见,毕竟抗日会的主席是郑先生。从上引朱先生的话可知,"金利"这个名字除了表面上的"发财"的意思以外,另外隐藏的三个深刻的意思都与抗日救亡有关:(一)金在五行中属西,中国在日本西,喻中国抗日必获胜利;(二)《周易》曰"二人同心,其利断金",寓全国团结抗战力量无敌之意;(三)《左传》曰"磨厉以须",也就是磨快刀枪杀日寇。值得注意的是,顾先生当时就已经认识到,只有中国共产党才能抗日救中国!

前人云"一名之立,句月踟蹰",鲁迅、郑振铎、陈望道、茅盾、曹聚仁、顾颉刚等前辈都是如此;更何况这还不是一般的取名,而是一种特殊的战斗啊! 因此,我们今天来一番"显微索隐",细细体会,就很有意义了。

(2015)

读书小记（外五篇）

鲁迅先生《夏三虫》一文,议论跳蚤、蚊子和苍蝇,说:"跳蚤的来吮血,虽然可恶,而一声不响地就是一口,何等直截爽快。蚊子便不然了,一针叮进皮肤,自然还可以算得有点彻底的,但当未叮之前,要哼哼地发一篇大议论,却使人觉得讨厌。如果所哼的是在说明人血应该给它充饥的理由,那可更其讨厌了,幸而我不懂。"真是风趣而有深意。而宋代文豪欧阳修早就有同感了。宋诗人秦观《淮海后集》卷四有《冬蚊》诗,注曰:"文忠公云,蚊子最可憎处是先要唱,后来咬人。"秦观因赋诗云:"蚤蚤蜂蚕罪一伦,未如蚊子重堪嗔。万枝黄落风如射,犹自传呼欲噬人。"然而,同是宋人的袁文,却在其《瓮牖闲评》中一本正经地指责欧阳文忠公"未尝细察",因为"蚊子初不能鸣,其声乃鼓翅耳"云云。其实,欧阳修、秦少游和鲁迅先生岂不懂这点"科学道理"? 自是袁某酸腐文人,不懂幽默也。

鲁迅先生曾鼓励郑振铎先生多多编选影印明代小说和木刻。他在信中说:"使它能够久传,我想,恐怕纸墨更寿于金石,因为它数目多。"我读日本江户时代汉学家中村明远的《闲窗杂录》,见卷二有《书以纸传》一节,说了同鲁迅先生一样的意思:"宋·王回有言,曰六经百氏之文,皆竹帛所载;而其被于金石,特以为最寿者,所存无几。往往复断剥缺讹,非反质于竹帛所载六经百氏之文,则不可得而读。其不载于竹帛,而名迹遂因而泯没者,可胜道哉! 夫金石诚寿,而人力不足以保于其外;竹帛之寿,固不如金石,人知其不可恃也,然众传而广之,虽复万世,犹今日也。则金石之寿,尚何以较其短长哉! 夫古之文以竹帛传,既寿于金石矣;而今之文以纸传,又便于竹帛,便则传之者益众。"据中村所写小注,上述杂录出自王回《故迹遗文序》。又有宋诗人欧阳修《读徂徕集》诗,其中亦申此意:"我欲贵子文,刻以金玉联。金可烁而销,玉可碎非坚。不若书以纸,六经皆纸传。但当书百本,传百以为千。或落于四夷,或藏在深山。"

也谈有关鲁迅文学活动的最早报道

读了陈大康先生的《关于鲁迅文学活动的最早报道》,真惊喜! 我觉得这个题目很准确,因为鲁迅、周作人的文学活动,就是从留学日本时从事文学翻译、出版《域外小说集》开始的。那么,人们关于鲁迅的文学活动的报道,当然也就不可能更早于此。大康兄发现的,是极珍贵的史料!

我感到高兴的,还因为在二十六年前我在复旦大学当研究生时,一位日本留学生藤井省三先生(今东京大学中文系主任)告诉我,他在 1909 年 5月 1日日本东京出版的刊物《日本及日本人》第 508 期上,发现了一则有关鲁迅兄弟翻译出版《域外小说集》的报道,当时我看了有关资料后,即鼓励藤井兄写成文章,由我修改,题为《日本介绍鲁迅文学活动最早的文字》,发表于 1980 年 3月《复旦学报》上。(本来这篇小文章是由我和藤井二人署名的,但当我把文章交到学报编辑部后,那编辑只希望有日本人的名字,要我删去自己的名字。我只好答应了。)文中引用的那段报道,是当时本人的拙译,现抄录于此,恰可与《神州日报》的报道相对读:

> 在日本等地,欧洲小说是大量被人们购买的。中国人好像并不受此影响,但在青年中还是常常有人在读着。住在本乡(按,东京地名)的周某,年仅二十五六岁的中国人兄弟俩,大量地阅读英、德两国语言的欧洲作品。而且他们计划在东京完成一本名叫《域外小说集》,约卖三十钱的书,寄回本国出售。现已出版了第一册,当然,译文是汉语。一般中国留学生爱读的是俄国的革命虚无主义的作品,其次是德国、波兰那里的作品,单纯的法国作品之类好像不太受欢迎。

当时我曾想:鲁迅文学活动的最早报道,居然是日本人写的。虽然,这不算什么遗憾,而且鲁迅最早的文学活动本来就是在日本进行的。而现在更好了,大康兄发现的这则报道,比日本的报道还要早两个星期!

大康兄文章最后说,鲁迅委托绸庄代售《域外小说集》"当定有原因,只是可惜我们现在已无法知晓了"。这个原因其实非常简单:二周兄弟当时是"穷学生",印这本书,印刷费是蒋抑卮(名鸿林)出的(当时蒋抑卮到东京医耳病,住在鲁迅兄弟处),上海的绸缎庄就是蒋家开的,因此书出来后即在那里寄售。这在周作人的多篇文章中说得很清楚,新版《鲁迅全集》的注释中也讲清楚的(第十卷第 179 页)。

(2006)

不曾有过的鲁迅"中断了翻译"

《艺谭》1984 年第二期王永生《鲁迅论裴多菲、普希金、密茨凯维支》文中,有这样一段论述:"1908 年,鲁迅曾翻译匈牙利籍息《匈牙利文学》中有关裴多菲的章节,取名《裴彖飞诗论》,陆续在《河南》杂志发表。但因籍息是资产阶级文学史家,仅把裴多菲表现为一名讴歌风暴与爱情的诗人,未能反映其革命的战斗风貌,鲁迅终于中断了翻译。可见,鲁迅热爱裴多菲只是因为他作为一名英雄献身的革命战士……"这样的说法,以前在其他作者的有关文章中也曾多次见到,但这却是"莫须有"的事。这篇译文是由周作人口译而鲁迅笔述的,周作人在 1952 年出版的《鲁迅的故家》的《笔述的诗文》中说明:"译稿分上下两部,后《河南》停刊,下半不曾登出,原稿也遗失了。"另外,他在 1944 年出版的《书房一角》的《旧书回想记》中,也曾这样说。可见这绝不如某些人"想当然"地认为的那样是因为鲁迅不赞成"资产阶级文学史家"而"终于中断了翻译",而是译完了未能全部发表。

(1984)

"震其艰深"不是"鲁迅语"

2 月 23 日《中华读书报》上发表的陈鸿祥先生的《"绝学"别解》是一篇好文章,我同意文章的观点。但文中有一句话"借'绝学'以'震其艰深'(鲁迅语)",我认为表述有误,或容易引起误会。

因为,"震其艰深"并不是"鲁迅语",而恰恰正是鲁迅讽刺、批评的别人的话,而且是不通之语。

在 1922 年 9 月 20 日北京《晨报副刊》上,鲁迅(署名"某生者")发表了一篇杂文,题目就叫《"以震其艰深"》,后收入鲁迅的《热风》一书中。请注意这个题目是加了引号的。读了这篇文章就可以知道"震其艰深"究竟是谁的话了。鲁迅这篇文章很精彩,也很短,好像也不大好删节,我就全文引录吧(文中有几个"他"字,现在应该写作"它"):

上海租界上的"国学家",以为做白话文的大抵是青年,总该没有看过古董书的,于是乎用了所谓"国学"来吓呼他们。

《时报》上载着一篇署名"涵秋"的《文字感想》,其中有一段说:

"新学家薄国学为不足道故为钩辀格磔之文以震其艰深也一读之欲呕再读之昏昏睡去矣"

领教。我先前只以为"钩辀格磔"是古人用他来形容鹧鸪的啼声,并无别的深意思;亏得这《文字感想》,才明白这是怪鹧鸪啼得"艰深"了,以此责备他的。但无论如何,"艰深"却不能令人"欲呕",闻鹧鸪啼而呕者,世固无之,即以文章论,"粤若稽古",注释纷纭,"绛即东雍",圈点不断,这总该可以算是艰深的了,可是也从未听说,有人因此反胃。呕吐的原因决不在乎别人文章的"艰深",是在乎自己的身体里的,大约因为"国学"积蓄得太多,笔不及写,所以涌出来了罢。

"以震其艰深也"的"震"字,从国学的门外汉看来也不通,但也许是为手民所误的,因为排字印报也是新学,或者也不免要"以震其艰深"。

否则,如此"国学",虽不艰深,却是恶作,真是"一读之欲呕",再读之必呕矣。

国学国学,新学家既"薄为不足道",国学家又道而不能亨,你真要道尽途穷了!

可知,"震其艰深"应该是"涵秋语"。李涵秋(1874—1923),江苏江都人,当时"鸳鸯蝴蝶派"的主要作家之一,也鼓吹所谓"国学"。作品有《广陵潮》等。他的《文字感想》,载 1922 年 9 月 14 日上海《时报》的《小时报》专页。

（2011）

告诉鲁迅有墨猴

鲁迅在《朝花夕拾》的《狗·猫·鼠》一文中,曾写道:"我听父亲说过的,中国有一种墨猴,只有拇指一般大,全身的毛是漆黑而且发亮的。它睡在笔筒里,一听到磨墨,便跳出来,等着,等到人写完字,套上笔,就舐尽了砚上的余墨,仍旧跳进笔筒里去了。我就极愿意有这样的一个墨猴,可是得不到;问那里有,那里买的呢,谁也不知道。"多少年来,我同童年的鲁迅一样,"极愿意有这样的一个墨猴",但是也同样得不到,并不知哪里有。我甚至怀疑鲁迅父亲说的这些话,可能只是童话、传说而已。新旧版《鲁迅全集》对"墨猴"也都没有加注,可见真的是"谁也不知道"。

没想到这世上还真的有这种墨猴!1996年4月20日上海《新民晚报》第六版上,报道了这样一则珍闻:

武夷山区蹦出墨猴
帮你翻书磨墨 小巧聪明伶俐

本报讯 武夷山消息:一队考古学者近日在福建武夷山区人迹罕至之处,偶然发现了早已被认为绝迹的极为珍贵的中国墨猴。它重约200多克,如老鼠大小,不仅具备猴子的全部体型特征,而且具有灵长目动物的全部智慧。

墨猴体型小巧,聪明伶俐,善解人意,是古代文人的宠物,因为它跳上桌面不占地方,能帮主人翻书、磨墨,故称墨猴。它要是累了,就钻到笔筒里休息,或钻到抽屉里睡觉,只要主人略备些花生、黄豆之类的食物,即能维持它的生存。它那为主人磨墨、递纸、递笔的滑稽灵相和勤快劲儿,排解了古代文人做学问的寂寞。这种墨猴是灵长目的侏儒,是哺乳动物家庭里最古老最原始的分支,在古代已是一种令人注目的珍稀动物。清代《武夷山志》上就有"珍猴"(即墨猴)"小巧,大仅如拳"的记载。(郑文彬)

我想,鲁迅若九泉有知,听到武夷山区发现墨猴的消息,一定也会高兴极了的。

(1996)

关于鲁迅笔名"关道清"

《鲁迅研究动态》第十期上陈漱渝的《扶桑日记》中提到,在日本最近出版的《鲁迅增田涉师生答问集》,其中鲁迅有一次复信署用了"关道清"一名。漱渝文中说:"这是一个首次发现的鲁迅笔名,含意尚待考证。"

鲁迅的这一笔名,确实不甚为人所知。然而据我所知却不是第一次披露。早在1962年10月20日,为纪念鲁迅逝世二十六周年,上海《文汇报》曾发表《鲁迅和日本人的通信》一文,就提到增田涉曾说,鲁迅寄给他的信,"信封上的寄信人多数署'隋洛文'的笔名,难得也用'唐俟'或'关道清'"。

　　关于"关道清"的含意，据最近日本方面披露，原来是这样的：鲁迅《中国小说史略》第十七篇《明之神魔小说（中）》引录了《西游记》第六十一回"孙行者三调芭蕉扇"中的片段，内中有一首诗曰："火焰山遥八百程，火光大地有声名。火煎五漏丹难熟，火燎三关道不清……"增田涉当时对"火燎三关"一句意思不明白，写信请教鲁迅，鲁迅回信解释说是火燃烧着三关连道路都看不清楚的意思。鲁迅写信封时，便写了"中国上海关道清"。我想，其含意大概是：本来增田涉对"关道不清"的意思不清楚，现在应该清楚了，因此就把"不"字去掉了。

（1986）

再谈鲁迅送火腿的故事

10月18日，我在《文学报》上看到作家阎纲整整一版的大作的题目《鲁迅送火腿的故事》时，心里立即就想到了两点：（一）明天就是鲁迅先生逝世的日子，报纸发这样的文章，非常好；（二）阎先生以前就发表过有关鲁迅送毛主席火腿之事的文章，现在他应该又有新的内容要告诉我们，那太好了。然而，待我读完他的大作，却失望了。因为，这篇文章与大概在四年前我读到过的他写的《鲁迅送给毛泽东的书籍和食物》的内容完全一样。（《文学报》也没说这是旧文重刊）

而且，阎先生文章虽然正确地认为鲁迅送火腿的故事是一件"具有历史价值的事件"，但他却显然不了解近年来有关此事的重大史料发现，似乎也没有读到我在三年前发表的有关此事的辨析小文，因此，他仍然以为此事"成了文学史上的一桩疑案""只好存疑，以待来日"。而更遗憾的是，《文学报》的编辑似乎也忘了，三年前他们在自己的报纸上，就曾经发表过有关此事的误传文章；而当时我写的拙文，就是纠正2009年9月3日《文学报》上王金昌先生发表的《冯雪峰忆旧：鲁迅送毛泽东金华火腿》的错误的。

看来，本人人微言轻，拙文影响太小。但有关鲁迅与毛泽东交往的事可是大事情，不应该误传啊！没有办法，只好再写一次。

三年前，王金昌文章也说"鲁迅先生通过冯雪峰送远在陕北的毛泽东金华火腿一事，众说纷纭，莫衷一是"。他立论的根据，除了他"收藏"的冯雪峰写的材料以外，就是阎纲的《鲁迅送给毛泽东的书籍和食物》和王先金的《毛泽东在陕北》二文；而更重要的文章，例如史纪辛先生发表在2003年第十期《鲁迅研究月刊》上的《鲁迅托送金华火腿慰问中共领导人史实再考》，及孔繁玲先生发表在2004年第六期《党的文献》上的《鲁迅确曾向陕北托送过金华火腿》等文，他都没有看过。

历史研究的工作经验已经反复告诉我们：任何人的回忆，哪怕他记性再好，也不能保证绝对无误；而当时的第一手文献记载、档案著录，方是最可信可靠的。前些年，在中央档案馆工作的史纪辛等同志的文章，披露了新发现的 1936 年 5 月 28 日和 9 月 12 日冯雪峰在上海致陕北党中央的两封密信。这两封极其珍贵的信中明确记载,鲁迅确实送了火腿,而且还送了两次。第一次送了共八只,后因故未能送到;第二次鲁迅坚持又送了四只。因此,冯雪峰等人后来回忆中说的所送火腿的次数和只数等均有不确之处。阎纲文章中写到的王林说的毛泽东"风趣地说:'可以大嚼一顿了!'"似乎也未必可信。因为据推算,第二次火腿送到之时正是鲁迅先生病逝不久(鲁迅逝世的消息是很快就传到陕北的),毛泽东怎么还会有这样"风趣"的心情呢?

在 9 月 12 日的信中,冯雪峰写到他向鲁迅谈及第一次的火腿未送到,"鲁又说再送一点,我因鲁之拥护毛、洛、恩等兄之情难却,故仍将他购的四支火腿交余兄亲自带上"。这里提到的"毛、洛、恩"三人,就是毛泽东、张闻天(洛甫)、周恩来。"余兄"我不知其是谁,从"亲自"二字可见也应是党内地位较高并认识毛、洛、恩等领导同志的人。

阎先生文章的最后还写到:"又过二十三年(按,据文中所说推算,当是 2006 年)读朱正《鲁迅回忆录正误》,认为送火腿的事三处有误:鲁迅当年送往陕北的火腿是一只而不是两只;火腿没有送到陕北的原因,是因为火腿好吃,被西安截留了;火腿夹带书信是莫须有的事。"但现在看来,"三处有误"的完全是《鲁迅回忆录正误》作者自己。第一点的火腿只数,已见上述。第二点,"因为火腿好吃,被西安截留了"当是听信误传。我就决不相信当年党的地下工作者会这样没有觉悟和没有纪律。第三点,朱正先生在 1979 年初版的《鲁迅回忆录正误》中说,火腿是最不适于作夹带工具的,而且当时也没有"夹带"的必要。但后来一位 1936 年从上海赴陕北参加革命的老同志朱正明,看了朱正的说法后撰写文章,证实确有此事,并指出:(一)鲁迅送火腿,但在火腿中夹信的未必就是鲁迅本人;(二)在艰险的革命斗争中,"有时利用最不适用的工具来夹带东西,倒是最妙的手法"。朱老还指出,朱正没有这种生活和经验,也不了解当年情况,有疑问可理解,但"不能武断"。后来,朱正先生在 1986 年重版《鲁迅回忆录正误》时,附录了朱老此文。(可阎先生在 2006 年还看的是初版?)

因此,鲁迅向中共中央领导人敬送火腿一事是绝无可疑的,现在决不能再说"只好存疑,以待来日"了。但看来包括阎纲先生在内的很多人可能还不知道。因此,尽管我在八年前的 2004 年 9 月《文汇读书周报》上就也已经写过短文纠正有关此事的误说,现在看到阎文后,仍然觉得还应该再写一次。反正,在纪念鲁迅的日子里谈谈这件事还是很有意义的。

(2012)